武鸣年鉴

VUJMINGZ NENZGEN

2018

南宁市武鸣区地方志编纂委员会 编

方志出版社
Publishing House of Local Records

图书在版编目(CIP)数据

武鸣年鉴．2018 / 南宁市武鸣区地方志编纂委员会编．——北京：方志出版社，2019.1
ISBN 978-7-5144-3626-6

Ⅰ．①武… Ⅱ．①南… Ⅲ．①武鸣县—2018—年鉴
Ⅳ．① Z526.74

中国版本图书馆 CIP 数据核字(2019)第 026845 号

武鸣年鉴(2018)

作　　者：南宁市武鸣区地方志编纂委员会
责任编辑：李志瑜

出 版 人：冀祥德
出 版 者：方志出版社
地址　北京市朝阳区潘家园东里 9 号(国家方志馆 4 层)
邮编　100021
网址　http://www.fzph.org
发　　行：方志出版社图书经销中心
电话(010)67110500
经　　销：各地新华书店
印　　刷：广西南宁华侨印务有限责任公司
装帧设计：广西南宁卓泰印务有限公司

开　　本：889mm × 1194mm　　1/16
印　　张：30
字　　数：747 千字
版　　次：2019 年 1 月第 1 版　　2019 年 1 月第 1 次印刷
印　　数：001～400 册

ISBN 978-7-5144-3626-6　　定价：196.00 元

南宁市武鸣区地方志编纂委员会

主　　任　黄伟光

副 主 任　韦华清　王治国　韦振宇

委　　员　杨　健　黄立斌　黄斯繁　何定益　潘国勇　刘颖儒

《武鸣年鉴》编辑部

主　　编　韦振宇

副 主 编　刘颖儒　潘仲群

总　　纂　刘颖儒

编　　辑　潘致岗　廖振培　黄鉴珠　黄永贵　潘星环　覃　华

图片策划　刘颖儒

封面封底设计　刘颖儒

栏题设计　韦振宇

壮文翻译　卢勇斌

图片提供　武鸣时讯

《武鸣年鉴》编辑（编写组）

（排名不分先后）

中共武鸣区委办公室

黄文思　蓝小连

中共武鸣区委组织部

王　键

中共武鸣区委宣传部

韦　豪　覃婷婷

武鸣区精神文明委员会办公室

韦　豪

武鸣区纪律检查委员会、武鸣区监察局

张华妹

中共武鸣区委统战部

卢振明

武鸣区直属机关工委

吕　茵　宁　盛　陆德昌

武鸣区老干部局

曾小兰

中共武鸣区委党校

谢秋香

武鸣区关心下一代工作委员会

邓文荣

武鸣区人大常委会办公室

潘彩金

武鸣区人民政府办公室

卢　丹　潘红杉

武鸣区机关事务局

李秋媛

武鸣区外事侨务办公室

甘雨霖　彭军华

武鸣区信访局

梁月勤　覃华梦梁

武鸣区档案局

覃举叁

武鸣区史志办公室

廖振培

政协武鸣区委员会

甘　勇　韦桂琴

武鸣区总工会

陆承刚

共青团武鸣区委员会

韦芦健

武鸣区妇女联合会

韦莉珍

武鸣区科学技术协会

张斌兴　潘惠莲

武鸣区工商业联合会

谢其材

武鸣区归国华侨联合会

登　毅

武鸣区残疾人联合会

邓　彬

武鸣区革命老区促进会

欧赛飞

武鸣区政法委

孟　咪

武鸣区人民法院

韦弈辰

武鸣区人民检察院

曾淑娥　谢海华

武鸣区公安局

韦良春

武鸣区司法局

覃海莎

武鸣区调处办

苏生杰　韦善杰

武鸣区农业局

韦剑山

武鸣区林业局

唐海玲

武鸣区水利局

潘彬生

武鸣区电业公司

陆　伟

广西伊灵烟叶复烤有限责任公司

覃已玲　方玉新

武鸣区城镇集体工业联社

王珺仪

武鸣区住房和城乡规划建设局

左　希

武鸣区征地拆迁办公室

邓娇玲

武鸣区供水公司

姚二业

武鸣区富鸣城市投资公司

藤雨君

南宁市伊岭工业发展管理委员会

黄锡忠

武鸣区交通运输局

黄小艳

武鸣区邮政局

谢世思

武鸣区经济贸易和信息化局

李丽珍

武鸣区招商促进局

邓李穗

武鸣区烟草专卖局

郭文辉

南宁市食品药品监督管理局武鸣区分局

韦秋萍

武鸣区供销合作社

唐毓仟

武鸣区旅游局

磨玲玉

武鸣区财政局

李　梅

武鸣区国家税务局

韦曼史

中国人民银行武鸣区支行

卢家围

中国工商银行股份有限公司南宁市武鸣支行

唐善强

南宁市武鸣区农村信用合作联社

邓秀娟

武鸣区发展和改革局

张　洁

武鸣区审计局

黄慧玲

武鸣区统计局

杨宗华　苏云艳

武鸣区工商行政管理和质量技术监督管理局

陆琼荣

武鸣区安全生产监督管理局

林艳芳

武鸣区工商行政管理局

陆琼荣

武鸣区市场服务中心

黄殷海

武鸣区科技局

潘欣华

武鸣区气象局

韦武康

武鸣区教育局

刘新彦

武鸣区文化广播影视和体育局

潘福荣　黄红殿

武鸣区文学艺术界联合会

卢大任　梁　琼

武鸣区卫计局

韦丽苹

武鸣区红十字会

黄园芬　潘艳英

武鸣区民族宗教事务局

韦恒丽

武鸣区水库移民工作管理局

曾丽梅

武鸣区民政局

民政局编写组

武鸣区老龄工作委员会办公室

尹庆华

武鸣区社科联

罗锦成

城厢镇人民政府

莫晓芳

太平镇人民政府

苏葵巧

双桥镇人民政府

黄梅娟

甘圩镇人民政府

黄艳芳

宁武镇人民政府

冯金木

锣圩镇人民政府

陈玉梅

灵马镇人民政府

廖银环

仙湖镇人民政府

蒙姝利　蒙俊儒

府城镇人民政府

刘建微　黄小娟

陆斡镇人民政府

姚　蓝

两江镇人民政府

廖　彬　覃　明

罗波镇人民政府

潘晓雪

马头镇人民政府

王　婷　欧艳逢

广西农垦国有东风农场

覃育伟

武鸣区机构编制办公室编写组

武鸣区人力资源与社会保障局编写组

武鸣区环境保护局编写组

武鸣区国土资源管理局编写组

武鸣区公共资源交易中心编写组

编辑说明

一、《武鸣年鉴·2018》由南宁市武鸣区地方志编纂委员会主持编纂,《武鸣年鉴》编辑部(设在城区史志办公室)负责编纂出版。

二、本年鉴以马克思列宁主义、毛泽东思想、邓小平理论、“三个代表”重要思想、科学发展观、习近平新时代中国特色社会主义思想为指导,坚持辩证唯物主义和历史唯物主义的立场、观点和方法,坚持实事求是的原则,客观、真实地反映武鸣的经济建设、政治建设、文化建设、社会建设和生态文明建设等情况。旨在为领导、决策机关提供权威性的信息;为各行业规划发展提供有价值的资料;为国内外各界人士了解武鸣、研究武鸣提供可靠翔实的区情。

三、本年鉴着重记载2017年武鸣发生的事情。对个别单位在以往编纂的年鉴中没有收录的,适当上溯或延伸;“特载”“图片专辑”记述内容不受年度限制。

四、本年鉴的内容分为综合情况、动态信息、辅助资料三大部分。综合情况设特载、武鸣概貌2个专栏。动态信息设2017年中国壮乡·武鸣“壮族三月三”歌圩暨骆越文化旅游节、政治、法治·军事、经济、产业、城乡建设·国土资源·环保、教育·科学、文化体育·卫生计生、社会生活、乡镇、人物11个类目。辅助资料设大事记、专题调研与经济分析、统计资料、图片专辑、附录5个类目。

五、条目标题用黑体字加【 】表示,以便读者阅读。内容较长的条目,在段落间用楷体插题,以揭示段落内容。

六、本年鉴在正文之前,设有数说武鸣和图片专辑,为读者提供关注度较高的资料信息。

七、本年鉴文稿,由武鸣区各部、委、办、局、公司、行、社、各镇及有关单位提供,并由各级领导、相关负责人审核。全城区性的数据资料,由城区统计局提供,资料具有政府公报性质。某些资料欠缺,因档案不全或有关单位未提供资料所致。

八、本年鉴使用规范化简体汉字,目录附有壮文,正文叙述采用规范的语体文和记叙体,述而不论,寓观点于叙事之中,文字力求言简意赅。

数说 武鸣 2017

SHUSHUO WUMING

行政区域面积:3389 平方公里

年平均气温:21.8℃

年平均日照时数:1382 小时

年总降雨量:1618.6 毫米

机耕面积:14.98 万公顷

世居少数民族:壮族 1 个,占比 86%

总人口:71.57 万人

常住人口:57.18 万人

城镇人口:25.18 万人

城镇化率:-1.12

人口自然增长率:11.02‰

乡镇:13 个

社区:21 个

行政村:198 个

地区生产总值:353.2 亿元

人均生产总值:62117 元

三次产业比重:23.0∶46.0∶31.0

粮食总产量:34.90 万吨

财政总收入:27.23 亿元

公共财政预算收入:14.88 亿元

公共财政预算支出:46.12 亿元

农林牧渔总产值:138.71 亿元

全部工业总产值:508.55 亿元

固定资产投资:386.49 亿元

房地产开发投资:29.24 亿元

公路通车总里程:2297 公里

高速公路总里程:64 公里

社会消费品零售总额:87.84 亿元

金融机构年末存款余额:257.22 亿元

金融机构年末贷款余额:173.68 亿元

教育支出:129641 万元

科学技术支出:5826 万元

文化体育与传媒支出:9192 万元

社会保障与就业支出:55158 万元

医疗卫生支出:27984 万元

公共图书馆:1 个

文化馆:1 个

广播电视台:1 个

医疗卫生机构:383 个

卫生技术人员:3470 人

医院、卫生院病床 3520 张

运动员参加南宁市第九届运动会荣获金牌:29 枚

农村居民人均可支配收入:14594 元

城镇居民人均可支配收入:32014 元

图片专辑

TUPIAN ZHUANJI

2017 年中国壮乡 · 武鸣“壮族三月三”歌圩暨骆越文化旅游节

城区新貌

脱贫攻坚

美丽武鸣 · 宜居乡村

2017年中国壮乡·武鸣“壮族

制作五色饭

开幕式文艺演出

三月三”歌圩暨骆越文化旅游节

2017 年“三月三”开幕式活动现场

三月三美食节

壮民族传统工艺展示现场

2017年中国壮乡·武鸣“壮族

百姓大舞台

壮乡儿女书法展示

三月三”歌圩暨骆越文化旅游节

三千展演

壮乡竹竿舞

歌圩现场

2017年中国壮乡·武鸣“壮族

滚铁环

骆越后裔舞龙活动

三月三”歌圩暨骆越文化旅游节

武术表演

壮民族文化体验

壮民族文化进校园

2017年中国壮乡·武鸣“壮族

百姓的舞台

太平镇庆乐小学大型互动蛮乐舞

三月三”歌圩暨骆越文化旅游节

千人竹竿舞

龙母祭祀活动

壮族的舞味

主城区一景

工业正成为推动武鸣经济快速发展的新引擎

佳年火龙果基地

大地五线谱

环广西公路自行车世界巡回赛两江镇路段精彩瞬间
黄绍武　摄

城区新貌

城区领导向全城区人民拜年

城区人大常委会主任黄国录（右三）到基层调研人大决议落实情况

武华大道主路面“白改黑”项目完工全线通车

党代表视察重点项目建设

武鸣高中决战高考百日誓师大会现场

城厢镇第三小学举行少先队员入队仪式

小朋友的乐园

双桥中心学校一角

城区新貌

人大代表肩负新使命踏上新征程

城区政协主席赵祖明（左五）到府城镇督导教育均衡发展工作

两江镇白云中学校园

大爱小爱

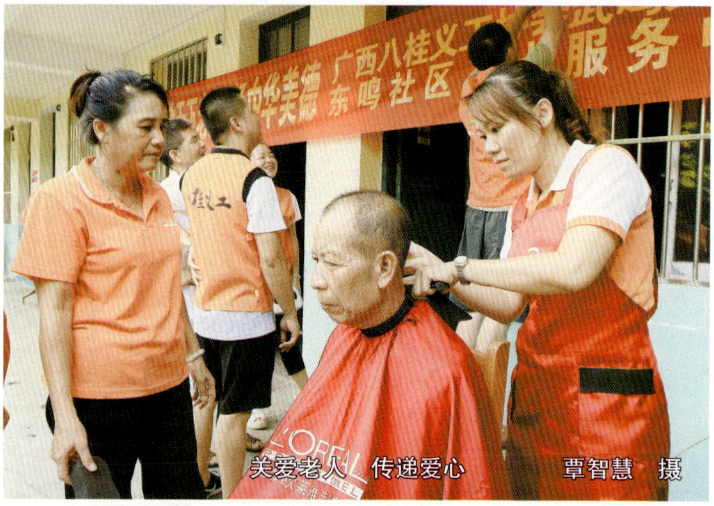

关爱老人 传递爱心 覃智慧 摄

欢歌笑语

朝气蓬勃

弘扬中华文化 感受汉字魅力

城区新貌

和谐唯美　壮乡武鸣

庆“五一”职工象棋比赛

双桥镇腾翔小学教师研讨教学

壮乡“百灵鸟”

太平镇文溪小学阅览室

壮文研讨

农村文艺队进城闹新春　　黄绍武　摄

庆祝武鸣撤县设区

城区新貌

定罗湖休闲公园让武鸣“城味”更浓

罗波镇城镇化建设“提升工程”绽放无限魅力

“两英庙会热闹喜庆

恬静的环境

文化广场

紫薇花海迎客来　　梁海英　摄

锦绣壮乡醉游人　　黄绍武　摄

主城区夜景

城区新貌

一路一环一城　覃　华　摄

卉莞园林基地

花花大世界景区

伊岭工业发展党工委携手集中区非公企业党组织助推党建促脱贫

志愿者把“春暖”送进贫困家庭　黄绍武　摄

“香米上山”再开增收新门路　刘晓霞　黄红芳　摄

春风送暖促就业　倾心搭桥促脱贫

城厢镇党代表开展“精准扶贫百村行”调研活动

脱贫攻坚

城区党委书记韦敏宏(左二)到陆斡镇忠党村检查指导“党旗领航　电商扶贫”电商服务点建设

玫瑰传真情　义卖献爱心

城区政协委员到马头镇小陆小学开展“送教下乡”活动

书记韦敏宏（左一）慰问困难党员

夏日送清凉

慈济慈善事业基金会到武鸣发放冬令赈济物资　李泽斌　摄

民建南宁市委到城厢镇城东小学开展教育扶贫调研及“六一”慰问活动

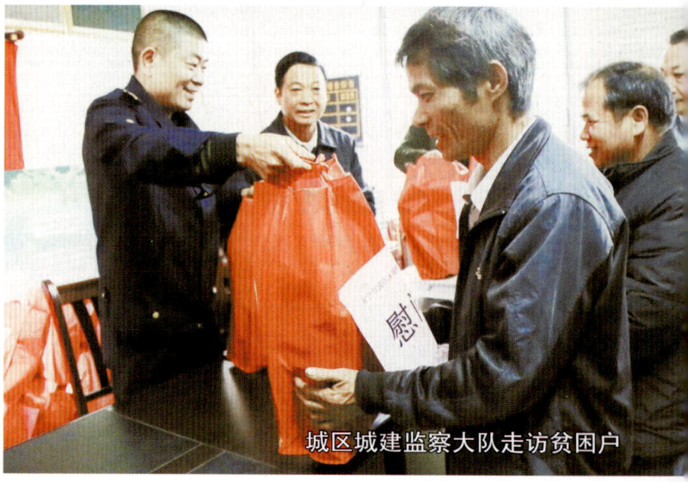
城区城建监察大队走访贫困户

脱贫攻坚

政协委员黄以诺(左三)(香港籍)捐赠扶贫资金

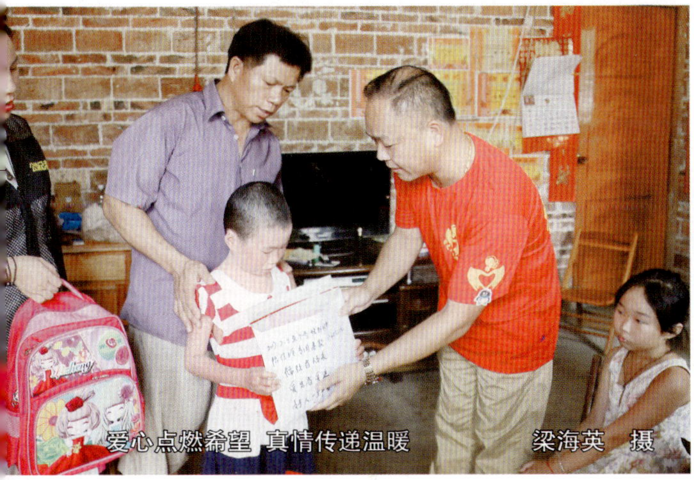

爱心点燃希望 真情传递温暖　　梁海英　摄

陆斡镇忠党村第一书记秦培钊(左四)给群众讲授香米种植病虫害防治技术

甘橘产业扶贫培训

慰问帮扶户

片片爱心 缕缕深情　　韦倩丽　摄

食药监局献爱心

忠党村开展开展生产帮扶行动

脱贫攻坚

武鸣香港携手共架慈善桥梁

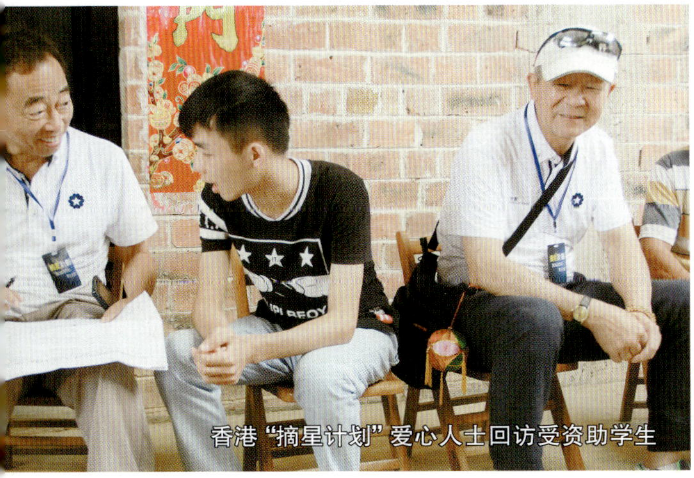
香港“摘星计划”爱心人士回访受资助学生

甘圩道路施工现场　　陆惠琴　摄

双桥镇水果搭电商快车销全国　李泽斌　摄

义卖文艺晚会

种好“黄金果”增收奔富路　黄子晏　摄

小小“黄金瓜”致富千万家　黄子晏　摄

武鸣区 79 套公租房“整装待嫁”

脱贫攻坚

陆斡镇桥东村墨羊养殖基地

洛神花助力长安村脱贫事业　　黄子晏　摄

科普惠农助增收　　陆惠琴　摄

美 丽

在火龙果基地劳作的壮家人　磨卫荣　摄

高科技种菜 增产又增收　梁海英　摄

葛阳村生态柑橘引客来　李泽斌　摄

金秋时节喜开镰　黄 瓜　摄

忙碌的春天

武鸣·宜居乡村

夜幕下的伊岭村　　磨卫荣　摄

收获的季节

瓜农喜获丰收

美 丽

金灿灿的稻谷

千亩沃柑果园

我劳动我快乐

太平镇文溪社区焚烧垃圾现场

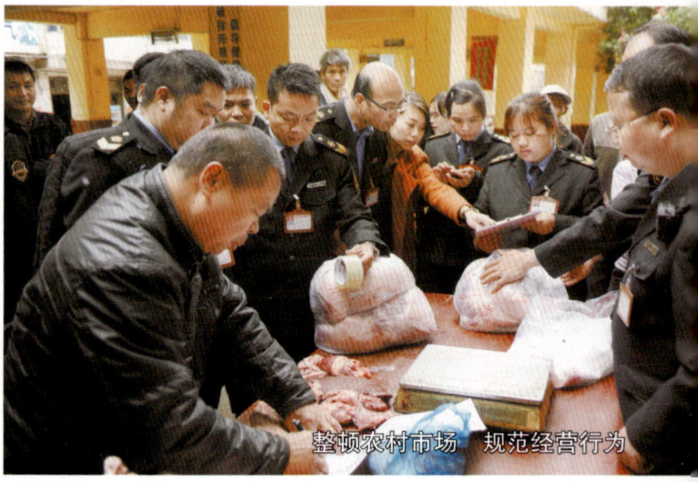

整顿农村市场　规范经营行为

武鸣·宜居乡村

田园如画　　凌　英摄

激烈的拔河比赛

农民购买农机备春耕

美 丽

农户在分拣沃柑

城厢镇组织党代表、人大代表到广西亿尊农业气雾智能化蔬菜工场、鸣鸣果业等学习考察现场

甘圩镇达洞村板马屯兴修水利现场　缪永贵　摄

烈日下的微笑　黄极珠　摄

童　趣

武鸣·宜居乡村

忠党村香米飘香引客来

还是土的好

早稻喜开丰收镰

美丽

壮家百桌宴

喜庆的村节

有朋自远方来

此处有清古庭院

过节了

武鸣·宜居乡村

山青水秀天蓝蓝　　黄　瓜　摄

乐开怀

自豪的壮乡人

美 丽

壮乡祈丰节活动之敬牛洗牛　黄绍武　摄

壮乡祈丰节抬龙母像巡村活动　黄绍武　摄

大明山汉江欢乐谷漂流　梁海英　摄

壮乡民俗拎粽子比赛

山歌唱响十九大

武鸣·宜居乡村

笑脸　　李宁　摄

感恩好时代　颂赞新生活

红薯的心　　吴秀丽　摄

美丽武鸣·宜居乡村

大伍屯生态综合示范村

壮族山歌美酒迎客来

大明山歌圩三月场

目 录

Daegbied Geiq Roengz
特 载

Daihsaeh Geiq
大 事 记

Vujmingz Gaimau
武鸣概貌

Cwngci
政　治

Fapceih · Ginhsw
法治·军事

Canjyez
产　业

Ginghci
经　　济

Cwngzyangh Gensez · Gozduj Swhyenz · Vanzbauj
城乡建设 · 国土资源 · 环保

Gyauyuz · Gohyoz
教育 · 科学

Vwnzva Dijyuz · Veiswngh Giswng
文化体育·卫生计生

Sevei Swnghhoz
社会生活

Yanghcin
乡　镇

Bouxvunz
人 物

Cienzdaez Diuyenz Caeuq Ginghsi Faensik
专题调研与经济分析

Dungjgi Swhliu
统 计 资 料

Fuluz
附 录

特　载

以党的十九大精神为引领
奋力谱写新时代武鸣发展新篇章

——在中国共产党南宁市武鸣区第一次代表大会第二次年会上的报告

韦敏宏

（2018 年 1 月 5 日）

团结务实的 2017 年

一年来，我们在市委的正确领导下，按照第一次年会确定的目标任务，大力开展“干部作风提升年”“重大项目服务年”活动，突出抓好“八项工作”，城区改革发展稳定各项工作取得了新的成绩，实现了城区第一次党代会提出的综合实力一年新提升的阶段目标。荣获全区县域经济发展进步县（区）、全国生猪调出大县（区）、“中国骆越文化之乡”、“中国龙母文化之乡”等荣誉称号。城厢镇、甘圩镇、罗波镇、灵马镇获评南宁市科学发展先进（进步）乡镇。

经济发展稳中向好。经济运行平稳，呈现出质量效益提升、结构不断优化的新态势。工业加快转型升级，“两头”产业发展初显成效，碳酸钙、新型建材等专业产业园落地建设；现代特色农业品牌初步打响，现代特色农业示范区建设扩面提质、初具规模，“中国沃柑看武鸣”品牌影响力扩大；现代服务业发展方兴未艾，旅游、商贸、现代物流、电商等产业不断壮大，房地产日益繁荣，三次产业结构进一步优化。2017 年全城区地区生产总值完成 355.3 亿元，增长 8.5%；城区本级财政收入 15.54 亿元，增长 9.1%；城区本级固定资产投资完成 202 亿元，增长 1.3%；城区本级规模以上工业总产值完成 146.5 亿元，降幅收窄；社会消费品零售总额完成 87.5 亿元，增长 10.1%；城镇居民人均可支配收入 31750 元，增长 8%；农村居民人均可支配收入 14630 元，增长 10%。

城乡建设步伐加快。下大力气加快武鸣与南宁中心城区同城化发展步伐。完成主城区控制性详细规划、63 个村庄规划编制，城乡空间布局进一步优化。加大投入建设城市基础设施，完成武华大道、南武大道等城市主要路段“白改黑”、园林景观改造工程，稳妥推进南门片区旧城改造、东门河截污治理、城市垃圾中转站扩建提升工程，城市品质明显提升。持续推进区域交通路网建设，不断拓展城市公交线路，宾隆二级公路武鸣段全线贯通，贵隆高速公路武鸣段全线开工，贵南高铁武鸣段完成前期工作。全民动员开展城市治理，网格化综合执法形成常态，组织万人交通大整治等活动，有效解决城市“五乱”、夜市扰民、扬尘污染等城市管理难题，城市面貌明显改善。加快推进双桥镇、罗波镇等城镇化示范镇建设，精心打造一批乡土特色示范村屯，镇容村貌不断改善。

教育园区建设提速。全力开展园区征地拆迁工作，累计完成园区征地 2.06 万亩，为园区全面铺开建设提供坚实保障。引进灵水壮乡文化小镇项目，破解征地拆迁回建安置难题，有序推进整屯搬迁工作。园区水、电、路、网络通信等各项基础设施建设速度加快，动工建设道路 31.77 公里，规划建设地下综合管廊 25 公里，全面铺设供水、供电专线（管）。进一步加强服务工作，实施项目引进、审批、报建等“一条龙”高效优质服务，入驻高校规模不断扩大，建设步伐全面提速。目前入驻园区高校达 7 所，动工建设 4 所，广西安全工程职业技术学院实现招生办学。创新筹融资方式，累计筹集园区建设资金 47.21 亿元。

全面深化改革取得突破。年初制定的 91 项改革任务基本完成，承担的农村承包土地经营权抵押贷款试点等国家、自治区部署改革任务取得实效。自主改革取得突破，在广西率先成立县（区）级综合行政执法局，探索形成“125”流动人口基本公共卫生计生均等化服务模式。经济体制改革扎实推进，建立政府和社会资本合作机制。农业农村改革深入开展，完成农村土地承包经营权确权登记任务。文化教育卫生体制改革全面开展，“810”教育行动计划顺利完成，县乡村医疗服务一体化管理深入推进。党的建设制度改革创新开展，“两新”组织党建巩固提升。此外，社会民生、民主法治、生态文明、纪律检查等重点领域改革扎实推进，不断取得实效。

民主法治有力推进。积极发展社会主义民主政治，人大、政协积极履行职能，充分发挥法律监督和协商民主作用。加强群团组织工作，工会、共青团、妇联等群团组织进一步发挥桥梁纽带作用。爱国统一战线不断巩固，民族宗教工作稳定发展。加强国防动员和国防后备力量建设，深入开展“双拥”创建活动，军地关系融洽。“法治武鸣”扎实推进，“七五”普法全面落实，“法律六进”不断深化。构建覆盖城乡的公共法律服务体系，为群众提供便利的法律服务。“平安武鸣”建设深入开展，信访工作不断改进，社会治安防控体系更加健全，社会治理群防群治能力进一步提升，安全生产和食品药品监督工作持续加强，顺利完成环广西公路自行车世界巡回赛等重大活动及节日期间社会秩序保障工作。城区社会大局保持和谐稳定，群众安全感和满意度不断提高。

壮民族文化传承发展。加强党对意识形态工作的领导，深入开展文明城市、文明村镇、文明单位、文明家庭创建活动，广泛弘扬社会主义核心价值观、中华优秀传统文化和壮民族文化。实施壮民族文化传承工程，推进壮民族文化进校园，加强壮族非物质文化传承保护，府城镇、罗波镇入选自治区历史文化名镇，武鸣榨粉、高峰柠檬鸭制作技艺等 5 个项目入选市级非遗代表性项目名录，11 名传承人分别列入国家、自治区、市级非遗代表性项目代表性传承人，“四月四”祈丰节、“两英”庙会等 246 个“一地一节”民俗文化节庆活动有声有色。打造武鸣“骆越文化之乡 · 龙母文化之乡”品牌，通过国家专家组评估验收。塑造武鸣“三月三”文化精品，连续 37 年成功举办中国壮乡 · 武鸣“壮族三月三”歌圩暨骆越文化旅游节，武鸣“三月三”歌圩成为国内规模最大、影响最广、历史最久的民族歌圩，成为武鸣最响亮的民族文化品牌。

人民生活不断改善。坚持民生保障优先，全年民生支出占一般公共预算支出的 80.1%。脱贫攻坚工作取得新的成果，实现 10 个贫困村摘帽、1137 户 3893 人贫困人口脱贫，顺利通过自治区“四合一”考核验收。就业服务扎实开展，新增就业、转移就业 14359 人。完善社会保险制度，实现城镇医保和新农合“二合一”。推进“安居惠民”工程，完成保障性住房、棚户区改造、农村危房改造任务。教育事业全面发展，顺利通过义务教育发展基本均衡县（区）的国家认定，高考成绩名列广西县（区）前茅，7 人考取清华大学、北京大学，实现新的突破。卫生计生事业健康发展，服务网络不断健全，人民医院整体划转广西医科大学，中医药、壮医药加快发展，城区医疗水平不断提升。深入开展自治区计划生育优质服务先进单位创建活动，计生服务不断创新。科技创新能力不断增强，科技成果转化步伐加快。全民健身活动蓬勃开展，竞技体育成绩喜人。

生态环境治理力度加大。全面落实中央环保

督察组要求，下大力气推进生态环境综合治理。整治大明山矿产开采行为，停止矿区作业，推进矿山地质环境修复，恢复原生态环境。开展大明山小水电站清退工作，保护大明山水资源。加强饮用水源地保护，加大灵水保护治理，强化污染源监控，饮水安全得到有效保障。加强工业企业环保监管，对29家采石场实施环保降尘设施改造，严控主要污染物排放。深入开展“美丽武鸣·宜居乡村”建设，扎实推进“厕所革命”，巩固提升“清洁乡村”“生态乡村”活动成果，建立健全环境卫生长效保洁机制，群众生活品质不断提升。双桥镇、罗波镇被评为自治区生态镇，马头镇那堤村等24个村被评为自治区生态村。

党的建设全面加强。迅速在全城区兴起学习宣传贯彻党的十九大精神热潮，深入推进“两学一做”学习教育常态化制度化，坚持中心组学习制度，不断改进学习风气，党员理想信念、党性修养进一步增强。党建工作责任制逐级落实，基层党组织建设稳步推进，顺利完成村（社区）“两委”换届工作，整顿销号20个软弱涣散村（社区）党组织，完善提升51个党建综合服务阵地和69个农村星级党组织活动阵地，基层组织堡垒进一步夯实。贯彻新时期好干部标准，规范干部选拔任用，注重在扶贫、征地拆迁等基层和急难险重一线锻炼选拔干部，推进领导干部能上能下，不断优化干部队伍结构。深入开展“干部作风提升年”活动，城区各级领导干部全面查摆问题，公开整改承诺，认真抓好整改，干部作风明显改进。抓紧抓实管党治党“两个责任”，强化党内监督，组织开展政治巡察，推进基层廉洁工作站村（社区）全覆盖。坚决贯彻落实中央八项规定精神，认真抓好“回头看”工作，查处违反中央八项规定精神案件49件。狠抓扶贫领域监督执纪问责，查处扶贫领域案件99件。加大执纪审查力度，全年立案215件，审结各类违纪案件168件，给予党纪处分118人，政纪处分48人，移送司法机关6人，不断巩固反腐败斗争压倒性态势。

过去一年我们取得了令人振奋的成就！这是我们认真贯彻落实中央、自治区、南宁市重大决策部署的结果，是市委正确领导的结果，是全城区广大党员和干部群众共同奋斗的结果，也是社会各界热情关心、大力支持的结果。值得一提的是，去年我们克服困难，很好的完成了年度脱贫摘帽、征地1.72万亩、保障环广西公路自行车世界巡回赛、综合治理城市“乱象”等重大任务，大家付出了辛勤的劳动。在此，我代表中共南宁市武鸣区第一届委员会，向为全城区改革发展稳定大局作出贡献的同志们，向给予我们鼎力支持的社会各界人士表示衷心的感谢和崇高的敬意！

在总结成绩的同时，也要清醒地认识到，我们仍然存在不少困难和问题。主要是产业转型升级步伐不快，工业发展动力不足，主导产业优势不明显；同城发展进程缓慢，城市建设管理水平有待提升；生态环境保护任重道远，绿色发展理念仍需增强；基本公共服务与人民群众需求有一定差距，民生保障尚有不少短板；社会治理仍存在一些薄弱环节，群众安全感及满意度还有待提高；部分党员干部“四风”问题有所反弹，进取意识、担当精神不足，执行力不强等等。这些问题，我们必须着力加以解决。

大有可为的2018年

2018年是贯彻党的十九大精神的开局之年，是决胜全面建成小康社会、实施“十三五”规划承上启下的关键一年，是我国改革开放40周年，是自治区成立60周年，做好2018年的工作至关重要。

综观当前形势，我城区正处于可以大有作为的重要战略机遇期。经过长期努力，我国取得了改革开放和社会主义现代化建设的历史性成就，党和国家事业发生历史性变革，中国特色社会主义进入了新时代；广西持续营造“三大生态”、加快实现“两个建成”，正行进在富民兴桂的征程中；南宁加快建设“四个城市”，正行进在勇当广西发展排头兵的征程中。这些是我们加快武鸣发展最重要的条件和最大的动力。从武鸣自身情况看，我们初步实现撤县设区平稳过渡，发展思路、定位逐步清晰，“三大机遇”（撤县设区、教育园区、高铁北站）优势开始显现，“一大政策”（撤县设区五年过渡期政策）还有很大发挥空间，武鸣面临加快转型发展的重大历史机遇。虽然我们面临的挑战仍然不少，但机遇大于挑战。我们要抢抓机遇，奋发有为，努力开创武鸣发展新局面。

2018年我城区工作的总体要求是深入学习贯彻党的十九大精神，以习近平新时代中国特色社会主义思想为指导，坚持以人民为中心的发展思想，坚持稳中求进工作总基调，坚持新发展理念，按照高质量发展的要求，围绕“两中心一目的地两基地”发展定位和建设具有壮民族特色的“富裕文明、生态宜居、美丽和谐”武鸣新区发展目标，持续开展“干部作风提升年”“重大项目服务年”活动，全力抓好产业转型升级、精准脱贫、征地拆迁、城市综合治理、教育园区建设、生态环境治理攻坚战，统筹推进稳增长、促改革、调结构、惠民生、防风险各项工作，坚定不移全面从严治党，促进经济社会持续健康发展，夺取全面建成小康社会新胜利，向自治区成立60周年献礼。

根据这一总体要求，2018年武鸣经济社会发展的预期目标是：地区生产总值增长7.5%；城区本级财政收入增长6%；城区本级固定资产投资增长10.5%；城区本级规模以上工业总产值止跌回升；社会消费品零售总额增长10%；城镇居民可支配收入增长8%；农村居民人均可支配收入增长10%。我们重点要抓好以下八个方面的工作：

（一）扎实推进产业优化，保持经济持续健康发展

加快补齐工业短板。做好产业转型、“飞地园区”、用地保障、企业服务四项重点工作。集中优势资源做大做强“两头”产业，全力推进碳酸钙循环经济产业园和新型建材产业园建设，推动林产品深加工产业园落地建设，做好日昌升集团新型建材骨料项目服务工作，推进项目尽快投产。以高铁北站规划建设为契机，谋划好城西工业园区企业搬迁，推动陶瓷、林产品产业转型升级。以企业整合和品牌打造为重点，培育壮大大明山饮用水产业。加快“飞地园区”建设，推进与高新区合作共建园区，推动园区建设和管理模式创新。落实工业园区向双桥镇、宁武镇扩园计划，进一步盘活园区闲置土地，保障工业用地。完善企业服务机制，降低企业制度性交易成本，清理涉企收费，不断减轻企业负担，推动银企合作，突出扶持发展潜力大的企业，稳定存量，做优增量，深挖潜量，培育新的工业增长点。

大力推进乡村振兴。实施乡村振兴战略，推进农业供给侧结构性改革，着力解决农产品附加值不高、产业链不长的问题。高规格推动、高起点规划、高标准建设现代特色农业示范区，实施现代特色农业示范区增点扩面提质升级三年行动计划，增创一批区、市、县级现代特色农业示范区，实现镇镇有示范园、村村有示范点。加快特色品牌农业发展，全力打造“中国沃柑看武鸣”品牌，与中央电视台合作开展武鸣沃柑宣传，不断提高武鸣沃柑知名度。依托丰富的富硒土壤资源，大力发展富硒产业，打造“硒望·武鸣”特色品牌。优化农业经营结构，加快完成农村土地承包经营权确权登记颁证，落实农村土地“三权分置”，推进土地流转和发展多种形式规模经营，培育新型农业经营主体，提高农民组织化程度。稳步推进农村集体产权制度改革，保障农民财产权益，发展壮大农村集体经济。不断完善农业基础保障，落实好各项支农惠农政策，加强农业水利基础设施建设，强化农产品质量安全监管，为农业生产提供高效便捷服务。大力发展“智慧农业”，推广应用物联网等现代信息技术，促进农村一、二、三产业融合发展。

培育壮大现代服务业。依托高铁北站及教育园区发展优势，加快修订完善现代服务业发展规划，调整优化城区现代服务业布局，加快教育园区配套服务产业发展，建设现代商贸服务业集聚区。依托城市快速发展，积极引进知名房地产企业，开发地标性大型城市综合体，推动商业地产发展。推进全域旅游示范区创建，深度融入环首府旅游圈、环大明山旅游圈，探索成立城区旅游发展委员会，构建全域旅游综合协调管理机制，加快旅游要素资源整合，做好“旅游+”文章，推进旅游发展共建共享，大力开展旅游宣传推介，打响武鸣旅游品牌。大力推进电商产业发展，建设电商实地交易和展示中心，加快构建完整的电商“全产业链”，做大“壮乡网圩”品牌。依托果蔬产业优势，引资建设大

型农产品交易中心，发展产地加工，提高附加值。加快现代物流业发展，规划建设大型现代物流园，为产业发展提供便利的配套服务。

（二）扎实推进项目建设，不断增强发展后劲

加快推进教育园区建设。增强指挥部人员力量，集中人力、物力、财力开展服务工作，推动入园院校全部开工建设。加大征地拆迁回建安置力度，加快推进灵水壮乡文化小镇建设，年底前建成首批安置房，妥善解决整屯搬迁安置问题。用足用活自治区在资金、用地、审批、教工住房建设等方面出台的各项支持政策，全面推进园区路网、给排水、供电、环保等市政基础设施建设，加快公交、医疗、商贸等配套设施规划建设，推动园区建设全面提速。

实施征地拆迁攻坚。推行征地拆迁工作责任制，完成年度征地目标任务，确保贵南高铁、教育园区等重点项目及工业园区用地需要。加强征地拆迁队伍建设，健全征地拆迁工作机制，不断改进征地工作方法。依法依规开展征地，做到以人为本、文明征地、和谐搬迁、妥善安置。注重妥善解决征地各种矛盾纠纷、历史遗留问题，切实维护群众合法利益。深入开展闲置土地清理，抓好重点项目地块出让和已征收土地的清表收储管理，提升项目供地率。

持续加强项目服务。继续开展“重大项目服务年”活动，不断深化城区领导联系重大项目服务重点企业制度，主动帮助企业排忧解难，着力研究解决项目报批、资金筹措、基础设施配套等瓶颈问题，提高项目开工率、竣工率、达产率。抓好项目储备，围绕电商物流、旅游、新型建材、新能源等领域，谋划一批发展前景广、带动力强、成长性好的优势项目。继续实施精准招商战略，瞄准恒大、华润、万科、招商局等国内五百强集团企业，开展“一对一、点对点”对接洽谈，力争年内实现“招大引强”新突破。

（三）扎实推进城市建设，切实改变城乡面貌

持续推进城市综合治理。建立完善联合执法、智慧管理、全民参与的城市综合治理工作格局，巩固扩大城市治理成果。深入开展“美丽南宁·整洁畅通有序大行动”，推行“4819”城市综合治理模式，加强执法力量，强化各职能部门、九大执法中队及200多个网格责任单位综合执法能力建设，实现城市治理在各社区、城中村全覆盖，在城市交通、扬尘污染、小区乱象等领域全覆盖。加快“智慧城市”建设步伐，建立城市综合智慧治理系统应用平台，以“智慧手段”推进城市精细化管理。以开展万人交通大整治、全民大扫除等活动为载体，充分发挥媒体宣传曝光作用，推动全民参与城市治理。全面推动“多规合一”，加快完善给排水、环保、市政、照明、综合管廊等8个专项编制，推进城市管理信息化建设。

不断改善城市基础设施。加快推进市政道路设施改造，重点实施灵源路、兴武大道等路段“白改黑”工程。合理规划公交线路，改建一批公交站亭，整合各类停车资源，不断完善基本公共配套和便民服务设施。推进环卫规模化、集中化、市场化发展，加大机械化保洁覆盖面。加快建筑垃圾消纳场规划建设，切实解决建筑垃圾围城问题。加大对老旧小区、“三无”小区整改力度，有序推进旧城改造和小区规范管理，提高城市公共服务水平。实施城市品质提升工程，在城市建设中融入更多的壮民族元素，加快主城区“三横三纵”市政道路照明LED改造，继续推进城区主要路口路段园林绿化、景观改造。推进海绵城市建设和地下综合管廊建设，解决城市内涝和“马路拉链”问题。

着力改善乡镇面貌。继续实施村镇规划集中行动，完成镇区控制性规划，加快50户以上村庄规划编制。按照“四好农村公路”建设要求，完成所有贫困村骨干道硬化建设。深入推进“美丽武鸣·宜居乡村”活动，加大农村环境综合治理力度。推进农村垃圾专项治理两年攻坚行动，抓紧完成村镇垃圾无害化处理场、垃圾热解处理设施、垃圾中转站等建设任务，加强农村生活污水整治，促进农村人居环境提档升级。深入开展“厕所革命”，通过新建、改扩建，实现景区、城区公厕全覆盖。依托城区自然生态环境和产业特色，积极探索打造文化、旅游、产业相融合的特色小镇，重点推进罗波、两江壮乡风情旅游城镇发展，打造双桥、锣圩、府城、陆斡等一批产业支撑强劲的特色小

镇，增强就地城镇化能力。加强与市区、周边县区、重点乡镇路网规划建设，配合做好贵隆高速、贵南高铁等重大交通项目服务工作，提升城区交通内联外拓功能。

（四）扎实推进重点领域改革，增强发展活力

按照党的十九大关于全面深化改革的新部署，主动作为、大胆创新，用足、用活撤县设区“过渡期”政策，推动各领域改革迈上新台阶。深化经济体制改革，持续推进“放管服”，加快电子政务建设，推进国土、住建、发改等部门数据整合、多规合一，推动行政审批网上办理，提高办事效率。加快全流域水环境综合整治、“智慧武鸣”、民政园等PPP项目开工建设，实现政府和社会资本合作模式新突破。深化商事制度改革，完善鼓励、支持、引导非公有制经济发展的政策环境和市场环境，构建亲清新型政商关系。深化机构和行政体制、事业单位改革，理顺综合行政执法局的职责权限关系，探索成立市场监督管理局、综合行政审批局，建设权责清晰、运行高效、人民满意的服务型政府。以农村集体产权制度改革为重点，深化农村综合改革。坚持民生导向，深化社会领域改革，持续深化公立医院改革，推进组建医疗共同体，推动义务教育学区制管理改革，构建现代文化产业体系，推动社会各项事业协调发展。扎实推进各项国家和自治区、南宁市部署的改革试点，形成可复制可推广的武鸣经验。强化城区各级各部门党委（党组）抓改革落实的主体责任，健全改革落实机制，加强改革督察，确保改革落地生根见效。

（五）扎实推进民主政治，加快建设法治武鸣

推进民主政治建设。加强党的集中统一领导，巩固和发展生动活泼、安定团结的政治局面。支持人大、政府、政协和法院、检察院依法依章程履行职能、开展工作、发挥作用。健全人大组织制度和工作制度，更好发挥人大代表作用。推动协商民主发展，加强人民政协民主监督。扎实推进群团改革，加强基层群团组织力量，充分发挥工会、共青团、妇联等群团组织作用。推进军民融合发展，巩固军政军民团结局面。全面贯彻党的宗教与民族工作基本方针，巩固和发展爱国统一战线。

深化法治武鸣建设。深化司法体制综合改革，落实司法责任制，努力让人民群众在每一个司法案件中感受到公平正义。加强法治政府建设，推行法律顾问制度，促进依法行政，严格规范公正文明执法，完善非诉行政案件强制执行机制，着力解决行政执法执行难问题。加大全民普法力度，深入推进“七五”普法，运用多载体、多形式开展法治宣传教育，推进覆盖城乡、惠及全民的公共法律服务体系建设，推动全民尊法学法守法用法。

（六）扎实推进精神文明建设，打造文化武鸣

牢牢掌握意识形态工作领导权，全面落实意识形态工作责任制。深入开展习近平新时代中国特色社会主义思想学习宣传，用中国梦和社会主义核心价值观凝聚共识，大力弘扬民族精神和时代精神。推行党员干部志愿服务，积极参与南宁市全国文明城市创建工作，加强公民道德教育，不断提升市民素质。大力发展文化事业和文化产业，加快文化武鸣建设步伐。继续深入挖掘、研究、保护和传承壮民族文化，推进“中国骆越文化之乡”“中国龙母文化之乡”总体规划编制，开展非物质文化遗产保护传承，抢救维修起凤山古建筑、文桐戏台、陆荣廷故居，落实好元龙坡、安等秧古墓群等文物保护单位的管理保护工作。普及壮民族文化，以校园山花红为载体，推进壮民族文化进校园。依托明秀园、大伍屯等特色人文历史、民风民俗资源，深入挖掘壮民族文化内涵，塑造壮民族文化品牌，将文化资源转化为发展优势。加强壮民族文化对外交流传播，积极参与同东盟国家的民族文化交流活动，办好2018年中国壮乡·武鸣“壮族三月三”歌圩暨骆越文化旅游节、中国（南宁·武鸣）舞龙大赛暨第十四届中国民间文艺“山花奖”·民间艺术表演奖评奖等活动，提高壮民族文化影响力和辐射力。繁荣壮族文艺创作，继续举办新创民歌大赛等活动，打造一批具有鲜明的壮民族特色、群众喜闻乐见的文艺精品。推动全民健身和全民健康深度融合，建设游泳池等一批体育设施，举办南宁市武鸣区首届体育运动会，深入推动壮民族体育事业繁荣发展。

（七）扎实推进民生改善，不断提高人民群众获得感、幸福感、安全感

全力推进脱贫攻坚。进一步压实责任，扶真贫、

真扶贫，汇聚各方力量开展扶贫，坚决完成脱贫攻坚年度目标。强化精准帮扶，深入实施教育扶贫、健康扶贫、就业扶贫等“六个一批”脱贫行动计划。突出抓好特色产业发展，加大指导和扶持力度，形成一批有特色、有优势，带动贫困户持续增收的扶贫产业。加快完善贫困村基础设施，加大投入实施“七大工程”建设。深化“三统一”村级集体经济发展模式，解决村级集体经济增收难问题。持续加大扶贫领域监督执纪问责力度，加强扶贫资金使用管理，规范扶贫档案整理，建立健全脱贫攻坚跟踪督查机制和考核办法。

健全就业和社会保障体系。落实积极的就业政策，加强技能培训和创业培训，定期举办各类专场招聘会，促进高校毕业生、农民工多渠道就业创业，建设充分就业城区。按照兜底线、织密网、建机制的要求，加快建成覆盖全民、统筹城乡的多层次社会保障体系。推进住房保障和农村危旧房改造，建立健全住房保障体系，做好企业职工搬迁安置房、武鸣榜胶厂棚改等项目建设工作。完善社会救助、社会福利等制度，健全农村留守儿童和妇女、老年人关爱服务体系。统筹城乡社会救助，完善最低生活保障制度，稳步提高最低生活保障标准和生活补助水平。

统筹推进各项社会事业发展。优先发展教育事业，实施教育“五项改革”计划，优化教育资源，推行学区制、集团化办学，在城区规划新建义务教育学校，推动城乡义务教育一体化发展，进一步促进教育改革发展成果全民共享。扎实推进“健康武鸣”建设，建立优质高效的医疗卫生服务体系，规划建设城区第一人民医院，大力传承发展中医药、壮医药，加强乡村医生队伍建设。巩固新一轮全国计划生育优质服务先进单位成果，不断优化计生服务管理水平。加强科技项目管理，不断提升企业自主创新能力，实施科技兴农和科技惠民计划，助推乡村振兴和民生改善。

持续加强社会治理创新。围绕营造团结和谐的社会环境目标，完善社会治理网格化管理，提高社会治理社会化、法治化、智能化、专业化水平。坚持社会矛盾精准排查和精细化解，加强和改进信访工作，健全基层人民调解组织体系，切实维护社会稳定。推进治理重心下移，规范小区管理，加强社区、职能部门联动，探索形成“多元共治”模式。深入推进“平安武鸣”建设，加快构建立体化、信息化的社会治安防控体系，重拳打击各种违法犯罪活动。牢固树立安全发展理念，加强安全生产、防灾减灾、应急处置等工作，坚决防范重大安全事故发生。强化食品药品经营监管，切实保障人民群众“舌尖上的安全”。

（八）扎实推进生态环境保护，让武鸣山更青、水更绿、天更蓝

加强环境保护。深入开展陶瓷、石材等污染行业专项整治，持续推进工业企业技改治污升级工程，严格控制主要污染物排放。严格限制在生态敏感区开发建设，推进完成大明山矿区地质环境修复、小水电站清退，恢复大明山生态环境。严格执行森林生态红线保护制度，实施“金山银山”森林质量提升工程，严厉打击破坏森林资源行为，切实保护森林资源安全。在全城区江河、湖泊、水库全面推行河长制，构建保护机制，营造水清、岸绿、河畅、景美的水生态环境。坚持源头防治、全民共治，持续加强水、大气、土壤污染防治工作，全面深化扬尘污染治理，建立健全土壤污染防治监测体系，坚决打赢蓝天保卫战。

推进绿色发展。大力发展生态经济，重点培育光伏新能源、风力发电、生物质能源等生态产业发展。推进工业园区生态化改造，加快节能环保产业发展，执行高标准、高门槛、严要求的环保准入机制，严格控制高污染、高能耗和资源消耗型项目引进，倒逼企业转型发展。继续打造一批生态综合示范村屯，培育更多的美丽乡村精品，带动生态休闲旅游发展，做活“美丽经济”文章。开展创建节约型机关、绿色家庭、绿色学校、绿色社区和绿色出行等行动，推动全民在衣食住行等方面向简约适度、绿色低碳的生活方式转变，形成崇尚生态文明的社会新风尚。

坚定不移全面从严治党

打铁必须自身硬。我们要全面贯彻新时代党的建设的总要求，坚持党要管党、全面从严治党，

坚决落实管党治党政治责任，推动全面从严治党向纵深发展，为我城区各项事业发展提供坚强保证。

（一）把党的政治建设放在首位。坚持把政治建设作为党的根本性建设。要牢固树立“四个意识”，始终把坚决维护党中央集中统一领导、维护习近平总书记核心地位作为共同的政治责任、最高的政治原则、最重要的政治纪律和政治规矩，始终在思想上政治上行动上同以习近平同志为核心的党中央保持高度一致。要认真学习党章、践行党章，把党章的新规定、新要求牢记心中，自觉树立更高标准、更严要求，做新时代合格共产党员。严格执行新形势下党内政治生活若干准则，勇于开展批评和自我批评，不断增强党内政治生活的政治性、时代性、原则性、战斗性。

（二）坚持不懈抓好理论武装。加强党员干部理想信念教育，深入开展习近平新时代中国特色社会主义思想学习培训，坚定不移用习近平新时代中国特色社会主义思想武装全城区党员干部，使之成为推动武鸣改革发展的强大思想武器。推进“两学一做”学习教育常态化制度化，认真组织开展“不忘初心、牢记使命”主题教育，把党性教育抓在日常、严在经常。坚持和完善党内学习制度，落实党委（党组）抓思想建设责任制，执行党委（党组）理论学习中心组学习规则，推动形成理论学习的浓厚氛围。创新党员教育方式方法，启用党员干部教育培训视频系统，搭建“万人课堂云平台”，建设科学化、常态化、智能化的党性教育阵地。

（三）建设高素质专业化干部和人才队伍。坚决落实好干部标准，强化党组织的领导和把关作用，更加注重在“四个一线”发现、培养、考察和使用干部，真正让忠诚干净担当、为民务实清廉、奋发有为、实绩突出的干部得到褒奖和重用。注重培养专业能力、专业精神，按照增强领导干部八种本领要求，组织开展八大专题主体培训，努力锻造一支高素质、专业化干部队伍。加大正向激励力度，健全容错机制，严格落实“三个区分开来”，让能干事的干部干事，为敢担当的干部担当。大力储备人才，完善人才引进、培养和管理制度，实施灵活的薪酬激励机制，不断为武鸣发展提供人才支撑。

（四）提升基层党建工作水平。强化基层组织政治功能和服务功能，建好用活基层党建阵地、服务场所和互联网平台，务实管用地解决基层群众的现实需要和实际问题，把基层组织建设成为宣传党的主张、贯彻党的决定、领导基层治理、团结动员群众、推动改革发展的坚强战斗堡垒。着力抓好党建促脱贫攻坚工作，加强村“两委”干部、贫困村党组织第一书记等基层干部队伍建设，整顿软弱涣散基层党组织，建立稳定的经费保障制度。坚持“三会一课”制度，落实组织生活会和民主评议党员制度，抓好党员发展工作，发挥好党员的先锋模范作用。关心关爱基层党员干部，加大对老党员和困难党员的激励关怀，不断增强党组织向心力。统筹推进农村、城市社区、机关事业单位、两新等各领域党建，打造壮乡党建全域示范区。

（五）持之以恒加强作风建设。持续开展“干部作风提升年”活动，坚持不懈抓作风改作风。把纪律和规矩挺在前面，深化运用监督执纪“四种形态”，抓早抓小、防微杜渐。以强化政治纪律和组织纪律为重点，带动党的其他纪律全面严起来。坚持以上率下，持续抓好中央八项规定精神的贯彻落实，持续推进“四风”整治，认真查找“四风”突出问题特别是形式主义、官僚主义的新表现，采取过硬措施，坚决加以整改。扎实推进基层廉洁工作站建设，推动全面从严治党向基层延伸。

（六）深入推进反腐败斗争。坚持无禁区、全覆盖、零容忍，始终保持惩治腐败高压态势，严肃查处发生在群众身边的不正之风和腐败问题。深化国家监察体制改革，成立城区监察委员会，实现对所有公职人员监察全覆盖。深化政治巡察，推动巡察监督制度化、规范化，实现横向全覆盖、纵向全链接、监督无死角。抓好党内法规制度建设，构建不敢腐、不能腐、不想腐的有效机制，深化标本兼治，保证干部清正、政府清廉、政治清明。

新的一年，新的征程，需要我们有新的作为，让我们更加紧密地团结在以习近平同志为核心的党中央周围，在党的十九大精神引领下，团结一心、务实作为、开拓进取、克难攻坚，奋力谱写新时代武鸣发展新篇章，向全面建成小康社会目标奋勇前进！

政府工作报告

——2018年1月18日在南宁市武鸣区第一届人民代表大会第三次会议上

区长 黄伟光

一、2017年工作回顾

过去的一年，我们在市委、市政府和城区党委的正确领导下，在城区人大、政协的有效监督和大力支持下，团结带领城区各族人民，紧紧围绕“两中心一目的地两基地”发展定位和建设具有壮民族特色的“富裕文明、生态宜居、美丽和谐”武鸣新区的发展目标，坚持稳中求进工作总基调，较好的完成了城区一届人大二次会议确定的各项目标任务。荣获全区县域经济发展进步县（区）、全国生猪调出大县（区）、“中国骆越文化之乡”、“中国龙母文化之乡”等荣誉称号；城厢镇、甘圩镇、罗波镇、灵马镇获评南宁市科学发展先进（进步）乡镇。

——综合经济实力更强。初步统计，2017年全城区地区生产总值完成355.3亿元，增长8.5%；财政收入27.23亿元，增长9.3%，其中，城区本级15.63亿元，增长8.6%；固定资产投资完成377亿元，增长5.9%，其中，城区本级202亿元，增长1.3%；规模以上工业总产值完成489.5亿元，增长9.5%，其中，城区本级148.5亿元，降幅收窄；社会消费品零售总额完成87.5亿元，增长10.1%，其中，城区本级83.5亿元，增长10.1%；三次产业结构由25.6 ∶ 46.4 ∶ 28.0优化为23.5 ∶ 45.8 ∶ 30.7。

——现代特色农业蓬勃发展。柑橘类水果产业规模不断扩大，沃柑种植面积30万亩以上，成为广西最大生产区，“中国沃柑看武鸣”品牌影响力进一步扩大。武鸣砂糖橘获农业部认定为地理标志农产品。佳年公司火龙果基地被农业部评为“热作标准化生产示范园”，佳年火龙果获评2017年中国名特优产品。新增3个县级、4个乡级现代特色农业示范区。

——同城发展步伐加快。宾隆二级公路武鸣段全线贯通，贵隆高速公路武鸣段全线开工，贵南高铁武鸣段前期工作顺利完成。开通武鸣至南宁安吉115公交线路，无缝对接南宁地铁2号线；南宁轨道交通规划向武鸣延伸，大交通助推同城融合发展进程。“一环四区”建设规模不断扩大，商业地产繁荣发展，南宁教育园区东片区雏形显现。

——民生福祉大幅提升。城区本级财政民生支出29.98亿元，占一般公共预算支出的80%。城镇居民人均可支配收入31750元，增长8%。农村居民人均可支配收入14630元，增长10%。完成10个贫困村摘帽、1137户3893个贫困人口脱贫任务，完成自治区下达任务数173%。城镇医保和新农合实现“二合一”，异地就医费用直接结算步入正轨，人民群众享受到更多便利和实惠。

——广西—东盟经开区经济发展再上新台阶。初步统计，开发区规模以上工业总产值完成341亿元，增长21%；财政收入11.6亿元，增长10.4%；固定资产投资完成175亿元，增长11.8%，各项主要经济指标均保持两位数增长。计划总投资60亿元的科天水性产业园项目全面开工建设，太和·自在城获评首批“广西养生养老小镇”。南宁教育园区西片区建设全面推进，“两横四纵”六条主干道项目建设顺利实施，9所院校签约入园，桂林理工大学博文管理学院等3所院校开工建设。

（一）积极转型促发展，工业经济稳中向好。

坚持“工业立区”发展思路，碳酸钙、新型建材等专业产业园落地建设，林产品深加工集聚发展，工业转型升级进一步加快。保障84家规模以上企业正常生产，培植金华建材等12家企业入规。扶持锦龙建材等10家企业实施技改，助推企业达产达效。生物质天然气产业化试点工程稳步推进，木薯淀粉酒精企业顺利完成整合。编制完成《伊岭工业集中区产城互动发展规划》等5个规划，构建一区多园工业发展格局；新征收工业用地1400亩，助推中建八局等21个工业项目落地；组建富岭公司筹集资金，完善道路、排污、水电等基础设施，伊岭工业园区承载能力不断增强。27家企业签约租用或购买标准厂房14.8万平方米，入驻率 62.7%。伊岭工业园区规模以上企业总产值完成 113 亿元，实现财税收入 1.35 亿元，同比增长 7%。

（二）优化传统推特色，现代农业强中显优。

坚持“农业稳区”发展思路，完成粮食种植面积 101.67 万亩、糖料蔗 31.96 万亩、蔬菜 79.05 万亩、水果 63.03 万亩；肉类总产量 14.69 万吨，水产品产量 4.99 万吨。19 个现代特色农业示范区基础设施不断完善，主导产业更加优化，成功协办全区现代特色农业示范区建设现场会，伊岭溪谷休闲农业示范区获得与会人员高度点赞。投入 2.34 亿元，实施 96 个水利工程建设。投入 1433.37 万元，完成 59 个“小块并大块”土地整治项目。落实农机购置补贴 2369.8 万元，主要农作物机械化综合水平达 63.3%。抓好柑橘黄龙病防治工作，保障柑橘产业健康发展。农村综合改革成效显著，农村土地承包经营权可颁证率达 96.7%，农村承包土地经营权抵押贷款 5278 万元。农林牧渔业总产值完成 141 亿元，同比增长 4.3%。

（三）多元发展旺消费，第三产业繁荣活跃。

坚持“三产兴区”发展思路，全力推进全域旅游。汉江欢乐谷一期工程竣工，南国乡村等重点项目顺利推进。伊岭壮乡文化生态旅游示范区与现代农业融合发展，生力军生态农庄、锦泉山庄分别荣获广西五星级、三星级乡村旅游区称号。借助中央电视台等媒介广泛宣传，不断提升武鸣旅游知名度。全年接待游客 602.28 万人次、消费 46.63 亿元。强化房地产市场调控，促进房地产业平稳发展。新培植 4 家限额以上商贸企业。设立电商服务站点 256 个，实现镇级电商服务站点全覆盖。现代物流业不断壮大，新增中国—东盟特产城等 3 家物流企业，城区快递业务量迅猛增长。城区主要公共场所免费 WiFi 实现全覆盖，恒宁·太阳广场、新润发等商圈繁荣发展。

（四）强化服务抓建设，有效投资持续扩大。

深入开展“重大项目服务年”活动，落实城区领导联系重大项目服务重点企业制度，钢之泰等 10 个项目竣工投产，桂潮电线电缆等 24 个项目有序推进，顺华门窗等 23 个项目开工建设。完成征地 1.73 万亩，落实新增建设用地指标 4128 亩，保障项目建设用地。引进中交一公局、中铁上海工程局等 19 个项目，全年实际到位内资 39.6 亿元，同比增长 14.9%。教育园区东片区配套基础设施日益完善，经五路南段、长岗大道东段建成通车，一、二期路网全部进场施工，三期路网及地下综合管廊一期工程前期工作有序推进；供水供电、网络通信等公共服务设施同步实施。广西安职院实现招生办学，广西医科大学主教学楼主体结构顺利完工，广西师范学院、广西工商学院顺利开工建设，广西财经学院、广西工业学院、广西教育学院前期工作稳步推进。灵水壮乡文化小镇开工建设，搬迁回建安置工作扎实推进。

（五）建设管理齐发力，城乡面貌焕然一新。

坚持宜居、为民的城市发展理念，完成大同、标营等 2 个片区控制性详细规划和 63 个村庄规划编制工作。完成定罗路、香山大道“白改黑”等 9 个市政道路工程，渡头桥、旧五海桥修缮工程顺利完工，新建改建公厕 6 座，城区垃圾中转站扩建项目有序推进，城市基础设施不断完善。南门片区旧城改造项目稳步推进。罗波镇百镇示范点、两江镇集镇综合整治项目建设全面竣工，双桥镇成功列入首批南宁特色小镇名单，罗波镇坛他屯乡土特色示范村顺利通过市级验收，镇村面貌焕然一新。全力开展“美丽南宁·整洁畅通有序大行动”，推行门店“四包”承诺制度，精准网格化管理，建立 271 个社会共治微信群，引导全民参与市容市貌综合整治、万人交通大整治等活动，形成全民共治的良好局面，有效解决城市“五乱”、夜市扰民等城市管理难题。坚持对“两违”零容忍，“两违”新增量同比下降 39%。完成南武大道（武鸣段）、东江至邓吉路面维修工程，有序推进甘圩至南武大道伏林段、陆斡至东江三级公路项目工程；新增投放新能源公交车 53 辆、出租车 45 台，进一步满足群众出行需求。

（六）综合治理现成效，生态环境持续改善。

坚持生态优先发展理念，全面落实中央环保督察反馈问题的整改工作。完成灵水饮用水源水质整改工作，拆除大明山铜矿、钨矿地上附着物，实施矿区地质环境恢复治理与土地复垦工作，清退大明山小水电站各项前期工作顺利开展。加大对重点污染源头的监管力度，引导 27 家采石场开展标准化建设；严抓道路扬尘治理，重拳打击超限超载行为，城区环境质量空气优良率达92%，“武鸣蓝”成为常态。城区流域水环境综合整治PPP项目前期工作顺利开展。全面启动河长制各项工作，取缔26个无证加工经营砂场，东门河截污治理工程有序推进，城区水环境质量得到有效改善。加大森林资源保护力度，森林覆盖率达到49.42%。持续开展乡村建设“三清洁”“三化”专项活动，全面启动“宜居乡村”建设，完成农村危房改造780户，农村改厨改厕3.2万户；投入1743万元，做好农村生活污水处理设施建设和运维工作；投入1.2亿元，完成环广西公路自行车世界巡回赛沿线44个村屯5914户房屋外立面风貌改造、5个重要节点村乡土特色改造工作，农村生活环境进一步优化。生态镇村创建工作有序开展，双桥镇、罗波镇被评为自治区生态镇，马头镇那堤村等24个村被评为自治区生态村。

（七）改善民生添福祉，社会事业全面进步。

为民办实事项目有效实施。承办的自治区、南宁市为民办实事项目18个大项50个子项全部完成，城区本级为民办实事项目10个大项19个子项基本完成（详见附件1）。

脱贫攻坚扎实推进。全面落实脱贫摘帽“三包”责任制，落实帮扶单位123个，下派266名驻村帮扶工作队员、2499名干部对所有建档立卡贫困户进行结对帮扶。整合各类扶持资金，深入实施“六个一批”和“七大工程”项目，投入8682.6万元，实施贫困村通村通屯道路升级改造91条，人饮工程项目59个，电网升级改造项目41个，有线电视信号覆盖项目4个，公共服务设施项目23个；投入2105.5万元扶持4919户贫困户实施种养项目，受益人口1.86万人；开发206个乡村公益性岗位；投入685.8万元资助贫困户家庭学生6343人次；为2.3万贫困人口代缴城乡居民基本医疗保险，发放医疗救助1511.6万元、惠及3177人次；创新“三统一”模式，投入2530万元发展贫困村集体经济，40个贫困村集体经济收入均达2万元以上。新纳入贫困户145户429人、剔除错评76户314人，返贫认定29户86人，确保扶贫人口应纳尽纳、应返尽返、应扶尽扶。

社保体系不断健全。健全就业服务机制，实现城镇新增就业3668人，农村劳动力转移就业10691人，城镇登记失业率2.41%。建立统一的城乡居民基本医疗保险制度，城乡居民基本医疗保险参保62.26万人。城乡居民基本养老保险参保30.5万人。发放低保金、特困人员救助供养金、医疗救助金3559.7万元；发放高龄补贴、残疾人补贴2056.7万元。发放抚恤金、优待金等各类生活补助2924.8万元。发放大中型水库移民后期扶持资金649.9万元。全力保障妇女儿童合法权益，建成儿童家园35所。完成城区光荣福利院、乡镇敬老院公建民营改革试点工作，武鸣真情养老中心“医养结合”试点工作得到国务院检查组充分肯定。

科技教育持续发展。加快推进自治区知识产权试点县（区）建设，获得市以上科技项目立项17项，高新技术企业保有量12家，成功转化4项科技成果。伊岭工业集中区科技企业孵化器顺利通过自治区验收，促成25家企业正式签约入孵。教育事业取得新突破，高考本科上线率77.3%，7人分别被清华大学、北京大学录取，高考成绩名列广西各县区前茅，职校毕业生就业率100%。持续改善中小学校办学条件，通过义务教育发展基本均衡县（区）国家级督导评估认定。双桥镇中心幼儿园等3所乡镇中心幼儿园建成投入使用，标营幼儿园、标营小学等项目建设顺利推进，武鸣高中定罗湖校区开展立项规划设计。投入3045万元实施“安居乐教”工程，极大改善教师办公及生活条件。民族中学、太平庆乐小学获评首批“自治区民族文化教育示范学校”。

文体卫计协调发展。扎实开展文化惠民工程，全年举办81场送戏进基层活动。传承和发扬壮民族文化精髓，圆满举办2017年中国壮乡·武鸣“壮族三月三”歌圩暨骆越文化旅游节。加强壮族非物质文化传承保护，府城镇、罗波镇入选自治区历史文化名镇，武鸣榨粉、高峰柠檬鸭制作技艺等5个项目入选市级“非遗项目名录”，6名传承人列为市级“非遗传承人”。群众体育运动蓬勃发展，参加南宁市第十一届少数民族传统体育运动会勇夺19个冠军，成绩位居各县（区）首位。城区人民医院整体划转广西医科大学。府城中心卫生院业务综合楼基本完工，妇幼保健院妇女保健楼等5个项目有序推进，城区第一人民医院项目完成规划选址，医疗卫生基础设施日益完善。计划生育家庭养老照护工作稳步实施，全面两孩政策深入人心。加强疾病防控和艾滋病防治工作，公共卫生服务体系不断完善。持续深化医药卫生体制改革，村卫生室全部实现中医药壮医药服务；建立医疗服务共同体，基层医疗卫生服务能力不断提升。

社会大局和谐稳定。扎实推进“七五”普法，深入开展“法律六进”活动，推进“一村一法律顾问”和法律援助便民服务，营造良好的法治氛围。创新社会治安综合治理，完成“一村一警务助理”建设工作；开展打击各类违法犯罪专项行动，刑事案件、“两抢”案件分别下降15.4%和40.4%；做好党的十九大、环广西公路自行车世界巡回赛等重大活动维稳工作，城区社会治安形势持续好转。积极开展领导干部接访、下访活动，办理群众信访件2309件，信访秩序明显好转。排查化解各类矛盾纠纷，调结“三大纠纷”案件39件，成功调解民间纠纷3598件。扎实推进基层应急网格化管理工作，应急处置能力不断提升。广泛开展国防教育和“双拥”工作，军政军民关系进一步密切。严格落实安全生产责任制，大力开展安全隐患排查治理，城区安全生产形势保持平稳。积极参与南宁市创建国家食品安全城市工作，城区食品安全形势持续稳定。

（八）注重转变作风，行政效能不断提高。

大力开展“干部作风提升年”活动，严肃查处重点工作、重大项目中不作为、慢作为问题，问责干部25名，推动政令畅通，促进干部履职尽责。强化干部队伍建设，公务员“双基”培训模式获自治区肯定并向全区推广。持续推进“两学一做”学习教育常态化制度化，压实党风廉政建设“两个责任”，筑牢拒腐防变思想堤坝。全面推进依法行政，主动公开政府信息13302条；开展文件清理工作，废止4110件，修改47件。稳步推进机构改革，成立城区综合行政执法局，组建运行城区公共资源交易中心，不动产登记改革工作有序推进。持续深化“放管服”改革，完成政府部门“两单融合”；城区37个审批部门进驻政务服务中心，集中办理282项行政许可、161项便民服务事项。加强政府投资项目审计工作，审核金额5.88亿元，核减工程价款7014.2万元。严格贯彻落实中央八项规定精神，“三公”经费压缩3.13%。认真执行人大及其常委会决议、决定，自觉接受人大及其常委会法律监督和政协的民主监督，办理人大代表建议110件，政协提案68件，办复率100%。

一年来，城区地震、档案、史志、民族宗教、外事侨务、机关事务等部门和各镇人民政府做了大量工作，气象、金融、保险、邮政、通信、烟草、东风农场、武警中队、消防大队、供水公司、供电公司、石油公司、香山糖厂、东江糖厂、广西壮校、住房公积金等驻城区单位，为全城区经济社会发展作出了积极的贡献。

过去的一年，在复杂严峻的经济形势下，我们顶住了压力，经受住了考验，取得了来之不易的成绩。这是城区党委正确领导、城区人大有效监督、城区政协大力支持的结果，是各级领导干部团结和带领全城区人民艰苦奋斗、团结拼搏的结果，是社会各界人士以及老同志关心、支持、帮助的结果。在此，我谨代表城区人民政府，向城区各族人民，向人大代表、政协委员、离退休干部，向所有关心、支持武鸣，为武鸣经济社会发展作出贡献的同志们、朋友们致以崇高的敬意和衷心的感谢！

同时，我们也清醒地看到，我们仍然存在一些困难和问题，主要表现在：工业发展动力不足，主导产业优势不明显；城市基础设施建设有待完善，管理水平有待提升；资源环境约束趋紧，绿色发展任务艰巨；基本公共服务与人民群众需求有一定差距，补齐民生短板任务艰巨；社会治理仍存在一些薄弱环节，群众安全感及满意度还有待提高；少数干部责任担当意识不足，推动工作的本领不高、执行力不强等等。对这些问题，我们要时刻保持清醒头脑并采取有效措施，下大力气加以解决，决不辜负城区人民的期望！

二、2018年工作任务

2018年是贯彻党的十九大精神的开局之年，是决胜全面建成小康社会、实施“十三五”规划承上启下的关键一年，是我国改革开放40周年，是自治区成立60周年。党的十九大胜利召开，将习近平新时代中国特色社会主义思想确立为中国共产党必须长期坚持的指导思想，中国特色社会主义进入新时代；广西持续营造“三大生态”，加快实现“两个建成”战略目标；南宁加快建设“四个城市”，勇当广西发展排头兵的奋斗目标；我们武鸣初步实现撤县设区平稳过渡，发展思路、定位逐步清晰，“三大机遇”优势开始显现，“一大政策”还有很大发挥空间，面对这一系列的发展机遇，我们必须凝心聚力、砥砺奋进，勇于担当、善做善成，奋力谱写新时代武鸣发展新篇章。

根据中共南宁市武鸣区第一次代表大会第二次年会精神，今年政府工作的总体要求是深入学习贯彻党的十九大精神，以习近平新时代中国特色社会主义思想为指导，坚持以人民为中心的发展思想，坚持稳中求进工作总基调，坚持新发展理念，按照高质量发展的要求，围绕“两中心一目的地两基地”发展定位和建设具有壮民族特色的“富裕文明、生态宜居、美丽和谐”武鸣新区发展目标，持续开展“干部作风提升年”“重大项目服务年”活动，全力抓好产业转型升级、精准脱贫、征地拆迁、城市综合治理、教育园区建设、生态环境治理攻坚战，统筹推进稳增长、促改革、调结构、惠民生、防风险各项工作，促进经济社会持续健康发展，夺取全面建成小康社会新胜利，向自治区成立60周年献礼。

根据这一指导思想，2018年武鸣经济社会发展的预期目标是：地区生产总值增长7.5%；城区本级财政收入增长6%；城区本级固定资产投资增长10.5%；城区本级规模以上工业总产值止跌回升；社会消费品零售总额增长10%；城镇居民可支配收入增长8%；农村居民人均可支配收入增长10%。要实现预期目标，我们重点抓好以下8个方面的工作：

（一）创新发展模式，补齐短板，推动工业经济提质增效。

以打好“产业转型升级攻坚战”为目标，坚持创新驱动发展，加快发展新产业、新技术、新模式，力促城区工业止跌回升。

加速培育增长新动能。积极推进与南宁高新区合作共建“飞地园区”，以机械加工、新型建材、林产品深加工、生物医药等产业为重点，开展“飞地招商”、合作招商，优化伊岭工业集中区产业空间布局，实现优势互补、共赢发展。积极对接华邦塑业、华润集团等企业，引进一批新项目落地。重点服务盛天水泥制品、新希望六和饲料等10个新签约项目，力争实现开工建设。协调推进浩德光伏电站、冠伟科技等项目建设，努力实现投产达效。大力培植“小、精、高”企业成长，争取成功培植嘉通木业等8家以上企业入规，形成新的增长极。依托园区拓宇科技企业孵化器，加强孵化企业的筛选、入孵，促进科技成果转化为现实生产力。

优化升级传统产业。继续做好“两头”文章，全力推进碳酸钙循环经济产业园、新型建材产业园建设，大力扶持华纳科技公司上市；以南宁北站规划建设为契机，做好城西工业园区企业搬迁安置工作，促成林产品深加工产业园落地开工建设。扶持宏发重工、恒泰家具等重点企业通过科技创新，不断提高产品竞争力。以打响大明山“天然生态山泉水”品牌为目标，引导企业联合重组，实现资源共享、品牌共享。鼓励企业向绿色低碳发展，逐步淘汰一批污染严重、生产工艺落后的企业。

不断提升园区承载力。加快推进伊岭工业园区向双桥、宁武扩园，构筑园区持续发展格局。扎实做好工业用地征地拆迁工作，落实工业用地2500亩以上。加大闲置土地清理力度，提高工业园区土地使用效益。加强对已签约项目的督查评估，坚决清退投入、产出等指标未达合同约定的企业。多渠道筹措资金，加快完善园区道路、供水供电、污水处理等基础设施；积极探索产城一体化发展模式，加大园区生产性、生活性服务配套设施建设，有效改善园区发展环境。加大标准厂房招商引资力度，提高标准厂房租售率，促进中小企业集群发展。

（二）围绕区域定位，树立标杆，推动现代农业特色发展。

突出绿色优质农产品供给，狠抓农产品标准化生产、品牌创建工作，促进农业增效、农民增收。

夯实农业发展基础。落实好各项支农惠农政策，稳定粮食种植面积在100万亩、总产量30万吨以上，确保粮食安全。严格落实耕地保护和占补平衡政策，实行基本农田永久保护。推进农村土地综合整治，重点抓好“双高”基地土地平整和“小块并大块”耕地整治工作，不断提高耕地质量。加快实施石漠化综合治理、坛哄水库除险加固等项目建设，不断完善水利基础设施。加强农业植保工作，重点抓好柑橘黄龙病源头治理。强化农产品质量安全监管，确保人民群众“舌尖上的安全”。抓好农业机械化建设，力争年内主要农作物农业机械化综合水平达 65% 以上。

全力推进示范区建设。实施现代特色农业示范区增点扩面提质升级三年行动计划，增创一批区、市、县级现代特色农业示范区，实现镇镇有示范园、村村有示范点。进一步扩大示范区区域、品种、产业覆盖面，推进示范区向种养结合、农旅融合发展。加快绿之都果蔬产业、小皇后休闲农业等 19 个示范区的产业升级、技术升级，着力补齐农产品深加工和冷链物流等短板，促进农村就业、农民增收。

着力打造农产品品牌。制定“武鸣沃柑”区域公用品牌发展战略和规划，与中央电视台合作宣传武鸣沃柑，全面打响“中国沃柑看武鸣”品牌。积极开展“三品一标”认证工作，增强农产品市场竞争力。加强果蔬、水稻等富硒农产品的开发和认定工作，打造“硒望·武鸣”系列特色富硒品牌。实施“互联网 + 农业”行动，搭建网络销售平台，加大宣传力度，推出府城土制红糖、那羊香米等一批“网红”绿色产品。

（三）狠抓服务质量，扩大平台，推动现代服务业快速发展。

以争创“广西全域旅游示范区”为目标，依托区位优势，培育新兴业态，促使现代服务业发展提速、比重提高、水平提升。

积极推进全域旅游。全力争创广西全域旅游示范区，深度融入大南宁旅游圈、环大明山旅游圈，推进旅游发展共建共享。编制《武鸣区环大明山生态旅游圈旅游发展详细规划》，整合双桥特色旅游小镇以及罗波、两江旅游资源，全面提升南宁—武鸣—大明山壮乡风情旅游带知名度。做好“旅游 +”文章，升级打造伊岭壮乡生态旅游综合示范区，加快推进千艺大观、南国乡村等重点项目建设，不断完善大伍屯、伏唐屯等综合示范村的配套设施。大力开展旅游宣传推介，打响武鸣旅游品牌。

促进消费提质升级。加快修订完善现代服务业发展规划，调整优化城区现代服务业布局。依托高铁、高校“两高”产业集聚优势，精心谋划南宁北站、教育园区服务产业。积极引进知名房地产企业，规划打造兴武大道延长线地标性大型城市综合体；全力推动体育小镇等特色小镇项目建设，助推商业地产高品质发展。不断完善万隆国际等商圈配套设施，增强消费对经济的拉动作用，力争年内社会消费品零售总额达 92 亿元以上。

完善市场体系建设。加快推进专业市场规划建设，积极筹建农副产品、农资农机、汽车配件等专业市场。进一步完善城镇集贸市场建设，加快推进红岭市场升级改造工程，力争年内打造 1 个市一级农贸市场。大力发展电商产业，做大做强“壮乡网圩”，不断增加镇、村电商服务站点，加快建设电商实地交易中心和展示中心，打造电商“全产业链”。

加快发展新兴服务业。积极发展养老服务业，推进红岭社区城市养老服务中心项目建设，新建和平社区日间照料中心。以武鸣真情养老中心为样板，谋划建设一批“医养结合”养老机构，促进养老服务业与健康产业融合发展。积极承接首府中心物流疏解，规划建设大型现代物流园。加快发展社区服务业，不断完善餐饮配送、家政服务、劳务中介等行业体系。加大金融服务力度，加强政银企沟通合作，鼓励更多社会资本参与项目投资；引导金融机构创新中小企业服务模式，多渠道解决小微企业融资难问题。

（四）注重项目建设，扩大投资，推动经济社会焕发新活力。

以打好“教育园区建设攻坚战”为目标，紧盯项目建设不放松，突出抓好项目服务工作，努力保持投资平稳增长态势。

全力推动项目建设。继续开展“重大项目服务年”活动，实行城区领导联系重大项目、服务重点企业制度，促使项目早落地、早开工、早投产。组织推进安凤岭风电场等 87 个重点项目，年度计划投资 100 亿元以上。全力打好“征地拆迁攻坚战”，重点抓好东南片区、南宁北站片区、贵南高铁等项目征地拆迁工作，力争年内完成 2 万亩以上征地任务。加强已征收土地收储管理，完成 1.1 万亩以上建设用地报批工作，提升项目供地率。

提速建设教育园区。以打造广西一流的大学园区为目标，全面加快教育园区东片区建设。实施完成一期路网，加快建设二期路网，启动三期路网、地下综合管廊一期等项目规划建设。完善给排水、供电、环保等市政基础设施，开展园区教师住房、商业中心和医疗卫生等配套设施规划建设。加大园区征地拆迁和回建安置工作力度，加快灵水壮乡文化小镇建设，力争年内首批安置房交付使用。加强协调和服务工作，推动入园院校全部开工建设。积极争取自治区、南宁市专项资金及政策支持，拓宽融资渠道，有效解决园区建设资金问题。

全力开展招商引资。完善招商引资政策，建立健全招商引资激励约束机制，不断优化和推介武鸣投资环境。科学策划项目包装，推进现代装备制造、新型建材、新能源、旅游文化、电商物流等产业招商，实施精准招商、网络招商、委托招商。进一步对接恒大、华润、中铁、万科等行业龙头企业，引进一批投资规模大、效益好的项目。充分发挥招商中心服务功能，建立高效服务体系，推动已签约项目开工投产。

（五）建设智慧武鸣，完善管理，推动城市品位不断提升。

以打好“城市综合治理攻坚战”为目标，坚持治水、建城、为民的城市工作主线，推进城市管理精细化、智慧化，推动宜居武鸣品味升级。

大力开展城市建设。全面推动“多规合一”，加快给排水、环保、市政、照明、综合管廊等8个专项编制，完成中心城区、城南（定罗）片区等4个片区控制性详细规划。加大对老旧小区、“三无”小区整改力度，有序推进南门片区旧城改造、武鸣栲胶厂棚户区改造项目建设。实施城乡环卫一体化、垃圾焚烧两个PPP项目，加快建筑垃圾消纳场规划建设，切实解决建筑垃圾围城问题。坚持不懈推进“厕所革命”，通过新建、改扩建实现景区和城区公厕全覆盖。规划建设红岭休闲公园，实施红岭大道、定罗湖休闲公园等美化绿化提升工程。开工建设灵源路、兴武大道“白改黑”等56个市政项目建设，实施城区路灯改造，在主城区“三横三纵”市政道路启用LED节能光源，进一步提升城市品位。

提升城市管理水平。积极推进“智慧武鸣”PPP项目建设，推动城区公安、交通、城管等九大公共服务领域的管理模式向精细化、智慧化转变。创新“4819”整治模式，强化各职能部门、九个执法中队综合执法能力建设，推行全民参与，重点抓好万人交通大整治、扬尘污染治理和夜市整治等8个方面工作，加快推进城市道路停车泊位建设运营，推动城区“整洁畅通有序大行动”再上新台阶。严厉打击各类违法用地、违法建设行为，切实加强土地卫片执法工作。

大力完善路网体系。拓展武鸣高速便利的交通路网，重点推进贵南高铁武鸣段、南宁北站、贵隆高速武鸣段建设。推动城乡公路提级改造，加快实施甘圩至南武城市大道伏林段改道、太平庆乐至武鸣主干道等工程项目建设。加大农村公路管理养护力度，构建安全舒适建养并重的“四好农村路”。提升建设公交停靠站、候车亭等交通基础设施，新开通3条公交线路，全面推广南宁市民卡，让群众享受同城化交通便利。

（六）发展乡镇经济，深化改革，推动城乡协调发展。

按照“产业兴旺、生态宜居、乡风文明、治理有效、生活富裕”总要求，突出农村农业改革、乡镇特色发展、宜居乡村建设，促进城乡一体化发展。

深化农村农业改革。稳步推进农村产权制度改革，推进农村不动产登记工作，保障农民财产权益。贯彻落实好农村土地所有权、承包权、经营权“三权分置”政策，保持土地承包关系稳定。全面完成土地确权登记颁证工作，推进农村承包土地经营权抵押贷款试点工作，推行土地经营权入股发展农业产业化经营。加快供销社综合改革，增设镇级、村级为农综合服务站，充分发挥供销社服务“三农”的作用。发展适度规模经营，不断壮大农民专业合作组织和家庭农场等新型农业经营主体，力争新增市级农业产业化龙头企业1家，农民合作社30家，家庭农场20家。完善农业保险制度，提高农业防灾抗灾能力。

推进乡镇特色发展。以实施村镇规划引领乡镇建设，科学制定50户以上村庄规划编制，完成镇区控制性规划。加大道路、水电、管网等基础设施和公共服务设施建设力度，改善人居环境，增强就地城镇化能力。按照《南宁市主体功能区规划》定位，抓好城厢、双桥、锣圩、陆斡4个重点镇的开发建设，做好太平、甘圩等9个农产品主产区的生产经营指导。充分挖掘各镇资源优势，规划好“一镇一品”主导产业，积极探索文化、旅游、产业相融合的发展模式，打造一批特色产业支撑强劲的小镇。力争5个以上获评南宁市科学发展先进（进步）镇，促进城区县域经济在全区争先进位。

加快宜居乡村建设。重点开展“三民”专项活动。实施扶持村级集体经济发展示范建设，带动农民发展特色产业增收致富。完成村级综合服务中心规范化建设，推动行政村基本公共服务全覆盖。统筹推进道路通行、饮水安全、住房安全、改厨改厕等工程，全面改善农村生产生活条件。积极参与市级美丽乡村示范创建工作，扎实推进双桥那宫屯等乡土特色建设项目，全力打造一批示范镇、示范村、示范屯。持续巩固提升“清洁乡村”“生态乡村”活动成果，深入开展农村环境卫生综合整治“一清二拆三整理”活动，抓好“三化”专项活动项目设施建成后的运维管理。

（七）加大保护力度，完善机制，推动生态环境绿色发展。

以打好“生态环境治理攻坚战”为目标，深入践行绿水青山就是金山银山的理念，坚持绿色发展，加强治理保护，努力建设山清水秀美好家园。

加强生态治理保护。全面落实中央环保督察反馈意见的整改工作，完成大明山矿区生态修复和小水电站退出清理，保持灵水饮用水源水质达标。实施“金山银山”森林质量提升工程，加强林地监管和保护，保护森林资源安全。加大淀粉酒精、陶瓷等行业的监管力度，严格控制废气排放；加大扬尘治理力度，坚决打赢蓝天保卫战。全面推行河长制，建立覆盖城区、镇、村（社区）三级河长组织体系，开展江河湖库专项整治活动；实施城区流域水环境综合整治PPP项目，统筹推进“三河两岸”综合整治、9座镇级污水处理厂、教育园区污水处理厂及配套管网工程，不断提升城区水环境质量。

促进生态经济发展。坚持绿色发展理念，积极发展生态经济，着力构建资源高效利用的生态经济体系。加大对高耗能行业的节能技术改造，推动传统产业绿色发展。加强工业固废综合处理，促进再生资源高效利用。加强农业面源污染治理和土壤重金属污染防治，推广农业清洁生产技术。深入推进“畜牧业转型升级行动”和“渔业生态特色养殖行动”，发展生猪高架床、现代设施渔业等节能环保养殖模式。积极开发森林旅游资源，推进朝燕森林公园项目建设。

（八）突出共建共享，以人为本，推动民计民生不断改善。

把保障和改善民生作为发展的首要出发点，着力补齐民生改善和社会事业发展的短板，不断提高“幸福标配”，让发展更有温度、幸福更有质感。

实施重点民生项目。在承办好自治区、南宁市为民办实事项目的同时，承诺办好24件城区为民办实事项目（详见附件2），切实解决一批群众关注度高的热点难点问题。

坚决打赢脱贫攻坚战。多方整合资金，加大扶贫资金投入力度，持续实施“六个一批”，加快推进“七大工程”。突出抓好产业帮扶，指导贫困村因地适宜发展柑橘、优质稻、糖料蔗、肉牛、生猪等特色产业，确保脱贫摘帽村、预脱贫摘帽村的贫困户特色产业覆盖率达60%以上。加强职业技能培训，激发贫困户内生动力，引导贫困户通过发展产业、转移就业脱贫致富。灵活运用“资源、资产、资金”大力发展村集体经济，确保贫困村集体经济均达3万元以上，非贫困村集体经济达2万元以上。力争实现10个贫困村摘帽、3253个贫困人口脱贫。加强贫困人口动态调整，确保贫困人口帮扶不漏一人；全面落实“继续扶持两年，跟踪观察一年”政策，持续巩固脱贫成果。严格落实脱贫摘帽“三包”责任制，加强问责问效，确保扶贫工作做到脱真贫、真脱贫。

完善城乡社保体系。提高就业创业服务质量，加强技能培训，实现新增城镇就业2900人以上，城镇登记失业率控制在指标范围内，农村劳动力转移就业9000人以上。加强社会保险征缴扩面，持续扩大城乡居民基本养老保险覆盖面，不断优化提升基本医疗保险服务质量。完善社会救助体系，落实城乡低保、农村特困人员供养政策，健全扶残助残、大病救助服务体系，保障特殊人群和困难群体平等共享社会发展红利。不断提高保障性住房资源配置效率，有效满足不同层次城镇住房困难家庭的需求。加快推进城区光荣院、社会福利院搬迁扩建项目建设，促进养老服务业社会化经营管理。

优先发展科技教育。加快实施创新驱动发展战略，年内完成发明专利申请200件以上，每万人口发明专利拥有量增长28%，高新技术企业保有量增长20%以上。实施教育“五项改革”计划，激发教育事业科学发展动力。调整优化城区教育资源，推行学区制、集团化办学，促进区域教育均衡发展。鼓励社会力量兴办教育，加快推进育才学校等项目建设，促进民办教育健康发展。持续改善学校办学条件，巩固义务教育均衡发展工作成果。建成标营小学、标营幼儿园并实现招生办学，加快建设武鸣高中定罗湖校区、城镇三小新校区，新建扩建陆斡镇中心幼儿园等3所公办幼儿园，规划新建一所小学和一所初级中学，着力解决入学难问题。实施第三期学前教育行动计划，认定和扶持一批城区级以上多元普惠幼儿园。推进县级中等专业学校综合改革，确保通过区、市级评估验收。

抓好文体卫计工作。加大骆越文化挖掘、保护和传承工作力度，加强元龙坡、安等秧古墓群等文物的管理保护工作。加快推进“中国骆越文化研究中心·中国龙母文化研究中心”总体规划编制和建设工作。办好2018年中国壮乡·武鸣“壮族三月三”歌圩暨骆越文化旅游节、中国(南宁·武鸣)舞龙大赛暨第十四届中国民间文艺“山花奖”·民间艺术表演奖评奖等活动，不断提升武鸣壮族文化影响力。推进健康武鸣建设，促进全民健身与全民健康深度融合，组织开展第十届广西体育节南宁市武鸣区系列活动，举办南宁市武鸣区首届体育运动会。进一步完善医疗卫生服务体系，加快推进城区第一人民医院、中医医院门急诊综合楼等项目的前期工作，规划搬迁城厢镇卫生院，完善村卫生室标准化建设。充分发挥城区医疗服务共同体作用，逐步实现优质医疗资源共享。巩固新一轮全国计划生育优质服务先进单位成果，持续推进计划生育家庭养老照护工作。抓好艾滋病疫情联防联控和易发多发疾病防控工作。

积极创新社会治理。深入开展“平安武鸣”建设，持续提升群众安全感和满意度。强化法治宣传教育，完善公共法律服务体系，推进司法体制改革。扎实推进综治、应急网格化管理，抓好“四位一体”办案中心建设，健全立体化、信息化、智能化社会治安防控体系，以“神剑”系列专项行动为工作主线，加大社会治安综合整治力度。加强城区、镇村信访服务中心建设，全面推进法治信访、阳光信访、责任信访工作。切实加强“三大纠纷”、民间纠纷排查化解稳控工作，有效保障社会大局和谐稳定。加强国防教育、民兵、预备役和双拥建设，密切军政军民关系。强化安全生产隐患排查和整治，开展“打非治违”专项行动，严防各类较大以上安全生产事故发生。全力推进国家食品安全示范城市创建工作，加大“四品一械”监管与抽检力度，切实维护人民群众饮食用药安全。

三、建设服务型政府

不忘初心，服务为本。我们将以党的十九大精神为统领，坚持依法行政、廉洁从政，积极转变政府职能，增强政府公信力和执行力，努力建设人民满意的服务型政府。

深入学习宣传贯彻党的十九大精神。全面准确把握党的十九大精神实质和丰富内涵，坚持把党的十九大精神作为指导实践、推动工作的强大思想武器，自觉把习近平新时代中国特色社会主义思想作为一切工作的根本遵循和行动指南，努力增强政府组织经济工作的能力和水平，科学研判宏观经济社会运行情况，推动城区产业发展、项目建设及城市建管等工作的落实。

提高政府行政能力。优化政务环境，深化“放管服”改革，抓好权责清单和行政审批事项目录动态管理，扎实做好自治区、南宁市下放行政审批事项承接工作，推进网上审批和“容缺后补”工作，编制和优化行政权力运行流程，打造阳光便民政府。理顺综合行政执法局的职责权限关系，逐步规范农业行政执法等6大领域执法流程，提高执法效能和管理水平。深化机构和行政体制、事业单位改革，探索成立市场监督管理局、综合行政审批局。强化政府工作督查，有效落实政府各项决策。

提高依法行政水平。坚持政府常务会学法制度，强化领导干部依法行政能力建设，积极运用法治思维和法治方式推进政府工作。坚持科学民主决策，健全政府决策机制，建立职责明确、行为规范、保障有力的行政执法体制，提高决策质量和执行力。充分发挥政府法律顾问作用，加强政府合同、规范性文件备案审查。加大政府信息公开力度，做到信息公开及时、准确、具体。自觉接受党内监督、人大监督、民主监督、司法监督、社会监督，切实做好人大代表议案建议和政协提案办理等工作。

加强廉洁政府建设。深入推进党风廉政建设和反腐败工作，压实“两个责任”和“一岗双责”；强化责任追究，以问责倒逼责任落实，推进作风建设。严格贯彻落实中央八项规定精神，严控“三公”经费支出，坚决防止“四风”问题反弹。完善公共资源交易监管工作机制，加强对工程招投标等重点领域的审计监督，做到公平公正公开。加大涉农资金、民生资金、扶贫项目监督检查力度，严肃查处各类违纪违法案件，着力解决发生在群众身边的腐败问题。

各位代表，幸福是奋斗出来的，新时代要有新气象，更要有新作为。让我们更加紧密地团结在以习近平同志为核心的党中央周围，在市委、市政府和城区党委的坚强领导下，锐意进取，埋头苦干，奋力谱写新时代武鸣发展新篇章，以优异成绩喜迎自治区成立60周年！

附件3：

《政府工作报告》名词解释

1.“两中心一目的地两基地”：《武鸣县县城总体规划（2013—2030）》把武鸣定位为南宁市域副中心，面向东盟的科技创新服务及文化交流中心，我国著名的以壮文化为特色的休闲旅游目的地，广西重要的现代产业基地和教育基地。

2.“一环四区”：绕城大道为环，由标营新区、定罗新区、红岭新区、九个半岛新区环绕武鸣中心城区的城市建设发展新格局。

3.城市“五乱”：指乱摆设摊点、乱停放车辆、乱扔弃垃圾、乱张贴广告、工地乱象五项严重破坏市容市貌的乱象。

4.“三清洁”“三化”：指在“美丽武鸣”乡村建设活动中实施的“清洁家园”“清洁田园”“清洁水源”三项专项活动实施计划，以及“村屯绿化”“饮水净化”“道路硬化”。

5.脱贫摘帽“三包”责任制：处级领导挂镇包村，帮扶单位及第一书记包村包屯，干部包户。

6.“六个一批”：即大力培育扶贫产业，发展生产脱贫一批；健全公共就业服务体系，转移就业脱贫一批；加大贫困地区生态保护，生态补偿脱贫一批；深入实施教育精准扶贫，发展教育脱贫一批；完善医疗卫生服务，医疗救助脱贫一批；落实最低生活保障制度，社会保障兜底脱贫一批。

7.“七大工程”：即道路硬化工程、安全用水工程、安全用电工程、危房改造工程、“互联网+”扶贫工程、村庄环境建设工程、文化设施建设工程。

8.“三统一”模式：城区政府统一整合扶贫资金、统一入股龙头企业（合作社）、统一入股分红，一揽子解决村集体经济收入问题，确保每个贫困村村级集体经济收入达到当年标准。

9.“两学一做”：指学习共产党党章党规、学习贯彻习近平总书记系列重要讲话精神，做合格党员。

10.“两个责任”：指中共十八届三中全会提出的落实党风廉政建设责任制，党委负主体责任，纪委负监督责任，制定实施切实可行的责任追究制度。

11.政府部门“两单融合”：指政府部门权力清单和责任清单融合为权责清单，做到“一表两单”，逐一厘清与行政职权相对应的责任事项，划清责任边界，明确责任主体。

12.“三公”经费：指财政拨款支出安排的出国（境）费、车辆购置及运行费、公务接待费。

13.“三大生态”：风清气正的政治生态、团结和谐的社会生态、山清水秀的自然生态。

14.“两个建成”：到2020年，广西与全国同步全面建成小康社会，基本建成面向东盟的国际大通道、西南中南地区开放发展新的战略支点、21世纪海上丝绸之路与丝绸之路经济带有机衔接的重要门户。

15.“四个城市”：加快建设面向东盟开放合作的区域性国际城市、“一带一路”有机衔接的重要门户城市、对全区经济社会发展具有较强支撑带动作用的首府城市、具有浓郁壮乡特色和亚热带风情的生态宜居城市。

16.“三大机遇”：即武鸣撤县设区，南宁教育园区、南宁北站落户武鸣。

17.“一大政策”：即南宁市给予武鸣撤县设区五年过渡期。

18.“飞地园区”：两个相互独立、经济发展存在差距的行政地区打破原有行政区划限制，以园区为载体，通过跨空间的行政管理和经济开发，实现两地资源互补、经济协调发展的一种区域经济合作模式。

19.“双高”基地：指优质高产高糖的糖料蔗示范基地。

20.“三品一标”：指无公害农产品、绿色食品、有机农产品和农产品地理标志的统称。

21.“多规合一”：是指将国民经济和社会发展规划、城乡规划、土地利用规划、生态环境保护规划等多个规划融合到一个区域上，实现一个县（区）一本规划、一张蓝图，解决现有各类规划自成体系、内容冲突、缺乏衔接等问题。

22.“智慧武鸣”PPP项目：以PPP模式建设智慧武鸣，运用大数据对智慧公安、智慧交通、智慧城管、智慧综治、智慧环保、智慧水务、智慧校园、智慧旅游、智慧运维9大块进行智能化管理。通过软硬件建设，全力推进人防、物防、技防全覆盖。

23.“4819”整治模式：做好4个全：全民共治、全员执法、全面整治、全城宜居，以万人交通大整治、市场管理、噪音整治、小区物业专项整治、扬尘污染治理、夜市整治、督查工作、群众满意度工作为8大抓手，以南宁市考核指标为标准，结合武鸣特色创新1个管理体系，通过开展全方位整治行动，实现主城区内车辆停放有序、地面整洁干净、空气清新自然、环境安静和谐、市场井然有序、物业管理规范、市民自觉自律、社会安全满意、城市诚信宜居的9大目标。

24.“四好农村路”：指把农村公路建好、管好、护好、运营好。

25.“三民”专项活动：指“产业富民”“服务惠民”“基础便民”三个专项活动。

26.“三河两岸”：指武鸣河、西江河、香山河三条河的两岸。

27.教育“五项改革”计划：围绕构建一个更加科学完备、规范有序、公平高效的教育治理体系，实施教育发展方式改革、教育管理体制改革、人才培养模式改革、队伍管理方式改革、教育保障机制改革五项改革，推进武鸣教育改革发展进入法治化轨道。到2020年，普及更高水平的十五年基本教育，学前三年毛入园率达到97%，九年义务教育巩固率达到96%以上，高中阶段教育毛入学率达到95%，基本形成学习型社会，教育公平和教育质量显著提升，职业教育服务经济能力显著增强，群众教育满意度明显提高，率先在南宁市基本实现教育现代化。

28.“四位一体”办案中心：指执法办案、案件管理、物证管理、执法执纪监督四个区域融合在一个中心。

29.“四品一械”：指药品、餐饮食品、保健食品、化妆品、医疗器械。

30.“一岗双责”：“一岗”就是个人职务所对应的岗位；“双责”就是相关人员不仅要对所在岗位承担的具体业务工作负责，还有对所在岗位承担相应的其他管理责任。

责任编辑　刘颖儒

大事记

1月

3日　武鸣区人民检察院举行首批入额检察官宣誓仪式，入额检察官20人。

6日　中国共产党南宁市武鸣区第一次代表大会第一次年会召开。年会的主要任务是总结2016年工作，部署2017年工作。大会作《贯彻新理念，推动新发展，奋力夺取全面建成小康社会新胜利》工作报告，并审议通过一系列决议（草案）。

是日　全国义务教育发展基本均衡县（区）国家督导检查组到武鸣区开展项目评估认定。

13日　市委常委、纪委书记王祝广到武鸣区开展反腐倡廉专题党课，城区领导，各镇和重点部门党政主要领导参加。王祝广重点从当前反腐败斗争的形势、如何贯彻落实十八届六中全会精神，推进全面从严治党等方面进行讲授。

18日　中国人民政治协商会议南宁市武鸣区第一届委员会第二次会议召开。大会作政协南宁市武鸣区第一届委员会常务委员会工作报告。

是日　广西财经学院入驻南宁教育园区武鸣东片区举行签约仪式。广西财经学院武鸣校区规划用地17.33公顷，计划总投资20亿元，在校生规模2.78万人。

19日　南宁市武鸣区第一届人民代表大会第二次会议召开。大会分别作政府工作报告、人大常委会工作报告、人民法院工作报告、人民检察院工作报告。

是日　中农办主任唐仁健率领调研组到武鸣区调研。实地考察润宇生态农业有限公司火龙果基地、香山糖厂。唐仕健强调：要加强监管监督和生产经营管理，并充分利用技改优势提高效益。

20日　武鸣区开展电动自行车注册登记工作。

是日　中国光华科技基金会和广西汇富资产管理有限公司到武鸣区锣圩镇清风村开展慈善物资捐赠仪式，捐赠羽绒服等价值50万元的御寒物资，并走访清风小学和清风村肉牛产业扶贫养殖基地。

22日　武鸣区为28名贫困母亲发放“两癌”专项救助金各1万元。

2月

9日　自治区副主席张秀隆到武鸣区定标水库调研水库建设并检查防汛工作。

20日　武鸣区举行CNC数控机床生产项目入驻签约仪式。深圳市精雕数控设备有限公司、深圳市齐华星光电科技有限公司派员出席。CNC数控机床生产项目落户伊岭工业集中区城南工业园，项目总投资1.50亿元，用地面积约6公顷。

25日—3月26日　南宁花花大世界风景区举办第八届山水桃花节。

28日　国务院参事调研组到武鸣区开展“鼓励各类人才回乡下乡创业创新，实施农业品牌战略和种业改革”专题调研，实地参观广西恒茂农业科技有限公司生产加工基地、广西绿霖食用菌科技有限公司生产基地。调研组指出：武鸣区要不断壮大农村新产业新业态，拓展农业产业链和价值链，支持农民工返乡创业，实现农业可持续发展。

是月 武鸣区被广西打击传销工作领导小组认定为2014—2016年无传销县（区）。

是月 武鸣区各村村史室全部开放，免费展出收藏品约5万件。

3月

2日 南宁市“美丽南宁·整洁畅通有序大行动”现场推进会与会人员到武鸣区参观考察采石场扬尘治理示范项目建设情况，实地考察宁武镇邑因山双武矿石场扬尘治理示范项目。会议认为：武鸣区对采石场扬尘整治、整改工作成绩显著，对全市专项整治工作具有指导示范作用。

4日 南宁电台1074交通台“爱的后备厢”携手自治区人民医院、南宁市妇幼保健院及清华大学成都博奥独立医学实验室专家，到武鸣区特殊教育学校为聋哑孩子及家长免费检测遗传性耳聋基因，当天共有70多名聋哑患者得到免费检测服务。

14—15日 自治区专家组对武鸣区申报“中国骆越文化之乡”“中国龙母文化之乡”命名工作进行初步评估。6月13—14日，国家级专家组进行评估。

29日 中国壮乡·武鸣“壮族三月三”歌圩暨骆越文化旅游节骆越祖母王祭祀大典在武鸣区罗波镇举行。各地群众、游客约10万人参与民俗表演、骆越祖母王巡游、骆越民俗千家宴活动，南宁市总工会、青秀区、良庆区、隆安县、武鸣区罗波社区的6支舞龙队分别展示芭蕉龙、稻草龙、香火龙等舞龙比赛。

30日—4月2日 中国壮乡·武鸣“壮族三月三”歌圩暨骆越文化旅游节在武鸣举行。其间，举行《壮乡欢歌》文艺演出；举行抛绣球等一系列民族体育活动；开展投资环境说明会暨项目签约仪式，举行汽车展销、“壮乡美食·武鸣特产”展销会等，参与群众约20万人次。

4月

16—17日 香港南宁同乡会交流团45人到武鸣高中开展考察交流活动，意在增强香港青少年对广西民族文化的了解，为两地未来的交流合作提供新机遇。

20日 国务院第三次全国农业普查抽查组到武鸣区开展第三次全国农业普查事后质量抽查，评估武鸣区农业普查范围的完整性和普查内容的准确性。

26—27日 南宁市农机深松整地作业补助试点工作现场培训会在武鸣区召开，市农委、各县区（开发区）农机主管局及深松整地补贴工作操作人员约100人参加。与会人员在城厢镇文合村现场观摩农机深松整地和粉垄作业，并开展耕作技术培训。

29日 武鸣区马头镇举办广西武鸣“壮族四月四”祈丰暨骆越民俗文化旅游节，来自周边地区的专家学者、客商、游客等近万人参加。活动主要有文艺演出、龙狮表演、抛绣球、山歌擂台赛等民俗表演；五色糯米饭等乡土食文化展示。

5月

4日 自治区党委常委、常务副主席蓝天立到武鸣区开展南宁教育园区东片区项目建设工作调研，市委常委、常务副市长张文军参加。蓝天立指出：项目业主要坚持高起点规划、高标准建设，努力建设一流的学校；各级各部门要提供高效、优质的服务，努力为南宁教育园区项目建设创造良好的环境，把南宁教育园区打造成人才集聚的新高地，为推动经济社会高速发展提供人才资源和智力支持。

11日 自治区党委常委、南宁市委书记王小东到南宁教育园区调研，指出：要按照“政府主导、属地负责、社会参与、学校自主建设”的模式，为各高校入驻提供服务，着力打造产、学、研为一体的高级人才培养基地和科研文化交流中心。

是月 南宁市武鸣区获得2017年中央财政生猪调出大县奖励金866万元。

6月

6日 市委副书记冯学军带领调研组到武鸣区白合华侨农场调研农场体制改革和发展工作。实地查看农场危房改造建设项目情况，协调沟通农场归难侨人员社保、住房等民生问题。

27日 广西医科大学武鸣临床医学院、附属武鸣医院举行挂牌仪式，武鸣区人民医院正式并入广西医科大学。

是月起 武鸣区实行房地产调控，对商品房预售实施限价。要求商品房预售住宅均价控制在每平方米4900元以下，商品房网签网备控制在每平方米4800元以下。

7月

1—2日 2017年“新动力杯”中国中学生跆拳道联赛（华南赛区）在武鸣体育馆开赛，湖南、广东、广西等地37所学校340多名运动员参加。武鸣中学作为武鸣区唯一参赛学校，共派出7名运动员参加比赛。该联赛分华北、西南、华东、华南、东北共五个赛区。分高中组、中专组、初中组，赛事举办地依次为山东省泰安市、重庆市、福建省南平市、广西南宁市、辽宁省辽阳市。

5日 驻南宁全国、自治区、南宁市人大代表第四调研组到武鸣区开展年中专题调研，了解武鸣区推进农业供给侧结构性改革工作总体情况。实地考察双桥镇伊岭村广西佳年农业有限公司火龙果科技示范园、陆斡镇桥东村绿世界生态农业公司墨羊生态养殖基地。

15日—8月12日 武鸣区举行“大兴建设杯”第十一届俱乐部篮球联赛，大兴建设俱乐部获得冠军。

17—18日 南宁市“两重两问”办、扶贫开发领导小组督查办考评专责小组对武鸣区脱贫攻坚工作推进情况进行联合专项督查，督查内容是脱贫质量、帮扶工作、扶贫措施、扶贫资金监管、移民搬迁工作五大部分。

26日 武鸣壮乡书画院举行揭牌仪式。

27—28日 广西基层防艾体系建设工作现场会在武鸣区召开，自治区以及各市、县（区）派员参加。与会人员依次到武鸣区疾控中心、双桥镇卫生院、双桥镇卫计所、杨李村卫生所、红岭社区等地观摩基层防艾工作服务站运转情况。

8月

5日 香港“摘星计划”爱心人士到武鸣区宁武镇、双桥镇、城厢镇等回访第十届香港“摘星计划”资助学生情况。“摘星计划”由香港爱心人士共同出资发起建立，旨在对南宁市考上大学一本线但家庭贫困的学生进行爱心资助。

7日 市长周红波到武鸣区开展工业经济、现代农业、环境保护等工作调研，实地考察广西佳年农业公司火龙果种植基地、双桥镇大伍屯、灵水风景区。

8日 武鸣区开展广西第九届体育节开幕式，活动至11月18日结束，分别举行青少年三人篮球、乒乓球、羽毛球、老年人气排球、门球、气排球、五人制足球、象棋等一系列比赛活动。

12日 全国“1+N”基层妇产科医师培训工程暨广西妇幼保健院——南宁市武鸣区妇幼保健院基地培训班开班。“1+N”工程是中国妇幼保健协会在全国范围内开展的一项面向基层妇产科医护人员的工程，通过建立以1个基地和基地所在区域内的N个基层医疗机构共同组成的“1+N”帮扶模式。武鸣区是“1+N”工程在广西培训的第四站。

15日 在第十五届全国检察长论坛——银川会议上，武鸣区检察院被评为2017年度全国检察宣传先进单位。

19日 武鸣区第三届“壮乡昂昂·百企惠民”文化、经济、就业服务大行动启动仪式在主城区文化中心广场举行。活动有全民才艺比赛、“百企惠民”产品展销、“百企惠民”人才招聘大会、义卖助力扶贫等活动。

23日 全国学生资助中心调研组到武鸣区调研指导学生资助工作。2017年上半年，武鸣区已实施16个资助项目，资助1.96万人、1299.22万元；开展生源地信用助学贷款和大学生新生资助项目签订贷款合同2210笔，合同金额1540万元。

是月 武鸣首个噪声自动监控系统在江滨公园投入使用。该系统总投资12万元，全天候24小时运行。

9月

1日 武鸣区出租车运价实行与南宁市同城同价，起步价由5元调整为白天9元、夜间11元，车公里价由1.50元调整为2元。

5日 武鸣区奖励和资助2017年高考优异成绩学生41名共20万元。

6日 市委副书记冯学军到武鸣区调研脱贫攻坚工作，先后到锣圩镇清凤村和弄七村调研扶贫产业、村集体经济发展、扶贫政策落实等情况。强调：要狠抓各项措施落实，以“实、细、真”的工作态度打赢脱贫攻坚战。

12日 武鸣区与广西盛天水泥制品有限公司举行新型建材加工与制造项目签约，项目总投资4.66亿元。

14日 2017年南宁国际民歌艺术节“绿城歌台”群众文化活动——“武鸣歌台”在富鸣城投一号综合楼大会厅举行。参加演出的有来自越南、爱尔兰两个国家的民间艺术家和武鸣区的歌手演员。

15日 广西安全工程职业技术学院武鸣校区迎来489名新生，该批新生也是南宁教育园区的首批学生。

23日 香港籍武鸣区政协委员、香港康仁体育会40多人到武鸣区开展联络联谊活动。参观南宁花花大世界、广西佳年火龙果科技示范园，举行慈善篮球赛。募集到武鸣、香港两地善款25万元人民币，用于支持武鸣区精准扶贫事业。

25—26日 农业部农村经济研究中心调研组到武鸣区开展农产品质量安全监管耕地质量保护与提升工作调研。先后到城厢镇平等村起凤橘洲现代特色农业示范区、六联村鸣鸣果业有限公司、双桥镇杨李村耕地质量监测点、双桥镇伊岭村佳年公司火龙果示范基地实地调研。

27日 南宁市武鸣区公共资源交易中心正式揭牌成立，是城区政府批准设立的非营利性事业单位。

28日 市委常委、纪委书记王祝广到武鸣区考察调研脱贫攻坚、扶贫领域监督执纪问责、基层纪委“三转”（转职能、转方式、转作风）及廉洁工作站建设情况。王祝广先后到马头镇四明村、玉元村和太平镇葛阳村，实地考察村级廉洁工作站、扶贫产业基地。

30日 武鸣区人民政府组织群众在狮子山公园烈士纪念碑举行向革命烈士敬献花篮仪式。

是月 武鸣区破获“亚欧币”非法经营投资活动，总涉案金额3亿多元。对犯罪嫌疑人韦某某等6人以涉嫌组织、领导传销活动罪批准逮捕。

10月

9日 市委常委、纪委书记王祝广带领南宁市保稳定促发展第六督导组到武鸣，开展为期20多天的督导，推动武鸣区开展维稳、安全生产、脱贫攻坚、经济稳增长等工作，意在确保中共十九大期间各项工作平稳有序运行。31日，王祝广在武鸣区主持召开督导反馈会，并就存在问题提出整改建议。

10日 南宁市武鸣区精神病专科医院暨南宁精神卫生专科医疗联合体揭牌仪式在武鸣区城厢镇卫生院举行。

是日 自治区副主席张秀隆到武鸣区开展农村“两权”抵押贷款试点课题调研。了解农村土地承包经营权贷款发放情况、办理农村土地承包经营权抵押登记流程以及在办理抵押贷款业务过程中遇到的问题。

12日 人民网广西频道、新华网广西频道、中新网广西频道、中国网、广西新闻网等网络媒体组团到武鸣区开展壮民族文化采风活动，为环广西公路自行车世界巡回赛造势。

13 日 南宁市少先队鼓号队风采展示大赛在广西体育中心举行，武鸣区城厢镇第三小学代表队以全场最高分获得桂冠——“金号奖”。

16 日 南宁市武鸣区综合行政执法局成立，是广西首家县（区）级综合行政执法机构。

20 日 南宁市武鸣区沃柑产业联合会召开第一次会员代表大会，选举产生第一届理事会和监事会。

22 日 2017 年环广西公路自行车世界巡回赛参赛车手经南武城市大道进入武鸣赛段，沿途受到数万群众的呐喊助威。

30 日 广西师范学院武鸣校区举行开工仪式。该项目占地面积 121.7 公顷，总投资 24.30 亿元，招生规模为 2.20 万名。

是月 南宁市武鸣区借广西公路自行车世界巡回赛之机，结合“美丽广西”乡村建设活动，重点打造一批景观节点村屯和精品风光带。有双桥镇伏林村德伏屯、伊岭村圩上屯、八桥村那龙屯，罗波镇凤林村陆城屯，两江镇英俊村岜旺屯 5 个赛道节点村。

11 月

2 日 市委常委、政法委书记杨维超到武鸣区就综治基层基础建设、易肇事肇祸精神病患者管理工作及群众安全感和满意度工作开展调研。实地考察宁武镇综治中心、城厢镇卫生院。

4 日 武鸣区公益 WiFi 网络及无线广西本地生活服务平台启动仪式在城区文化中心广场举行，市民可以在公益 WiFi 网络覆盖区域享受免费无线互联网接入服务。

15 日 自治区、南宁市、县（区）三级食品药品监管部门在武鸣区府城镇开展安全用药科普展“全国安全用药月”现场咨询宣传活动。

是日 市委常委、政法委书记杨维超到武鸣区走访调研企业生产经营情况。先后到甘圩镇赖坡村陇蒙山石场、广西华纳科技股份有限公司，实地了解企业生产经营、管理运作及企业上市工作推进情况。

16 日 市长周红波到武鸣区调研南宁教育园区东片区建设进展情况，到广西师范学院武鸣校区项目、广西医科大学武鸣校区项目调研，现场研究解决建设中遇到的困难和问题。

是日 南宁市“美丽南宁·宜居乡村”活动现场观摩会在武鸣召开。与会人员先后参观两江镇镇区风貌提升、英俊村岜旺屯和罗波镇凤林村陆城屯乡土特色改造、“环广西”公路自行车世界巡回赛赛道沿线重要节点景观打造工作成效。各县、区（开发区）乡村办主任及各专项活动牵头单位分管领导参加。

20—24 日 南宁市第十一届少数民族传统体育运动会上，武鸣区代表团获 19 个冠军、7 个二等奖、3 个三等奖，并获“优秀组织奖”和“体育道德风尚奖”。

22 日 自治区副主席张秀隆到武鸣区调研农业发展工作。实地考察广西佳年火龙果科技示范园。张秀隆希望武鸣区各级各部门在推进农业发展过程中要认真做好产业融合文章和休闲农业规划，充分利用农业核心示范区优越的自然生态发展特色农业。

27 日 老挝减贫合作考察团一行 15 人到武鸣区考察合作社、农业技术推广情况，先后到广西佳年农业有限公司、广西鸣鸣果业有限公司、府城镇圣丰大棚瓜菜专业合作社、思恩葡萄提子种植专业合作社考察学习，交流、探讨合作社的发展方向、经营模式、产业扶贫。

是日 广西工商职业技术学院武鸣新校区举行开工奠基仪式，该项目占地总面积 89 公顷。

29 日 驻南宁的自治区政协委员、市政协常委及部分委员到南宁教育园区东片区视察。

是月 南宁市乡村办对各县区（开发区）推荐的“绿色村屯”候选村屯进行实地核验。武鸣区有 9 个村屯榜上有名。锣圩镇那琅村板内屯、府城镇渌龙村新渌屯 2 个村屯拟认定为市级“绿色示范屯”，城厢镇马香村五冬屯、宁武镇长安村陇陌屯、陆斡镇覃李村定西屯、罗波镇凤林村韦江屯、马头镇四明村板亨屯、仙湖镇苏梁村坛留屯、甘圩镇达洞村板马屯 7 个村屯拟认定为市级“绿色村屯”。

是月 南宁市政府办公厅公布第七批市级非物质文化遗产代表性项目名录和第六批市级非物质文化遗产项目代表性传承人名单，武鸣区有 5 个项目及 6 名传承人名列榜中。

12 月

4 日 市人大常委会主任束华率领调研组到武鸣区开展大明山专题调研，实地了解大明山坡底至等高线 300 米间区域的自然状况、资源分布、生态系统、村落及人口、项目布局和开发、纳入适用范围对属地居民的影响等相关情况。

6 日 广西日报、南宁日报、南宁晚报、南宁电视台、南宁广播电台、南宁新闻网 6 家媒体记者到武鸣区采访“宜居乡村”建设成效，挖掘武鸣区现代农业发展、乡村建设、乡村旅游文化资源开发和精准扶贫等工作新亮点、新典型、新做法，探访乡村新变化、生态美。

10 日 自治区现代特色农业示范区建设增点扩面提质升级动员部署会全体人员到武鸣区考察专项工作推进情况，实地参观武鸣伊岭溪谷休闲农业示范区佳年火龙果基地。

15 日 武鸣区电子商务协会正式成立，选举产生武鸣区电子商务协会第一届理事会会长、副会长、秘书长。

19 日 武鸣区文化馆举行国家一级文化馆揭牌仪式。

20 日 武鸣区评选出“最美家庭”20 户、“美丽家庭”98 户、“美丽大嫂”50 名。

26 日 广西 50 个粮食生产重点县（市、区）农业技术推广站（中心）负责人、自治区农业技术推广总站各科室负责人共 120 人到武鸣区参观冬季农业现场，实地参观宁武镇英烈村千亩连片冬种马铃薯生产示范基地。

是日 广州“千城万店”县域新零售项目推介会在伊岭工业集中区东盟工港孵化大楼举行，武鸣区及马山县部分商铺业主和有意从事电商服务人士参加。推介会介绍“千城万店”项目的电商经营模式、网购、电商服务等内容。

27 日 驻南宁的全国、自治区和市人大代表视察组到武鸣区开展年终视察活动。实地考察佳年公司火龙果基地、城厢镇平等村起凤橘州生态循环农业示范区。

29 日 武鸣至南宁安吉 115 路公交车正式开通，全线路 35 千米。起点站为武鸣客运中心，终点站为安吉站，沿途设置 24 对公交站点，平均站距约 1.30 千米。计划投入 12 米新能源空调公交车 30 辆，前期投放 15 辆试运营。全程实行一票制，票价为 4 元 / 人 · 次。营运时间为每天 6：30—20：00，发班间隔约 10 ～ 15 分钟。

是月 在北京召开的 2017 年基层畜牧（草原）技术推广示范站养殖书屋建设年终总结会上，武鸣区水产畜牧兽医技术推广站建设的“养殖书屋”被评为全国“最美养殖书屋”称号。

2017 年 武鸣区政府倾力打造“中国沃柑看武鸣”沃柑品牌工程。沃柑种植面积 1.40 万公顷，预计投产面积 7000 公顷，总产量 20 万吨。

2017 年 武鸣区实施“安居乐教工程”。该工程总共为城区中小学校的公租房和周转房配备 2750 套热水器、电视机、电风扇，为 3879 名教师各配备 1 台办公电脑，为 1326 个备课室配备 1 台双面激光打印机。

是年 武鸣区财政收入完成 15.58 亿元，完成预期目标 15.06 亿元的 103.45%，完成南宁市下达财政收入预期目标 15.54 亿元的 100.26%，同比增收 1.34 亿元，增长 9.41%。与地区生产总值相关的一般公共服务支出、公共安全支出、教育支出、科学技术支出、社会保障和就业支出、医疗卫生和计划生育支出、节能环保支出、城乡社区支出等八项支出 28.04 亿元，全面完成年度各项财政收支任务。

是年 武鸣区罗波镇联新村、两江镇公泉村、城厢镇平等村的村级集体经济发展项目各获得财政扶持资金 250 万元，其中中央财政 100 万元、自治区财政 100 万元、南宁市财政 50 万元。

是年 武鸣伊岭溪谷休闲农业（核心）示范区获自治区人民政府授予的“广西五星级现代特色农业（核心）示范区”。示范区创建面积 2100 公顷，其中核心区 440 公顷、拓展区 700 公顷、辐射区 900 公顷，重点以火龙果、花卉苗木、特色水果、渔业等为主导产业，发展休闲乡村旅游业，营造壮文化村落民宿旅游、南宁市郊溶洞风光、农耕文化体验和特色水果采摘等休闲农业。实现经营总收入 2.23 亿元。

责任编辑　廖振培

武鸣概貌

基本情况

【地理位置】 武鸣区位于广西壮族自治区中南部，城区境地跨北纬22°59′58″～23°33′16″、东经107°49′26″～108°37′22″，属于世界时间东7时区，日落日出时间比北京标准时间迟约45分钟。北回归线从城区境北部穿过，属亚热带季风气候区。城区东部和东南部与上林、宾阳、邕宁3个县区毗连；南部、西南部和西部依次与隆安县、平果县相毗邻；北部与马山县接壤。城区总面积3389平方千米，占广西总面积的1.40%；城区境从东到西最大横距111千米，从南到北最大纵距97千米。中共南宁市武鸣区委员会、武鸣区人民政府驻城厢镇，与南宁市主城区的距离，实际里程为37千米。

【建置沿革】 武鸣区境古属骆越地。秦始皇开36郡，属象郡地。汉属领方、增食二县地。三国属临浦、怀安县地。晋太康年间（280—289年），临浦、怀安二县分别复称领方、增食县。晋大兴元年（318年），置晋兴县，增食县改称增翊县，今城区境东部属领方县地、南部属晋兴县地、西部属增翊县地，直至南北朝时期的南朝。隋开皇元年（581年）设武缘县，治所在今邕宁区伶俐镇，属缘州（今横县横州）辖，与今武鸣区境无关。隋开皇十八年（598年），改晋兴县为宣化县，撤增翊县并入宣化县，今城区境属宣化、领方二县地。隋大业三年（607年），裁武缘县并入岭山县。唐武德四年（621年），析领方县置止戈、上林、无虞三县。次年，析宣化县置宣化、晋兴、朗宁、横山（封陵）和武缘五县，武缘县仍以伶俐为治址，隶邕州辖。今武鸣区境分属晋兴（县治所在今双桥镇苏宫村板苏屯）、止戈（县治所在今马头镇清江村暮定水库淹区原卢陆屯）、朗宁（县治所在今隆安县境东部）三县地，直至五代十国的南汉，仍隶邕州辖。宋开宝五年（972年），撤朗宁县改为永宁乡，并入宣化县；晋兴县改为乐昌县；废止戈县改为止戈乡，并入上林县；撤横山（封陵）县并入武缘县；宣化、上林县同为邕州辖，武缘县为横州辖。天圣五年（1027年），武缘县治所从今南宁市青秀区伶利镇之武缘县迁至武鸣区域，即今双桥镇苏宫村板苏屯，宋景祐二年（1035年），撤乐昌县改为乐昌乡，并入武缘县。宋朝治平四年（1067年），拨宣化的永宁乡和上林县的止戈乡入武缘县，将武缘县的上东、下南二乡（大致为今太平镇上江片的四个村、罗波镇与邕宁、宾阳交界以东）拨入宣化县。至此，武缘县才基本包括今城区境范围，治所仍在板苏。元朝，武缘县属邕州辖。明朝洪武元年（1368年），武缘县治所由板苏移到今城区城厢镇。明朝嘉靖七年（1528年），思恩府治所由乔利（今属马山县）搬到今府城圩，割武缘县止戈乡二里（大致为今府城镇及两江镇的雷江片）属思恩府，武缘县仍隶邕州辖。万历五年（1577年），武缘县改隶思恩府辖，并将原止戈二里划回武缘县。清朝，为武缘县地。民国元年（1912年），改称武鸣县，武鸣县省入思恩府，并改思恩府为武鸣府。民国2年（1913年），属邕南道辖。此后，隶属南宁道、直隶广西省人民政府、宾阳民团区、南宁民团区、南宁行政督察区、武鸣行政督察区以及广西省的第八（区署武鸣）、第四（区署南宁）、第十一区行政督察区辖。民国28年（1939年），设武鸣行政监督区，区治在县城，辖武鸣、都安、平治、果德、隆山、那马、上林、宾阳八县。1948年将原广西第四区管辖的武鸣、上林、隆山、那马、果德、平治、都安、隆安划出设置第十一区，区署武鸣。新中国成立后，先后属广西武鸣人民专员公署、武鸣专区、南宁专区、宾阳专区、邕宁专区、桂西壮族自治区、桂西壮族自治州、南宁专员公署辖。1958年12月，与隆安县合并为武隆县，次年5月复分为武鸣县、隆安县，同属南宁地区辖。1983年10月8日，国务院批准武鸣县划归南宁市辖。根据国务院《关于同意广西壮族自治区调整南宁市部分行政区划的批复》（国函〔2015〕36号）及自治区人民政府《关于调整南宁市部分行政区划的通知》（桂政发〔2015〕10号）精神，南宁市正式下发《关于撤销武鸣县设立南宁市武鸣区的通知》，2016年5月27日，武鸣区正式挂牌成立，行政区域不变。

【行政区划】 明清时期，武缘县设一坊三乡，下设16个图、17个里、476个村（相当现今的自然屯）。靖安坊辖1里半34个村，不设图，即今城厢镇大部、南宁华侨投资区里建部分；乐昌乡设5个图、4里半42个村，即今太平、甘圩两镇及双桥镇大部分、宁武镇一部分；止戈乡，设7个图7里225个村，即今城区东部的陆斡、罗波、马头镇及两江镇的大部分、府城镇的小部分；永宁乡设7个图，明嘉靖十二年（1533年）将第三、第四、第五图划属隆安县以后设4个图，辖4里119个村，即今锣圩、灵马、仙湖镇的全部、府城镇大部分、两江镇北部的雷江片、平果县的四塘、坡造；贴近县城区的城郭四周环城56个村，由县府直辖，不列入坊、乡、图、里之中。民国4年（1915年），武鸣县设中、东、南、西、北5个区，下辖57个团：中区辖县城四周东、南、西、北厢4个团和里建、黄道、宣武、邑马、邓广、梁圩（今宁武梁新）6个团；东区辖龙母、胡（和）圩、小陆、马头、六塘（今罗波联新）、七塘（今罗波天马）、八塘（渌良）、四塘（覃李）10个团；南区辖林圩、上江、罗谙、葛阳、双桥、伊岭、平地、长安、甘圩、陇圩（今南宁市西乡塘区双定）10个团；西区辖邓柳、仙湖、高丽、膺（英）圩、锣圩、邑勋、亭子杨圩（今属隆安县）、楞（灵）马、黎圩和今属平果县境的三塘、四塘、坡造、闷圩13个团；北区辖寺圩、头塘、伏海、小良、渌通、石池、思南、府城西厢、十字、雷圩、杨圩（今属马山县）、两江、大榄、独青14个团。民国21年（1932年），取消行政区划的团，5个区分别改为民团局，设61个乡627个村4041个甲。次年又复称中、东、南、西、北区，下辖46个乡436个村（街）公所4381个甲。民国23年（1934年）3月县属陆桥、波明、那浪、伏波、柿得、潭投等6个村改隶隆山县管辖。10月，将原与邕宁县（今为南宁市邕宁区、良庆区）共辖的唐黎村划为武鸣县专管，两县共辖的龙山村划为邕宁县专管；同年，村改为保，全县分5个区46个乡435保4381甲。民国26年（1937年）7月，县属杨圩乡划归隆山县。民国28年（1939年），设5个区45个乡423保。民国30年（1941年）4月，武鸣、邕宁两县共管的陇圩（今南宁市西乡塘区双定）划归邕宁县专管；同年5月，隆安县的小林乡罗彩村划归武鸣县管辖，武鸣县的敏杨村划归隆安县管辖。民国31年（1942年）9月，设5个区33个乡338保，沿至民国38年（1949年）。1950年年初，全县设10个区，分别为三合、太平、双桥、宁武、锣圩、黎灵、府城、陆斡、白云、天马，辖32个乡；同年10月，各区以序号命名，上述各区依次为第一至第十区。1951年7月，西部的四坡乡划归平果县，次年8月新城乡划归平果县。1952年7月，10个区下辖131个乡、3个镇（城厢、锣圩、陆斡）。1953年4月，隆安县丁当区俭安乡古植屯划归武鸣县管辖。1955年9月，县属罗彩乡新京屯划归隆安县桥联乡。1958年，在县城东北部建立广西国营香泉（后改名东风）

农场，归属自治区农垦局管理；同年2月，10个区恢复用区公所驻地街圩命名，其中三合区改为城厢区、黎灵区改为灵马区、白云区改为两江区、天马区改为马头区，其余与1950年年初的区名相同；下辖的131个乡镇合并为27个乡，3个镇不变；8月，撤区成立11个人民公社：超美（城厢）、上江、太平、天井岭（双桥）、红一（宁武）、幸福（锣圩）、东风（灵马）、八一（府城）、先锋（陆斡）、卫星（两江）、红旗（马头），实行政社合一。1959年，太平公社上江片的同贵、联桂、均致、若太4个村划归邕宁县五塘公社，直至1961年重新划回武鸣县；同年12月，改设为城厢镇和城厢、里建、太平、双桥、甘圩、宁武、锣圩、邓柳、玉泉、灵马、府城、剑江、陆斡、两江、罗波、马头16个人民公社。1960年2月，由广西华侨农场、国营正安农场、宁武新生农场、里建公社10个大队及宁武、锣圩公社各4个大队合并成立武鸣华侨农场，总部设在里建圩。1961年6月，撤销宁武人民公社分设总管、梁新、长安3个并保留15个人民公社名称，同时增设邓广、和平、葛阳、腾翔、仙湖、寺圩、苞桥、那羊、小陆、雷江、天马、英圩12个人民公社，全县共设30个人民公社。1962年9月，复设10个区，下辖135个人民公社。1966年7月，撤10个区，设城厢镇、城厢、太平、双桥、宁武、锣圩、灵马、仙湖、府城、陆斡、两江、罗波、马头13个人民公社。1977年，在仙湖公社的大周村和三冬村土名为“白鹤塘”的放牧场成立朝燕林场白鹤分场，次年开始安置归国难侨。1982年3月，白鹤分场从朝燕林场分出成立白合华侨农场，隶属于广西华侨企业管理局。1984年9月，撤销人民公社建制，设13个乡、镇，上述13个人民公社中的城厢、陆斡、锣圩3个为镇，其余10个为乡。1987年9月，从太平乡划出上江片、双桥乡划出甘圩片、锣圩镇划出玉泉片，分别设立上江乡、甘圩乡、玉泉乡。1990年，全县设13个乡3个镇、213个村公所、3个街道居民委员会、646个村民委员会、3049个村民小组。1994年12月，将城厢乡改称为城东镇，撤销太平、双桥、宁武、仙湖、府城、两江、罗波7个乡并分别改为镇建制。同年12月，以武鸣华侨农场为基础成立省级开发区—南宁华侨投资区。1991—1996年，街道居民委员会除此前已有的县城解放、和平、建设街3个以外，增设陆斡、双桥、锣圩、府城4个。1997年，县城又增设城东、红岭、标营、渡头、灵水5个居民委员会。1998年12月，南宁华侨投资区划归南宁市直接领导和管理，仍驻县境内。2000年11月，撤销甘圩、灵马、马头3个乡改为镇建制。2001—2002年，在县城和14个镇政府驻地设立社区居民委员会，县城设城东、红岭、标营、渡头、灵水、解放、和平、建设8个社区，各镇政府（城厢、城东除外）所在村则相应改为社区。2003年，全县设16个乡、镇：城厢、城东、太平、双桥、甘圩、宁武、锣圩、灵马、仙湖、府城、陆斡、两江、罗波、马头14个镇，上江、玉泉2个乡；辖198个村民委员会、20个社区；村下设3049个居民小组，有1842个自然屯。2005年7月13日，撤销城东镇、上江乡、玉泉乡建制，将其整体分别并入城厢镇、太平镇、锣圩镇，全县由16个乡、镇调整为13个镇，仍辖198个村民委员会、20个社区、3049个村民小组、1842个自然屯。2005年年底，全县辖13个镇、198个行政村、20个社区、3415个村民小组、1703个自然屯。其中，城厢镇辖灵源、濑琶、五海、大皇后、合旗、联兴、文合、香泉、萃英、共和、六联、九联、九里、大同、大梁、夏黄、邓广、从广、马香、平等、串钱21个村，解放、和平、建设、标营、渡头、灵水、新兴、红岭8个社区，下设270个村民小组、146个自然屯；太平镇辖朱董、葛阳、林渌、林琅、新联、凤阳、庆乐、文坛、同贵、均致、若太、联桂12个村及文溪社区，下设209个村民小组、151个自然屯；双桥镇辖杨李、下渌、平陆、平福、平稳、孔镇、镇南、合美、八桥、腾翔、伊岭、苏宫、造庆、伏林、跃进15个村及双桥社区，下设216个村民小组、129个自然屯；甘圩镇辖达洞、唐黎、定黎、赖坡4个村及甘圩社区，下设80个村民小组、16个自然屯；宁武镇辖梁新、培桂、新甫、双卢、建丰、英烈、华山、伏唐、旧岑、长安、东王、张朗、唐村13个村及雄孟社区，下设173个居民小组、93个自然屯；锣圩镇辖大杨、英江、英圩、渌旺、高一、高二、仙山、淝阳、罗伏、伏王、双龙、旧圩、群兴、树合、林洋、邑勋、龙庆、板新、玉泉、三粟、那琅、培联、清凤、济力、弄七25个村和锣圩社区，下设393个村民小组、148个自然屯；灵马镇辖义龙、高楼、三民、清水、新龙、王桥、方合、坡江、良安、坛昌、滕村、那龙、三合13个村及灵马社区，下设184个居民小组、112个自然屯；仙湖镇辖苏梁、那溪、邓吉、邓柳、清白、六冬、渌雅、三冬、连才、四育10个村和中桥社区，下设197个村民小组、157个自然屯；府城镇辖西厢、四明、富良、文泉、渌龙、福良、和平、永共、喜庆、进源、渌韦、德灵、乐光、头塘、那化、寺圩、永合、新泉、大同、邑榄、陆杨、东江、启德23个村和府城社区，下设323个村民小组、239个自然屯；陆斡镇辖龙口、坡班、仁合、覃李、文桐、贵德、大榄、兴江、尚志、育秀、燕齐、双泉、二塘、联合、那羊、忠党、共济、桥北、覃外、苞张、覃内、卢覃、桥东23个村和陆斡社区，下设352个村民小组、193个自然屯；两江镇辖培群、云川、合耸、英俊、龙英、四联、三联、岭合、聚群、群兴、福江、明山、公泉、汉安14个村和两江社区，下设283个村民小组、133个自然屯；罗波镇辖旧陆斡、凤林、暮定、板欧、联新、石梁、梁彭、布凌、西边、天马、坛李、尚黄、四陈13个村和罗波社区，下设194个村民小组、89个自然屯；马头镇辖灵坡、玉元、六户、敬三、四明、全苏、清江、莫阳、全曾、小陆、那堤、荣庞12个村和马头社区，下设175个村民小组、97个自然屯。南宁华侨投资区辖里建、团结、正安、武帽、宁武、民涵6个分场117个自然屯，东风农场辖青潭、龙潭、夏黄、江元、陆斡、剑江、敢川、邑孟、那龙、忠党、弄盘11个分场。2015年，全县仍设13个镇、198个村民委员会、20个社区，有1795个自然屯、3415个村民小组。

【自然环境】 武鸣区地处亚热带季风区，气候温和，阳光充足，雨量充沛。

地　形　武鸣区四周山峦环抱，中间为盆地。城区东部及东北部的大明山，是广西中部弧形山脉西翼的一组大山，自武鸣区与马山县交界处呈东南走向，经武鸣与上林、宾阳直抵昆仑关，延绵150千米，东西宽约25千米，山脊线平均海拔高度为1200米。海拔1400米以上的山峰有5座，其中主峰龙头山海拔1760米，是桂中南最高峰。城区东部及东南部，是海拔500～800米的高丘陵山林区，自罗波镇渌良屯与大明山东南端相接处，沿罗波、太平、双桥、甘圩呈东北往东南走向，直抵广西民族大学。今大部分山林属广西高峰林场，连亘100多千米。海拔500米以上的山峰有9座，最高峰是太平镇的日看山海拔1017米，其次是白凿山海拔1004米和三等岭海拔862米，往东南延伸海拔高度逐渐降低，到双桥镇伏林村的尾燕岭海拔412米，至甘圩镇香炉岭海拔为367米。城区西南和西部，与南宁市西乡塘区和隆安县交界，是山体石质裸露海拔250～600米、坡度40°～70°的密集石山，连绵100余千米，最高峰是锣圩镇玉泉村的吉懒山海拔高度708米，其次是邑机山海拔658米。北部和西北部与马山县接界，是海拔250～400米的厚土层高丘陵，今为朝燕林场林区。以上述山地、高丘陵环绕四周，形成中间是群山环抱的武鸣盆地。在盆地的冲积平原中，有分散的高丘陵、低丘陵、分散石山相互交错，构成复杂的地形。平原面积702平方千米，占总面积20.9%，主要是农田用地；丘陵、岗地2139平方千米，占63.5%，适宜营林、种果；石山地227平方千米，占6.7%；洼地、河流、水平、道路、城乡房屋等面积298平方立千米，占8.9%。地势海拔高度呈东北、西高位向西南低位倾斜，镇人民政府驻地的海拔高度：东部马头圩184米；北部两江圩193米、府城圩143米、灵马圩223米；东南的太平文圩153米；中部南部逐渐降低，陆斡148米、仙湖136米、双桥113米、锣圩115米、主城区110米。武鸣河由主城区折往宁武流入右江，宁武圩地面海拔高度仅106米。

水　系　城区内大小河流138条，东南部的马定河、西云江、延河等直接流经邕宁区或西乡塘区直注入邕江，其他水系主要河流有武鸣河干流，自主城区流经宁武注入右江，城区境内长133千米，流入武鸣河干流而且流域面积50平方千米以上的支流主要有县城西面的西江河及其上游小支流的仙湖河、府城河、元霄河、两江河、县城东部的香山河及其上游小支流的马头河、小陆河、苞桥河等20条。武鸣河干流从南往北的支流呈扇形连接。城区境内武鸣河流域面积3102平方千米，多年平均径流量 29.40 立方米每秒，年均径流总量 25.68 亿立方米，平均径流量 79.60 立方米每秒，最大径流量 2840 立方米每秒，最小径流量 7 立方米每秒。

【自然资源】

耕 地 2017 年全城区土地总面积 3389 平方千米，其中丘陵占 63.50%。2017 年年末耕地面积 12.60 万公顷，人均耕地面积 0.18 公顷。

水 全城区水资源有地表水、地下水，年均总蕴藏量 31.40 亿立方米，其中地表水主要是 138 条大小河流，多年径流深度平均约 600 毫米，年均蕴藏量 27.27 亿立方米；地下水年均蕴藏量 4.13 亿立方米。每年可利用水量 17.73 亿立方米，其中地表水 15.44 亿立方米，地下水 2.29 亿立方米。水能理论蕴藏量 3.55 万千瓦、可开发利用 2.30 万千瓦，已开发 7000 千瓦。地表水和地下水资源贫乏的缺水区域主要有白合华侨农场，灵马镇的三民、三合、高楼，双桥镇伏林，锣圩镇板新，甘圩镇赖坡，城厢镇平等、串钱，太平镇新联，罗波镇天马等旱片面积约 4800 公顷。主城区供水的水资源是地下水表露的灵水，最枯流量 4 立方米每秒。

矿 产 已勘探发现的主要矿种有铜、锰、钨、金、铁、煤、铅、锌、锑、镍、钴、铝等 20 余种。其中，铜矿，分布于两江镇的大明山，已探明 10 条矿带，总蕴藏量 2600 万吨，占广西总蕴藏量 30%，品位 0.97% ~ 13%；钨矿，分布在两江镇的七凤、石高、大明、河里 4 个矿段，C 级储量 5332 万吨；锰矿，分布于双桥、太平、甘圩、两江，蕴藏量 119.80 万吨，多为表土浅层储藏；金矿，民国年间马头至天马一带、灵马境内有民间零星开采。

植 物 城区境内光热充足，夏长冬短，雨量充沛，夏湿冬干，适合植物生长，草木经冬而不枯，植物种类繁多。森林植物初步调查有 100 科、1700 种和变种，在天然森林植被中属于国家重点保护的珍稀植物有桫椤、福建柏、白豆杉、金综李、枧木、格木、紫荆木、小叶红豆、鹅掌楸、苏木、香木莲、海南粗榧、长苞铁杉、大明山松、穗花杉、紫茎等。分布最广的用材类是马尾松、湿地松、杉木、桉树、竹。2017 年果树树种主要有香蕉、柑橘、龙眼、荔枝、杧果、李、桃、扁桃、板栗、阳桃、番桃等，水果总产量 10.05 万吨，其中柑橘、蕉类、龙眼属大宗水果。林果树种有橄榄、乌榄等，林用中药有砂仁、何首乌、七莪、柴胡、生地、杜仲、茯苓、天冬，等等。

动 物 常见的养殖动物有猪、牛、羊、狗、兔、鱼等 60 多种。野生动物有 42 科 65 属 83 种，哺乳动物如苏门羚、野猪、猴类、灵猫、金猫、狸类、野兔、獭类；鸟类动物如斑冠犀鸟、斑鸠、燕子、猫头鹰、啄木鸟等；两栖爬行类如青蛙、蟾蜍、乌龟、鳖、山瑞、蛇类等；昆虫类如蜂、蝶、蜻蜓、螳螂、蜈蚣等；水生动物如鱼类、黄鳝、泥鳅、团头鲂、虾、蚌、螺等，还引进罗非鱼、露斯塔野鲮、罗氏沼虾等。属于国家重点保护的野生动物主要有猴面鹰、熊猴、叶猴、金丝猴、短尾猴、猕猴、眼镜蛇、金（银）环蛇、蟒、水獭、旱獭、大灵猫、小灵猫、金猫、河鹿、鬣羚、白鹇、原鸡、蛤蚧、果子狸、穿山甲、猫头鹰、斑冠犀鸟、山瑞、夜莺、家燕、长尾雉等品种。

旅 游 城区内旅游资源丰富，旧有八景名区，清代期间，志载八景为“鸣山叠翠”（大明山）、“伊岭丹炉”（伊岭仙山望仙岩）、“灵水澄清”（灵水）、“凤山太极”（起凤山）、“罗波龙窟”（罗波潭）、“黄道仙岩”（黄道山）、“狮子古迹”（府城镇狮子岩）、“玉印临泉”（陆斡镇覃李村玉印山）。随着历史的变迁、城市的建设发展，古八景均有所变异。2017 年，武鸣区的旅游资源主要有伊岭岩、大明山、花花大世界、灵水、罗波潭、起凤山、黄道山、三园一河（明秀园、春霞园、秋霞园、西江河）、三十六弄等旅游景区（点），其中伊岭岩、大明山、花花大世界被评为国家 AAAA 级旅游景区。

【气 温】 2017 年，武鸣区年平均气温为 21.8℃，比气候标准值（22.1℃）偏低 0.3℃。年极端最高气温为 38.1℃，出现在 7 月 31 日，年极端最低气温为 4.9℃，出现在 12 月 18 日和 12 月 21 日。10 月 14 日至 19 日出现 6 天、21 日至 25 日出现 5 天两个时段日平均气温 22.0℃的寒露风天气。与 1981 年至 2010 年同期值相比，1 月平均气温 15.3℃列第三高值。本年年平均气温偏低。

【降水量】 2017年，武鸣区年总降水量为1618.6毫米，比气候标准值（1238.9毫米）偏多379.7毫米。与1981年至2010年同期值相比，2月总降水量26.2毫米、3月总降水量167.4毫米同列第二高值，5月一日最大降水量为109.1毫米，列第三高值。本年年总降水量偏多。

【日照时数】 2017年，武鸣区年总日照时数为1382.0小时，比气候标准值（1600.8小时）偏少218.8小时。本年年平均气温偏低，年总日照时数偏少。

【气象灾害】 2017年，受高空槽、切变线和地面弱冷空气共同影响，5月12日武鸣区出现了一次强降雨过程，造成涝灾，直接经济损失142.1万元；5月15日武鸣区出现了一次强降雨过程，造成涝灾，直接经济损失449.6万元；6月13日至16日武鸣区出现了持续强降雨天气过程，造成洪涝灾害，直接经济损失2.0万元。受西南季风加强影响，6月20日至21日，武鸣区出现了一次强降雨天气过程，造成洪涝灾情，直接经济损失19.4万元。受高空槽、低涡切变线共同影响，7月1至2日武鸣区出现了暴雨到大暴雨，并造成了灾害，直接经济损失为729.78万元。受高空槽、切变线和西南季风气流共同影响，7月10至11日武鸣区出现了大雨到暴雨，局部大暴雨，并造成了灾害，直接经济损失为1.1万元。受高空槽、切变线和弱冷空气的影响，8月14至16日武鸣区出现了中到大雨，局部暴雨，出现了洪涝灾情，直接经济损失53.38万元。受台风“天鸽”影响，8月23至24日武鸣区普降暴雨，局部大暴雨，造成了灾害，直接经济损失223.97万元，受台风“帕卡”影响，8月27至28日武鸣区普降阵雨，局部暴雨，造成了灾害，直接经济损失7.32万元。

全年受暴雨洪涝，台风等灾害性天气影响，对农业生产及人民生活造成不利影响，故评价本年气候属偏差年景，本年武鸣区域内共进行了6次人工增雨作业。

【人　口】 2017年年末，武鸣区总人口71.57万人，其中城镇人口21.33万人、乡村人口50.24万人；男37.32万人、女34.25万人；全年出生人口16278人，人口自然下降率1.12%。

【民　族】 2017年，武鸣区有32个民族，以壮族为主，汉族其次，瑶族居三。壮族人口分布13个镇，汉族主要分布在灵马、府城、城厢、陆斡、两江、仙湖等镇及华侨农场、东风农场，瑶族主要分布在城厢、灵马、两江等镇。2017年武鸣县壮族人口约60.89万人，占总人口86%。

【语　言】 2017年，武鸣区内语言以壮语为主，武鸣壮语属广西北壮方言，分布在各镇，是壮族聚居村落、壮族家庭最普遍的交际用语。武鸣壮语的主要特点是无送气音、无卷舌音。随着科技的进步、市场经济的发展以及与外地交往增多，壮语中“借汉”的现象越来越多，如“‘三个代表’重要思想”“电脑”“电视机”“空调机”“市场经济”“商场”等都直接用近似汉语的桂柳方言表述，而其中汉字的送气音变成不送气、卷舌音变成舌面音或尖舌音。其他传统语言：官话，近似汉语桂柳方言，主要分布在县城、府城街，为日常交往的主要语言；汉族平话，武鸣人称为“横塘话”，属于汉语南宁平话方言，主要分布在府城、城厢、太平、双桥、仙湖、罗波、两江等镇一些汉族居民（武鸣称为“横塘人”）居住村庄的内部交往用语；汉族客家话方言，又称“新民话”，主要分布在灵马、府城、两江镇一些汉族居民（武鸣称“新民人”）聚居村庄的内部交往用语；汉族粤语南宁白话方言，主要分布在主城区、双桥街、锣圩街、陆斡街的一些从商人员和明清时期从广东、桂东、南宁迁移来的人员后裔中，一般为内部交往用语。由于武鸣籍人在改革开放以后到广东的广州、深圳、珠海及广西的南宁、玉林、北海、梧州等粤语流行地区务工的人员增多，用粤语交往日渐增多；瑶、苗语主要分布在仙湖、锣圩少量的瑶族、苗族居住村落，为本民族内部交往用语；其他民族人口少，本民族语言一般为家庭用语。此外，自越南、印度尼西亚等国归来的华侨及后裔，讲越南语、印尼语、英语等。中小学校推行普通话，中小学教师进行普通话培训并执证上岗，促进普通话的推广。随着改革开放的不断深入，对外交往日益扩大，在城区，普通话已经成为广泛的交往用语，只是武鸣壮族人说普通话缺送气、卷舌音，显得“夹壮”有些生硬，对外交际有一定影响。

【文　字】 1955年12月，创制拼音壮文。1957年11月，正式推行国务院批准的《壮文方案》，对当时进行扫除青少年文盲有一定的作用。至2017年，全城区仅有4个农村小学教学点（仙湖镇中桥小学、城厢镇串钱小学、锣圩镇高一小学、太平镇庆乐小学）安排少量课程，按“坚持试验、稳步推行，壮文开路、壮汉兼通”的方针进行试验；社会上除党政机关牌子上书写汉字的同时标上拼音壮文外，几乎无人使用壮文。城区内基本使用汉文。

【华　侨】 2017年，武鸣区旅居国外的华侨华人主要分布在越南、泰国、缅甸、新加坡、印度尼西亚、马来西亚、日本、丹麦、澳大利亚、巴西、美国、加拿大等国家。年内，在城区内定居的归侨和侨眷总人口1万多，其中在南宁东盟经济开发区（南宁华侨投资区）7000多人，其余主要分布在东风农场、白合华侨农场和主城区部分单位。

经济建设

【工业经济发展】 2017年，武鸣区坚持“工业立区”发展思路，碳酸钙、新型建材等专业产业园落地建设，林产品深加工集聚发展，工业转型升级加快。保障84家规模以上企业正常生产，培植金华建材等12家企业入规。扶持锦龙建材等10家企业实施技改，助推企业达产达效。生物质天然气产业化试点工程稳步推进，木薯淀粉酒精企业顺利完成整合。编制完成《伊岭工业集中区产城互动发展规划》等5个规划，构建一区多园工业发展格局；新征收工业用地933公顷，助推中建八局等21个工业项目落地；组建富岭公司筹集资金，完善道路、排污、水电等基础设施，伊岭工业园区承载能力增强。27家企业签约租用或购买标准厂房14.8万平方米，入驻率62.7%。伊岭工业园区规模以上企业总产值完成113亿元，实现财税收入1.35亿元，同比增长7%。

【现代农业发展】 2017年，武鸣区坚持“农业稳区”发展思路，完成粮食种植面积101.67万亩、糖料蔗31.96万亩、蔬菜79.05万亩、水果63.03万亩；肉类总产量14.69万吨，水产品产量4.99万吨。19个现代特色农业示范区基础设施不断完善，主导产业更加优化，成功协办全区现代特色农业示范区建设现场会，伊岭溪谷休闲农业示范区获得与会人员高度点赞。投入2.34亿元，实施96个水利工程建设。投入1433.37万元，完成59个“小块并大块”土地整治项目。落实农机购置补贴2369.8万元，主要农作物机械化综合水平达63.3%。抓好柑橘黄龙病防治工作，保障柑橘产业健康发展。农村综合改革成效显著，农村土地承包经营权可颁证率达96.7%，农村承包土地经营权抵押贷款5278万元。农林牧渔业总产值完成141亿元，同比增长4.3%。

【第三产业推进】 2017年，武鸣区坚持“三产兴区”发展思路，全力推进全域旅游。汉江欢乐谷一期工程竣工，南国乡村等重点项目顺利推进。伊岭壮乡文化生态旅游示范区与现代农业融合发展，生力军生态农庄、锦泉山庄分别荣获广西五星级、三星级乡村旅游区称号。借助中央电视台等媒介宣传，提升武鸣旅游知名度。全年接待游客602.28万人次、消费46.63亿元。强化房地产市场调控，促进房地产业平稳发展。新培植4家限额以上商贸企业。设立电商服务站点256个，实现镇级电商服务站点全覆盖。现代物流业不断壮大，新增中国—东盟特产城等3家物流企业，城区快递业务量迅猛增长。城区主要公共场所免费WiFi实现全覆盖，恒宁·太阳广场、新润发等商圈繁荣发展。

【投资扩大】 2017年，武鸣区开展“重大项目服务年”活动，落实城区领导联系重大项目服务重点企业制度，钢之泰等10个项目竣工投产，桂潮电线电缆等24个项目有序推进，顺华门窗等23个项目开工建设。完成征地1.73万亩，落实新增建设用地指标4128亩，保障项目建设用地。引进中交一公局、中铁上海工程局等19个项目，全年实际到位内资39.6亿元，同比增长14.9%。教育园区东片区配套基础设施日益完善，经五路南段、长岗大道东段建成通车，一、二期路网全部进场施工，三期路网及地下综合管廊一期工程前期工作有序推进；供水供电、网络通信等公共服务设施同步实施。广西安全工程职业技术学院实现招生办学，广西医科大学主教学楼主体结构顺利完工，广西师范学院、广西工商学院顺利开工建设，广西财经学院、广西工业学院、广西教育学院前期工作稳步推进。灵水壮乡文化小镇开工建设，搬迁回建安置工作扎实推进。

【城乡建设】 2017年，武鸣区坚持宜居、为民的城市发展理念，完成大同、标营等2个片区控制性详细规划和63个村庄规划编制工作。完成定罗路、香山大道“白改黑”等9个市政道路工程，渡头桥、旧五海桥修缮工程顺利完工，新建改建公厕6座，城区垃圾中转站扩建项目有序推进，城市基础设施不断完善。南门片区旧城改造项目稳步推进。罗波镇百镇示范点、两江镇集镇综合整治项目建设全面竣工，双桥镇成功列入首批南宁特色小镇名单，罗波镇坛他屯乡土特色示范村顺利通过市级验收，镇村面貌焕然一新。全力开展“美丽南宁·整洁畅通有序大行动”，推行门店“四包”（包环境卫生、包绿化美化、包市容秩序、包门店内卫生安全）承诺制度，精准网格化管理，建立271个社会共治微信群，引导全民参与市容市貌综合整治、万人交通大整治等活动，形成全民共治的良好局面，有效解决城市“五乱”（乱摆设摊点、乱停放车辆、乱扔弃垃圾、乱张贴广告、工地乱象五项严重破坏市容市貌的乱象。）、夜市扰民等城市管理难题。坚持对“两违”零容忍，“两违”新增量同比下降39%。完成南武大道（武鸣段）、东江至邓吉路面维修工程，有序推进甘圩至南武大道伏林段、陆斡至东江三级公路项目工程；新增投放新能源公交车53辆、出租车45台，进一步满足群众出行需求。

政治建设

【全面深化改革】 2017年，武鸣区基本完成年初制定的91项改革任务，承担的农村承包土地经营权抵押贷款试点等国家、自治区部署改革任务取得实效。自主改革取得突破，在广西率先成立县（区）级综合行政执法局，探索形成“125”流动人口基本公共卫生计生均等化服务模式。经济体制改革扎实推进，建立政府和社会资本合作机制。农业农村改革深入开展，完成农村土地承包经营权确权登记任务。文化教育卫生体制改革全面开展，“810”教育行动计划顺利完成，县乡村医疗服务一体化管理深入推进。党的建设制度改革创新开展，“两新”组织党建巩固提升。此外，社会民生、民主法治、生态文明、纪律检查等重点领域改革扎实推进，不断取得实效。

【民主法治建设】 2017年，武鸣区党委积极发展社会主义民主政治，人大、政协积极履行职能，充分发挥法律监督和协商民主作用。加强群团组织工作，工会、共青团、妇联等群团组织进一步发挥桥梁纽带作用。爱国统一战线不断巩固，民族宗教工作稳定发展。加强国防动员和国防后备力量建设，深入开展“双拥”创建活动，军地关系融洽。“法治武鸣”扎实推进，“七五”普法全面落实，“法律六进”不断深化。构建覆盖城乡的公共法律服务体系，为群众提供便利的法律服务。“平安武鸣”建设深入开展，信访工作不断改进，社会治安防控体系更加健全，社会治理群防群治能力进一步提升，安全生产和食品药品监督工作持续加强，顺利完成环广西公路自行车世界巡回赛等重大活动及节日期间社会秩序保障工作。城区社会大局保持和谐稳定，群众安全感和满意度不断提高。

【党的建设】 2017年，武鸣区兴起学习宣传贯彻中共十九大精神热潮，推进“两学一做”学习教育常态化制度化，坚持中心组学习制度，不断改进学习风气，党员理想信念、党性修养进一步增强。党建工作责任制逐级落实，基层党组织建设稳步推进，完成村（社区）“两委”换届工作，整顿销号20个软弱涣散村（社区）党组织，完善提升51个党建综合服务阵地和69个农村星级党组织活动阵地，基层组织堡垒进一步夯实。贯彻新时期好干部标准，规范干部选拔任用，注重在扶贫、征地拆迁等基层和急难险重一线锻炼选拔干部，推进领导干部能上能下，不断优化干部队伍结构。深入开展“干部作风提升年”活动，城区各级领导干部全面查摆问题，公开整改承诺，抓好整改，干部作风明显改进。抓紧抓实管党治党“两个责任”，强化党内监督，组织开展政治巡察，推进基层廉洁工作站村（社区）全覆盖。贯彻落实中央八项规定精神，抓好“回头看”工作，查处违反中央八项规定精神案件49件。狠抓扶贫领域监督执纪问责，查处扶贫领域案件99件。加大执纪审查力度，全年立案215件，审结各类违纪案件168件，给予党纪处分118人，政纪处分48人，移送司法机关6人，不断巩固反腐败斗争压倒性态势。

文化建设

【壮民族文化传承】 2017年，武鸣区加强党对意识形态工作的领导，深入开展文明城市、文明村镇、文明单位、文明家庭创建活动，广泛弘扬社会主义核心价值观、中华优秀传统文化和壮民族文化。实施壮民族文化传承工程，推进壮民族文化进校园，加强壮族非物质文化传承保护，府城镇、罗波镇入选自治区历史文化名镇，武鸣榨粉、高峰柠檬鸭制作技艺等5个项目入选市级非遗代表性项目名录，11名传承人分别列入国家、自治区、市级非遗代表性项目代表性传承人，“四月四”祈丰节、“两英”庙会等246个“一地一节”民俗文化节庆活动有声有色。打造武鸣“骆越文化之乡·龙母文化之乡”品牌，通过国家专家组评估验收。塑造武鸣“三月三”文化精品，连续37年成功举办中国壮乡·武鸣“壮族三月三”歌圩暨骆越文化旅游节，武鸣“三月三”歌圩成为国内规模最大、影响最广、历史最久的民族歌圩，成为武鸣最响亮的民族文化品牌。

【开展文化惠民工程】 2017年，武鸣区扎实开展文化惠民工程，全年举办81场送戏进基层活动。传承和发扬壮民族文化精髓，圆满举办2017年中国壮乡·武鸣“壮族三月三”歌圩暨骆越文化旅游节。加强壮族非物质文化传承保护，府城镇、罗波镇入选自治区历史文化名镇，武鸣榨粉、高峰柠檬鸭制作技艺等5个项目入选市级“非遗项目名录”，6名传承人列为市级“非遗传承人”。群众体育运动蓬勃发展，参加南宁市第十一届少数民族传统体育运动会勇夺19个冠军，成绩位居各县（区）首位。城区人民医院整体划转广西医科大学。府城中心卫生院业务综合楼基本完工，妇幼保健院妇女保健楼等5个项目有序推进，城区第一人民医院项目完成规划选址，医疗卫生基础设施日益完善。计划生育家庭养老照护工作稳步实施，全面两孩政策深入人心。加强疾病防控和艾滋病防治工作，公共卫生服务体系不断完善。持续深化医药卫生体制改革，村卫生室全部实现中医药壮医药服务；建立医疗服务共同体，基层医疗卫生服务能力不断提升。

【塑造文化品牌】 2017年8月25日，武鸣区被评为“中国骆越文化之乡”“中国龙母文化之乡”，让“中国壮乡”的美誉度和壮民族的文化自信得到增强。武鸣区深入挖掘本土文化资源，一手通过文化传承工程“核心带动”，打牢民族历史文化发展根基；一手通过多层级外宣“品牌塑造”，提升文化软实力，打响“千年老字号”，推动了城区群众文化大发展大繁荣。武鸣区从六个方面入手，推进文化传承工程。即选取条件成熟的学校建设一批壮民族文化标志性建筑，为城区中小学校配送一批高质量的壮民族文化教材；建立一批壮汉双语教师人才队伍；建立一批知名度高、经典的壮民族文化节目库；打造一批具有壮民族文化特色的传统体育项目，创建一批享誉区内外的民族教育品牌学校、窗口学校、特色学校，通过充分挖掘武鸣区壮民族文化风俗民情，将2所自治区民族团结教育示范校（武鸣区民族中学和太平镇庆乐小学）和1所南宁市民族团结教育示范校（仙湖镇中桥小学）打造为民族文化进校园示范学校；建设壮民族文化陈列室、壮民族文化园、壮民族体育文化训练基地；建设富有民族风情的教室文化、宿舍文化、长廊文化、膳厅文化，营造传承壮民族文化特色的浓厚氛围。同时，武鸣区不断加强壮汉双语教师定向培养，制订了中小学壮汉双语教师定向培养计划，积极争取培养指标，每年定向培养一定数量的中小学壮汉双语教师，广泛推广壮民族语言文字，加强具有壮民族文化专长的专家人才库建设。截至2017年，武鸣区已定向培养6名中小学壮汉双语教师。此外，以广西民族中等专业学校为范本，武鸣区的各中小学校还选派具有民族文化特长的教师担任壮民族文化传播导师，将壮民族文化元素渗透于音乐教学、美术教学、体育教学等学科中，将传统学科教学与壮民族特色文化教学相结合，推进壮民族文化传承与发展。

社会建设

【为民办实事项目实施】 2017年，武鸣区承办的自治区、南宁市为民办实事项目18个大项50个子项全部完成，城区本级为民办实事项目10个大项19个子项基本完成。

【脱贫攻坚推进】 2017年，武鸣区全面落实脱贫摘帽“三包”责任制，落实帮扶单位123个，下派266名驻村帮扶工作队员、2499名干部对所有建档立卡贫困户进行结对帮扶。整合各类扶持资金，深入实施“六个一批”（大力培育扶贫产业，发展生产脱贫一批；健全公共就业服务体系，转移就业脱贫一批；加大贫困地区生态保护，生态补偿脱贫一批；深入实施教育精准扶贫，发展教育脱贫一批；完善医疗卫生服务，医疗救助脱贫一批；落实最低生活保障制度，社会保障兜底脱贫一批。）和“七大工程”（道路硬化工程、安全用水工程、安全用电工程、危房改造工程、“互联网+”扶贫工程、村庄环境建设工程、文化设施建设工程。）项目，投入8682.6万元，实施贫困村通村通屯道路升级改造91条，人饮工程项目59个，电网升级改造项目41个，有线电视信号覆盖项目4个，公共服务设施项目23个；投入2105.5万元扶持4919户贫困户实施种养项目，受益人口1.86万人；开发206个乡村公益性岗位；投入685.8万元资助贫困户家庭学生6343人次；为2.3万贫困人口代缴城乡居民基本医疗保险，发放医疗救助1511.6万元、惠及3177人次；创新“三统一”模式，投入2530万元发展贫困村集体经济，40个贫困村集体经济收入均达2万元以上。新纳入贫困户145户429人、剔除错评76户314人，返贫认定29户86人，确保扶贫人口应纳尽纳、应返尽返、应扶尽扶。

【健全社保体系】 2017年，武鸣区健全就业服务机制，实现城镇新增就业3668人，农村劳动力转移就业10691人，城镇登记失业率2.41%。建立统一的城乡居民基本医疗保险制度，城乡居民基本医疗保险参保62.26万人。城乡居民基本养老保险参保30.5万人。发放低保金、特困人员救助供养金、医疗救助金3559.7万元；发放高龄补贴、残疾人补贴2056.7万元。发放抚恤金、优待金等各类生活补助2924.8万元。发放大中型水库移民后期扶持资金649.9万元。全力保障妇女儿童合法权益，建成儿童家园35所。完成城区光荣福利院、乡镇敬老院公建民营改革试点工作，武鸣真情养老中心“医养结合”试点工作得到国务院检查组充分肯定。

【科技教育发展】 2017年，武鸣区加快推进自治区知识产权试点县（区）建设，获得市以上科技项目立项17项，高新技术企业保有量12家，成功转化4项科技成果。伊岭工业集中区科技企业孵化器顺利通过自治区验收，促成25家企业正式签约入孵。教育事业取得新突破，高考本科上线率77.3%，7人分别被清华大学、北京大学录取，高考成绩名列广西各县区前茅，职校毕业生就业率100%。持续改善中小学校办学条件，通过义务教育发展基本均衡县（区）国家级督导评估认定。双桥镇中心幼儿园等3所乡镇中心幼儿园建成投入使用，标营幼儿园、标营小学等项目建设顺利推进，武鸣高中定罗湖校区开展立项规划设计。投入3045万元实施“安居乐教”工程，极大改善教师办公及生活条件。民族中学、太平镇庆乐小学获评首批“自治区民族文化教育示范学校”。

【社会大局稳定】 2017年，武鸣区扎实推进“七五”普法，深入开展“法律六进”(法律进机关、进乡村、进社区、进学校、进企业、进单位)活动，推进“一村一法律顾问”和法律援助便民服务，营造良好的法治氛围。创新社会治安综合治理，完成“一村一警务助理”建设工作；开展整治各类违法犯罪专项行动，刑事案件、“两抢”案件分别下降15.4%和40.4%；做好中共十九大、环广西公路自行车世界巡回赛等重大活动维稳工作，城区社会治安形势持续好转。积极开展领导干部接访、下访活动，办理群众信访件2309件，信访秩序明显好转。排查化解各类矛盾纠纷，调结“三大纠纷”（土地、山林、水利)案件39件，成功调解民间纠纷3598件。扎实推进基层应急网格化管理工作，应急处置能力不断提升。广泛开展国防教育和“双拥”工作，军政军民关系进一步密切。严格落实安全生产责任制，大力开展安全隐患排查治理，城区安全生产形势保持平稳。积极参与南宁市创建国家食品安全城市工作，城区食品安全形势持续稳定。

生态文明建设

【生态优先发展】 2017年，武鸣区全面落实中央环保督察反馈问题的整改工作。完成灵水饮用水源水质整改工作，拆除大明山铜矿、钨矿地上附着物，实施矿区地质环境恢复治理与土地复垦工作，清退大明山小水电站各项前期工作顺利开展。加大对重点污染源头的监管力度，引导27家采石场开展标准化建设；严抓道路扬尘治理，重拳打击超限超载行为，城区环境质量空气优良率达92%，“武鸣蓝”成为常态。城区流域水环境综合整治PPP项目前期工作顺利开展。全面启动河长制各项工作，取缔26个无证加工经营砂场，东门河截污治理工程有序推进，城区水环境质量得到有效改善。加大森林资源保护力度，森林覆盖率达到49.42%。持续开展乡村建设“三清洁”“三化”专项活动，全面启动“宜居乡村”建设，完成农村危房改造780户，农村改厨改厕3.2万户；投入1743万元，做好农村生活污水处理设施建设和运维工作；投入1.2亿元，完成环广西公路自行车世界巡回赛沿线44个村屯5914户房屋外立面风貌改造、5个重要节点村乡土特色改造工作，农村生活环境进一步优化。生态镇村创建工作有序开展，双桥镇、罗波镇被评为自治区生态镇，马头镇那堤村等24个村被评为自治区生态村。

【自治区级生态乡镇创建】 2017年，武鸣区以改善提升生态环境质量为核心，全面推进生态村镇建设，双桥镇、罗波镇被评为自治区级生态乡镇。罗波镇良好的生态与特色民俗相映成趣，全镇全面提升街道路网水平，打造风情街、牌楼，开展对罗波潭、天马河水域综合治理，让河岸常绿、河水常清。2017年年底，该镇被命名为自治区级生态镇，该镇凤林村等8个村（社区）获自治区级生态村称号。双桥镇成功引进多家公司投资现代农业旅游观光项目，形成了“一村一品”格局，拓宽了农民增收的路子。砂糖橘等特色农产品声名远播，国家级文明村下渌村和杨李村等农家乐旅游基地不断发展壮大，生力军生态农庄、碧田原农耕文化体验园等现代乡村生态旅游农家乐服务区吸引众多游客，广西佳年农业火龙果示范园大放异彩。

（张华勇）

【优美环境营造】 2017年，武鸣区通过全城动员、全民参与、全域行动，以雷霆万钧之势掀起整洁畅通有序大行动热潮，全面整治主城区范围内的乱搭乱建、跨门槛经营、乱停乱放、乱贴小广告、噪声和扬尘污染、住宅小区脏乱差等现象，形成全民共治共享的城市管理局面，让市民共享更优美、更舒适、更便捷、更安全、更文明的宜居环境。通过网格化管理，有序地推进市容市貌整治，大力开展扬尘治理、严打超载超限、整治非法“三车”（电动三轮车、三轮摩托车、残疾人代步车）、噪声污染等专项行动，并取得明显成效，武鸣城区呈现出街道整洁、交通顺畅、文明有序的新面貌。

责任编辑 刘颖儒

武鸣区2017年党政机关、事业单位、人民团体组织机构及负责人名单

中共武鸣区委员会

书　　记　韦敏宏
副 书 记　黄伟光
　　　　　吴秀红（女）
常务委员　陈明辉
　　　　　何　翔
　　　　　石成涛
　　　　　庞前辉
　　　　　罗英环（女）
　　　　　韦华清
　　　　　王智平
　　　　　陆振飞
　　　　　陈兆平（挂任2年）

武鸣区人大常委会

主　　任　黄国录
原武鸣县人大常委会主任　潘祖乐
副 主 任　卢建雅
　　　　　韦东国
　　　　　曾丽珍（女）
　　　　　曾爱星（女）
常务委员　廖玉斌
　　　　　陆　峰
　　　　　李　宁
　　　　　陆志强
　　　　　郑桂文
　　　　　刘松创
　　　　　陈玉梅
　　　　　李忠文
　　　　　卢春娥（女）
　　　　　李文江
　　　　　黄建明（女）
　　　　　李生营
　　　　　陆良平
　　　　　张华勇
　　　　　韦芦健
　　　　　尹　烨（女）
　　　　　黄　瑛（女）
　　　　　陆巧英（女）
　　　　　危国强
　　　　　陆毅流
　　　　　潘邦丰
　　　　　韦　琦
　　　　　林荣美（女）

武鸣区人民政府

区　　长　黄伟光
副 区 长　何　翔
　　　　　庞前辉
　　　　　陆耀忠
　　　　　石　岩
　　　　　黄勤民
　　　　　岑玉寒（女）
　　　　　陈兆平（挂任2年）
　　　　　王治国（9月挂任，挂任2年）
　　　　　黄海珍（女）（党组成员，南宁市伊岭工业发展党工委副书记，管委会常务副主任）

政协武鸣区委员会

主　　席　赵祖明
原武鸣县政协主席　黄隆鸣
副 主 席　黄宏伟
　　　　　李茂来
　　　　　潘新世
　　　　　黄丽莹（女）
秘 书 长　玉炳飚
常务委员　潘进宏
　　　　　李　展
　　　　　李培星
　　　　　覃育宁（女）
　　　　　韦庭柱
　　　　　谢其材

林加新
甘　勇
韦炯云
黄大权
周家贤
莫晓霞（女）
杨冬林
马　君（女）
刘旭东
熊　强
刘　强
张斌兴
黄湘焕
范化森
胡司苑（女）
潘照红
李　江
韦勤家
韦霜娴（女）

中共武鸣区纪律检查委员会

书　　记　石成涛
副 书 记　梁丽萍（女）
　　　　　宁建兴
常务委员　廖明进
　　　　　黎建武
　　　　　陆凤学
　　　　　班作湖

中共武鸣区纪律检查委员会各科室

办公室主任　陆凤学（任至8月）
　　　　　黄　燕（女）（8月任职）

党风政风监督室

主　　任　潘兰梅（女）
信访室主任　邓上峰
第一纪检监察室主任　班作湖（任至8月）
　　　　　张科宝（8月任职）
第二纪检监察室主任　陆能典
第三纪检监察室主任　褚德慰（任至8月）
　　　　　周登才（8月任职）

案件审理室

主　　任　陆　雄（任至8月）
　　　　　朱晶晶（女）（8月任职）

监察局

局　　长　梁丽萍（女）
副 局 长　廖明进
　　　　　甘　勇
　　　　　陆凤学

城区党委工作部门

办公室

主　　任　韦华清
副 主 任　韦舒盈（女）
　　　　　詹朝昌
　　　　　黄　飞
　　　　　梁在辉
　　　　　唐生翔
　　　　　机要局
局　　长　黄　飞

中共武鸣区委保密委员会办公室、武鸣区保密局

主任　局长　韦舒盈（女）

督查室

专职副主任　苏　慧（女）

组织部

部　　长　王智平
副 部 长　韦百峰（任至8月）
　　　　　何生龙（8月任职）
　　　　　朱讲卫
　　　　　潘进宏
　　　　　陆利婴（女）（任8至月）
　　　　　李生营（8月任职）

“两新”党工委

书　　记　潘进宏
副 书 记　韦文义
　　　　　李　展
　　　　　邓上安（任至8月）
　　　　　陆受莹（8月任职）

党员干部现代远程教育管理办公室

主　　任　张华旺

老干部局

局　　长　朱讲卫

副 局 长　梁建文（任至5月）
　　　　　梁　茜（5月任职）

宣传部

部　　长　庞前辉
副 部 长　卢大任
　　　　　谢　宏（女）
　　　　　蒋汉达
　　　　　张华勇

精神文明办公室

主　　任　谢　宏（女）

互联网新闻传播研判中心

主　　任　陆宇华（女）

统战部

部　　长　罗英环（女）
副 部 长　李　展
　　　　　张新杰（任至8月）
　　　　　韦善英（8月任职）

政法委

书　　记　陆振飞
副 书 记　曾令海
　　　　　黄德新
　　　　　林金光（任至5月）
　　　　　潘采吉（5月任职）

社会管理综合治理委员会办公室

主　　任　林金光（任至5月）
　　　　　潘采吉（5月任职）
副 主 任　李　维（任至5月）
　　　　　黄永清（5月任职）
610办主任　黄德新
副 主 任　莫华观

维护稳定工作领导小组办公室

主　　任　曾令海
副 主 任　陆金明

国家安全领导小组办公室

主　　任　曾令海
副 主 任　梁儒武

编委办

主　　任　黄志宏（任至8月）
　　　　　韦百峰（8月任职）
副 主 任　李春林（任至5月）
　　　　　谢复永
　　　　　方　优（5月任职）

事业单位登记管理局

局　　长　覃振春

直属机关工委

书　　记　韦华清
副 书 记　宁　盛
　　　　　吕　茵（女）
组织委员　苏　玲

（九）信访局

局　　长　梁月勤
副 局 长　潘万东

人大常委会机关

法制与内务司法委员会

主　　任　刘松创

财政经济委员会

主　　任　陆志强
副 主 任　李忠文

办公室

主　　任　廖玉斌
副 主 任　陈玉梅（女）
　　　　　黄良君（5月任职）

教科文卫与民族工作委员会

主　　任　郑桂文
副 主 任　卢春娥（女）

农业农村与环资城建工作委员会

主　　任　陆　峰

选举联络工作委员会

主　　任　李　宁
副 主 任　黄卓菲（女）（5月任职）

政协机关

办公室

主　　任　玉炳飚
副 主 任　黄海莹（女）
　　　　　黄　力

经济科技委员会

主　　任　韦庭柱（任至8月）
　　　　　陆利婴（女）（8月任职）

副　主　任　陆惠琴（女）

提案社会工作委员会

主　　　任　李培星

副　主　任　陆术辉

文教卫体文史学习委员会

主　　　任　覃育宁（女）

政协委员联络工作办公室

主　　　任　陆金花（女）

副　主　任　罗凤金（女）

政府各工作部门

政府办公室

主　　　任　潘文海（任至8月）
　　　　　　杨　健（8月任职）

副　主　任　梁　翠（女）
　　　　　　刘　茵（女）
　　　　　　苏汉勇
　　　　　　潘明华
　　　　　　黄志钦
　　　　　　潘海成
　　　　　　林　涛
　　　　　　苏琬琉（女）（5月任职）

法制办

主　　　任　潘海成（5月任职）

外事侨务办公室

主　　　任　刘　茵（女）

民族宗教事务局（少数民族语言文字工作局）

局　　　长　梁　翠（女）

政务服务管理办公室

主　　　任　苏汉勇

副　主　任　王　超（女）

应急管理办公室

主　　　任　潘文海（任至8月）
　　　　　　杨　健（8月任职）

专职副主任　苏　江（任至5月）
　　　　　　方　玮（5月任职）

政府督查室

主　　　任　蒋丽芳（女）

调处办

主　　　任　潘明华

副　主　任　苏生杰

发展和改革局

局　　　长　杨　健（任至8月）
　　　　　　黄斯繁（8月任职）

副　局　长　潘洪源
　　　　　　蒙国强
　　　　　　潘文盛（1月任职）
　　　　　　潘月平（女）

物价局

局　　　长　蒙国强

粮食局

局　　　长　潘洪源

深化医药卫生体制改革工作领导小组办公室

主　　　任　叶　蘋

经济贸易和信息化局

党组书记　詹一峰

局　　　长　刘旭东

副　局　长　韦群芳
　　　　　　方治善
　　　　　　陆　雄
　　　　　　杨艳蔓（女）

糖业发展局

局　　　长　韦群芳

教育局

党组书记　副局长　李茂叁

局　　　长　胡司苑（女）

副书专职记　陆巧英

副　局　长　陆岳祝（8月任职）
　　　　　　黄喜新（任至8月）
　　　　　　蒋　科
　　　　　　李　维（5月任职）

学生资助管理办公室

主　　　任　何能顺

科学技术和知识产权局

局　　　长　黄　全

副　局　长　邓秋清
　　　　　　梁建朝（任至5月）
　　　　　　陆荣聂（5月任职）

民政局

局　　　长　蒙焕华

副　局　长　邓上安（任至5月）
陆受莹（5月任职）
黄文军
李甘泉（5月任职）

城乡居民最低生活保障管理办公室
主　　任　罗启思

老龄委办
主　　任　陆受莹

殡葬管理所
所　　长　黄文军

司法局
局　　长　潘福忠
副　局　长　潘雪菱（女）
韦汉观

法律援助中心
主　　任　陶锦蛟

财政局
局　　长　黄立斌
副　局　长　陆志勇
熊　强
苏　江（5月任职）

发展经济资金管理局
局　　长　韦　晖（5月任职）

财政国库支付中心
主　　任　黄伟力

非税收入管理所
所　　长　陆灵峰

财政稽查分局
局　　长　韦武德

财政投资项目评审中心
主　　任　梁朝辉

人力资源和社会保障局
局　　长　韦百峰（任至8月）
何生龙（8月任职）
副　局　长　陆廷洲
潘德平
韦露芳
何云仙（女）（挂任至12月）

社会保险事业局
局　　长　覃宏才

副　局　长　梁敏宁
杨才会（任至5月）
杨金珍（5月任职）
韦庭军

劳动就业服务中心
主　　任　黄丹霞（女）（任至5月）
潘海霞（5月任职）

劳动人事争议仲裁院
院　　长　李忠元（任至5月）
黄丹霞（女）（5月任职）

劳动保障监察大队
大　队　长　韦海东

人才交流服务中心
主　　任　韦石峰（女）

国土资源局
局　　长　潘辉德
专职副书记　王　丹（女）
副　局　长　詹祖川
韦庆文
曾克勇
梁永温

国土资源执法监察大队
大　队　长　李兴霞（任至5月）
詹祖川（5月任职）

土地储备中心
主　　任　尹如胡

土地开垦整理中心
主　　任　黄雄伟

环境保护局
党组书记　潘肖良（任至5月）
梁武强（5月任职）
局　　长　马　君（女）
副　局　长　梁　剑
潘吉廷（5月任职）

环境监察大队
大　队　长　李道信

环境保护监测站
站　　长　潘敏锋

住房和城乡规划建设局
局　　长　褚明电

副　局　长　李运成（任至10月）
　　　　　　蒙国斌（任至8月）
　　　　　　潘光妹（女）
　　　　　　潘海川
　　　　　　潘翊崇（8月任职）
　　　　　　危流坤
　　　　　　李正斌
　　　　　　梁安勇

人民防空办公室

主　　　任　潘海川
副　主　任　李　林（任至5月）

城镇建设管理监察大队

大　队　长　袁建宏

建设工程质量监督站

站　　　长　潘　学

环境卫生管理站

副　站　长　潘素兰（女）
　　　　　　卢剑华
　　　　　　唐华东
　　　　　　梁光文

路灯管理所

所　　　长　陆　宁

房地产管理所

所　　　长　黄宪忠

交通运输局

局　　　长　黄华隆
副　局　长　韦文英
　　　　　　韦民克

运输管理所

所　　　长　韦文英
副　所　长　曾　燕（女）
　　　　　　丁武斌
　　　　　　蒙秀庭

公路管理所

副　所　长　林源瑞
　　　　　　谢营才
　　　　　　甘　文

水利局

局　　　长　黄可宾
党组专职副书记　潘振楼
副　局　长　潘采吉（任至5月）
　　　　　　韦庭柱（5月任职）
　　　　　　赵红云

防汛办公室

主　　　任　袁建宏
副　主　任　黄文安

水利工程管理站

站　　　长　黄清仕

水政水资源管理站

站　　　长　李建庭

水土保持监督站

站　　　长　覃士合

桥响水利工程管理所

所　　　长　韦　莹

暮定水库管理所

所　　　长　危春瑶

仙湖水库管理所

所　　　长　黄　林

那打水库管理所

所　　　长　宁　珂

农业局

局　　　长　黄斯繁（任至8月）
　　　　　　蒙国斌（8月任职）
党组专职副书记　韦海斌
副　局　长　陆耀华
　　　　　　吴　汉
　　　　　　杨明东
　　　　　　陈树民
　　　　　　黄卫群（女）
　　　　　　梁建朝（5月任职）
　　　　　　欧彦华（5月任职）

扶贫开发领导小组办公室

主　　　任　陈树民

水产畜牧兽医局

局　　　长　陆耀华
副　局　长　黄卫群（女）
　　　　　　陆荣聂（任至5月）
　　　　　　梁建朝（5月任职）

农业技术推广中心

主　　　任　李春光

动物疫病预防控制中心

主　　任　凌　丹（女）

动物卫生监督所

所　　长　陆喜平

农业行政综合执法大队

队　　长　梁生庆

农机安全监理站

站　　长　陈海冬

水产畜牧兽医技术推广站

站　　长　陆之泽

植保站

站　　长　颜文好

水果办（木薯办、蚕业办）（部门管理）

主　　任　周凤城（任至5月）

　　　　　潘星汉（5月任职）

副 主 任　谢作谋（任至5月）

　　　　　潘高俊

　　　　　覃雅燕（女）（5月任职）

林业局

局　　长　蒙善珺

副 局 长　黄光阳

　　　　　韦惠彬

广西三十六弄——陇均管理处

主　　任　谭文广

副 主 任　梁峻培

　　　　　李兴霞（5月任职）

森林病虫害防治检疫站

站　　长　卢耀跟

营林站

站　　长　滕　宁（女）

朝燕林场

场　　长　王国聪

专职副书记　潘树海

副 场 长　梁喜新（任至5月）

文化新闻出版广电和体育局

局　　长　梁茂昌

副 局 长　李　楠（女）

　　　　　吴　汉（5月任职）

　　　　　林　然（5月任职）

党组副书记　梁　涛

文化市场综合执法大队

大 队 长　潘海霞（任至5月）

　　　　　李　楠（女）（5月任职）

广播电视台

台　　长　梁茂昌

副 台 长　陆振扬

　　　　　黄　琨

文化馆

馆　　长　余燕鸣

　　　　　蓝华海（5月任职）

　　　　　李彩宁

　　　　　隆建升（9月任职）

卫生和计划生育局

局　　长　苏常山

党组副书记　黄四妹（女）

副 局 长　黄　珍（女）

　　　　　曾华祥

　　　　　黄豪品

　　　　　梁春妹（女）（8月任职）

　　　　　叶　频（5月任职）

　　　　　卢文动

防治艾滋病办公室

主　　任　苏常山

专职副主任　方凤新（女）

爱国卫生运动委员会办公室

主　　任　苏常山

副 主 任　王孟波（女）

卫生计生监督所

所　　长　黄豪品（任至5月）

　　　　　梁色珣（女）（5月任职）

副 所 长　张立诚

　　　　　潘玉君（女）（9月任职）

疾病预防控制中心

主　　任　危国强（任至5月）

　　　　　张国汉（5月任职）

副 主 任　兰文林（任至5月）

　　　　　黄星炯

　　　　　罗　盛（女）

中医医院（壮民族医院）

院　　长　赵建峰

副 院 长　梁梅桂（女）

　　　　　李　江

　　　　　杨红梅（女）（5月任职）

妇幼保健院（妇女儿童医院）

院　　长　苏常山（任至5月）

　　　　　黄剑飞（5月任职）

副 院 长　张泽新

　　　　　李锦雁（女）

　　　　　梁兆生（5月任职）

更昌医院

院　　长　黄继程（任至5月）

　　　　　廖卫宁（5月任职）

食品药品监督管理局（城区食品安全委员会办公室）

局　　长　庞国文

副 局 长　卢文动

　　　　　朱以次

　　　　　李志江

　　　　　方　篩（5月任职）

食品药品稽查大队（食品药品安全投诉举报受理中心）

大队长（主任）　曾益军

副大队长（副主任）　潘志廷

　　　　　　　　　　尹育良

审计局

局　　长　韦翔智

副 局 长　蓝茂辉

　　　　　梁定江

公共投资审计中心

主　　任　李克培

工商行政管理和质量技术监督局

局　　长　冯瑞安

党组专职副书记　隆　蛟

副 局 长　黄炳东

　　　　　潘吉廷（任至5月）

　　　　　林金光（5月任职）

　　　　　李永胜

工商行政管理和质量技术监督稽查大队

大 队 长　王　英

工商行政管理和质量技术监督局专业市场管理所

所　　长　潘林重

安全生产监督局

局　　长　何生龙（任至8月）

　　　　　黄庭山（8月任职）

副 局 长　曾祥胜

　　　　　韦正辉

安全生产监察大队

大 队 长　潘照红

统计局

局　　长　何定益

副 局 长　林江平

　　　　　梁家红

社会经济调查队

队　　长　覃沛恩

普查中心

主　　任　方　斌

投资促进局

局　　长　蒙克欣

副 局 长　潘学兴

　　　　　覃文胜

综合行政执法局

局　　长　曾令海

副 局 长　潘振楼

　　　　　李运成

　　　　　梁瑞满

总工会

主　　席　黄宏伟

常务副主席　黄庭山（任至8月）

　　　　　韦雪梅（女）（8月任职）

副 主 席　黄　瑛（女）

共青团武鸣区委员会

书　　记　江祖晖

副 书 记　覃敏师

　　　　　韦芦健（女）

　　　　　廖　延（挂职至8月）

妇　联

主　　席　黄华捷（女）

副 主 席　尹　烨（女）

谢　芳（女）

工商业联合会

党组书记　李　展

主　　席　谢其材

副 主 席　曾柳莺（女）

科　协

主　　席　张斌兴

副 主 席　韦笔文

残　联

理 事 长　潘叔周

副理事长　方永麟

侨　联

主　　席　朱志明

文　联

主　　席　卢大任

红十字会

常务副会长　谢日锋

专职副会长　黄园芬（女）

人口和计划生育协会

专职副会长　苏　燕（女）

法学会

专职副会长　周路璐（女）

社会科学界联合会

主　　席　蒋汉达

专职副主席　潘芦斯（女）

人民检察院

检 察 长　温守东

副检察长　邓泽荣

王　庆

杨　燕（女）

曹　鹏（挂任至12月）

人民法院

院　　长　傅　豪

副 院 长　林志丹

梁凤堂

谭芳兰（女）

姚　娟（女）（挂任至12月）

公安局

局　　长　黄勤民

政　　委　杨奇志

副 政 委　黄铭东

党委副书记　谢文胜

副 局 长　韦庆军

李　云

曾庆泉

梁　锋

刘松敏

纪委书记　韦国新

党　校

校　　长　吴秀红

常务副校长　黄英杰

副 校 长　刘颖儒（任至5月）

莫贞华

黄艳英

黄孟乔（5月任职）

旅游局

局　　长　韦立军

副 局 长　苏泉钢

刘　颂

人民政府招待所

所　　长　韦理耀

档案局（国家档案馆）

局（馆）长　潘国勇

副（馆）局长　黄文龙

杨美勤（女）

地震局

局　　长　韦雪梅（女）（任至8月）

副 局 长　黎永宏

公共资源交易中心

主　　任　潘治堂

南宁市伊岭工业发展管理委员会

党工委书记　韦敏宏

主　　任　黄伟光

常务副主任　黄海珍（女）

副 主 任　潘翙崇（任至5月）

潘肖良（5月任职）
阮文云
梁武强（任至5月）
韦梁珂（8月任职）
办公室主任　韦承政
副　主　任　张　华（女）

国土利用局
局　　　长　莫政恩
副　局　长　阮尊贤

财政局
局　　　长　方海硝
副　局　长　韦保生

安全生产监督管理局
局　　　长　方成文
副　局　长　韦　晶

规划建设局
局　　　长　班宝生（任至5月）
副　局　长　罗振山
甘文合（5月任职）

人事劳动和社会保障局
局　　　长　潘吉敏
副　局　长　梁海宁（女）

招商局
局　　　长　谢文峰（5月任职）
副　局　长　陆　萍（5月任职）

经济发展局
局　　　长　潘燕芳（女）
副　局　长　唐诗琪（女）

百合华侨投资区管理委员会
主　　　任　蒙国斌（任至8月）
党组书记　副主任　潘福才
副　主　任　蓝华海（任至5月）
梁喜新（5月任职）

史志办公室
主　　　任　韦振宇
副　主　任　潘仲群
黄孟乔（女）（任至5月）
刘颖儒（5月任职）

供销联社
理事会主任　陆尧中
副　主　任　林　耀
张帼乘
刘桂梅（女）

市场开发服务中心
主　　　任　王群兴
副　主　任　黄务凡（任至5月）
莫文观（5月任职）
黄继福

机关事务管理局（县机关后勤服务中心）
局长（主任）　潘星汉（任至5月）
黎文献（5月任职）
副局长（副主任）　蒋汉强（任至5月）
黄永光（5月任职）
周凤城
梁建文（5月任职）

房屋和征地拆迁办公室
主　　　任　方　抒
副　主　任　潘仕标
梁如维

水库移民工作管理局
局　　　长　黎文献（任至5月）
周凤城（5月任职）
副　局　长　黄树团

城镇集体工业联社
主　　　任　黄仕相
副　主　任　黄勇光（任至5月）
蒋汉强（5月任职）

节能监察中心
主　　　任　黄仕相
副　主　任　黄勇光（任至5月）
蒋汉强（5月任职）

富鸣城投公司
总　经　理　覃　勇
副总经理　官　涛
李东伟
栗迎涛（聘任期3年）

供水有限总公司

总 经 理 陆良平

副总经理 班英兰 （女）

潘兆环

乡 镇

城厢镇

党委书记 谢雪花（女）

副 书 记 赵述文

陆毅流

韦 耿（挂任至2018年3月）

莫相斌（挂任至2018年3月）

纪委书记 黄 华

组 委 黄之瑗（女）

宣委 副镇长 黄文旭

委员 副镇长 陈春宇

统 委 潘桂花（女）

委员 武装部部长 梁福初

纪委副书记 潘蛟颖（女）

人大主席 陆毅流

副 主 席 潘文志

赵梅香（女）

镇 长 赵述文

副 镇 长 黄文旭

陈春宇

李贵军

谢华彪

太平镇

党委书记 潘贤温

副 书 记 陆仕琼

梁振繁

尹成良（挂任至2018年3月）

纪委书记 黄家瑜

组 委 梁翠柳（女）

宣委 副镇长 张经纬

委员 副镇长 刘汉行

统 委 李晓玲

委员 武装部部长 农庆伟

纪委 副书记 吴保新

人大主席 梁振繁

副 主 席 林芳明（女）

镇 长 陆仕琼

副 镇 长 张经纬

刘汉行

韦生克

卢艳欢（女）

双桥镇

党委书记 邓均荣

副 书 记 苏文高

李克献

韦建峰（挂任至2018年3月）

邓慧苹（女）（挂任至2018年3月）

纪委书记 曾汉煌

组 委 阮 镇

宣委 副镇长 李仕南

委员 副镇长 尹艳娜（女）

统 委 覃 玲

委员 武装部部长 李占欢

纪委副书记 王金星（女）

人大主席 李克献

副 主 席 李仁元

镇 长 苏文高

副 镇 长 李仕南

尹艳娜（女）

黄彦洁

甘圩镇

党委书记 黄 海

副 书 记 黄怀演

李美庭

黄锦光（挂任至2018年3月）

韦 莹（挂任至2018年3月）

纪委书记 龚宏伟

组 委 邓茹蔚（女）

宣委 副镇长 方 茜（女）

委员 副镇长 莫来雨

统 委 邓培甘

委员 武装部部长 陈袖干

纪委副书记 刘坚森

人大主席　李美庭
副主席　邓秀群（女）
镇长　黄怀演
副镇长　方　茜（女）
莫来雨
黄泽威
甘提增

宁武镇

党委书记　张　杰
副书记　曾伟玲（女）
潘邦丰
曾之京（挂任至2018年3月）
纪委书记　黄　燕（女）
组委　林晓若（女）
宣委　副镇长　黄林杰
委员　副镇长　周　辉
统委　苏美娇（女）
委员　武装部部长　韦永强
纪委副书记　李培任
人大主席　潘邦丰
副主席　杜培功
镇长　曾伟玲（女）
副镇长　黄林杰
周　辉
陆启庆
陶江泉

锣圩镇

党委书记　黄飞恒
副书记　刘尧刚
林盛宗
陆　宁（挂任至2018年3月）
纪委书记　肖智慧
组委　黄永祝
宣委　副镇长　赵法坤
委员　副镇长　潘钟福
统委　李则袁
委员　武装部部长　周春朔
纪委副书记　朱晶晶（女）
人大主席　林盛宗
副主席　廖岳超
镇长　刘尧刚
副镇长　赵法坤
潘钟福
陆耀民
莫晓霞（女）

灵马镇

党委书记　邓达新
副书记　潘瑞山
梁海英（女）
何武爱（挂任至2018年3月）
李大营（挂任至2018年3月）
纪委书记　方师文
组委　黎厚来
宣委　副镇长　阮宗杰
委员　副镇长　周文贵
统委　肖艳英
委员　武装部部长　潘邦毅
纪委副书记　郭桂添
人大主席　梁海英（女）
副主席　陆善喜
镇长　潘瑞山
副镇长　阮宗杰
周文贵
黄彦洁
陈庆业
方家志
邓秋洁（女）（挂职至2019年8月）

仙湖镇

党委书记　潘秀楠
副书记　王　瑛（女）
韦　琦
梁　彬（挂任至2018年3月）
梁利萍（女）（挂任至2018年3月）
纪委书记　周登才
组委　李翰贤
宣委　副镇长　黎文武
委员　副镇长　潘晓菊（女）
统委　谢杏芬（女）

武装部部长　苏治州
纪委副书记　卢象镇
人 大 主 席　韦　琦
副　主　席　覃建光
镇　　　长　王　瑛（女）
副　镇　长　黎文武
　　　　　　潘晓菊（女）
　　　　　　潘国荣
　　　　　　黄清康

府城镇

党 委 书 记　曾祥积
副　书　记　黄　群
　　　　　　林荣美（女）
　　　　　　蓝　迅（挂任至 2018 年 3 月）
　　　　　　陆岳祝（挂任至 2018 年 3 月）
纪 委 书 记　陈薏兰（女）
组　　　委　李宁鹏
宣委　副镇长　黄明观
委员　副镇长　陶彩星
统　　　委　覃娇韩（女）
委员　武装部部长　黄兆勇
纪委副书记　杨莉玲（女）
人 大 主 席　林荣美（女）
副　主　席　潘海铨
镇　　　长　黄　群
副　镇　长　黄明观
　　　　　　陶彩星
　　　　　　覃年瑞
　　　　　　杨绳俊
　　　　　　梁艺小（女）（挂职至 2019.08）

陆斡镇

党 委 书 记　梁色珍（女）
副　书　记　潘宏坤
　　　　　　邓生岳
　　　　　　陆　军（挂任至 2018 年 3 月）
　　　　　　王孟波（女）（挂任至 2018 年 3 月）
纪 委 书 记　曾　宁
组　　　委　黄超学
宣委　副镇长　卢家乐
委员　副镇长　覃泽校
统　　　委　杨延湘（女）
委员　武装部部长　韦高康
纪委副书记　覃雪梅（女）
人 大 主 席　邓生岳
副　主　席　梁荣师
镇　　　长　潘宏坤
副　镇　长　卢家乐
　　　　　　覃泽校
　　　　　　黄东华
　　　　　　容嘉颖（女）

罗波镇

党 委 书 记　蒙永昌
副　书　记　阮朝义
　　　　　　陆爱珍（女）
　　　　　　朱业宗（挂任至 2018 年 3 月）
　　　　　　唐锦兴（女）（挂任至 2018 年 3 月）
纪 委 书 记　梁华君
组　　　委　黄珠宝
宣委　副镇长　李汉贤
委员　副镇长　陶海俐
统　　　委　陆　恒
委员　武装部部长　冯益星
纪委副书记　潘晓雪（女）
人 大 主 席　陆爱珍（女）
副　主　席　潘辽瑜
镇　　　长　阮朝义
副　镇　长　李汉贤
　　　　　　陶海俐
　　　　　　吴　洁（女）
　　　　　　农建扬

两江镇

党 委 书 记　潘文玉
副　书　记　潘德锶
　　　　　　李　翔
　　　　　　梁　宁（挂任至 2018 年 3 月）
　　　　　　李彩宁（挂任至 2018 年 3 月）
纪 委 书 记　韦丽君（女）
组　　　委　田密密（女）

宣委　副镇长　李华焱
委员　副镇长　韦　锋
统　　委　陈泳成
委员　武装部部长　李晨州
纪委副书记　李定雄
人大主席　李　翔
副 主 席　胡容英
镇　　长　潘德锶
副 镇 长　李华焱
韦　锋
黄志来
班元秋（女）

马头镇

党委书记　陆　坚
副 书 记　方才桧
黄东源
王治国（挂任至 2018 年 3 月）
姜世奇（挂任至 2018 年 3 月）
杜逢祖（挂任至 2018 年 3 月）
纪委书记　潘朝荣
组　　委　周　博（女）
宣委　副镇长　李永甫
委员　副镇长　杨锡纯
统　　委　陶柳花（女）
委员　武装部部长　陆　政
纪委副书记　黄望福
人大主席　黄东源
副 主 席　曾冠勇
镇　　长　方才桧
副 镇 长　李永甫
杨锡纯
黄　璧
梁　娇（女）

（城区党委组织部提供）

责任编辑　刘颖儒

2017年中国壮乡·武鸣“壮族三月三”歌圩暨骆越文化旅游节

综　　述

【概　况】 2017年中国壮乡·武鸣“壮族三月三”歌圩暨骆越文化旅游节于2017年3月29日（农历三月初二）至4月1日（农历三月初五）在武鸣区举行，此届圩节主题为“美丽壮乡·踏歌追潮”，以形式多样、内容丰富、特色鲜明的文体、旅游、经贸活动，展示开放包容、生态文明、和谐发展、美丽武鸣新形象。

【圩节开幕式】 3月30日上午，2017年中国壮乡·武鸣“壮族三月三”歌圩暨骆越文化旅游节在武鸣体育馆广场隆重开幕。八方宾朋齐聚武鸣唱山歌、跳竹竿、抢花炮、抛绣球、品美食。开幕式上，城区中老年艺术团、广西壮文学校艺术团、广西送变电艺术团、南宁市民协民间艺术团表演了文艺节目。壮族·礼祭《骆越舞乐》、新民歌《天书》及舞蹈《舞公郎》，场景气势恢宏，演员服饰鲜艳亮丽，道具丰富多彩，让人感受到“壮族三月三”的迷人风情和无限魅力，感受到武鸣古骆越原生态文化和壮乡人的精、气、神。武鸣山歌《壮乡迎客歌》展现了壮乡人的热情、好客。大歌舞《踏歌追潮》，表达了壮乡儿女对幸福生活的追求和向往，抒发了为建设具有壮民族特色的“富裕文明、生态宜居、美丽和谐”武鸣新区，武鸣人正抓住机遇，乘势而上，展翅腾飞的豪情壮志！用歌声传递友情，用舞曲传递祝福。整个开幕式现场始终回荡着激情，洋溢着活力，淋漓尽致地展现了壮民族文化的精髓，让来自四面八方的宾朋领略到了原汁原味的壮族民俗风情。

（刘晓霞）

2017年3月30日，中国壮乡·武鸣“壮族三月三”歌圩暨骆越文化旅游节开幕式现场　　（黄绍武　摄）

【圩节亮点】 2017年中国壮乡·武鸣“壮族三月三”歌圩暨骆越文化旅游节坚持举办37年来的民族性、传承性，把壮族文化加以挖掘提升、精美展现，并融入趣味无穷的群众活动，热闹中保留古韵，经典中体现创新，精美中不失“土”味，民俗里更显传承，呈现出几大亮点。

规模大　2017年圩节活动项目总数增加至44项，为历届最多。活动内容共分为5个大项。第一大项为文化活动，包括12个项目；第二大项为体育活动，包括8个项目；第三个大项为旅游活动，包括9个项目；第四个大项为经贸活动，包括4个项目；第五个大项为乡镇活动。

民族性与观赏性兼备　第九届广西歌王大赛、“灵水歌圩”歌王对抗赛、壮乡歌海等，让来自八方的游客“踏歌而来”，可听歌、对歌、赛歌，感受到武鸣山歌的无穷魅力。文艺活动以武鸣撤县设区为背景做大格局、呈大气势，以弘扬骆越辉煌文化为主轴，以“唱武鸣山歌、讲武鸣故事，感触武鸣人、传承武鸣魂”为文脉结构篇章，通过武鸣经典民间歌、舞、乐，展示武鸣骆越文化生态的蓬勃发展、传承骆越文化的波澜壮阔、彰显骆越文化与多元文化交织融合的秀美旖旎。

全城联动处处有欢歌　武鸣作为三月三活动的人气聚集地，活动场所进一步扩大延伸，增加游客的承载能力。2017年，圩节活动的项目地点从主城区扩大到周边景区，并在各镇开展民俗活动。在主会场有开幕式、《壮乡欢歌》等精美而充满特色的文艺演出，以及千人竹竿舞、千人武术、千人广场舞展演等大气磅礴的经典项目，人们可以参加到千人竹竿阵中，跳一跳独具特色的竹竿舞。在景区及农家乐，开展壮民族记忆展、壮族采茶节等丰富多彩的互动活动。在13个镇，开展“三月糯米香昂昂在壮乡”系列充满“土”味的民间特色活动，可说是全城大联动，处处有欢歌。民族体育竞技大赛除了有珍珠球邀请赛、花样跳绳展演、抢花炮等观赏性强的项目外，还设有多项群众互动项目，如滚铁环、打陀螺、顶竹杠、掰手腕、抛绣球等，让人们感受壮族传统体育竞技的乐趣。旅游景区和农家乐景点开展壮家美食制作、脚斗士大赛、壮族相亲、壮族采茶节等活动，让人们在饱览美景的同时，参与欢乐无限的现场活动。

推陈出新凸显大气魄　在增加的项目上，增强活动的创意性和趣味性；在经典项目上，融入创新元素。2017年以全新的《竹子寻梦》为主题，分为听竹、踏竹、舞竹三个部分进行展演，展示寻梦、追梦、耕耘与收获的场景，再现鼓声震天、气势如虹的竹竿舞场面。

文化旅游深度大融合　武鸣山清水秀，旅游资源丰富，境内名胜景点众多。武鸣精心打造“壮乡旅游、生态旅游、人文旅游和乡村旅游”等品牌，推动旅游产业全面发展。2017年，武鸣区提出要发展“全域旅游”，做好“旅游+”文章，推动游览观光型、休闲度假型、文化体验型多样化旅游的融合发展，促进壮族文化资源与优势旅游资源融合发展，推进全域景区化，全力打造全国著名的以壮文化为特色的休闲旅游目的地。

歌节更具魅力　看：文化活动风情浓郁；听：山歌对唱妙趣横生；赛：体育竞技精彩刺激；游：旅游活动丰富多彩；吃：壮乡美食琳琅满目。

圩节文体活动

【武鸣骆越祖母王祭祀大典】　3月29日，2017中国壮乡·武鸣“壮族三月三”歌圩暨骆越文化旅游节，壮族罗波庙会骆越祖母王祭祀大典活动在武鸣区罗波镇罗波社区举行，活动分为骆越祖母王开光祈福活动、骆越祖母王祭祀大典、庙会民俗活动三大主题，有公祭骆越祖母、山歌比赛、舞龙大赛、民俗千家宴等22个子项活动。壮族美食展销会、山歌对唱、罗波风情摄影展、壮族“千家宴”等将十几个活动将为游客带来不一样的骆越风情，呈现一场既热闹又传统的“民俗大餐”。在骆越祖母王祭祀大典上，可以尽情感受和领略具有浓郁壮民族文化特色的骆越祖母王神像巡游、公祭骆越祖母王仪式等主要祭祀活动场面，也可以欣赏到古老而神秘的骆垌舞巡游、骆越古文字巡游、骆越王养生酒巡游、骆越古乐队巡游、罗波民俗巡游等民俗巡游节目。与往年相比，2017年的舞龙多了很多花样，舞龙队伍主要以女性为主，还原、再现古老的骆越习俗和仪式。

【太平镇壮族文化传承节】　3月25日（农历二月二十八），2017年中国壮乡·武鸣“壮族三月三”歌圩暨骆越文化旅游节太平镇壮族文化传承节在太平镇庆乐小学民歌广场举行。传承节秉承

“文化传承·文化自信”理念，坚持壮族文化传承，树立壮族文化自信，呈现“活动丰富、特色鲜明、群众参与、本土文化、开放包容”五大亮点。包括师公舞、傩面舞、山歌联唱等壮民族文化艺术展演；千人竹竿舞、蛮乐舞等群众大型互动；百人陀螺、三人板鞋、壮族迪尺、顶竹竿、跳房子、抛绣球、滚铁环等壮族传统体育竞技、传统游戏展示；包粽子、蒸五色糯米饭、血灌猪肠等壮家美食现场制作与品尝；庆乐小学原始农具陈列室石舂、石磨、土糖寮、斛水等农具的使用展示。活动紧扣太平镇本土壮文化特色，地方气息浓郁，展示了太平镇多姿多彩的壮族文化画卷。太平镇壮族文化传承节是宣传和展示太平镇壮乡风貌的重要载体和打造生态民族文化旅游、推进文化活镇发展的重要品牌。太平镇非物质文化遗产代表性项目师公舞“骆僮祈福”、壮话快板、庆乐小学“勒庆乐”艺术团等是享誉区内外的壮族文化名片。

（李秋洁）

【“三千”展演】 2017 年 3 月 30 日上午 11 时许，“千人竹竿舞、千人武术、千人广场舞”展演（简称“三千”展演）在武鸣体育馆广场上演。随着欢快的口号，身穿壮族服装的演员们鱼贯而入，列阵以待。在观众的注视下，4 名壮家小伙爬上竹竿头摘取红绣球，完美诠释了《壮家小伙·竹海寻梦》的主题。随后，“三千”展演第一篇章《美丽壮乡·跨越追梦》千人竹竿舞热力开场。千余名身着鲜艳民族服装的壮族男女分成《竹子与花伞》《壮绣和绣球》《铜鼓与竹竿》等小方阵，有的手拿谷穗，有的头顶鲜花，有的扛起扁担，和着鼓声以及有节奏、有规律的竹竿敲击声，在竹竿分合的瞬间敏捷轻盈地进退跳跃，潇洒自如地做出各种优美的动作，极为夺人眼球。竹竿清脆的敲击声、震耳的锣鼓声，动感十足的竹竿舞让游客充分感受到壮家人的热情。紧接着第二篇章《美丽壮乡·奋勇追梦》千人武术展演便进入观众视线。首先出场的是太极拳方阵，广场上，老年太极拳表演者舒展肢体，如行云流水般将二十四式太极拳以静制动，以柔克刚，刚柔并济，灵活多变，形神兼备的精髓展示得淋漓尽致，充分体现壮乡老年人沉稳庄重、老当益壮、自强不息的精神气质；随后，由武鸣区武术协会－金武武馆学员、城镇二小和武鸣中学学生共同组成的武术表演方阵让观众大饱眼福。集体拳、集体剑术棍术、壮拳等内容相继亮相。有力的动作、矫健的身姿、熟练的拳法，一招一式间把中华武术演绎得淋漓尽致，虎虎生威，充分展现了“诚信务实，创新争先；武略文韬，鸣于天下”武鸣精神的丰富内涵。《美丽壮乡·踏歌追梦》千人广场舞是此次“三千”展演的最后一个篇章。乡镇健身舞方阵、壮锦与织布梭、稻穗、簸箕等方阵展示了壮乡达妮的热情、壮乡人积极向上、朝气蓬勃的精神风貌以及武鸣纯朴浓郁、丰富多彩的民族风情和务实拼搏、开放包容的时代精神。展演的最后，全体演员表演的大圆舞《壮乡是个幸福海》将“三月三”歌圩气氛点燃至最高潮。

（黄子晏）

2017 年 3 月 30 日，“三千展演”现场　（武鸣时讯提供）

【歌海开唱】 2017 年中国壮乡·武鸣“壮族三月三”歌圩暨骆越文化旅游节壮乡歌海活动分为总歌台和分歌台。3 月 29 日，在城区香山河畔的江滨路总歌台开展的是广西青少年山歌邀请赛武鸣区初赛。各镇、城区直属学校及双语教学点各派出一名歌手参加比赛，歌手演唱主题以歌颂学校、家乡、父母、老师、同学、民族团结、

2017 年 3 月 29 日，山歌比赛现场　　（武鸣时讯提供）

新生活、社会主义核心价值观、自治区第十一次党代会精神以及"壮族三月三"为主题。在台上，小朋友唱的山歌嘹亮动听，旋律独特，歌词生动有趣、意义深刻，体现了武鸣区传承和发展民族山歌文化取得的成果。当天，初赛分评选出 16 名选手参加广西青少年山歌邀请赛决赛，与马山县、都安县、大化县、上林县选拔出的歌手进行决赛。在江滨公园，骆越歌台、骆垌歌台、伊岭歌台、思恩歌台、皇后歌台五个分歌台也被群众和游客围得水泄不通，台上的歌手身穿壮民族服装，欢快唱出壮族人的幸福生活。

【广西歌王大赛】 2017 年 3 月 29 日，第九届广西歌王大赛暨"灵水歌圩"斗歌在武鸣区文化中心广场以及 5 个乡镇的分歌台唱响，南宁、柳州、桂林、北海等地的 12 支代表队的 36 名山歌手夺新一届"歌王"名号，各地代表队选手，用桂柳话、壮话、粤语、客家话、平话等不同语系互拼歌技。本届歌王大赛还在武鸣区各乡镇设置5个分歌台，让市民游客与山歌手现编歌词、现场对歌。斗歌盛会选出歌王 3 名、优秀歌手 10 名，颁发证书及奖金，歌王被授予歌王桂冠；评选出优秀组织单位 14 个，颁发奖牌。

【"壮乡欢歌"文艺演出】 2017 年 3 月 30 日晚，2017 年中国壮乡·武鸣"壮族三月三"歌圩暨骆越文化旅游节"壮乡欢歌"文艺演出在武鸣体育馆广场舞台精彩上演。演出分为祥光普照和踏歌追潮两个篇章。第一篇章结合舞蹈和山歌演唱，侧重表现壮民族波澜壮阔的历史。采撷于武鸣东西南北中的舞蹈和音乐元素的节目有：男子舞《骆垌吉祥舞》、女子群舞《天书》、男子群舞《舞公郎》透出远古民俗的神韵和山野质朴的风情，展现了骆越子孙的风情画卷；表现了骆越先民在大明山脚下生存、拼搏、勤劳生活；再现了骆越儿女，创造人类文明的画面。山歌剧《壮乡鸿儒》和舞蹈《骆越魂》展示了武鸣人文韬武略的高尚情怀，骆越先人英勇骁战、不怕牺牲的精神。第二篇章踏歌追潮则着重表现壮乡改革开放几十年来翻天覆地的变化以及"十二五"期间武鸣经济社会发展的成就，预示着武鸣区的成立壮乡将再辉煌。歌舞《辉煌》、壮话歌曲《壮乡人民创新村》、舞蹈《英雄决》等，歌颂了壮族人民的性格、胸怀、情感，展现了壮乡神奇的山，美丽的家园和节庆习俗风情。这是一台既有写意地表现古老骆越文化，又有展现武鸣各族人民绚丽多彩和谐生活的文艺演出。

2017 年 3 月 30 日，"壮乡欢歌"文艺会演现场　　（武鸣时讯提供）

【“百姓大舞台·想昂你就来”农村文艺会演】 3月31日上午，2017年中国壮乡·武鸣“壮族三月三”歌圩暨骆越文化旅游节“百姓大舞台·想昂你就来”农村文艺会演在城区老年活动中心舞台精彩上演。来自13个镇的群众演员分别用歌声和舞蹈等艺术形式，赞美农村新变化，欢庆“壮族三月三”。文艺会演在独具特色的女子舞蹈《蓝布谣》表演中拉开了帷幕，铿锵有力的节奏和激情飞扬的舞姿瞬间点燃了台下观众如火的热情。随后表演的山歌《迎客歌》、舞蹈《快乐的壮家妹》、小品《夫妻广场舞》、舞蹈表演《板凳上的山歌》等节目获得了观众的好评和掌声。整场文艺会演气氛热烈，唱出了新农村的新风貌，舞出了农民的美好生活。此次参演的24个节目全部由13个镇的群众演员自编自导自演。文艺会演既为“一圩一节”增添了浓厚的节日氛围，丰富了农民群众的业余文化生活，推动农村文化事业繁荣发展。经过评选，城厢镇的《蓝布谣》、双桥镇的《山歌唱出好春头》获得舞蹈类表演第一名；宁武镇《夫妻的致富经》、双桥镇《便宜莱莱万》获得戏剧类表演第一名；仙湖镇的《依本古冈》获得音乐类表演第一名。

2017年3月31日，农村文艺会演现场　　（武鸣时讯提供）

【街舞大赛】 3月30日，2017年中国壮乡·武鸣“壮族三月三”歌圩暨骆越文化旅游节“昂逢逢”街舞大赛在城区恒宁·太阳广场举行。参加比赛的有来自北京、广州、柳州、桂林、河池等地的80个队。在比赛现场，舞者在音乐声中或是俯身或是昂首或是旋转，各种街舞舞种轮番上阵。精彩绝伦的表演引起了现场观众的强烈共鸣，现场气氛热烈，掌声不断。经过比拼“舞艺”，卓子喆、大化核武器、百特旦斯3队分别获得POPPING、BREABING3V3、齐舞三项比赛冠军头衔。

2017年3月30日，“昂逢逢”街舞大赛现场　　（武鸣时讯提供）

【花样跳绳展演】 2017年3月29日晚，城区总工会灯光球场内，来自上海跃动花样跳绳队的10余名运动员给现场观众带来花样跳绳展演视觉盛宴，给中国壮乡·武鸣“壮族三月三”歌圩暨骆越文化旅游节增添了不少乐趣。高超的技艺、完美的编排、精彩的表演，让观众不由自主地发出阵阵喝彩声。单人跳、双人跳、多人组合跳，绳子在运动员的手里像被赋予了生命似的在跳跃，在短短几分钟里就展示了几十种花样跳法、眼花缭乱的跳绳动作让观众们看得瞠目结舌、叹为观止。到武鸣区进行展演的上海跃动花样跳绳队是一支致力于花样跳绳运动及其文化推广和发展的专业跳绳队。自2003年成立至今，该花样跳绳队曾参加过上海世博会、2014年全国学生运动会和南京青奥会、2016年巴西里约奥运会等演出。

（黄敬隆）

【啤酒音乐节】 2017 年 3 月 31 日和 4 月 1 日晚，珠江啤酒音乐节在武鸣体育馆广场上演，啤酒、音乐、美食给前来赶歌圩的群众带来一场盛宴。摇滚乐队的演奏拉开了啤酒音乐节的序幕，活动现场气氛随着乐队的表演而热烈起来，观众们三五成群围在桌边一边观看演出，一边举杯畅饮冰爽纯正的啤酒。此次啤酒音乐节活动内容有形象展示、音乐盛宴、啤酒美食等，游客们不仅可以品尝美食、畅饮啤酒，还可以领略到摇滚乐、劲舞、异域风情歌舞等精彩表演，并能参与热烈刺激的创意互动游戏活动，让观众们回味无穷。

2017 年 3 月 31 日，珠江啤酒音乐节现场 （武鸣时讯提供）

【狮王争霸】 2017 年 3 月 29、30 日，来自魅力越南、泰国、新加坡、俄罗斯、马来西亚等国家的 11 支精英狮队在城东大草坪角逐“狮王”称号。在狮王争霸赛活动现场，伴随着的锣鼓声，各路狮子“摇头摆尾”“仰视低顾”“探测方向”，将狮子威武勇猛、醉态酣然等各种神态表现得淋漓尽致；梅花桩上，雄狮身轻如燕，展示跳桩、翻跟斗、采青、漂移等高难度动作，惊险的表演将现场气氛推向高潮。经过激烈的比拼，南宁国东龙狮团、广西中山华丰永宁龙狮团获得金奖。

（李泽斌）

2017 年 3 月 29 日，狮王争霸赛现场 （武鸣时讯提供）

【武术散打擂台赛】 2017 年 3 月 28 日晚，2017 年中国壮乡·武鸣“壮族三月三”歌圩暨骆越文化旅游节武术散打擂台赛在武鸣区总工会球场拉开战幕。从 3 月 28 日至 3 月 30 日，来自南宁、柳州、玉林等地以及广西拳天下格斗俱乐部、广西狼兵搏击俱乐部等团体，共 16 支代表队 84 名选手参赛。其中，武鸣区派出 2 支代表队 13 名选手参赛。本次比赛设有男子 52、56、60、65、70、70 以上公斤级六个级别的比赛。选手们根据国家体育总局最新审定的《武术散打竞赛规则》，采取三局两胜、单淘汰制进行比赛，比赛将决出团体总分前六名以及各级别个人前六名。在当晚进行的比赛中，选手们使出浑身解数，拿出看家本领，场上拳来脚往，虎虎生风。轻量级的身法飘逸，来去如风，重量级的步法凝重，拳拳到肉，展现了武术散打的精髓。武鸣素来有广西武术散打擂台赛发源地的美誉。多年来，武鸣“壮族三月三”武术散打擂台赛名扬区内外，逐渐发展成为广西规模最大、最具传统的武

2017年3月28日，武术散打擂台赛现场　　（武鸣时讯提供）

林盛会。2017年是武鸣区举办的第31届武术散打擂台赛。

【民族体育竞技】　2017年3月30—31日，以抢花炮、抛绣球、板鞋竞速等民族体育竞技活动庆祝壮族传统节日“三月三”。

抢花炮比赛　在城东大草坪，抢花炮比赛在观众热烈的欢呼声中拉开战幕。随着“嘭！”的一声炮响，一股青烟腾空而起。在花炮落下瞬间，10多名光着上身的壮汉如箭般跃出、一拥而上，运用抢、挤、钻、护、传、拦等技法抢夺花炮，充分发挥团队合作和顽强拼搏的精神。比赛场面异常激烈、激动人心。抢花炮寄予人们对美好生活的愿景，抢得头炮的人，这一年必会鸿运当头、人财两旺，每年“壮族三月三”歌圩是一年中最热闹的时候。参加比赛的有6支队伍，分别来自城厢镇、太平镇、双桥镇、宁武镇、仙湖镇和府城镇。经过激烈的角逐，双桥镇代表队获得第一名，府城镇代表队获得第二名，宁武镇代表队获得第三名。

2017年3月30日，抢花炮比赛现场　　（武鸣时讯提供）

板鞋比赛　在城东大草坪和恒宁·太阳广场民族中学、实验学校、城厢镇中心校等12支代表队展开六人板鞋接力赛的激烈角逐。每轮比赛由两个队伍上场，每个队伍男女选手6人，在40米的赛道中依次通过障碍物。随着发令声一响，队员们一起将脚套在同一双木质板鞋上，双手扶着前边队员的肩膀，以相同的频率和高度同时抬脚迈步，朝着前方奔去。这是一场协作与速度的比拼，运动员们挥汗拼搏，越战越勇。最后，仙湖中学代表队荣获第一名，城厢镇二中代表队和城厢镇三中代表队分别荣获第二和第三名。

脚斗士比赛　在双桥镇大伍屯举行的中国壮乡·武鸣“壮族三月三”歌圩暨骆越文化旅游节脚斗士比赛，使大伍屯成为了群众和游客聚集狂欢的乐土。脚斗士比赛脱胎于民间传统游戏“斗鸡”“撞拐”，以单脚直立跳跃代替自然跑动、单膝攻击对方，使对方失去平衡双脚落地或被逼出场外取胜。参加脚斗士比赛有大伍屯、平洪屯、坛雷屯、乐山屯、灵水风景区、生达能源6支队伍，比赛分为个人和团体两项，比赛时队员将对方撞出圈外或使其双脚落地或自动出圈都可拿到一分，累计5分即可取胜。比赛期间天空虽然下着蒙蒙细雨，但参赛队员们依然摩拳擦掌、斗争昂扬。在单人赛中，随着裁判一声哨响，脚斗士们立刻展开缠斗，他们将一只脚折叠呈盘型，利用膝盖顶、压、闪、碰等动作攻击对方，或攻其

2017 年 3 月 30 日，脚斗士比赛现场　　（武鸣时讯提供）

不备，或迂回消耗，利用规则将对方推出场外，或将对方推倒，场边的观众目不转睛，生怕错过每一个精彩的细节。接下来的团体赛将现场气氛推至高潮，只见双方各 5 名队员面对面站成两排，比赛一开始就径直冲向对方，利用惯性将对手撞出场外，激烈的身体对碰，精彩的场面让场边的观众热血沸腾，不时发出热烈的欢呼声。经过激烈角逐，灵水风景区代表队夺得团体比赛第一名；平洪屯代表队和坛雷屯代表队分别获得第二、第三名；来自的灵水风景区代表队的庞康桥获得个人赛第一名。

抛绣球比赛　在城东大草坪和恒宁·太阳广场，武鸣区民族中学、城厢镇中心校、实验学校等 12 所中学组队参加比赛。在抛绣球比赛现场，只见场地中央摆放一个 9 米高的绣球架，顶端设有一个直径为 1 米的彩环。比赛分为团体赛和男、女个人赛，比赛时间 5 分钟。运动员在规定的场地用绣球反复投圈，中圈一个得一分。团体成绩为全队 6 名运动员个人得分之和，按得分高低排列名次。随着裁判员一声令下，五颜六色的绣球从运动员手中飞出，在空中划出一道道美丽的弧线。赛场上选手们来回跑动，身手敏捷。经过激烈地角逐，实验学校代表队荣获团体第一名，民族中学代表队荣获团体第二名，城镇二中代表队荣获团体第三名；男、女个人比赛第一名均由民族中学运动员获得。

珍珠球邀请赛　2017 年中国壮乡·武鸣“壮族三月三”歌圩暨骆越文化旅游节珍珠球邀请赛在武鸣体育馆拉开战幕，4 支代表队火热开战，展开一场智慧与力量的较量。赛场上，来自广西民族大学代表队和横县代表队的选手打响了开幕之战。赛场上双方队员实力强劲，对战激烈，围观的人群不时传出阵阵喝彩声。最终广西民族大学代表队以 34 比 19 的比分战胜横县代表队。当晚的第二场比赛，武鸣区代表队激战上林县代表队，最终武鸣区代表队以 53 比 23 的比分战胜上林县代表队。本次比赛采用单循环赛制，在 3 月 31 日上午的决赛中，武鸣区代表队力克群雄，荣获第一名。广西民族大学代表队、上林县代表队、横县代表队分别荣获第二名、第三名和第四名。

斗鸡斗鸟吸人眼球　2017 年中国壮乡·武鸣“壮族三月三”歌圩暨骆越文化旅游节斗鸡斗鸟活动在宁武镇伏唐屯举行。斗鸟、斗鸡是武鸣壮乡喜闻乐见的民间娱乐活动，也是近年来中国壮乡·武鸣“壮族三月三”歌圩暨骆越文化旅游节中必不可少的民俗活动之一。在斗鸡活动现场，只见赛场上的“选手”们个个虎视眈眈、

2017 年 3 月 31 日，抛绣球比赛现场　　（武鸣时讯提供）

2017 年 3 月 31 日，斗鸡比赛现场　　（武鸣时讯提供）

斗志昂扬。双方斗鸡一见面便直扑对手，以锋利的喙和爪作为武器进行厮杀。擂台上的斗鸡你争我斗，打得难解难分、扣人心弦。围观的群众在一旁呐喊助威，台上台下好不热闹。在斗鸟现场，96 只小鸟捉对厮杀，鸟儿们或抓在一起，或用嘴互啄，或在笼中扑开翅膀占据制高点，选准攻击对方的好位置，打斗相当激烈……精彩而又别开生面的激斗场面吸引众多游客争相观战助威。

（韦倩丽　李泽斌　黄子晏　刘晓霞　梁海英　黄敬隆）

民俗文化活动

【壮文化服饰展演】　3 月 30 日上午，2017 年中国壮乡·武鸣“壮族三月三”歌圩暨骆越文化旅游节壮文化服饰展演活动在风光秀丽的花花大世界景区举行。享有武鸣非物质文化遗产美誉的师公舞拉开了壮文化服饰展演帷幕，在民族乐曲的伴奏下，模特们向观众展示了 100 套洋溢着浓浓壮族元素，款式各异，风格不同的壮族服饰。充分展示壮族女性的靓丽风采和壮文化服饰的多姿多彩。该次壮文化服饰展演展示的 100 套服饰是由心灵手巧的 30 位壮族服饰传人织绣而成。每一款服饰，都融合着传统与时尚的元素，既透露出传统服饰的高贵典雅，又彰显出现代生活的华丽大气。在用料、款式、配饰等每一方面都彰显民族风格，也将本民族特有的文化展现得淋漓尽致，展现了民族的智慧与才情，体现了人们对美好生活的向往与追求。

（韦倩丽）

2017 年 3 月 30 日，壮文化服饰展演现场　　（武鸣时讯提供）

【文学笔会】　2017 年 3 月 29 日下午，“三月三”歌圩文学创作笔会在武鸣区春霞园酒店举行。广大文学爱好者相聚一堂，畅叙武鸣区的文学事业发展，互相交流个人的文学创作经验及感受，并就小说、诗歌、散文、杂文等文学作品进行了点评和深入探讨。在文学笔会上，广西文学杂志社编辑部和南宁市文学院的有关领导结合自己的创作经历，针对武鸣骆越文化的文学创作形势和理念、文学创作的成就和发展前景、作家如何自我丰富阅历和创作经验提升作品品质，如何寻求新的突破等方面进行交流和深入探讨，同时就骆越文化的文学创作走向与发展，如何加强民族文化的挖掘和呈现，打造文学精品等方面提出意见和建议。此次笔会，受邀的文学期刊编辑和著名作家讲授了新时期文学创作的规律及特点，介绍了各自的创作经验和体会，认真解答了大家在创作过程中碰到的困难和问题。同时，他们认真阅读了现场作者的作品，并进行深入浅出地点评。

【校园民族文化活动】 2017 年 3 月 30 日，2017 年“壮族三月三”校园民族文化活动在广西壮文学校举行，活动既有抢花炮、抛绣球、打陀螺等民族体育活动，也有壮族传统的山歌对唱和壮族会鼓表演。民族精品歌舞有《铜鼓敲出八桂情》《五色糯米香》《大明山上杜鹃红》等，校园还设有民族工艺美术作品展，民族团结教育图片展等。

2017 年 3 月 30 日，校园民族文化活动现场 （武鸣时讯提供）

【伊岭岩壮民族记忆展】 2017 年 3 月 30 日—4 月 2 日，2017 年中国壮乡·武鸣“壮族三月三”歌圩暨骆越文化旅游节壮民族记忆展在伊岭岩景区举行。壮民族记忆展既有壮族劳动生产用具、壮民族服饰、壮民族特色饮食展示，也有壮民族歌舞表演等。走进伊岭岩，游客先是被阵阵的唢呐迎客曲吸引，在壮族劳动生产用具长廊，孩子们对石磨、竹蒌、木制榨油用具等各种丰富的物件充满好奇，老人看了勾起了他们旧时的记忆；饮壮家糯米甜酒、吃壮家粽子、听壮乡山歌更是让他们回味无穷；最后一场民族服饰展让广大游客领略到壮乡多姿多彩的民族服饰文化，在观看中游客不约而同地拍手叫好。

（韦倩丽）

2017 年 3 月 30 日，壮民族记忆展 （武鸣时讯提供）

经贸活动

【常州协圣金属制品有限公司液晶显示产业园项目对接会】 2017 年 3 月 29 日下午，武鸣区与常州协圣金属制品有限公司液晶显示产业园项目对接会在甘圩镇召开。会上，城区党委书记韦敏宏向企业相关负责人介绍了武鸣区的经济实力、人文环境、区位优势、发展前景等方面情况，并就企业进驻武鸣后的人才培养、招工用工、企业文化宣传等内容进行深入交流。韦敏宏表示，当前武鸣正处在工业转型期，各类高新技术产业和加工出口贸易企业的入驻，将成为武鸣逐步淘汰资源型产业，不断提升工业水平和转型升级的重要突破口。常州协圣金属制品有限公司作为一家集研发、生产、加工、销售、服务于一体的铝制品技术型企业，与武鸣当前工业发展的需求相吻合，对武鸣区提高工业企业科技含量，进一步优化产业结构，提高发展质量和效益具有重要意义，有利于城区经济走上持续健康发展的道路。武鸣区具备撤县设区、南宁教育园区和高铁北站落户武鸣三大优势，在未来的发展中交通更加便利，区位优势更加明显、人才培养和储备将更上一层楼。常州协圣金属制品有限公司相关负责人对武鸣区自然地理、人文社会、交通通信，以及城区党委、政府的支持力度等投资优越条件给予高度评价，表示一定会尽快做好各项考察，争取企业早日进驻，共同促进武鸣经济社会发展。常州协圣金属制品有限公司拟在伊岭工业集中区城南工业园投资建设液晶产业园项目，总投资 12 亿元。其中固定资产投资 10 亿元，用地面积约为 200 亩，年产 300 万台液晶电视机和显示器。项目达产后，年产值约 30 亿元，年创税收约 6000 万元，可安排就业人数 1000 人。

（黄子晏）

【投资环境说明会暨项目签约仪式】 2017 年 3 月 30 日，2017 年中国壮乡·武鸣“壮族三月三”歌圩暨骆越文化旅游节投资环境说明会暨项目签约仪式在春霞园酒店举行。区长黄伟光在会上致辞，他指出，近年来，武鸣区充分发挥自身优势，全面深化改革，不断优化投资发展软环境，以开放的胸怀、优惠的政策、高效的服务，吸引了大批国内外客商前来投资置业，武鸣的生态农业、工业产业、文化教育、商贸旅游、房地产开发等领域得到长足发展，产业特色和投资潜力日益凸显。武鸣作为南宁市域副中心城市，地处广西北部湾经济区、西江经济带结合部，区位优势得天独厚。2016 年以来，武鸣区迎来了撤县设区、南宁教育园区落户武鸣、南宁高铁北站规划建设三大发展机遇，集众多优势于一身的武鸣，必将成为投资的热土和财富的洼地。武鸣区将以海纳百川的胸怀来招商，以周到细致的服务来亲商，以优质高效的管理来安商，以优惠政策来富商，实现双方互利互惠，共同发展。武鸣区与国储西南投资有限公司国储新能源、常州协圣金属制品有限公司液晶显示产业园、深圳市精雕数控设备有限公司 CNC 数控机床生产、广西工业职业技术学院武鸣校区等 9 个项目签约，项目投资总额达 86.58 亿元。

2017 年 3 月 29 日，房产交易会现场　　（武鸣时讯提供）

【房产交易会】 3 月 29 日上午，2017 年中国壮乡·武鸣“壮族三月三”歌圩暨骆越文化旅游节房产交易会在标营新区拉开帷幕。该次房产交易会共有 18 家房地产企业参展，设标准展位 26 个。各房地产开发商通过发放宣传册，房产模型展示等方式向市民们展示独具特色的地产楼盘，让前来参观的市民们感受到武鸣区房地产行业日新月异的变化。此次的房产交易会为广大房地产企业提供了一个展示形象、推介产品、互相交流的平台，也为广大人民群众提供了一个看房、选房、购房的便捷场所。交易会当天，“舞龙醒狮”“中国龙”“大型魔术秀”等精彩的演出将开幕式气氛推向一个又一个高潮。各房地产开发商也各显神通，积极推介自己的企业形象，吸引众多市民前往咨询了解。

【“壮乡美食·武鸣特产”展销推介会】 2017 年 3 月 29 日—4 月 2 日，“壮乡美食·武鸣特产”展销推介会在标营新区举行。展销推介会上的 320 个展位云集了各地的“土”“特”“优”产品，吸引了众多游客前往购买品尝。推介会上展出不少武鸣的本土特产，并单独设立“壮乡网圩”美食展销区。在展销区内，除了粽子、糯米饭、艾馍等一些传统的壮家美食登台亮相外，还有府城古法红糖、“佬蒲王”壮乡素饼等壮家特色产品。本次推介会“壮乡网圩”武鸣特产展销区的五色糯米饭销售超过万斤、五色馍近 2 万个、“佬蒲王”

壮乡素饼5000多盒、府城古法红糖3000多包。

【伊岭壮乡文化休闲游精品线路启动】 3月19日上午，2017年中国壮乡·武鸣“壮族三月三”歌圩暨骆越文化旅游节伊岭壮乡文化休闲游精品线路启动仪式伊岭岩风景区举行。2017年以来，武鸣区党委、政府提出大力发展“全域旅游”，做好“旅游+”文章，推动游览观光型、休闲度假型、文化体验型多样化旅游的融合发展，全力打造全国著名的以壮文化为特色的休闲旅游目的地，打造“壮乡旅游、生态旅游、人文旅游和乡村旅游”等品牌。为更好地展示武鸣旅游的活力和魅力，让广大游客真切感受壮族文化、壮家风情，在2017年“壮族三月三”期间，武鸣区隆重推出伊岭壮乡文化休闲游精品线路。该旅游线路将伊岭壮乡文化生态旅游综合示范区的景区、景点和乡村旅游区联连起来，让游客自由选择在示范区内的伊岭岩、花花大世界、伏唐屯、大伍屯、生力军农庄、纳天山庄、石头寨、锦泉山庄、碧田原、杨李村、下渌村等旅游点进行游玩拍摄，品尝壮家美食、住宿体验、采摘垂钓等活动。启动仪式结束后，来自区内外旅游系统、旅游社、示范区经营业主，新闻媒体记者，广西民族大学高校学生近160人到各个景点亲身体验壮乡武鸣的美景、文化和民俗风情。 （梁海英）

【武鸣灵水壮乡文化小镇开工建设】 2017年12月26日上午，南宁教育园区武鸣东片区整村搬迁回建安置项目暨武鸣灵水壮乡文化小镇项目开工建设，该项目回建安置区总建筑面积11.18万平方米，第一批回建安置房将于2018年年底前建成交房。

2017年以来，为服务南宁教育园区武鸣东片区建设需要，武鸣区党委、政府坚持“精心组织筹备，严格标准程序，最大限度让利于民”的原则，启动了南宁教育园区武鸣东片区整村搬迁回建安置项目。武鸣灵水壮乡文化小镇项目位于武华大道北面，总规划2200亩，总建筑面积约200万平方米，项目在打造“壮文化”特色旅游小镇的同时承担了部分教育园区农民安置及就业任务，主要由安置住宅区、特色民俗示范区、大学生创客中心、旅游交通集散中心、休闲社区等板块构成，规划有学校、壮乡绣球广场、三月三歌圩广场、铜鼓广场、祠堂、社区服务中心等教育休闲生活服务设施。其中的回建安置物业园分别利用地势地形构成包含传统民居院落的不同组合。武鸣灵水壮乡文化小镇旨在打造一个集“壮文化地标、旅游休闲、教育产业、人文、社区”为一体的文旅小镇。

【打造“壮乡网圩”电商集市】 2017年为加快推进“党旗领航·电商扶贫”行动，武鸣区依托壮乡文化品牌资源，突出打造武鸣特色“壮乡网圩”电商模式，整合培训、平台、产品、物流、品牌等资源，实施“五位一体”项目建设，推动形成具有电商产业链条资源整合、协调联动功能的O2O（线上线下）综合电子商务集市。

建设电商服务中心，打造“壮乡网圩电商创客孵化城”。城区“两新”党工委积极对接广西大通投资有限公司“中国·东盟特产城”项目，引导植入建设武鸣区电子商务服务中心。广西大通公司8月拿出特产城2000平方米场地免费用于电商服务中心建设，建设集电商培训、创业孵化、产业展示、党群服务功能于一体的电商创客孵化城。

建设核心服务网站，打造“壮乡网圩”电商公共服务平台。武鸣引导本土电商企业开发“壮乡网圩”电子商务公共服务平台，宣传城区电商政策、服务信息；建立武鸣电商产业数据库，组织供货商、营销商、服务商等市场主体入驻平台；以门户网站为核心，对接引入淘宝、圆通等国内第三方实力电商平台，吸引全国电商对武鸣特色物产进行全网式大展销。

建设农村电商服务体系，打造服务覆盖农村的“电商＋物流”服务网络。实施建设武鸣“壮乡网圩”农村“电商＋物流”服务平台项目，推动13个镇、300个村级电商服务站点建设，为城乡居民提供农产品上行、网货下村、物流配送等线上线下一条龙服务，实现电商与物流服务覆盖“最后一公里”。年底完成第一批13个镇级、80个村电商服务站建设。

建立协会联盟，成立城区电子商务协会。武鸣区电子商务协会发挥协会桥梁纽带和政府部门协调服务作用，形成电商产品供应链各环节的互动联合与分工协作机制，健全社会化服务体系，加快推进武鸣农产品标准化、品牌化、电商化。目前已有 13 个乡镇 500 多个农业企业、合作社、种养基地、电商企业和电商创客申请加入协会。

树立地方特色品牌，打造壮乡品牌产品、产业。武鸣区挖掘建立水果、五谷、美食等 100 多个武鸣特色物产名录，通过举办项目路演、众创众筹、特产评比展销等活动，组织企业、协会、能人认领名录产品进行打造。（韦文义）

【壮乡儿女创业】 “壮乡网圩”电商平台　2017 年 2 月 10 日，南宁市武鸣区仙湖镇那溪村，“壮乡网圩”电子商务服务站那溪分站站长梁永珠忙个不停，鼠标轻轻一点，田间地头的香米、沃柑等特产便进入“壮乡网圩”电商平台外销。“壮乡网圩”每天都是圩日。春节前，每天仅香米销售量就有六七百斤。

24 岁的梁永珠是那溪村人，原在南宁工作，有 3 年的互联网从业经历。2016 年 11 月，他辞去南宁的工作，返乡加盟“壮乡网圩”电商平台，干起“淘村货”的行当。

武鸣区委组织部、“两新”党工委围绕“党旗领航·电商扶贫”行动，通过引入民营资本，去年 11 月正式运营“壮乡网圩”电商平台，已实现武鸣 13 个乡镇全覆盖，像那溪分站这样的村屯网点共有 80 个。“壮乡网圩”的运营模式也很特别：武鸣收集建立五色糯饭、香米、龙眼等 100 多个特色物产名录，梁永珠等人每天的工作就是“淘”这些“村货土货”，然后通过平台统一包装、发售；平台还提供融资担保、信息共享、政策支持、培训学习等贴心服务，目的就是要让各种“土货”触网飞入千万家，促进农村党群创业就业，推动农村产业电商化、品牌化，助推脱贫攻坚。

“壮乡网圩”才露尖尖角，却让农民体会到互联网 + 的“洪荒之力”。2016 年年底，仙湖镇渌雅村 9 名贫困户 500 多只土鸭上市，在“壮乡网圩”叫卖，数小时就一售而空；双桥镇杨李村发展本村青年水果电商 50 多人，2016 年全村利用网络卖沃柑、皇帝橘等水果 15 万公斤；“壮乡网圩”在下乡巡回举办 15 场农村电商服务“村村通”活动，线上线下销售特产 80 多万元。

土特产的触网，让不少武鸣青年看到商机和希望。2 月 4 日，武鸣举办“春风行动”招聘会，多名在珠江三角洲、长江三角洲打拼的青年决定返乡创业，加盟“壮乡网圩”。

壮乡巧娘　欧丽萍是武鸣区一名普通的壮家妇女。几经艰辛创业，于 2016 年 3 月成立达萍美食坊，并挂牌成立武鸣“壮乡巧娘”工作站。她挖掘与利用壮乡民间手工艺资源，制作壮家传统美食，吸收周边十几名妇女参与就业，以自己勤劳贤惠的实际行动塑造了巾帼女性自强、自立的形象。

随着武鸣“壮族三月三”歌圩知名度的不断提升，欧丽萍发现，大家对壮家美食越来越感兴趣。但她经常听见游客说“壮家美食好吃不好看”这句话，说者无意，听者有心。欧丽萍决定走出一条绿色环保、传承壮家美食技艺的道路。

为了制作具有壮家味道的五色糯米饭，欧丽萍虚心向地“老艺人”学习技艺，亲自到深山老林、边远村寨寻找天然染色食材，经反复实践摸索掌握一套糯米染色、浸泡和蒸煮的方法。她制作五色糯米饭精益求精，全部精选优质大糯米，从纯天然植物提取颜料精制而成，如枫叶、黄栀子、红蓝草、艾叶、红萝卜等，做出的糯米饭味道特别鲜香。同时，她在五色糯米饭的基础上又研制出具有壮乡特色的五色馍，馍皮薄馅厚、色香味俱全。

为实现产销一体化，将五色糯米饭、五色馍这一传统手工艺做大做强，欧丽萍不断挖掘新的销售渠道。她积极参加各类大型活动，提高产品认知度；采用“互联网 +”微商、电商等平台广开销路，拓宽销售平台，扩大产品的知名度。如今，淘宝网店、微商、直营等多种销售渠道都已经逐步建立，她的五色食品已经走出武鸣。

为了带动众多妇女创业就业，提高家庭收入，欧丽萍还举办培训班，免费培训妇女，使“巧娘工作站”成为传承民族手工艺、妇女学习新技能的阵地。已培训妇女 200 人次，带动 30 余名妇女就业。

（城区妇联提供）

责任编辑　刘颖儒

政 治

中共南宁市武鸣区委员会

重要会议

【中国共产党南宁市武鸣区第一次代表大会第一次年会】 2017年1月6日上午，中国共产党南宁市武鸣区第一次代表大会第一次年会在富鸣城投1号综合楼大会厅举行。中共南宁市武鸣区第一次代表大会全体代表，全体区委委员、候补委员出席会议。会上，城区党委书记韦敏宏代表中共南宁市武鸣区第一届委员会向本次年会作题为《贯彻新理念 推动新发展 奋力夺取全面建成小康社会新胜利》的工作报告。年会总结了2016年工作，科学分析当前形势，部署2017年工作，动员和组织城区干部群众，凝心聚力、克难攻坚、创新实干，共同谱写武鸣发展新的篇章，以优异成绩迎接党的十九大胜利召开。

2017年1月6日，年会现场 （武鸣时讯提供）

【中共南宁市武鸣区委第一届常委会第一次会议】 2017年1月11日上午，中共南宁市武鸣区委第一届常委会第一次会议在城区党委常委会议室举行。应参会常委12人，实参会常委11人，会上传达学习《党委〈党组〉讨论决定干部任免事项守则》，要求坚决按照规定程序选拔任用干部，严把干部选拔任用讨论决定关，切实防止选人用人上的不正之风。传达市纪委问责决定书，要求各级领导干部以此为警示，时刻敲响警钟，按照职权要求做好本职工作。审议《南宁市武鸣区推行“一村一警务助理”工作实施方案》《武鸣区全域旅游创建工作实施方案（2016—2021年）》《2017—2019年南宁市武鸣区本级中期财政规划》《南宁市武鸣区伊岭投资发展有限责任公司事项》《南宁市武鸣区加快现代公共文化服务体系建设实施方案》《南宁市武鸣区人民医院资产清查专项审计报告》和通报富鸣城投公司向光大银行南宁分行申请借款事项。讨论城区《政府工作报告（送审稿）》

（含 2017 年为民办实事项目）《南宁市武鸣区人大常委会工作报告和 2017 年工作要点》《中国人民政治协商会议南宁市武鸣区第一届委员会常务委员会工作报告》《南宁市武鸣区人民法院工作报告》《南宁市武鸣区人民检察院工作报告》《关于武鸣及武鸣城区 2016 年预算执行情况和 2017 年预算草案的报告》《武鸣区 2016 年国民经济和社会发展计划执行情况及 2017 年国民经济和社会发展计划草案的报告》。

【中共南宁市武鸣区委第一届常委会第三次会议】 2017 年 2 月 21 日下午，中共南宁市武鸣区委第一届常委会第三次会议在城区党委常委会议室举行。应参会常委 12 人，实参会常委 12 人，会上传达学习了中国共产党南宁市第十二届委员会第三次全体会议精神。会议要求，各领导干部要统一思想，迅速学习贯彻落实市委十二届三次全会精神，处级领导干部要深入联系单位传达学习，人大党组、政府党组、政协党组要将传达学习市委十二届三次全会精神列入学习的重点，切实把市委全会精神贯彻落实到位。审议《武鸣区乡土特色示范村建设实施方案（2016—2018 年）》《南宁市武鸣区南门片区旧城改造项目土地熟化投资人项目投资协议》《武鸣区 2017 年项目筹融资方案》《2017 年中国壮乡 · 武鸣“壮族三月三”歌圩暨骆越文化旅游节各项目经费方案》《武鸣区 2017 年城区领导开展“重大项目服务年”工作方案》《南宁市武鸣区教师安居乐教工程实施方案》《南宁市武鸣区开展“干部作风提升年”活动实施方案》、《南宁市武鸣区“先锋引领 · 脱贫攻坚”2017 年实施方案》和通报《南宁市武鸣区 2017 年村（社区）“两委”换届准备工作方案》。

重大决策

【开展“干部作风提升年”活动】 2017 年 2 月，城区党委组织四家班子成员，党政机关、企事业单位全体干部，村级干部中深入开展 2017 年“干部作风提升年”活动，坚持抓作风改作风，把纪律和规矩挺在前面，深化运用监督执纪“四种形态”（党内关系正常化，批评和自我批评要经常开展，让咬耳扯袖、红脸出汗成为常态；党纪轻处分和组织处理要成为大多数；对严重违纪的重处分、作出重大职务调整应当是少数；严重违纪涉嫌违法立案审查的只能是极少数。“四种形态”的针对对象是各级党组织和全体党员），抓早抓小、防微杜渐。以强化政治纪律和组织纪律为重点，带动党的其他纪律全面严起来。坚持以上率下，持续抓好中央八项规定精神的贯彻落实，持续推进“四风”整治，认真查找“四风”突出问题特别是形式主义、官僚主义的新表现，采取过硬措施，坚决加以整改。扎实推进基层廉洁工作站建设，推动全面从严治党向基层延伸。从严管理干部队伍，持之以恒推进干部作风建设，以严的标准要求干部，以严的措施管理干部，以严的纪律约束干部，切实解决党员干部在作风方面存在的问题。在深入开展“干部作风提升年”活动中，城区各级领导干部全面查摆问题，公开整改承诺，认真抓好整改，干部作风明显改进。抓紧抓实管党治党“两个责任”，强化党内监督，组织开展政治巡察，推进基层

4 月 14 日，武鸣区召开 2017 年“干部作风提升年”活动推进会

（武鸣时讯提供）

廉洁工作站村（社区）全覆盖。

【党的建设】 2017年，武鸣区兴起学习宣传贯彻中共十九大精神热潮，深入推进“两学一做”学习教育常态化制度化，坚持中心组学习制度，不断改进学习风气，党员理想信念、党性修养进一步增强。党建工作责任制逐级落实，基层党组织建设稳步推进，顺利完成村（社区）“两委”换届工作，整顿销号20个软弱涣散村（社区）党组织，完善提升51个党建综合服务阵地和69个农村星级党组织活动阵地，基层组织堡垒进一步夯实。贯彻新时期好干部标准，规范干部选拔任用，注重在扶贫、征地拆迁等基层和急难险重一线锻炼选拔干部，推进领导干部能上能下，不断优化干部队伍结构。

【壮民族文化传承】 2017年，武鸣区加强党对意识形态工作的领导，深入开展文明城市、文明村镇、文明单位、文明家庭创建活动，广泛弘扬社会主义核心价值观、中华优秀传统文化和壮民族文化。实施壮民族文化传承工程，推进壮民族文化进校园，加强壮族非物质文化传承保护，府城镇、罗波镇入选自治区历史文化名镇，武鸣榨粉、高峰柠檬鸭制作技艺等5个项目入选市级非遗代表性项目名录，11名传承人分别列入国家、自治区、市级非遗代表性项目代表性传承人，“四月四”祈丰节、“两英”庙会等246个“一地一节”民俗文化节庆活动有声有色。打造武鸣“骆越文化之乡·龙母文化之乡”品牌，通过国家专家组评估验收。塑造武鸣“三月三”文化精品，连续37年成功举办中国壮乡·武鸣“壮族三月三”歌圩暨骆越文化旅游节，武鸣“三月三”歌圩成为国内规模最大、影响最广、历史最久的民族歌圩，成为武鸣最响亮的民族文化品牌。

党委办公室

【概　况】 2017年，城区党委办公室是中共南宁市武鸣区委员会的办事机构，内设秘书股、文电股、综合股、信息股、政研股、行政股，加挂城区党委保密委员会办公室（城区国家保密局）、城区党委机要局、城区党委督查室3块牌子。城区党委办公室核定编制39名，其中行政编制30名，后勤编制9名，现有在职人员37人。

城区党委办公室设主任1名，副主任5名。现有副处级以上领导干部3名，正科级领导干部3名，副科级领导干部5名，主任科员1名，副主任科员2名，科员16名；具有研究生学历4人，大学本科学历25人，大学学历2人，大学专科学历5人，中专学历2人；20～30岁8人；30～40岁13人；40～50岁9人；50岁以上7人。办公地点在南宁市武鸣区城厢镇建设街260号。

【公文办理】 2017年，党委办公室围绕城区党委、政府的重大决策和工作部署，文秘人员严格核稿、谨慎办理，分管领导及主要领导层层把关，确保办文质量。建立了“收发传阅文件制度”，详细记录来文去向，明确了职责和责任人，提高了收发文效率，保证了收发文的规范性。全年处理的各类来文2650件，其中区、市698件，各镇、城区直属及驻城区各单位641件，均达到制作规范、传阅准确、办理及时、信息保密、不出差错的标准。对领导批办事项，做到件件有单位承办、事事有专人负责，做到“批必查、查必清、清必果”，2017年所有区、市领导批示件和城区领导批示件到期全部办结，有效发挥领导批示件指导工作、推动决策落实的作用。认真审核，严格把关，杜绝感情用事，自觉遵守印章用印制度，做到规范用印，科学用印。

【会务处理】 2017年，党委办公室对各类会议进行周密布置、统筹安排，认真做好会前、会中、会后各个环节的衔接，将“周密严谨，细致认真”贯穿于整个会议的全过程，确保中国壮乡·武鸣“壮族三月三”歌圩暨骆越文化旅游节、中共南宁市武鸣区第一次代表大会第一次年会、城区党委班子民主生活会等重大型会议（活动）以及城区党委书记会、常（全）委（扩大）会、中心组专题学习会等顺利召开。

【综合调研】 2017年，党委办公室根据城区党委的工作重点和需要组织专题调查研究，为城区党委领导决策提供有参考价值和指导意义的调研报告。统筹做好上级领导及武鸣城区领导调研前的准备工作，提前熟悉调研场地并准备好相关资料，为保证调研工作有效率、有成果奠定扎实基础。

【党刊征订】 2017年，党委办公室在做好办公室办文办会的同时，做好办公室编制、人事、档案、党刊征订等工作。完成各镇、直属及驻城区各单位2017年《中办通讯》228份、《秘书工作》126份任务的征订工作，并及时完成领导交办的各项工作。

【信息报送】 2017年，党委办公室按照“既快又准”的目标要求，扣紧城区工作重点，及时总结和报送工作中的新典型、新做法、新问题、新矛盾，特别是及时报送影响社会稳定的紧急信息、突发性信息、重要社情民意等，为领导掌握情况、决策部署提供优质高效的信息服务。全年编写《武鸣信息》7期，上报中央、区、市党委办公厅各种信息稿1430条，南宁市采用分数约1200分，完成目标任务数100%，自治区采用分数约400分，完成目标任务数160%。

【督查工作】 2017年，党委办公室围绕城区中心工作，对城区党委的重要决策布置进行目标任务分解、量化，逐项明确责任单位和落实时限，制作督查任务表，定期开展督查，定期通报工作进展情况，及时反馈各方面的工作动态。以下发督查通知、组织现场督查等形式进行督察，并结合专人暗访、媒体跟进等手段跟踪问效，及时以督查专报等形式向城区党委领导报送重点工作督查情况汇报，有力推动党委中心工作的落实。

【文书档案】 2017年，党委办公室起草城区第一次党代会报告、党代会年会报告、城区党委领导讲话稿等重要文字材料近百篇。及时整理并归档好2017年度档案管理工作，为领导干部查阅档案提供好服务工作。

【机要保密】 2017年，党委办公室积极开展保密宣传教育活动。加强对全城区各部门的现代办公设备的使用管理，加大技术防范和查处力度，防止新形势下泄密事件的发生，确保国家秘密安全。按照城区党委保密委的要求，认真做好了保密要害部门确定的工作，对已确定的保密要害部门，认真落实管理督查，建立涉密载体销毁管理制度，确保武鸣城区各涉密部门的保密工作走上规范化建设轨道。撰写并及时向区、市报送保密信息。全年向区、市各报送7篇信息，其中自治区采用3条，南宁市采用3条。全年共处理秘文241件，密码电报76件，密文处理工作未发生一起错漏、迟办、泄密等事故。完成《保密工作》108份、《保密科学技术》41份的征订工作。

（黄文思　蓝小连）

组　　织

【概　况】 2017年，武鸣区委组织部设办公室、组织股（挂城区党委组织员办公室）、干部股（挂干部档案室）、干部监督股、干部教育人才股（挂城区干部教育工作领导小组办公室、城区党委人才工作领导小组办公室）、党内法规研究室、城区党建工作领导小组办公室（挂城区党委党代表大会代表联络办公室）、非公企业和社会组织党建股。下属参公单位为武鸣区党员干部现代远程教育办公室（挂城区组织系统信息化工作办公室），下属事业单位为武鸣区领导人才考试与测评工作办公室。部机关编制20名，工勤编制2名，下属参公编8名，下属事业编5名。部机关实有在编干部16人，在编工勤人员2人，下属参公单位实有在编干部5人，下属事业单位实有在编干部1人。拥有大学及以上学历为21人，其中硕士研究生3人，大学学历18人，大专学历3人。办公地点在城厢镇建设街260号。

【推进“两学一做”学习教育常态化制度化】 2017年，城区党委组织部印发城区《推进“两学一做”学习教育常态化制度化的实施方案》《南宁市武鸣区党支部2017年“两学一做”学习教育

2017 年 6 月 15 日，武鸣区召开推进"两学一做"学习教育常态化制度化工作座谈会　　（城区党委组织部提供）

计划表》并配发自学参考资料。6 月中旬，召开工作座谈会研究部署推进"两学一做"学习教育常态化制度化工作。开展学习习近平总书记视察广西重要讲话精神、廖俊波和黄大年先进事迹、十九大报告精神等学习教育，城区党委和各党（工）委、党组的学习中心组共学习 42 次，各基层党组织学习讨论 1342 次，参与学习党员领导干部超过 2 万人次，组织党员领导干部到基层一线党支部讲党课共 1342 次。全城区各级党组织建立党支部书记学习微信群 18 个、党员学习微信群 392 个，直接参与学习讨论的党员 19000 多名。统一订购《中国共产党章程》《中国共产党纪律处分条例》《中国共产党廉政准则》《习近平总书记系列重要讲话读本（2016 年版）》等学习资料 2 万多套发放到每一名党员手中。督导和宣传两手抓，成立督导组 55 个，督导发现问题 146 个，解决问题 141 个；组成 5 个约谈工作组于 9 月下旬及 10 月上旬到各镇、城区直属各单位对落实基层党建工作进行督导约谈；向市委组织部报送学习教育典型党组织和党员案例 6 个、学习教育特色做法 3 个；开展"深学笃行促脱贫——我的扶贫故事"征文活动，表彰征文获奖作者 49 位，印发获奖征文汇编文集 235 本。

【开展"干部作风提升年"活动】　2017 年，城区党委组织部强化干部作风整顿提升，累计征求到涉及各单位和干部作风意见建议 3000 余条、查摆问题 3320 个、提出整改措施 3460 条。全年共开展明察暗访 25 次，集体约谈 10 个单位，通报批评 57 个单位 101 人，责令 2 名干部限期整改，推出城区劳动保障监察大队大队长韦海东等 6 位个人先进典型，以及南宁市公安局武鸣分局红岭城东派出所等 6 个集体先进典型。全年编发活动简报 19 期，撰写信息 25 条。2017 年 12 月中旬至 2018 年 1 月中旬，引入第三方（广西师范学院）、市民和企业及单位、城区四家班子成员对 91 个单位及 453 名领导干部进行作风效能测评，对评定为不合格等次或排名倒数十名的单位及个人，进行重点整顿及组织调整，促使城区干部队伍作风呈现出良好新风貌。

2017 年，开展"干部作风提升年"活动　　（武鸣时讯提供）

【村（社区）"两委"换届选举工作】
2017 年，城区党委组织部以"阳光选举、和谐换届"为主题，抓好村（社区）"两委"换届选举，有效破解 9 个重点、难点村问题，顺利选举产生 219 个村（社区）"两委"定员干部 1129 人。其中，书记、主任"一肩挑"144 人，配强贫

2017 年 8 月 31 日，城区党委常委组织部部长王智平到宁武镇梁新村指导换届选举　　（城区党委组织部提供）

困村书记 40 名。村（社区）党组织成员 927 名，其中党组织书记 219 名、副书记 135 名、委员 573 名，村(居)民委成员 1052 人。加强换届后村(社区)“两委”干部培训。及时划拨农村党员大培训经费 46.9 万元到各镇，指导各镇、各单位共开展 40 多期以村“两委”干部和党员骨干为主体的大培训活动，培训 7000 多人次；城区及 13 个镇分别举办新任村“两委”干部培训班，有效提升综合素质和履职能力。

【领导班子和干部队伍建设】　2017 年，城区党委组织部调整科级领导干部 83 名，其中提拔 17 名（正科长级 4 名、副科长级 12 名、副科非领导职务干部 1 名）、聘任企业副职 1 名，重用 7 名，平级交流 36 名，改非 10 名，免职 14 名。

持续优化干部队伍结构　着力改善领导班子的年龄、性别、民族、党派、专业结构，坚持老中青相结合的梯次配备，既注重选配年轻干部，又注重引导老干部发挥作用。年内城区科级领导干部学历结构方面，研究生学历 86 人，大学学历 646 人，大专学历 227 人，中专及以下学历 8 人。年龄结构方面，35 岁及以下 87 人，36 岁至 40 岁 127 人，41 岁至 45 岁 213 人，46 岁至 50 岁 221 人，50 岁以上 319 人。干部类型方面，女干部 213 人，少数民族干部 851 人，党外干部 78 人。80 后科级干部 109 人（女干部 59 人），其中正科长级领导干部 10 人，副科（长）级 99 人。

引导干部一线挂职锻炼　选派 218 名优秀干部担任“美丽广西”乡村建设（扶贫）工作队员，选派 175 名科级干部参加重大项目、重点工作；选派 90 名科级干部到征地拆迁、计生维稳等急难险重一线挂职锻炼。

加大年轻干部培养力度　结合科级干部年度考核工作，开展正副科级后备干部推荐工作，建立了 300 多名科级后备干部库，并进行分类管理、动态分析。选派 2 名处级后备干部参加中青班学习，选派 3 名选调生到自治区直属机关跟班学习。

推进领导干部能上能下　组织开展科级非领导职务干部评议调查摸底工作，对科级非领导职务干部进行评议，持续传导对科级非领导职务干部的监督、管理压力，激发科级非领导职务干部的作用；充分运用考核、审计、信访、个人有关事项报告抽查核实等成果，调整因受处分、不适宜担任现职等干部 6 名。

实施公务员职务与职级并行制度　全城区完成 1 批共 23 名符合职级晋升条件人员的审批工作，其中晋升副处级 10 名，正科级 13 名。

【党的基层组织建设和党员队伍建设】　2017 年，城区党委组织部加强基层服务阵地建设，围绕“六有”目标，加强督建 2016 年开展的 83 个村级服务阵地建设；投入 143 万元，推进 6 个党建示范点提升建设工程及完善 45 个农村党员服务阵地建设。抓实“支部建设升级”行动，提高村级年办公经费、农村党员年活动经费至 3 万元 / 村、100 元 / 人，安排 17 万元支持 34 个三星级农村基层党组织党建工作。推行动态管理机制，按行政村（社区）总数的 10% 进行末位倒排，全部按“七个一”措施要求完成 20 个软弱涣散基层党组织整顿销号工作。城区各基层党组织每月定期开展一次党员集中活动日。健全党内关爱机制，继续推行《武鸣党内关爱实施办法（试行）》，定期关爱1095名80岁以上（含80岁）老党员，对生病住院、身患重大疾病、去世等共351名党员（家属）进行党内临时关爱，安排关爱慰问金共33.14万元；春节和“七一”期间，慰问全城区村级党组织和机关、企事业单位200名生活困难党员和老党员，送去慰问金6.78万元；按中央规范党费收缴工作要求，共清理收缴党费140万元，使用党费慰问帮扶773名农村生活困难党员和一批离任、生活困难的村（社区）干部、中华人民共和国成立前入党的党员。规范党员管理，严格实行《武鸣发展党员工作责任追究实施办法（试行）》，督查指导连续2年、3年、4年未发展党员的建制村都能至少发展1名党员以上。落实市委提高村级办公经费和落实村干部待遇，补发村干部报酬补贴提标99万元，补发离任村干部养老补贴提标119万元；按照不低于标准发放村支委“非定员”补贴、屯级党支部书记补贴70万元；落实村（社区）“两委”换届选举工作经费672万元。

【两新组织党的建设】 2017年，城区党委组织部提升两新组织党的组织覆盖和工作覆盖，年内全城区纳入党建基数两新组织707个，其中非公企业587个，社会组织120个；“小个专”组织1.2万个；建立有139个两新组织党组织，党员1051名；非公企业党组织覆盖率86.2%，社会组织党组织覆盖率86.7%；共建成2个城区级两新组织党群活动服务中心、8个非公党建服务中心、25个党建示范点，按“六有”标准健全139个党支部阵地建设，全面落实党组织书记工作补助和党员活动经费，选聘3名两新组织党建工作组织员，派出207名党建指导员开展党建工作。成立武鸣区社会组织综合党总支和农业、电商行业、房地产物流行业等7个行业党建工作指导站，推动建立电商协会、沃柑产业等一批行业党组织。指导成立南宁市伊岭工业集中区非公企业党委、园区党群活动服务中心、非公党建指导站。探索构建“一馆一圈三园”示范格局，实施建设华纳先锋党建馆、“标营商圈”党建综合体、伊岭非公党建示范园、纳天党建文化园和武鸣创客孵化园，提升标营党群活动服务中心，在5个重点房地产物业小区建设“民情直通车”党群服务站。“党旗领航·电商扶贫”行动效果突出，以打造“壮乡网圩”平台品牌为载体，完善提升城区电商服务中心和13个镇、82个村电商服务站点，引导建立武鸣电子商务协会，开展“壮族三月三”壮乡网圩电商节等活动，有效带动武鸣农特产品销售。全城区两新组织党建工作在经济社会发展中的政治核心引领作用得到显著提高。

【“美丽广西”乡村建设（扶贫）工作队】 2017年，武鸣区有“美丽广西”乡村建设（扶贫）工作队员485名，其中自治区级队员3名、市级队员41名、城区及驻城区单位派驻218名、乡镇派驻223名，进驻219个村（社区），组织各村屯开展乡村建设（扶贫）工作。同时，以从严管理、完善制度、深化督查、强化培训为抓手，开展督查30余次、组织各类培训及外出考察学习活动20余次，使城区13个工作分队在乡村建设及精准扶贫工作中发挥积极作用。全年，工作队为各村屯设置宣传专栏520多个，开展文体活动731场，召开乡村建设政策宣讲会737次，发放宣传手册16万余册。深入服务群众，想方设法为群众办好事、干实事，累计协调引进到位项目129个，引进项目资金6782.7万元，组织、

2017年4月21日，“美丽广西”乡村建设（扶贫）工作队到贵州考察
（城区党委组织部提供）

帮扶修建村屯道路186公里、桥梁14座、饮水工程60处、校舍45间。同时，工作队员充分利用自身优势，通过争取后盾单位支持、联系社会扶贫等方式，争取各项捐款210.4万元、捐赠物资折合人民币212.7万元。全年有8个贫户村脱贫摘帽。

【贫困村“第一书记”管理】　2017年，城区党委组织部着力做好40名贫困村党组织第一书记管理、培训、服务等相关工作。精心设计培训内容、探索创新培训方式、积极组织自学互学“量体式”定制培训，切实提升第一书记工作能力。探索村委联姻、书记联盟、村社联建“三联”党建模式，指导玉元片区、忠党片区、上江片区贫困村第一书记、村党组织整合资源，抱团壮大产业，携手共同脱贫。积极创建“第一书记讲堂”，筑牢“扶智”阵地，有效引领贫困村群众脱贫致富。做好第一书记服务工作，强化后盾保障，及时帮助第一书记们解决后顾之忧及工作困难。

【干部教育】　2017年，城区党委组织部按照《2010年—2020年干部教育培训改革纲要》要求，制订《南宁市武鸣区2017年干部教育主体培训班计划》。将党章、党规等党性教育作为主体班必修内容，落实全员培训任务，举办主体班次14期培训2900多人次，举办“壮乡大讲坛”“司法大讲坛”等大规模知识讲座2次培训3200多人次。完成上级组织部门下达的调训任务，其中处级22人次，科级83人次，村级13人次。指导各镇、各部门举办各类培训160多期，培训12300多人次。开展网络全员培训，全城区所有公务员（含参公）网络学习培训率达100%。

2017年8月30日，府城镇新任村（社区）“三委”干部岗前培训班
（城区党委组织部提供）

【农村党员大培训】　2017年，城区党委组织部联合各涉农部门成立6支培训服务队，下乡举办技术培训班、科技讲座等共20场次。各镇以村“两委”干部和党员骨干为主体开展60多期大培训活动培训9000多人次。充分发挥镇村党校、远程站点、农村党员培训实践基地的作用，结合武鸣城区经济发展实际，开展农村党员“十大”专项培训305期培训2.27万人次。

【人才工作】　2017年，城区党委组织部成立由100多名专业技术人才组成的专家服务团、科普志愿者队伍，深入开展“三下乡”活动、“十月科普大行动”等。发挥“土专家、田秀才”领头雁作用，开展“农家课堂”培训。安排40名科技特派员结对帮扶贫困村。服务好乡土人才、专业技术拔尖人才、科技特派员，安排经费开展慰问、外出学习考察等活动并及时发放专业技术拔尖人才技术津贴。

【干部监督】　2017年，城区党委组织部不断完善干部监督工作机制，严格落实《关于强化党员干部关爱提醒、函询和诫勉谈话的实施办法（试行）》文件精神，加大提醒函询诫勉和问责调整力度，关爱提醒城区党委管理领导干部2名，专项函询5名。从严把关，防止带病选任提拔。从严把控人选资格条件关，严格落实个人事项报告制度，1179名科级干部均按规定提交个人有关事项报告；落实“凡提必核”，组织开展对26名拟提拔或重用的领导干部人选个人事项报告情况进行核查。

全面推行干部选拔任用纪实制度。对 4 名科级领导干部实行领导干部任中经济责任审计。规范因私出国（境）审核审批程序。对新提拔的 24 名科级领导干部按要求进行了集中备案，因私护照全部统一由组织部门集中保管。认真审核科级领导干部办理证照及因私出（国）境的时间、地点、费用等信息及审查政治表现、廉政表现。共完成 64 名科级领导干部因私出（国）境审查。健全信访机制，建立“12380”举报电话、来信来访、网络和短信“四位一体”平台，共收到群众来信 24 件，接待群众来访 20 人次，深入村屯走访信访户 3 次。

2017 年 5 月 5 日，自治区远程办领导调研红岭社区远程教育

（城区党委组织部提供）

【干部统计】 2017 年，城区党委组织部做好干部统计工作。

公务员统计　全城区公务员 1776 人（城区机关 1420 人，镇机关 356 人），其中中国共产党机关 219 人，人大机关 43 人，行政机关 1338 人，政协机关 26 人，审判机关 93 人，检察机关 54 人，各民主党派和工商联机关 3 人。交流干部 127 人；辞去公职 4 人。妇女干部 558 人，其中少数民族 462 人；少数民族干部 1502 人，其中女 462 人，中共党员 1249 人。

参公事业单位统计　全城区 767 人，其中女 321 人，少数民族 671 人，中共党员 502 人。县处级以上 1 人；乡科级职务 146 人；科员、办事员 574 人；试用期及其他 46 人；非领导职务 60 人。交流 52 人。妇女干部 321 人，其中少数民族 280 人，中共党员 175 人。县处级职务 1 人，乡科级职务 24 人，科员、办事员 267 人，试用期人员及其他 29 人。

参公群团统计　全城区 47 人，其中女 27 人，少数民族 42 人，中共党员 37 人，乡科级职务 34 人，科员、办事员 13 人；非领导职务 15 人。交流 6 人。妇女干部 27 人，其中少数民族 25 人，中共党员 20 人；乡科级职务 18 人，科员 9 人。

【发展党员】 2017 年，全城区共发展党员 227 名，其中 35 岁以下党员 142 名，占发展总数的 62.5%；女党员 81 名，占发展总数的 35.7%；少数民族 206 人，占发展总数的 90.7%。发展的 227 人中，研究生 2 人，占发展总数的 0.8%；大学本科 65 人，占发展总数的 28.6%；大学专科 42 人，占发展总数的 18.5%；中专 36 人，占发展总数的 15.9%；高中中技 36 人，占发展总数的 15.9%；初中及以下 46 人，占发展总数的 20.3%。新发展的 227 名党员中：在岗职工 117 人，占发展总数的 51.5%；农牧渔民 107 人，占发展总数的 47.2%；其他 3 人，占发展总数的 1.3%。

【远程教育】 2017 年，城区党委组织部推进学用阵地建设，新建成马头镇马头社区、太平镇葛阳村 LED 远教广场，打造陆斡镇联合村、太平镇葛阳村远程教育示范站点。稳步推进站点改版升级工作，采购 110 台液晶电视配发到各站点，实现液晶电视全覆盖，各村（社区）安装接通了互联网，远程教育质量、功能和效果不断提升。远程教育站点维护管理工作进一步加强，排查故障站点 86 个，返厂维修机顶盒 5 个、机顶盒电源 6 个，更换 MODEM13 个，维修更换遥控器 12 个，确保城区远程教育终端站点开机率达 90% 以上。抓好教学资源片拍摄工作，组织策划拍摄了《生财有稻》《支部 + 协会催开致富花》《村医树医》《贫困户在校学生资助政策解读》等电教片。组织各站点收看《严肃换届纪律》宣传片和党的十九大会议直播、农村电商直播培训等。

【组织系统信息化建设】 2017年，城区党委组织部督促各基层党组织对“绿城党旗红”党建信息平台子站页面各版块信息进行检查，对空置、长期不更新和年度信息不全的版块栏目进行内容更新发布。强化宣传推广，加快普及“八桂先锋”智慧党建APP。持续推进“互联网+党建”建设，稳步推进大组工网分级保护测评工作，顺利通过国家测评中心、自治区保密局的验收。优化整合城区党员干部远程教育平台资源，以组织部会议室为主会场，城区党校、伊岭工业委及13个镇、219个村（社区）为分会场，建成党员干部“远教云课”直播平台，实现城区—镇—村三级远程视频互动式教育培训。

（王 键）

宣 传

【概 况】 2017年，中共南宁市武鸣区委宣传部设行政秘书股、理论教育股、宣传股、新闻报道股、网络宣传管理股（对外加挂武鸣区网络信息管理办公室牌子）、精神文明建设股（武鸣区精神文明建设委员会办公室在城区党委宣传部挂牌），武鸣区互联网新闻传播研判中心隶属城区党委宣传部管理的事业单位。年初，核定编制数23名，其中宣传部行政编制16名，工勤编制2名，网研中心事业编制5名。10月，城区编办调整宣传部行政编制1人至城区纪委，编制数为22名。年底，在职在编21人。其中，宣传部16人（含文明办），网研中心5人；在职人员中研究生学历1人，占5%；大学本科学历16人，占76%；大专学历4人，占19%。在职在编人员中正科2人，副科（含副主任科员）3人，科员9人，工勤人员2人；网研中心有中级专业技术职称3人，初级专业技术职称2人。办公地点在城厢镇建设街260号。

2017年，城区党委宣传部获得2017年全国社区网络春晚“优秀组织奖”、南宁市2017年优秀童谣征集活动优秀组织奖、武鸣区2017年度卫生和计划生育工作一等奖、2017年度“美丽武鸣”乡村建设工作先进单位、2017年度环境保护“一岗双责”目标管理责任工作优秀奖、2017年度“大行动”工作网格责任单位最佳宣传奖等荣誉称号。

【理论学习与宣传】 2017年，城区党委宣传部组织理论学习，开展理论宣传。

城区党委中心组学习 制订《武鸣区党委中心组2017年学习计划》，围绕城区党委中心工作，精心安排习近平总书记视察广西重要讲话精神和“7·26”重要讲话精神、党的十九大精神等内容学习10余次，推进理论学习中心组制度化常态化。

理论教育 通过发送手机理论短信、组织党员干部订阅理论学习辅导资料等形式，借助传统媒体、“武鸣发布”两微平台和城区党委党校等学习阵地，引导广大干部群众对党的创新理论进行学习宣传。围绕党的十八届六中全会精神、自治区第十一次党代会精神、南宁市第十二次党代会精神等，开展系列调研活动，并形成对工作有

11月8日，城区党委书记韦敏宏到城厢镇宣讲中共十九大精神

（城区党委宣传部提供）

11月13日武鸣区政协主席赵祖明到府城镇宣讲十九大精神

（城区党委宣传部提供）

指导作用的理论文章、调研报告等理论研究成果。武鸣区推荐《习近平总书记思想建党与制度治党紧密结合的党建思想研究》荣获南宁市“砥砺奋进五年　发展成就辉煌”——迎接党的十九大理论征文活动优秀理论文章，调研报告《武鸣壮族山歌文化传承及发展的思考与建议》入选2017年全区宣传思想文化系统优秀调研报告汇编。武鸣区委在2017年7月全市党委（党组）理论中心组学习经验交流暨学习型党组织建设座谈会上作了《以务实创新为要　深化理论武装工作》的典型发言。

理论宣讲　开展“理论好声音”大众宣讲精品课程比赛；组织开展两个《条例》、习近平总书记视察广西重要讲话精神和“7·26”重要讲话精神宣讲活动；城区四家班子全体领导，各镇三家班子领导、城区各单位主要领导分别深入挂点联系的镇、村、屯进行党的十九大精神宣讲活动，受众达12000人次。组织开展党的十九大精神领导宣讲团“百场”基层宣讲会、大众宣讲团“百场”互动宣讲会、山歌宣讲团“百场”山歌宣讲会三个“百场”宣讲会，营造火热宣讲氛围。

【意识形态工作】　2017年，城区党委宣传部突出意识形态战略思想的学习，将意识形态内容纳入城区党委中心组和党员干部理论学习专题内容。组织召开全城区意识形态工作布置会，进一步明确党委（党组）领导班子、领导干部的意识形态工作责任。与59个党工委（党组）签订意识形态工作责任书，形成党委领导，各有关部门参与，共同做好意识形态工作格局。开展意识形态工作责任制落实情况督查并在全城区进行通报。

【思想政治工作】

典型宣传　2017年，城区党委宣传部围绕培育践行社会主义核心价值观，创新典型宣传方式，把挖掘、选树、推荐身边好人、道德模范列为社会主义核心价值观典型宣传重点，向市委宣传部推荐先进典型2人，分别为敬业奉献好人刘思平、陆照芳。通过典型带动作用，为城区树立了鲜明的价值标杆，引领了城区道德新风尚。

社会环境宣传　元旦、春节、武鸣“三月三”歌圩、建党96周年、南宁“两会一节”、中华人民共和国成立68周年、环广西公路自行车世巡赛、党的十九大及全区现代特色农业示范区建设增点扩面提质升级动员部署会期间，组织协调各镇各单

2017年10月18日，武鸣区庆祝中共十九大胜利召开文艺演出现场全体观众演员合唱《没有共产党就没有新中国》

（城区党委宣传部提供）

2017 年 11 月 27 日，文化惠民工程送戏到双桥镇大伍屯
（城区党委宣传部提供）

位通过在辖区内的高立柱广告牌、工地围挡、临街围墙等设置广告内容，在城区主要街道进出口大型 LED 电子显示屏、各单位（企业）自有的 LED 电子显示屏滚动播放宣传标语，为各项重大活动、节庆活动的举行营造浓厚的社会氛围。

青少年爱国主义读书教育活动　组织开展武鸣区第二十四届青少年开展“百年追梦　全面小康”爱国主义读书教育活动，城区共有 58 名优秀学生代表城区参加了南宁市第二十四届青少年爱国主义读书教育活动各类比赛决赛，获得一等奖 7 个、二等奖 8 个、三等奖 15 个、优秀奖 13 个；对辖区内的革命历史类纪念设施、遗址、爱国主义教育基地的修缮、保护、利用情况进行调研摸底，协调、解决基地管理运行过程中存在的实际问题。

社会主义核心价值观宣传　建设社会主义核心价值观定罗湖主题公园、红岭主题社区，印发文明倡议书及小册子 16 万份，制作宣传栏、提示牌 2821 余块，工地围挡广告达 13580 多平方米，电子显示屏公益标语每月累计滚动 3 万多次；组织开展“最美笑脸”照片征集展示活动，通过征集评选对优秀作品进行宣传，并向市级报送“最美笑脸”作品 21 幅，有“环卫工”“阳光早餐”等 10 幅作品被入选最能代表“广西笑脸”作品在广西新闻网展示；积极参加南宁市 2017 年“德行天下・微影故事”——南宁市践行社会主义核心价值观主题微电影征集展示活动。

实现文化惠民，推动文化发展　统筹开展武鸣区 2017 年春节团拜会、“中国梦・劳动美”职工系列文体活动、庆祝中国共产党成立 96 周年专场文艺演出、“文化进万家”送戏下乡活动、“喜迎十九大”、“庆祝党的十九大胜利”等一系列群众性文体活动。经南宁市推荐，组织舞蹈《板壮榨油昂》、小组唱《船从远处来》、小品《约会美丽》三个节目参加第五届全区基层群众文艺会演，《板壮榨油昂》荣获全区二等奖。在南宁市第八届乡村社区和谐文艺大展演活动中城区《布壮生活红似火》《龙母颂》《壮娃抓鱼乐》《祈乐》《长长花腰情》《稻・香・情》6 个节目参加南宁市总决赛及“践行价值观　南宁我先行”文艺专场比赛，获得一致好评。其中，《布壮生活红似火》获音乐类（乡村组）一等奖、《龙母颂》获舞蹈类（乡村成年组）一等奖、《稻香情》获“践行价值观　南宁我先行”文艺专场金奖，其余节目荣获二等奖。城区精选节目参加南宁市第九届“我邀明月颂中华”——喜迎党的十九大诗词诵读比赛获得三等奖。

【新闻报道】

对内宣传　2017 年，城区党委宣传部精心制定每月、每季度新闻宣传重点下发至各镇、城区直属及驻城区各单位，加强新闻舆论工作的重点部署和引导。通过多种形式充分利用城区直属媒体宣传阵地，打好“六大升级”工程、武鸣撤县设区、中共十九大精神等中心重点工作新闻舆论宣传战役。2017 年，武鸣电视台共开设《武鸣新闻》《壮乡新闻》《壮乡风情》《政策解读》等 6 个电视栏目，播出新闻 6550 多条，编印《武鸣时讯》132 期，制作电视专题 6 部。

对外宣传　与新华社广西分社、广西日报、南国早报、南宁日报、南宁晚报、南宁电视台、南宁电台、南宁新闻网等 8 家上级主流媒体开展宣传合作；通过新闻发布会、“美丽壮乡・踏歌追潮”

专栏跟踪报道、新华社广西分社等40多家中央及区内主流媒体、网络媒体参加武鸣“壮族三月三”歌圩活动，对武鸣“壮族三月三”进行直播录播以及海量信息刊发转发，大力提升关注度。积极拓展外宣工作平台，在中央电视台、新华每日电讯等推出《南宁市武鸣区沃柑变身中国水果界“黑马”》等专题新闻9篇，在区、市媒体刊播新闻稿件3500多条，在南宁日报上稿量居南宁各县（城区）首位。首次邀请中央电视台记者拍摄《三月三　游壮乡》专题片，并在CCTV-7播出。在广西日报、南宁日报等推出《释放发展潜力　铸造魅力新区》等15个专版，打响三月三歌圩、全域旅游等品牌。

【网络宣传和舆情研判】

网络宣传　2017年，城区党委宣传部用活“两微一端”，积极开拓网宣阵地，增强网络管理力度，完善相关制度，提高业务水平。在新华网、南宁新闻网开设武鸣专题网页，与“今日头条”合作，组建网络宣传矩阵。对城区20多家新媒体、自媒体平台加强指导统筹。加强发声，积极营造正面健康的网络舆论环境。2017年，武鸣网共发布政务信息1800条，“武鸣发布”微信微博900多条，头条政务号300多条，总阅读量超过200万次。11月，“武鸣发布”微信公众号在南宁政务微信公众号影响力排行榜排名第一。

网络舆情研判　重点围绕春节、“三月三”“全国两会”“十九大”召开前后、“环广西”公路自行车巡回赛等重要时间节点，加强有害信息的清理和排查，有针对性地组织网评队伍进行舆论引导，维护健康向上的网络环境。2017年，共清理属地有害信息40多条，约谈属地网站负责人35人次。收集、回复区内外各大网站论坛上的网友评论；指导城区乡镇、部门建立官方微博9个，微信平台12个；加强对属地私人或企业运营的网站、微信、微博的管理；建立属地新媒体负责人联系平台，组织集中学习、召开座谈会等；运用“互联网+”思维，坚持突出群众性、民族性、互动性的原则，精心组织网络中国节活动，开设网络中国节专题、网上寄语、网上“微”游戏等；组织开展网络安全咨询日、网络安全知识展、网络知识进万家等活动，运用网站、电视、电台、报纸、展览等多种形式，印发宣传资料10000多份。

【党刊征订发行】　2017年12月，城区党委宣传部将2018年度《人民日报》《求是》《广西日报》《当代广西》《南宁日报》《光明日报》《经济日报》《新华每日电讯》等重点党报党刊作为公共文化产品统一实施政府采购，并将重点党报党刊分发到各位干部职工，各基层党组织，各村（社区），全城区企事业单位所属科、室，各车间，各乡镇企业，各类大中专院校的党组织、教研室，各中小学校教研室以上单位，各非公有制经济组织和新社会组织，各级图书馆、文化馆（室）等公共文化服务单位和饭店、宾馆、旅社、招待所等人员流动较大的公共场所，各客运站候车室。全年城区共完成征订《人民日报》1015份、《求是》393份、《广西日报》3157份、《当代广西》3980份、《南宁日报》5624份、《光明日报》120份、《经济日报》160份、《新华每日电讯》557份，完成率100%。

【宣传干部队伍建设】　2017年，城区党委宣传部认真贯彻落实党管意识形态、党管媒体原则，牢牢掌握意识形态工作的领导权管理权，切实做到守土有责、守土负责、守土尽责；有效推进专家宣讲队伍和大众宣讲员队伍“两支理论队伍”、武鸣区新闻报道中心组、网络信息员队伍建设，2017年第二季度理论专题学习，邀请广西大学马克思主义学院院长雷德鹏教授专题讲课；6月中旬，举办南宁市武鸣区“骆越方国历史文化”讲座；7月上旬，举办重庆大学—南宁市武鸣区意识形态战略思想专题培训班；11月中旬，举办2017年南宁市武鸣区宣传文化干部培训班等，加强城区宣传干部队伍具体业务指导，提升业务素质。

（韦　豪　覃婷婷）

统一战线

【概　况】　2017年，中共南宁市武鸣区委统战部内设机构有综合股、民族宗教工商经济股和党派、党外股。核定编制7名，实有8人，其中在职干部6人，工勤1人，聘用2人。全城区13个镇党委均配备专职统战委员，218个行政村（社区）配备统战工作联络员，城区直属及驻城区各单位党组织均配备兼职统战委员。全城区民主党派成员16人，其中民盟南宁市委武鸣总支盟员10人，农工党武鸣支部6人，中国致公党党员2人。党外人士担任副处级领导干部2名；担任正科级领导干部9名；担任副科级领导干部36名。办公地点在城厢镇建设街260号。

【民主党派、党外人士和无党派人士工作】2017年4月，城区党委统战部组织民主党派、无党派人士参观红七军军部旧址和百色起义纪念馆，重温“五一口号”，协助和配合九三学社南宁市委会、民进南宁市委会等到武鸣城区开展南宁市重点课题“南宁大都市下的中小城市特色产业发展研究”调研。与民建南宁市委会联合开展教育扶贫调研暨同心·“六一”慰问活动。抓好党派、党外干部的教育、培养选拔和挂职锻炼工作，协助配合市委统战部做好三亚市委统战部到城区开展党外干部挂职培养锻炼调研活动。推荐3名民主党派、3名无党派人士参加城区扶贫领域9月巡查活动。8月份，在上海交通大学举办党外干部综合能力提升培训班，进一步提高党外干部、统战干部对统一战线政策理论的认识和把握能力。10月份，组织城区50多位非公经济代表人士和新的社会阶层代表人士赴红色革命根据地—井冈山开展主题为“守法诚信、增强发展信心”为重点的理想信念教育实践活动，引导非公有制经济人士和新的社会阶层代表人士增强对中国特色社会主义的信念、对党和政府的信任、对企业发展的信心、对社会的信誉。

【民族宗教事务管理】　2017年，城区党委统战部做好民族宗教事务管理工作。

走访慰问　在春节、中秋节期间，组织民宗局对全城区基督教、天主教、佛教等宗教界代表人士22人进行走访慰问，送上党委、政府的关怀和节日的祝福。

加强民族工作指导　指导举办中国壮乡武鸣“壮族三月三”歌圩暨骆越文化旅游节、骆越祖母王祭祀大典等多项民族文化活动，传承民族优秀文化。“壮族三月三”期间，邀请台湾媒体考察团11人到武鸣参观采访，促进武鸣民族文化的对外宣传工作。

加大宗教政策法规培训及宣传力度　6月份，组织举办一期宗教工作政策法规专题讲座，邀请广西区民宗委专家作专题辅导，不断提高城区宗教干部的政策水平和依法管理宗教能力。强化宗教专题宣传工作，在各镇重点村屯、重要路口安装不透钢宣传栏41板、张贴喷绘宣传80多幅，印发宣传资料6万多份，广泛宣传宗教政策法规，不断提高群众知晓率。

依法惩治非法宗教活动　牵头组织民宗局、公安分局、综合执法局等部门依法清理城区境内公路边乱置佛教牌匾21块，制止仙湖镇邓吉村邓金屯的非法宗教活动；11月16日，成功拆除府城镇府高桥头非法修建佛堂和两江镇汉安村占地修建天地庙等非法活动，有效维护了宗教领域的和谐稳定。

【港澳台及海外联谊工作】　2017年，城区党委统战部做好港澳台及海外联谊工作。

组织开展慈善帮扶活动　1月，组织引导慈济慈善事业基金会为陆斡镇和两江共543户贫困家庭1085人发放价值54万元的冬令物资。

在重大节日慰问港澳台同胞代表及亲属　邀请台胞台属、归侨侨眷和港澳乡亲代表20人参加城区统一战线各界人士迎春茶话会暨情况通报会，让他们了解家乡的发展变化，感受到党委和政府的关心和温暖。在春节、中秋节期间，走访慰问港澳台同胞及亲属56人次，送上党委、政府的温暖。

热心为港澳台人士及亲属做好服务　协调武鸣区人民医院成功抢救香港乡亲王卫宁中毒的亲属，指导城厢镇向台商宣传大棚蔬菜种植有关政策和技术，指导宁武镇帮助台商解决种花材料采购等问题。全年成功协调解决台胞、香港乡亲涉及房产、经济纠纷、探亲等问题4个。

加强联谊交流　1月16日，举办2017年武鸣

区统一战线各界人士迎春茶话会，邀请城区统一战线各界人士代表130多人欢聚一堂，共话友谊，共谋发展，喜迎新春佳节。邀请香港南宁市同乡联谊会、美中商贸总会主席乔立华以及台湾媒体参访团到南宁市武鸣区参加2017年中国壮乡·武鸣三月三歌圩暨骆越文化旅游节活动；11月接待中国和平统一促进会台港澳统派中青年骨干国情研习班学员26人到武鸣区伊岭岩风景区参观考察，全年共接待港澳台文化交流考察团6批、112人次，不断增进友谊与共识。

【统战信息撰写】 2017年，城区党委统战部组织举办三期乡镇调研宣传信息写作培训班，不断提高统战工作宣传水平。年内，城区撰写信息被区、市统战部门采用信息29篇，在城区新闻媒体和武鸣门户网站刊播宣传统战工作稿件17篇，上报市委统战部理论调研文章12篇，统战工作影响力得到不断提高。

【非公有制经济工作】 2017年，城区党委统战部做好非公有制经济工作。

协调服务　认真落实统战部部长和分管副部长联系非公企业制度，深入企业调研，全年积极为企业排忧解难累计达62件。在武鸣电视台、武鸣时讯等新闻媒体宣传鼓励非公有制经济发展的政策，吸引客商到武鸣投资置业；组织各单位、各非公企业登录广西非公经济服务平台，畅通企业诉求，督促各单位增强责任、认真办理企业反映问题3件，已协调办理3件。

鼓励引导　引导非公经济人士代表积极参政议政。通过走访、座谈交流等形式加强与非公经济人士进行沟通联系，引导他们为武鸣经济和社会发展积极建言献策。在2017年召开的城区人大和政协会议期间，非公经济人士的城区人大代表提议案2条，非公经济人士的政协委员提提案2条，为党委和政府解决经济发展和民生问题提供决策参考。鼓励、引导非公企业支持光彩事业。组织城区工商联鼓励、引导广西华纳新材料科技有限公司、广西金茂房地产开发公司、武鸣金华建材有限公司等17家企业和金融机构，支持中国壮乡·武鸣“壮族三月三”歌圩暨骆越文化旅游节活动的举办，合计捐赠资金458.8万元；7—8月，指导非公企业开展檀香山杯武鸣第三届“壮乡昂昂·百企惠民”文化、经济、就业服务行动13场，这些爱心企业共捐款12.998万元支持武鸣的精准扶贫工作，同时安排群众就业32人；9月，组织举办“武鸣·香港”两地同心慈善篮球赛活动，武鸣金茂房地产开发有限公司等5个城区爱心非公企业和香港爱心组织康仁体育会共捐款25万元支持武鸣的精准扶贫工作；组织各统战成员单位鼓励、引导本辖区内非公企业和社会爱心企业弘扬“致富思源、回报社会”的光彩精神。积极参与10月17日第4个“扶贫日”活动，活动当天共有广西翔正项目管理有限公司等25家非公企业为武鸣扶贫攻坚工作捐款58.89万元。据不完全统计，全年鼓励、引导本辖区内非公企业和社会爱心企业为“美丽武鸣·宜居乡村”建设、精准扶贫等工作捐款达600多万元。

2017年1月7日，引导慈济慈善事业基金会为困难群众发放冬令物资
（城区党委统战部提供）

【“同心”品牌建设工作】 2017年，城区党委统战部做好“同心”品牌建设工作。

开展“同心·惠民”送文化下乡活动　组织武鸣大明山“同心”书画

院开展春节文化惠民送春联、“三月三”书画展、“八一书画展”等系列同心文化活动，广泛宣传了统一战线同心文化思想。

继续推进南宁统一战线传统教育基地明秀园的建设　明秀园入选南宁市统一战线传统教育基地后，加强开展建设工作，制作了简介，添加了指示牌匾，添置了具有古风情调的大门小木屋，为宣传武鸣，同时也为南宁市统一战线开展主题教育活动提供了历史人文内涵丰富的教育场所。

巩固和创建“同心”品牌示范基地　深入开展“同心”品牌基地巩固和创建工作，对甘圩镇唐历村“同心乡村实践基地”、唐历小学“同心·文化长廊”、灵水社区“同心社区·和谐家园”、民族中学“同心·文化教育”等同心品牌基地巩固提升，新创建城厢镇合旗村“同心·文化中心”。动员引导统战成员开展慰问、送健康、送知识等“同心·实践活动”，积极投身教育、医疗、交通、文化等公益事业，为城乡基础设施建设、精准扶贫和民生工程作出积极贡献。

（卢振明）

机关党建

【概　况】　2017年，中共南宁市武鸣区直属机关工作委员会（简称“城区党工委”）是武鸣区委的派出机构，核定编制7名，实有人数8人，委员班子职数5名，实有5人，其中书记1名（党工委书记由区委办主任兼任，自2013年8月起兼任），副书记2名，委员2名（其中组委、武装部部长各1名）。撤销内设机构——中共南宁市武鸣区直属机关纪律检查工作委员会（简称“纪工委”），改设党建股和综合股。接收13个镇中小学校党组织纳入机关工委管理，年终统计下辖党委（含机关党委）有12个，二级党委4个，党总支29个，党支部306个，其中直管党支部47个，共有党员6390名（其中新发展45名）。是年收得党费228万元，上缴193.8万元，组织部返还工委党费16.9万元，工委返还基层党组织党费21.9万元。城区党工委办公地址在城厢镇建设街260号。

【思想政治工作】　2017年，城区党工委以深入学习贯彻十八届六中全会精神和党的十九大精神为抓手，抓机关党的思想建设工作。

深入学习贯彻党的十九大精神　根据城区党委中心组学习安排及理论专题学习安排，在机关党组织中迅速掀起学习十九大精神的热潮，将学习十九大报告纳入“三会一课”、党员集中活动日重点活动内容，采取书记上党课、邀请专家上课、集中讨论研讨等形式广泛开展学习。工委举办专题党务干部培训班，由南宁市直工委领导、城区直属机关工委书记上十九大报告专题党课，近200名机关党务干部到会聆听。

推进“两学一做”学习教育常态化制度化　落实学习机制，抓好“一周一学”，在机关每周集中党员进行一个小时学习，保证学习教育的频度；抓好“一月一讲”，分层分级讲好党课，保证学习教育的高度。依托新媒体，建立“两学一做”微信交流群、党支部书记微信群103个，每日推送学习内容，进一步提升学习教育感染力。

组织领导干部时代前沿知识讲座　年内，组织县处级及科级主要领导参加南宁市直工委组织的“领导干部时代前沿知识讲座”4期，听取讲座400多人次。

【基层党组织建设】　2017年，城区党工委以党的十九大精神为指导，按照“走前头、作表率”要求，狠抓基层党组织建设。

突出“一岗双责”，明确党建目标责任　制定下发《2017年机关党的工作要点》，和下辖党组织签订党建目标责任状，年终会同纪、组、宣、统、政法等党委部门对机关党建的落实情况列入绩效考评检查验收。

加强对到期届满的机关党组织换届工作的指导和督促，规范换届程序　指导国土局等9个党委、纪委及旅游局等15个党（总）支部完成换届选举工作。同时督促各党委、总支下辖到期换届的支部完成换届工作。

加强“三会一课”制度督查检查　是年，制定《城区直属机关基层党建工作随机督导、随机调研实施方案》，把“三会一课”制度落实情况作为重点督查检查内容，发放使用新的民主生活会和组织生活会笔记本，规范党内组织生活制度。工委班子成员定期深入所联系的单位党组织开展基层党建工作随机督导、随机调研及专题党建约谈，并有针对性地帮助解决党建工作困难问题，进一步完善工委班子成员的联系制度和调研指导责任。

优化城区直属机关党组织设置，理顺机关党组织隶属关系　经城区党委组织部同意教育局党委直管全城区各镇中小学校党建工作，实现教育系统教育工作和党建工作由同一部门管理，城区13个镇中小学校160个党组织、1741名党员顺利纳入机关工委管理。成立妇幼保健院党委，整体转出人民医院党委、移动公司党支部等三个党组织。成立了中共南宁市武鸣区“小个专”党总支和五个房地产协会，全面加强非公企业和社会组织党建工作。

提升机关党员活动室规范化建设　工委举办支部规范化建设专题培训，组织180多名党务干部到检察院党总支参观学习支部标准化建设，按照“八有”标准建设党员活动室，树立检察院党总支、富鸣城投党支部、滨江村镇银行党支部等一批示范党员活动室，通过支部“党员活动室”规范化建设来加强机关和事业单位党支部规范化建设，推进国企和中小学校党组织和党的工作进一步规范化、制度化、标准化。

组织党工委工作会议　组织召开2017年直属机关党的工作会议，对2016年10个机关党建目标管理工作十佳党组织和25个“两学一做”学习教育先进党支部进行表彰。

加强对“绿城党旗红”党建信息平台管理　是年，两次通报直属机关各党组织推广使用“绿城党旗红”党建信息平台发布信息和维护党组织的各种信息情况，开通党组织书记微信群和机关党建QQ群通报交流信息、联系工作，为机关党组织实行信息化管理和提高“绿城党旗红”党建信息平台使用率铺平台。

规范党费收缴、使用和管理，严格执行党费工作通报制度　是年，工委根据上级组织部门的要求，对下属党组织的党费收缴工作提出了具体要求，健全党费专人管、足额收、及时缴、定期查的工作机制，规范机关党费收缴工作，开展党费收缴专项检查，年内共收得党费228万元，上缴党费246万元，返还基层党组织党费22万元。

在机关党组织全面试行微型党课活动　工委在2016年创新开展微型党课展示活动获得成功后，是年，在机关党组织中全面铺开，开展“微型党课评比及巡讲”活动，评比优秀微型党课课件14件，在发改局党委等党组织开展巡讲六场次。

【**发展党员**】　2017年，城区党工委做好发展党员工作。重视源头培养，组织举办第32期入党积极分子暨发展对象培训班，对城区直属机关45名发展对象及90多名入党积极分子进行集中系统培训；严格履行发展党员标准和程序，把好党员入口关，年内共新发展党员45名，预备党员转正44名，为党组织输入了一批德才兼备的新生力量。

【**机关队伍建设**】　2017年，城区党工委以开展主题活动为抓手，在发挥党员先锋模范作用上抓落实。开展“机关党员先锋行动”主题实践活动，发动机关党员干部助力城区党委“美丽乡村、征地拆迁、精准扶贫”等中心工作，1200多名机关党员参与脱贫攻坚先锋行动，共为1400多户贫困户送物资送资金达235万元。持续开展“在职党员进社区”活动，共有3200多名在职机关党员到社区报到，认领微心愿256个，为群众办实事办好事306件。结合“严纪律、强作风、促发展”主题活动，工委给直属机关各单位6000多名党员发放党徽，要求机关党员上班佩戴党徽、窗口部门党员亮化承诺，增强了党员意识和服务意识，转变了党员的服务作风，提高了党员的服务效能。落实中央八项规定，开展“提升干部作风建设年活动”，深化党风廉政建设，严肃治理违纪党员，是年处置1名不合格党员。

【**工委班子建设和干部建设**】　2017年，城区党工委按照城区党委赋予的职责，以新的姿态领导城区直属机关开展机关党的工作，基层党组织发挥战斗堡垒作用，党员发挥先锋模范作用，在机关各项事业建设中取得良好成绩。认真学习贯彻中共十八届六中全会精神和十九大精神；深入开展机关工委创先争优活动；走进基层开展调研，帮助基层党组织解决机关党建工作中存在的困难和问题；加强干部队伍的廉政建设，严格执行八项规定纪律要求，切实从严治委，从严管理干部；积极投入脱贫攻坚工作。工委 8 名干部职工负责涵盖两镇两村 13 个贫困户和 10 个退出户的帮扶工作，经过大家的齐心努力，2017 年城区扶贫办审批脱贫 5 户，其他贫困户经济发展状况和人均收入有大幅度的提高，也得到所在镇村领导群众的好评。

【“七一”建党活动】　2017 年，城区党工委继续实施党内关爱工程，健全机关党员干部帮扶机制。为 172 名党员申请党内定期关爱和临时关爱慰问金共 5.32 万元，并如期发放到对象手中。走访慰问困难党员老党员。在“七一”等重要节日期间，分组深入 47 名困难党员和老党员家中嘘寒问暖，共发放慰问金 2.1 万元，帮助生活困难、身患重疾或遭遇家庭重大变故的党员解决实际困难。开展“党员奉献日”活动，发动机关党员捐助“党员互助金”79051.4 元，上缴城区党委组织部。四是组织新党员 44 人在烈士纪念碑前举行入党宣誓活动。五是各基层党组织开展重温入党誓词活动和多形式纪念建党 96 周年活动。

【武装民兵工作】　2017 年，城区党工委继续加强对机关通信、道路交通保障、信息支援、气象水文、医疗救护和卫生防疫等 6 个民兵武装应急分队的管理，加强国防武装宣传，落实夏秋季征兵工作，为部队输送双合格的优秀青年做努力。

【创新党建】　2017 年，城区党工委积极探索机关党建新思路。打造党建品牌，培育形成城区机关党建“服务先锋·活力机关”特色品牌，如检察院的“文明之光耀检徽”、食药监局的“舌尖上的卫士”、妇幼保健院的“爱心妇幼”等党建品牌；创新党员教育形式，围绕“喜迎十九大，争当合格党员”“新区奋进话担当”“家风建设”等主题内容。

（吕　茵　宁　盛　陆德昌）

机构编制

【概　况】　2017 年，南宁市武鸣区机构编制委员会办公室（简称城区编办）是南宁市武鸣区机构编制委员会的常设办事机构，负责城区机构改革和机构编制管理、行政审批制度改革、事业单位法人登记管理工作，既是城区党委工作机构，又是城区政府工作机构，列为城区党委工作机构序列。城区机构编制委员会主任由区长黄伟光担任，副主任由城区党委副书记吴秀红和城区党委常委、城区政府副区长何翔担任，委员由城区党委常委、城区党委办公室主任韦华清，城区党委常委、组织部部长王智平，城区政府办公室主任杨健，城区编办主任韦百峰，城区人社局局长何生龙，城区财政局局长黄立斌组成。城区编办内设行政秘书股、机构编制管理股、机构编制监督和改革股，下属事业单位有南宁市武鸣区事业单位登记管理局。年底，城区编办编制 8 名，实有人数 7 人（其中：主任 1 名、副主任 2 人、主任科员 1 人、科员 3 人，工勤 1 人）；南宁市武鸣区事业单位登记管理局编制 6 名，实有人数 4 人。办公地点在南宁市武鸣区城厢镇兴武大道 245 号城区人民政府办公楼 5 楼。

【党政群机构设置】　2017 年，城区级党政群机构设置 48 个。

武鸣区党委工作部门设置 8 个：办公室（挂保密委员会办公室〈国家保密局〉、机要局、督查室牌子，2017 年 7 月撤销设在城区党委办公室的南宁市武鸣区统筹城乡改革发展工作委员会）、组织部（挂中国共产党武鸣区非公有制经济和社会组织工作委员会牌子，城区老干部局由城区党委组织部领导）、宣传部（挂精神文明建设委员会办公室牌子）、统一战线工作部、政法委员会社会治安综合治理委员会办公室与城区政法委员会合署办公，城区维护稳定工作领导小组办公室、城区国家安全办为设在城区政法委员会）、机构编制委员会办公室、直属机关工作委员会、信访局；城区纪律检查委员会机关：中共南宁市武鸣区纪律检查委员会机关与南宁市武鸣区监察局合署办公（城区绩效考评领导小组办公室挂靠城区纪律检查委员会机关、监察局）。2017 年 7 月将中共南宁市武鸣区纪律检查委员会、南宁市武鸣区监察局原下设的第一、二、三、四纪工委（监察分局）整合为中共南宁市武鸣区直属机关纪律检查工作委员会，城区纪委设置 10 个派驻纪检组，即：中共南宁市武鸣区纪律检查委员会驻城区党委办公室纪检组、中共南宁市武鸣区纪律检查委员会驻城区人民政府办公室纪检组、中共南宁市武鸣区纪律检查委员会驻城区党委组织部纪检组、中共南宁市武鸣区纪律检查委员会驻城区党委政法委纪检组、中共南宁市武鸣区纪律检查委员会驻城区住房和城乡规划建设局纪检组、中共南宁市武鸣区纪律检查委员会驻城区发展和改革局纪检组、中共南宁市武鸣区纪律检查委员会驻城区农业局纪检组、中共南宁市武鸣区纪律检查委员会驻城区教育局纪检组、中共南宁市武鸣区纪律检查委员会驻城区卫生和计划生育局纪检组、中共南宁市武鸣区纪律检查委员会驻城区财政局纪检组。

武鸣区人民政府工作部门设置 25 个：办公室（挂城区法制办公室、城区民族宗教事务局、城区少数民族语言文字工作局、城区外事侨务办公室牌子，城区人民政府调解处理土地山林水利纠纷办公室设在城区政府办公室）、发展和改革局（加挂城区粮食局、城区物价局牌子，城区深化医药卫生体制改革工作领导小组办公室在城区发展和改革局内设机构体制改革股〈医药卫生体制改革股〉增挂牌子）、经济贸易和信息化局（挂城区糖业发展局牌子）、教育局、科学技术和知识产权局、监察局（与城区纪律检查委员会机关合署办公，列入城区人民政府工作部门序列，不计入政府机构个数）、民政局（城区拥军优属拥政爱民工作领导小组办公室、老龄工作委员会办公室设在民政局）、司法局、财政局、人力资源和社会保障局、国土资源局、环境保护局、住房和城乡规划建设局（挂城区人民防空办公室、城区住房制度改革委员会办公室牌子）、交通运输局、水利局、农业局（挂城区扶贫开发办公室、城区水产畜牧兽医局牌子）、林业局、文化新闻出版广电和体育局、卫生和计划生育局（城区爱国卫生委员会办公室设在城区卫生和计划生育局）、食品药品监督管理局（挂城区食品安全委员会办公室牌子）、审计局、工商行政管理和质量技术监督局、安全生产监督管理局、统计局、投资促进局、综合行政执法局（2017 年 6 月新成立，南武政办〔2017〕100 号）。

群团机关设置 12 个：总工会、共青团武鸣区委、妇女联合会、工商业联合会、科学技术协会、残疾人联合会、文学艺术界联合会、归国华侨联合会、计划生育协会、红十字会机关、法学会、社会科学界联合会；其他机构设置 2 个：南宁市武鸣区人民代表大会及其常务委员会工作机构（城区人大机关设立 2 个专门委员会、1 个办事机构和 3 个工作机构）：法制与内务司法委员会、财政经济委员会；办公室、教科文卫与民族工作委员会、农业农村与环资城建工作委员会、选举联络工作委员会。中国人民政治协商会议南宁市武鸣区委员会机关（政协机关设置政协办公室、提案委员会、经济科技委员会、文教卫体文史委员会、政协委员会联络工作办公室）。

【事业单位机构设置】 2017 年全城区事业单位设置为 459 个，其中，城区党委、城区人民政府直属事业单位 14 个：城区党委党校、档案局（国家档案馆）、旅游局、南宁市伊岭工业发展管理委员会、史志办公室、地震局、房屋和征地拆迁办公室、白合华侨投资区管理委员会（白合华侨农场）、市场开发服务中心、供销合作联社、水库移民工作管理局、南宁市武鸣区公共资源交易中心（2017 年 3 月由南宁市武鸣区政府集中采购中心挂南宁市武鸣区建设工程招投标中心牌子更名）、机关事务管理局、社会保险事业局（由城区人力资源和社会保障局管理）；部门所属事业单位 341 个（其中：义务教育中小学校 178 个，其他学校 11 个）；乡镇事业单位 104 个。

【人员编制管理】 2017 年，城区编办加强人员编制管理。

机关单位人员编制　核定城区级党政群机关人员编制 892 名，其中，行政编制 753 名，群团机关使用事业编制36名，机关后勤服务人员控制数103名：2017年年底实有在职人员836人，其中，行政编制721人、群团机关使用事业编制33人、机关后勤服务人员82人；核定政法系统人员编制59名，其中：政法单列行政编制57名，机关后勤人员控制数2名；2017年年底实有在职人员56人，其中：政法行政编制54人，机关后勤服务人员2人；核定乡镇机关人员编制552名，其中，行政编制512名，机关后勤服务人员控制数40名：2017年年底实有在职人数465人，其中，行政编制443人，机关后勤服务人员22人。

事业单位人员编制　城区党委、政府直属事业单位核定编制328名，年底在职人员310人；部门所属事业单位核定编制9544名（其中：中小学校4620名，其他教育事业单位239名），年底在职人员7815人（其中：中小学校在职人员4549人，其他教育事业单位226人）；乡镇事业单位核定编制818名，年底实有在职人员633人。

【机构编制管理】　2017年，城区编办采取积极措施，加强对机构编制的管理，严格控制机构编制增长。

认真贯彻落实中央、国务院有关机构编制管理精神　认真贯彻落实《中共中央办公厅、国务院办公厅关于严格控制机构编制的通知》（厅字〔2011〕22号）和《地方各级人民政府机构设置和编制管理条例》（国务院令第486号）精神，坚持机构编制管理工作“三个一”（凡机构编制事项，由机构编制委员会及其办事机构一个部门承办，机构编制工作的领导“一支笔”审批，由机构编制委员会及其办事机构一家行文）制度，严格控制机构编制增长。

坚持集中统一领导的审批制度　凡涉及职能调整、机构、人员编制和领导职数增减的机构编制事项，都严格按照审批程序和权限，报经机构编制部门审核后，再提交城区编委会或城区党委、城区政府审批。

进一步完善机构编制与财政、组织、人事等部门配合协调机制和制约机制　机关、事业单位有空编需要调入和招录工作人员，须经机构编制部门审核同意，并开具《编制审核通知书》，组织、人事部门才办理调动手续，财政部门才办理人员经费划拨手续。财政部门按机构编制部门核定的人员编制数预算各机关、事业单位人头经费，超编人员不划拨人头经费，以经费制约人员编制的增长。机关、事业单位人员调动、退休等工资调整须到机构编制部门核定盖章，再到人事部门审核，最后由财政部门核发。

完善机构编制监督管理机制　加强对日常工作的督促检查，经常了解和掌握机构编制执行情况，定期分析研究机构编制现状，及时发现和解决问题。

进一步规范机关、事业单位科级以下干部职工调配工作，严把进人关　机关、事业单位招录、调入工作人员使用人员编制的都需经城区科级以下干部职工调配工作领导小组会议讨论，加强领导和管理，有效控制人员编制的增长。

【事业单位法人登记管理】　2017年，城区编办认真贯彻执行《事业单位登记管理暂行条例》（国务院令第411号）和《事业单位登记管理暂行条例实施细则》精神，加强对事业单位法人登记的管理，积极组织开展事业单位法人登记2016年度报告提交工作，于3月29日按时完成了431个事业单位年度报告网上公示工作。积极开展事业单位法人登记“双随机、一公开”的抽查工作，11月16日，南宁市事业单位登记管理局与武鸣区事业单位登记管理局联合开展事业单位法人公示信息随机抽查工作，完成了武鸣区2017年1%事业单位法人公示信息随机抽查工作。全年共办理设立登记1件、变更登记54件、注销3件。

【行政审批制度改革】

深化行政审批改革　2017年，城区编办根据《广西壮族自治区人民政府关于取消和调整一批行政许可事项的决定》（桂政发〔2016〕75号）、《国务院关于第三批取消中央指定地方实施行政许可事项的决定》（国发〔2017〕7号）和《国务院关于取消一批行政许可事项的决定》（国发〔2017〕46号）等文件，先后组织城区政府各部门和单位对29项县级行政许可事项不再列为行政许可事项，对197项县级行政许可事项进行调整，对涉及本级取消的7项行政许可事项停止实施审批。对于不列为许可事项和明确取消的许可事项，由各相关部门根据上级业务部门的指导及时制定相应的事中事后监管措施。

制定武鸣区行政许可事项目录　根据自治区和南宁市行政许可事项目录，城区编办积极组织人员清理本城区行政许可事项，梳理形成了本级实施的行政许可事项目录，梳理出本级保留的行政许可事项数257项，承接自治区、南宁市委托下放的行政许可事项数11项，区直、市直驻武鸣单位的行政许可事项数6项。经过征求意见、合法性审查、公示等环节，最终报城区政府审定后在城区政府网站及各单位门户网站上公布。对行政许可事项实行目录管理和动态管理，并纳入城区政务服务中心集中办理。

配合做好编制和优化行政权力运行流程　为进一步加强行政权力运行监督，在开展“两单融合”工作的基础上，积极配合城区政务办开展编制和优化行政权力运行流程工作。

【推行“两单融合”】　2017年，城区编办根据中央、自治区和南宁市关于深化权责清单工作、推行政府部门权力清单和责任清单“两单融合”的工作部署，城区编办积极组织相关部门对2015年公布的政府部门权力清单和责任清单进行了“两单融合”，涉及34个部门，梳理出保留的行政权力事项3151项（含共性权力事项10项）。其中法律法规规章授权类行政职权2893项，承接上级人民政府及其工作部门委托类职权160项，上级授权类行政权力事项98项，梳理出保留的责任事项数22057项，全部完成了“两单融合”工作。通过推行政府部门权力清单和责任清单“两单融合”，进一步规范政府部门的职责，真正做到“法无授权不可为，法定职责必须为”，依法规范行使法定的权力，并全面履行与权力事项相对应的责任。

【重点领域改革】　2017年，城区编办做好重点领域改革工作。

推进城区综合行政执法改革　成立机构。2017年3月9日，南宁市人民政府批复同意武鸣区增设综合行政执法局，6月份印发了南宁市武鸣区综合行政执法局“三定”规定，成立南宁市武鸣区综合行政执法局，列为城区人民政府工作部门。2017年12月，将南宁市武鸣区城镇建设管理监察大队更名为南宁市武鸣区综合行政执法大队（下设5个中队），由城区住房和城乡规划建设局管理调整为城区综合行政执法局管理的相当正科级事业单位；调整执法队伍管理体制。将城区国土资源局管理的国土资源执法监察大队、城区农业局管理的农业行政综合执法大队、渔政监督管理站、城区林业局管理的林政稽查大队、城区水利局管理的水政水资源管理站（挂水政监察大队牌子）、城区文化新闻出版广电和体育局管理的文化市场综合执法大队等6支执法队伍调整为城区综合行政执法局管理，由城区综合行政执法大队统筹调配开展工作；将各镇党委、政府管理的镇国土规建环保安监站（挂镇综合行政执法队牌子）调整为由城区综合行政执法局管理。

推进纪委、监察派出机构改革　根据《中共南宁市委办公厅印发〈关于全面推进南宁市纪委派驻机构统一管理改革工作的意见〉的通知》文件精神和市纪委有关工作要求，积极与城区纪委沟通对接，结合武鸣区实际，完成了纪检监察派驻纪检组机构设置工作，设置10个派驻纪检组和1个派出纪工委。

推进党委巡察机构组建工作　根据《中共广西壮族自治区委员会关于建立市县党委巡察制度的意见（试行）》精神，设立城区党委巡察工作领导小组办公室，作为城区党委巡察工作领导小组日常办事机构，设在城区纪委，与城区纪委一个部门合署办公。主要承担巡察工作的综合协调、组织指导、政策研究、制度建设、督查督办、服务保障等工作，加强了党委巡查工作力度。

继续推进乡镇“四所合一”改革工作　为推进乡镇“四所合一”改革工作，协调解决乡镇“四所合一”在队伍建设、履行职能、业务培训等难点问题，城区编办组织学习考察组于2017年4月中旬赴南宁市西乡塘区金陵镇、凭祥市夏石镇考察学习乡镇“四所合一”改革工作情况，了解金陵镇和夏石镇开展“四所合一”改革的做法和经验，根据城区各镇的实际情况，确定双桥镇国土规建环保安监站为武鸣区乡镇“四所合一”改革示范点，引领和示范城区各镇“四所合一”改革工作。

开展市场监督管理调研工作　为学习借鉴外地市场监督管理体制的先进经验，10月28日至11月3日，武鸣区政府副区长陆耀忠带领城区编办、组织部、食药监局、工商质监局、发改局、人社局、财政局等7个部门主要领导，并邀请南宁市编办、市食药监局、市工商局、市质监局各一名分管领导组成的南宁市、武鸣区联合考察组组到上海浦东新区、广州市南沙区等地区察学习市场监督管理体制改革工作。12月5日，城区编办韦百峰主任带领编办考察组到东兴市考察学习市场监管体制改革情况。在调查研究的基础上，结合武鸣区实际，草拟了南宁市武鸣区市场监督管理局设置方案报城区政府审定。

【事业单位分类改革】　2017年，城区编办做好事业单位分类改革工作。

完成中小学校教职工人员编制调整　为进一步优化配置教育资源，促进教育均衡发展，根据南宁市编委《关于武鸣区中小学教职工编制总量有关事宜的通知》，结合各中小学校开设班级数和学生数情况，提出核定中小学校教职工编制方案，并按程序报批。5月印发《关于同意调整中小学校教职工编制的批复》，完成了对城区中小学校教职工编制重新核定工作，全城区中小学校教职工编制由4646名调整为4620名。

完善公共资源交易平台管理体系机构设置　着力构建公共资源交易“一委一办一中心”管理模式，将南宁市武鸣区政府集中采购中心（南宁市武鸣区建设工程招投标中心）更名为南宁市武鸣区公共资源交易中心，作为南宁市公共资源交易平台分支机构，本城区内公共资源交易全部进入该平台事项集中规范交易，各行政主管部门不再直接从事公共资源交易活动，不再设置相关交易机构，确保平台之外无交易。

完成公证处改革机构设置调整　根据自治区人民政府办公厅关于加快推进全区公证体制机构改革的精神，结合武鸣城区实际，印发《关于成立广西壮族自治区南宁市武鸣公证处的通知》，成立南宁市武鸣公证处为南宁市武鸣区司法局管理的公益二类全额事业单位。

积极稳妥推进生产经营类事业单位改革　通过召开城区分类推进事业单位改革工作领导小组成员会议，将城区市场开发服务中心列为事业单位转企改制名单，并成立改制工作领导小组，负责改制的具体组织实施工作，相关改制工作正在稳步推进。

【机构编制云平台建设】　2017年，城区编办根据自治区编办《关于印发〈广西壮族自治区机构编制云平台建设方案〉的通知》精神，积极开展机构编制云平台建设，组织人员收集500多个行政机关和事业单位“三定”规定和机构编制历史沿革材料，录入中编办的机构编制云平台三定方案信息系统，并认真审核各单位录入的“三定”变更文件材料，按时完成机构编制材料录入工作。

【机关、群团统一社会信用代码赋码发证】　2017年，城区编办推进机关、群团统一社会信用代码赋码发证工作，全年共办理了城区7个机关、群团单位统一社会信用代码申请变更换证工作，并为新设立的南宁市武鸣区综合行政执法局办理了增量赋码发证工作。

（机构编制委员会办公室编写组）

老干部工作

【概　况】　2017年，中共南宁市武鸣区委老干部局（以下称老干部局）内设机构有行政秘书股，下属事业单位为武鸣区老干部休养所和武鸣区老干部活动中心。老干部局核定编制4名，其中局机关编制3名、工勤编制1名；下属事业核定编制4名。实有在职人数7人，其中大学学历4人、大专学历3人。办公地点在武鸣区城厢镇建设街260号。

【政治待遇落实】 2017年1月23日，老干部局组织部分离退休干部代表参加在城区党委一楼会议室召开的武鸣区2017年离退休干部迎春座谈会，城区党委书记韦敏宏在座谈会上作重要讲话，区长黄伟光通报2016年经济和社会发展情况及2017年工作计划。3月30日，组织城区四家班子部分退休领导和离休干部参加2017年中国壮乡·武鸣“壮族三月三”歌圩暨骆越文化旅游节活动。5月5日，深入开展“畅谈十八大以来变化、展望十九大胜利召开”主题实践活动，组织30余名城区四家班子退休领导及离休干部到大明山汉江欢乐谷参观考察，并召开“畅谈十八大、建言十九大”座谈会。10月18日，组织城区离退休干部集中收看十九大开幕式盛况直播。10月26日至31日，组织部分原四家班子退休老领导到“农家乐”乡村旅游先进省——四川省学习考察“中国乡村旅游模范村”。

【生活待遇落实】 2017年，老干部局主动加强与财政、组织人事等部门的沟通协调，进一步健全和完善离休干部“三个机制”（即离休费保障机制、医药费保障机制和财政支持机制），确保落实到位，为老同志解决后顾之忧。做到重大节日必访、老干部生日必访、离休干部住院必访、老干部家中发生重大事情必访、老干部丧事必访，每次走访都由老干部局领导班子成员带队，重点了解老干部思想动态和身体状况，为老干部及家属解决实际困难和问题。2017年春节前夕，城区四家班子主要领导带队慰问城区四家班子离退休老干部、老干部局代表城区党委、政府慰问武鸣区离休干部和困难遗孀共99人，共发放慰问品、慰问金12.65万元。在喜迎党的十九大胜利召开之际，老干部局全体工作人员分成四个慰问小组，深入老干部家中，对城区离休老同志一一进行走访慰问，送去了组织的关怀和问候。

【老干部发挥作用】 2017年，老干部局充分利用老干部政治优势、经验优势和威望优势，搭建励志平台，组织开展“党的十九大精神”“习近平总书记视察广西重要讲话精神”“社会主义核心价值观”“两学一做”学习教育等教育宣传活动。开展“如何加快武鸣全域旅游发展”“如何加强青少年守法教育”等调研活动。8月29日，南宁市委老干部局与城区老干部局联合在武鸣区老年人活动中心广场举办2017年南宁市离退休干部“多彩金秋”正能量山歌歌友会暨“三下乡”活动。10月12日，4名武鸣区老干部山歌手组成的南宁市老干部代表队，参加了由自治区党委老干部局在桂林市阳朔县举办的“广西离退休干部‘多彩金秋·大美桂林’正能量山歌擂台赛”，取得不俗成绩：荣获集体二等奖，2名老干部山歌手荣获壮族山歌“歌王”称号。2017年组织“五老”成员深入社区、学校开展普法宣传教育活动共11场次。鼓励离退休同志积极参与关心下一代工作，组织身体健康的离退休干部邓生蒋、莫兰明、邓文荣等投入城区关心下一代工作。年内，共组织“五老”成员到城区中小学校做报告15场，受教育学生4500多人，充分发挥老干部作用。

【文体活动】 2017年，老干部局开展以“为党和人民的事业增添正能量”为主题的系列活动，组织开展2017年武鸣区离退休干部春节文体活动，设有麻将、象棋、扑克、乒乓球、门球五个项目，为老干部们营造喜庆浓厚的迎新气氛；重阳节期间，开展2017年武鸣区离退休干部重阳节文体活动，分别有麻将、象棋、扑克、门球、乒乓球、气排球共六项体育竞赛活动，还有书画、摄影作品展及书法技艺讲座。

【信息报送】 2017年，老干部局组织开展调查研究和老干部工作信息报送工作，先后向《广西老干部工作网》《老年知音》《老年工作者》《南宁日报》《武鸣时讯》报送35篇正能量稿件，被采用32篇。

【为老干部办实事好事】 2017年，老干部局帮助行动不便的老干部及其遗孀办理高龄补助和医保卡，年内共为40名离退休干部进行生日祝寿，到区、市、城区医院慰问住院老干部152人次，妥善做好5位离休干部的后事处理工作。为加快武鸣城区养老服务业的发展，完善养老基础设施建设，老干部局与民政局加强沟通，整合民政资源，联建“武鸣区城市养老服务中心”。养老服务中心具有公益性，对社会开放。服务对象为离退休人员，服务内容有推拿按摩、医疗、护理、理发、食堂等项目。建设地点在武鸣区老干部休养所内（南宁市武鸣区育才路5号），占地309.20平方米，建筑面积2052.42平方米，建设主体六层并配有电梯间。计划在2018年8月竣工。

（曾小兰）

精神文明建设

【概　况】 2017年，武鸣区精神文明建设委员会办公室（简称“城区文明办”）在中共南宁市武鸣区委员会宣传部挂牌，精神文明建设委员会办公室主任由1名副部长兼任，设精神文明建设股股长1名。内设综合秘书科、活动科、未成年人思想道德建设科、志愿服务科。年内实有在职干部职工5人，其中正科长级领导干部1人，副主任科员1人，科员2人，工勤人员1人；大学本科学历3人，大专学历2人；高级技术驾驶员1人，政工师2人。办公地址在城区建设街260号。

年内，广泛开展群众性精神文明创建活动，不断提升公民文明素质和社会文明程度，为建设具有壮民族特色的“富裕文明、生态宜居、美丽和谐”武鸣新区，决胜全面建成小康社会提供强大的精神力量、丰润的道德滋养和良好的文化条件。5月，荣获2017全国社区网络春晚优秀组织奖。8月，城区文明办荣获南宁市2017年优秀童谣征集活动组织奖。

【思想道德建设】 2017年，城区文明办做好思想道德建设工作。

社会主义核心价值观宣传教育　建设中国传统文化、社会主义核心价值观定罗湖公园、马头镇骆越广场、广泰丽园公园、红岭社区4个主题阵地，在广场、工地围挡、微博、武鸣电视台、《武鸣时讯》等载体上宣传“圆中国梦”“爱党爱国”“传统美德”“道德模范”“生态文明”等公益内容。印发文明倡议书及小册子16万份，制作宣传栏920余块，文明提示牌1220块，建筑工地围挡公益广告13580多平方米。利用电子显示屏每天24小时滚动播放“讲文明树新风”公益广告宣传标语，每月累计滚动30000多次。

道德教育实践活动　向南宁市报送36个身边好人的先进事迹，报送身边好人线索2400条。积极向上级推荐道德模范，梁莲桂获评中国好人、第四届南宁市道德模范，黄天恒获评第四届南宁市道德模范提名奖。在春节、重阳等节日慰问各级道德模范、身边好人31人。建立香山大道候车亭“道德模范事迹展示栏”。开展道德讲堂总堂活动6期。城区19个诚信建设责任单位相继开展实践诚信建设主题宣传教育活动。10—11月，组织学习十九大传播正能量“德耀中华·武鸣道德模范故事汇巡演”活动10场。

节日主题活动　结合春节、元宵节、“三月三”歌圩、清明节、端午节、中秋节、重阳节等传统节日，大力宣传普及传统节日知识，弘扬中华优秀传统文化和传统美德。春节开展赠送春联、“扫尘”等民俗文化活动；元宵节开展猜灯谜活动；“壮族三月三”开展歌圩、打铜鼓、抛绣球等文体活动；清明节开展“慎终追远、缅怀先辈”群众性祭奠先烈、寻根祭祖、扫墓踏青、清明诗文朗诵

2017年建成的社会主义核心价值观定罗湖主题公园

（城区文明办提供）

会等活动；端午节开展包粽子、拔河等形式多样的端午传统民俗活动；中秋节开展慰问孤寡老人、文艺会演等活动；重阳节开展慰问老人活动，为老人免费体检，为老人表演文艺节目等。

网络文明建设　组建市级以上文明单位网络文明传播小组共58组，人数170余人，组织网络文明志愿者转载“文明南宁”新浪、腾讯微博中的优秀文章，参加“好人365”“春节回家九件事”“学雷锋·做好8小时手上事”“我的家庭故事”等网络传播活动，扎实推进网络文明传播。

【文明单位（社区、村）创建】　2017年，城区文明办做好文明单位（社区、村）创建工作。

文明创建工作　城区文明办配合南宁市参与全国文明城市创建评比工作，助力南宁市获全国文明城市“四连冠”，开展迎接第五次全国文明城市评比各项工作。做好2015—2017年度武鸣区文明单位、文明村镇（社区）创建评比及对现有的武鸣区级文明单位、文明村镇（社区）进行复核，新创武鸣区级文明单位9个，文明村镇（社区）6个；继续保留武鸣区级文明单位112个，文明村镇（社区）31个；新创武鸣区人力资源和社会保障局1个南宁市级文明单位，武鸣区宁武镇伏唐村、双桥镇八桥村2个南宁市级文明村镇（社区）。评选出城厢镇大皇后村3队覃盛兴等200户南宁市级、武鸣区级“十星级文明户”，落实就读政策8户，就读资金3470元，城区各级文明单位履行社会责任开展精准扶贫结对帮扶活动、共建美丽乡村活动，共投入资金共计1322.8万元。开展文明家庭评比，黄凤山家庭参评第一届自治区文明家庭。开展文明校园评比，城厢镇二小获评第一届自治区级文明学校，武鸣区教育局李桂红获未成年人思想道德建设先进工作者称号。开展文明餐桌行动，打造人民医院宿舍区街道街为餐饮服务示范街；开展食品安全大检查，检查食品经营单位1553家；开展诚信经营活动，创建98家诚信店面；开展文明旅游活动，创建伊岭风景示范点，印制《文明行为公约》《文明旅游倡议书》6000余份。

文明提升工程　在武鸣电视台、《武鸣时讯》刊登交通专项整治、“礼让斑马线”“三车”整治等行动。开展“美丽南宁·整洁畅通有序大行动”武鸣区文明有序行动日现场会等活动，常规开展文明有序提升工程月月有活动144个，主题活动22个。印制发放文明交通倡议书、宣传册子29万份，在文化广场、高立柱广告牌等设置文明礼让宣传提示牌681版。

【军（警）民共建活动】　2017年，城区文明办组织南宁—东盟经济开发区国家税务局和南宁华侨投资区公安消防大队等军（警）民共建对子开展法制教育进社区、进课堂，“军税共建”结对子活动、“送税法进军营”活动、消防培训、文体联谊活动等拥军优属，拥政爱民的“双拥活动”。目前有武鸣区级以上军（警）民共建先进单位、标兵单位33对，其中市级军（警）民共建先进单位、标兵单位17对，自治区级军（警）民共建先进单位、

2017年，志愿者在武鸣兴武大道开展文明交通劝导志愿服务活动
（城区文明办提供）

标兵单位 4 对。

【社会志愿服务】　2017 年，城区文明办做好社会志愿服务工作。

开展志愿服务评比工作　王江华获评自治区优秀志愿者称号，推荐南宁市武鸣区城厢镇红岭社区居民委员会参评最美志愿服务社区、南宁市红十字蓝天救援队武鸣分队参评最佳志愿服务组织、红岭社区书记陆照芳参评最美志愿者。

发挥志愿服务联合会的作用　吸收会员单位 63 个，成立志愿服务队 82 支，设立志愿者服务站 280 个，志愿者总数达 12 万多人，已在南宁志愿者网实名认证注册志愿者 10181 人，有效服务武鸣“壮族三月三”“环广西公路自行车世界巡回赛”等活动。

强化文明交通意识　每周二、周四常态开展文明交通劝导志愿服务活动，参加文明交通劝导志愿者共计 30142 人次。通过组织在国旗下讲话、交通安全知识讲座等活动全面提高师生、家长的出行安全意识。

【未成年人道德建设活动】　2017 年，城区文明办开展未成年人“我的中国梦”主题教育实践活动，组织开展清明“网上祭英烈”“七一童心向党”歌咏比赛、“十一向国旗敬礼”、第四届向“美德少年”学习等活动。开展净化社会文化环境专项和联合整治行动，武鸣区文明办牵头联合公安分局、工商质监局、文新广体局、教育局、卫生局、消防大队等文明委成员单位联合开展集中整治行 3 次动，共出动警力工作人员 1320 人次，执法车辆 350 多车次，检查学校幼儿园 200 家次，医院、卫生室（医务室）56 家。充分发挥乡村学校少年宫作用，年初召开乡村学校少年宫负责人会议，各少年宫学校充分利用学校现有的活动场所和教育资源，开展校园文化艺术节、经典诵读等活动。组织师生征集优秀童谣，上报童谣 18 篇并获 3 个一等奖，2 个二等奖，4 个三等奖。开展为未成年人“做一件实事、好事”工作共 52 件，投入资金达 56 多万元。做好优秀儿童戏曲戏剧进校园活动，安排武鸣城厢镇第一小学、武鸣城厢镇第三小学、武鸣双桥镇中心幼儿园、武鸣区直属机关保育院、武鸣区陆斡镇陆斡小学 5 所学校优秀儿童戏曲戏剧演出，共有 5000 多名学生、教师、家长观看。

（韦　豪）

党校教育

【概　况】　2017 年，中共南宁市武鸣区委党校（以下简称“城区党校”）编制 28 名，实有 25 人，其中专职教师 13 人，公务员 1 人，参公人员 7 人，工勤 3 人，其他 1 人；研究生学历 4 人，本科学历 17 人；高级职称 3 人，中级职称 10 人。2016 年 9 月，党校加挂南宁市委党校武鸣分校，实行“两块牌子、一套人马”管理体制。办公地点在武鸣区城厢镇春霞路 7 号。

城区党校占地面积 50.3 亩，有 188 个座位的学术报告厅一间，100 个座位的多媒体教室一间，均配有多媒体投影仪、音响、空调等设备，有远程教育综端站点，连通宽带网和农村党员远程教育网、政府办公自动化 OA 系统，建立了校园局域网。微机室配有电脑 30 台，电子阅览室有电脑 10 台，图书室藏书 1 万多册。两幢学员公寓楼，配备太阳能热水器、彩电、空调等，有标准间 43 间，三人间 36 间。学员饭堂能同时容纳 200 多人就餐。校园内有大型停车场 2 处，灯光球场 2 个，气排球场 2 个，羽毛球场 2 个，学员活动室配备有健身设备。

【干部培训】　2017 年，城区党校根据 2017 年城区干部教育培训计划，有序组织和开展各级各类培训班，顺利完成城区干部教育培训工作任务。全年共协同组织部门、城区直属各单位承办或协办党员干部和各类人才培训班 33 期，参训人员 3567 人。其中主体班 10 期，参训人员 1543 人；协助部门办班 24 期，参训人员 2024 人。

【教学科研】　2017 年，城区党校完成党性教育专题备课 10 个，并上报南宁市党校系统作为教学资源共享，完成教学案例撰写 20 个。教师深入各镇、机关、企事业单位、村屯等进行《中国共产党党内

2017 年 3 月，党校领导黄艳英（右一）下乡开展扶贫工作

（城区党校提供）

监督条例》《习近平视察广西发表重要讲话精神》《砥砺奋进的五年》、党的十九大精神等理论宣讲 40 多场次，促进了基层党员干部理论水平和党性党规意识的提高。

积极组织教师参加自治区、市、城区课题的申报和撰写，已经结题的有自治区社科联课题 1 个，市委党校课题 2 个，校级课题 4 个。协同党委办、政协办完成城区重点课题 2 个。教师在各级各类刊物或论文集上公开发表文章 6 篇，参加自治区、市、县（区）理论研讨征文活动获自治区级论文奖 4 篇，市级 6 篇，城区社科联 4 篇。

【党建工作】 2017 年，城区党校严格按照党建目标管理责任制要求，加强党建工作。坚持“三会一课”制度，增强党员党性党规意识；扎实推进“两学一做”学习教育常态化制度化，做到学习有计划有安排有材料；深入学习党的十九大精神，结合理论学习和教学需要，多次组织党员干部进行研读讨论，努力把十九大精神学实、学深、悟透。

强化主体责任，落实“一岗双责”，形成了主要领导负总责，分管领导具体抓，一级抓一级的工作格局；加强廉洁自律教育，组织教职工认真学习《中国共产党廉洁自律准则》《中国共产党纪律处分条例》等党内法规，不断增强党员自律意识；认真开展贯彻落实中央八项规定“回头看”工作，完善相关制度，进一步规范三公经费使用审批程序和收账手续等。

【新农村建设】 2017 年，城区党校积极参与武鸣区“美丽广西”乡村建设（扶贫）活动，选派 2 位同志为乡村建设（扶贫）工作队员，长期驻城厢镇翠英村、共和村指导“美丽广西”乡村建设（扶贫）工作。全年共为贫困户争取产业扶贫资金、科技培训费 15000 元；春节期间，给贫困户送去慰问金、慰问品共计 5500 元；第四个“扶贫日”捐资共 3651 元，购买电视、床铺、化肥等物资一批送到贫困户家中，帮助解决生产生活困难。

（谢秋香）

信　访

【概　况】 2017 年，城区信访局设局长 1 名、副局长 1 名。核定编制数 7 名，实有 7 人，其中行政编制 6 人，机关后勤服务人员 1 人（已抽调到公务用车保障平台工作）。2016 年 5 月成立中国共产党南宁市武鸣区委员会群众工作部，在城区信访局来访接待室挂牌，与信访局合署办公。区委群众工作部部长由城区党委常委、政法委书记担任；副部长由城区党委办、政府办分管领导，维稳办主任，信访局局长担任，信访局局长担任常务副部长；成员从仙湖镇人民政府、城区法院、检察院、林业局、水利局、国土资源局、司法局、南宁市公安局武鸣分局应急服务大队等单位抽调 9 人组成。年内，城区信访局共受理群众来信、来访、来电总量为 2309 件 3197 人次，与 2016 年 2214 件 4213 人次相比，件次上升 4.3%，人次下降 24.1%。信访形势总体平稳向好可控。武鸣区信访局办公地点在兴武大道 245 号。

【信访处理】 2017 年，城区信访局共接待处理群众来信、来访、网上信访总量为 680 件 1568 人次。

来信处理　共办理群众来信 239 件，同比 257 件下降 7%。其中上级交办 191 件（含国投办 11 件、市网上交办 2 件）；城区本级受理 36 件，到期办结195件；初信164件，重信75件，举报信7件，摘录呈城区领导阅批4件。在办理群众来信过程中，城区信访局出具不予受理告知单79件，作重信处理42件。全年共录入内网10件、录入外网232件。所有交办信件到期办结率为100%。

来访处理 共办理群众来访441件1329人次，同比438件2798人次，件次上升6%，人次下降52.5%。其中：初访338件968人次，重访103件361人；集体访67批726人次，个体访374件603人次。在接待群众来访事项中，城区信访局出具不予受理告知单28件，交办219件，转送109件，当场做政策法规解释引导81件，要呈报城区领导4件。全年共录入外网441件。所有交办或转送来访案件到期办结率为100%。

政民互动处理 共办理政民互动案件75件，同比78件下降3.8%。

上访处理 到中央、自治区、南宁市上访共25批43人次，全部按照上级要求及时做好接访劝访接回工作。

【区长热线】 2017年，城区信访局共接听、办理群众来电1629个，同比1421个上升12.7%。全年共立案交办1629件，其中市长公开电话806个、城区区长公开电话823个，到期办结率为100%。

【信访接待】 2017年，城区信访局做好信访接待工作。

群众信访反映的主要问题 农村农业问题，如土地、山林权属纠纷、土地承包经营纠纷；劳动社保问题；征地拆迁补偿安置遗留问题；拖欠民工工钱、拖欠工程款问题；环境污染、风气问题、噪音污染问题；涉法涉诉、社会治安问题等。

领导干部接访下访工作 城区信访局共组织12次领导信访接待日及、开展4次公开大接访活动，有26位城区领导65人次参加了“领导信访接待日、公开大接访”活动，接待来访群众167件408人次，批示交办83件，转送35件，当场答复49件，办结率为100%，切实解决群众信访的热点、难点问题。

初信初访办理 继续畅通群众诉求渠道。通过“区长热线”“网上信访”等形式搭建群众信访平台，引导群众依法就地就近信访，减少越级上访，降低群众信访成本；及时就地解决初信初访问题。按照属地管理、分级负责原则，强化首办负责制，抓住重点、集中力量、综合施策，把信访矛盾化解在基层和萌芽状态共立案交办初信案件164件，初访338件，办结率均为100%。

集体访、越级访的处置工作 重视群众集体访、越级访和非正常上访问题的处置工作。对于到城区政府集体上访的，坚持做到及时汇报并协调相关部门到场共同做好接访答复解释化解工作；对于到中央、自治区、南宁市集体上访的，坚持做到按上级通知要求协调组织人员赶赴现场做好接谈劝返工作。年内，共发生到城区集体访67批726人次、赴邕非访2批4人次、赴邕集体上访的21批38人次、进京上访4批5人次，以上案件均能做到依法依规进行处理和开展教育疏导引导工作，没有因为处理的方式方法问题引发集体事件或极端个人事件。

信访事项复查工作 城区信访局办理复查案件0件，复核案件0件，不出现被撤销案件情况。

【信访积案化解】 2017年，城区信访局加强协调和督查工作，促进信访疑难问题和信访积案的解决和落实。城区信访联席办先后组织召开了14次信访案件协调会议，研究讨论解决办法。深入现场督办，促进信访疑难问题和信访积案得到及时有效的处理，全年自排化解信访积案2件。

【信访督办】 2017年，城区信访联席办共下发《督查督办通知》7期，认真按照上级的要求做好重大活动会议活动期间以及敏感时期重点群体和人员的排查稳控工作、信息报送工作和落实24小时值班工作制度，切实做好节假日及敏感时期对涉军人员、企业军转干部、参战民兵、乡村医生、原民办代课教师等敏感群体重点人员的排查教育稳控工作，没有发生敏感时期越级上访及非正常上访事件。

【信访信息网络化建设】 2017年，城区信访局推动网上信访网络建设工作，实现了信访信息系统横向到有权处理信访事项的职能部门、纵向到各个乡镇的连接和运用。全城区共53个单位网上信访信息系统开通、运行正常，建立起“网下办理，网上流转”的群众信访事项办理程序，将接待来访、办理来信、督查督办、网上投诉等全部信访事项放在网上流转，把受理、办理和结果等重要环节通过网络公开，实现信访事项的“可查询、可跟踪、可督办、可评价”，方便了群众，拓宽了民意表达渠道，降低了群众信访成本，主动接受社会监督，不断提高信访公信力。

（梁月勤　覃华梦）

关心下一代工作

【概　况】　2017年，武鸣区关心下一代工作委员会（简称“城区关工委”）驻会人员5人，其中：正处级1人，正科级1人；中级职称2人；本科学历2人，大专学历1人，中专学历2人。由组织部长和宣传部长、一名副区长担任主任，县政协原主席担任常务副主任，成员由城区直属10个单位的主要领导和13个镇的党委组织委员组成。各镇、村、社区、学校的关工委机构健全。办公室地点在城厢镇建议街260号。

【普法教育】　2017年，城区关工委会同城区司法局制定《武鸣区加强青少年法制宣传教育　预防未成年人犯罪工作实施方案》，贯彻落实国家“七五”普法规划，深入开展第三届“关爱明天、普法先行”青少年普法教育活动，推进青少年普法教育。城区司法局、人民法院、教育局、关工委联合举办“模拟法庭进校园”青少年法治宣传教育巡回活动，5月份，先后到府城镇、城厢镇、灵马镇、锣圩镇、仙湖镇等镇中心校展演。同时，录制“模拟法庭进校园”庭审专题光盘，分发给其他学校，组织学生收看。据统计，这次活动，全城区有27842名学生参加。会同共青团武鸣区委员会于9月29日在城区实验学校开展“法制阳光照我成长”演讲比赛，比赛分为小学组、初中组、高中组，共有37位学生参加比赛，其中小学组15人、初中组16人、高中组6人。经过激烈角逐，评出小学组一等奖1名，二等奖3名，三等奖5名，优秀奖6名；初中组一等奖1名，二等奖3名，三等奖5名，优秀奖7名；高中组一等奖、二等奖、三等奖各1名，优秀奖3名。

【家教家风教育】　2017年，城区关工委会同南宁市关工委于5月17日晚开展“我与专家面对面”家庭教育公益活动，邀请杨春成教授到城厢镇第四小学上题为《为了明天　做好今天》小学升初中衔接问题家教课。11月24日下午邀请杨春成教授在锣圩镇第二小学举办《四个举措帮助孩子养成良好的学习习惯》家教课；11月28日下午，邀请苏畅教授在锣圩中心校举办《如何培养初中生的行为习惯》，进一步普及家教知识和培养学生良好的行为习惯。共500多位家长和800名师生听课。5月3日，邀请广西南宁市关心下一代教育研究所所长李英庆到府城镇中心学校进行“孝亲尊师”专题报告，1000多名师生及家长聆听了报告。

【“五自”教育】　2017年城区关工委把宁武镇梁新小学作为培养学生日常生活自理能力典型，倡导学生培养自理能力，积极举荐既教书又育人

2017年3月25日，城区党委常委、宣传部部长、副区长、关工委主任庞前辉（前右3），城区政府副区长陆耀忠（前右1）等领导同志出席活动。城区关工委全体成员参加太平镇庆乐小学民族文化艺术展演活动

（城区关工委提供）

的培养模式，从小抓起，从细节抓起，培养青少年的健康人格。

【问题学生转化工作】 2017年，城区关工委选择城厢镇第三中学作为问题学生转化重点；选择两江镇、罗波镇作为镇关工委驻校协助转化问题学生试点，积极探索开展工作。

【党史国史教育】 2017年，各镇关工委、各学校关工委都把党史国史教育作为德育教育的主要内容，做到教育常态化。太平镇庆乐小学和宁武镇各学校通过在清明节期间祭扫烈士墓，缅怀革命先烈，切实把习近平总书记“要把红色资源利用好、把红色传统发扬好、把红色基因传承好”的要求落到实处。

【创建五好基层关工委】 2017年，城区关工委努力创建五好基层关工委。

教育示范基地建设　庆乐小学确定为自治区和南宁市两级关工委教育示范基地后，城区党委政府高度重视该示范基地建设，加大了对学校的软硬件投入，两年内陆续建成了教学综合楼、教师周转房、民族文化长廊、学生新厕所；民族文化广场、运动场改造已经完成；学生公寓楼已建起三层。3月25日上午，南宁市武鸣区太平镇壮族文化传承节在庆乐小学举行，学校“勒庆乐”艺术团表演的《师公舞》《山歌联唱》《壮族童谣》，《Haenh cnughvaz minzcuz》（赞中华民族）等七个主打节目，充分发挥了台柱作用。

基层关工委活动　一些单位按照城区关工委要求健全关工委组织，并结合本单位实际开展关心下一代工作。人民医院、中医院、供水公司、邮政武鸣分公司、东江糖厂、信用联社、教育局、交通局、财政局、建设局、人社局、国土局等单位利用寒暑假组织本单位干部职工子女开展“经典诵读”比赛、文体活动、社会实践等，有些单位给干部职工子女赠送购书卡，丰富充实了学生的假期生活。人民医院、中医院到对口村（社区）开展免费体检、捐赠文体用品等活动；妇幼保健院普及青少年卫生知识；邮政武鸣分公司连续两年举办以“弘扬核心价值观　建设书香新武鸣”全民书展活动，多举措关爱困难员工。

【专题调研】 2017年6月初至8月底，城区关工委常务副主任莫兰明带队到城区检察院、公安分局、教育局、文新广体局、妇联、团委，陆斡镇、宁武镇、陆斡司法所、灵马镇派出所、仙湖中心校、府城中心校、灵马中心校、宁武梁新小学、雄孟村、仙湖邓柳村等，针对预防未成人犯罪等相关问题进行调研，并形成了专题调研报告《关于贯彻落实〈预防未成年人犯罪法〉调研工作的意见和建议》。在征求有关部门意见后，呈报城区党委和政府。城区党委韦敏宏书记非常重视，亲自批示由宣传部部长、组织部部长、政法委书记拟出采纳的实施意见报常委会审批。城区党委常委、组织部部长王智平阅批并召集相关部门专题会议，研究贯彻落实意见。9月份，到城镇镇、太平镇、双桥镇、两江镇关工委及相关学校，调研问题学生及社会闲散青少年帮扶工作，针对问题学生转化和社会闲散青少年动态管理工作进行调研，并在两江镇抓社会闲散青少年建档立卡试点，探索帮扶机制，把关心下一代工作做到边角。

【“扶苗”行动】 2017年，城区关工委对助学政策还不能解决问题的特别困难学生，城区关工委与城区工商联、水利局联合开展“扶苗”行动，发动所属企业结对帮扶，筹措资金3万多元，资助15名贫困学生，每人每月资助300元，以解决住校伙食及日用品问题，使他们顺利完成九年义务教育。同时还多方动员仙湖初中辍学生刘芳明回校复课，解决其寄宿学校晚餐、日用品问题，现在该生已安心在校学习。筹集资金从新华书店购进约一万多元的少儿图书，有古典名著、唐诗宋词、现代名家名作、中外童话、青少年法律法规等书籍，赠送给资助对象，做到资助和励志并起。

【解决学生食堂就餐桌椅问题】 2017年，城区关工委常务副主任莫兰明在陆斡中心校调研时，听到该镇关工委常务副主任黄福兴汇报学生饭堂缺就餐桌椅时，即现场查看，并打电话给城区人

2017年8月2日，城区关工委常务副主任莫兰明（左二）、仙湖镇党委书记潘秀南（右一）在仙湖镇邓柳村与仙湖初中因贫辍学的八年级学生刘芳明（左一）交流，鼓励其回校复课　　（城区关工委提供）

大常委会副主任曾丽珍帮忙解决，经多方努力，已取得高速公路指挥部的支持，赠送95套就餐桌椅，解决了该校学生几年未能解决的问题。

【学校危桥改建项目落实】 2017年，关工委常务副主任莫兰明联系城区政府副区长陆耀忠、城区交通局局长黄华隆、府城镇党委书记曾祥积、副书记林荣美等领导，进一步解决学校危桥改建项目的落实问题。

【爱心图书室申报】 2017年，城区关工委申报太平镇葛阳小学为南宁市关工委“关心下一代图书室”，并获批准。12月7日接到了捐赠的2400本价值6.8万元的新图书，给这所村级学校增加了藏书量，充实了学生课外读物。

给予“五失”人员亲情关爱　年内城区关工委副主任邓文荣、秘书长欧建邑受城区法院、检察院委托，出任“合适成年人”角色，6次参与5人涉罪未成年人讯问、开庭诉讼，认真查阅案宗，了解犯罪根源，有针对性地进行教育引导，依法维护未成年人的合法权益。陆斡镇关工委对本镇未成年人犯罪问题进行调研、参与矫正社区服刑人员劝导工作、树立服刑改造好典型，是帮扶“五失”（失足、失亲、失管、失业、失学）人员的典型，也是城区关心下一代工作亮点。

发挥“五老”作用　马头镇关工委常务副主任韦国仁和社区“五老”一起，动员马头社区第五生产组骨干及被征用土地农户弃小家顾大家，达成征地意向，使中心校长远发展用地得以保证，均衡达标验收得以通过，充分发挥“五老”的作用。

【镇级关工委建设】 2017年，城区关工委加强镇级关工委建设，将加强基层组织建设作为常规工作来抓，常务副主任莫兰明在关心下一代工作会议、工作例会都强调基层关工委“五有”（有领导班子；有工作队伍；有活动阵地；有经费保障；有工作制度。）“五好”（领导重视好；组织建设好；作用发挥好；活动开展好；工作效果好。）建设；下乡调研时，能与所到镇主要领导商量关工委建设；筹措经费统一制作关工委工作制度牌匾发到各镇关工委，统一工作制度。太平镇、两江镇领导非常重视，调整了关工委办

2018年3月16日，南宁市关工委副主任赵有和（左一）、武鸣区关工委常务副主任莫兰明（左二）在太平镇葛阳小学图书室向葛阳小学校长（李桂兰）了解图书室开放及管理情况　　（城区关工委提供）

公场所，安排独立的办公室，仙湖镇也进一步整合办公资源，安排办公场所。各镇在换届选举后及时调整关工委组织机构。

（邓文荣）

革命老区建设

【概　况】 2017年，武鸣区革命老区建设促进会（简称“城区老促会”）于5月9日召开全体会员会议，选举产生新一届班子。单位内设办公室和妇女工作部，有成员61人。设会长1人、副会长2人；秘书长、副秘书长、妇女工作部部长各1人；常务理事9人，理事21人，会员31人。办公地点设在政府二号办公楼五楼。

第二次国内革命战争时期的革命老区有锣圩、灵马、马头三个镇；解放战争时期的游击根据地有城厢、太平、双桥、锣圩、灵马5个镇，仙湖镇的邓吉村、邓柳村两个村和南宁华侨投资区（武鸣华侨农场）。

【革命老区调查研究】 2017年，城区老促会开展调查研究。完成南宁市老促会部署的收集老区重点地域和重点贫困状况等信息的调查，城区为革命作出突出贡献的老区镇和20个村老区贫困村，累计投入基础设施建设项目575万元；深入锣圩镇罗伏屯“东明洞”、灵马镇三民村“甘嗽洞”、城厢镇夏黄村武鸣人民抗日义勇队成立旧址三个革命遗址进行实地调研，走访当地知情人及革命先烈家属。调研结束后，撰写了一篇调研报告，向政府提出了三点建议，为党委、政府提供决策参考；协助南宁市老促会在武鸣区开展“革命老区精准扶贫、精准脱贫工作考察调研”活动。6月27日，南宁市老促会组织武鸣、宾阳、横县、上林、马山、隆安等县（区）老促会会长和秘书长30多人，在双桥镇合美村召开水果生产现场会，与会人员看到满山遍野的挂满果实的果树时，都感慨合美村是南宁市乃至全广西是不可多得的水果之乡。从4月至10月先后八次到南宁市老促会及市辖县区开展革命老区“精准扶贫、精准脱贫”调研，互相交流经验，取长补短。

【老区宣传】 2017年，城区老促会紧紧围绕经济强区目标，加大老区宣传力度。广泛宣传武鸣革命先辈的事迹，利用会议、调研等，宣传武鸣人民为中国革命做出的牺牲和贡献；组织征订有关报刊，年内征订《中国老区建设》杂志250份，覆盖13个镇、113个老区村、所有会员、在职副处以上领导干部及20个城区直属单位；编印《工作简报》1期，印发给四家班子领导和有关单位及会员。6月份，武鸣区老促会荣获“全国老区宣传工作先进单位三等奖”称号。

【爱心服务活动】 2017年，城区老促会协助南宁市老促会开展“爱心重阳节、情暖老人心”活动。10月份，会同市老促会组织南宁市学雷锋协会及爱心企业到武鸣真情养老中心、城厢镇敬老院和陆斡镇敬老院进行慰问，给老人们送上慰问品、节日的问候和祝福。

【老区组织建设】 2017年，城区老促会注重队伍建设，增强团队活力。注重学习，年内召开会长会议6次，常务理事会议1次；做好老区镇分会的指导工作，特别是在宣传和调研方面，充分发挥分会作用；在5月份完成武鸣区老促会第一届常务理事会换届工作，会议修改了章程的一些内容。

（欧赛飞）

武鸣区人民代表大会

【概　况】 2017年，南宁市武鸣区人大常委会（简称“武鸣区人大”）内设机构为“一室三委”：常委会办公室、农业农村与环资城建工作委员会、教科文卫工作委员会、选举联络工作委员会。至年底，城区人大常委会机关人员编制为28名，在职人员28人。其中，正处级干部2人，副处级干部4人；正科级干部9人，副科级干部4人，科员及工勤人员9人。研究生学历5人，大学本科学历

15 人，大学专科学历 7 人，中专 1 人。南宁市武鸣区第一届人民代表大会法制与内务司法委员会、财政经济委员会为常委会常驻机构。办公地点设在城区香山大道 166 号。

重 要 会 议

【南宁市武鸣区一届人大二次会议】 2017 年 1 月 18—20 日在富鸣城投 1 号综合楼举行，出席会议代表 259 人。其中城厢镇代表团 38 人、太平镇代表团 15 人、双桥镇代表团 21 人、甘圩镇代表团 10 人、宁武镇代表团 15 人、锣圩镇代表团 23 人、灵马镇代表团 19 人、仙湖镇代表团 15 人、府城镇代表团 23 人、陆斡镇代表团 24 人、两江镇代表团 16 人、马头镇代表团 9 人、罗波镇代表团 15 人、农场代表团 16 人。不是城区代表的城区党委、城区人民政府、城区政协领导；城区人大常委会部分退休处级领导；城区政协办公室及各专委负责人；各人民团体负责人、城区直及驻城区单位负责人、城区人民法院副院长、城区人民检察院副检察长、军、警部门负责人；大会副秘书长等共 149 人列席会议。大会主席团由 47 人组成。主席团常务主席：韦敏宏、黄国录、吴秀红、王智平、卢建雅、韦东国、曾丽珍、曾爱星，秘书长由卢建雅兼任。会议听取和审议了南宁市武鸣区人民政府工作报告、武鸣区 2016 年国民经济和社会发展计划执行情况与 2017 年国民经济和社会发展计划草案的报告、武鸣及武鸣城区 2016 年预算执行情况和 2017 年预算草案的报、南宁市武鸣区人大常委会工作报告、南宁市武鸣区人民法院工作报告、南宁市武鸣区人民检察院工作报告。会议作出了关于政府工作报告的决议、关于武鸣区 2016 年国民经济和社会发展计划执行情况与 2017 年国民经济和社会发展计划的决议、关于武鸣及武鸣城区 2016 年预算执行情况和 2017 年预算的决议、关于武鸣区人大常委会工作报告的决议、关于武鸣区人民法院工作报告的决议、关于关于武鸣区人民检察院工作报告的决议等 6 项决议。会议收到代表提出的建议、批评和意见连同议案作建议、批评和意见处理共 110 件。

2017 年 1 月 20 日，南宁市武鸣区一届人大二次会议闭幕式现场
（城区人大常委会提供）

【南宁市武鸣区第一届人民代表大会常务委员会会议】

第四次会议　1 月 4 日，武鸣区人大常委会主任黄国录主持召开南宁市武鸣区第一届人民代表大会常务委员会第四次会议，常委会副主任卢建雅、韦东国、曾丽珍、曾爱星及委员共 26 人出席了会议。会议的主要议题：听取和审议南宁市武鸣区第一届人民代表大会常务委员会代表资格审查委员会关于代表资格的审查报告；审议、通过关于召开南宁市武鸣区第一届人民代表大会第二次会议的有关事项；审议武鸣区人大常委会工作报告（草案）；审议武鸣区人大常委会 2017 年工作要点（草案）；听取和审议武鸣区人民政府提请审议《关于在公民中开展法治宣传教育第七个五年规划（2016—2020 年）》的议案；听取和审议武鸣区人大法制与内务司法委员会关于《武鸣区人民政府提请审议〈关于在公民中开展法治宣传教育第七个五年规划（2016—2020 年）〉的议案》审议意见的报告；人事事项。会议表决通过了南宁市武鸣区第一届

人民代表大会常务委员会代表资格审查委员会关于代表资格的审查报告、关于召开南宁市武鸣区第一届人民代表大会第二次会议的有关事项、武鸣区人大常委会工作报告及2017年工作要点。会议作出了南宁市武鸣区人大常委会关于在公民中开展第七个五年法治宣传教育的决议。

第五次会议　3月22日，武鸣区人大常委会主任黄国录主持召开南宁市武鸣区第一届人民代表大会常务委员会第五次会议，常委会副主任卢建雅、韦东国、曾丽珍、曾爱星及委员共29人出席了会议。会议的主要议题：听取和审议南宁市武鸣区人民政府关于2017年农业工作安排和春耕生产情况的报告；听取和审议南宁市武鸣区人大常委会调研组关于城区2017年农业工作安排和春耕生产情况的调研报告；听取和审议南宁市武鸣区人民政府关于贯彻实施《中华人民共和国消费者权益保护法》情况的报告；听取和审议南宁市武鸣区人大常委会执法检查组关于城区贯彻实施《中华人民共和国消费者权益保护法》情况的检查报告；听取和审议南宁市武鸣区人民政府关于贯彻实施《广西壮族自治区艾滋病防治条例》情况的报告；听取和审议南宁市武鸣区人大常委会执法检查组关于城区贯彻实施《广西壮族自治区艾滋病防治条例》情况的检查报告；审议通过南宁市武鸣区人大常委会相关制度。会议表决通过《南宁市武鸣区人民代表大会常务委员会议事规则》等10项制度，作出了南宁市武鸣区人大常委会关于城区2017年农业工作安排和抓好春耕生产的决议。

第六次会议　4月18日，武鸣区人大常委会主任黄国录主持召开南宁市武鸣区第一届人民代表大会常务委员会第六次会议，常委会副主任卢建雅、韦东国、曾丽珍、曾爱星及委员共29人出席了会议。会议的主要议题：听取和审议南宁市武鸣区人民政府关于提请审议南宁市武鸣区人民医院整体划拨至广西医科大学的议案。会议作出了南宁市武鸣区人大常委会关于同意南宁市武鸣区人民医院整体划拨至广西医科大学的决定。

第七次会议　5月24日，武鸣区人大常委会主任黄国录主持召开南宁市武鸣区第一届人民代表大会常务委员会第七次会议，常委会副主任卢建雅、韦东国、曾丽珍、曾爱星及委员共26人出席了会议。会议的主要议题：人事事项；听取和审议南宁市武鸣区人民政府关于贯彻实施《中华人民共和国安全生产法》情况的报告；听取和审议南宁市武鸣区人大常委会执法检查组关于城区贯彻实施《中华人民共和国安全生产法》情况的检查报告；听取和审议南宁市武鸣区人民政府关于学前教育工作情况的报告；听取和审议南宁市武鸣区人大常委会专题调研组关于城区学前教育情况的调研报告；听取和审议南宁市武鸣区人民政府关于调整追加2017年一般公共预算指标增加富鸣城投公司注册资本金的议案；听取和审议南宁市武鸣区人大财政经济委员会关于2017年武鸣区财政预算调整方案的审查报告。会议作出了南宁市武鸣区人大常委会关于推进城区学前教育工作的决议、关于批准调整追加2017年一般公共预算指标增加富鸣城投公司注册资本金的决议。会议还表决通过有关人事任免事项。

第八次会议　7月31日，武鸣区人大常委会主任黄国录主持召开南宁市武鸣区第一届人民代表大会常务委员会第八次会议，常委会副主任卢

2017年7月31日，南宁市武鸣区第一届人民代表大会常务委员会举行第八次会议　（城区人大常委会提供）

建雅、韦东国、曾丽珍、曾爱星及委员共27人出席了会议。会议的主要议题：听取和审议南宁市武鸣区人民政府关于武鸣县2016年本级财政决算草案的报告以及武鸣区2017年上半年财政预算执行情况的报告；听取和审议南宁市武鸣区人民政府关于2016年武鸣区本级预算执行和其他财政财务收支的审计工作报告；听取和审议南宁市武鸣区人大财政经济委员会关于武鸣区2016年本级财政决算草案及2017年上半年财政预算执行情况审查结果的报告；听取和审议南宁市武鸣区人民政府关于城区2016年环保状况和环境保护完成情况及2017年环境保护目标计划安排的报告；听取和审议南宁市武鸣区人大常委会调研组关于2016年城区环保状况和环境保护目标完成情况的调研报告；听取和审议南宁市武鸣区人民政府关于要求调整追加2017年一般公共预算支出指标增加富鸣城投公司注册资本金的议案（南武政报〔2017〕57号）和关于调整追加2017年一般公共预算支出指标安排2016年度事业单位绩效工资总量增核预发的议案（南武政报〔2017〕58号）说明；听取和审议南宁市武鸣区人大财政经济委员会关于城区人民政府调整2017年一般公共预算支出指标的审查报告；听取和审议南宁市武鸣区人大常委会调研组关于财政支出绩效评价工作情况的调研报告；听取和审议南宁市武鸣区人大常委会调研组关于城区科技企业孵化器建设情况的调研报告；听取和审议南宁市武鸣区人大常委会调研组关于城区人民调解工作情况的调研报告。会议作出了南宁市武鸣区人大常委会关于批准武鸣县2016年本级财政决算的决议、关于推进环境保护工作的决议、关于批准调整追加2017年一般公共预算支出指标的决议。

第九次会议　9月25日，武鸣区人大常委会主任黄国录主持召开南宁市武鸣区第一届人民代表大会常务委员会第九次会议，常委会副主任韦东国、曾丽珍、曾爱星及委员共27人出席了会议。会议的主要议题：听取和审议南宁市武鸣区人民政府关于贯彻实施《广西壮族自治区乡村清洁条例》情况的报告；听取和审议南宁市武鸣区人大常委会执法检查组关于城区贯彻实施《广西壮族自治区乡村清洁条例》情况的执法检查报告；听取和审议南宁市武鸣区人民政府关于政府性债务情况的报告；听取和审议南宁市武鸣区人大常委会专题调研组关于城区政府性债务情况的调研报告；听取和审议南宁市武鸣区人民法院关于执行工作情况的报告；听取和审议南宁市武鸣区人大常委会专题调研组关于城区人民法院执行工作情况的调研报告；审议南宁市武鸣区人大常委会专题调研组关于柑橘产业发展的调研报告（书面）；审议南宁市武鸣区人大常委会专题调研组关于民族文化旅游产业工作情况的调研报告（书面）；审议南宁市武鸣区人大常委会专题调研组关于城区、镇两级人大代表闭会期间活动开展情况的调研报告（书面）；审议南宁市武鸣区人民政府关于落实《南宁市武鸣区人大常委会关于推进城区学前教育工作的决议》的情况汇报（书面）；听取和审议南宁市武鸣区人民政府关于调整2017年政府新增债券收支预算安排的报告；听取和审议南宁市武鸣区人大财政经济委员会关于武鸣区2017年政府新增债券调整财政收支预算方案的审查报告；听取和审议南宁市武鸣区人民检察院关于报请许可采取强制措施的报告；人事事项。会议作出了南宁市武鸣区人大常委会关于加强城区政府性债务工作的决议、关于推进法院执行工作的决议、关于批准武鸣区2017年新增债券调整财政收支预算方案的决议、关于许可城区人民检察院对城区第一届人大代表尹登连采取强制措施的决定。会议还表决通过了有关人事任免事项并举行接受任命的国家机关工作人员向宪法宣誓仪式。

第十次会议　11月23日，武鸣区人大常委会主任黄国录主持召开南宁市武鸣区第一届人民代表大会常务委员会第十次会议，常委会副主任卢建雅、韦东国、曾丽珍、曾爱星及委员共25人出席了会议。会议的主要议题：听取和审议南宁市武鸣区人民政府关于贯彻实施《中华人民共和国城乡规划法》情况的报告；听取和审议南宁市武鸣区人大常委会执法检查组关于《中华人民共和国城乡规划法》实施情况的检查报告；听取和审议南宁市武鸣区国土局关于2016年以来履职工作情况的报告；听取和审议南宁市武鸣区人大常委会评议调查组关于对城区国土局工作评议的调查报告；听取和审议南宁市武鸣区食品药品监督管理局关于 2016 年以来履职工作情况的报告；听取和审议南宁市武鸣区人大常委会评议调查组关于对城区食品药品监督管理局工作评议的调查报告；听取和审议南宁市武鸣区人民政府关于 2017 年城区本级财政预算调整方案草案的报告；听取和审议南宁市武鸣区人大财政经济委员会关于 2017 年城区本级财政预算调整方案草案的审查报告；听取和审议南宁市武鸣区人民政府关于代表议案建议办理情况的报告；听取和审议南宁市武鸣区人大常委会督查组关于代表议案建议办理情况的督查报告；听取和审议南宁市武鸣区人民政府关于 2016 年度本级财政预算执行和其他财政收支审计查出问题整改情况的报告；听取和审议南宁市武鸣区人民政府关于落实《南宁市武鸣区人大常委会关于推进环境保护工作的决议》情况的报告；听取和审议南宁市武鸣区人大常委会专题调研组关于城区农村留守儿童关爱保护工作情况的调研报告；人事事项。会议作出了南宁市武鸣区人大常委会关于加强城区国土资源管理工作的决议、关于加强城区食品药品监督管理工作的决议、关于批准 2017 年武鸣区财政预算调整方案的决议、关于推进环境保护工作的决议。会议还表决通过了有关人事免职事项。

主要工作

【人事任免】 2017 年，武鸣区人大常委会坚持党管干部与人大依法任免相统一，扎实开展人事任免工作，制定常委会人事任免办法，规范任免程序，发扬民主，严格依法办事，全面贯彻落实党委意图。年内共任免国家机关工作人员 23 人次，实现了党内组织程序和人大工作程序的有机结合。树立宪法权威，推进接受任命人员向宪法宣誓制度化、常态化，全年组织新任命的 11 名公职人员向宪法宣誓并作表态发言，进一步增强接受任命人员的宪法意识、法律意识、公仆意识和人大意识。

【执法检查与调研】 2017 年，武鸣区人大常委会服从和服务于改革发展稳定大局，紧紧围绕城区党委重大决策部署和社会高度关注、群众期盼解决的热点难点问题，突出重点，把握关键，依法行使监督职能，提高监督实效，力推城区经济社会持续健康发展。2017 年共召开常委会会议 7 次、主任会议 32 次，听取和审议专项工作报告 10 个，开展执法检查 5 项，专题调研 6 项，专项工作评议 2 次。

【人大监督】 2017 年，武鸣区人大常委会做好监督工作。

工作监督　加强财政监督，规范预决算执行。加强全口径预决算执行情况的审查监督，规范预算收支行为，推动政府依法理财；督促城区人民政府健全政府性债务管理和风险评估机制，加强政府性债务资金的管理，发挥资金使用效益，有效防范和化解地方政府性债务风险。率先在全市开展财政预算绩效评价工作专项调研活动，积极推进财政预算绩效管理工作，提高财政资金使用效益。加强审计监督，盯住问题不放，抓住整改不放，推进审计工作的制度化、规范化。年内，全城区审计查出问题 28 个，已整改 27 个（其余 1 个问题正在整改之中），维护了预算执行的严肃性。聚焦

2017 年 7 月 27 日，自治区、市、城区三级人大代表视察重点推进项目（武鸣市民文化活动中心项目）　（城区人大常委会提供）

民生监督，回应社会关切。围绕农业、教育、文化、环保等人民群众最关心、最直接、最现实的利益问题开展监督工作，回应社会关切，增进百姓福祉。关注“三农”工作，开展柑橘类水果生产情况专题调研，着力促进农业发展、农民增收、农村繁荣。关注教育发展，开展教育布局规划调研，督促城区人民政府认真办理审议意见，及时制定城区教育布局规划，切实落实好教育经费保障，促进教育公平，提升教育质量，满足教育需求。关注生态保护，督促城区人民政府积极落实中央环保督查反馈意见整改工作，进一步提高城区生态环境保护治理水平，积极营造城区生态宜居环境。围绕城区重点工作和人民群众关注的民生热点，组织开展科技企业孵化器建设、人民调解、农村留守儿童关爱保护和民族文化旅游产业发展等相关工作的专题调研活动，借鉴区内外先进地区的成功经验和做法，提出切实可行的意见和建议，推动城区相关工作纵深发展。

法律监督　加强执法监督检查，充分发挥法律监督在保障民生、落实民权、维护民利方面的作用，努力促进社会公平正义。积极推动宪法日宣传活动和“七五”普法规划，督促城区人民政府及有关部门深入开展法律宣传活动，增强公民法制意识，增强各级领导干部和执法人员依法行政、依法办事的观念。组织开展消费者权益保护法、安全生产法、城乡规划法、广西壮族自治区艾滋病防治条例、广西壮族自治区乡村清洁条例等5部法律法规实施情况的执法检查；积极配合自治区、南宁市人大开展食品安全法、南宁—东盟经济开发区条例等法律法规实施情况的执法检查，确保相关法律法规在武鸣城区得到全面正确施行。认真开展规范性文件备案审查工作，全年备案审查政府的规范性文件5件，切实维护法制统一，促进法治政府建设。

2017年5月4日，城区人大常委会副主任卢建雅（左二）率队到企业开展安全生产执法检查　（城区人大常委会提供）

【人大代表建议督办工作】　2017年，武鸣区人大常委会始终把提高代表建议办理实效作为激发代表履职热情、推进民主政治建设的重要抓手，严格代表建议办理程序，落实办理责任，并将代表建议办理工作列入城区年度绩效考评内容，与承办单位年度绩效考评挂钩，努力推动代表建议的办成率和满意率，提高了办理实效。截至2017年年底，城区一届人大二次会议期间及闭会期间代表提出的110件建议，建议答复率和代表满意率均为100%。其中，已经解决和正在解决的共75件，占68.2%。

【人大专项评议】　2017年，武鸣区人大常委

2017年9月1日，城区人大常委会主任黄国录率队到太平镇开展对国土局的专项评议　（城区人大常委会提供）

会组织开展了对城区国土局、食药监局两个部门2016年以来履职情况的评议活动，通过听取专项报告、问卷调查、实地走访、召开座谈会、满意度测评等形式，倾听各方面的意见，全面了解和掌握受评议部门的履职情况，分析部门履职过程中存在的问题，针对性地提出整改意见和建议，并督促两个部门限期整改落实。城区国土局认真落实常委会的评议意见，深入推进行政审批"审管分离"工作，积极与相关部门推行业务联办，统一测绘数据平台，全面优化服务流程，不动产登记、项目用地预审划拨、矿产资源开采审批等工作全面提速，工作效率和履职质量明显提高。城区食药监局切实采取措施，积极整改，通过创新推行全员办案、全员审批、全员规范、全员服务监管模式，全局工作作风、工作效能明显转变；同时，积极构建城区食品药品监管网络，加大执法检查力度，更好地保障了城区群众饮食用药安全。

【人大信访】 2017年，武鸣区人大常委会坚持把人大信访工作作为联系人民群众、了解社情民意、开展监督的重要渠道，妥善处理好人民群众的申述、控告、检举。坚持每季度主持召开信访联席会议制度，全面掌握城区的信访动态，督促相关部门着力解决人民群众的合理诉求。全年共受理群众来信13件，接待来访72批、149人次。

【服务人大代表工作】 2017年，武鸣区人大常委会突出代表主体地位，不断拓展代表履职空间，创新代表履职平台和活动方式，积极做好联系代表、服务代表各项工作，充分发挥代表参与决策、监督促进、联系群众作用。全年组织代表列席常委会会议148人次，参加调研视察265人次，参加代表小组活动1546人次，提出建议109件。主要工作：加强培训，提升代表履职能力。紧扣代表依法履职需要，建立代表学习培训制度，加强代表履职培训，年内共举办城区人大代表、各镇人大工作人员培训班7期，轮训代表864人次。首次依托南宁市委党校举办"南宁市武鸣区第一届人大代表履职能力提升培训班"；组织常委会组成人员和各镇人大主席到全国重点院校开展履职培训；组织部分市、城区人大代表赴外地学习考察8次。此外，常委会还通过以会代训、给代表订阅《广西人大》《南宁人大》等学习资料、组织代表参加各种报告会等多种形式加强代表学习培训，代表的综合素质和履职能力得到进一步提升；组织开展各种活动，提高代表履职积极性。积极组织代表开展"六个一"活动，将人大代表闭会期间参与学习培训、视察、执法检查、调研等集体活动及代表个人自主活动的内容和次数要求进行细化、量化，促进了代表活动的常态化。不断扩大代表对常委会工作的参与度，先后邀请代表810人次参与常委会组织的执法检查、评议、视察、调研活动，组织代表参加城区人民检察院开放日、法院公开审判、乡村建设工作督查等活动，保障了代表的知情权、参与权和表达权。委托各镇组织开展各类代表小组活动，提高代表的履职积极性。组织城区人大代表240人次开展年中视察城区重点推进项目和年终视察政府为民办实事项目活动，发挥人大代表在经济社会发展中的带动、监督、支持作用。各级人大代表在各项活动中积极为城区经济社会发展建言献策，提出意见建议1326条；完善平台，拓展代表履职空间。常委会以推进代表履职常态化为目标，持续巩固和完善代表履职

2017年8月22日，城区人大常委会副主任韦东国（右二）率队到仙湖镇考察人大代表之家　（城区人大常委会提供）

活动平台建设。全年投入资金近40万元，继续深化镇级人大规范化建设工作，指导各镇完善设施、规范制度、资料归档。投入资金近100万元，继续推进68个村（社区）“人大代表之家暨基层立法联系点”建设的巩固提升工作，建立接待群众制度，听取社情民意，了解人民群众呼声，代表工作内容得到了拓展和丰富，为城区各级人大代表更好地联系选民、征集民意、开展活动创造了条件，得到广大人民群众的一致好评。优化选择6个开展活动有特色的“人大代表之家”进行示范点建设，以点带面，引领带动城区各代表之家活动有序开展。

2017年4月13日，城区人大常委会召开人大新闻宣传工作会议
（城区人大常委会提供）

【人大宣传工作】 2017年，武鸣区人大常委会重视人大宣传工作，加强传统媒体和新媒体运用，围绕重大会议、重要活动做好专题策划，及时宣传常委会工作动态、活动信息、代表风采。同时，印发常委会公报，扩大了人大工作的社会影响力。全年共完成理论研究文章18篇，获奖8篇；向自治区、南宁市、城区的报纸杂志、网站报送稿件信息500余篇，有15篇在《广西人大》《南宁人大》上发表，有300多篇稿件信息被市人大网站采用，荣获广西人大、南宁市人大宣传工作先进单位。

【人大自身建设】 2017年，武鸣区人大常委会主动适应新形势新任务的要求，坚持以提高履职能力为重点，努力打造为民务实、忠诚担当、作风清廉的地方国家权力机关。

思想政治建设 常委会认真学习宣传贯彻中共十九大精神，坚持读原文、悟原理，力求学深悟透。同时，坚持问题导向，带着问题学习，针对问题进行整改，进一步增强人大机关领导干部政治意识、大局意识、核心意识和看齐意识。深入开展“两学一做”学习教育，持续巩固“三严三实”，积极推进学习型党组织和学习型机关建设，通过专家授课、专题讲座、专题培训等形式，多渠道、多途径开展履职培训活动，真正把学习教育抓在日常、严在经常，不断提高各级人大工作者综合素质和依法履职水平。

作风建设 常委会党组贯彻落实全面从严治党和党风廉政建设“两个责任制”的要求，认真开展贯彻落实中央八项规定精神和城区党委关于开展“干部作风提升年”活动的工作部署，扎实推

2017年1月23日，城区人大常委会机关干部到太平镇慰问贫困户
（城区人大常委会提供）

进党风廉政建设和反腐败斗争，引导党员按照“四讲四有”标准，做到政治合格、执行纪律合格、品德合格、发挥作用合格。坚持深入实际、深入基层、深入群众进行调查研究，广泛倾听民声、了解民情、集中民智，人大工作更贴近民心、民意、民生。先后修订完善了《南宁市武鸣区人民代表大会常务委员会讨论决定重大事项的规定》《南宁市武鸣区人民代表大会常务委员会议事规则》等25项工作制度和办法，推动常委会工作制度化、规范化和科学化。

服务大局 认真按照城区党委的分工和部署，积极参与城区中心工作，深入挂点镇抓扶贫、保稳定，帮助基层群众出主意、想办法、筹资金、搞协调，破解发展难题，力促各镇经济社会各项事业持续发展。同时，在分别联系的工业发展、重点项目推进、教育园区建设、宜居乡村建设以及包村帮扶和脱贫攻坚等重点工作中身体力行，率先垂范，勇于担当，努力推动城区经济社会持续健康发展。

（潘彩全）

武鸣区人民政府

重要会议

【第一届人民政府召开第二次全体（扩大）会议】 2017年9月7日，武鸣区第一届人民政府召开第二次全体（扩大）会议，进一步统一思想、明确目标，全力抓好县域经济发展，确保全面完成2017年下半年主要经济指标和工作任务。会议集中学习《南宁市武鸣区人民政府工作规则》《自治区人民政府办公厅关于进一步强化精文简会工作的通知》《中华人民共和国网络安全法》和习近平总书记“7·26”重要讲话精神。区长黄伟光就政府工作提出要求：深刻领会，全面贯彻落实自治区、南宁市县域经济发展大会暨年中工作会议精神，明确发展目标和工作思路；要深入研究、吃透政策；要认真分析，查摆问题；要精准发力，补齐短板；凝心聚力，抓好工业提质、项目建设、现代农业、第三产业、生态环境建设、城乡基础设施建设等工作，全力以赴保障和改善民生，全面完成下半年主要经济指标和主要工作任务；主动担当，以奋发有为的工作作风主动谋思路、想办法；要迎难而上、敢为人先，善始善终、敢作善成，为完成各项目标任务提供坚强保证。

【武鸣区第一届人民政府召开第一次廉政工作会议】 2017年5月10日，武鸣区第一届人民政府召开第一次廉政工作会议。会上，区长黄伟光指出，2016年，武鸣区政府系统深入贯彻落实国务院、自治区、南宁市及城区党委关于党风廉政建设和反腐败工作的决策部署，坚持源头治理，突出限权管钱，狠抓督查问责，严格正风肃纪，党风廉政和反腐败工作取得了显著成效。但一些部门和单位全面从严治党责任落实不到位，部分领域腐败问题时有发生，一些干部缺乏担当精神、存在庸政懒政怠政等现象，必须采取更有力措施进一步推进反腐倡廉各项工作。黄伟光要求，城区政府系统要全面落实从严治党责任，深化行政体制改革，持续推进作风建设，抓好各类资金监管，突出扶贫领域监督执纪问责，全面推动政府系统党风廉政建设和反腐败工作向纵深发展。

【工作表彰大会】 2017年1月23日，武鸣区召开2016年工作表彰大会，会议分别对2016年度卫生和计划生育工作、招商引资工作、固定资产投资及重点推进项目工作、安全生产目标管理工作等8个项目荣获先进单位、先进集体和先进企业进行表彰，动员鼓舞全城区广大干部群众深入学习习近平总书记系列重要讲话精神，紧紧围绕城区第一次党代会第一次年会确定的目标任务，以先进典型为榜样，凝心聚力、真抓实干，全面开创各项工作新局面。

【第一季度经济运行分析会】 2017年4月13日上午，武鸣区召开2017年第一季度经济运行分析会，总结分析2017年第一季度城区经济工作，研判当前经济形势，研究部署第二季度经济工作。会上，城区党委书记韦敏宏指出，当前，武鸣区第一季度经济运行总体良好，但也要认识到，受到经济下行压力大等因素影响，也存在一定的困难和问题。各镇、各部门要认真对照年初制定的目标，找准当前经济运行中的突出问题和短板，采取更有针对性措施加以解决，真正做到扬长补短，增强经济发展的稳定性。要抓好项目建设，扩大有效投资，抓好征地拆迁工作，以“快刀斩乱麻”的方式，积极解决征地历史遗留问题，为项目落户提供用地保障。要进一步拓宽投融资渠道，想方设法筹措资金，为项目建设提供资金保障。要加强项目、企业服务工作，帮助协调解决重点企业、项目存在的困难和问题。区长黄伟光分析了2017年第一季度武鸣区经济工作情况，要求各镇、各部门要认清形势，坚定发展信心，切实增强完成全年经济目标任务的责任感和紧迫感；要客观分析，认真研判，切实解决当前经济发展存在的主要问题；要突出重点，全力以赴，确保全面完成今年各项目标任务。

【第三季度经济运行分析会】 2017年11月9日，武鸣区召开2017年第三季度经济运行分析会。会上，区长黄伟光总结分析武鸣区前三季度经济形势，对第四季度经济工作进行安排部署。会议指出，今年以来，武鸣区坚持抓早抓细抓实，坚持行之有效的好做法，不断挖掘新的增量，经济运行稳中有进、稳中有升。但也要清醒地认识到，全城区经济运行中依然存在工业增长动力不足、投资增长支撑力不足、财政增收持续放缓等突出问题。会议要求，城区各镇、各部门要精准施策，集中攻坚，奋力冲刺全年各项目标任务。一要紧盯工业不放松，稳生产提效益，加强工业园区支撑力，加强重点企业拉动力，帮助中小企业解决融资难问题；二要狠抓项目建设，增后劲强支撑，全力推进重点项目建设，强化项目储备；三要推动外贸与内需并进，拓市场旺消费，加快推进消费转型升级，服务好重点外贸企业；四要夯实农业发展基础，显特色促增收，抓生产，确保农业作物增产；抓项目、提升现代农业特色；抓服务、促进农民收入增加。会议强调，各镇、各部门要紧紧盯住年初既定的目标任务不放松，统筹兼顾、精心组织、周密部署、奋力冲刺，确保全面完成今年各项目标任务。

【脱贫摘帽工作会议】 2017年2月10日下午，武鸣区2017年脱贫摘帽工作会议在富鸣城投1号综合楼大会厅召开，会议总结2016年城区脱贫攻坚工作，表彰为城区脱贫攻坚工作作出突出贡献的先进单位（集体）、先进工作者和优秀第一书记，动员全城区上下进一步统一思想，明确目标，狠抓落实，全面完成2017年脱贫摘帽任务。会上，韦敏宏在会上强调，2017年城区脱贫攻坚工作要扎实做到“七个必须”：必须明确任务、压实责任；必须超前谋划、周密安排；必须突出重点、务求实效；必须强化督查、严格考核；必须加强监管、严格执纪；必须广泛动员、加强宣传，促进各类社会资源汇集投入扶贫攻坚，凝聚起打赢脱贫攻坚战的强大能量；必须加强党建、先锋引领。他还强调，脱贫摘帽事关贫困群众切身利益，事关武鸣新时期的新发展，全城区上下一定要深刻领会中央、自治区和市委、市政府关于脱贫攻坚工作的重要指示精神，按照城区党委、政府的总体安排部署，进一步理清思路、转变作风、真抓实干，啃下硬骨头，打好攻坚战，确保2017年脱贫摘帽目标任务圆满完成。

【环境保护委员会第一次全体会议暨环境保护工作会议】 2017年7月25日，武鸣区召开环境保护委员会第一次全体会议暨2017年环境保护工作会议， 通报中央环境保护督察反馈意见整改工作第二次督查有关情况，总结部署环境保护工作。会议指出，2016年以来，武鸣区严格落实环境保护“一岗双责”责任制，以中央环保督察为契机，推进产业结构调整，严格工业项目环评审批，重点对水泥、陶瓷、淀粉酒精、采石场、木材加工等重点耗能行业进行专项整治，有效震慑各类环境违法行为。同时，武鸣区积极落实节能减排政策，加快淘汰落后工艺、技术和设备，从源头上降低工业能耗，全年氮氧化物、二氧化硫等排放量控制在上级下达指标以内。加大工业废气、尾气排放、扬尘等治理力度，辖区环境安全和居民生活环境得到进一步保障，减排任务全面完成，基层环保监管执法能力不断增强。会议强调，2017年是环境问题整改年，武鸣区环境保护综合治理工作要紧紧抓住改善生态环境质量这个核心，牢固树立“绿水青山就是金山银山”的强烈意识，紧紧抓住高山生态环境质量这个核心，着力构建部门联动、区域联控、社会联防的“大环保”工作格局；要严把环境审批、排污许可两个关口，突出抓好农业面污染防治、风险源防控、中央环保督查反馈意见的整改落实三大任务；要加强组织领导，落实各方责任、加强协调配合，凝聚工作合力、加强跟踪问效，严格考核承接，切实提高环境治理水平，坚决守住山青、天蓝、水清、地洁的生态底线，为建设具有壮民族特色的“富裕文明、生态宜居、美丽和谐”武鸣新区作出新的贡献。

【征兵定兵会议】 2017年9月6日，武鸣区召开2017年征兵定兵会议，正式拟定257名新兵人选，10名候补新兵人选。区长黄伟光在会上指出，各镇、各相关部门要进一步强化责任意识，认真梳理档案，抓好新兵交接、输送等工作，确保顺利送兵。要及时进行定兵公示，高度重视发现的问题和群众反映的线索，及时核实、调查，确保廉洁征兵，杜绝不正之风。要加强新兵的跟踪管理教育，科学合理制定新兵运输方案，保证新兵安全。要认真做好新兵回访工作，城区征兵办和城区人武部要加强与部队的沟通协调，及时了解掌握新兵到部队后的情况，扎实做好征兵后续工作，善始善终，圆满完成今年征兵工作任务。

【2016年征地拆迁工作总结暨2017年征地拆迁工作布置会】 2017年2月8日上午，武鸣区2016年征地拆迁工作总结暨2017年征地拆迁工作布置会在城区政府第一会议室召开，会议总结2016年武鸣区征地拆迁工作情况，剖析当前征地拆迁工作存在的困难和问题，研究解决问题的思路和措施，并提出2017年征地拆迁工作计划。

重大决定

【制定乡村医生队伍建设实施方案】 2017年,《南宁市武鸣区进一步加强乡村医生队伍建设实施方案》于2月16日以南宁市武鸣区人民政府办公室名义印发。工作目标：到2025年，力争使全城区乡村医生总体具备中专及以上学历，逐步具备执业助理医师及以上资格，各方面合理待遇得到较好保障，基本建成一支素质较高、适应需要的乡村医生队伍，促进基层首诊、分级诊疗制度的建立，更好地保障农村居民享受均等化的基本公共卫生服务和安全、有效、方便、价廉的基本医疗服务。工作任务包括明确乡村医生职责及配置标准、加强乡村医生执业管理、加大乡村医生培养培训力度、创新乡村医生服务管理模式、保障乡村医生合理收入、建立健全乡村医生养老和退出机制、改善乡村医生执业环境。

【制定水产养殖禁养区划定方案】 2017年，《南宁市武鸣区水产养殖禁养区划定方案》于6月26日以南宁市武鸣区人民政府办公室名义印发。禁养范围：禁止在饮用水水源保护区、自然保护区核心区和缓冲区、国家级水产种质资源保护区核心区等重点生态功能区开展水产养殖；禁止在行洪区、河道堤防安全保护区等公共设施安全区域开展水产养殖；禁止在有毒有害物质超过规定标准的水体开展水产养殖；法律法规规定的其他禁止从事水产养殖的区域。工作目标：禁养区内禁止从事投饵投肥养殖和设置养殖网箱。禁养区内原有投饵投肥的水产养殖场点，要根据实际情况限期依法关停或责令搬迁，到2020年底全城区基本实现禁养目标。

【制定全面两孩政策改革完善计划生育服务管理的实施方案】 2017年，《南宁市武鸣区推进全面两孩政策改革完善计划生育服务管理的实施方案》于7月2日以中共南宁市武鸣区委员会、南宁市武鸣区人民政府名义联合印发。工作目标：到2020年，计划生育服务管理制度和家庭发展支持体系较为完善，政府依法履行职责、社会广泛参与、群众诚信自律的多元共治格局基本形成，计划生育治理能力全面提升；覆盖城乡、布局合理、功能完备、便捷高效的妇幼保健计划生育服务体系更加完善，基本实现人人享有计划生育优质服务；保持适度生育水平，人口总量控制在规划目标范围之内。工作措施包括稳妥扎实有序组织实施，依法落实政策；改革生育服务管理制度，规范便民服务；做好奖励优惠政策衔接，落实奖扶措施；加强出生人口动态监测预测，科学研判形势；合理配置公共服务资源，完善家庭抚幼和养老功能；加强妇幼健康计划生育服务能力建设，保障母婴安全；加强计划生育基层基础工作，提高服务管理水平；构建有利于计划生育的家庭发展支持体系，增进家庭和谐幸福；加强综合治理，促进社会性别平等；推进流动人口基本公共卫生计生服务均等化等10个方面。

【制定脱贫攻坚“十三五”规划】 2017年，《南宁市武鸣区脱贫攻坚“十三五”规划》于7月24日以南宁市武鸣区人民政府办公室名义印发。总体目标：以武鸣区党委、政府为第一责任主体，扎实推进扶贫工作改革创新，全面完成扶贫开发目标任务。到2018年40个贫困村要全部脱贫摘帽，到2020年年武鸣所有人口人均收入超过国家贫困线标准。贫困村全部实施整村推进工程，每个重点村至少有1个支柱产业，至少有1个村民组建扶贫互助社，每个贫困家庭至少覆盖到一个扶贫产业。到2020年底在册扶贫开发对象摆脱贫困；每个贫困劳动力全部接受生产技能培训，至少熟练掌握一项技能或实用技术，且有一半以上转移到非农产业；教育普及率达到100%。建档立卡扶贫对象的家庭子女上学得到扶贫救助；每个贫困户都参加城乡居民基本医疗保险。

【制定中心城区公交近期发展规划】 2017年，《南宁市武鸣区中心城区公交近期发展规划（2016—2020）》于7月31日以南宁市武鸣区人民政府名义批复实施。总体目标：在中心城区建立相对独立的功能完善、服务水平高的公交客运体系的同时，搭建与周边联系紧密的临近乡镇之间高效快速、换乘方便的多层次公交服务体系，全力改善公交系统服务水平，提高公交系统的竞争力。具体的发展指标为：到2020年基本实现居民一次换乘可到达武鸣中心城四大组团中心。优化居民出行结构，提高公交出行比例，力争公交分担率达到15%以上。减少居民出行候车时间，2020年基本实现“10、30”，即城区内的公交候车时间基本控制在10分钟以内，乡镇公交的候车时间基本控制在30分钟以内。强化城乡换乘枢纽的建设，完善公交停车场、保养场等保障设施，对于红线宽度36m以上的城市干道实现公交车站港湾化。近期公交线网密度城区达到3～4km/km^2，外围区达到2～2.5km/km^2，城区公交站点300米覆盖率不低于60%，500米覆盖率不低于90%。到“十三五”末期，城区公交线网结构和站点布局进一步改善，“分层次、高效率”的一体化城市公交系统基本形成。

【制定林业发展规划】 2017年，《南宁市武鸣区林业发展规划（2016—2025年）》于8月2日以南宁市武鸣区人民政府名义批复实施。规划明确了今后十年城区林业发展目标、建设任务、重点工程和项目，提出了到2025年林业发展规划8个约束性指标，具体为森林覆盖率达49.06%，比2015年增加0.28个百分点；林地保有量达157900公顷，与2015年持平；活立木蓄积量达800万立方米，比2015年增加172.2万立方米；自治区级以上公益林保有量53161公顷，与2015年持平；乔木林混交林比重达14.2%，比2015年增加1.8个百分点；湿地保有量达5428公顷，与2015年持平；林业自然保护地占国土面积比例6.1%，比2015年增加0.13个百分点；国家重点保护野生动植物种类保护率达95%，比2015年增加5个百分点，是未来十年武鸣城区林业发展的指导性文件。

【制定推进医疗卫生和养老服务相结合工作实施方案】 2017年，《南宁市武鸣区推进医疗卫生和养老服务相结合工作实施方案》于10月13日以南宁市武鸣区人民政府办公室名义印发。工作目标：到2017年年底，基本形成布局合理、政策到位、服务专业、运行高效的医养结合服务体系。规划建设一批兼具医疗卫生与养老服务资质和能力的医疗卫生机构或养老服务机构（以下统称医养结合机构）；基层医疗卫生机构为65岁以上居家老年人提供健康管理服务的家庭医生签约率达到60%；辖区内各医疗机构开设为老年人提供便利服务的绿色通道；60% 以上的养老服务机构能够以不同形式为入住老年人提供医疗卫生服务；护理型床位占养老服务机构床位总数的 30% 以上；城区东鸣社区卫生服务中心能提供康复服务，明显提升老年人健康养老服务覆盖面。到 2020 年年底，基本建成全面覆盖城乡医养结合服务网络。城区通过各种形式开展医养结合服务的养老服务机构占总数的 80% 以上；护理型床位占养老服务机构床位总数的 50% 以上；基层医疗卫生机构为居家老年人提供健康管理服务的家庭医生签约率达到 80% 以上；加强医养复合型护理员职业技能岗前培训。所有养老服务机构能以不同形式为入住老年人提供医疗卫生服务。

【制定卫生计生事业发展“十三五”规划】 2017 年，《南宁市武鸣区卫生计生事业发展“十三五”规划》于 10 月 16 日以南宁市武鸣区人民政府办公室名义印发。总体目标：全面深化医药卫生体制改革，着力在分级诊疗、现代医院管理、全民医保、药品供应保障、综合监管等制度建设上取得突破。到 2020 年，建立健全覆盖城乡居民的基本医疗卫生制度，为群众提供安全、有效、方便、可及的医疗卫生服务，努力建设完善与群众需求相适应的比较健全的医疗服务和保障体系、比较规范的药品供应保障体系、比较科学的医疗卫生管理体制和运行机制，推进城乡基本公共卫生服务均等化，实现人人享有基本医疗卫生服务，努力满足人民群众对更高水平医疗卫生服务的新期盼。主要任务包括完善公共卫生服务体系建设、完善医疗服务体系建设、完善医疗保障体系建设、完善药品供应保障体系建设、加强公共卫生服务工作、推动爱国卫生运动与健康城市同步建设、加强妇幼卫生保健和生育服务、提升医疗服务水平、强化卫生计生综合监督工作、落实计划生育基本国策、大力发展中医药民族医药事业、实施人才强卫战略、推进卫生科技创新、提升卫生计生信息化水平、实施健康扶贫工程、大力发展健康服务业等 16 个方面内容。

【制定全面推行河长制工作方案】 2017 年，《南宁市武鸣区全面推行河长制工作方案》于 10 月 26 日以中共南宁市武鸣区委办公室、南宁市武鸣区人民政府办公室名义联合印发。主要目标：2017 年底前，建立武鸣河、香山河、府城河、仙湖河、锣圩河、双桥河、新庆河和全城区流域面积 50 平方千米以上江河湖库镇级以上河长制；完成整治武鸣河、香山河及东门河沿岸污水直排口总量的 50%；城区建成区内黑臭水体逐渐消除；城区建成区内实现河面无大面积漂浮物，河岸无垃圾；确定城区饮用水备用水源并做好保护工作；主要江河湖库水功能区水质达标率达到 87.6%，无丧失使用功能（劣Ⅴ类）水体断面；水域面积只增不减。2018 年 6 月底前，全城区江河湖库全面建立河长制，全面形成覆盖城区、镇、村（社区）三级河长体系，出台相关配套制度及考核办法；启动东门河黑臭水体整治。2018 年年底前，基本完成武鸣河、香山河、东门河污水直排口整治。2020 年年底前，全城区基本建立江河湖库管理保护长效机制，水资源得到有效保护，水域岸线合理利用，水环境质量总体保持优良，水域面积总体保持稳定，城区建成区黑臭水体基本消除，水生态持续向好，逐步实现“水清、岸绿、河畅、景美”的江河湖库管理保护目标；完成城区范围内黑臭水体整治；主要江河湖库水功能区水质达标率达到 90%，无丧失使用功能（劣Ⅴ类）水体断面；城市集中式饮用水水源水质全部达到或者优于地表水水域功能和分类标准Ⅲ类，农村饮用水水源水质基本得到保障；城区建成区 20% 以上的面积达到就地消纳 20 毫米降雨的目标；推进旧城区雨污分流；武鸣河、香山河的自然岸线保有率达到自治区、南宁市的指定标准，有效遏制乱占乱建、乱倒乱排等违法行为。

【制定自然灾害救助应急预案】 2017 年，《南宁市武鸣区自然灾害救助应急预案》于 11 月 15 日以南宁市武鸣区人民政府办公室名义印发。编制目的：建立健全武鸣城区应对突发重大自然灾害救助体系和运行机制，规范应急救助行为，提高全城区应急救助能力，确保武鸣城区在遭受突发重大自然灾害时能迅速、有序、高效地实施应急救助，最大限度地减少人民群众生命和财产损失，保障受灾群众的基本生活，维护灾区社会稳定。根据自然灾害的危害程度等因素，设定I级、II级、III级、IV级4个自然灾害救助应急响应等级。新修订的预案自发布之日起生效，2014年10月23日武鸣县人民政府办公室印发的《武鸣县自然灾害救助应急预案》同时废止。

【制定农业水价综合改革工作实施方案】 2017年，《南宁市武鸣区农业水价综合改革工作实施方案》于11月28日以南宁市武鸣区人民政府办公室名义印发。总体目标：建立健全能合理反映农业供水成本、利于节水和农田水利体制机制创新、与投融资体制改革相适应的农业水价形成机制；农业用水价格总体达到运行维护成本水平，农业用水总量控制和定额管理推广实行，可持续的精准补贴和节水奖励、水权流转机制基本建立，先进适用的农业节水技术措施普遍应用，农业种植结构实现优化调整，促进农业用水方式由粗放式向集约化转变；全面推行计量收费，到2020年，地下水超采综合治理试点项目区和农田水利工程设施完善的地区率先实现改革目标；到2025年全面完成改革任务。

重大活动

【通过义务教育均衡发展基本均衡区国家级评估认定】 2017年1月6日，全国义务教育发展基本均衡县（区）国家督导检查组到武鸣区开展义务教育发展基本均衡区评结认定。检查组对武鸣区扎实推进义务教育均衡发展工作给予了肯定，认为武鸣区高度重视义务教育均衡发展工作，在义务教育入学机会、保障机制、教师队伍、质量与管理等方面做了许多扎实有效的工作。希望武鸣区以这次全国义务教育发展基本均衡县（区）国家评估认定工作为契机，认真贯彻落实国家、自治区、南宁市的决策部署，积极学习借鉴先进地区的办学经验，进一步加大学校标准化建设力度，持续深化教育教学改革，不断提升教育教学质量，努力推动城区教育均衡化、优质化、现代化发展。

【中农办主任到武鸣区调研】 2017年1月19日，中农办主任唐仁健率调研组到武鸣区调研。唐仁健一行首先来到润宇生态农业有限公司火龙果基地，详细了解基地建设、市场运作等方面情况。他指出，润宇生态农业有限公司火龙果基地在建设发展的同时，可以利用周边自然资源优势，合理规划，大力发展旅游产业，大力实施品牌战略，打造名牌精品，进一步提高综合效益。在香山糖厂，唐仁健一行深入压榨车间现场了解甘蔗自卸系统运行情况。他强调，要加强生产经营管理，充分利用技改优势提高效益。

【自治区副主席调研水库建设并检查防汛工作】 2017年2月9日，自治区副主席张秀隆到武鸣区定标水库调研水库建设并检查防汛工作。张秀隆指出，水库进库道路是水库安全度汛的重要工程设施，是水库安全运行的重要保障，武鸣区要重视水库进库道路提升改造建设工作，加快推进水库进库道路项目建设，力争全面建成畅通的水库防汛交通体系。同时，要加强监控管理，采取积极有效的措施，保护好水库水质安全。

【国家林业局驻广州专员办督查组督查森林资源管理整改工作】 2017年2月25日，国家林业局驻广州专员办督查组到武鸣区督查森林资源管理整改工作。督查组到宁武镇茶酒山石场、甘圩镇金祥石场实地核查，通过查阅相关材料、案卷和召开反馈会的形式，详细了解武鸣区森林资源管理整改工作情况。国家林业局驻广州专员办督查组对武鸣区扎实开展保护发展森林资源管理存在问题整改工作成效给予肯定，希望武鸣区不断完善各方面机制，对一些占用林地案件进行排查，按照轻重缓急抓好整改，做到查处不到位不放过、整改不到位不放过，对责任人的问责不到位不放过，坚决彻底地打击非法占用林地湿地、肆意破坏森林资源的违法犯罪行为，巩固林业改革和生态文明建设成果。

【国务院农业普查抽查组开展农业普查事后质量抽查作】 2017年4月20日，国务院第三次全国农业普查抽查组到武鸣区开展第三次全国农业普查事后质量抽查工作，评估武鸣区农业普查范围的完整性和普查内容的准确性。此次抽查从4月20日开始，为期两天。抽查组一行分别深入到各抽中的普查小区，详细查阅农普有关资料，抽查农业普查数据质量，并随机抽查部分农户，了解农业普查的入户情况。

【自治区常务副主席调研南宁教育园区东片区建设】 2017年5月4日下午，自治区党委常委、常务副主席蓝天立到武鸣区调研南宁教育园区东片区项目建设和基础设施建设工作，进一步推动南宁教育园区建设步伐。蓝天立先后深入到广西医科大学武鸣新校区项目点和广西安全工程职业技术学院项目点现场调研。蓝天立详细了解广西医科大学武鸣新校区项目用地、规划等方面的情况，并就项目当前面临的征地清表等相关问题进行讨论。希望项目方要尽快做好规划设计工作，抓紧完成各项前期工作，按照工作规划进程尽快动工，加快项目建设进程。在广西安全工程职业技术学院项目现场，蓝天立在查看项目建设进程后指出，项目业主要坚持高起点规划、高标准建设，努力建设一流的学校。各级各部门要提供高效、优质的服务，努力为南宁教育园区项目建设创造良好的建设环境，加快项目建设步伐，促进项目早日建成并发挥服务效益，把南宁教育园区打造成人才集聚的新高地，为推动经济社会高速发展提供人才资源和智力支持。

【国家级专家组评估武鸣区申报“中国骆越文化之乡”“中国龙母文化之乡”命名工作】 2017年6月13—14日，国家级专家组对武鸣区申报“中国骆越文化之乡”“中国龙母文化之乡”命名工作进行初步评估。通过实地考察和听取汇报，专家组充分肯定了武鸣区申报“中国骆越文化之乡”“中国龙母文化之乡”命名工作，认为武鸣文化悠久底蕴深厚，历史遗存极具特色。专家组建议，武鸣区要进一步深入挖掘民族文化底蕴，扩大骆越文化和龙母文化的影响力；要突出地域文化特色和文化主题，将文化活动事项与展示活动的内涵紧密衔接；要注重传承与弘扬，把珍贵的传统文化遗产保护好、利用好、传承好，做强做大做精骆越文化和龙母文化品牌。

【自治区考核组开展县域经济发展分类考核】 2017年7月5日，自治区考核组对武鸣区2016年度县域经济发展情况进行考核，考核组听取2016年武鸣区县域经济发展情况报告，核查相关资料、访谈数据来源，对武鸡区“经济发展与结构优化”“农业及示范区建设”“工业及产业园区发展”“服务业及特色旅游发展”“城镇化建设”“生态建设与环境保护”6个方面24项主要考核指标，以及脱贫任务情况、重大事件（事故）情况、廉政建设情况3个方面附加考核指标进行考核。实地察看了广西南宁市钢之泰轻钢彩板有限公司钢结构及彩钢板项目、花花大世界广西壮都项目、广西佳年农业有限公司火龙果科技示范园、双桥镇大伍屯示范村建设发展情况。

【自治区安全生产调研督导组到武鸣区调研】 2017年7月19日，自治区安全生产调研督导组对武鸣区安全生产工作进行调研督导。督导组听取武鸣区2017年上半年安全生产工作总结汇报，到九个半岛二期建筑工地实地调研，并查阅相关资料，对其中发现的问题提出相应的整改意见，要求企业做到发现问题及时整改，落实完善好相关的安全生产台账。在城区安监局，自治区安全生产调研督导组查看了城区非煤矿山、烟花爆竹、危险化学品等高危行业视频监控系统平台，希望武鸣区能够继续加大对监控系统平台内企业的督促检查力度，保障武鸣区经济社会安全稳定。

【自治区基层防艾体系建设工作现场会在武鸣区召开】 2017年7月27—28日，自治区基层防艾体系建设工作现场会在武鸣区召开。会议解读2017年度防艾体系建设工作考核评估方案、通报自治区第一季度防艾体系建设工作示范区工作督导结果，同时组织开展了艾滋病综合防治示范区工作经验交流会，并对与会人员进行艾滋病综合防治示范区工作相关业务知识的培训，会议要求各市、县（区）

要提高认知，增强责任感与使命感，加大传染源管理力度，扩大艾滋病防治知识宣传教育覆盖面，强化基层卫生单位艾滋病疫情监测工作，切实将艾滋病防治各项措施落实到位。

【农业部调研组到武鸣区调研】 2017年9月25—26日，农业部农村经济研究中心调研组到武鸣区开展农产品质量安全监管耕地质量保护与提升工作调研。调研组对武鸣区构建农产品质量安全监管体系、开展农药市场清理整顿及农业标准化生产工作取得的成绩和经验给予肯定，希望武鸣区要继续加大耕地质量保护建设与管理的宣传力度，既要保护耕地的数量、又要不断提升耕地的质量；要建立健全耕地质量监测体系，加强国土、农业等部门的通力协作，逐步实现耕地质量保护网络化、数字化，为现代农业建设、高标准农业示范园区建设提供技术支持和保障。

【自治区督查组开展脱贫攻坚大督查】 2017年10月19—20日，自治区督查组到武鸣区开展脱贫攻坚大督查。督查组采取召开座谈会、与干部访谈座谈、进村入户查看了解、查阅档案资料等方式，全面督查武鸣区脱贫攻坚工作情况。自治区督查组认为，武鸣区在推动脱贫攻坚工作中思想高度重视，上下一盘棋，齐抓共管的氛围浓厚，各项扶贫政策落实到位，扶贫成效明显，贫困发生率呈现下降趋势，群众反映良好。督查组希望武鸣区要认真总结扶贫攻坚工作的经验，进一步增强责任意识、服务意识、大局意识，加强统筹推进力度和协调力度，精准施策，确保各项脱贫攻坚任务落实到位，取得实效。

【完成环广西公路自行车世界巡回赛武鸣区赛段安保工作】 2017年环广西公路自行车世界巡回赛南宁至马山弄拉赛段比赛途经武鸣区南武城市大道、香山大道、武鸣至两江段，全长80.17公里，安保任务十分繁重。为做好这次安保维稳工作，武鸣区制定详细安保维稳工作方案，明确职责分工，并在赛事来临前多次进行预演，未雨绸缪，查漏补缺，为本次赛事的安全顺利举行奠定了坚实的基础，出色地完成此次赛事的安保维稳任务。

【自治区评估组评估验收计生先进单位工作】 2017年11月7日，武鸣区申报2017年全区计划生育优质服务先进单位工作接受自治区评估组的评估验收。评估验收组听取武鸣区创建全区计划生育优质服务先进单位工作汇报，对武鸣区计生工作成绩表示肯定，对武鸣区计生家庭养老照护服务体系、基层卫计工作实现深度融合等工作亮点表示赞赏。

【国家第三方评估组评估检查“双高”基地建设】 2017年11月28日，国家第三方评估组到武鸣区评估检查“双高”基地建设情况。评估组听取武鸣区“双高”糖料蔗基地建设和甘蔗生产机械化建设情况汇报，并就“双高”建设工作发展和农业工作机械化运作进行交流，对武鸣区“双高”基地建设成效给予肯定，希望武鸣区进一步坚定信心，完善工作方案，落实扶持政策，加强机械化技术推广应用，按质按量按时完成“双高”基地建设任务；要促进各项支持政策全面落地，推进“双高”基地农机化；在结合实际、发挥自身优势和特色建设“双高”基地的同时，要加强沟通交流，取长补短、借鉴经验，不断提升“双高”基地建设的整体水平。

【自治区国土资源厅督查组督查矿区整改工作】 2017年11月30日，自治区国土资源厅督查组到武鸣区督查大明山铜矿、钨矿整改工作进展情况。督查组对武鸣区推进大明山钨矿、铜矿区整改工作表示肯定，要求武鸣区继续强化责任，做好被关停企业相关法律法规的宣传工作，积极协调相关企业到自治区国土资源厅办理注销手续；要继续加大后续整改工作力度，矿区内设施设备、矿窿的拆除、封堵工作要落实到位，彻底根除隐患，防止关闭的矿区死灰复燃；生态修复工作要严格按照中央环保督察组的生态修复要求，制定切实可行的生态修复方案，保证责任到位，措施到位；要依法依规做好相关评估补偿工作，制定出公平公正、合情合理的补偿方案，保证矿山植被生态修复工作顺利进行。

【全区现代特色农业示范区建设增点扩面提质升级动员部署会与会人员到武鸣区观摩】 2017年12月10日，自治区现代特色农业示范区建设增点扩面提质升级动员部署会全体与会人员到武鸣区，实地考察和现场观摩现代特色农业示范区建设增点扩面提质升级工作推进情况。与会领导认真观摩展出产品并与展位负责人交流，听取展品特色介绍，鼓励企业和合作社抢抓机遇，大胆走出去积极寻找新的商机，促进武鸣农业转型升级。

政府办公室

【概　况】 2017年，南宁市武鸣区人民政府办公室（以下简称“政府办公室”）是根据《中共南宁市武鸣区委办公室南宁市武鸣区人民政府办公室关于转发〈中共南宁市委办公厅　南宁市人民政府办公厅关于印发南宁市武鸣区党政机构设置和人员编制方案的通知〉的通知》（武办发〔2016〕1号）规定，设立的城区人民政府工作部门，挂南宁市武鸣区法制办公室、南宁市武鸣区民族宗教事务局、南宁市武鸣区少数民族语言文字工作局、南宁市武鸣区外事侨务办公室牌子。下设综合股、文秘股、信息股（督查室）、文电股、人事行政股、财务股、民族宗教事务股、政策法规股、外事侨务股、应急管理办公室（值班室）和政务服务管理办公室（南宁市武鸣区政务公开领导小组办公室、南宁市武鸣区政府信息公开领导小组办公室）11个股室。办公地点设在南宁市武鸣区兴武大道245号。

政府办公室行政编制52名（含人民政府正、副区长编制6名）。其中，办公室主任1名，副主任8名（其中，1名兼任法制办公室主任，1名兼任外事侨务办公室主任，1名兼任民族宗教事务局、少数民族语言文字工作局局长）。设政府督查室主任（副科长级）1名；政府应急管理办公室主任由政府办公室主任兼任，设专职副主任（副科长级）1名；政务服务管理办公室（政务公开领导小组办公室、政府信息公开领导小组办公室）主任由办公室1名副主任（正科长级）兼任，设专职副主任（副科长级）1名；股长11名。办公室机关后勤服务人员控制数13名（含政务服务管理办公室1名）。2017年，调出2人，调入11人（含新录入4人），年底，在职在编人员56人（含工勤人员），其中，正处级干部2名，副处级干部4名，正科级干部4名，副科级干部10名（含非领导职务4人），科员23人，试用期3人，工勤人员10人。在编人员拥有研究生以上学历6人，大学本科学历41人，其他10人。

【政务服务管理】 2017年，政务服务管理办公室围绕中心强化职能不断提升政务服务管理水平。编制和优化行政权力运行流程，编制城区34个直属单位3120项、镇级1027项行政权力运行流程。扎实推进政务服务工作“三集中”（审批职能部门成建制进驻政务服务中心，实现审批事项、审批职能、审批人员向政务服务中心“三集中”。），城区37个职能部门进驻城区政务服务中心（含分中心），集中办理245项行政许可和165项便民服务事项，集中进驻率达100%。组织审批职能部门整合内部资源，精简程序和环节，规范自由裁量权，集中在城区政务服务中心办理行政审批事项245项和便民服务事项165项，平均承诺提速66.22%。开展“减证便民”行动，清理无谓证明事项47个，保留证明事项133个。推行“容缺后补”审批服务，城区10个部门、55个审批事项、117项审批材料实行“容缺后补”，平均可容缺后补时间8个工作日。全面推进“多证合一、一照一码”登记改革，全面办理“多证合一”注册、变更、年检等8322件。推行“互联网+政务服务”，全面受理网上审批、政务服务事项124381件。推进网上审批大厅建设，城区34个职能部门202个服务事项实现在南宁市网上审批大厅平台上申报办理。加大政府信息主动公开力度，城区70个责任单位在自治区统一平台公开政府信息13302条，其中重点领域政府信息1890条，在“一中心两馆”（青少年活动中心、博物馆、图书馆。）政府信息公开查阅点更新纸质版政府信息1668条。完成城区公共资源交易平台建设，并于9月份正式对外服务，全年共完成公共资源交易311宗，交易总额52.88亿元，节约总额1.56亿元。

【公文办理】 2017年，政府办公室严格执行三定方案，由专人负责电子公文的接收和文件处理工作。2017年，全年收到各类文件9055件，其中自治区、南宁市来文4302件，城区本级部门及各镇上报文4753件。以城区人民政府名义发文25件，以政府办公室名义发文200件。以政府名义上报文件90件，发函26件，做出行政决定4件，印发常务会议纪要30件，工作会议纪要24件，协调会议纪要240件。坚持公文跟踪管理，对重要文件和时效性强的文件，以电话、短信或口头形式告知阅文者及时阅处；定期对公文的处理和承办情况进行检查，并对检查进行通报，切实提高公文处理效率。

【会务处理】 2017年，政府办公室进一步规范会议审批制度，大力精简各种会议。全年筹办、协办各类会议341次，其中，城区政府全体（扩大）会议1次；政府常务会议30次；区长例会24次；经济运行分析会4次；各类协调会议205次。完成中央环保督查、森林资源管理整改督查、自治区脱贫攻坚督查、农业发展、教育园区建设调研、全区现代特色农业示范区建设现场会等接待活动68次，做到了严守会务规程、组织周密细致、承办有条不紊。

【综合调研】 2017年，中央、自治区、南宁市各级领导莅临武鸣开展义务教育均衡发展、农业普查、“中国骆越文化之乡”“中国龙母文化之乡”命名工作等方面调研活动60多次，并为武鸣经济社会发展建言献策。城区政府班子领导成员也根据自身分管工作，围绕全城区优化工业产业布局、促进现代农业快速发展，推进脱贫攻坚工作、为民办实事等事关城区经济社会发展的重大问题、重点工作进行专题调研，人均每月开展1次调研活动，及时撰写调研材料，为领导科学决策提供参考依据。

【信息报送】 2017年，政府办公室围绕城区经济社会发展工作中的亮点、经验、成效等加大信息报送力度，全年向自治区、南宁市政府办公厅报送信息1800多条，其中，报送自治区政府办公厅采用得分48分，信息采用得分在全市各县（区）中排名第四；报送市政府办公厅采用得分960分，信息采用得分在全市各县（区）中排名第二。全年编发《政务信息》9期，被评为信息工作表现优秀单位。

【督查工作】 2017年，政府督查室围绕政府重要决策和重大工作部署，对政府工作报告、区长例会、政府常务会议和有关问题协调会议确定事项的执行情况进行跟踪督查，全年开展督查60次，编发《政务督查》《督查专报》《情况通报》等共50期。做好上级、本级领导批示查办件和人大代表建议、政协委员提案的办理工作，全年共承办南宁市、城区人大代表建议118件、政协委员提案86件，答复南宁市第十四届人大二次会议建议11件、南宁市政协第十一届二次会议提案18件，全部建议、提案办理结果均达到代表、委员们的满意或基本满意。

【文书档案管理】 2017年，政府办公室档案管理人员，负责档案的收集整理工作，保证归档文件材料完整、准确、系统。年内完成4290份文件归档立卷工作。其中，中央、区、市文件4247份；自治区级文件583份；市级文件3635份；密件43份。做好档案信息资源的开发利用，不断促进档案开发利用。强化档案管理人员的业务素质提升，年内安排档案管理人员参加专业技术和业务知识培训1次。

（卢　丹　潘红彬）

人力资源管理

【概　况】 2017年，南宁市武鸣区人力资源和社会保障局（以下简称“城区人社局”）内设行政秘书股、政策法规股（行政审批办公室）、财务基金监督股、人力资源管理股、专业技术人员管理股（职称改革领导小组办公室）、就业促进股、劳动保障监察股、工资福利管理股、社会保险股、培训股 10 个职能股室。核定行政编制 25 名，后勤控制数 2 名。实有 26 人，其中正科 4 人（正科长级 3 人），副科 11 人（副科长级 1 人），科员 9 人。下属 5 个参公事业单位，即：武鸣区社会保险事业局，核定编制 96 名（含城区合管中心），实有、86 人，其中领导职数 4 人：正科 1 人，副科 3 人。武鸣区劳动就业服务中心，核定编制 6 名，实有、6 人。武鸣区人才交流服务中心，核定编制 4 名，实有、4 人。武鸣区劳动保障监察大队，核定编制 5 名，实有 5 人。武鸣区劳动人事争议仲裁院，核定编制 5 名，实有 5 人。全城区 13 个镇设立社会保障服务中心，全城区 218 个村（社区）建立了劳动保障工作站。办公地点在新城路 49 号。

【干部队伍结构】 2017 年，武鸣区公务员 1338 人（城区机关 982 人，镇机关 356 人），其中女 415 人；少数民族 1140 人；中共党员 1090 人；县处级 6 人、乡科级 654 人、科员及办事员 600 人；试用期人员及其他 41 人；非领导职务 327 人；辞去公职 2 人。

参照公务员管理 719 人，其中女 300 人；少数民族 626 人；中共党员 461 人；县处级以上 1 人、乡科级职务 124 人、科员及办事员 549 人；试用期及其他 45 人；非领导职务 48 人。

事业单位工作人员 9127 人（含从业人员），其中女 4969 人；少数民族 8044 人；中共党员 3216 人。

【干部教育培训】 2017 年，城区人社局共举办 8 期公务员实体培训班，现场培训 2977 人次，涉及初任培训、在职培训、“双基”调训、专业知识培训、自主选学培训等。

公务员培训　组织 136 个公务员（含参公）单位 2433 人参加自治区公务员局举办的“十八届六中全会精神解读”“大国崛起与国家安全”专题网络培训班，参训率 100%；组织相关部门学习“十八大报告精神解读”“宏观经济热点”等七大专题远程培训 1677 人次；组织 139 个公务员（含参公）单位 2508 人参加网络必修课程《法治政府与公务员法治创新能力建设》《绿色发展——资源节约与环境保护》《诚信体系建设》的学习，通过率 100%。为城区 139 个公务员（含参公）单位 2567 名科级以下公务员进行学分登记及管理工作，登记率 100%。

专业技术人员培训　组织各级各类专业技术人员 8571 人参加广西专业技术人员公需科目——“互联网 +”开放合作的学习，通过率 99.8%，同时也开放历年“低碳经济”“信息技术与信息安全”“生态文明与可持续发展”“创新与创业能力建设”科目的在线补学与补考活动，完善专业技术人员公需科目继续教育学籍档案及信息管理工作。

继续教育专业培训　事业单位专业技术人员继续教育专业科目参训人数共 17980 人，其中参加市组织培训人数 11027 人（含教育系统“国培计划”和“区培计划”项目、业务能力培训、名师班培训、中小学校长领导力提升高研班、科研管理人员提升班共 8461 人次，其他各系统参加市级专业科目培训项目 2566 人），参加城区级本系统本单位业务、创新学习培训 6953 人。

【干部年度考核】 2017 年，城区行政机关参加年度考核单位 59 个，共 507 人（不含科级以上领导干部），其中：评为优秀 93 人；称职 324 人；基本称职 0 人；不称职 0 人；未定等次 39 人；不参加考核 1 人。参公单位参加年度考核单位 49 个，共 587 人（不含科级以上领导干部），其中：评为优秀 101 人；称职 441 人；基本称职 0 人；不称职 0 人；未定等次 45 人；不参加考核 0 人。事业单位参加年度考核单位 142 个，共 7726 人（不含科级以上领导干部），其中：评为优秀 930 人；合格 6557 人；基本合格 2 人；不合格 1 人；未定等次 190 人；不参加考核 46 人；机关、参公的工勤：64 人，优秀 13 人。

【干部工资福利】 2017 年，城区人社局核定新录用（招聘）机关、事业单位人员工资 228 人，其中新录入公务员 86 人；选调生 12 人；双选人员 27 人；特岗教师 103 人。审核 2017 年机关、事业单位工作人员正常晋升工资10814人。审核政法系统岗位津贴79人，信访岗位津贴92人。审核2016年事业单位绩效工资增量预发工作，涉及7472人。核定各镇政府“三类人员”（大学生村官、村干部、乡镇事业编制人员）工资25人。核定退休人员生活补助4878人2930万元。审批机关事业单位到龄退休254人；办理机关、事业单位工作人员和离退休人员死亡后抚恤金手续121人；遗属抚养54人。重新核定机关事业单位改革前获得荣誉（独生子女）退休人员395人，审核2006年6月30日以后至首次岗位设置前退休的事业单位专业技术人员重新岗位设置后工资调整46人。

【专业技术人员管理】 2017年，城区人社局为取得初级专业技术资格189人核发证书，审核申报高级职称308人、中级职称94人；聘任专业技术人员394名、技术工人13名。推荐第十批南宁市新世纪学术和技术带头人2人；申报人才小高地获批资助金20万元、技术带头人资助金5万元。投入公务员培训经费65.3万元，举办8期实体培训班，现场培训2776人次。组织136个公务员（参公）单位共2433人，参加网络专题培训，参训率100%；139家公务员（参公）单位2508人参加网络必修课程学习；参加企事业单位公需科目继续教育8643人。

【人才工作】 2017年，全城区应届毕业生3026人，已办理报到1454人，实名登记1075人，其中已实现就业1021人，升学入伍31人，未就业16人，登记就业率99.81%。通过“高校毕业生双选会”和“校园招聘会”活动，为城区事业单位引进急需的专业技术人才125人，招募“三支一扶”6人。加强高校毕业生档案管理，2017年共接收档案2549卷，转出档案415卷，接待查卷阅档案125人次，现存档案32264卷。

【就业创业】 2017年，全城区实现城镇新增就业3668人，完成全年任务126.48%；失业人员再就业947人，完成全年任务101.83%；帮助大龄就业困难人员实现再就业139人，完成全年任务102.96%；城镇登记失业率为2.41%，控制在3.7%的指标范围内；农村劳动力转移就业10691人，完成全年任务101.82%。完成为民办实事“就业惠民”工程扶持就业创业担保贷款1005户，完成全年任务的100.5%，发放贷款108笔，完成全年任务的102.86%，放贷总额1000万元，完成全年任务的114.94%；农村劳动力职业技能培训共1676人，完成全年任务的104.75%。开发乡村公益性岗位104个。开展“就业援助月”“春风行动”“民营企业招聘周”“高校毕业生就业服务月”等活动，于每月29日结合民间自发形成的“壮乡山歌节”举行现场招聘会，促进各类就业困难人员实现就业。2017年共举办各类招聘会30余场，达成用工意向累计3587人。

【社会保险】 2017年，武鸣区职工基本养老保险参保人数6.60万，其中：企业职工（不含离退休）2.87万人，机关事业单位职工（不含离退休）1.04万人，完成全年任务100%。基本医疗保险参保人数66.75万人，完成全年任务100.44%，其中城乡居民医疗参保人数62.30万人，城镇职工医疗保险参保人数4.45万人。职工基本养老保险

2017年2月4日，“春风行动”招聘会现场 （城区人社局提供）

2017 年 3 月 30 日，“12333”全国统一咨询日武鸣现场
（城区人社局提供）

征缴收入 2.177 亿元，完成全年任务 131.94%。基本医疗保险基金收入 28920.68 万元，其中职工基本医疗保险征缴收入 13023.68 万元，完成全年任务 110.37%，城乡居民医疗保险基金收入 15897 万元。失业保险参保人数 1.92 万元，完成全年任务 100%。失业保险征缴收入 1022 万元，完成全年任务 146%。工伤保险参保人数 2.39 万元，完成全年任务 100.42%。工伤保险征缴收入 824.23 万元，完成全年任务 206.06%。生育保险参保人数 2.69 万元，完成全年任务 100.37%。生育保险征缴收入 710.87 万元，完成全年任务 177.72%。推进城乡居民基本医疗保险制度整合工作。8 月 17 日，正式上线启用城乡居民基本医疗保险信息系统，实现了原新农合使用的医疗费用报销结算系统与城镇居民基本医疗保险信息系统的统一和数据的整合，简化了报销程序。完成机关事业单位养老保险制度改革工作。2017 年 5 月起实行机关事业单位退休人员退休待遇社会化发放。审核发放机关事业单位 264 个，领取退休待遇 5492 人，发放基本养老金 13592 万元，发放率 100%。完成全城区机关事业单位工作人员参保资格确认、参保登记及 2017 年度基数申报等工作。年内全城区参保单位 353 家，参保人数 16187 人，机关事业单位养老费征缴收入 11350 万元，职业年金收入 1851.14 万元。

【劳动维权】　2017 年，城区人社局全年累计监察用人单位 603 户次，涉及劳动者 2.42 万人次，处罚 1 家用人单位，处罚金 2 万元；依法督促用人单位新签、续签劳动合同 758 人，劳动合同签订率达 95% 以上；共处理投诉举报案件 141 起，立案 54 起，结案 54 起，在法定时限内结案率 100%；督促用人单位支付拖欠的农民工工资 2305 万元，涉及农民工 1896 人。年内共受理立案 174 件，结案 168 件（含去年 3 件），当期结案率为 94.4%。

（曾申华）

民政事务

【概　况】　2017 年，武鸣区民政局有编制 15 名（含老龄办），实有 14 人，内设机构有综合股、救灾股、基层政权和区划地名股，优抚、退伍军人和军队离休退休干部安置股、社会事务和社会福利股（婚姻登记处、行政审批办公室）。下属事业单位有武鸣区城乡居民最低生活保障管理办公室（武鸣区低收入家庭经济状况核对中心）、武鸣区社会福利院（武鸣区流浪乞讨人员救助站、武鸣区未成年人救助保护中心）、殡葬管理所、按摩诊所 4 个。全城区各镇配备民政助理员，编制归当地政府管理，业务归口城区民政局，年底 13 个镇有民政助理员 37 名。2017 年城区民政局荣立全区民政系统集体二等功荣誉称号，在计生工作、综治工作方面分获城区一等奖、二等奖；养老机构医养结合、地名普查、减灾准备认证、民管等工作先后在区市民政工作会议上作了典型发言或经验介绍。办公地点在城厢镇农坛路 49 号。

【救灾救济】

灾民救助　2017 年，武鸣区先后发生 7 次自然灾害，分别是 5 月 12—17 日、6 月 13—20 日、7 月 2—6 日、7 月 12—13 日、8 月 15—17 日发生的暴雨洪涝灾害；8 月 24—26 日第 13 号台风“天鸽”；8 月 28—30 日第 14 号台风“帕卡”。据统计，全城区受灾人口 40491 人，其他意外事故死亡 1 人；紧急转移安置 2142 人，其中集中安置 21 人，分散安置 2121 人。受灾农作物面积 2545.47 公顷，其中成灾 1235.64 公顷，绝收 174.72 公顷。因灾倒损农房 48 户 88 间，其中倒塌 18 户 43 间，严重损坏 16 户 25 间，一般损坏 14 户 20 间。直接经济损失 1628.35 万元，其中农业损失 1341.85 万元、基础设施损失 92.3 万元家庭财产损失 194.2 万元。农作物受灾主要是水稻、玉米、花生、甘蔗、南瓜、西瓜、蔬菜、辣椒、柑橘等。基础工业设施损失主要是太平镇林琅小学学校围墙倒塌损失 4 万元有些村道塌方。灾情发生后，城区积极协调当地党委政府妥善安置受灾群众，组织受灾群众进行生产自救，将灾害损失尽可能降到最低。因灾紧急转移安置群众 103 人次共支出 36050 元，灾后过渡期灾民补助 3 人次共 6750 元。年内，以社会化发放方式及时发放冬春救助金，救助 3842 户 7402 人，发放 2016—2017 年冬春救助 182.17 万元。

城乡低保　审批城市低保对象 2852 户次 5140 人次，发放救助金 188.4001 万元，月人均补助 366.54 元；审批农村低保对象 47382 户次 104117 人次，发放救助金额为 1876.4754 万元，月人均补助 180.22 元。

特困供养　共审批特困救助 23264 人次，资金发放 1049.87 万元。

城乡医疗救助　审批医疗救助 6301 人次，救助资金发放 356.3337 万元。其中资助参合人数为 4093 人，参合费支出了 61.593 万元，体现了医疗救助信息平台应有的作用。

【双拥优抚安置】

双拥工作　2017 年，城区民政局组织走访慰问优抚对象和驻军。春节期间共慰问优抚对象及参战民兵 7500 多人次，发放慰问资金 100 万元。做好清明节期间祭扫烈士墓活动，参加祭扫瞻仰活动有党政军机关、学生、烈士家属、参战退役人员、复员退役军人、参战民兵等 9.5 万人（批 / 次）。9 月 30 日组织开展烈士纪念日向烈士纪念碑敬献花篮仪式，城区四家班子及驻城区部队、武装部、直各单位各镇主要领导、参战老兵、烈属、人大、政协部分代表、中小学生等 800 多人参加了此次公祭活动。

优抚工作　完成义务兵的优待金发放工作，发放 468 人 980.94 万元。城区享受生活定期抚恤的烈属、因公牺牲和病故军人遗属 53 人、伤残军人 134 人、享受生活定期补助的在乡老复员军人 166 人、带病回乡退伍军人 16 人，均能按时足额发放定期补助和抚恤金，定期补助和抚恤金共计 610 万元，定补定抚面达 100%。城区参战退役人员 752 人，共发放生活补助 529 万元；对越自卫还击参战民兵 3015 人共发生活补助 505 万元。

安置工作　按规定发放 216 名退役士兵一次性补助金 335.25 万元。积极开展退役士兵技能培训工作，参加培训合格率 100%。完成了 2016 年度 11 名转业士官的安置工作，分别安排到城区水利局下属水库管理部门工作，均为国家正式事业编制职工。

【基层政权建设】

基层项目建设工作　2017 年，城区民政局指导 21 个社区 56 项目，指导村（社区）惠民资金项目实施。积极协调财政拨付村、社区惠民资金 200 万元到各镇财政所，所有项目均已完成。切实做好 2017 年农村社区试点建设项目验收及指导 2018 年农村社区试点建设项目。2016 年农村社区试点建设项目主要有灵马镇方和村清明屯、陆斡镇联合村黄龟屯 2 个项目。5 月份已完成农村社区建设试点验收工作。指导 2017 年双桥镇腾翔村、府城镇永合村作蒙屯两个农村社区试点工作。年底，府城镇永合村作蒙屯已施工，完成工程量 50%。双桥镇腾翔村原计划项目分三个屯，现调整为集中一个屯使用；指导 2016 年村级服务用房建设项目。2016 年城区村级服务用房建设项目共 83 个已完工。

基层干部队伍建设　完成年度村干部业绩考核。年初组织指导各镇党委、政府严格按桂组通〔2015〕1 号及武办发〔2015〕89 号文件要求，对 218 个村（居）委会和 1121 个（含年内岗位变动人员）村（居）委干部进行年度工作业绩考核。全城区有 223 人评为优秀，893 评为称职，共发放业绩奖励 243.332 万元；开展慰问困难村干部活动。配合城区党委、政府组织有关部门和镇政府对部分困难村（居）委干部进行春节走访慰问，共发放慰问金 17550 元，做好审核离任村干部生活补贴及村监委、村民小组长工作补贴的工作。为离任村干部发放养老补贴 1784.63 万元；为村民小组长发放工作补贴 186.05 万元。2017 年 1—10 月共为村务监督委成员发放工作补贴 262.41 万元。

村（社区）“两委”换届选举　2017 年，城区组织部和民政部门就及早部署，组成工作组下到各镇村（社区）开展对在任村“两委”干部调研测评，在调研测评的基础上对拟任新一届“两委”班子成员后备干部进行考察，对各镇村（社区）换届选举情况进行摸底评估，排查出重点难点村 9 个，根据各村不同的情况制定详细的工作方案，做到一村一策。同时，明确了由城区领导挂点督办的网格责任清单，确保换届选举工作能顺利进行。在换届选举期间，组成 13 个工作指导组、4 个换届风气督导组对各镇换届工作进行全过程指导和监督，及时处置了宁武镇双卢村、双桥镇伏林村等换届突发事件，确保整个换届选举工作依法依规、风清气正。积极推进白华侨农场改制行政区划调整及白合华侨社区成立工作，选举产生了新的社区“两委”班子，工作成效得到了南宁市的肯定。至 9 月底，全城区顺利完成了 219 个村（社区）“两委”和村（居）务监督委换届选举工作。换届工作结束后，为尽快熟悉业务、适应新岗位，组织了 2 期共 294 人的新任书记、主任培训班。

【地名管理】　2017 年，城区民政局完成了有关单位提出的南宁市教育园区东片区、城区部分社区和伊岭工业集中区共 60 条道路、街道命名工作。

【公建民营改革】　2017 年 8 月，城区民政局顺利完成城区社会福利院公建民营改革，由佳益颐养中心进驻，进驻后各种规章制度更加完善、管理更加专业、服务水平大大提升。入院居住老人人数由原来 90 人增加到 110 人，入住率达到 100%。

【社会慈善】　2017 年，城区民政局做好社会慈善工作，开展慈善助学和慈善助医工作。8 月，开展慈善助学活动，救助困难学生 5 名，每人 3000 元，共 15000 元。10 月，开展慈善助医活动，共救助重大疾病患者 3 名，每人 5000 元，共 15000 元。开展“中华慈善日”募捐活动，截至 12 月 31 日，城区“中华慈善日”共筹得善款 122795.2 元，相关善款已转送给南宁市慈善总会。

【社会组织登记管理】　2017 年，全城区共有社会组织 316 个，其中社团 114 个，民办非企业单位 202 个。年内，共办理民办非企业成立登记 10 个，注销 7 个，变更 15 个；办理社团成立登记 8 个，注销 3 个，变更 12 个。

【婚姻登记】　2017 年，城区民政局婚姻登记处共办理结婚登记 8690 对，其中结婚登记 5554 对；离婚登记 1542 对；补领结婚证 1509 对；补领离婚证 85 对；登记合格率 100%。

【殡葬管理】　2017 年，城区民政局做好殡仪馆搬迁选址项目的前期工作。组织开展清明扫墓优质服务月活动，殡葬服务质量明显提高；实施殡葬惠民免费项目，免除城乡困难对象基本殡葬服务费用。年内，共火化 4391 具尸体，其中为五保户、低保户、优抚对象免费火化 266 例，减免金额 45.57 万元。

【为民办实事】　2017 年，民政工作列入自治区、南宁市及城区本级为民办实事项目共 5 项：城乡居民最低生活保障项目；为农村居民住房购买政策性保险项目；重度残疾人护理补贴项目；和平社区日间照料中心项目；关爱高龄老人项目。五大为民办实事项目均按时按量完成。

（民政局编写组）

外事及港澳的事务

【概　况】　2017 年，南宁市武鸣区外事侨务办公室（简称“城区外侨办”）在城区政府办挂牌（南武政办〔2017〕163 号），编制 7 名，其中行政编 6 名，后勤服务编 1 名。在职人数 4 人，其中主任 1 名（正科长级）。在职研究生 1 人，大学本科 2 人；大专

1人。年内，城区外侨办认真贯彻党和国家的外事侨务方针政策、法律、法规；贯彻执行上级有关外事侨务工作方针政策；完成城区涉外及内宾接待；协助办理公职人员因公出国（境）的初审上报；办理华侨、归侨、侨眷出入境有关事务；负责华侨回国定居审批（初审）、归侨侨眷的身份确认；督促检查依法保护归国华侨、侨眷及华侨、华人在国内的合法权益。2017年2月，办公地址由武鸣区城厢镇建设街55号（华侨宾馆四楼）搬迁至武鸣区城厢镇兴武大道245号（政府第一会议室二楼）。

【外事及公务接待】 2017年，城区外侨办共接待国内外宾客64批4200多人次。其中，外宾6批80多人次，内宾53批4000多人次，海外侨胞、港台同胞5批80多人次。

外宾接待 3月19日，接待苏丹全国大会党干部考察团到城区考察农村基层党组织建设。3月29—31日，邀请以色列总理办公室高级顾问、原以色列驻华大使馆公使衔参赞谢嘉博一行到城区考察投资环境，参加“壮族三月三”歌圩活动。5月17日，接待班达伯格市商务代表团武鸣城区参观考察现代特色农业示范区建设。9月11日，接待老挝占巴塞省代表团一行到武鸣城区参观农耕文化体验园。9月14日，协助接待越南、爱尔兰嘉宾演出团到城区参加2017年南宁国际民歌艺术节“武鸣歌台”活动。11月27日，协助接待老挝减贫合作考察团到武鸣城区考察合作社、农业技术推广工作。

内宾接待 年内，先后接待国家义务教育均衡发展督导评估检查组、国务院参事调研组、国家林业局驻广州专员办督查组、国家专家组、上海市展望发展进修学院调研组、自治区信访维稳督查调研组、自治区考核组、全区基层艾滋病防控体系建设工作现场会、自治区开展农村“两权”抵押贷款试点课题调研组、自治区现代特色农业示范区建设扩面增点提质升级动员部署会、自治区人大、政协调研组、南宁市调研组以及崇左市政协调研组、上林县党政考察团、邕宁区考察团等。中国壮乡·武鸣“壮族三月三”歌圩暨骆越文化旅游节期间，与相关部门密切配合，团结协作，圆满完成了各级领导、嘉宾、记者、客商的报到，志愿服务及食宿安排等后勤接待工作。据统计，年内共接待领导嘉宾、客商等900多人次。

港台同胞及友好人士团体接待 先后接待美国广西同乡会、武鸣香港同乡会、海峡两岸媒体记者、香港友好人士（香港籍委员、香港康仁体育会部分会董及球员等）、台湾考察团等。9月28日，接待自治区外办、南宁市外侨办组织马来西亚、老挝、泰国、柬埔寨、缅甸、越南等驻邕领事官员60人开展2017中华人民共和国国庆联谊活动。

【因公出国(境)管理】 2017年，城区外侨办指导、协助城区有关单位办理因公出国（境）人员初审上报，全年办理因公出国（境）初审上报共3批6人次。

【侨务工作】

侨法宣传 2017年，城区外侨办通过网络、涉侨微信公众号、侨界联谊等形式，广泛宣传涉侨法律法规，增强民众侨法意识。全年共发放各类侨法宣传资料500多份，解答涉侨法律法规咨询60余人（次）。

侨务扶贫 制定《南宁市武鸣区开展扶助贫困归侨侨眷工作方案》，明确工作目标，摸清帮扶对象，落实帮扶措施，筹措帮扶资金，开展侨务扶贫工作。2017年共帮扶慰问困难归侨侨眷84人(次)，资助2名贫困归侨子女大学生完成学业，发放慰问金、生活困难补助共76800元。

侨界联谊 会同城区涉侨部门以“归侨侨眷之家”为平台，举行侨界春节团拜会、国庆中秋节茶话会，城区侨界及回国探亲的海外侨胞欢聚一堂，话友情畅未来，凝心聚力，同圆中国梦。以侨界联谊为契机推介武鸣招商引资项目，12月，会同城区招商投促局向自治区、南宁市外侨办及国侨办申请推荐“侨资企业西部行”项目共8项。

侨务行政审批 根据“两单融合”权责清单，编制“华侨回国定居审批”（初审）和“归侨侨眷身份确认”运行流程，简化办事流程。便民服务事项网上审批上线率达100%，受服务对象满意度达100%。

侨务信访 2017年11月，成功协助处理美国美盛公司中国地区总部——美盛农贸（北京）有

2017 年 9 月 18 日，白合华侨社区成立挂牌仪（图中右二为外侨办主任刘茵）　　（城区外侨办提供）

限公司关于“南宁美盛农资有限公司”企业名称侵权的涉外信访件。2017 年，共接待归侨、侨眷来电来访 61 人（件）次，受理信访件 3 件，信访办结率达 100%，侨心和谐稳定。

为侨服务　坚持以人为本、为侨服务的宗旨，认真审核归侨侨眷身份，根据侨眷具体需求出具证明，为侨眷顺利办理公证、出入国（境）、户籍变更、工作调动、社保、住房申请、升学加分等提供便利。全年共受理开具归侨侨眷、“三侨生”身份证明 43 份，满意度达 100%。

推进白合华侨农场改革　根据自治区、南宁市有关华侨农场改制工作会议精神，按照“体制融入地方、管理融入社会、经济融入市场”的改革目标，积极推进白合华侨农场改制。牵头制定《2017 年南宁市武鸣区推进白合华侨农场体制改革工作时间安排表》，上下联动，督促各有关单位按时间节点完成社区成立、白合华侨投资区管委会经费管理形式由自收自支调整为全额拨款、区划调整等工作。　（甘雨霖　彭军华）

机关事务管理

【概　况】　2017 年，南宁市武鸣区机关事务管理局（简称“城区机关事务局”）（南宁市武鸣区机关后勤服务中心）内设公共机构节能监督股、行政秘书股、综合股、公务车辆综合保障管理股四个机构。核定编制 15 名，其中局长 1 名（兼武鸣区机关后勤服务中心主任）；副局长 2 名（兼武鸣区机关后勤服务中心副主任）；股长 4 名；后勤服务人员控制数 1 名。2017 年实有在职在编人数 14 人，其中：正科 1 人、副科 2 人、科员 8 人、工勤人员 3 人。办公地点在城厢镇建设街 80 号。

【公共机构节能监督】　2017 年，城区机关事务局根据南宁市公共机构节约能源领导小组办公室 2017 年工作要求，制定印发《2017 年南宁市武鸣区公共机构节约能源资源工作实施方案》《南宁市武鸣区公共机构 2017 年度能源资源消费指标分解表》，进一步明确了责任，分解目标任务，细化工作措施。6 月 11—17 日节能宣传周活动期间，围绕宣传周主题和低碳日活动主题，制作节能宣传图片、标语、横幅、宣传板报等，印制并发放了 1500 份宣传画，在全城区范围内大力倡导“节能有我，绿色共享”“工业低碳发展”，增强广大公共机构干部职工的节能意识，自觉养成节约能源资源的良好习惯。结合城区实际，在城区主要部门有计划、有步骤地组织开展节能技改、新能源推广工作。工商质监局、交运局、统计局、农业局等单位已经实施了节能技改，确定城区林业局作为武鸣区 2017 年创建节水型及节约型示范点，在武鸣城镇二中实施空气能热水器的合同能源管理项目，并与庞大小蜻蜓（北京）科技有限公司签订了汽车租赁合同，完成了公共机构新能源汽车自助分时租赁点建设任务。2017 年城区的能源资源消费统计数据能控制在南宁市下达的指标范围内。

【城区四家班子机关后勤服务】

固定资产维护、改造　2017 年，城区机关事务局为给干部职工提供更好的办公环境，维修改造党委旧办公楼卫生间，更新城区党委、政府第一会议室桌椅，完成城区政府办公楼卫生间的维修改造工作，做好政府第一会议室天面补漏工作。

2017 年 5 月 18 日，机关事务局节能宣传周活动

（城区机关事务局提供）

会务管理工作　定期检查维护城区党委一楼会议室、政府第一会议室设备，确保会议室正常使用。2017 年顺利承办各类会议约 393 余场次。协助各相关单位、部门在广场举办的各类活动 37 场次。

绿化保洁　科学规划大院绿化，对现有的花坛和绿地进行规范化的整理和管护，并对城区党委大院、人大办公区草坪、花草、苗木的更新和种植。按照要求做好四大办除“四害”、食品安全、艾滋病防治、季节性传染病防治等创建卫生城市的各项工作。

水电维护　共受理城区四家班子机关大院办公楼、会议室、领导周转房、大院住户公共部分、城区党委饭堂、文体活动室等水电维修 168 次，领导干部满意率达到 100%。

安全保卫　加强各机关大院日常巡逻防范工作，做好机关大院车辆及人员进出登记管理，引导车辆有序停放。邀请辖区派出所对全体保安人员进行安保业务培训 2 次。定期对机关大院消防器具、监控系统进行检查。做好综治各项工作，全年各机关大院无重大治安案件发生。

党委饭堂管理　以“微笑服务”为宗旨，不断提高接待工作人员的服务意识和责任意识，严格把关食材采购渠道和检验工作，改善菜肴质量，加强烹饪质量监督，顺利完成上级领导到武鸣城区检查指导工作时在党委饭堂用餐接待 35 次 525 人次，确保 406 位机关干部职工每日都吃上放心的热饭菜。

【办公用房清理】　2017 年，成立办公用房清理核查工作领导小组，安排专人负责，分成 3 个小组深入 77 个单位、13 个镇，对办公用房进行全面核查，在核实过程中发现超标的，予以整改。乡镇级除领导班子办公用房要求按文件规定使用外，其他不列入办公用房管理规定范畴，可以根据办公用房实际需要设置。总体上，城区领导干部基本办公用房均在国家规定的新标准范围之内。

【公务车辆综合保障】　2017 年，城区机关事务局有序开展平台建设筹备、车辆维护、车辆日常出行调度等各项工作，用车审批手续严格按照操作规程审批，确保不私用、不滥用公务用车。初步统计，年内安全行驶里程达到 20 万公里、耗油约 18.7 万元，全年的维修费用约 25 万元，所有车辆车况良好。

2017 年 11 月 20 日，机关事务局召开司勤人员会议

（城区机关事务局提供）

车辆平台本着服务宗旨，保证全城区应急机要通信用车的需求，月平均出车率在 18 ～ 20 台次，没有违法违规派车用车的现象。

（李秋媛）

政府集中采购

【概　况】 2017 年 3 月 15 日，南宁市武鸣区机构编制委员会正式下文（南武编发〔2017〕8 号）将南宁市武鸣区政府集中采购中心（南宁市武鸣区建设工程招投标中心）更名为南宁市武鸣区公共资源交易中心。南宁市武鸣区公共资源交易中心 2017 年 9 月 27 日正式挂牌成立，为南宁市武鸣区人民政府管理的相当副科级全额拨款公益一类事业单位（南武编发〔2017〕19 号），不再保留南宁市武鸣区建设工程招投标中心机构牌子。内设综合股、交易管理一股、交易管理二股、交易管理三股 4 个股室。核定编制 14 名，实有 11 人，其中主任 1 人、综合股 3 人、交易管理一股 2 人、交易管理二股 4 人、交易管理三股 1 人。

【公共资源交易】 2017 年，武鸣区公共资源交易中心共完成公共资源交易项目 812 个，交易金额 36.4206 亿元，节约资金 1.3966 亿元，综合节约率为 3.69%。组织非税收入 400 万元，全部缴入财政专户。

【优化服务】 2017 年，武鸣区公共资源交易中心加强优化服务。

开展简化优化公共服务流程工作　梳理编制了公共服务事项目录、服务指南，最大限度精简办事程序，减少办事环节，缩短办理时限，对申请人办理公共服务事项过程中需提交的各类证明及盖章材料进行了清理规范。

为市场主体交易提供便利　建立了政府投资重点工程项目招标工作联系对接制度，凡是政府投资重点工程项目，提前与招标人主动联系，提前到项目单位了解项目进度，介绍招标采购相关政策和程序，指导项目单位做好招标前期准备工作；同时，还建立政府采购项目“回访”制度，对产品使用情况、项目履约情况、下一步采购建议等内容广泛征求相关采购人的意见。

征求市场主体的意见建议　建立市场主体及第三方参与的社会评价机制，设立了“群众意见箱”，倾听群众心声；召开招标代理机构座谈会，广泛征求群众意见，不断改进和优化服务，方便各方交易主体。

【重点项目采购】 2017 年，武鸣区公共资源交易中心做好重点项目采购工作。落实项目责任人，由交易中心主任对项目负全责，指定一名项目负责人具体负责；积极主动与项目责任单位沟通联系；全面深入了解项目的基本情况，指导项目责任单位须办理好相关手续，保证采购项目按计划如期进行；做好内部工作安排，区分轻重缓急，优先安排重点项目采购。发扬吃苦耐劳团结协作精神，分工不分家，齐抓共管，共同配合做好项目各项准备工作，确保项目按时开标，顺利结标。自觉接受监管部门的监督检查，在采购过程中严格按照规定的程序办理，坚持“公平、公正、公开”的原则，打造“阳光采购”，确保项目安全落实。

（公共资源交易中心编写组）

民族宗教事务

【概　况】 2017 年，南宁市武鸣区民族宗教事务局（以下简称“城区民宗局”）在南宁市武鸣区人民政府办公室挂牌，实有人员 3 人，其中局长 1 人（兼政府办副主任，正科长级干部，），副主任科员 1 人（大专），工勤人员 1 人（大专），退休人员 4 人。年内，武鸣区民宗局牢牢把握“各民族共同团结奋斗，共同繁荣发展”的民族工作主题，全面贯彻落实上级民族宗教工作会议精神，认真宣传贯彻落实党的民族宗教政策，深入少数民族地区调查研究，依法管理宗教事务，为地方经济和社会各项事业的发展发挥了积极的作用。办公地点设在武鸣区兴武大道 245 号。

2017 年 3 月 25 日，太平镇庆乐小学大型互动蛮乐舞
（城区民宗局提供）

【少数民族发展资金项目】 2017 年，上级下拨给武鸣区少数民族发展资金共 432 万元，其中中央资金 381 万元、自治区本级资金 22 万元、市本级 29 万元。中央少数民族发展资金安排 22 个项目，其中道路项目 16 个，人饮 1 个，水利 1 个，村容村貌亮化 3 个，文化项目 1 个。自治区本级少数民族发展资金安排 1 个文化项目。市本级安排项目 3 个，其中文化项目 2 个，其他项目 1 个。2017 年实施 26 个少数民族发展资金项目，共完成水泥道路硬化建设 16 条累计 9348 米，受益群众 9323 人，其中少数民族群众 7712 人；完成文化项目建设 4 个，受益群众 6400 多人，其中少数民族群众 1350 人；人饮项目 1 个，受益群众 450 人；水利项目 1 个，受益群众 2000 人；村屯整治项目 3 个，受益群众 1100 人。通过项目的实施，切实改善了部分村屯少数民族群众的生产生活条件，促进了民族经济发展，增进了民族团结和社会和谐稳定。

【少数民族教育扶助】 2017 年，城区民宗局做好少数民族教育扶助工作。向南宁市民宗委申请到少数民族教育专项补助资金 10 万元，其中 5 万元用于支持武鸣区民族中学完成 2500 册壮文校本教材的编印，5 万元用于甘圩镇中心学校壮民族文化项目建设；做好 2017 年度特困少数民族优秀学生入学资助金发放工作，经认真筛选，严格把关，按照高中新生 1000 元 / 人、大学新生 3000 元 / 人的标准，2017 年共对新入学的 10 名高中生、13 名大学生给予共计 4.9 万元的入学补助。

【参加南宁市第十一届少数民族传统体育运动会】 2017 年，在南宁市人民政府办公厅《关于印发南宁市第十一届少数民族传统体育运动会方案的通知》（南府办函〔2017〕70 号）下发后，城区印发了《武鸣区参加南宁市第十一届少数民族传统体育运动会工作方案》，由城区民宗局、文新广体局组织实施。武鸣区组织 120 人参加了民运会的珍珠球、毽球、投绣球、板鞋竞速、高脚竞速、打陀螺、射弩、武术等全部竞赛项目和 1 个表演项目。经奋力拼搏，在高脚女子竞速中取得 100 米和 200 米项目第一名；素有投绣球队包揽了背篓投绣球和高杆投绣球两个项目、男女团体的 4 个第一名；高杆投绣球项目的男女个人的 2 个第一名；民族传统弩男子立姿项目获得第二名，男子个人现代弩立姿、男子个人现代弩跪姿、女子个人现代弩立姿、

2017 年 11 月 20 日，武鸣区代表团参加市第十一届民运会开幕式
（城区民宗局提供）

女子个人民族弩立姿、女子个人民族弩跪姿及团体男女赛共7个项目全部包揽第1名；打陀螺项目获女子团体和男子个人2个第一名，男子团体第二名；珍珠球男队、女队分别获得团体冠军。本次运动会武鸣区代表团夺得19个冠军、7个二等奖、3个三等奖，总数位居全市前茅。此外，武鸣区代表团还荣获了“优秀组织奖”和“体育道德风尚奖”。

使用壮汉两种文字的两江镇景观石　　（城区民宗局提供）

【民族团结进步宣传月活动启动仪式在武鸣区召开】 3月28日，南宁市2017年民族团结进步宣传月活动在武鸣区伊岭岩风景区启动。宣传月活动以“和谐壮乡·团结进步”为主题，时间为3月20日至4月20日。自治区民宗委副主任周健、南宁市人大常委会副主任黎林、市民宗委主任苏志刚等区市领导以及城区领导罗英环、卢建雅、潘新世，城区民族宗教局、旅游局等单位领导参加启动仪式。启动仪式上，自治区民宗委副主任周健、南宁市人大常委会副主任黎琳作了讲话；自治区和南宁市领导为南宁市各县(区)民族团结宣传小分队授旗、为南宁市社区“民族之家”代表赠送民族团结书籍，为南宁市民族团结进步创建活动“八进”示范单位授牌；举行了内涵丰富、风格独特的民族团结文艺演出。

【少数民族语言文字工作】 2017年，城区民宗局做好少数民族语言文字工作。6月开展壮文翻译服务，为城区各机关、事业单位、驻城区单位、企业及其他工作机构翻译牌匾、公章共计200多条，推动乡镇在制作大型户外广告、村屯标示石头使用壮文。年内，两江、罗波、马头、双桥等镇的宣传广告尽可能地使用壮文，壮文社会使用的覆盖面不断加大。利用重大节庆开展壮文社会使用宣传，在“三月三”活动期间，各类活动的背景板、会标、宣传标语等都使用壮汉两种文字，环广西自行车赛沿线的一些宣传文字也使用壮文。

【宗教工作】 2017年6月，城区民宗局开展宗教政策法规月学习活动，分别编印《宗教工作知识90问》《宗教政策法规学习100题》等2500册分发给各单位，统一为13个镇制作不锈钢宗教工作宣传栏。6月9日举办城区宗教政策法规专题讲座，邀请自治区民宗委梁柳宁副主任到会进行宣讲全国、全区宗教工作会议精神，城区各镇主要领导、城区及驻城区各单位科级以上干部共300人参加。开展和谐寺观教堂主题活动，加强武鸣区城厢基督教堂、罗波镇联新村天主教堂规范化建设。积极维护宗教领域社会和谐稳定，严厉打击各种非

2017年6月9日，武鸣区宗教工作政策法规专题讲座

（城区民宗局提供）

法宗教活动，先后处置了府城镇社区桥头私立地藏王菩萨塑像及违法建（构）筑物，两江镇汉安村那汉屯“大明山天地庙”违法建（构）筑物。

（韦恒丽）

调处工作

【概　况】 2016年6月，武鸣县人民政府调解处理土地山林水利纠纷办公室改称为南宁市武鸣区人民政府调解处理土地山林水利纠纷办公室（简称“城区调处办”）。城区调处办设在城区人民政府办公室，原核定编制8名，2017年核定编制7名，其中行政编制6名，事业编制1名，设主任1名，由城区人民政府办公室1名副主任兼任，专职副主任1名。年底，有干部职工7人，其中正科2人，副主任科员1人，科员3人，工勤1人。办公地点在武鸣区城厢镇灵源路西段1号。

【“三大纠纷”调处】 2017年，城区调处办排查受理城区内“三大纠纷”案件43件（其中调处办22件，国土局5件，林业局9件，水利局1件，各镇6件），调结39件，调结率90.7%。接待来访群众145人次，及时化解因“三大纠纷”有可能引起的群体性上访、阻工、毁苗、抢种等激化事件12件。城区调处办被评为2017年度自治区“三大纠纷”调处工作先进集体、2017年度武鸣区信访维稳工作三等奖；李耿陈被评为2017年度自治区“三大纠纷”调处工作先进个人。

【落实包案制度】 2017年，城区调处办认真落实包案制度。四家班子领导按照所联系的各镇落实领导包案制度，对城区22个重点案件落实“五包”责任，督促案件化解和稳控。2月21日和8月25日，城区党委书记韦敏宏部署全国两会、党的十九大期间的信访维稳工作，明确加强“三大纠纷”化解与维稳工作。3月28日、7月25日和10月13日，城区政法委陆振飞书记、城区政府黄勤民副区长组织信访维稳工作联席会议，部署“壮族三月三”歌圩、清明节、党的十九大与环广西公路自行车巡回赛等期间维稳安保工作，加强排查化解，将案件落实到部门到镇到人。相关部门、各镇加强对“三大纠纷”排查化解稳控工作，对辖区重点案件制定调处化解工作方案和维稳应急预案，落实人员和维控措施。

【排查摸底】 2017年，城区调处办做好排查摸底工作。每月排查和敏感时期每日排查相结合，组织调处部门和各镇排查摸底，立足“抓早、抓苗头”，及时发现纠纷发展动向和不稳定因素。年内，将“三大纠纷”43案件（其中调处办22件，国土局5件，林业局9件，水利局1件，各镇6件）中的22件作为重点案件（其中调处办负责13件，国土局负中责2件，林业局负责7件）全部落实处级领导包案负责，包案领导认领责任，了解案情，带案下访，做好稳控。

【重点案件调处】 2017年，城区调处办加大重点案件的调处化解，确保项目建设稳步推进。以容易激化为群体性事件、影响全城区社会稳定的案件和影响到东盟教育园区东片开发建设、贵隆高速公路宾隆二级公路、伊岭工业园区等城区重点项目推进的案件为重点，要求各镇、城区主管部门抽调精干力量，一案一组，突击集中化解。到2017年年底，项目建设稳步推进，没有因调处不力而引发群体性事件。

【稳控工作】 2017年，城区调处办加强稳控工作，对一些历时时间长、案情复杂、群众意见大但一时难以马上调处化解的“三敏感”案件，由调处责任单位一案一研究，做好应对方案。及时寻找当事人做好解释说明，明确调处期限，让群众疏缓情绪、耐心等待，对重点挑头人员落实稳控措施，确保重大敏感时期的社会稳定。把近5年来申请到城区政府确权处理的230件“三大纠纷”案件梳理一遍，按照“属地管理，属地稳控”原则层层分解到各镇，每案落实稳控人员和相应稳控措施。敏感期间慎用行政裁决手段结案，对维稳期间要裁定下文的4件案件，加强分析研判，做好风险评估，慎用行政裁决手段结案，尽量做好群众思想工作，避免因处置不当引发群体性事件或非正常上访事件。

【情报信息报送】 2017年，城区调处办加强值班备勤，即时报送情报信息。在中国—东盟博览会、中共十九大和环广西自行车赛等敏感时期，做好值班安排，规范每日领导带班和人员值班制度、每日零报告制度，监控有可能激化因素，及时做好应对措施。每天下午3时之前，向城区党委维稳办报送“武鸣区每日情况汇报”，使上级部门和领导掌握维稳情况。

【“三跨”案件调处】 2017年，城区调处办加强协调沟通，全力调处“三跨”（跨县区、跨市、跨省）案件。城区涉及的跨县区“三大纠纷”重点积案有4件，涉及武鸣区、马山县、隆安县等。这些案件涉及人员众多，矛盾突出。为加快案件调处，城区调处办加强与南宁市调处办、市林业局协调沟通，主动与马山县调处办沟通联络4次，配合南宁市调处工作组3次现场勘查，4次协商调解。年内，结案3件，正在调处1件，案件平稳可控。

【督查督办】 2017年，城区调处办加强督查督办，切实压实维稳责任。根据敏感期间维稳部署，组织城区国土、林业等职能部门7次28人次的督查工作组深入13个镇，督查纠纷案件的调处化解工作，重点对有可能激化的案件或者经常性上访的案件及上级部门领导批示的案件进行督查；加强对“三大纠纷”情报信息报送工作的督查，避免信息出现迟报、漏报、瞒报行为，确保案件有人管。通过督查，层层传导，压实责任，在十九大召开期间和环广西自行车赛期间没有出现“三大纠纷”激化事件。

（苏生杰　韦善杰）

政协南宁市武鸣区委员会

【概　况】 2017年，中国人民政治协商会议南宁市武鸣区委员会设主席1名，副主席4名，下设办公室、委员联络工作办公室、经济科技委员会、提案社会工作委员会、文教卫体文史学习委员会。定编22名，其中行政编17名，工勤编5名。实有在职人员34人，在职人员中正处级2人，副处级4人，正科级14人，副科级8人，科员2人，工勤人员4人；研究生学历1人，大学学历26人，大专学历7人。办公地点在南宁市武鸣区城厢镇灵源路112号。

重要会议

【一届二次全体委员会议】 2017年1月17—19日，政协南宁市武鸣区第一届委员会召开第二次全体委员会议，出席本次会议的委员189名。会议听取和审议赵祖明主席代表政协南宁市武鸣区第一届委员会常务委员会所作的工作报告、黄宏伟副主席代表政协南宁市武鸣区第一届委员会常务委员会所作的提案工作情况报告。列席城区人大一届二次会议，听取并协商讨论南宁市武鸣区人民政府工作报告、南宁市武鸣区人民法院工作报告、南宁市武鸣区人民检察院工作报告及其他报告；听取黄宏伟副主席代表本次会议提案审查委员会关于提案审查情况的报告；通过本届政协常委会工作报告的决议、政协提案工作情况报告的决议、本次会议政治决议。

【常务委员会议】 2017年，政协南宁市武鸣区第一届委员会共召开五次常务委员会议。

第四次会议　1月10日召开一届常委会第四次会议，会议协商通过《政协南宁市武鸣区第一届委员会常务委员会工作报告（征求意见稿）》《政协南宁市武鸣区第一届委员会常务委员会关于第一次会议以来提案工作情况的报告（征求意见稿）》、政协南宁市武鸣区一届二次会议有关材料。

第五次会议　1月19日召开一届常委会第五次会议，各委员活动小组组长或副组长列席会议，各委员活动小组长汇报审议各项报告及委员活动小组当年调研、视察、联谊、为民办实事等活动计划情况，听取了提案审查委员会关于第二次会议提案审查情况汇报，审议通过政协南宁市武鸣区第一届委员会常务委员会工作报告决议、关于第一次会议以来提案工作情况报告决议和政治决议等草案材料。

第六次会议 6月16日召开一届常委会第六次会议，会议组织学习习近平总书记视察广西重要讲话精神，通报2017年政协常委会上半年工作总结及下半年工作计划；协商讨论政协人事问题。

第七次会议 9月27日召开一届常委会第七次会议，会议组织学习习近平总书记7月26日在省部级主要领导干部会议上重要讲话精神；协商讨论政协人事问题。

第八次会议 12月14日召开一届常委会第八次会议，组织政协常委考察上林县城风貌改造和民俗民居保护工作，听取2017年度城区政府为民办实事项目进展情况和城区纪委、城区法院、城区检察院年度工作通报，组织学习十九大精神。

【主席会议】 2017年，政协南宁市武鸣区第一届委员会共召开主席会议19次，主要讨论决定政协的各项重大工作。1月4日召开主席会议，协商讨论城区政协一届二次会议常务委员会工作报告和关于第一次会议以来提案工作情况的报告以及一届二次会议专题发言材料。2月7日召开主席会议，研究讨论确定重点提案。2月28日召开主席会议，研究讨论确定专题调研课题、主席建议案和常委建议案及民主协商课题，讨论界别委员小组外出考察学习计划。审议南宁市武鸣区政协开展2017年“听民声、察民情、聚民意”走基层活动方案，审议厦门大学——南宁市武鸣区政协综合素质提升培训班方，研究讨论《政协机关2017年主要工作一览表》。7月17日召开主席会议，研究讨论《南宁市武鸣区政协“精准扶贫爱心助学”捐赠活动方案》《南宁市武鸣区政协与香港友好人士联络联谊活动方案》。12月4日召开主席会议，研究讨论增补政协南宁市武鸣区第一届委员会委员建议人选名单；研究讨论一届八次常委会工作方案；研究讨论召开一届三次会议相关事项。

【党组会议】 2017年，城区政协党组共召开六次会议。

1月22日召开党组会议，通报原武鸣县政协党组2015年“三严三实”专题民主生活会征求意见整改措施落实情况，通报中共南宁市武鸣区政协党组2016年度民主生活会征求意见情况，城区政协党组书记、主席赵祖明代表城区政协党组作对照检查，城区政协党组成员结合工作分工进行对照检查，开展批评与自我批评。

3月22日召开党组会议，研究讨论政协党组本年度党风廉政建设主体责任，政协机关开展干部作风提升年活动事宜。

4月28日召开党组会议，学习传达自治区纪委关于贯彻落实中央八项规定精神“回头看”工作精神，南宁市武鸣区开展“四风”和违反中央八项规定精神突出问题专项治理工作方案，研究政协机关开展“四风”和违反中央八项规定精神突出问题专项治理自查自纠工作。

5月2日召开党组扩大会议，传达城区党委贯彻落实中央第三巡视组巡视广西问题情况反馈的工作布置，通报自治区中央八项规定“回头看”有关情况。

9月27日召开党组会议，会议宣读城区党委对政协机关人事任免文件，研究讨论政协挂驻府城西厢村新农村指导员调整问题。

11月3日召开党组扩大会议，传达学习中共十九大会议精神。

主要工作

【组织学习】 2017年，城区政协通过召开常委会、党员会议等形式，组织学习中共十八届六中全会和全国两会精神，学习习近平总书记视察广西重要讲话、“7·26”重要讲话精神及中共十九大精神。5月份，组织政协常委、委员活动小组组长及政协各委（办）正、副主任近50人到厦门大学进行为期一周的集中培训，让学员们对当前国内外形势以及新时期做好政协工作的重要性有更充分的了解，进一步坚定中国特色社会主义道路自信、理论自信、制度自信、文化自信，切实增强做好新形势下政协工作的责任感、使命感。中共十九大召开后，组织召开政协党组（扩大）会议、机关干部职工会议、党员会议和开展政协委员集中学习活动，传达学习中共十九大精神，在学懂、弄通、做实上下功夫，全面准确把握习近平新时代中国特色社会主义思想的深刻内涵。11月15—16日，组织开展2017年“委员学习日”活动，邀请自治区政协副秘书长班源泽、原南宁市政协文史委主任谭本基就“深入学习贯彻中共十九大精神，切实发挥政协委员的主体作用”“发挥政协职能作用为新时代新征程再立新功”给委员们授课，进一步加深了委员们对十九大精神的理解，为委员们更好地履行职责提供了理论依据；邀请城区党委常委、政府常务副区长何翔给委员们作《武鸣经济社会发展的规划与实践》专题讲座，让委员们对武鸣当前所面临的机遇、挑战和未来有了更加清晰的认识，激发了委员们干事创业的热情。

【协商民主】 2017年，城区政协围绕“两中心一目的地两基地”（《武鸣县县城总体规划（2013-2030）》把武鸣定位为南宁市域副中心，面向东盟的科技创新服务及文化交流中心，我国著名的以壮文化为特色的休闲旅游目的地，广西重要的现代产业基地和教育基地。）发展定位和建设具有壮民族特色的“富裕文明、生态宜居、美丽和谐”武鸣新区发展目标，积极开展多层次的协商活动。

全会协商　组织召开政协一届二次会议，听取并审议了政协常委会工作报告和提案工作报告，听取并协商讨论了“一府两院”工作报告以及其他工作报告。全体政协委员围绕武鸣经济社会发展大局、人民群众普遍关心的热点难点问题积极协商建言，通过讨论发言、撰写提案等形式提出意见、建议，为党委政府献言献策。

专题协商　主动对接党委、政府重点工作，精选“提高武鸣城市园林绿化水平”专题，组织开展调研视察，召开城区政府主要领导、分管领导和城区住建、财政、环保等10个部门的主要领导参加的城区政协第一届委员会常务委员会专题议政协商会议，围绕“强规划　出精品　提高武鸣城市园林绿化水平”专题进行议政协商，给城区政府及相关部门建言献策，推动专题调研成果转化落实。

对口协商　2017年，就加快推进武鸣区民族中学围墙外养猪场搬迁、武鸣高中新校区建设、南宁市伊岭工业集中区基础设施建设、打造香山河沿岸休闲旅游长廊、在兴武大道设置机动车违法行驶执法拍摄点等5个专题，与教育、农业、环保、住建、公安等部门进行对口协商，为职能部门推进工作提供了决策参考，部分对口协商问题得以有效解决，民族中学围墙外养猪场于6月依法强制拆除，民族中学师生反映强烈的噪音污染和气味污染问题得到解决。

【开展调查、考察活动】 2017年，城区政协立足服务中心工作，深入开展调查研究，积极建言献策，努力提升参政议政水平。

专题调研　通过召开政协主席（扩大）会议，征求意见、协商讨论，选定提高武鸣城市园林绿化水平、发展商贸物流业、发展电子商务、推进农村土地经营权有序流转等4个调研课题，组织委员及相关部门领导深入基层，到宁夏回族自治区银川市、南宁市青秀区等地学习先进经验，认真撰写调研报告，完成了《强规划　出精品　提高武鸣城市园林绿化水平》《关于发展武鸣区现代商贸物流业的调研报告》《武鸣区电子商务发展的问题与对策》《关于加快推进农村土地经营权有序流转的建议》4篇专题调研报告。

考察监督　组织政协常委、政协委员视察宾隆二级公路武鸣段、贵隆高速公路武鸣段和工会爱心驿站等项目，通过委员视察监督推动工作落实。选派委员参加城区义务教育均衡发展迎国检、扶贫领域监督执纪问责工作巡查调研、绩效考评等工作，认真履行民主监督职能。

调研成果转化　向城区党委、政府提交《加快推进南门菜市等片区旧城改造的建议》主席建议案，得到城区党委、城区政府的重视。

【反映社情民意】 2017年，城区政协聚焦人民群众普遍关注的热点难点问题，及时准确地把群众的意见和要求反馈给党政领导。编印了8期《社情民意反映》，有4期得到城区党委、政府主要领导批示，有4期分管领导签署了意见，有效地促进了相关工作的办理落实。其中，《关于尽快修复城区城市交通干道人行道破损地砖的建议》得到政府的采纳，落实资金开展城区交通干道人行道修复工程，该工程已于2017年6月完工；《关于加快推进城镇三小、民族中学新校区建设的建议》《关于尽快打通江滨南路香山桥头至城区敬老院段人行道的建议》《关于维修武鸣绕城公路西南段部分路段的建议》均得到城区党委主要领导的批示，城镇三小、民族中学新校区的建设正在有序推进，江滨南路香山桥头至城区敬老院段人行道改造项目已纳入2018年城建计划，绕城公路西南段已经完成了实地勘察设计、制定维修方案等工作；《关于加强灵水水资源保护与污染防治的建议》得到了城区政府主要领导及分管领导的批示，城区政府发布了《关于禁止在灵水湖内从事游泳、洗涤和垂钓等活动的通告》，旅游、环保、农业、国土等相关职能部门采取专人值守、加大水质监测频次等措施，切实保护水资源安全。

【提案办理】 2017年，城区政协一届二次会议期间收到提案62件，闭会后收到提案6件，共收到提案68件，经提案审查委员会全体会议审查予以立案68件，立案率100%。在立案的提案中，涉及交通方面20件，城建方面14件，旅游方面8件，环保方面4件，经济、卫计和水利方面各3件，农业、民政和教育方面各2件，文体、工商、食品卫生和宗教方面各1件，其他方面3件。这些提案当中，界别提案有11件，委员联名提案有34件，委员个人提案有23件，参与撰写提案的委员有235人次，占委员总数的124%。截至2017年5月27日，所有提案已办复完毕，按期办复率100%。委员们对提案的办理效果给予了充分肯定，满意和理解率达95.6%。

【服务中心工作】 2017年，城区政协积极参与“三服务”“美丽武鸣”“精准扶贫”“五送”活动。

服务重点项目　结合“重大项目服务年”活动，班子成员积极参与教育园区、贵南高铁、贵隆高速等重点项目的征地拆迁工作，协调推进重点项目建设。政协主要领导带队视察泰城公馆、东盟特产城等项目，并主持召开“重大项目服务年”工作推进会，帮助企业排忧解难。

服务城市建设　政协主要领导多次召开武鸣区城市建设重点项目现场协调会，协调解决高速路灵水出入口景观提升工程、武华大道“白改黑”工程、定罗湖二期工程、建筑垃圾消纳场工程等项目建设遇到的问题。

服务“圩节”和自行车世界巡回赛　完成了2017年中国壮乡·武鸣“三月三”歌圩暨骆越文化旅游节礼仪安排和环广西公路自行车世界巡回赛武鸣赛段的赛前、赛中、赛后等相关工作，积极参与各项活动的组织协调、巡查工作。

参与“美丽南宁·整洁畅通有序大行动”和“美丽武鸣”乡村建设活动　政协主要领导担任“美丽南宁·整洁畅通有序大行动”武鸣区指挥部指挥长，多次组织召开大行动工作会议，深入推进“美丽南宁·整洁畅通有序大行动”，探索建立“4819”（做好4个全：全民共治、全员执法、全面整治、全城宜居，以万人交通大整治、市场管理、噪音整治、小区物业专项整治、扬尘污染治理、夜市整治、督查工作、群众满意度工作为8大抓手，以南宁市考核指标为标准，结合武鸣特色创新1个管理体系，通过开展全方位整治行动，实现主城区内车辆停放有序、地面整洁干净、空气清新自然、环境安静和谐、市场井然有序、物业管理规范、市民自觉自律、社会安全满意、城市诚信宜居的9大目标。）全民综合智慧治理模式，开展万人交通大整治，有效治理城市“五乱”。班子成员承担“美丽武鸣”乡村建设的指导、协调工作，全面推进“三民”（产业惠民、服务惠民、基础便民）活动，“宜居乡村”成效初显。

做好精准扶贫工作　班子成员深入挂点联系镇、联系村指导精准扶贫工作，积极协调有关部门加快推进府城镇西厢村冷库选果厂的建设。政协机关干部进村入户，帮助联系户制订2017年扶贫计划及申请产业扶持，按时完成大数据平台相关扶贫信息的录入工作。协调资金资助府城镇四明村、西厢村共计2.1万元，用于购买垃圾清运车和村委基础设施建设。筹集资金2万元开展挂点村贫困户、村干部节日慰问活动。

办实事做好事　开展“五送”（送医、送法、送科技、送教、送文化）活动。组织政协常委到太平维护连、武警中队、城管大队、交管大队、环卫站开展“送清凉”慰问活动，慰问品价值8万元。组织科技界委员开展“送科技”活动，到双桥镇、宁武镇举办南宁市武鸣区柑橘春季管理技术交流会，给果农传授柑橘科学种植技术。组织医药卫生界、无党派和归侨界委员到甘圩镇开展“送医”“送法”活动。组织教育体育界委员到罗波中心校开展“送教”活动，为基层教育服务。组织开展“送文化”活动，与城区文联、山歌协会共同举办“宣传十九大　文化下乡促和谐”山歌巡演活动，到城区各镇巡回演出11场次，宣传中共十九大精神，进一步丰富基层的精神文化生活。组织政协委员积极参与社会公益活动。年内，政协委员及委员企业为城区重大节庆活动、精准扶贫、教育发展等重点（中心）工作捐资捐物共计150多万元，其中，政协常委、广西力海投资有限公司董事长刘强为“三月三”歌圩暨骆越文化旅游节和精准扶贫捐款33万元，政协常委、广西麦克健丰制药有限公司董事长黄大权为精准扶贫等社会事业捐款捐物17万元，蔡启新、庞懿棣等香港籍委员及香港康仁体育会为精准扶贫捐款10万元，政协常委、广西武鸣中居房地产开发有限责任公司董事长范化森为精准扶贫、基层组织建设等捐款5.1万元，政协常委、武鸣灵水医院董事长林加新为乡镇敬老院捐资5万元，工商界委员们给陆斡镇中心学校饭堂购置价值4万多元的饭桌椅。

【文史资料收集整理】　2017年，城区政协加强本土资料的收集整理，发挥政协文史资料“存史、资政、团结、育人”的积极作用。做好《卢绍武将军》《壮乡流韵——武鸣传统山歌集（一）》的编辑出版工作。《壮乡流韵——武鸣传统山歌集（一）》已经由广西民族出版社出版发行，全书图片20张，收录山歌603首，分壮文、古壮字、直译、意译进行编辑。《卢绍武将军》文稿的撰写已经完成，共15万多字、140多张图片；收集整理其他文史资料。协助自治区政协文史委收集革命老干部陆维民在锣圩镇开展游击战的相关史料；协助四川省剑阁县政协补充拍摄李璧音像资料。同时，收集整理地名、科协工作等文史存档资料约2万字。

【对外联谊】　2017年，城区政协充分发挥政协的桥梁纽带作用，努力做好团结各界、凝聚人心工作。

开展走访委员活动　城区政协班子成员走访了教育局、环保局、嘉沃农业专业合作社、双汇食品有限公司等委员单位和企业，与委员深入沟通交流，积极为委员单位和企业排忧解难。

与香港籍委员的沟通联系　政协一届二次会议期间，组织香港籍委员视察广西壮都、双桥镇大伍屯等项目，加深香港籍委员对武鸣的了解。7月，组织部分政协常委以及政协联络办、办公室人员到深圳开展走访香港籍委员、考察香港籍委员企业活动，协商在武鸣区举办篮球友谊赛、筹集善款事宜。9月，成功举办“金茂新城杯”武鸣·香港两地同心慈善篮球赛，既增进了两地的体育文化交流，为城区群众奉献上精彩的篮球盛宴，又为城区精准扶贫筹集到了25万元善款。

委员小组活动与调研考察相结合　年内，组织10个批次的委员小组到外地先进县（区）进行考察学习。通过考察学习，增进委员间沟通交流，进一步拓宽委员视野，提升履职能力。各小组考察结束后均撰写了考察报告，总结学习到的先进经验和做法，并结合城区实际提出意见和建议。

对外联络交往　热情接待广东省廉江市、崇左市、河池市金城江区、柳州市鹿寨县等22个市县（区）政协到武鸣考察学习。组织机关办公室、提案委、联络办人员到宾阳县政协学习专题议政协商工作经验。协助自治区政协农业委开展“病死猪无害化收集处理体系建设”专题调研。协助南宁市政协开展“加快发展我市竞技体育”专题调研及组织常委开展视察活动。协助南宁市政协召开落实领导包案化解突出矛盾纠纷问题协调会。主动联系自治区政协，通过自治区政协协力基金会争取到香港周凯旋基金会的项目扶持，为陆斡镇陆斡小学、两江镇白云小学、双桥镇孔镇小学各添置1套网络教室设备，总价值30万元。

（甘　勇　韦桂琴）

纪律检查和行政监察

【概　况】 2017年，武鸣区纪委监察局编制（包含机关各科室、派驻机构、党委巡察办、绩效办）80名，在职在编干部职工53人，其中研究生学历5人，大学学历43人，大专学历5人。处级干部1名，正科级干部14名，副科级干部26名，科员级干部12名，事业单位人员5名，工勤人员4名。设城区纪委常委7名，其中纪委书记1名，纪委副书记2名，纪委常委3名，监察局局长1名（由纪委副书记兼任），副局长3名。纪委常委设办公室、信访室、党风政风监督室、案件审理室、第一纪检监察室、第二纪检监察室、第三纪检监察室等7个职能室。由城区纪委监察局直属管理的有10个派驻纪检组、1个派出纪工委、1个绩效考评领导小组办公室，城区党委巡察办设在纪委，与纪委合署办公。全城区（含各镇）有纪检监察机构13个，专兼职纪检监察人员65人。城区纪委监察局办公地点设在武鸣区兴武大道174号交通大厦11楼至13楼。

【落实“两个责任”】 2017年，城区纪委监察局深化“两个责任”，有力推进全面从严治党向纵深发展，层层压实党风廉政建设主体责任和监督责任。

组织签订责任书　年初组织全城区59个党委、党组与城区党委签订《落实党风廉政建设主体责任责任书》，54个纪（工）委与城区纪委签订《落实党风廉政建设监督责任责任书》，形成党风廉政建设责任共同担当、齐抓共管的良好局面，促进各镇、各单位明确职责、责任上肩。

健全完善“两个责任”考核体制机制　实行《党风廉政建设“两个责任”纪实制度》，编印主体责任纪实手册。加强监督检查，年中和年末分别对各单位落实党风廉政建设“两个责任”和执行纪实制度情况进行专项检查，对检查发现的纪实手册填写不严肃、管班子带队伍职责不到位等6大类206个问题进行通报。针对存在的问题，城区党委常委班子成员约谈所联系和分管单位的党政主要领导、分管领导，进一步增强各级领导干部落实“两个责任”的责任感和紧迫感。

筹建“两个责任”绩效考评平台　充分利用“互联网+”及“大数据”等信息化技术手段，结合主体责任纪实制度，筹建武鸣区“两个责任”绩效考评平台，该系统正在研发当中。

严格责任追究　对落实全面从严治党主体责任不力、失职失责7人进行问责，并点名道姓通报曝光，以强力问责倒逼全面从严治党责任落到实处。

【纪律检查体制和机制改革】 2017年，城区纪委监察局深入贯彻落实全面从严治党的决策部署，推进纪检体制机制改革。

深化“三转”　在2016年开展城区纪委牵头或参与的议事协调机构清理工作的基础上进行地毯式排查，对部分单位仍将城区纪委监察局列入不应参与的议事协调机构提出纠正意见10次。扎实开展“深化‘三转’回头看”活动，明确镇纪委不再分管与纪检监察无关的工作，不再挂点包村，有效推动“三转”工作抓细、抓实、抓出成效。

巡察利剑作用　在全市率先成立党委巡察工作领导小组办公室，与城区纪委合署办公，落实行政编制6名。年内对41个单位开展两轮巡察和村（社区）“两委”换届风气、扶贫领域两个专项巡察，发现6大类371个问题，反馈意见督促整改316条，形成问题线索移交有关部门查处55条，发挥巡察利剑作用。

成立纪委派驻机构　结合武鸣区实际，撤销原有的四个派出纪工委监察分局，以综合派驻和派出纪工委的形式统一设置11个派驻机构（派驻纪检组10个，派出纪工委1个），实现对城区直属党政群机关、企事业单位监督全覆盖。积极探索派驻机构管理机制，印发《关于加强南宁市武鸣区纪委派驻机构建设的意见》和《南宁市武鸣区纪委派驻机构管理工作办法》，为加强派驻机构建设和运行提供了遵循。

基层廉洁工作站建设　率先将村（居）务监督委员会和村（社区）基层廉洁工作站合二为一，明确站长由村（居）监委主任兼任，廉洁监督员由村（居）监委委员担任的要求，增强基层监督合力，实现“1＋1＞2”的监督效果。创新监督模式，先后开展2017年第二批扶贫产业补贴、雨露计划、五保低保等“一月一监督主题”活动，切实提高监督实效。

深化国家监察体制改革试点工作　成立深化国家监察体制改革试点工作小组及办公室，制定改革试点工作实施方案。截至年底，已完成拟转隶人员谈心谈话、办公场地改建招投标、监委委员人选拟定等工作。

【监督执纪问责】　2017年，城区纪委监察局锲而不舍落实中央八项规定精神，巩固发展作风建设成效。

日常监督　紧扣元旦、春节、国庆、中秋等重要时间节点，组成督查组对各镇、各单位的上班工作纪律、公车使用、公款消费等进行明察暗访23次。严肃整治“四风”问题，进一步深化作风建设，严防违反中央八项规定等“四风”问题反弹回潮。年内共查处违反中央八项规定问题49起，给予党纪政纪处分25人，通报曝光双桥镇合美村“两委”公款旅游等“四风”典型案例5批次46起。

开展贯彻落实中央八项规定“回头看”工作　组织城区各镇各单位对中共十八大以来贯彻落实中央八项规定精神进行全面系统的自查自纠，共查出问题400多个，清退各类违规支出款项约539万元。组成3个督查组对全城区13个重点单位、13个镇进行重点督查，发现问题115个，限期整改41个，函询21人。

政风行风监督　结合2017年“干部作风提升年”活动，开展政风行风明察暗访工作。年内共通报违反会风会纪问题2批次，涉及25个单位，通报46人次；通报违反考勤制度问题乡镇4个、城区单位1个；通报违反请销假制度问题乡镇2个，通报3人次；通报存在服务窗口行政效能等方面问题乡镇1个；通报违反上班工作纪律问题单位24个，通报52人次。

抓好问责问效工作　围绕中心任务，聚焦作风建设，强化监督检查。对脱贫攻坚、“美丽南宁·宜居乡村”、扬尘污染治理等重大决策部署贯彻执行情况开展监督检查2705次，下发督办函108份，问责17人；对重点工作监督检查258次，下发督办函15份；对重大项目监督检查129次、发现问题66个、落实整改66个，下发督办函9份，约谈8个单位19人。对作风不实、慢作为、推诿扯皮等行为立案审查25人。

推进扶贫领域监督执纪问责　开展专项检查，组织城区财政局、审计局等部门对7个脱贫村、51个扶贫项目、752.32万元扶贫资金进行专项检查，发现问题4类26个，给予函询4个单位，限期整改26个问题。组织城区人大代表、政协委员、特邀监察员等对13个镇进行扶贫领域监督执纪问责工作巡查调研，共发现15类问题，提出意见和建议13条，发现问题线索2条，转立案2件。年内查处扶贫领域案件98件，对扶贫工作开展不力的41名干部进行通报批评或诫勉谈话。

严把廉政审查关　坚决防止“带病提名”“带病提拔”。截至12月底，审查村（社区）“两委”换届人选1641人，否决3人；审查领导干部出入境72人；审查评优评先单位820个、1527人，否决14个单位、16人；审查拟提拔干部62人，否决2人。

【纪律审查工作】　2017年，城区纪委监察局坚持把纪律挺在前面，纪律审查工作取得显著成效。

实施“阳光信访举报”工程　推行领导干部定期接访、重点约访、带案下访和公开接访等“四访”活动，全年共开展接访228人（次），带案下访135件（次）。强化对中央巡视组转交办件的组织办理，共受理中央第三巡视组转交办件13件，立案9件，办结13件。

实施“兵团作战”战略　年内共运用“四种形态”处理党员干部235人。成立6个执纪审查协作组，实行重要线索统一管理、重要案件统一查办、办案人员统一调配，加强与公、检、法、审计部门的联系、沟通和配合，定期不定期召开反腐败协调小组办公室联席会议。年内，全城区共受理信访举报246件（次），处置问题线索391件，立案215件，结案168件。其中给予党纪处分118人、政纪处分48人（含双重处分3人）、免于处分5人，涉及乡科级干部23人、一般干部66人、其他人员79人，移送司法机关6人，挽回经济损失50.93万元。

【党风廉政建设宣传教育】 2017年，城区纪委监察局加强党风廉政建设，丰富宣传教育形式。

推进“两学一做”学习教育常态化制度化 依托理论学习中心组、党组织“三会一课”等平台，采取集中培训和分散自学相结合的方式学习贯彻中共十八大，十八届三中、四中、五中、六中全会，十九大精神和新修订的《党章》《准则》《问责条例》《党内监督条例》等党纪党规。组织学习贯彻习近平总书记视察广西重要讲话精神宣讲、党内法规宣讲、中共十九大精神宣讲共93场次，受教育党员干部3万多人次。

强化廉政宣传 年内，开展宣传报道14次、网络网站宣传50多条，发放宣传资料5万多份，制作宣传板报148幅，悬挂横幅张贴标语3000多条。在武鸣纪检监察网、武鸣电视台、武鸣时讯、“廉洁清风漾武鸣”等微信公众号开设专栏和曝光台，编发典型案例剖析4篇，通报典型案例55批次，开展警示教育活动22场次。紧盯重要时间节点开展警示提醒，编发廉洁短信26500条。

推进廉政文化建设 更新城区党风廉政宣传文化长廊和党性党风党纪警示教育基地内容，依托基层廉洁工作站建设，打造城厢镇红岭社区、双桥镇伊岭村等一批“廉洁武鸣”品牌，党风廉政宣传阵地不断巩固扩大。

【党风廉政建设和反腐败工作会议】 2017年2月24日上午，党风廉政建设和反腐败工作会议在富鸣城投1号综合楼510会议室召开。城区党委常委、纪委书记石成涛在会上回顾总结了2016年全城区党风廉政建设和反腐败工作，并就2017年的工作任务进行了安排部署。城区党委书记韦敏宏提出，要切实担当党风廉政建设主体责任，坚定支持纪委履行监督责任、推进纪律检查体制改革，加强全面从严治党，党风廉政建设和反腐败工作取得新的明显成效。会议强调：把握重点任务，落实管党治党政治责任，严肃问责追责，进一步压实“两个责任”；保持高压态势，坚持惩治腐败力度不减、节奏不变，有腐必反、有贪必肃；坚持标本兼治，坚持政治立场和政治原则，增强政治警觉性和政治鉴别力，明确政治方向和政治责任，切实维护良好的政治生态；严肃党内政治生活，筑牢理想信念根基，增强拒腐防变自觉性，推动党内生活正常化和党内监督规范化；严格落实民主集中制，增强责任意识，强化党内监督，落实全面从严治党主体责任和监督责任，不断提高党内监督实效；坚持加强廉洁文化建设，营造风清气正的政治生态。

重要活动

【自治区纪委监察厅调研组到武鸣区考察调研】 2017年2月24日，调研组通过实地走访、召开座谈会的形式，深入了解武鸣区在贯彻落实十八届中央纪委六次、七次全会，自治区纪委十一届二次全会和市纪委十二届二次全会部署情况及基层党风廉政建设和执纪审查工作情况。调研组对武鸣区在扶贫攻坚和扶贫领域监督执纪问责方面工作给予充分肯定，认为武鸣区在严格落实党委主体责任和纪委监督责任，完善体制机制，深化作风建设、严厉惩治腐败，特别是扶贫领域监督执纪问责工作取得了明显的成效。调研组希望武鸣区要强化“四个意识”，切实把中央、自治区、南宁市的决策部署落到实处；要持续保持正风肃纪的高压态势，特别是在扶贫领域监督执纪问责方面，认真研究扶贫领域资金的管理使用情况监督办法，加强对扶贫领域资金管理使用情况的巡察，切实加强扶贫领域监督执纪问责力度，为打赢脱贫攻坚战提供坚强纪律保障，以优异的成绩迎接党的十九大召开；要持续抓好中央八项规定精神的贯彻落实，并认真对照，加强整改，做到有令必行，有禁必止；要加强纪检监察干部的业务培训，提高执纪审查工作水平，确保办案质量和安全。

调研组还到双桥镇伊岭村调研村级廉洁工作站建设情况，对如何充分发挥城区纪委委员的作用，确保基层廉洁工作站取得实效和完善各项制度和工作流程，确保制度管用、办事方便，让村级廉洁工作站成为密切党群干群关系、切实维护群众利益的“阵地”提出了意见和建议。

【自治区纪委调研组到武鸣区开展“四种形态”调研】 2017年7月7日，调研组通过召开座谈会、与城区党委（政府）主要负责人面谈、回访监督执纪“四种形态”工作对象等形式，了解武鸣区实践运用监督执纪“四种形态”的现状、遇到的困惑、问题以及意见建议。调研组指出，“四种形态”是减少腐败存量、遏制腐败增量的有效方式，希望武鸣区能够明确“四种形态”的职责定位，强化担当意识，创新方式方法，改变审查方式。加强纪检监察干部队伍建设，强化协作配合，完善监督机制，积极探索新形势下反腐败协调机制，把党内监督同国家监察、群众监督结合起来，同法律监督、民主监督、审计监督、司法监督、舆论监督等协调起来，形成覆盖更广、触角更灵、监督更深、协作更畅的网络。

【南宁市纪委督查组到武鸣区调研基层廉洁工作站建设】 2017年7月19日，纪委督查组听取2017年上半年武鸣区履行党风廉政建设主体责任情况汇报，查看城区人大、政府、政协贯彻落实主体责任情况及学习贯彻落实纪实制度情况，认真听取各单位、部门相关人员对推进基层廉洁工作站建设的建议。督查组还到城厢镇红岭社区基层廉洁工作站和宁武镇伏唐村基层廉洁工作站调研，听取工作站简介，查看工作站宣传栏、会议记录本、接访登记本和廉情笔记本，了解工作站的工作制度、组织架构图、成员工作职责、议事规则、接访流程图等。纪委督查组对武鸣区党风廉政建设工作给予肯定，认为武鸣区领导高度重视党风廉政建设工作，认真贯彻落实主体责任，工作扎实、成效显著。在基层廉洁工作站建设方面，督查组认为武鸣区精心组织，积极作为，坚持指导到位，示范点辐射带动效果显著；坚持宣传到位，氛围浓厚；坚持监督精准，成效初步显现。督查组希望武鸣区要在落实管党治党方面下功夫，主要负责人要勇于担当；要在贯彻落实纪实制度方面下功夫，加强监督指导，及时处理出现的问题；要在监督责任方面下功夫，及时向城区各直属部门和各镇逐层传导压力，切实抓好党风廉政建设；要不断总结、完善、提高，继续推进基层廉洁工作站建设，推进从严治党向基层延伸。

【南宁市纪委书记王祝广到武鸣区考察调研】 2017年9月28日，王祝广深入武鸣区考察调研脱贫攻坚、扶贫领域监督执纪问责、基层纪委“三转”及廉洁工作站建设情况。王祝广先后深入马头镇四明村、玉元村和太平镇葛阳村，走访贫困户、听取汇报、翻阅工作台账，实地考察各村廉洁工作站、扶贫产业基地，详细了解武鸣区基层廉洁工作站人员配备、监督检查民生资金发放、监督扶贫项目建设验收、受理群众日常信访举报、廉政文化宣传教育以及扶贫攻坚产业扶贫、扶贫模式运营产生的效益等工作开展情况，召开座谈会分别听取武鸣区推进扶贫攻坚工作、扶贫领域监督执纪问责、乡镇纪委“三转”、基层廉洁工作站建设等工作汇报。王祝广指出，2017年是中共十九大召开之年，是全面贯彻自治区第十一次党代会和南宁市第十二次党代会的开局之年，做好各项工作意义重大。武鸣区在下一步要继续凝聚共识，持续精准发力，坚决完成全年脱贫攻坚任务；要强化责任担当，严格监督执纪，以铁的纪律护航脱贫攻坚；各级党委、纪委要坚守为民情怀，切实解决群众身边的不正之风和腐败问题，集中力量查办群众反映强烈的突出问题和基层农村干部侵害群众利益的案件，不断强化扶贫领域监督执纪问责力度；要坚持把稳中求进作为一切工作的总基调，贯穿经济社会发展和维护稳定各方面，确保社会大局安全稳定；各级党委要提高各类风险隐患的预测预警预防能力，把维护稳定作为当前压倒一切的政治任务，讲政治抓落实、讲责任抓落实，以临战实战的状态统筹安排好各项工作，以坚定的信心、必胜的勇气、过硬的措施、扎实的工作、优良的作风，为中共十九大胜利召开创造平安、稳定、祥和的社会环境。

【集体约谈会】 2017年5月2日，城区纪委书记石成涛主持召开部分乡镇党委书记、纪委书记和城区部门党组书记、纪检组组长集体约谈会，会议认真分析了武鸣区当前党风廉政建设存在的问题，并要求各级党组织要切实提高政治站位，把主体责任扛起来，紧紧围绕“回头看”工作目标、任务和要求，加强组织领导、研究部署、统筹谋划，级级落实责任，层层传导压力，推动形成具体明确、环环相扣的“责任链”和上下联动、合力推进的工作格局；各镇各单位要高度重视自查自纠和城区纪委监督检查发现的问题，抓紧制定整改的问题清单、任务清单、责任清单，落实责任和措施，实行挂图作战、对账销号，把问题彻底改到位；城区各级监察机关要继续加大监督执纪问责力度，严格执纪，重点突出对“回头看”期间心存侥幸，不收敛不收手，顶风违纪；以形式主义、官僚主义对待党中央和自治区党委决策部署，搞上有政策、下有对策；对“回头看”不重视，工作流于形式，群众反映强烈、“四风”问题突出；对巡视整改不重视，敷衍整改、整改不力甚至拒不整改；对“回头看”发现的问题有案不查、压案不查甚至隐瞒包庇；对有责不问、问责不严等六个方面进行执纪审查，严查一批顶风违纪案件，曝光一批典型问题，既追究直接责任、主体责任、监督责任，又要追究领导责任、党组织的责任，推动贯彻落实中央八项规定精神“回头看”工作取得实实在在的成效。

【完成纪委派驻机构改革】 2017年8月，武鸣区完成纪委派驻机构改革，以综合派驻和派出纪工委的形式进行，实行“10+1”模式，即设置10个派驻纪检组，1个派出纪工委，撤销城区党政群机关、直属企事业单位纪（工）委、纪检组。改革后，武鸣区纪委监督单位数由原来的68个增至94个，实现对城区党政群机关、企事业单位监督全覆盖。

【成立党委巡察办】 2017年5月，武鸣区组建了城区党委巡察工作办公室筹备工作组，负责制定首轮巡察工作方案、组建巡察组和组织业务培训等工作，做到机构设置与巡察业务统筹推进。8月，武鸣区正式成立党委巡察工作领导小组办公室。城区党委巡察办设在城区纪委，核定行政编制6人，设主任1名，副主任2名。巡察办采取“一对一”巡察模式，以听、谈、查、访、评等形式，重点巡察领导班子及成员，特别是党组织“一把手”在全面从严治党、落实“两个责任”、权力运行、履行职责、执行纪律等方面的情况，以及扶贫政策落实情况。

（张华妹）

社会团体

武鸣区总工会

【概　况】 2017年，南宁市武鸣区总工会（简称“总工会”）内设办公室、组织部、宣教部、劳动保护部、保障工作部、女工部、困难职工帮扶中心、财务部、经审办、劳模管理办等11个机构，核定编制数为6名（行政编制5名，工勤编制1名），实有在职在编干部职工8人，聘用人员14人。总工会下属两个事业单位，即城区工人文化宫和职工技术协会。工人文化宫是独立核算、自收自支、企业管理形式的事业单位。文化宫原来核定

2017年8月11日，城区总工会召开“金秋助学”资助仪式

（城区总工会提供）

编制数为12名，2001年6月和武鸣会堂合并后，编制数为18名，年内在职在编9人，退休14人。自1988年以来，文化宫实行独立核算、自负盈亏自收自支的企业经营管理模式。职工工资来源主要依靠兴工综合楼门面租金、灯光球场租金及会堂租金等收入支付。职工技术协会是自收自支的事业单位，在职在编1人。

【推进工会改革】　2017年，总工会积极推进工会改革。强化思想引领，引导干部职工增强政治意识、大局意识、责任意识，自觉服从改革工作大局，坚定改革信心和决心，凝聚改革合力；强化组织领导，成立全面深化改革领导小组，强化责任制，制定改革实施方案，加强对改革任务推进落实情况的跟踪检查；加强对基层工会工作的指导，强化工作衔接、整体联动。重新调整领导班子分工，调整各部门负责人，助推改革工作；强化工作推进。紧紧围绕城区党委政府的中心工作，统筹抓好工会改革创新与各项经常性工作，使改革与经常性工作有机结合、相互促进，推动工会各项工作乘势而上。

【服务农民工工作】　2017年，总工会分别在广西运德汽车运输集团有限公司武鸣汽车总站和南宁市武鸣区泰禾客运服务有限公司开展“暖流行动”，在广西湘大骆驼饲料有限公司开展“农民工平安返乡”活动。开展“送培创”工程，完成各项培训任务，培训涉及人数达800多人；抓好“农民工入会集中行动”，2017年，完成农民工入会9172人。

2017年1月16日，慰问农民工返乡　　（城区总工会提供）

【建功立业工作】　2017年，总工会认真开展建功立业工作。

劳动和技能竞赛　广泛开展劳动竞赛以及职工技术创新活动，劳动竞赛活动企业参赛面超过95%，职工参赛率达95%以上。完善广西麦克健丰制药有限公司、武鸣供电公司、武鸣区蚕种站3家劳动模范·技术标兵创新工作室的管理。推选武鸣供电公司府城供电所为“广西工人先锋号”。开展选树“广西工匠”活动，大力宣传“广西工匠”精神，推荐武鸣供电公司潘伯阳为“广西工匠”。

培育和践行社会主义核心价值观　开展庆“五一”系列职工文体活动，组队参加市级各类职工文体活动，加强基层工会“职工书屋”的建设。

开展职工技术技能提升培训活动　圆满完成市职工技能大赛二类比赛，承办艺术化妆竞赛，广泛动员职工参加市级、自治区级技能大赛。

【帮扶工作】　2017年，总工会发放各项帮扶金共计41.71万元，惠及职工1300多名；办理发放赔付金额24.96万元，获医保赔付81人；完成职工医疗互助保障10562份，完成任务数89%。

【工会自身建设】　2017年，总工会全面准确学习领会中共十九大精神，正确运用新理论指导新时代的工会工作。开展“干部作风提升年”活动，深化干部作风建设。

开展“加强基层工会建设年”活动　年内，新建基层工会共54家，发展会员9709人，建会率和会员入会率90%以上，组织419家基层工会开展会员评家工作。

做好财务、经费审查审计监督工作　年内，总工会上缴经费72.08万元，地税代收工会经费72.08万元，财政划拨经费1238.07万元。开展工会经费审计工作，对本级及所属事业单位进行审计，并出具审计报告，审计基层工会111家，出具审计报告24份。

2017 年 7 月 7 日，工资集体协商推进会　　（城区总工会提供）

女职工工作　开展为女职工办好事实事活动，帮助女职工参加“女职工安康”互助保障有 320 份，赔付 9 人，共计 36500 元。

职工爱心驿站建设　年内，共建成 8 家“工会爱心驿站”，解决了城区一线户外劳动者就餐、饮水、休息等实际困难，实现面对面、零距离服务户外劳动者。

职工素质培训基地建设　为推进职工素质培训工作，充分整合资源，投入经费 5 万元，把旧会议室改造建设为总工会农民工技能培训基地，提高了培训效率。

工资集体协商扩面提质　积极争取城区党委政府的支持，将工资集体协商纳入政府绩效考核体系，推进工资集体协商工作。2017 年，已建工会企业数 1431 家企业中，完成工资协议专项集体合同签订任务 1404 家，占 98%。其中 25 人以上的企业有 267 家，完成签订任务 264 家，占 98.9%。2015 年以来，工资集体协商工作连续三年荣获南宁市总考核评比一等奖，并通过自治区的检查验收。

基层工会建设　所属事业单位设置有新的调整，即继续保留武鸣区工人文化宫和武鸣区职工技术协会，并将两个单位的经费管理形式由原来的自收自支调整为财政全额拨款，按原有在编在岗人员保留编制数。解决乡镇工会领导的职数和职级待遇，即乡镇总工会或工会委员会，设专职副主席 1 名，享受副科工资待遇。

（陆承刚）

共青团武鸣区委员会

【概　况】　2017 年，共青团南宁市武鸣区委员会（简称“城区团委”）为正科级单位，内设 1 个办公室。核定编制 4 名，年底在职干部 4 人，其中大学学历 3 人、研究生学历 1 人。城区有专职团干部 16 名，基层团（工）委 25 个，其中乡镇团委 13 个；团工委 2 个；中（职）学校团委 8 个，城区直属单位团委 2 个；团总支 22 个；团支部 591 个；少先队大队 160 个、中队 1110 个。年内，重点开展了青少年思想政治教育、青年志愿者行动、精准扶贫、青年就业创业等工作，不断加强团的基层组织建设，在服务大局、服务社会、服务青年中发挥了生力军和突击队作用。机关同时承担城区少先队工作委员会、希望工程管理办公室、综治委预防青少年违法犯罪专项组办公室职责。办公地点位于城厢镇永宁路 294 号。

【组织建设】　2017 年，城区团委认真落实共青团改革要求，全面启动“从严治团”和“学习总书记讲话　做合格团员”教育实践活动，在各基层团组织中普遍开展“怎样做合格团员”主题团课活动、重温入团誓词、规范入团仪式等。年内，经过基层走访调研，征求各相关单位意见，报请城区党委审批出台了《共青团南宁市武鸣区委改革实施方案》，从 6 个方面提出了 25 条改革措施。8—9 月，城区团委组织开展了村级团组织的换届选举工作，9 月底，198 个行政村、20 个社区团支部完成了换届选举，选举产生村（社区）团支部书记 218 名。其中，男性 159 名，女性 59 名；大专以上学历 50 名；党员 144 人。10 月底，完成了城区 218 个村（社区）团组织的换届工作，配齐各村（社区）团支部书记。

开展“五四红旗团委（团支部）”“优秀团干（团员）”“优秀青年志愿者”等评选活动，授予南宁市红十字蓝天救援队武鸣分队等 10 个团队 2017 年上半“武鸣区优秀青年志愿者服务队”称号；

2017 年 6 月，“青春喜迎十九大”武鸣区景湖花园杯十大青年歌手比赛颁奖现场　（城区团委提供）

授予黄荣等 30 位同志 2017 年上半年“武鸣区美丽青年志愿者”称号。

武鸣区民族中学少先队大队等 5 个大队部被评为 2016—2017 年度南宁市少先队红旗大队，武鸣区民族中学 7 班 189 中队等 22 个中队被评为 2016—2017 年度南宁市少先队红旗中队，罗彦等 39 人被评为 2016—2017 年度南宁市优秀少先队辅导员，罗彦被评为 2017 年南宁市少先队“最美”辅导员，林楚楚等 842 人被评为 2016—2017 年度南宁市优秀少先队员。

【青少年思想政治教育】 2017 年，城区团委深入开展“我的中国梦”主题实践教育活动，加强青少年思想教育和引领工作。以迎接中共十九大为主线，广泛开展“不忘初心跟党走”“红领巾心向党”“建功绿城　圆梦中国”“学总书记讲话做合格团员”等主题教育活动 140 余场次。五四青年节期间，开展以“中国梦·青年梦”为主题的表彰总结会、“十大青年歌手比赛”；六一儿童节期间，举办“喜迎十九大——我向习爷爷说句心里话”主题队日活动，分层分类凝聚青少年，培养青少年对党和社会的朴素感情。加强新媒体的运用，在“青春武鸣”微信公众号上开展学雷锋、“一学一做”、从严治团、六一活动等各类主题宣传活动和舆论引导，向青少年传递青春正能量，积极发出“青年好声音”。

【青年志愿者服务行动】 2017 年，城区团委利用团属资源，助力脱贫攻坚。到府城镇富良小学开展“爱心点燃希望”青春助学活动，为学校送去价值近 10000 元的电脑桌和 2000 元助学金。到罗波镇天马小学开展“城乡少年手拉手快乐圆梦微心愿”活动，为学校送去价值 6000 元的教学用品。联合武鸣供电公司团委在马头镇灵坡小学开展“安全用电知识进学校活动”，送去价值 5000 多元的书籍、文具。为 5 户帮扶贫困户申请产业扶持 13120 元，发放慰问金 2300 元。

组建青年突击队、志愿者服务队，开展文明交通劝导、大行动宣传、清洁卫生活动，参与各类活动 1000 人次。在单位网格化责任区建立网格门店微信群，组织引导 13 户经营户参与整洁畅通有序工作。

持续组织开展“学雷锋”志愿服务活动，组织各镇及直属单位团组织及仁爱志愿者协会、八桂义工武鸣站开展科普宣传、爱心义诊、免费家电维修、空巢老人慰问、特殊儿童关爱等志愿服务活动。据统计，3 月共为居民群众提供便民服务、关爱慰问近 1000 人（次），发放各种宣传资料 2000 多份。

招募 300 名青年志愿者为中国壮乡·武鸣“壮族三月三”歌圩暨骆越文化旅游节提供会场服务、嘉宾接待等，确保了重大活动的顺利举行。7 月 27 日至 8 月 10 日，组织 36 名返乡大（中）学生分赴各镇、村（社区）团组织挂职锻炼，协助开展精准扶贫、生态乡村、关爱留守儿童活动。

【服务青年成长成才】 2017 年，城区团委整合社会各界资源，服务青少年成长成才。春节期间开展“关爱留守儿童，助力精准扶贫”慰问活动，为 26 名贫困留守儿童送上 7800 元的慰问金。继续争取广西慈富慈善基金会的支持，为辖区 13 名贫困孤儿进行“一助一”帮扶助学，总计发放慰问金 3.3 万余元。协助区少工委，帮助城区贫困儿童实现

2017年10月13日，城厢镇第三小学代表武鸣参加南宁市少先队鼓号队风采展示大赛荣获第一名金号奖　　（城区团委提供）

113个微心愿，价值2万余元。组织城区直属团组织到贫困村、贫困小学开展“六一”关爱帮扶活动，为困难家庭学生送上书包、文具、图书等用品，价值8000余元。帮助7名贫困高中毕业生申请希望工程圆梦资金3万多元。联合广西同欣社会工作服务中心到陆斡镇开展青年电商创业就业培训，50多名青年参与培训。搭建青年交流平台，“双十一”联合东盟团委举办“相约里建　青春同行”青年交友联谊活动，100多人参加。

【少先队工作】　2017年，城区团委启动少先队改革工作，组建全城区少先队辅导员交流群，在各中小学少先队组织全面推动规范化入队宣誓仪式、红领巾“喜迎十九大”“五小”动感中队创建活动，少先队事业取得新突破。城厢镇第三小学代表武鸣区参加南宁市少先队鼓号队风采展示大赛荣获第一名金号奖。武鸣还率先在七县六城区组建本级少工委班子，在镇中心校设立少先队总辅导员，统筹全镇少先队工作，在各校设立少先队大队部接受镇少工委指导，形成城区、镇、校三级少先队工作齐抓共管工作格局。11月2日召开中国少年先锋队武鸣区第一次代表大会，选举产生武鸣区第一届少工委委员，江祖晖当选武鸣区第一届少工委主任，陆巧英、韦芦健当选武鸣区第一届少工委副主任。

【预防青少年违法犯罪】　2017年，城区团委充分发挥城区综治委预防办的职能，深入开展预防青少年违法犯罪和未成年人权益保护工作。联合公检法司等预防青少年违法犯罪专项组成员单位开展法制副校长进校园、模拟法庭进校园、普法展览进校园、法制演讲比赛等活动，覆盖158所中小学，13个镇100多个行政村。在各中小学开展“青春自护　呵护花蕾”防性侵自护教育活动15场。持续开展青少年禁毒防艾知识宣传活动，在“6·26”“12·1”组织各级团员青年深入社区、单位、家庭、学校发放宣传资料。与南宁市爱心蚂蚁社会服务中心签订协议，以“团委监督＋村委协助＋社工负责＋志愿者参与”的模式，由中心安排专职社工定期到3个平台组织开展活动，为辖区内青少年提供青春期教育、兴趣类课程、主题活动等服务。

（韦芦健）

武鸣区妇女联合会

【概　况】　2017年，南宁市武鸣区妇女联合会（简称城区妇联）内设妇联办公室；城区妇女儿童工作委员会是城区政府负责妇女儿童工作的议事协调机构，其办公室牌子挂在城区妇联。全会干部职工6人，其中，妇联主席1名，副主席2名，妇联干部1名，妇儿工委办公室专职干部1名，工勤人员1名。城区有妇女组织327个，党政机关、事业单位妇委会109个，村（社区）妇代会（妇联）220个。2017年武鸣区妇女儿童工作委员会办公室荣获“广西实施妇女儿童发展规划先进集体”荣誉称号，并在10月11日南宁市市妇女儿童工作会议上作了经验交流发言。办公地点在城厢镇永宁路294号。

【巾帼脱贫行动】 2017年，城区妇联围绕城区党委、政府重点目标任务，利用“科技活动周”“春风行动”、学雷锋志愿服务活动、“三八维权周”、母亲节等有利时机，开展宣传6场次，发放宣传资料3000余份。对精准脱贫攻坚的各项惠民政策、妇女创业担保贷款贴息、《中华人民共和国反家庭暴力法》《中华人民共和国妇女权益保障法》《中华人民共和国婚姻法》等进行大力宣传，引导妇女坚定脱贫志向，主动学法用法，自觉守法，激发参与脱贫攻坚动力。充分利用“妇女之家”“儿童家园”，整合社会力量，开展爱心帮扶活动，年内，慰问贫困妇女25户，慰问困难儿童50名，发放慰问金2.5万元。“三八”妇女节期间，组织广大妇女职工进行妇科疾病检查，共检查1323人。协同城区妇幼保健院，实施妇女“两癌”免费筛查项目，推动配合在贫困县全面实施妇女“两癌”免费筛查项目的落实，提高妇女健康水平，为患“两癌”贫困母亲申报“两癌”专项救助金。新增锣圩镇金飞阳种养专业合作社为南宁市级巾帼科技示范基地。

【家庭文明建设】 2017年，城区妇联围绕“重视家庭建设，注重家庭、注重家教、注重家风”的要求，大力推进家庭文明建设，弘扬中华民族传统美德。以“妇女之家”为平台，利用道德讲堂，开展“家风、家训”活动，以社会公德、职业道德、家庭美德、个人品德等内容为重点，推进“家风文化教育”进社区、进家庭，评选出20户“最美家庭”。开展家庭教育大讲堂八桂行宣讲活动24场，受益家长7802人次；开展以“好家风好家训”为主题的展演活动，参演单位有各镇妇联、城区各系统，主要内容有舞蹈、歌唱、小品、家庭情景剧、诵读、故事会、书法、绘画、摄影等家庭才艺，观看人数达1000多人；开展“美丽武鸣·清洁乡村”评选活动，授予98户家庭“美丽家庭”、50名妇女“美丽大嫂”称号。

【维护妇女儿童合法权益】 2017年，城区妇联强化妇儿维权职能，推动男女平等国策落实。持续开展“建设法治中国·巾帼在行动”活动，利用“南宁市巾帼普法园”和“妇女之家”，建立妇女普法教育宣传园地，引导广大妇女自觉学法守法用法。大力宣传《反家庭暴力法》，利用LED屏滚动播放公益宣传短片，组织全区妇女干部参加《反家庭暴力法》知识讲座，使预防和制止家庭暴力工作更有成效。依法维护妇女在村（社区）“两委”换届选举中的合法权益，农村妇女参政议政比例大幅提高，完成村级组织换届中的六个目标任务。关注妇女群众反映的热点、难点问题。年内，城区妇联接待来访妇女群众43人（次），处结率100%，发放维权宣传资料3000多份，接待咨询100多人次。真情关心妇女儿童疾苦，保护未成年女孩的健康成长及合法权益。

【开展妇女儿童文体活动】 2017年3月，由武鸣区妇联和武鸣区卫生和计划生育局主办，武鸣区妇幼保健院承办的庆“三八”“妇幼杯”气排球比赛。城区各系统23个代表队参加了比赛，经过紧张、激烈的角逐，城区人民医院、财政局、香山糖厂、民族中学和妇幼保健院代表队分别获得前五名。3月8日上午，由城区妇联、文新广体局主办的庆祝“三八”妇女节107周年“梦想中国·舞动壮乡”健美操大赛在武鸣体育馆举行，来自各镇、城区的23个代表队参加了比赛。教育系统获城区组特等奖；卫计局、地税局获一等奖；宁武镇、仙湖镇获镇级组特等奖；双桥镇、甘圩镇、太平镇获得一等奖。联合教育局、卫计局组织开展的2017年“武鸣区计生国策·青春期健康知识进校园活动”在城区实验学校启动，在城区26所小学和初中学校进行巡回开展讲座，受益学生达3000人。

【落实为妇女儿童办实事项目】 2017年，城区各级妇联组织积极推进妇女儿童发展“十二五”规划、家庭教育工作“十二五”规划的实施，着力推动为妇女儿童办实事项目的落实。努力争取各级财政资金和社会各界的支持，新建成自治区为民办实事项目30个（儿童家园建设）。其中在年内脱贫摘帽贫困村中新建1个（往年已建成7个）、贫困村新建2个、其他村新建5个。年内，按照每个儿童家园每年2000元的运行经费，已落实125个共计25万元。为加强对自治区为民办实事项目运行经费的管理，制定《南宁市武鸣区“儿童家园”运行经费管理办法》，进一步规范“儿童家园”资金使用，扩大对农村留守儿童关爱的覆盖面。

【妇女儿童爱心帮扶活动】 2017年，城区妇联开展春蕾女童慰问活动，慰问16名困难女童，慰问金额9800元；春节期间分别慰问贫困妇女、困难儿童100人，发放慰问金1.54万元；六一期间，分别到府城镇第二小学、灵马镇中心幼儿园等学校开展“六一”慰问活动，赠送学生彩笔、篮球、跳绳、教学用具、图书等学习文具和体育用品，向两所学校捐赠价值5.7万元的教学用品、图书一批。陪同城区相关领导慰问了府城镇第二小学等50名贫困学生，并送去学习用品；城区四家班子主要领导和妇儿工委成员单位慰问慰问贫困学生、留守儿童118名，送去慰问金、慰问品3万元。9月，联合八桂义工武鸣站的志愿者到锣圩镇清凤小学开展“支教助你成长　爱心成就美好”主题活动，参加活动的领导和志愿者慰问了学校的留守儿童，送去了一批教学用品，同时开展了丰富多彩的支教活动。为26名患病妇女争取到贫困母亲“两癌”救助专项基金26万元。

【妇联组织建设】 2017年，城区妇联加强基层妇联建设，建立健全基层妇联组织。全面推进村（社区）妇女组织改建和换届选举工作，于2017年9月1日完成村（社区）改建妇联的目标任务，成为广西第一个率先全面完成会改联工作的县（区）。组织各镇村（社区）妇女干部17人参加2017年南宁市基层妇联干部培训。11月初举办一期武鸣区基层妇女干部培训班，培训人数240人，进一步加强妇联机关思想、组织、作风和制度建设，努力建设一支政治坚定、作风务实、本领过硬、乐于奉献的妇联干部队伍，让妇女群众的“娘家”更具魅力。

（李莉珍）

武鸣区科学技术协会

【概　况】 2017年，南宁市武鸣区科学技术协会（简称“城区科协”）为正科级单位，核定事业编制数4名，后勤服务聘用人员控制数1人。年末实有人数5人，其中主席1人，副主席1人，科员2人；编外聘用人员1人。本科学历5人。镇科协13个，会员176人，村级科普宣传员232人，社区科普宣传员20人。厂矿科协2个，会员212人。城区直属专业学会（协会）17个，会员1391人。在民政部门登记注册、城区科协业务主管的农村专业技术协会25个，会员3559人。办公地点在城厢镇香山大道83号。

【科普宣传】

科普宣传传播　2017年，城区科协联合南宁市科协征订2017年《农家之友》28份、《医药星期三》65份，免费发放给有关的农技协及科普种养示范基地。利用28个LED科普信息屏滚动播放科技、知识产权、文化、卫生、民族政策法规、人民防空、防灾减灾、食品安全、预防一氧化碳中毒等科普知识。

春季农村实用技术培训　在春耕春种时节，结合农村党员、群众对实用技术的需求，邀请专家和科技人员18人次分别到城厢镇平等村西瓜协会、东盟龙惠无公害果蔬基地、陆斡镇覃内村生态农业协会和科普示范基地等8个科普示范单位开展农村实用技术培训18期，培训人数1500多人次，为群众解决实际问题8个。

百名专家进百村（社区）志愿服务活动　邀请专家19人次分别到城厢镇红岭社区、宁武镇培桂村农业新技术协会、罗波镇天马村水果协会、禾中王新生态农业种植协会等开展各类科普服务活动19场次，培训人数1250人次。活动期间，发放科技资料3000多份，赠送科普书籍2000多册，宣传推广水果、蔬菜、养殖新品种10种、种养新技术5个。

“十月科普大行动”活动　11月23日，会同南宁市海底世界、南宁爱尔眼科医院、南宁柏乐口腔医院、南宁丽竹美容美发职业学校、金点子安防服务公司、广西壮家女家政职业培训学校等单位在城区文化中心广场开展以“创新驱动发展，科学破除愚昧”为主题的广场科普公益活动，活动内容主要有科普资料、书籍、画册发放，科普知识竞答、科普文艺活动表演、医疗保健服务、家政咨询服务等。会同城区妇联举办为期 3 天的基层妇女干部素质能力提升培训班以及室外科普示范基地考察活动，有 240 名妇女干部参加。

实施基层科普惠农兴村计划　按照自治区、南宁市科协的要求，城区科协深入农村培育发展农技协和科普示范基地，新成立科普示范基地 1 个，储备计划项目 3 个，进一步夯实科普行动计划基础。推荐申报自治区、南宁市“基层科普行动计划”项目 3 个，其中太平镇葛阳村水果协会获得自治区先进奖项、南宁市东盟龙惠无公害果蔬基地和陆斡镇覃内村生态农业协会获得南宁市先进奖项，获奖资金 13 万元。获表彰奖励的农技协和科普示范基地充分发挥辐射带动作用，积极引进新品种新技术进行示范推广，对会员和村民开展技术培训、技术咨询，夯实基层科普工作基础，提高农业致富能力。

【青少年科技活动】

开展青少年爱科学实践活动　2017 年，城区科协组织各镇中心校、城区直属各学校 61000 多名中小学生开展青少年爱科学实践活动，参与率 93%。活动共收到青少年科技作品 426 件，评出一等奖作品 48 件、二等奖作品 80 件、三等奖作品 103 件；评出城厢镇城第二小学等 15 个先进集体；何艺文等 10 人为优秀组织工作者；陆毅等 15 人为优秀科技辅导员。选送优秀作品 59 件参加南宁市青少年科技创新大赛作品展。11 月 25 日，由城区科协、教育局、文新广体局、团区委主办、城区图书馆协办的“2017 年南宁市武鸣区青少年科技创新科技大赛作品展”在武鸣区图书馆举办，城厢镇一小、城东小学组织 300 多名学生观摩了科技创新大赛作品展。

举办 2017 年南宁市青少年科技辅导员培训　6 月 28 日，在城区教育局多媒体教室举办 2017 年南宁市青少年科技辅导员培训班（武鸣区专场），来自城区各中小学科技辅导员共 120 多人参加培训。

创建南宁市青少年科学工作室　城区科协会同城区教育局深入学校调研，认真筛选，推荐城镇三小为创建单位。争取市科协给予创建经费 3 万元，城区科协支持创建经费3万元，投入科学工作室建设。

【学术活动】　2017 年 12 月 23 日，由南宁市科协主办、武鸣区科协承办，以“坚持绿色发展　建设生态家园”为主题的南宁市第七届学术年会武鸣分会在武鸣区灵运酒店会议厅举行，城区共有 10 个农技协会、2 个社区共 120 人参加了学术年会。学术年会武鸣分会邀请了南宁市环境科学学会、教授级高工、南宁市人民政府参事周云新及慧云信息技术公司首席农艺官、智果科技总经理白扬，分别作了题为《坚持绿色发展　建设生态家园》和《分享智慧农业》的学术报告。

【科普中国. 百城千校万村行动】　2017 年下半年，城区科协开展“科普中国・百城千校万村行动”，加强科普信息化建设，全面扩大“科普中国”品牌的知晓度，推进武鸣区乡村、社区和学校与“科普中国”的精准对接的具体举措。整合“科普中国”、武鸣各农技协会、科普基地以及本土科技人才、中小学生发明创造等科技信息资源，实现武鸣科普资源的集聚。建设武鸣科协移动互联端科普传播方阵，通过线下、线上相结合的模式，宣传推广“科普中国”APP、“武鸣科协”微信公众号，转发“科普中国”内容体系，广泛传播分享“科普中国”移动端内容，让科普知识家喻户晓。加强“科普中国”优质资源的线下应用，结合全国科技工作者日、科技活动周、科普日等主题活动，通过讲座、知识竞赛等方式，组织开展各类线下科普活动，推动“科普中国”落地应用和创新争先活动、科普文化进万家、科技助力精准扶贫、科普示范基地及科普教育基地建设。

【协会建设】　2017 年 4 月，城区科协指导成立武鸣区大棚香瓜种植协会。至年底，在民政部门登记注册、城区科协业务主管的农村专业技术协会达 25 个。12 月上旬，城区科协组织大明山特色农产品协会、南宁市东盟龙惠无公害果蔬基地、陆斡镇覃内村农业新技术协会和太平镇葛阳村水果协会等 4 个协会 16 个产品参加广西“科普惠农兴村计划”特色农产品展销会。

（张斌兴　潘惠莲）

武鸣区归国华侨联合会

【概　况】 2017 年，武鸣区归国华侨联合会（简称“武鸣区侨联”）是由归侨、侨眷组成的人民团体，是党和政府联系广大归侨、侨眷和海外侨胞的桥梁和纽带。2017 年侨联组织机构设置：主席 1 名，兼职副主席 1 名，侨联常委 9 名，侨联委员 23 名，海外顾问 2 名，及 2 个团体会员（武鸣区越南河内华侨中学、海防华侨中学校友会和武鸣区归侨侨眷之家）。侨联组织的职能已由原先的参政议政、维护侨益、海外联谊和群众工作等 4 项只能拓展为服务经济发展、依法维护侨益、拓展海外联谊、积极参政议政、弘扬中华文化和参与社会建设等六项工作职能。办公地点在城厢镇建设街 55 号。

【海内外联谊】 2017 年，武鸣区侨联做好海内外联谊工作。3 月 15—16 日，美国金凤凰食品有限公司董事长黄钦兴带队到武鸣区进行商务考察。5 月 16 日，美国加州海防越南华侨联谊会一行 9 人组团到武鸣区进行商务考察并与武鸣区侨联联络交流。7 月 17 日，接待印度尼西亚万隆快报的记者雪妮一行。8 月 13 日，接待英国越南华侨联谊会一行。9 月 19 日协助举办越南海防越华侨中同学四十载联欢会。10 月 25 日，接待美国钦廉同乡会一行。

【为侨服务】 2017 年，武鸣区侨联对归侨侨眷就住房搬迁、生活困难、企业破产安置等困难问题的反映以及诉求，坚持本着认真负责、热情积极的态度做好接待和协调工作，依法维护归侨侨眷的合法权益。2017 年，共接待归侨、侨眷来信来访共 21 人次。根据归侨侨眷致困原因，分门别类，因人制宜，制定帮扶措施，服务归侨，鼓励再就业。聘用两名困难归侨，以公益性岗位的形式，协助城区“大行动办”开展各项市容市貌整治工作。将“华侨宾馆”一楼门面优先安排有自主创业需求的下岗、失业的困难归侨侨眷经营，有效解决其生活来源。协助城区外侨办，对于已经纳入低保对象的困难归侨侨眷，给予 500 元 / 月的补助；协助城区外侨办，对于有在读大学生的贫困归侨侨眷家庭，给予 500 元 / 月的困难补助；对于无退休金的老归侨，给予 500 元 / 月的困难补助；对于残疾或者病弱无劳动能力，完全依靠亲属帮扶的归侨侨眷，给予 500 元 / 月的困难补助；对于因就学、患重病临时致困的归侨侨眷根据申请给予 2000 ～ 3000 元的一次性困难补助。利用春节、中秋节等传统节日，对贫困归侨侨眷开展慰问活动，发放慰问金或慰问品。

【侨界节庆活动】 2017 年春节，武鸣区侨联指导并协调城区“归侨侨眷之家”举办一年一度的武鸣区侨界春节团拜会，在“三八”节、五四青年节、国庆节、中秋节等节日组织开展丰富多彩的各项活动。通过各项活动的开展，进一步加强了联谊，沟通了感情，增强凝聚力。

【群团改革工作】 2017 年，武鸣区侨联积极配合城区党委做好本单位改革工作，成立了以城区侨联主席为组长，秘书长为副组长，办公室主任为成员的改革工作领导小组。领导小组负责统筹协调并指导改革工作。武鸣区侨联根据自治区、南宁市、城区相关要求草拟了《南宁市武鸣区归国华侨联合会改革工作实施方案》，更好地发挥侨联的纽带组织作用，把广大侨众紧密团结在党的周围，开创群团工作的新局面。

（邓　毅）

工商业联合会

【概　况】 2017 年，南宁市武鸣区工商业联合会（简称“城区工商联”）是中国共产党领导的人民团体和民间商会，是党和政府联系非公有制经济人士的桥梁和纽带，是政府管理非公有制经济的助手。城区工商联是正科级单位，核定公务员编制 3 名，工勤 1 名，2017 年年底，在职干部职工 3 人。城区工商联下辖 13 个乡镇商会，会员总数 465 人（个），企业会员 49 家，个人会员 416 人，会员中非公有制经济人士占 96%。办公地点在城厢镇永宁路 294 号旧政协办公楼 3 楼。

【参政议政】 2017 年，城区工商联组织工商联干部和非公经济人士中的人大代表、政协委员开展下企业调研活动 3 次，组织参加人大会议和政协会议，以小组座谈发言，提交议案、提案，或参加城区有关部门的征求意见会、重点提案督办会、列席城区党委全委会等提出意见建议。在年初召开的城区人大例会和政协例会上，会员中的政协委员共提出 22 件提案，会员中的人大代表共提交 1 件议案，涉及县域经济和社会发展等方面内容，数量和质量较往年相比均有提高，各项提案和议案都得到受理和答复。

【服务立会】 2017 年，城区工商联坚持服务立会。召开 3 次工商联党组（扩大）会议。集中论定《中共南宁市武鸣区工商业联合会党组工作规则》，决定召开 1 次执委会、1 次常委会议，商议市工商联代表大会代表名单及商会交流培训事宜、商议陆斡商会房屋诉讼等重大事宜，起到了民主集中的作用，为各项重要工作的开展提供了保障；组织走访基层商会，听取了各镇商会年内工作思路并提出指导意见；联系城区民政局就商会登记注册进行协商交流，筹备成立东盟园区商会；召开城区工商联（商会）执委会和常委会。6 月 16 日，组织工商联常委、各镇会长及部分工商联执委在甘圩镇召开常委扩大会议，通报了 2017 年工作情况及下半年工作设想，讨论通过了执委培训方案、商会交流计划等，取得了“凝聚人心、团结共进”的良好效果。8 月 3 日，组织召开一届二次执委会，就工商联开展理想信念教育培训进行动员，推介城区招商引资工作，就光彩事业、城区平安建设工作等进行部署。

【思想政治工作】 2017 年 1 月 16 日至 21 日，城区工商联组织新任执委一行 30 多人到江西省井冈山干部教育学院开展理想信念教育培训。培训时，学员头戴红军帽，身着红军装，扛起红旗，重走红军路，亲身体验井冈山精神。通过培训，大家纷纷表示，要将这种井冈山精神内化于心，把此次培训作为新的起点，坚定理想信念，立足本职，积极工作，为武鸣的发展奉献力量。党的十九大召开之后，在执委微信群及商会 QQ 群上发出通知，要求广大会员认真学习贯彻十九大精神，抢抓机遇、挖掘潜力、乘势而上，扎实推动非公经济大发展大提升，促进“两个健康”发展。

【商会活动】 2017 年春节期间，籍企业新春开业之际，城区工商联组织走访了部分会员企业，关注企业新一年发展动向，了解和掌握企业在生产经营中的需求、困难和问题。

4 月 12 日，邀请南宁市中小企业服务中心的负责人与 10 多家非公企业负责人在广西大海阳光药业公司会议室举行了一场融资座谈会，座谈交流融资问题，为中小企业解决融资难题提供解决方案。

8 月 3 日，携手中国建设银行武鸣支行举行了城区内的第一场中国建设银行小微企业快贷推介会，使武鸣区工商联执委、企业家代表和客户代表了解“小微快贷”业务的申请、支用、利息等业务环节，并与与会企业家做细致交流。会上有 17 户企业办理“小微快贷”业务，并获得贷款 500 多万元。

11 月 14 日，组织 40 多家企业代表参观考察猪八戒网广西总部园区，就“互联网 +”助力企业转型升级展开交流，听取了猪八戒网全国金牌服务商艺点品牌及聚伍科技还现场为大家开展的品牌认识及现代互联网产品技术研发的主题讲演。通过考察，使城区内的企业更深入地了解猪八戒网专业为企业提供“全生命周期服务”，认识到“互联网 +”与企业发展的密切联系，为助推企业产业转型升级提供更好的借鉴和服务。

【光彩事业】 2017 年，城区工商联鼓励非公有制经济人士致富不忘国家，自觉回报社会。年内涌现出一批积极投身光彩事业的非公经济人士。

“壮族三月三”歌圩为企业搭建了宣传推广平台，企业支持歌圩活动的开展，支持壮民族文化传播和发展，歌圩前夕，共有29家非公企业捐款413万元，其中4家工商联会员企业捐款128万元，这些企业得到城区党委和政府的授匾表彰。9月23日，广西金茂房地产开发有限公司、广西麦克健丰制药有限公司、广西武鸣中居房地产开发有限责任公司、广西力海投资有限公司、武鸣金华建材有限公司等爱心企业和爱心人士热心相助，慷慨解囊，共捐赠20多万元，为武鸣区精准扶贫、打赢脱贫攻坚战添砖加瓦。1月，武鸣区工商联、两江镇商会荣获2016年度南宁市光彩事业先进集体，广西华纳新材料科技有限公司、广西鹏润房地产开发有限公司荣获2016年度南宁市光彩事业先进单位。城区工商联荣获2016年度招商引资工作先进单位荣誉称号。

（谢其材）

武鸣区文学艺术界联合会

【概　况】 2017年，武鸣区文学艺术联合会（简称“城区文联”）内设办公室、通联部、《灵水》编辑部，核定编制3名，实有人员4名（其中聘用1名）；下设有文学协会、戏剧协会、书法协会、美术协会、摄影协会、音乐协会、舞蹈协会、山歌协会、诗词协会，共有会员530多名。办公地点在城厢镇灵源路28号。

【壮乡歌海活动】 2017年3月30日至4月1日，城区文联协助举办壮乡歌海活动，设理论歌台——“四个全面”主题山歌会，紧跟时代步伐，青少年献歌，呈现山歌后继有人，快板山歌活泼新颖；广西青少年山歌赛，有外地学生参与，并有对歌环节，让学生感受对歌的魅力。5个分歌台都有农产品产销，人们可以用山歌来问价，用山歌来买农产品，歌台人气始终保持领先。

【书画摄影作品展】 2017年3月29日，城区文联组织的2017年中国壮乡·武鸣“壮族三月三”歌圩暨骆越文化旅游节“骆越风·壮乡情”书画摄影作品展暨现场书法表演启动仪式在广西壮校演艺大厅举行，至4月3日结束，为期6天。从几百幅作品中精选出来的150幅书画摄影展品，内容丰富，风格各异，形式多样，具有很强的欣赏性。作品展现了武鸣的秀美山水、壮乡情怀和各族人民积极向上的精神风貌。武鸣中学、城镇三小的学生和城区书法协会的成员共100人现场进行了书法表演。

【文学笔会】 2017年3月29日，城区文联组织的文学笔会在春霞园酒店举办，南宁市文学院党支部书记、南宁市作家协会副主席、红豆杂志社副社长、广西文学杂志社编辑部主任、散文编辑室主任有关领导到会授课。会上，专家对武鸣文学作者在文学创作过程中遇到的一系列问题——作出精辟独到的解答，并鼓励武鸣广大文学爱好者执着文学、真诚创作，多出精品。在互动交流沟通中，编辑、作家还与作者们分析创作中出现的问题并认真查找原因，明确了创作方向和目标。参加笔会的领导及嘉宾为三月三散文征文大赛获奖作者颁奖。

【文艺采风活动】 2017年，城区文联坚持“三贴近”原则，开展“文艺下乡”采风活动，组织文艺工作者分别到罗波镇、双桥镇、宁武镇等地进行采风。创作的作品分别在《南宁日报》《灵水》《武鸣时讯》等刊物发表。组织本地作家和书法、美术、摄影、山歌等文艺工作者走进生态乡村开展采风活动，用文艺家手中的笔、镜头和甜美的歌声，展现生态、宜居、和谐、幸福的生活画卷，讴歌改革开放中人民群众的伟大创造，为“美丽武鸣·生态乡村”活动倾情添彩。同时组织城区文艺骨干到习近平总书记在广西视察过的地方开展“不忘初心跟党走”主题文艺采风活动。

【成功申报“中国骆越文化之乡”“中国龙母文化之乡”】 2017年，城区文联协助申报“中国骆越文化之乡”“中国龙母文化之乡”。3月14日至15日，自治区专家组到武鸣初步评估，国家专家组于6月12日至6月14日到武鸣进行验收评估。

专家组通过实地考察、听取汇报等形式，对城区的申报工作给予了充分肯定。国家专家组认为武鸣区符合申报条件。8 月 25 日，中国民间文艺家协会正式命名武鸣区为“中国骆越文化之乡”“中国龙母文化之乡”。

【武鸣壮乡书画院揭牌成立】 2017 年 7 月 26 日，武鸣壮乡书画院揭牌暨首届书画作品展启动仪式在明秀园举行，自治区、南宁市和武鸣区的有关领导和书画界人士参加了揭牌仪式。当天共展出 50 幅作品，这些作品或赞美祖国或讴歌时代或洋溢壮乡风情，展现了壮乡书画艺术家们的敏锐视觉、真挚感情以及高超技艺。在展览中，部分书画家还现场挥毫，让现场观众大饱眼福。壮乡书画院的建立，更好地推动了城区文化艺术的发展，为城区书画美术艺术展览、创作、培训、讲座活动提供了更好的平台，促进城区书法美术事业又好又快发展。

【举办《灵水》杂志文学研讨会】 2017 年 7 月 27 日，由城区文联主办的《灵水》文学作品研讨会在明秀园书画院举行，这次研讨会主要针对 2017 年《灵水》第一期到第三期发表的作品进行研讨和点评。通过研讨会，进一步提高了《灵水》办刊质量为城区人民提供更好的本地精神食粮。

（卢大任　梁　琼）

武鸣区残疾人联合会

【概　况】 2017 年，武鸣区残疾人联合会（简称“城区残联”）是政府批准的残疾人事业团体，代表残疾人的共同利益，维护残疾人的合法权利；为残疾人服务；承担政府委托的任务，动员社会力量，推进残疾人事业。武鸣区残联执行理事会为武鸣区残联的常设执行机构，代表武鸣区残联负责日常工作，理事长由武鸣区残联主席团推举，政府任命。副理事长由理事长提名，主席团通过，政府任命，执行理事会实行理事长负责制。武鸣区残联现有编制 6 名，实有工作人员 10 人，设理事长 1 人，副理事长 1 人，其他干部 7 人，工勤人员 1 人，其中本科 3 人，大专 5 人，中专 1 人，初中 1 人。办公地点在城厢镇灵源路西段 6 号。

【残疾人宣传与教育育】 2017 年，城区残联依托“全国助残日”“国际盲人节”等节日，策划组织丰富多彩的活动，着重搭建三种平台，倡导“平等、参与、共享”的现代社会残疾人观，为残疾人融入社会、参与共享、全面发展营造良好社会环境，残疾人平等参与程度日益提高。围绕“阳光家园计划”“党员扶残温暖同行”“重度残疾人护理补贴”民生工程等工作进行惠残政策宣传，年内报道武鸣区残疾人事业的新闻稿件 20 篇。结合扶残助学工作开展残疾人教育工作，协助教育部门做好困难学生春季开学费用减免和残疾考生中、高考考录工作，全年共有 98 名残疾人得到义务教育阶段助学金 3.92 万元。协助做好自治区残联射箭项目在武鸣区的集训点工作，参训残疾运动员 10 人，代表国家参加在北京举办的 2017 年全国射箭锦标赛。

【残疾人康复】 2017 年，城区残联组织和协调武鸣区内各医疗部门多渠道开展残疾人的康复工作，共对 450 名困难精神病人进行门诊用药补助；完成脑瘫、孤独、智障残疾儿童筛查 127 名；免费实施白内障复明手术 800 例；为贫困残疾人免费配备辅助器具 650 件。

【残疾人扶贫】 2017 年，城区残联投入资金 23 万元在武鸣区锣圩镇培联村建立阳光助残扶贫基地 1 个，为 100 名残疾人免费发放土鸡苗 8000 只。依托扶贫基地对残疾人进行养鸡技术培训 100 人次，基地安置残疾人就业 1 人。春节期间慰问残疾人 447 户，发放慰问金 13 万元，慰问品 1200 元。为 19 名残疾机动轮椅车提供燃油补贴 4940 元。筹措资金资助持证残疾人参加社会保险。为 12511 名持证残疾人缴纳参加新型农村合作医疗的参合费 1876650 元；扶助个体和灵活就业残疾人参加基本养老保险，为 27 名参保残疾人提供补贴 54000 元。

【残疾人培训就业】 2017 年，城区残联组织 31

名残疾人到南宁市残联指定的培训机构进行计算机组装、中式面点、西式面点、盲人按摩、话务、美容美发、家电维修、电动机维修、创业、电子商务等职业技能培训，组织5名残疾人参加汽车驾驶执照培训，组织400名残疾人参加柑橘类种植技术和管理培训；推荐25名残疾人就业；组织39多名残疾人参加应聘，录用5人。加大残疾人就业保障金收缴的力度，做好安排残疾人就业情况年审工作和就业保障金的地税代收工作。年内，举办基层残疾人工作者业务培训3期，轮训镇、村（社区）干部及残疾人专职委员280人次。开展第二代“中华人民共和国残疾人证”核发工作，年内，发放《办理第二代“残疾人证”须知》1300份，核发第二代“中华人民共和国残疾人证”1418册。

【社保惠民工程】 2017年，南宁市将残疾人托养“阳光家园计划”补助项目列入为民办实事工程，为智力残疾、精神残疾和重度残疾人员开展托养服务。分配武鸣区“阳光家园计划”任务为155名，武鸣区残联按规定落实了托养经费23.25万元。中央残联追加113名，武鸣区残联按规定落实了托养经费16.95万元，自治区残联追加281名，武鸣区残联按规定落实了托养经费42.15万元。全年为549名残疾人提供托养服务。

【“党员扶残温暖同行”工程】 2017年，城区残联组织实施“党员扶残温暖同行”工程，组织各村（社区）党组织扶持、指导有劳动能力的残疾人家庭发展生产，提高家庭经济收入。年内，共扶持255户，投入资金25.5万元（其中：自治区财政补贴17.85万元，市财政配套资金2.55万元，武鸣区财政配套资金5.1万元），扶持项目有养鸡、养鸭、养猪、养牛、养鱼、养蚕，种植西红柿、种植黄花梨、种植玉米、种植花生、种植木薯、种植水稻、种植速生桉、种植西瓜、种植南瓜、种植甘蔗、种植辣椒等。

【残疾人基本服务状况和需求信息数据动态更新】 2017年，城区残联信息采集员累计走访村、社区240个，对第二代残疾人证管理系统里的19152名持证残疾人进行了调查，完成登记人数18337人，完成入户调查18045人，电话调查292人，入户率98.71%。未完成登记的人数815人，其中包括死亡、外出、外迁、空挂户等人员。 （邓　彬）

武鸣区红十字会

【概　况】 2017年，武鸣区红十字会为群众团体机关序列，由城区党委管理，机构规格为正科级。内设救助救护和组织发展部、行政秘书股，无下属二层机构。城区红十字会编制4名，在职6人（其中参公编制4人，编外聘用1人，公益性岗位1人）。武鸣区红十字会弘扬“人道、博爱、奉献”的红十字精神，开展救灾救助、应急救护、无偿献血、器官捐献等工作，为急需救助群体排忧解难，发挥党和政府在人道领域的助手作用及红十字会在服务民生、构建和谐社会中的独特作用。年内，创建双桥镇红十字示范点、城厢镇中心学校红十字示范校。办公地点在武鸣区城厢镇永宁路22号。

【红十字志愿服务】 2017年，武鸣区红十字会组织志愿者参加第70个“世界红十字日”活动；到标营新区公租房、红岭社区、亿鑫幼儿园、壮校、城区供水有限公司等开展志愿服务进社区、进学校、进企业活动；为群众荧光夜跑活动提供应急救护等安保服务；武鸣红十字蓝天救援队在城厢镇九里村、金水桥、罗波潭、仙湖镇免费参与打捞溺水者，得到群众认可，九里及罗波村民、仙湖镇政府自发赠送锦旗给红十字会及蓝天救援队；培训师罗成继被评为自治区优秀红十字志愿者。

【红十字青少年工作】 2017年，武鸣区红十字会在城镇一小、二小、三小、城镇三中等学校开展应急救护培训，向学生普及红十字基本知识、防灾避险、生命健康教育等知识。培训红十字青少年275人次。

【宣传活动】 2017年2月，武鸣区红十字会与合旗村联合举办春节联欢晚会；5月与城区防艾办、计生协会联合举办纪念第70个世界红十字日文艺晚会；5月参加政务公开日活动；9月与合旗村广唐屯举办“献礼十九大”庆典晚会等。各种相关活动被南宁日报刊登1次，武鸣时讯刊登10次，城区电视台报道14次，广西红十字会官网刊登29次，南宁市红十字会官网刊登30次，武鸣政府网刊登10次。

【三救三献工作】 2017年春节前，武鸣区红十字会对城区13个镇150户困难家庭进行慰问，慰问物资价值2.96万元，其中上级款物价值2.46万元，城区财政配套慰问金0.5万元；给两江、府城、仙湖等受洪涝灾害的灾民送去50个家庭包、200床毛巾被、100顶蚊帐等救灾物资，成为第一批赴灾区开展慰问及送救灾物资的组织；“七一”期间给城厢、陆斡、双桥等25个村80名乡村保洁员送去价值10080元慰问物资；救助尿毒症患者2000元人道救助金，另帮其筹集到1800元爱心捐款；与多部门联合开展无偿献血和造血干细胞捐献活动，全年共4292人参加无偿献血，献血量1487500毫升；70人参加造血干细胞捐献登记；一人进行全身器官捐献登记。

【应急救护培训】 2017年，武鸣区红十字会送3批共9名人员参加自治区及南宁市红十字会师资培训会，为应急救护培训做好师资储备。全年举办应急救护培训23场1641接受培训。

（黄园芬　潘艳英）

武鸣区社会科学界联合会

【概　况】 2016年5月27日，武鸣区正式挂牌成立，改称为南宁市武鸣区社会科学界联合会（简称“城区社科联”），年内，城区社科联核定编制3名，实有人员3人，其中，专职副主席1名，干部2名。城区社科联被自治区社科联评为2017年度全区社科联工作“成绩突出单位”；城区社科联组织的课题研究《加强培育特色小镇，开发民俗文化资源发展武鸣特色经济问题研究》获2017年广西县域发展研究优秀课题三等奖；潘芹斯被自治区社科联评为2017年度全区社科联工作“成绩突出个人”。办公地点在城厢镇灵源路128号。

【社会科学论文征集】 2017年，城区社科联发起哲学社会科学论文征集活动，征集内容包括：贯彻落实党的十八届六中全会精神、习近平总书记重要讲话精神以及中央、区、市重大决策部署、发展战略，推动武鸣经济社会发展等方面的理论文章或调研报告；贯彻落实2017年城区党委、政府中心工作、战略决策等方面的理论文章或调研报告。共收集到论文40篇，组成专家组评审，对获奖人员颁发证书。

【科普宣传及培训】 2017年，城区社科联积极开展科普宣传及培训。

深度科普宣传，开好社科主题讲座　成功举办“武鸣社科大讲坛”主题讲座，邀请自治区党校经济学教研部、广西行政学院经济学教研部副主任、教授——赵禹骅教授作了“中国传统文化与现代市场经济”专题讲座，城区副股级以上领导干部600多人聆听讲座。

开展社科知识进校园活动　在城区灵马镇一中、仙湖镇中心小学举办2场社科知识普及活动，并赠送价值1万多元的社科类书籍，惠及师生2000多人，慰问困难学生4名。

邀请市社科联领导、专家到仙湖镇六冬村开展党的十九大精神宣讲活动，60多名农村党员聆听宣讲。

（罗锦成）

责任编辑　刘颖儒

法治·军事

政法委工作

【维护社会稳定】 2017年，城区政法各部门共排查民间纠纷3214件，成功调解3083件，调解成功率为96.7%；调处部门共排查受理“三大纠纷”案件40起，调解40起，调解率100%，结案29起，结案率72.5%。培训维稳信息员88人，搜集上报各类情报信息150条。加强社会风险稳定评估，共开展社会稳定风险评估13件，实施13件。

【重大活动安全保障】 2017年，武鸣区政法各部门实行重大活动、节庆日期间二十四小时值班和“零报告”制度，确保突发状况应急力量及时到位。在中共十九大和环广西公路自行车世界巡回赛期间，出台《武鸣区关于做好党的十九大前后信访维稳工作方案》《南宁市武鸣区关于做好环广西公路自行车世界巡回赛（武鸣段）期间安保维稳工作方案》，召开了党的十九大期间信访维稳工作会议、自行车赛期间的安保维稳工作布置会。自行车赛当天投入安保力量10350人，实现五个“不发生”的任务目标。

【社会治安综合治理】 2017年，城区政法委通过“一村一警”“一企一警”警务机制，提高对农村地区和企业社会治安的有效管控；巩固“两江经验”模式，提高群防群治能力；落实为民办实事项目，在各镇安排项目点25个，推广“集中圈养、科技防控、十户联防”项目，形成人防、物防、技防相结合的治安防控网。积极落实严重精神障碍患者管控，在册登记的精神障碍患者共有2317人，其中3级以上有417人，符合申请看护补助的362人，已签订看护协议的352人，已核拨上半年工作经费102.3万元。同时，落实民政和医疗救助政策。登记在册的严重精神障碍患者中，已办理残疾证享受残联部门补助的172人，享受城乡低保救助的87人，享受城乡特困救助供养的29人，参加医保379人，免费用药的贫困患者324人。

【打击违法犯罪】 2017年，城区政法委组织开展“神剑一号”“神剑二号”“扫黑除恶”“三打击一整治”专项行动，依法惩治各种刑事犯罪活动。公安机关立刑事案2119件，破案765件，逮捕378人，刑事拘留455人；受理治安案件3648件，查处1547件，同比分别下降8.32%和8.32%。其中大案44起，命案发4起破4起。检察机关受理提请（移送）审查逮捕案件364件520人，经审查批准（决定）逮捕312件425人；受理审查起诉刑事案件487件658人，提起公诉444件577人；审判机关受理刑事案件456件581人，审结453件574人，其中一审受理456件581人，审结453件574人，判决发生法律效力400件511人。同时准确把握宽严相济刑事司法政策，依法免予刑事处罚 2 件 5 人，单处罚金 4 人，适用缓刑 157 人。

【社会管理】 2017 年，城区政法委全面推进综治信息化三级平台建设和网格化管理工作。以主城区为试点，有条不紊地开展网格化管理建设。建设 14 个网格管理中心（1 个城区级 +13 个镇级），划分网格 268 个，聘请网格员 1048 人，开通电脑账号 69 个，移动账号 89 个。建立警务站 1 个，配备警力 71 人。年内创建平安县（市、区）1 个、平安乡镇（街道）13 个、平安村（社区）219 个；加强城区流动人口管理工作，登记在册流动人口 8499 人，列管出租房屋 7220 套（间），累计办理流动人口居住证 1629 张，发放户口簿 54100 本，户口迁移证 900 证，户口准迁证 2200 张；抓好刑释解教人员安置帮教，全年衔接刑释解教人员 521 人，安置 521 人，帮教 521 人，刑释解教人员重新犯罪率 0%。加强社区矫正工作，全年新接收社区矫正人员 162 人，解除矫正人员 142 人，年末有社区矫正人员 184 人，社区矫正人员重新犯罪率 0%。

【涉法涉诉信访】 2017 年，城区党委政法委认真推进涉法涉诉信访改革工作，组织城区政法各部门认真贯彻执行中央办公厅、国务院办公厅印发的《关于完善法律援助制度的意见》及中央政法委印发的《关于建立律师参与化解和代理涉法涉诉信访案件制度的意见（试行）》。年内，共受理群众来信、来访、来电总量为 1572 件 2888 人次，同比件数、人次分别下降 10.42%、12.27%。共受理中央第三巡视组“回头看”交办信访件 54 件，其中立案交办 37 件，留存 17 件。立案交办案件全部办结，办结率 100%。在全国、全区“两会”、东盟博览会及十九大期间，每天安排城区领导到群众来访中心接待来访群众。年内有 26 位城区领导 61 次公开接访，接待来访群众 158 件 388 人次，批示交办 81 件，转送 29 件当场答复 48 件。

【平安武鸣、法治武鸣创建】 2017 年，城区政法各部门突出抓好领导干部、青少年和农民“三类重点对象”的法治宣传教育，通过微信公众号和头条号对法律法规、司法行政职能、工作动态向群众推送。开展了国家安全宣传活动、《中华人民共和国成立反间谍法》宣传活动，组织“小手拉大手”开展反邪教知识进校园、进家庭活动，武鸣区“文明家庭拒绝邪教网络签名活动”已完成 100%。共印发了国家安全、反间谍等各类宣传材料 2 万份，出版板报 250 板，张挂宣传横幅标语 300 条，举办反邪教社区文艺演出 20 场，在媒体刊登国安、反邪教信息 18 篇。

【政法队伍建设】 2017 年，城区政法委组织开展干部作风提升年、“两学一做”学习教育常态化制度化、南宁市武鸣区全面从严治警“五查五涉密”专项行动等教育活动，邀请南宁市“七五”普法讲师团成员、广西大学法学院何秋竺副教授授课。开展了以“《民法总则》的颁行与国家治理体系和治理能力现代化”为主题“法治武鸣”讲堂。举办各种培训班 18 期，培训干警 1126 人次。

（孟　咪）

法治政府建设

【政府法治工作】 2017 年，政府法制办公室高度重视法治政府建设工作，全面推进政府各项工作向依法决策、依法管理、依法运行转变。法治政府建设工作在南宁市法治政府建设考评中获得优秀等次。纠正违法或不当的具体行政行为，全年共办理行政复议案件 8 件，维持 2 件，撤销 6 件。实施武鸣区规范性文件“三统一”制度，完成《南宁市武鸣区降低企业融资成本、降低担保费率实施办法》《南宁市武鸣区鼓励承租、购买伊岭工业集中区标准厂房的补充优惠政策》《南宁市武鸣区财政专项扶贫资金管理办法》等 9 件政府规范性文件的审查、修改和协调工作，均已通过市政府和城区人大备案审查。全年组织开展 2 次乡村清洁执法专项监督检查工作。完善政府法律顾问制度，全年为重大决策、涉法涉诉案件、行政复议、重大合同等法律事务提供法律咨询意见 197 件。

（卢　丹　潘红彬）

【领导干部法治讲座】 2017年9月26日上午，武鸣区在城区富鸣城投1号大会厅举办了以“《民法总则》的颁行与国家治理体系和治理能力现代化”为主题的领导干部法治讲座，由城区党委组织部、城区依法治区办、城区司法局、城区法学会联合举办此次讲座。参加讲座的人员有城区四家班子全体领导、城区全体副科级以上领导干部以及部分单位副股级以上干部共计600多人。讲座邀请南宁市“七五”普法讲师团成员、广西大学法学院何秋竺副教授授课。课上，何秋竺副教授首先对《民法总则》的颁布与创新进行解读，主题鲜明、内涵丰富、例子生动，具有较强的知识性、理论性和实践性。其次，从不同角度对“国家治理能力现代化”进行讲解，并结合基层治理工作就“如何推进国家治理体系和治理能力现代化”进行了阐述。通过此次讲座，听课的领导干部深受教育和启发，表示将不断努力提高自身的法治思维、依法行政和依法治理能力，以法治思维推进各项工作治理现代化。

【法治文艺演出进农村】 2017年11月10日晚上，武鸣区司法局组织的法治文艺演出在仙湖镇邓柳村戏台举行，演出以小品、舞蹈、快板等村民喜闻乐见的形式，从依法治国、法律援助、关爱留守儿童等内容出发，给居民群众送上一场富含法治文化的文艺演出。法治文艺演出过程中，还向观众发放农村版《法治小报》、《反间谍法》、法治武鸣和平安武鸣建设等宣传资料，共计发放300余份。通过此次文艺演出以及宣传资料的发放，增强了村民的自我维权意识、法治意识，丰富城区居民群众的法治文化生活，推进城区法治工作。

公　安

【概　况】 2017年，南宁市公安局武鸣分局（以下简称“公安分局”）内设机构9个，综合管理机构3个，关押场所2个，基层派出所20个，业务联系指导消防大队、森林公安局。在编民警407人，事业编制2人，职工16人，辅警441人。年内，公安分局有1名民警被评为“2016年度全区优秀人民警察”；有1个业务大队被市公安局记“2016年‘两会’安保”集体三等功，1名民警记个人三等功；有1个派出所和1个业务大队在2016年度被南宁市公安局记集体三等功，8名民警记个人三等功，1名民警获个人嘉奖；有1个派出所被评为“2016年度全市优秀公安基层单位”，2名民警被评为“2016年度全市优秀人民警察”。在环广西公路自行车世界巡回赛安保工作中，两江镇培群村至公泉村赛段全体执勤民警、辅警得到南宁市公安局通令嘉奖。

2017年10月22日，公安民警为环广西公路自行车世界巡回赛保驾护航。图为民警正在安保执勤中　　（武鸣时讯提供）

【维护稳定工作】 2017年，公安分局切实采取措施，维护社会稳定。树立“稳定压倒一切”思想，加强情报信息搜集工作，增强预知预警预防能力；做好重点人员管控，及时掌握涉法涉诉、历史遗留、个人原因等动态，重点关注“三大纠纷”“武鸣亚欧币”重点群体动态；加强反恐，落实反恐工作职责，重点对“三股势力”（暴力恐怖势力、民族分裂努力、宗教极端势力）、暴恐团伙、涉枪涉爆人员等情况的摸排掌控；加强防范和打击邪教组织，依托基层组织、社会骨干、秘密力量，对邪教重点人员入户访查，严防其思想回流搞破坏活动，及时查处、打击邪教人员非法聚集、非法传教活动；抓好派出所国保工作，指导基层开展国保基础调查，组织动员群众自觉维护社会稳定，积极反映情况，协助公安工作。年内，搜集上报一批情报信息，掌握排查一批敏感事件，有效管控一批涉枪涉爆涉恐人员，查处邪教案1起，行政拘留2人。

【刑事案件侦查】 2017年，公安分局以维护治安稳定为中心，以提升群众安全感满意度为根本，突出职能，统筹布局，努力构建新时代平安武鸣。年内，侦破刑事案件741起，其中侦破大案61起、命案发生8起破8起。打击处理犯罪嫌疑人586人，抓获在逃人员68人。追缴被盗电车42辆，缴获涉案枪支22支。打掉涉恶犯罪团伙28个，依法处理97人。办理案件情况：刑事拘留456案506人；取保候审96案118人；监视居住9案9人；报捕378案410人；批捕343案387人；移送起诉案件374案470人。所受理的案件均能在法定时间内审结完毕，办案程序合法，案件准确率100%。

【经济犯罪侦查】 2017年，公安分局依法打击和防范经济犯罪，维护城区经济环境。预防和打击涉众型经济犯罪，防止蔓延，坚持“疏堵并举、打防结合”，确保不发生系统性、区域性金融风险；加强同各部门间的协作配合，完善部门之间的案件查处、移送、信息交流与协作配合等机制和措施，探索信息共享新途径，提高打击和预防能力；抓好防范宣传，走进企业，走进机关，走进广场，向群众宣传和介绍非法集资、假币犯罪、银行卡诈骗、非法传销等突出经济犯罪活动的规律特点，动员群众积极参与防范和打击经济犯罪活动。年内共破案9起，抓获犯罪嫌疑人27人，刑拘18人，逮捕14人，追缴涉案款406.3万元。先后侦破打击“美盛E理财”“亚欧币”等涉众型经济犯罪活动，有效维护城区金融秩序及社会稳定。

【巡逻防控】 2017年，公安分局高度重视巡逻防控工作，组织巡警、派出所、机关大队全警参与巡防活动。加大财力人力的投入，新购买一批武装巡逻车辆，把警力放到巡防一线上。科学布警，屯警街面，优化巡逻机制，实行网格化管理，提高见警率、管事率、震慑力，挤压犯罪空间，减少案件发生；开展集中整治生活噪音污染专项行动，开展扬尘污染整治工作，配合政府开展“美丽南宁·整洁畅通有序大行动”等工作；完成武鸣“壮族三月三”歌圩、中共十九大、环广西公路自行车世界巡回赛、全国“两会”等重要时间节点的安保巡防任务。

【禁毒斗争】 2017年，公安分局加强案件侦破，全警动员，多警联动，先后开展了打击毒品犯罪大会战、清查整治娱乐场所、公路查毒等专项行动；加强日常管理，对涉毒人员进行动态管控；加强禁毒防范宣传教育，组织民警到文化广场、乡镇社区、中小学校、娱乐场所等地方开展禁毒防范宣传活动，提高全民禁毒意识；规范易制毒化学品管理，及时掌握易制毒化学品的生产、储存、经营、使用情况。年内共破获毒品刑事案件41起，其中重大案件7起，处理犯罪嫌疑人69人，其中刑拘67人，逮捕52人；查处毒品治安案件109起，处理249人，行政拘留165人，强戒39人，罚款30多人；缴获毒品K粉、海洛因、冰毒、神仙水共3111.17克。

【出入境管理】 2017年，公安分局加强窗口管理，规范服务，强化出入境管理职能。

推进文明服务 针对易出问题的环节，以切实解决群众反映强烈的办证难问题为突破口，改进、完善各项窗口服务工作制度，确保公民按时、准确、及时申领出国（境）证件，全年未发生违规办理出国境证件问题。年内，出入境管理部门共接待群众66580人次，办理出入境各类证件51100人次。

强化外国人管理 健全落实境外人员临时住宿登记制度和常住外国人管理制度，切实提高对外国人的动态管控能力，组织、指导派出所做好境外人员管理工作，做到底数清、情况明，住宿登记信息及时率达100%，准确率99%。年内，共核查处理不合格数据14条，查处非法入境案件7起，遣送出境71人。

【人口管理】 2017年，公安分局深化户籍制度改革，加强和改进基层基础工作。严密户籍管理，认真贯彻落实户籍制度改革政策，推动户籍管理工作规范、高效、可持续发展。全面实施居民身份证三项制度，即居民身份证异地受理、异地挂失申报、异地丢失招领制度，创新服务管理，方便群众异地补领、换领居民身份证。年内共受理跨省异地居民身份证400个。落实“一村一警务助理”工作机制，缓解基层派出所警力不足瓶颈。结合实际，因地制宜进行派出所指挥调度室建设。年内红岭城东、标营灵水两个派出所已建设完毕，投入使用。抓好流动人口和出租屋管理，全年开展6次流动人口和出租屋清理整治集中统一行动，防范和压缩案事件发生。年内办理户口审批6130份，审核签发第二代居民身份证63396人，临时身份证6330证，检查流动人口2746人次，清查出租房657户。

【社会治安防控体系】 2017年，公安分局加强社会治安防控体系建设。摸索适合“三台合一”的工作方法，促进110指挥中心接处警工作规范化，年内共接接收处理报警电话65781个，其中有效报警11837个、求助咨询类报警30234起、骚扰电话23710起、指挥调度警力98652次。加大巡逻防控投入，根据实际及时调整巡逻重点、方向。年初，分局将巡警大队办公地点从灵水社区搬到金盾大厦，有效挤压犯罪空间，减少发案率，方便群众，年内新增一批武装巡逻车辆，加大了巡防力度。加强情报信息搜集，做好重点人员管控，强化对“三股势力”、暴恐团伙、涉枪涉爆人员的摸排掌控，加强防范和打击邪教组织活动。建立健全重大案件和命案侦破工作机制，打防结合，严厉打击网络贩枪、网络电信诈骗和“两抢一盗”犯罪，深入开展“神剑·打黑除恶”专项斗争。年内破刑事案件700多起，命案发生8起破8起，案件办理程序合法，准确率100%。狠抓经侦工作，预防和打击涉众型经济犯罪，确保不发生系统性、区域性金融风险，加强部门间协作配合，探索信息共享新途径，加强宣传防范工作，提高打击和预防能力。年内先后侦破打击“美盛E理财”和“亚欧币”等涉众型经济犯罪案件。全警动员，多警联动，组织开展打击毒品犯罪专项行动，加强对涉毒人员的动态管控，深入广场、社区、学校、娱乐场所等地开展禁毒防范宣传活动。年内破获一批毒品违法犯罪案件，打击处理一批涉毒人员，缴获各类毒品共3000余克。深化户籍制度改革，推行“一村一警务助理”机制，履行打击、防控、管理、服务职能。年内检查流动人口2746人次，清查出租房657户。以情报中心为中坚力量，利用监控视频、互联网等科技手段，提高基础信息采集率、准确率、及时率，创新信息的应用途径和技战法，不断满足公安工作的应用需求。年内，共核查人员信息轨迹31724人次，核查车辆信息13100辆次、查阅卡口信息42000次。

【队伍建设】 2017年，公安分局围绕公安改革，坚持问题导向，树立良好队伍形象。开展从严治警“五查五整顿”专项行动，严明纪律，强化作风，

2017年6月22日晚，武鸣公安分局在标营新区富鸣城投1号楼举办“迎接十九大忠诚保平安”警察故事会，充分展现武鸣警察风采。图为参加晚会的领导与部分演员合影留念　　（武鸣公安分局提供）

提高队伍素质；推进执法规范化改革，认真履行监督执纪问责职责，由法制大队牵头，纪检、政工配合，随机对各执法办案部门进行检查，强化纪律监督；深入开展各类教育和训练活动，分局政治处组织全警开展反恐实战技能专项训练，并分两期对337名辅警进行岗位培训，进一步提高民警和辅警的警务实战能力；依靠科技强警，常态化通过视频巡查、网上督察，发现问题及时通知整改，规范民警在服务窗口、值班室、执法办案等场所的执法行为，强化队伍管理，推进执法规范化和队伍正规化建设。

【基层警务建设】 2017年，公安分局加强公安基层基础建设。加强和改进窗口服务工作，完善窗口服务制度，切实解决群众反映强烈的办证难问题，针对部分窗口单位存在的问题，认真整顿，及时整改，转变工作作风，优化服务环境；落实"一村一警务助理"机制，将其纳入年度工作的重要日程，充实基层警务力量，提高基层化解矛盾纠纷、维护社会稳定能力；开展流动人口和出租屋清理整治集中统一行动，预防和打击各种违法犯罪活动，消除社会治安隐患，筑牢社会治安防控基础；加强对旅馆业、废旧收购业、歌舞娱乐等行业场所和危险爆炸物品的监督管理，认真开展督促、整治工作，排查隐患，确保社会安全稳定；加强校园防护网及周边治安专项整治，通过开展"平安校园基层行"、护校安园等活动，提高校园的防护；加大对精神病人、治安重点人员的管控力度，严密防范，确保安全。

【交通安全管理】 2017年，武鸣区机动车保有量为146173辆，持证驾驶人209870人。年内，城区交通管理大队狠抓队伍建设，规范事故处理，创新安全宣传，强化源头管理，圆满完成交通管理各项工作任务，为群众提供了安全、畅通、和谐、有序的道路交通环境。

公安交通管理 交通管理大队紧紧围绕"压事故，保畅通"工作目标，扎实开展公安交通管理工作。规范交通事故处理工作，严把证据关，严格执行检验鉴定规定，提高办案质量，年内没有因执法问题被上级机关撤销的案件；"五位一体"交通事故调处机制取得新进展，继续与法院、检察院、司法局、保险公司等部门沟通协调，把交通事故"五位一体"的调处机制落实到位。年内，由道路交通事故行政调解室调解的案件815起，调解完结815起，调解成功率100%；由交通巡回法庭受理的机动车交通事故责任纠纷案件567件，全部结案；接待法律咨询群众2059人次；坚持宣传先行，倡导文明交通，年内发放交通安全资料7万余份，LED播放交通安全标语3900余条，播放宣传教育片6330余场次，组织现场宣传活动36次，悬挂交安法规横幅、标语295条，在支队网上刊出信息956条，论文26篇，在电视、报纸、电台、网络上播出、刊登交安文章60篇；延续高压严管态势，加大对人、车、路的管理力度，先后组织开展了春运、打击酒驾毒驾、严重交通违法行为集中整治、交通安全整治四大攻坚战等一系列专项整治行动，年内查处各类交通违法行为为84588起，其中无证驾驶1075起、超速行驶25361起、超载超员336起、酒后驾驶129起，暂扣机动车3031辆；强化车辆和驾驶人源头管理，开展便民利民服务，共办理机动车注册登记6989辆，办理各类机动车转移、变更、转入3688辆，年检34862辆，办理摩托车驾驶证初领业务684次，办理电动自行车登记102360辆，把好预防和减少事故第一道防线；积极推进交通安全社会化管理进程，先后4次组织召开道路交通安全联席会议，通报交通安全形势，专题讨论解决热点问题；狠抓队伍建设，强化岗位练兵，以开展"精准扶贫""一村一警"活动为契机，深入群众，广泛征求群众意见，自觉接受社会监督，构建和谐警民关系。

道路交通事故 共接处交通事故报警6427起，其中按一般程序处理123起，死亡43人，受伤121人，直接经济损失1483600元，与2016同比分别下降9.56%、下降6.52%、下降20.39%、下降9.5%，其中生产经营性交通事故死亡3人，没有发生一次死亡3人（含）以上的较大道路交通事故。

【消防管理】 2017年，南宁市公安消防支队武鸣区大队是日常灾害事故处置的专业力量，履行义务灭火及抢险救援工作，副团级单位，2017年在编人员45人，下辖1个中队。大队主要装备:12吨大功率水罐泡沫消防车1辆，城市主战水罐消防车1辆，抢险救援车2辆，32米消防云梯车1辆；配有各种消防器材装备和消防人员个人防护装备。大队车辆及器材装备经费由城区财政拨款。大队执行24小时值班执勤，保证出警快速，处警及时。

防火监督　消防大队狠抓火灾隐患整治，积极开展消防安全检查。首先是不断加大检查范围和力度。年内，先后开展今冬明春火灾防控工作、防控电动车火灾专项整治、城中村及出租屋消防安全专项整治、易燃易爆专项整治、人员密集场所专项整治、电气火灾防范专项整治等活动，并在重大节假日联合公安、安监、工商、文化等职能部门组织开展消防安全大检查。采取多种消防监督手段，深入各单位检查消防设施、消防安全制度的落实及员工的消防安全意识等情况，督促整改火灾隐患。年内共检查单位4206家，发现火灾隐患或违法行为5810处，督促整改5738处，下发责令改正通知书2759份，行政处罚决定书121份，临时查封决定书82份，罚款67.97万元。

灭火救援　大队接处警110次，出动车辆252辆次，出动警力1451人次，疏散、抢救被困人员90人，抢救财产价值86.3万元，参战人员无伤亡事故。年内，城区发生火灾59起，直接财产损失3.4万元，无人员伤亡。

（韦良春）

检　察

【概　况】　2017年，南宁市武鸣区人民检察院（原武鸣县人民检察院，简称“武鸣检察院”），2016年5月27日，武鸣县撤县设区更名为南宁市武鸣区人民检察，办公地点在南宁市武鸣区城厢镇红岭大道6号。检察院核定编制63名，其中行政编制60名，工勤编制3名。2017年年底，在编57人（包括工勤编3人）。其中院领导班子7人，包括检察长1人、副检察长3人，反贪局局长、纪检组组长、政工科科长各1人。自治区检察院确定的市级两院检察官20人。干警中硕士7人，双学士3人，本科学历54人，其余均为专科学历。年内，荣获2017年度全国检察宣传先进单位，被最高人民检察院评为全国保障律师执业权利示范单位，全院荣获国家级荣誉2个、自治区级荣誉2个、市级荣誉6个，县（城区）级荣誉5个。有12名检察人员获得市、县（区）级奖项等荣誉。

【落实司法体制改革】　2017年，武鸣检察院实行检察官员额制，遴选出20名办案能力强的检察人员为员额检察官，完成检察官助理序列和司法行政人员序列人员配置。为使机构职能配置能更加科学地适应检察人员分类管理后的工作变革，将原有的机构进行整合，职能更加明晰。在城区党委、政府大力支持下，各项司改保障措施落实到位。探索检察官办案组、独任检察官两种办案组织形式，完善“权力清单”，明确主任、独任检察官的职责和授权范围。完善检察权运行管理机制配套制度。成立案件质量评查领导小组及案件质量评鉴委员会，规范办案行为，强化办案质量。开展案件质量评查工作，对自侦案件不起诉和普通刑事案件捕后不诉等18个案件评查，对梳理出的问题进行整改落实。

【刑事检察】　2017年，武鸣检察院充分发挥检察职能，积极参与创建平安武鸣，重点打击多发性侵财犯罪、严重暴力犯罪、涉恶势力犯罪、涉毒犯罪等各类刑事犯罪。呼应群众需求，对盗窃电动车的犯罪案件快捕快诉，增强群众安全感。年内共受理审查逮捕各类刑事案件365件521人；审查起诉478件613人，其中，批捕非法持有枪支、强奸等严重危害公共安全和侵犯公民人身权利的犯罪共18人，起诉20人；批捕“两抢一盗”侵财犯罪106人，起诉151人。同时，严格贯彻宽严相济刑事政策，坚持把化解矛盾贯穿执法办案始终。对轻微刑事犯罪决定不批捕17人，不起诉24人，对不批捕、不起诉案件开展释法说理，帮助当事人理解法律法规。完善检调对接、刑事和解机制，促成6件轻微刑事案件当事人达成和解。积极开展刑事被害人救助工作，对10名被害人实行司法救

2017 年 6 月 22 日，武鸣区人民检察院与武鸣县邮政分公司联合举办“预防职务犯罪邮路”启动仪式　　（武鸣检察院提供）

助。坚持每日接访、检察长接访制度，做到带案下访和预约接访。积极开展举报宣传和法律咨询活动，引导群众理性申诉和信访，为群众提供法律帮助。年内受理控告申诉案件线索 60 件，接待群众来访 82 批 105 人。

【查处贪污贿赂犯罪】　2017 年，武鸣检察院积极贯彻中央关于反腐倡廉建设精神，集中力量查办发生在群众身边的腐败案件。相继查处了一批群众关注的惠农扶贫、征地拆迁等领域腐败案件，如查处武鸣区征地拆迁办原主任陆某等涉嫌贪污系列案等重点民生案件。配合上级部门查处涉外贪腐大案，如查处自治区台办秦某等涉嫌贪污、挪用公款系列案，涉案金额近 6000 万元。全年共立案侦查 11 件 14 人，法院作出有罪判决 13 件 17 人（含积案），通过办案为国家和集体挽回经济损失 183 万元，取得良好的法律效果和社会效果，赢得了群众的信赖。

【渎职案件查办】　2017 年，武鸣检察院围绕行政执法等重点领域、行业深挖线索，办理渎职侵权要案。如对已因贪污罪被判处刑罚的南宁市工信委党组原成员兼散装水泥办公室主任刘某（副处级）进一步深挖，发现其失职行为造成国有资产流失 180 万元，对其以涉嫌玩忽职守罪立案侦查。年内共立案侦查 3 件 3 人，法院作出有罪判决 4 件 4 人（含积案）。

【职务犯罪预防】　2017 年，武鸣检察院完善侦防一体化工作机制，通过促进部门联动建立防控体系，开展精准预防。如在农村“两委”换届选举工作中，为城区 13 个镇 219 个村（社区）约 1270 名“两委”候选人进行职务犯罪记录档案查询，配合纪委查处了一名收受危房改造工程贿赂的村委干部，防止干部“带病”上岗。换届后对新任“两委”干部开展职务犯罪预防巡回宣讲 20 次。根据上级检察机关部署，与中国邮政武鸣分公司携手合作开启“检察蓝 + 邮政绿”的预防新模式，利用广大邮政投递员走千村、进万户和邮政服务覆盖面广的独特优势，进一步延伸预防职务犯罪宣传触角。通过活动在各邮政网点张贴预防公益海报 62 幅，印有预防信息的信封 2000 个，惠农扶贫政策宣传册 2000 多册，邮政 LED 宣传车下乡宣传 26 车次。开辟警示教育新途径，制作南宁市武鸣区预防职务犯罪网上警示教育基地进行网上展播，该项目被评为全区检察机关预防职务犯罪网上警示教育基地优秀奖。深入机关、企业和乡镇开展警示宣传教育 88 堂次，接受教育近万人次；开展行贿犯罪档案查询 5800 多次，同比上升 78%；针对案发单位发出预防检察建议并获采纳 20 件，2016 年度惩治和预防职务犯罪工作报告获城区四家班子领导和纪委书记作重要批示。

【监所检察】　2017 年，武鸣检察院注重保障被羁押人员合法权益，监督纠正刑罚执行和监管活动中的违法现象。如驻所检察室干警在巡查中发现在押人员黄某疑似有重大疾病，立即建议看守所将其送医，了解到黄某有随时死亡危险，依法向侦查机关提出变更强制措施的建议并得到采纳，及时消除了安全隐患。全年发出《纠正违法通知书》37 份，发放检察建议 2 份，进行羁押必要性审查并提出建议 26 人。深入开展财产刑执行专项检察“回头看”活动，针对检查出的问题及时发出检察建议。城区监管场所无事故、无超期羁押案件，驻所检察室被自治区检察院评为二级规范化检察室。

【控告申诉检察】 2017年，武鸣检察院加强控申检察宣传工作，畅通检察信访渠道，引导群众理性诉访。全年共受理举报控告申诉案件线索50件；“检察长接待日”接待群众来访13批28人，其中检察长批办11件，均能做到件件有答复，事事有回音。同时，从信访办调阅信访登记表，重点查看群众上访次数多、上访人数多、涉及面广的案件，针对举报线索开展初查6件，并及时答复举报人。如刘某某举报武鸣区人民法院法官枉法裁判案，及时展开调查并多次答复刘某某，最终圆满结案。开展刑事被害人救助，维护社会稳定。以“突出救急，重在救困，确保无助”为原则，加强部门之间的衔接与协作，提高司法救助的效率。全年共向3名刑事被害人发放救助金额8000元，帮助其摆脱生活困境，促进社会和谐稳定。继续坚持宽严相济的刑事司法政策。严格按照检调对接工作细则，做好信访风险评估预案，强化对不批捕案件说理释法机制。全年因没有逮捕必要而不批准逮捕案件8件10人，因犯罪情节轻微决定不起诉9件15人。

【检察技术】 2017年，武鸣检察院发挥检察技术职能，为检察业务工作提供有力技术支持。全年共办理文证审查60件，检验鉴定2件，技术协助13件，同步录音录像11件。积极推进检务工程建设工作，完成了本院电子检务工程第一期建设工作，有关验收评估工作正在稳步推进中。派驻看守所检察室分级保护系统建设项目正在建设中。

【民事行政检察】 2017年，武鸣检察院按照最高人民检察院的统一部署积极开展公益诉讼工作。分别向城区四家班子和政法委作了专题报告并获得支持。召开公益诉讼座谈会，邀请城区环保局等10个具有行政执法资格单位以及部分城区人大代表、政协委员共商守护“青山绿水”的良方。与城区环保局、城区国土局建立信息联络机制和工作联系制度，对打击破坏环境资源行为形成合力。对广西—东盟经济开发区管委会未依法履职造成2670.25万元易地建设费未能征缴到位致使国有财产损失进行立案，发出首份公益诉讼诉前检察建议书并获得实效，广西—东盟经济开发区管委会已将1236.82万元的易地建设费追缴回国库，并对未能及时补交易地建设费的相关建设单位，依法向法院递交了强制执行申请。全年共对行政机关履行职责不当情况发出检察建议5份，均获采纳；摸排出公益诉讼案件线索3件，其中生态环境与资源保护领域案件2件，国有资产保护领域案件1件；受理民行案件线索6件，其中要求法院审判监督2件，执行监督3件，不服法院调解的1件。

【未成年人检察】 2017年，武鸣检察院大力打击侵害未成年人权益的犯罪，防范校园欺凌，依法批捕涉未成年人刑事犯罪嫌疑人28人，起诉33人。对办案中发现的问题及时向责任部门发放检察建议并追踪落实情况。如针对两起教师猥亵学生案件，向城区教育局发出检察建议，教育局及时反馈落实。充分发挥检察官法制副校长作用，深入开展“法制进校园”活动，上万名学生受到教育，提高了学生知法守法和自我保护意识，从源头上遏制学生违法犯罪。坚持适用“捕诉监防”一体化，对涉罪未成年人采取合适成年人介入、法律救助、平等对待等机制，保障失足未成年人合法权益。综合犯罪记录封存等手段，保护未成年人隐私。全年共受理犯罪嫌疑人为未成年人的案件，逮捕案件11件18人，其中批准逮捕10件16人，不予逮捕1件2人；起诉19件31人，其中审结11件21人，未审结8件10人。受理被害人为未成年人的案件，逮捕20件34人，其中作出逮捕18件32人，不予逮捕2件2人；起诉19件36人，其中审结13件24人，未审结6件12人。

【案件选介】

陆某财等3人破坏生产经营案　陆某财，男，户籍地南宁市武鸣县甘圩镇赖坡村伏。陆某条，男，户籍地南宁市武鸣县甘圩镇赖坡村。杜某朝，男，户籍地南宁市武鸣县城厢镇宝珠路。2013年12月29日、2014年3月11日、2014年8月4日和5日，陆某财、陆某条、杜某朝以武鸣县甘圩镇中新达石场的经营行为影响村民的正常生活为由，采用威胁、驱赶石场工人或用沙石填埋已钻好的炮孔等方式阻挠石场工作，致使该石场无法正常生产经营。经鉴定，被填埋炮孔的施工费直接经济损失为126192元人民币。陆某财、陆某条、杜某朝等三人于2014年10月被依法逮捕。2014年12月5日，武鸣县公安局将案件向武鸣县检察院移送审查起诉。武鸣县检察院审查后认为：陆某财、陆某条、杜某朝的行为确已构成犯罪，应提起公诉；本案移送审查起诉前，武鸣县党委政府曾对武鸣县甘圩镇中新达石场与甘圩镇赖坡村部分村民不能达成拆迁补偿和用地补偿协议而造成的矛盾纠纷进行调解，但未达成共识。陆某财等人带领群众越级向南宁市信访局、自治区信访局、中央巡视组信访工作组上访，不利于社会和谐稳定，应尽量在检察环节做好矛盾化解和社会维稳工作。审查起诉期间，武鸣县检察院曾试图再次组织调解但扔未达成共识，该院公诉人决定做好庭审教育。2015年6月19日，武鸣县检察院以破坏生产经营罪将案件向武鸣县法院提起公诉，一审开庭期间，公诉人正确把握案件事实、证据采信和法律适用，不偏不倚，以案说法、以案说理，取得旁听的一百余名村民的认可。2016年11月1日，武鸣县法院判决，以犯破坏生产经营罪，判处陆某财、陆某条有期徒刑1年8个月，判处杜某朝有期徒刑1年6个月。三人均不服，提出上诉，2017年6月15日，南宁市中级人民法院裁定驳回上诉，维持原判。一审判决后，部分村民主动提出与中新达石场协商签订用地协议的要求。二审裁定后，村民已息诉息访。该案被评为2017年广西检察机关公诉部门化解社会矛盾精品刑事案件。

肖某某私分国有资产、贪污、受贿抗诉案　2015年9月29日，武鸣县人民检察院反贪污贿赂局以被告人肖某某涉嫌单位受贿、私分国有资产、贪污、受贿罪向武鸣县人民检察院公诉科移送审查起诉。同年12月25日，武鸣县人民检察院指控被告人肖某某犯私分国有资产罪、贪污罪、受贿罪向武鸣县人民法院提起公诉，法院于2016年12月23日作出一审判决，以被告人肖某某犯私分国有资产罪、贪污罪、受贿罪，数罪并罚决定对其执行有期徒刑六年，并处罚金人民币30万元。判决书下达后，武鸣县人民检察院认为该一审判决以证据不足不予认定被告人肖某某贪污报废水泥罐处理款项9.18万元的犯罪事实确有错误，遂提出抗诉，获上级检察机关支持，被南宁市中级人民法院采纳并作出二审判决，改判被告人肖子奇有期徒刑七年，并处罚金人民币40万元。该案获评为2017年度南宁市检察机关“精品刑事抗诉案件”。

首份诉前检察建议督促追缴2000多万防空地下室易地建设费　2017年9月，南宁市武鸣区人民检察院在履行检察职责中发现，2010年以来，广西—东盟经济技术开发区管理委员会未严格依法履行人防行政审批监管职责，在部分企业未完成防空地下室工程规划建设申报和交纳防空地下室易地建设费的情况下，同意这些企业的房地产工程项目开工建设。这些企业的防空地下室易地建设费缓交申请到期后，管委会只发了催交书面通知，并未采取其他有效的行政措施或申请法院强制执行等方法进行追缴，致使2670.25万元防空地下室易地建设费未能征缴到位，造成国家资产流失。武鸣区人民检察院报请南宁市人民检察院同意后，对该案进行立案调查，并于同年11月14日向广西—东盟经济技术开发区管理委员发出首份行政公益诉讼诉前检察建议书，督促其积极履行人民防空监管职责，依法采取有效措施，将欠缴的2670.25万元防空地下室易地建设费追缴到位。收到检察建议后，广西—东盟经济技术开发区管理委员会加大追缴力度，在一个月的时间内将1236.82万元的易地建设费收归国库，对未能及时补交易地建设费的相关建设单位，依法向法院递交了强制执行申请。

（曾淑娥　谢海华）

法　院

【概　况】　2017年，南宁市武鸣区人民法院（简称“武鸣法院”）内部机构设置政工科、监察室、研究室、办公室、立案庭、刑事审判庭、民事审判第一庭、民事审判第二庭、行政审判庭、审判监督庭、执行庭（执行局）、法警大队、双桥人民法庭、里建人民法庭、陆斡人民法庭、审判管理办公室、未成年人案件审判庭。核定编制100名，实有人数93人，其中员额法官35人，法官助理30人，书记员9人，行政人员12人，法警6人，工人1人。全年共受理各类案件6256件，同比（4777件）增长30.96%，审执结5443件，同比（3998件）增长36.14%，结案率87%，同比（83.69%）上升3.31%，法官人均收结案件数分别为179件和156件。共1人获得国家级表彰；1个集体、10人获得自治区级表彰；7个集体、10名个人获得市级表彰。大力推进档案数字化工程，推进诉讼服务中心升级改造，完成院本部诉讼服务大厅、里建人民法庭和陆斡人民法庭诉讼服务中心的升级改造，扩建武鸣区人民法院大院内审判法庭。不断完善远程开庭、远程接访等设备建设，运用智能互通技术减轻当事人诉累。办公地点在城厢镇红岭大道2号。

【刑事审判】 2017年，武鸣法院严格执行刑事法律，切实贯彻宽严相济刑事政策，依法惩治各类刑事犯罪。全年受理刑事案件488件，同比下降5.06%；审结481件，同比下降2.04%，共判处罪犯528人。依法严惩故意伤害、强奸、强制猥亵、非法拘禁等侵犯公民人身权利、民主权利犯罪案件46件64人；审结抢劫、盗窃、诈骗、抢夺、敲诈勒索、故意毁坏财物等多发性侵财犯罪案件118件151人；审结贪污贿赂、渎职等职务犯罪案件5件8人；审结毒品犯罪案件53件59人；审结交通肇事、危险驾驶、非法持有枪支、放火、失火等危害公共安全犯罪案件89件91人。落实宽严相济刑事政策，遵循罪刑法定、疑罪从无、非法证据排除等原则，判处缓刑、管制和免予刑事处罚155人。

【民商事审判】 2017年，武鸣法院依法审理各类民商事案件，保障和改善民生，维护群众合法权益。全年受理民商事案件4407件，同比上升48.38%，审结3866件，同比上升59.03%。善用调判结合，促进案结事了，调解1373件，撤诉640件，调撤率52.07%。通过与交警、检察、司法、保险建立的“五位一体”交通事故案件快速处理机制，高效审结道路交通事故损害赔偿案件410件，其中调解结案409件。创新家事审判方式，联合妇联化解婚姻、家事纠纷，审结婚姻、赡养、抚养、继承案件672件。注重促进劳动关系和谐，审结劳动争议、追索劳动报酬案件131件，标的额300万余元。坚持依法保护契约自由和合法债权，审结买卖、租赁、贷款、民间借贷等合同案件1562件。通过开展“百日清案”活动，审结民商事案件1866件，有效清理长期未结案件，避免纠纷久拖激化造成不良后果。1个集体和4人被广西壮族自治区高级人民法院授予“百日清案”专项活动先进集体和先进个人称号。

【未成年人案件审判】 2017年，武鸣法院受理未成年人案件75件，审结64件，结案率85.33%。其中，受理刑事案件31件，审结27件；受理民事案件44件，审结37件。坚持教育、感化、挽救的方针，通过庭前社会调查、心理辅导、法庭教育、法定代理人到场、回访帮教等措施，教育挽救失足少年，判决非监禁刑6人，进行回访帮教5人，彰显对未成年被告人的司法关爱。重点关怀特殊弱势群体“留守儿童”的权益保障，积极开展法治宣传，组织青少年旁听庭审，模拟法庭进校园，给5000多名在校学生、农村留守儿童上专场法制课6次，还通过微信公众平台“武鸣少年审判”向青少年宣传法律知识，接受青少年法律咨询138人次。

【审判监督】 2017年，武鸣法院全年受理审判监督案件4件，同比减少3件；审结4件，结案率100%。积极构建人大代表、政协委员常态化联络机制，做到年度工作定期报告、主要工作专题汇报、重大情况及时通报。开展庭审观摩、座谈讨论等活动，走访人大代表、政协委员、各界人士，征求意见建议。共邀请人大代表、政协委员、律师代表、新闻媒体及普通群众旁听庭审、参与执行11次。开展法院公众开放日活动2次，邀请人大代表、政协委员对案件进行阳光评议2次。

【案件执行】 2017年，武鸣法院共受理执行案件1330件，同比上升30.26%；执结1073件，同

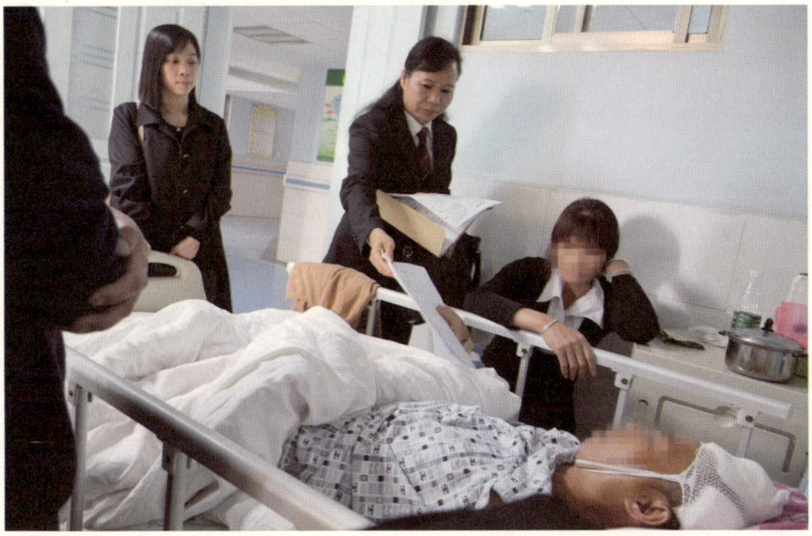

2017 年 3 月 13 日，武鸣区法院到城区人民医院成功调解一起交通事故赔偿纠纷案 （莫春华　摄）

比上升 29.59%。紧紧围绕最高人民法院提出的“用两到三年时间基本解决执行难”目标，加大打击拒执犯罪力度，建立公、检、法联动机制，移送涉嫌拒不履行生效判决、裁定案件 15 件 17 人，公安机关立案侦查 13 件 14 人，已判决 3 件 3 人。用足用强执行强制措施，依法拘留 53 件 56 人，罚款 18 人 1.9 万元。强化失信惩戒，列入失信被执行人名单 321 件 648 人，限制此类被执行人的高消费行为共 404 件 499 人。创新升级“执行 110”机制，加大对被执行人及其财产的查找和处置力度，通过“执行 110”便民卡服务获取被执行人有效信息执结案件 51 件，执行到位金额 245.6 万元。充分发挥多方联动，与金融、公安、国土、工商、房管等部门对接合作，实现对当事人存款、户籍、工商登记、房产等信息快速查询，提高了执行效率。积极争取社会各界理解支持，邀请人大代表、政协委员、律师代表、新闻媒体及普通百姓参与或监督执行 8 次 21 人，形成全民支持执行、反对老赖的良好氛围，促进执行和解案件 123 件，占执结案件 12.3%。切实维护申请执行人的合法权益，树立司法权威。

【便民利民诉讼机制建设】 2017 年，武鸣法院进一步强化诉讼引导、立案审查、查询咨询、诉前调解、判后答疑等功能，减少当事人诉累。构建以司法调解为主导，以人民调解员驻庭调解为辅助的诉调衔接机制，畅通多元纠纷化解通道。创新妇女儿童维权岗工作机制，主动联系妇联，聘请妇联干部担任特邀陪审员，建立妇女干部旁听典型案例制度，定期给妇女干部上法制课，普及婚姻家庭和妇儿保护法律知识。深入开展涉诉信访接访工作，妥善化解涉诉信访案件，全年共接待群众来访 4 件 36 人次，处理来信 20 件。做好司法救助工作，为确有困难当事人缓、减、免交诉讼费 6.17 万元，发放司法救助金 41 人 20 万余元。实行民事审判繁简分流，推行审理小额速裁，成功快速审结原告黄某、梁某等诉被告某建筑安装工程有限公司 93 件追索劳动报酬纠纷系列案件。立案速裁团队快速审结民商纠纷案件 445 件。充分发挥人民法庭前沿阵地作用，加强巡回办案力度，全力化解基层矛盾纠纷。

【审判管理与改革】 2017 年，武鸣人民法院大力推进审判流程、裁判文书、执行信息“三大平台”建设，实现审判全程留痕，确保案件质量稳提升、

2017 年 2 月 23 日，武鸣区人民法院举行首批入额法官宣誓活动，院长傅豪带领 35 名入额法官面向国旗宣读誓言 （莫春华　摄）

管理监督不缺位，与制度化共同构建全院全员全过程的监督管理机制。通过“四网一厅”平台（阳光司法网、法院官网、法院微博、微信公众号和诉讼服务大厅），使当事人可以及时便捷地了解案件立案、审理、执行各阶段进展，并对法院审判执行工作予以监督，全力提升司法公信力。2017年，启动法官员额制改革，严格入额标准，经双向选择、考试考核等程序，遴选首批入额法官35人，占政法专项编制的35%。以原有庭室为框架，适度打破庭室界限，探索建立由法官、法官助理和书记员组成的新型审判团队运行机制，分别组建刑事、民事、商事、审监、执行、行政、巡回、立案速裁、审判管理、审判调研等13个审判团队。院领导及审管办、研究室员额法官均已根据工作需要和个人专长纳入民商事、刑事及执行团队中承办案件。以人案均衡、人尽其用为导向，重新调配审判力量，未入额的审判人员，已确定为审判辅助人员或转为司法行政人员，不再继续独立办案。

【法院队伍建设】 2017年，武鸣法院落实从严治党要求，着力加强领导班子建设、机关党委和党支部建设，严肃党内政治生活。认真组织学习中共十八大、十八届三中、四中、五中、六中全会和十九大精神以及习近平总书记系列重要讲话精神，成立“两学一做”学习教育领导小组，坚持领导上党课制度，班子成员结合各自分管工作，在分管部门上党课作。开展“我推荐，我评议身边好人”“学雷锋志愿服务”“重温入党誓词，听党课坚定理想信念”活动、“党员奉献日”慰问贫困学生等，推动全院党员发挥先锋模范作用。认真落实“两个责任”，严格执行“八项规定”“六项措施”和“六个一律”。切实抓好党风廉政教育，开展正反典型案例分析会3次，受教育人数280人次，组织全院干警观看廉政警示教育专题片1次120人。通过开展组织“干部作风提升年”活动、“五查五整顿”专项行动，加大对审判、执行等环节的监管力度，加强节假日和重要节点的纠风工作。开展各种形式的全员岗位培训活动，组织干警参加各类培训74期811人次。积极组织干警撰写调研报告和论文。年内，有1篇论文获得全国法院第二十九届学术讨论会优秀奖，9篇论文作为南宁市法院系统优秀论文推荐参加全区法院系统学术讨论会。

（韦羿辰）

司法行政

【概　况】 2017年，武鸣区司法行政系统有城区司法局和13个镇司法所，司法行政干警54人；公证处1个，公证员2名；法律援助中心1个，工作人员3人，注册法律援助律师2名；法律援助工作站24个，法律援助联络点219个；律师事务所3个，注册律师24人；基层法律服务所1个，注册基层法律服务工作者7人。

【普法工作】 2017年，武鸣区司法局以新市民普法为主题，加大法治宣传力度。推进法治示范村项目建设，按照“五个一”标准完成选址、设计、审定，做好宁武镇伏唐村和仙湖镇邓柳村的建突出抓好“三类重点对象”（领导干部、青少年、农民）法制宣传教育。组织619名领导干部参加法治讲座，

2017年5月16日，武鸣区司法局联合城区法院、教育局、关工委在府城中心校进行模拟法庭巡演活动　（武鸣司法局提供）

组织新提拔领导干部参加任前法律知识培训及考试；组织 11636 名干部职工参加国家工作人员学法用法考试；举办“法治阳光照我成长”主题演讲比赛。选聘 112 名法治副校长深入各中小学上法治教育课，开展“模拟法庭进校园活动”巡回庭审活动 12 次。组织学生观摩“模拟法庭进校园”庭审专题片 120 场次。通过唱普法山歌、开展法治文艺演出、播放法治电影、发放法治宣传资料等方式送法下乡。创建“法润壮乡武鸣普法在线”微信公众号及“武鸣普法”头条号，向群众推送法律法规、司法行政工作职能，在城区门户网站开设法治文化内容专栏。开展“3.15”消费者权益保护日、“4·15”全民国家安全教育日、“12·4”国家宪法日等主题宣传活动。开展“法律六进”活动 385 次，发放宣传资料 30 万份。

【基层法律服务】 2017 年，武鸣区司法局完善基层法律服务。

公共法律服务平台建设 两江镇公共法律服务工作站建成并投入使用。组织 83 名律师、基层法律服务工作者与 219 个村（社区）签订了法律顾问合同，法律顾问工作覆盖面达 100%，法律顾问到所挂点的村（社区）开展服务活动 1200 余次，为群众提供法律咨询 1300 多人次，开展法治宣传（讲座）158 次，参与矛盾纠纷化解 24 件（次）。

司法所规范化建设 落实中央政法专项编制，配齐配强司法所人员，确保 13 个司法所的工作人员都在 2 名以上。

人民调解工作 成立武鸣区旅游纠纷人民调解委员会，组织业务骨干、资深律师到各镇开展人民调解培训班 15 期，参训人员累计 1200 多人次。完成全城区 1 家基层法律服务机构和 7 名基层法律服务工作者的执业年度审核。做好“青年志愿者彩虹桥行动”寒假、暑假服务活动，推进双桥镇社区戒毒（康复）试点工作。2017 年，共受理各类民间纠纷 3716 件，调解成功 3598 件，调解成功率 97%，排查矛盾纠纷 4646 次，预防矛盾纠纷 1607 件。全城区没有发生因调解纠纷不及时而出现群体性事件的情况。

【律师事务】 2017 年 5 月，武鸣区司法局对辖区 2 所律师事务所开展实地检查考核工作，完成了执业律师的年检注册工作。引导律师参加南宁市律师协会举办的律师业务讲座以及其他业务培训，组织律师积极参与公共法律服务体系、一村（社区）一法律顾问、政府企业法律顾问以及涉法涉诉信访化解和代理工作，坚持每月组织律师到城区信访局参与涉法涉诉信访工作。引导律师参与法律援助工作，逐步扩大法律援助范围，全年办理法律援助案件 118 件。律师担任常年法律顾问 10 家，全年办理各类法律事务 516 件（法律援助案 118 件、刑案 35 件、民事经济案 346 件、行政案 5 件，劳动仲裁 12 件），代书 550 多份，义务解答法律询问 1100 多人次。

【公证事务】 2017 年，武鸣区司法局积极进行公证体制改革，10 月，城区编委下文成立广西壮族自治区南宁市武鸣公证处，12 月办理事业单位法人登记和财政预算单位确认和登记手续。深入推进公证规范化建设，精简流程、提高工作效率、缩短办证时限、提高办证水平。全年共受理公证事项 948 件，共办结各类公证事项 940 件。其中，国内公证 559 件，涉港澳台 63 件，涉外公证 318 件。

【安置帮教】 2017 年，武鸣区司法局健全完善工作制度，进一步强化安置帮教领导小组各成员单位职能履行。加强司法所和监狱、看守所联系对接，落实衔接制度，落实对人户分离刑满释放人员户籍地和居住地双重管理制度，加强对脱管失控人员协查通报和特赦人员、重点安置帮教对象的核查、必接必送、安置、救助等工作，防止重新犯罪。加强过渡性安置帮教基地——武鸣区茂林木业有限公司圩潘果蔬种植基地建设，帮助刑满释放人员解决工作生活中的困难。2017 年共衔接刑释人员 176 人，解教 94 人，刑释解教人员帮教率达 100%，就业安置率达 100%。重新犯罪率低于 1%。

【社区矫正】 2017 年，武鸣区司法局抓好社区矫正中心建设，深化社区矫正质量提升年活动成果，强化管理，实现规范化、信息化、科学化，不断提升社区矫正矫治工作质量。严格落实监管制度，加强执法检查和安全稳定排查工作，防止社区服刑人员脱管、漏管和重新违法犯罪。开展“岗位练兵 争当能手”活动，大力加强社区矫正工作队伍建设和岗位能力素质建设，切实增强队伍履职能力，全面提高社区矫正工作整体水平。2017年累计接收社区服刑人员184人，解除179人，截至12月31日，在册184人，无脱管、漏管或重新犯罪的情况。

【法律援助】 2017年，武鸣区司法局健全完善村级法律援助制度，组建法律援助联络员队伍，选任219名村级法律援助联络员。加强法律援助工作站建设，先后新建立了城区信访局法律援助工作站、拘留所法律援助工作站、劳动仲裁法律援助工作站、人民法院律师援助工作站、人民检察院律师援助工作站。开展精准扶贫法律援助“绿色通道”，对扶贫对象实行优先受理、优先审批、优先指派“三优先”制度。2017年，全年受理法律援助案件267件，比2016年增长55%，其中，民事案件216件、刑事案件51件。受援人270人，为受援人挽回经济损失135万元。接待来电、来访咨询共278人次，其中12348来电咨询75人次。

【司法行政队伍建设】 2017年，武鸣区司法局根据中央政法委的统一部署，组织干警积极开展全面从严治警“五查五整顿”专项行动，坚持党要管党、从严治党、从严治吏，坚持问题导向，着力查找司法行政队伍在思想、纪律、作风、担当、管理等方面存在的突出问题，压实责任，推动工作，有效遏制执法不严、司法不公甚至司法腐败问题，使严格执法、公正司法成为司法行政干部职工自觉行动。在从严治警“五查五整顿”专项行动中，开展学习教育和自查自纠活动，查出3个存在问题，采取5项措施开展整改。通过整改，纪律、担当和作风三方面存在问题得到解决，完善《武鸣区司法局上班考勤制度》等6项制度，纪律得到加强、工作有了担当、工作作风进一步提升，树立了司法行政队伍新形象。

结合城区“干部作风提升年”活动，抓好干部作风建设，实现干部思想认识明显提升，工作作风明显改进，服务能力明显增强，办事效率明显提高，发展环境明显优化。在活动中，司法局组织开展学习教育，征求群众意见建议19条，查摆存在问题11个，制定整改方案、落实23项整改措施。制定完善6项制度。通过开展活动，解决了干部不良作风，树立了“严、实、细、合、专、新”新风气。

2017年，全区司法行政系统1个全区先进集体，3名市级先进个人。其中，武鸣区被评为2011—2015年全区法治宣传教育先进集体。

（覃海莎）

综合行政执法

【概 况】 2017年10月16日，南宁市武鸣区综合行政执法局（简称“综合行政执法局”）正式挂牌成立，办公地址为武鸣区农垦路3号，隶属于武鸣区人民政府工作部门，机构规格为正科级。核定行政编制18名，机关后勤服务人员控制数1名。内设4个股室：党政办公室、政策法规股（行政审批办公室）、指挥调度中心、财务和后勤保障股。下设综合行政执法大队、文化市场综合执法大队、国土资源执法监察大队、林政稽查大队、农业行政综合执法大队、渔政监督管理站、水政监督管理站7支执法队伍和城区13个乡镇综合行政执法队。

【综合执法治理】 2017年，综合行政执法局加强综合执法治理。

开展乱摆乱卖、跨门槛经营和车辆乱停放整治 重点整治跨门槛、占道经营行为。武鸣区综合行政执法局通过突击整治、集中整治、上门执法、联合执法等执法手段，对兴武大道、农垦路、明秀路、东鸣路、解放街等主要路段和南门市场、汇东市场等主要市场进行集中整治。年内，共纠正跨门槛经营2560处，整治流动摊点、占道经营等“五乱”现象19463次，签订《门前三包责任状》246份，下达《责令整改通知书》2303份，下达《遮雨（阳）棚行政执法通知书》280份，依法暂扣违章物品4981件，其他小件物品2095件，清理建筑垃圾及乱堆放物品398处。截至目前，共处罚违章占道经营、跨门槛经营314家，处罚金额6.2万余元。教育与处罚相结合，规范人行道停车秩序。武鸣区综合行政执法局采取教育与处罚相结合的方式，对人行道上违章乱停车辆进行整治，必要时实施清障。截至目前，共教育劝导乱停放车辆5521辆，处罚违章乱停放小车1332辆，电动三轮车、两轮车956辆，共处罚金额31.3万余元。

整治户外广告招牌、乱贴小广告行为 加大户外广告招牌的整治力度。今年以来，武鸣区综合行政执法局集中力量对灵源路、农坛路、建设街、武华大道沿线店铺招牌进行整治。2017年10月14日前完成了户外广告招牌整治宣传工作，对不符合设置标准的店铺招牌下达责令改正、拆除通知书。截至目前，共下达《户外广告与招牌限期拆除、改正通知书》1314份，扣押灯箱、广告牌359个，拆除未经审批设立的灯箱、广告牌650块。通过整治，城区主要街道门头招牌超高、超宽设置和“一店多招”情况得到进一步改善。狠抓街头乱贴小广告的治理。武鸣区综合行政执法局积极组织人员加大对街头小广告的整治，共清理广告条幅、“牛皮癣”小广告及墙体广告7503处，清理擅自悬挂条幅348条，没收非法小广告800余张，处罚金额7.2万元。

加大夜市整治力度 针对中央环保督查组交办的万隆小区及市民投诉红岭大道、城东草坪一带夜市烧烤占道经营、噪音扰民问题；执法局还积极配合城区“大行动办”夜市中队工作，组织执法人员开展夜市联合整治行动，切实维护夜间城市道路的环境卫生和交通秩序。

推进道路扬尘整治 武鸣区综合行政执法局严抓道路扬尘治理，对34个在建工地进行严管，下达《南宁市5吨以上建筑垃圾运输车辆装置设置标准》82份，下达扬尘治理整改通知书95份，下达《武鸣县城市建筑垃圾管理服务指南》78份。截至目前，已建立洗车平台35个，共整治工地乱象1287次，清理泥头车道路撒漏1257次处，依法暂扣泥头车85辆、拖拉机4辆、广告宣传车2辆，教育劝导725辆次。

加大园林绿化、市政设施监察力度 为贯彻落实“美丽武鸣·整洁畅通有序大行动”，建设宜居环境，保障广大人民群众的生活质量，综合行政执法局加强对城区绿化美化工程的巡查力度，尤其是对乱砍滥伐、移栽树木等行为的监察，为提升城区环境质量提供助力。在巡查过程中，及时将发现的市政设施损坏（如：井盖缺损、隔离栏损坏等）汇报给相关部门，督促责任单位进行整改。

积极配合城区开展重大活动，配合乡镇加强治理 武鸣区综合行政执法局加大对市容市貌的整治和监管力度，多次参与、配合开展各项重大活动，包括“美丽南宁·整洁畅通有序大行动”“美丽南宁·乡村建设”“美丽南宁·生态乡村”活动及第三方实测等，共出动500多人次到各乡镇协助整治“五乱”等影响市容的现象。

协助开展“治超”“三车整治” 武鸣区综合行政执法局积极配合做好尾燕岭执法卡点“治超”联合整治工作。根据城区党委、政府主要领导指示精神，积极配合城区公安交警部门开展“三车”整治联合执法行动，2017年共派出100余名执法人员参与“三车”整治。

加强宣传引导，营造社会氛围 综合行政执法局通过网上公开、宣传海报、咨询会、座谈会等多渠道开展宣传活动。重点加强对城市管理中依法治理、创新治理、联动治理、源头治理的正面宣传，直击社会热点，及时回应社会舆论，营造理性、积极的舆论氛围，凝聚城市管理体制改革共识。推进城市管理执法信息公开，保障市民的知情权、参与权、表达权和监督权。

【依法行政】 2017年，综合行政执法局在规划监察方面，下发执法文书共计479份（其中：《行政执法调查通知书》229份、《停止违法行为通知书》53份、《限期拆除通知书》70份、《责令改正通知书》127份），规划验收建筑物249栋，规划执法立案226份，结案164宗，处罚金额345.55万元。共组织参与19次拆违活动，出动执法人员205人次，依法拆除违法建筑303处，面积151414.17平方米。

建筑市场监察方面。

【政务公开】 2017年，综合行政执法局做好政务公开工作。建立健全信访接待制度，接受社会监督，确保工作责任落实到位；加强宣传和报道工作，进一步提高信息报送质量，及时将执法动态反映给上级领导部门和广大群众，让社会更直接、更深入的了解执法工作；完善执法公示制度，切实做到政务公开。

【精准扶贫】 2017年，综合行政执法局组织10名干部职工，深入灵马镇新龙村结对帮扶30户贫困户，共入户调查31次，精准扶贫工作继续稳步进行。按照“扶志向、扶技能、扶产业”的目标，始终坚持以人为本、因地制宜，通过调查摸底、登记建档、结对帮扶、考核验收等，竭力帮助有劳动力的贫困户脱贫致富。充分利用现有政策保障特殊人群生活有来源、居住有定所、伤病能就医、读书有保障。

【执法队伍建设】 2017年，综合行政执法局深入开展培训考核工作，以“城管执法队伍岗位大练兵”为契机，加强执法队伍建设，全面提高执法人员业务能力和执法水平。全年副中队长以上人员集中培训不少于3次，中队长、业务骨干的集中培训不少于5次，案卷制作管理人员的专业培训不少于2次；进一步加强党组织建设，充分发挥党组织的示范带头作用和战斗堡垒作用，严格按照中央八项规定精神，抓好干部队伍作风建设；狠抓文明执法。不断创新执法理念，改进执法方式方法，提升日常管理服务水平，始终坚持感情上爱民、措施上为民、程序上便民、效果上利民，以人为本、科学管理，依法执法、公正执法、文明执法。

（综合行政执法局编写组）

人民防空

【概　况】 2017年，南宁市武鸣区人民防空办公室（简称“城区人防办”）在城区住房和城乡规划建设局挂牌，城区住建局增设人防股，删减副主任1人。人防办属公务员编制，其中行政编制4人，后勤事业编制1人。设主任1人由城区住建局副局长兼任，主任科员1人，副主任科员1人，股长1人，办事员1人。在职干部职工技术职称：工程师1人，政工师1人，助理农艺师1人，助理工程师1人。

【设备维护】 2017年，城区人防办完成城区8台防空警报器的维护和调试。2017年9月18日，组织城区各机关事业单位、各学校学生、各社区群众等10000多人进行防空警报试鸣的疏散演练，增强国防观念。

【人防宣传】 2017年，城区人防办根据区、市人防办2017年开展人防知识宣传教育“五进”活动的统一部署，开展人防宣传教育“五进”活动，利用LED电子屏幕车、武鸣政府网等各类宣传载体，广泛宣传《人民防空法》相关知识，全年发放人防法律法规和业务知识宣传册3次，共13500本；到学校、社区张贴宣传挂图共120幅；到相关企业进行3次人防知识宣传教育；同城区教育局在全城区20所初级中学开设人防课程，并对初一7115名学生进行人防知识考试，考试合格率达98%。通过开展“五进”活动，全城区初级中学的人防国防知识宣传教育覆盖率达到100%以上。

【执法监督】 2017年，不定期深入到人防工程在建项目施工现场、跟进检查、监督施工情况，确保结建项目按设计按标准施工。

【基地建设】 2017年，城区人防办按照市办要求与相关城区人防办组织编制开展人口疏散地域演练工作方案。完成与2镇（两江镇、陆斡镇）5个村疏散地域建设，区、市人防办开展人口疏散地域建设检查；与西乡塘区人防办开展人口疏散地域演练活动，完善各种战时人口疏散资料，按时按质上报市人防办。

（人防办编写组）

责任编辑　刘颖儒

产 业

农 业

综 述

【概 况】 2017年，根据《南宁市武鸣区人民政府办公室关于印发南宁市武鸣区农业局主要职责内设机构和人员编制规定的通知》（南武政办〔2016〕104号）精神，设立南宁市武鸣区农业局，为南宁市武鸣区人民政府工作部门，挂南宁市武鸣区水产畜牧兽医局、南宁市武鸣区扶贫开发办公室牌子。设有行政秘书股、计划财务股、农作物生产股、政策法规股（行政审批办公室）、农产品质量安全监管股（屠宰监管办公室）、科技教育和信息股、农村改革股、渔业与渔政股、畜牧与饲料股、动物防疫与兽医医政药政股（武鸣区人民政府重大动物疫病防治指挥部办公室）、农机管理股、扶贫开发综合股、扶贫开发项目股等13个股室。局机关共有行政编制30名，其中，局长1名，党组专职副书记（副科长级）1名，副局长5名（其中：1名兼任城区水产畜牧兽医局局长，1名兼任城区扶贫开发办公室主任），股长13名；机关后勤服务人员控制数4名。2017年，局机关实有31人，其中，研究生2人，大学本科12人，专科17人；正科5人，副科16人，科员5人，办事员5人。办公地址在南宁市武鸣区城厢镇灵源路102号。

农业农村经济与管理

【现代农业强中显优】 2017年，农业局投入2.34亿元，实施96个水利工程建设；投入1433.37万元，完成“小块并大块”土地整治项目59个；落实农机购置补贴2369.8万元，主要农作物机械化综合水平达63.3%。坚持“农业稳区”发展思路，完成粮食种植面积6.78万公顷、糖料蔗31.96万亩、蔬菜5.27万公顷、水果4.20公顷；肉类总产量14.69万吨，水产品产量4.99万吨。19个现代特色农业示范区基础设施不断完善，主导产业更加优化，成功协办全区现代特色农业示范区建设现场会，伊岭溪谷休闲农业示范区获得与会人员高度点赞。抓好柑橘黄龙病防治工作，保障柑橘产业健康发展。农村土地承包经营权可颁证率达96.7%，农村承包土地经营权抵押贷款5278万元。农林牧渔业总产值完成141亿元，同比增长4.3%。

【现代特色农业示范区建设】 2017年，城区农业局创建区现代特色农业示范区19个，其中，新建市县级示范区3个、乡级示范区4个、保牌提质增效广西五星级示范区1个，续建广西和南宁市认定的市县乡三级示范区5个、城区级示范区6个。在示范区建设过程中，结合城区的中心工作和2017年“产业富民”专项行动，重点对示范区的主导产业、公共基础设施等项目进行建设，新创建的3个市县级示范区和4个乡级示范区均已通过自治区现代特色农业创建办组织的交叉考评验收，其中：绿之都果蔬产业示范区参加市级示范区考评验收；其他示范区建设进展顺利，功能得到拓展，效益有所提高。如：市级起凤生态循环农业示范区产业规模进一步扩大，种养加循环明显、功能齐全、效益高，年销售额达7000多万元。通过示范和带动伊岭溪谷、富安居、小皇后等三个区、市、县级休闲农业示范区年接待能力已达到80多万人次，旅游服务收入达到3100多万元。

【农村土地承包经营权确权登记颁证】 2017年，城区农业局开展“攻坚月”“攻坚年”活动，采取有效措施，协调配合，通力协作，推进农村土地确权工作。全城区13个镇，205个行政村，3009个村民小组，承包农户134577户，二轮延包面积4.43万公顷，集体耕地面积8.76万公顷，国土二调耕地面积9.95万公顷涉及土地确权。是年，完成农户签字131581户，占总农户数97.8%，完成数据入库农户数131429户，占总农户数97.77%。

【农村土地承包经营权抵押贷款登记】 2017年，城区农业局组织开展农村土地承包经营权抵押贷款登记试点工作。累计办理农村土地承包经营权抵押登记26笔，抵押登记面积达1398公顷。农信社、漓江村镇银行、广西北部湾银行东盟支行、农行武鸣支行4家金融机构发放农村承包土地经营权抵押贷款26笔、金额5278万元，收回2笔、金额70万元，贷款余额5208万元。

【“产业富民”活动】 2017年，城区农业局贯彻落实“美丽武鸣·宜居乡村”工作部署，牵头开展“产业富民”专项活动，制定活动实施方案，成立领导机构和工作机构，落实机构工作人员，完善各项工作制度，建立“产业富民”示范镇1个、示范村5个、示范片区1个。计划实施“产业富民”活动的210个行政村中，已制订村级经济发展规划210个，完成占比100%；落实发展村级集体经济项目村117个，占计划95个村的123.2%；187个行政村落实了1个以上现代农业生产示范基地，占全部行政村的89%；计划在148个行政村培育带动农户增收的新型农业经营主体，已落实162个村，完成计划任务的109.5%；计划在180个行政村建设农村电子商务服务点，已完成142个，2017年任务完成率157.8%，总任务完成率78.9%。

【农业生态环保】 2017年，城区农业局组织开展农业生态环保工作。

灵水饮用水源保护与整治 根据中央环保督察组的整改要求，基本摸清灵水水源一级保护区及准保护区农业种植和养殖场情况，畜禽养殖场、养殖小区、规模养殖户排查，共排查出位于一级、二级保护区内畜禽规模养殖场52户，其中饮用水源保护区周边规模养殖场29户，提出了灵水水源保护区农业种植和养殖场整治方案。

“清洁田园”活动 组建208个工作队清捡田园4.55万公顷，回收农药瓶49.9万个，清捡废弃物（秧盘、薄膜等）115.9吨。投入134.88万元建立33个“清洁田园”示范点，举办清洁技术培训21期，技术培训农民16.884万人次，发放技术资料51.64万份。推广农业清洁技术7.49万公顷，加强秸秆禁烧和综合利用，秸秆违禁焚烧10.985万吨，秸秆无害化处理率92.64%，提高农田生态环境保护效果。

“清洁养殖”行动 开展“清洁养殖”、畜禽养殖污染专项整治，以畜禽现代生态养殖技术为主推技术建设生态养殖场，印发宣传资料5000多份发放到养殖户，有47户生态养殖场通过星级认证，其中5家养殖场通过五星级认证。畜禽规模养殖场粪污设施配套率达81%，畜禽粪污综合利用率达58%。

【农业执法】 2017年，城区农业行政综合执法大队开展农资市场巡查工作。以农资打假保春耕为突破口，加强农资市场监督管理，整顿农资市场秩序，规范农资经营行为，保护农民群众的合法权益。开展放心农资下乡活动，发放法律和政策宣传资料；组织执法人员对全城区农资市场进行了拉网式检查，以农资批发市场为重点，对农资经营门店进行检查，查处生产经营假劣种子、套牌侵权、未审先推或者已退出推广品种、无证生产经营、包装标签不规范等违法行为；打击制售假劣农药行为，查处非法生产经营高毒、禁用农药行为，以及添加未登记成分、有效成分不足、套用或冒用农药登记证等违法行为；查处登记产品中有效成分不足、一证多用、假冒伪造登记证、肥料产品标称具有农药功能等违法行为，确保全城区农民用上“放心种”“放心肥”“放心药”。年内，出动执法车辆530车次，出动执法人员2652人次，检查农资生产、经营单位及门市2794个次。肥料产品质量监督抽检任务23个，抽送样肥料25个、检验结果合格24个，不合格1个；农药产品质量监督抽检任务20个，抽送样农药22个、检验结果合格20个，过期未检1个，不合格1个。查获问题肥料共56700公斤、问题农药38公斤，问题种子3.9公斤；立案查处15起，结案17起（其中：肥料7起、农药6起，种子4起），处罚金额13.7万元，挽回经济损失61.5万元。

【农业投入品整治】 2017年，城区农业局组织执法人员开展农资检查、整治生产经营假劣与使用农业投入品等违法行为的执法检查，重点对国家明令禁止生产、销售、使用的农药和限用农药的检查，规范高毒农药销售管理。同时，对农产品生产基地农业投入品检查和整治，着重对农产品生产基地农业投入品的使用情况进行执法检查。年内，检查农产品生产企业、农产品生产专业合作社、农业示范园区等单位76个次，出动执法人员385人次，填写《南宁市农业行政执法巡查记录表》255份；对各重点蔬菜生产基地与种植大户提出书面整改建议及要求单位3个、被提出口头提醒、告诫单位3个；对农产品进行执法抽样12个；并留有图片资料、执法监管记录等检查痕迹。

【农产品质量安全监管】 2017年，城区农业局以创建国家农产品质量安全监管示范县（区）为契机，开展农产品质量监管工作。

实施种植业产品监管 开展定性检测28350批次，合格率99.99%，发现不合格样品2批次，销毁处理不合格产品5公斤，超标品种为灯笼椒，建议基地延迟采摘350公斤蔬菜；定量检测101个样品，完成任务101%，检测合格97批次，合格率96.03%。

实施动物产品监管 建立和健全养殖企业投入品档案，监督企业及时清理过期投入品，从源头保障畜牧产品质量的安全。开展现场快速检测“瘦肉精”系列等违禁投入品7011批次，检测结果全部呈阴性；兽药残留快速检测20批次，完成例行监测和药物残留组织抽样送检猪肉样品13个、猪肝样品3个、牛肉样品1个，检测结果全部为阴性。

【农业招商引资】 2017年，城区农业局上报项目为招商引资项目2个。组织参加区、市在南宁、桂林等地召开的系列农产品推介会、农产品展销会等活动，推介城区良好的投资环境和农特产品；组织城区企业参加区、市在贵州、西安、上海等地举办的农产品展销推介活动，大力宣传武鸣沃柑；组织召开武鸣沃柑新品发布会，邀请全国果品采购商、主流媒体及行业权威媒体代表、政府部门领导、沃柑专家及种植、加工企业（合作社）代表参加，签订采购合同，推介武鸣沃柑，打造“武鸣沃柑”区域公用品牌。年内，城区农业部门实现招商引资引进项目5个，项目总投资达2740万元。

【农业展会】 2017年8月8—10日，城区企业广西绿丰农业有限公司组织富硒农产品、武鸣壮乡工艺品及土特产参加第三届粤桂黔名优农产品展销暨黔货出山采购会；10月13—15日，自治区人民政府在陕西省西安市举行第12届广西名特优农产品（西安）交易会，城区企业广西佳年农业有限公司、武鸣罗波镇天马村伟成果蔬种植专业合作社、广西绿丰农业有限公司，广西起凤橘洲生态农业有限公司组织红心火龙果、百香果，富硒米、哈密瓜等农产品参加展销交易；11月24—28日，自治区人民政府在桂林市国际会展中心举办第13届广西名特优农产品（桂林）交易会，城区企业广西佳年生态农业公司、武鸣大自然生态农业科技有限公司、广西鸣鸣果业有限公司等3家企业组织武鸣沃柑、葡萄、番石榴、三红蜜柚、火龙果等农产品参加展销交易活动。

【农产品电子商务】 2017年，城区农业局组织实施《南宁市武鸣区电子商务工作实施方案》和《南宁市武鸣区发展电子商务扶持政策》，从政策上、资金上支持推动电子商务进农村工作。引导中国东盟特产城、广西网越公司、灵水论坛等电商企业牵头，成立武鸣区电子商务协会。电子商务进农村工作稳步推进，发展势头良好，2017年镇级服务点达到25家；村级服务网点总数达到229个，覆盖64%以上行政村，农村电子商务交易额比2016年增长35%。

电商服务体系 广西网越公司电子商务公司打造的“壮乡网圩”112个，中国邮政武鸣分公司打造的“村邮乐购”117个，武鸣牛牛科技有限公司打造的“厂家网”44个，覆盖超过64%的行政村。通过构建城区、镇、村三级电商服务体系，提供产品收集、村货上行、网货下村、代购代收、物流配送、信息服务等线上线下一条龙服务。

电商平台 除了壮乡网圩、厂家网、村邮乐购外，还有供销联社的广西三农365电商服务平台、武鸣京东服务商城、广西百姓乐淘科技有限公司的“百姓乐淘”、广西秒爆科技有限公司的“我在购”、广西米泰贸易有限公司的“南方果仓”、广西武鸣商都汇商贸有限公司的“武鸣配送平台”、西咸新区云数金服信息科技有限公司的“买单返”、“苏宁易购”等，各种形式的电商平台已经达到40家。除此之外，电商企业、合作社、个人还加盟淘宝、天猫、阿里巴巴、1号店、一亩田、微店等平台，通过第三方知名电商平台扩宽农产品销量。

【农业品牌创建】 2017年，城区农业局推进农业品牌创建，打造“武鸣沃柑”区域公用品牌和富硒农产品品牌，打响“中国沃柑看武鸣”农业品牌。申报一批“三品一标”农产品，打造培育一批具有区域产业优势和特色的粮油、水果、蔬菜、畜禽、水产品及休闲观光农业等知名企业产品品牌，申报“武鸣沃柑”“武鸣砂糖橘”“武鸣茂谷柑”等地理标志证明商标。武鸣砂糖橘获农业部认定为地理标志农产品，佳年公司火龙果基地被国家农业部评为“热作标准化生产示范园”，佳年火龙果获评2017年中国名特优产品。城区建立了8个无公害农产品生产基地，有无公害农产品11个，绿色食品3个，有机食品1个，富硒食品2个。

【农业龙头企业】 2017年，城区农业局围绕特色产业，培育壮大一批市场牵动大、辐射带动作用强的农业企业，全城区有农业生产经营企业300多家，符合带动型的农业产业化重点龙头企业15家；农民专业合作组织571家，符合带动型的合作组织（实施产加销或产销一体化，并经县级以上农业主管部门认定为示范社的农民合作社）12家。

龙头企业申报评审 组织推荐龙头企业参加区、市级龙头企业的申报评审，其中，推荐市级2家，区级2家申报；组织开展11家市级龙头企业监测，并将监测材料行文上报市产业化办；

产业化项目督促检查 督促和检查2016年南宁市农业产业化项目共4个，完成资金拨付340万元。

产业化经营项目申报 城区市级农业产业化重点龙头企业有17家。申报2017年南宁市农业产业化经营项目1个。

【农村集体“三资”管理】 2017年，城区农业局配合审计局做好离任审计工作，对全城区参加离任审计工作人员开展离任工作业务培训1次，培训65人。

【农村土地承包及流转管理】 2017年，城区辖区内农村土地流转面积累计2.70公顷（其中2017年度新增742.2公顷）。共接待处理了两江、陆斡、锣圩等镇因土地流转引发纠纷上访事件16件；指导宁武、陆斡、锣圩等镇做好流转合同的签订及鉴证工作，并开展镇级业务管理人员培训班；配合确权办人员做好土地确权督查及档案整理工作；配合城区政协做好土地流转调研工作。

【农民专业合作社和家庭农场】 2017年，城区辖区内农民专业合作社，家庭农场发展势头良好。合作社：2017年新成立农民专业合作社93家，累计发展各类农民专业合作社 571 家。其中，种植业 403 家，畜牧、水产养殖业 86 家，农机、植保服务业 64 家，林业 2 家，其他 16 家。家庭农场：2017 年新成立家庭农场 36 家，在工商登记注册的家庭家场累计 93 家。其中，种植业 83 家，畜牧业 5 家，渔业 1 家，种养结合 3 家，其他农业 1 家。

登记注册　推荐参加区级示范社评选 1 家（鸣冠农机合作社）、参加市级示范社评选 4 家（府城镇富良柑橘种植专业合作社、武鸣富民养羊专业合作社、武鸣东风柑橘专业合作社、宁武镇南糖农机专业合作社）。

合作社和家庭农场的建设　年初经征求各成员单位意见，提交政府出台《南宁市武鸣区关于加快发展农民合作社的实施方案》和《南宁市武鸣区关于加快培育和发展家庭农场的实施方案》。实施2017年自治区扶持新型经营主体项目10万元，用于农民专业合作社和家庭农场财务管理委托代理记账工作，已完成 17 家合作社和家庭农场会计委托代理的审核和委托服务的购买，并组织会计委托代理记账服务。

合作社和家庭农场项目验收工作　完成项目验收 10 个，拨付补助资金 144 万元。

合作社和家庭农场项目申报　申报 2017 能力建设项目 7 个；建立了 1 个农民合作社培训基地；

农村新型经营主体培训　11 月举办一期由 90 多名新型经营主体和各镇业务辅导员参加的农村新型经营主体培训班。

【政策性种植业保险】　2017 年，武鸣城区政策性农业保险采用保险机构自营模式，由保险承办机构在政府保费补贴政策框架下，自主经营，自负盈亏。承办政策性农业保险业务的机构由武鸣城区在自治区统一公布的具有经营性农业保险资质的保险机构中选择。武鸣城区选择中国人民财产保险股份有限公司武鸣支公司、中国太平洋财产保险股份有限公司武鸣支公司、北部湾财产保险股份有限公司武鸣支公司作为城区政策性农业保险经办机构。全年水稻保险任务 1.23 万公顷，完成 0.34 万公顷，完成任务 27.45%；糖料蔗保险任务 1.33 万公顷，完成 1.42 万公顷，完成任务 106.59%；香蕉保险任务 0.73 万公顷，完成 0.83 万公顷，完成任务 112.87%；马铃薯保险任务 0.13 万公顷，完成 0 公顷。杂交水稻种子生产保险任务 66.67 公顷，完成 0 公顷。其他水果类（柑橘）保险完成 0.65 万公顷。

【国家木薯产业技术体系武鸣综合试验站】　2017 年，国家木薯产业技术体系武鸣综合试验站在武鸣区城厢镇平等村建立木薯种植示范基地，示范面积 100 亩。主要繁育华南 9 号、H1071、JG1301、ZM8229、SC6068、GR891、琼中 1 号等木薯优良品种，可提供种茎 50 多吨。试验站平等基地共开展《桂热 7 号、H1071 与当家品种小区对比试验》《高纬度地区木薯杂交新品系区域试验》《2017 年典型热区木薯新品系生产示范》《2017 年新品种（品系）对比试验》《华南 12 号、桂热 7 号及优良食用品种生产示范》《2017 年木薯病害疫情监测工作》等 6 个试验工作，各个试验工作开展顺利。二年生木薯产量 11 月初完成验收，四个品种中产量最高为 H1071，亩产达 5404.2 公斤，淀粉率 21.9%，华南 205 亩产量为 4220.7，但大部分木薯已酸化，测不出淀粉率。

【测土配方施肥】　2017 年，城区农业局围绕“测土配方施肥基础工作、加强耕地质量提升技术”等土肥业务工作，全面完成自治区、南宁市土肥站下达的任务。2017 年，全城区推广测土配方施肥推广面积 8.67 万公顷，其中，早、晚稻 2.67 万公顷，玉米 1.47 万公顷，甘蔗 1.67 万公顷，木薯 0.33 万公顷，香蕉 1 万公顷，柑橘 1.53，应用配方肥 2 万吨，应用面积 4 万公顷。推广秸秆还田 4.33 万公顷，种植绿肥 0.12 万公顷，增施有机肥 0.03 万公顷，中低产田改良 0.13 万公顷，节水农业 2 万公顷，其中水肥一体化 0.53 万公顷，富硒农产品开发 0.5 万亩。全年总节约肥料（折纯）2000 吨，农作物化肥用量增幅控制在 1% 以内。

【农业科技项目】　2017 年，城区农业局在陆斡文桐村和城厢镇马香村分别开展机播育秧壮秧剂应用技术试验、杂交稻不同插植规格（密度）对比试验、常规稻不同插植密度对比试验、机械化穴直播对比试验等4项试验，并建立水稻农机农艺融合技术示范点2个1138亩，主要推广特优58，2.晶两优华占等新优水稻品种，辐射带动全城区农机农艺融合技术的示范推广25000亩，加快推进水稻全程机械化生产发展。早稻经组织专家验收，示范片平均亩产596.4公斤，比对照亩产560.1公斤亩增产36.3公斤，增产6.5%。晚稻示范片目前长势良好，准备成熟收割。

冬种马铃薯高产栽培技术试验　2017年，城区农业局在宁武镇英烈村开展4个不同品种对比、不同播种密度对比和不同肥料运筹等试验3个，建设冬种马铃薯高产栽培技术示范点1个15亩，种植品种为费尔瑞它，为完善广西冬种马铃薯高产栽培技术体系，推动面上冬种马铃薯生产发展提供第一手资料。目前示范点马铃薯长势旺盛，小区试验也已全部种植完成。

国家马铃薯产业技术体系南宁综合试验站武鸣示范县项目　在宁武镇英烈村开展新品种展示及新品种绿色高效种植技术示范。展示4个马铃薯新品种，即兴佳2号、丽薯6号、希森6号、华薯1号，以费乌瑞它品种作为对照，示范面积各2亩。开展马铃薯疮痂病和枯萎病综合防控技术示范，示范面积2亩。开展马铃薯水肥一体化和全程机械化种植技术示范，示范面积5亩。该项目于2017年11月8日种植结束，接下来要抓好田间管理，开展试验研究。

【农作物病虫草鼠害预测预报】　2017年，城区农业植保部门做好农作物病虫草鼠害预测预报。印发病虫情报26期，完成全国农业技术推广服务中心任务的130%，对水稻、玉米、花生、甘蔗、木薯、蔬菜、柑橘等作物进行指导，病虫情报准确率为89.6%，防治后挽回经济损失38000多吨。是年，病虫害发生特点：上半年粮食作物中偏轻发生，下半年水稻南方黑条矮缩病发生严重，发生面积72000多亩，平均发病率5.5%，最高达82.1%，失收面积4700多亩；斜纹夜蛾、黄曲条跳甲、柑橘红蜘蛛、鼠害偏重发生。

【植物检疫】　2017年，城区农业植保检疫部门对红火蚁、香蕉枯萎病、柑橘黄龙病等检疫性病虫害监控。不定期对已发生区域进行检查，全城区红火蚁发生面积675亩，比上年略有增加；香蕉枯萎病发病率10%左右，个别严重田块已改种他作；柑橘黄龙病发生面积210多亩，铲除病株3700多株。举办宣传培训5期，1500多人次，发放技术资料5000多份。

【农民职业培训】　开展农村中等职业教育人才培养　2017年，城区农业局完成2015级农村实用人才培养工作。3月和6月，分别完成农广校中等专业实用人才培养2015级春季班和秋季班的教学工作任务。2015年农广校共招春季学员10名，其中畜牧班4名，农经班6名。招秋季学员103名，其中畜牧班27名，农经班76名。经过考试和资格审核，春季畜牧班共有3人取得毕业证书，春季农经班有6名取得毕业证书。6月份，秋季畜牧班共有16人通过了毕业资格审核，秋季农经班共有43人通过了毕业资格审核，并取得了毕业证书；开展农村中等职业教育人才培养2016级教学管理工作。2016级的教学工作正按自治区农广校教学计划进行，正利用农闲时间进行授课，已完成第一学期的教学任务，第二学期课程正在进行之中。

新型职业农民培育工程　完成2016年新型职业农民的认定审批，完成2016年新型职业农民培育的全部课程培训，经考核，共有156名学员取得了新型职业农民培训证书。其中，拟评陆国富等132名学员为初级新型职业农民，张原姣等24名学员为中级新型职业农民。已上报城区政府待审批；开展2017年新型职业农民培育。在锣圩镇伏王村和双桥镇合美村开展新型职业农民培育工程，培育200人。

种养大户培训　城区农广校实施培训种养大户培训200人任务，与宁武镇培桂村亚热带水果专业合作社合作，选择了宁武镇柑橘种植大户200人，开展柑橘高产栽培技术管理、柑橘花芽分化期管理技术、病虫害防治技术等培训。

柑橘种植技术培训　完成150人次培训任务，在双桥镇合美村和府城富良村开展柑橘种植技术培训，培训结合本地特点，贴近生产实际，内容丰富、实用，得到农户的欢迎，通过培训活动，参训农户对柑橘种植技术有了更深的认识，增强了致富的信心，对本地柑橘产业的发展起到积极的推动作用。

冬春农业科技培训活动　利用冬春农闲季节，多层次、多渠道、多形式地开展农业科技大培训活动，在全城区13个镇，会同农业系统的其他单位和部门共开展培训36期，对各镇农民开展柑橘栽培技术、桑蚕高产技术、马铃薯高产技术、春季动物防疫技术、病死动物无害化处理等农业技术培训。共发放各类科技书籍和明白纸2万多份，培训农民3500人次，提升了农民科学文化素质、生产能力、经营能力和服务能力，深受广大农民欢迎。

【“双高”糖料蔗基地建设】 2017年，城区农业局组织实施“双高”糖料蔗基地建设项目建设，建设面积4.9万亩，涉及63个基地，项目资金已申请预拨土地整治和水利化项目的建设补助资金2654.82万元。

【粮油作物】 2017年，城区农业局落实粮食安全行政首长责任制，稳定粮油生产面积，确保粮食安全。全年粮食种植面积101.67万亩，总产量36万吨。花生2.25万亩，总产0.35万吨。

【经济作物】 2017年，城区农业局调整产业结构，促进产业提质增效和转型升级。实施“10+3”特色农业产业提升行动，建立30万亩晚熟柑橘、20万亩香蕉、16.9万亩“双高”糖料蔗，15万亩秋冬菜、3万亩火龙果、千亩哈密瓜、千亩三红蜜柚等特色农业基地。水果面积63.03万亩，总产量达120.8万吨，同比增长3.36%；糖料蔗31.96万亩万亩，新增“双高”糖料蔗4.9万亩，产量172.5万吨，同比增长7.76%；蔬菜79.05万亩，总产量133.85万吨，同比增长5.52%；木薯面积10.02万亩，产量(折干)13.9万吨，同比下降11.43%；实有桑园2.28万亩，桑蚕产值14940万元，同比增长46.72%。

【耕地地力保护补贴】 2017年，城区农业局下达武鸣区2017耕地地力保护补贴资金指标7080万元，实际发放补贴资金7076.811059万元，发放补贴面积56.892111万亩，涉及全城区13个镇，补贴农户12.746万户。

（潘　峰　韦剑山　谢雅丽）

林　业

【概　况】 2017年年底，武鸣区（不含大明山、东盟经开区）土地总面积313706.2公顷，其中林地面积151386.32公顷，占48.26%，非林地面积162319.88公顷，占51.74%。森林覆盖率49.42%，活立木总蓄积量716.6766万立方米。林地面积中，有林地所占比重最大，为70.30%；其次为灌木林地，为25.69%。主要种植马尾松、速生桉、其他阔叶林，其中马尾松面积1.35万公顷，速生桉面积8.9万公顷，其他阔叶林面积1.5万公顷。马尾松主要分布在马头、两江、太平、灵马、罗波等镇；杉木分布在马头、太平、两江、罗波等镇；柑橘分布在双桥、太平、城厢、府城等；速生桉分布在太平、灵马、府城、仙湖等镇。

武鸣区林业局核定编制数：75名（含森林公安局、三十六弄—陇均自治区级自然保护区管理处、农村能源生态办公室）

在职人数：75人

级别划分：公务员11人，参公人员58人（其中公安干警19人），事业人员6人。

文化程度：研究生3人。本科24人，专科40人，高中3人，中专5人。

办公地点：南宁市武鸣区东鸣路延长线

【营造林】 2017年，城区林业局完成植树造林总面积0.135万公顷，完成任务116%，完成全民义务植树150万株，完成任务100%；完成中幼龄林抚育面积0.63万公顷，完成任务105%。巩固2015年—2016年完成的1576个屯村屯绿化成果。

【林木采伐】 2017年，城区林业局坚持凭证采伐制度，严格审查申请采伐材料。依法签发采伐证

7920份，面积8014.1公顷，采伐蓄积84.6万立方米，出材68.4万立方米。严格执行木材凭证运输制度，加强木材运输管理。发放运输证46910份，其中原木41433份，材积46.1万立方米，单板、木片等锯材类5477份，折合原木材积25.1万立方米。

【种　苗】　2017年，城区林业局核发8本林木种苗生产经营许可证；完成2017年林木种苗质量检查工作，全城区有林木种苗生产经营单位32个，其中绿化苗木生产经营单位30个，造林苗木生产经营单位2个；经检查，32个苗圃各方面均合格，合格率100%。

【第二次古树名木资源普查】　2017年，城区林业局组织完成第二次古树名木资源普查工作并顺利通过自治区验收。本次普查共完成调查并确认古树株数2508株，其中包含5个古树群（1个格木群、1个麻栎群、3个蚬木群）；一级古树21株，二级古树212株，三级古树1988株，准古树287株。涉及13个镇193个村（社区）和大明山自然保护区武鸣辖区。

【林地管理】　2017年，城区林业局对项目建设征占用林地进行管理，严格执行征占用林地定额和审核（批）。占用征收林地审核（批）共23个，总面积95.8026公顷，（其中临时用地12个，面积48.507公顷；长期用地11个，面积47.2956公顷）；严厉打击破坏森林和野生动植物资源违法犯罪活动，森林公安局立案30起，破案20起，完成率166.6%；刑拘11人，取保候审20人，逮捕9人，直诉22人，完成率258.3%；行政查处104起，完成率106%。罚没733.6万余元。林政稽查大队受理、查处违法案件155起，已结案103起，罚没145.14万元。

【林业产业】　持证经营（加工）木材的企业有116家，其中持证有经营（加工）胶合板企业有46家（现行经营加工的有37家，有7家未加工）、单板58家、锯材5家、乡镇锯材7家。驻林产品加工基地的有企业92家（其中胶合板厂有39家、单板48家、锯材5家），外围有24家（其中胶合板厂有7家、单板10家、锯材7家）。12家企业达到国家12家企业已达到国家三级标准化建设，另有5家企业正在完善当中。涉林加工产值62.3亿元。

【林下经济】　2017年，武鸣区完成溪山黄牛生态养殖基地、武鸣满春晖农业科技有限公司林下生态养殖野猪林下示范基地建设项目。

【林业有害生物防治】　2017年，城区林业局实施林业有害生物防治作业面积12061亩　次，实施无公害防治作业面积10112亩次，无公害防治率83.8%。

【森林防火】　2017年，武鸣区共发生森林火灾6起，过火面积53.82公顷，受害面积5.86公顷，森林受害率0.044‰，均无重大森林火灾与人员伤亡事故发生。

【山林纠纷调处】　2017年，城区林业局调处案件14起，其中，已完成应诉案件5起，完成补充调查案件2起，正在开展调处案件7起。

【集体林权制度改革】　2017年，城区林业局办理林权抵押贷款登记4起，10宗林地，涉及林地面积3170.2亩，贷款金额230万元，林下经济产值52666.5万元；代拟《南宁市武鸣区查缺补漏纠错工作方案》，并报城区人民政府批准实施，组织人员对2009年集体林地林权证打证情况进行核实，按自留山（责任山）、承包山、公益林预分山、商品林流转预分山、集体统一经营山等情况统计到镇、村、组。

【政策性森林保险试点】　2017年，城区林业局组织完成政策性森林保险5.23万公顷，占任务的70.7%，其中公益林保险4.60万公顷，占任务100%；商品林保险4.60万公顷，占任务22.5%；森林保险理赔办结3件，赔付金额1.1753万元，涉及2户面积2.78公顷。

【生态能源建设】　2017年，城区林业局组织推进县级沼气服务站项目建设。实训基地建设工程已完成，主要用于全城区沼气从业人员的技术管理、安全生产培训和沼气服务车辆维修等。完成广西普乐福畜牧科技有限公司武鸣生猪标准养殖场大型沼气工程建设，项目总投资288.5万元，项目主要建设内容：建池容1100立方米的CSTR反应器、酸化调节池30立方米、沉淀池30立方米、贮液池1500立方米、贮气柜200立方米、安装装机80千瓦沼气发电机一台，工程设计日产沼气950立方米。

【自然保护区工作】　2017年，城区林业局抓好野生动物疫源疫病监测防控工作，重点做好春秋季野生动物疫源疫病的防控监测。全面清理在自然保护区内现存的无证育苗场，严厉打击非法收购树蔸、金花茶等国家一、二级野生保护植物的行为及乱放牧到保护区内的行为。开展林业自然保护区内违建问题专项整治工作行动方案，遏制自然保护区违法违建开发建设、毁林开垦、盗伐滥伐林木、非法占用林地等破坏自然保护区生态环境活动蔓延的趋势，切实加强对保护区的监督管理工作，对锣圩镇伏王村8队非法采矿点造成的生态植被破坏环境进行恢复治理。完成自然保护区260处遥感监测实地核查工作。

（唐海玲）

养　殖　业

【概　况】　2017年，城区农业局下属水产畜牧业机构设有城区渔政监督管理站、城区动物卫生监督所、城区动物疫病预防控制中心、城区水产畜牧兽医技术推广站及13个镇水产畜牧兽医站，在职干部职工141人，其中：参公人员36人，专业技术人员91人，管理人员1人，工人13人；高级职称5人，中级职称77人，初级职称41人。

2017年，全城区水产品产量4.99万吨，肉类总产量14.63万吨，牛奶产量0.15万吨，禽蛋产量1.69万吨，水产畜牧业产值41.57亿元，其中畜牧业产值36.27亿元，渔业产值5.30亿元，水产畜牧业农民人均纯收入1452元。

【水产养殖】　2017年，城区农业局组织引进澳洲龙虾、欧鳗、大鳞鲃等水产新品种，在大皇后村康佳龙生态农庄示范推广“池塘内循环水生态养殖技术”等工作。是年，全城区水产养殖面积5050公顷，水产品产量4.98万吨。其中池塘养殖2025公顷，产量2.47万吨，山塘水库养殖2957公顷，产量1.62万吨；江河水库网箱养殖1836箱面积4.88万平方米，产量0.38万吨。全城区主要水产品产量依次是草鱼8722吨、鲢鱼9860吨、罗非鱼6550吨、鳙鱼5124吨、白鲳鱼2912吨、鲤鱼4965吨，鲫鱼1855吨、鲶鱼267吨、斑点叉尾鮰2045吨、乌鳢1236吨；全城区罗非鱼主养面积510公顷，混养面积3850公顷，罗非鱼总产量6550吨，产值6600万元。

【渔业渔政管理】　2017年，城区农业局受理和依法查处渔业水域污染、投毒案件21起，驱赶、劝导河道电鱼事件8起，打击电炸毒鱼违法行为，维护辖区渔业生产秩序；受理并核发“水生野生动物经营利用许可证”4本；实施水产品质量安全检验检测，配合国家级抽样10批次，完成自治区水产品例行监测抽样送检38批次，完成水产品质量安全快速检测25例75个鱼肉样品，均没有检测出氯霉素、呋喃唑酮、孔雀石绿等违禁药残留，检测合格率100%；开展水产动物养殖疾病流行病学调查共30例，配合南宁市水产畜牧兽医技术推广站开展水产动物疫病监测抽样12例，发出147条水产养殖疾病疫情预警信息；组织开展渔业安全生产专项检查，发放《加强渔业网箱安全管理的通知》500份，排查并完成整改渔业生产安全隐患11处；开展第六次鱼类江河人工增值放流活动，在武鸣河段投放鳙鱼、鲮鱼、赤眼鳟鱼种8万尾，保护江河天然渔业资源。

【产业政策】　2017年，城区农业局组织安排行业政策性扶持资金1543.76万元，其中全国生猪调出大县奖励资金866万元，基层农业推广体系改革与建设项目20万元，中央财政基层动物防疫工作补助及无害化处理补助190万元，中央财政农业生产发展畜牧业转型升级和粮改饲试点项目资金60万元，中央及自治区财政岩溶地区石漠化综合治理工程项目31.7万元，自治区水产畜牧业财政专项补助资金73万元，自治区财政动物防疫补助资金15.8万元，自治区财政农产品质量安全监管与体系建设资金3万元，自治区财政生猪生产统计监测项目资金4.7万元，市本级病死猪无害化处理配套资金7.9万元，水产品质量安全监测补助经费0.5万元，市本级畜禽标准化养殖建设项目170万元，市本级渔业标准化养殖建设示范项目资金50万元，市本级稻田养殖项目资金25万元，村级动物防治员市财政补助经费26.16万元。资金主要用于扶持生猪产业发展、畜牧业转型升级、基层动物防疫、标准化生态养殖场建设等。

【良种繁育】 生猪良种补贴　设置生猪良种补贴项目良种猪精供应服务点26个，发放杜洛克、大约克、大长白等良种猪精38.7万份，每份良种猪精国家补贴10元计，养殖户共享受补贴387万元。配种母猪19.35万胎次，生猪配种受胎率达91%。

牛品种改良　设有牛人工授精配种点29个，全年完成牛配种7677头，其中黄牛4936头，水牛2741头。产杂交牛犊6675头，其中黄牛4016头，水牛2659头。按每头杂交牛犊新增收3000元计，共增收2002.5万元。

肉羊良种补贴　完成肉羊良种补贴引种17只，补贴品种为波尔山羊、努比亚山羊、简州大耳羊三个品种。

【动物防疫】 2017年，城区农业局组织开展动物疫病综合防控工作。组织牲畜口蹄疫免疫猪147.51万头、牛12.83万头、羊3.14万只、家禽禽流感免疫2306.5万羽，小反刍兽疫免疫羊2.66万只，高致病性猪蓝耳病免疫猪188.9万头、猪瘟免疫235.81万头、新城疫疫苗免疫鸡2433.4万羽，狂犬病免疫3.81万只，应免密度达100%，各种疫病免疫抗体平均合格率达到85%；组织开展高致病性禽流感、口蹄疫、小反刍兽疫等主要动物疫病监测，组织采集和检测畜禽血清8601份，采集送检组织样品896份。开展紧急流行病学调查规模养禽场1691个、散养户4230户、活禽交易市场16个。开展专项流行病学调查8个猪场9191头猪、牛22792头、羊117个场13033只；做好人畜共患病防控工作，检测奶牛结核病205头，布鲁氏菌病检测牛845头、羊2985只、种猪344头，血吸虫病监测618头份；开展动物H7N9禽流感防控工作，重点监测排查各养禽公司养殖场、活禽交易市场。派出392人次，排查规模养禽场1691个，其中鸡场1139个、鸭场393个、鹅场22个，其他禽场137个，散养户4230户，活禽交易市场16个，采集检测家禽血清样品1940份、组织样品450份，均未检出H7N9阳性血清；开展小反刍兽疫防控阻击战，全年共排查山羊13033头，排查率100%，采集2985只羊血清检测，均没有发现异常情况。

【动物卫生执法监管】 2017年，城区农业局组织开展动物卫生监督执法检查工作，派出执法人员995人次，对城区62个规模养殖企业、11个定点屠宰企业进行动物防疫专项监督检查，下发责令改正通知书、整改意见书39份；对城区2个县级定点屠宰企业和9个乡镇生猪定点屠宰场全面开展定点屠宰企业动物防疫和检疫专项监督检查，对存在的动物防疫条件、入场查验、动物产品出场、环境卫生和消毒等方面的问题下达了责令改正通知书14份；对6家养殖公司、176家规模养殖场进行动物卫生监管专项检查，下达整改意见书24份，审批跨省引进种用动物7起，共引进种猪6967头、种羊101只；立案查处动物防疫违法违规案件10起，罚款人民币10650元。

【动物检疫】 2017年，城区农业局组织实施动物产地检疫规范建设，开展动物检疫电子出证工作，14个动物检疫申报点和11个定点屠宰企业按规定自2017年1月1日起全部实施检疫电子出证工作，取消手写出证并收回所有手写检疫证明。年内，发放动物检疫电子证明319420份，作废回收3324份；实施动物产地检疫生猪35.3746万头，家禽1266.978万羽，实施屠宰检疫猪15.8374万头，家禽88.4221万羽；推进动物检疫远程电子出证试点工作，建设普乐福畜牧有限公司与双桥镇伏林村2个远程电子出证点，为全区探索动物检疫创新工作提供可行经验。

【畜牧兽医行政许可】 2017年，城区农业局组织开展动物防疫条件、兽药经营许可、兽药生产许可、饲料与饲料添加剂生产许可备案等行政许可工作，派出评审专家实施相关行政许可的现场审查，协助自治区、南宁市农业行政主管部门开展兽药生产企业GMP换证等，实施动物防疫条件许可现场审查27次，发放“动物防疫条件合格证”15本；实施兽药经营企业的兽药经营许可申证和换证现场评审28家，评审合格27家，不合格1家，发放“兽药经营许可证”27本；协助自治区、南宁市主管部门开展辖区内三家兽药生产企业GMP申证、换证审查工作，协助开展饲料与饲料添加剂生产企业备案审查6家。

【病死动物无害化处理】 2017年，城区农业局组织推进以广西洁源动物无害化处理有限公司为集中处理主体、各镇死亡动物集中收集站为收集主体的运行机制，采取政府主导、企业动作、行业监管的模式，推动病死动物无害化处理机制建设。按照《关于规范养殖环节病死猪无害化处理补助申报与材料审核工作的通知》的规定，对养殖环节病死猪无害化处理工作中的监管、申报受理、材料审核、信息报送等方面的监督和管理，明确乡镇兽医站的监管职责和城区动物卫生监督所的监督执法职责，制定统一的工作程序，规范工作要求，有效推进养殖环节病死猪无害化处理补助工作。年内，受理养殖环节病死猪无害化处理补助申报96921头。

【兽药饲料监管】 2017年，城区农业局组织兽药执法人员400人次，检查兽药生产企业14个次、兽药经营企业224个次，检查养殖场74个次，查处兽药案件1件，没收假兽药2盒，没收违法所得、罚款共计240元，对现场检查不合格，存在问题比较突出的企业及养殖场下达整改意见书共18份；派出执法人员75人次，开展饲料生产经营和养殖环节非法添加使用药物专项整治，检查饲料生产企业13个次、饲料经营店18个次、规模养殖场（户）15个次，下达生产企业整改意见书5份；组织执法人员对城区兽药生产、经营、使用环节进行了抽检，共抽取兽药样品29个，送检检测合格率为100%；配合农业部和南宁市开展饲料生产环节抽样，对饲料生产、使用环节抽样送检10个样品，检测合格率为100%；完成5家饲料、饲料添加剂生产企业的年度备案现场检查工作。

【畜牧产品质量安全监管】 2017年，城区农业局开展畜牧产品质量安全监测检测和监管工作。开展例行监测猪场427个1716批次尿样，对可疑的3个场采样送检，结果全部为阴性；完成采样送检鸡肉样品19个、鸡肝样品13个、鸭肉样品5个、鸭肝样品1个；开展屠宰环节“瘦肉精”快速检测7268批次，检测结果全部呈阴性，兽药残留快速检测20批次，完成例行监测和药物残留组织抽样送检猪肉样品13个、猪肝样品3个、牛肉样品1个，检测结果全部为阴性；完成生鲜乳样品采集5个，其中生鲜乳专项抽检采集样品2个，检测结果全部为阴性。

【畜禽养殖污染治理】 2017年，城区农业局组织推进畜禽养殖污染治理，坚持发展与治理并重、生产与生态兼顾，采取搬迁、关停、转产等措施，从源头上控制和削减畜禽养殖排污总量，落实禁养区禁养和限养区限养制度，保护和改善城乡生态环境。年内，接受并处理畜禽养殖污染投诉案件71起，现场调查并技术指导71场次；完成228户畜禽规模养殖场、养殖小区备案登记；鼓励规模养殖户积极申报广西畜禽现代生态养殖场认证，通过星级认证的有82户规模养殖场，其中通过五星级认证的有5户；推进饮用水源保护区禁养限养工作，共排查位于一级、二级饮用水源保护区内畜禽规模养殖场52户，对处于限养区、禁养区的养殖场实行限期治理和限期拆迁、停养，停止审批饮用水源保护区内新建、扩建养殖场项目。

（潘　峰　韦剑山　谢雅丽）

农业机械化

【概　况】 2014年年底，政府机构改革农机局撤销合并到城区农业局，设立农机管理股。下属有农机安全监理站、农机化技术推广服务站、农业机械化技术学校、机耕队、农业机械供应公司和农用柴油供应中心站6个单位。其中农机安全监理站、农机化技术推广服务站为参公事业单位，农业机械化技术学校为财政全额拨款事业单位；农机供应公司为国有企业单位，已不开展经营业务；机耕队、农用柴油供应中心站为自收自支事业单位，已无业务开展。2017年年末，农机技术人员在职在岗职工人数47人，其中农机管理股2人，农机安全监理站13人、农机化技术推广服务站16人、农机学校25人；中级职称30人，初级职称10人。另有乡镇农机岗位管理人员35人，归属乡镇政府管理。

【农业机械装备和作业水平】 2017年武鸣区农机总动力61.1万千瓦，城区有各类型拖拉机29750台，联合收割机569台；水稻插秧机358台；大中型拖拉机1144台，小型拖拉机15819台，小型多功能拖拉3959台，耕整机及微拖8828台；拥有农业动力机械35486台，用于农田排灌18674台；大中型牵引农机具2062台；小拖、耕整机及微拖牵引农具22471部；机动脱粒机18626台。是年，农业机械化原值达到6.9亿元，农机总作业值6.2亿元，农机净值4.5亿元；完成机耕（包括双造，下同）作业总面积14.9万公顷，机播面积5.43万公顷，机械深耕深松4.94万公顷，机械脱粒面积3.79万公顷，机收面积8.11万公顷，完成机电排灌面积2.3万公顷。主要农作物农机综合作业水平达到63.3%，其中水稻生产综合机械化水平达82.1%。甘蔗生产机械化耕种收综合水平达72%，木薯生产机械化耕种收综合水平达58.71%。

【基层农机管理服务】 2017年，城区农业局组织修理各类拖拉机24403台次，修理其他机具35587台套，全年农机修理总收入753.14万元，利润282.30万元。是年，全城区农机化作业服务组织167个，3967人。农机专业合作社41个，779人。农机户35862户，农机生产人员41677人。乡村农机从业人员37682人。其中拖拉机驾驶员19495人，联合收割机驾驶员493人，农机修理员1134人。农机经销企业14个，167人。农机经销点26个，54人。

【农机安全监理】 2017年，城区农机安全监理站组织开展农机安全宣传教育活动183次，检查农业机械572台次，纠正违法违章共31起；培训考试拖拉机驾驶人11期，拖拉机驾驶许可考试发证361本。2017年完成拖拉机年检1717台。

【农机化技术推广】 2017年，农机化技术推广服务站推广各类农机具264台，其中，大中型轮式拖拉机180台，甘蔗种植机73台，甘蔗收获机11台。开展甘蔗生产全程机械化种植、收获机械推广，2017年甘蔗机种面积（包括甘蔗“双高”基地）达2.53万公顷，2017/2018榨季机收面积733.33公顷。中耕培土机械普及率55%。全年推广甘蔗收获机械11台，中耕培土60台，甘蔗种植机械73台。

【农机化教育与培训】 2017年，城区农业机械化技术学校完成拖拉机驾驶员培训242人；新型农具的安全使用、保养、维修技术培训1000多人，农村“两委”及农机手、党员培训100人。

【农机购置补贴】 2017年，城区农业局组织发放农机购置补贴资金指标任务为1950万元，其中中央财政补贴1600万元，自治区财政补贴350万元。申请补贴机具533台，受益农户297户。

（潘　峰　韦剑山　谢雅丽）

广西农垦国有东风农场

【概　况】 广西农垦国有东风农场始建于1958年3月，原名广西国营香泉农场，系由农场辖区内

2017年东风农场剑麻种植基地　　（东风农场提供）

16个自然村农民转为农场工人组成。1966年易名为广西国营东风农场，2003年5月易名为广西农垦国有东风农场，是自治区农垦局管辖的国有企业。场部距南宁市52千米，距武鸣主城区17千米，都南高速公路、武府公路从场境内通过，交通便利，区位优势明显。农场地属亚热带季风气候区，气候温和，雨量充沛，年平均气温23.7℃，年平均降雨量1200毫米。喀斯特地形地貌明显，地下水储量丰富，土地肥沃，拥有丰富的土地资源和森林资源。农场建场初期规划总面积0.71万公顷，至2017年年底农场种植面积1718.27公顷。2017年全场总口7069人，其中侨眷1075人，职工804人，离退休人员1500人。全场下设11个农业分场，1个物业管理服务部，农业单位实行单独核算。机关设有行政办公室、生产经营部、土地管理保卫部、财务部、党群部、项目办、产业开发部等7个部室。

【产业结构】 2017年，东风农场主要产业为剑麻、柑橘。剑麻作为农场农业的第一大产业，种植面积906.53公顷，收割面积808.73公顷，叶片总产量101900吨，纤维产量6827吨，产值5701万元，是广西农垦最大的剑麻种植基地。2012年，农场提出了在稳定剑麻现有种植面积的基础上进行产业结构调整、调优，选定并推广特晚熟沃柑品种，并建成了三个设施完善的柑橘标准化生产示范基地，一个农资中心、一个柑橘分选包装厂，通过标准化生产、生态提质、品牌化打造、产业链延伸、电商销售等措施，不断完善沃柑产前产中产后服务体系建设，发展壮大沃柑产业，从最初的26.67公顷发展到433.33公顷。农场柑橘先后获得柑橘无公害生产基地认证、无公害农产品认证和柑橘出口基地认证、柑橘出口基地认证、有机转换证书，注册“富沅”商标，柑橘“身份证”“护照”一应俱全，为柑橘产品质量安全提供了资质保证。农场柑橘种植面积已达566.67公顷，已发展为广西最标准、最规范以及全国最具竞争力的柑橘示范区。

2017年广西农垦柑橘产业示范区俯瞰图　　（东风农场提供）

2017年柑橘示范区挂果树硕果累累　　（东风农场提供）

2017年包装厂引进的分选设备正在清洗分选沃柑　（东风农场提供）

【工业企业】 2004年以来，东风农场为了盘活资产，增加职工就业渠道，不断推进和创新招商引资工作，多年来成功引进秉承纤维公司、瑞正陶瓷公司、南进畜牧公司江元猪场、和兴麻纺厂、金德剑麻公司、宠物剑麻公司等18家企业。几年来农场先后获得广西农垦2010、2011、2015年度固定资产投资和招商引资推进工作优秀奖和“武鸣县2009、2011、2015年度培植发展规模工业企业工作先进单位”等多种称号。

（劳晓敏）

水　利

【概　况】 2017年，南宁市武鸣区水利局为南宁市武鸣区人民政府水利行政主管部门，行使水行政主管职能。2017年，内设机构7个：行政秘书股、财务股、人教股、综合股、河长办、质监站、农水站。局机关编制11个，其中公务员10人，工勤人员1人；在职人员11人，其中正科2人，副科3人，科员6人；大学以上8人，大专2人，中专及高中1人；办公地点在南宁市武鸣区农坛路1号。局二层事业单位4个：水利工程管理站、防汛抗旱指挥部办公室、水政水资源管理站、水土保持监督管理站，总编制64个，在职人员59人；其中大学以上26人，大专22人，中专及高中11人；高级职称6人，中级职称23人，初级职称12人。下属国营水管所有7个：仙湖水库管理所、暮定水库管理所、桥响水利管理所、那打水库管理所、西江引水工程管理所、明秀防洪管理所、宁武调水防洪管理所，总编制338个，在职人员318人；其中大学本科以上53人，大专97人，中专及高中136人；高级职称4人，中级职称77人，初级职称46人。2017年武鸣区现有大中小型水库120座，其中大型水库1座（仙湖水库）、中型水库4座（暮定、定标、忠党、那打水库）、小（1）型33座、小（2）型水库82座；山塘733座；陂坝635座；机电排灌站1073处；水轮泵70处。总库容3.8772亿立方米，干支渠总长3200公里。

【水利工程建设】 2017年，城区水利局投资10018.38万元，实施中小河流治理项目、中央预算内投资农村饮水巩固提升工程10个、新增千亿斤粮食生产能力规划田间工程、石漠化综合治理水利水保工程等水利项目。

民办实事项目　实施武鸣区府城河府城镇河段整治工程，工程累计完成。基础开挖5.0千米，挡墙浇筑5.0千米，完成投资1050万元，拨付资金694.87万元；实施2017年农村饮水安全巩固提升工程：下达的2017年农村饮水安全巩固提升工程10个项目，总投资288.07万元。

民办实事项目　实施桥银水库西干渠防渗工程，总投资131.76万元，项目已完工。

重点水利工程项目　续建中型水库1座（暮定水库）、小型1座（渌两水库），新建小（2）型水库1座（坛哄水库）；暮定水库累计已完成投资1850万元，占计划投资的78%；渌两水库累计已完成计划投资的95%：坛哄水库已完成施工招投标并签订施工合同，正在进场施工；中小河流治理工程：投资867.47万元，实施双桥河、锣圩河社区河段，新开工渡头、灵源河段整治工程。锣圩河社区河段整治工程，完成新建护岸2.4千米，排水涵管已完成，下河码头完成10座。完成投资350万元。双桥河社区河段整治工程完成新建护岸2.2千米，完成投资300万元。武鸣河渡头、灵源河段整治工程渡头段已进场清表约80米，灵源段正在进行征地。2016年度“双高”基地水利化建设项目基地工程，总投资11054.58万元，项目已基本完工。

小水电退出清理工作　开展大明山自然保护区12座小水电退出清理工作。组织资产评估公司、拆除电站机电设备及水工建筑物方案概算编制单位以及相关设计单位对大明山12座水电站进场现场勘查，形成资产评估报告、电站拆除方案及森林植被恢复设计方案，年内，有5座水电站签订清退合同。实施武鸣县双桥镇岜榕山塘加固扩容工程和岜榕山塘灌排渠防渗加固改造工程，总投资348.29万元。

石漠化综合治理工程　实施2016年度石漠化

综合治理工程小型水利水保措施项目，建设渠道22公里；建设田间道路3.4公里，完成总投资720万元，占计划投资78.4%。

规划田间工程　实施2017年新增千亿斤粮食生产能力规划田间工程，完成渠道建设46.5千米，田间生产道路开挖8.5千米，拦河坝基础开挖一座。年内，完成总投资1575万元，占计划总投资70%。

【水利管理体制改革】　2017年，城区水利局组织稳步推进全城区小型水利工程管理体制改革，开展业务培训和业务指导，对小型水利工程项目进行全面的摸底调查，统一对调查表初步审查、纠正、补充和完善，完成了改革范围的小型水利工程的摸底调查阶段工作和现场勘测核查工作。

【防汛抗旱管理】　2017年，城区水利局组织做好防汛抗旱工作，最大限度地减轻灾害损失。

防汛工作　按“五有”抓好防汛工作；全面落实巡查责任制等各项防汛责任制度；组织人员对全城区水库展开汛末安全排查；落实水库防汛值守人员，汛期确保24小时有人值守。落实汛情报告责任制，按水库防汛抢险应急预案做好物资、人员储备，保证全城区水库安全度汛。按“一库一案”的要求修订完善了120座水库的防洪抢险预案，以及完成山洪灾害调查、分析评价等工作。

抗旱工作　指导各灌区采用集中水量轮灌调度方式，利用现有水资源抗旱，指导群众采取抽水等形式抗旱；做好蓄水保水工作，确保晚稻收成；做好人饮困难解困计划，提出具体措施，确保农村饮水、生活用水安全；组织工作组深入抗旱一线，深入田间地头帮助群众解决实际困难。

【水土保持管理】　2017年，城区水利局对开发项目的水土保持情况开展监测与评价。审批县级开发建设项目的水土保持方案25个，开展对15个生产建设项目水土保持监督检查65人次，征收水土保持补偿费145万元。

【水政水资源管理】　2017年，城区水利局利用“世界水日”及“中国水周”等节日，开展水法规宣传教育，结合日常工作检查，深入服务单位，组织相关人员座谈，发放宣传资料，广泛宣传水法律法规。落实最严格水资源管理制度，对各取水户的取水计量设施进行维护管理。做好水行政规费征收工作，年内，征收水资源费200万元；开展饮用水水源地水库速生桉整治工作，保护饮用水水源安全；开展水行政执法工作，严肃查处侵占忠党水库等库区的违法行为。

【“基础便民”活动】　2017年，城区水利局开展“基础便民”专项活动，推进国家、自治区下达的农村饮水安全巩固提升工程建设任务；开展饮水净化项目后续管理工作，4个“饮水净化”示范项目通过验收后，将项目交由当地村委安排人员负责运行管理维护，并制定了相应的运行管理办法、突发事件应急预案，同时也作相应的业务指导；城区水利部门会同各镇人民政府、7个国营水库管理所开展农村水体环境和饮用水源周边环境卫生清理整治行动，对饮用水水源、水库周边进行环境卫治，保证周边居民用水安全卫生。

（黄艳芳）

水库移民

【概　况】　2017年，武鸣区水库移民工作管理局（下称水库移民局）属正科级、一级预算单位，内设行政办公室和综合办公室。2017年人员编制为6名，实有6人。其中局长1人，副局长1人。办公地址在城厢镇灵源路西段6号。

【库区移民矛盾纠分排查和化解】　2017年，城区库移民局组织开展社会风险评估、矛盾纠纷排查和化解工作。年内，接待来信来访共6批次，局长带队多次下到移民村屯积极主动与库区移民沟通，努力构建和谐库区社会。

【库区移民新村建设】 2017 年，城区库移民局组织开展水库移民新村建设、基础设施建设，实施自治区为民办实事项目。自治区为民办实事强基惠民工程水库移民新村建设工程总投资 397.6 万元，建设项目 8 个，其中新村建设项目 6 个，村屯道路建设 2 条 1.93 公里；2017 年农村建设（第一批）市本级财政资金项目 9 个（村屯道路项目 8 个，建设小桥一座）；2017 年大中型水库移民村屯道路硬化工程项目 1 个；2017 年大中型水库移民后扶专项资金项目 2 个（桥面维修 1 座，挡土墙项目 1 个）；2016 年第二批大中型水库移民基础设施建设道路项目 1 个，2016 年第三批大中型水库移民基础设施建设项目 3 个（建设桥梁一座，塌方路段维修一个，挡土墙一个）。是年，项目总计投资 1400.8 万元，受益移民群众 11594 人。

【大中型水库移民后期扶持人口的管理】 2017 年，城区库移民局组织实施大中型水库移民后期扶持人口自然减员工作，按规定将 2017 年核减后的人员后期扶持指标资金落实到涉及的水库移民村组。

【库区水库移民培训】 2017 年，城区水库移民局联合城区人社部门、城区农业局开展移民的技能培训工作，开展实地技能培训工作，全年培训移民劳动力达 350 人次。

【扶贫工作】 2017 年，城区水库移民局派出“美丽乡村”建设扶贫工作队员到府城镇渌龙村开展扶贫工作，挂点帮扶贫困户 5 户，单位领导干部又联系帮扶仙湖镇六冬村贫困户 8 户。春节前期，开展慰问困难水库移民、贫困户活动，发放慰问困难水库移民资金 20000 元，发放慰问贫困户慰问金 2000 元；在“扶贫日”系列活动中，本局干部捐款 633 元。

（曾丽梅）

工　业

综　述

【工业转型升级】 2017 年，武鸣区坚持“工业立区”发展思路，碳酸钙、新型建材等专业产业园落地建设，林产品深加工集聚发展，工业转型升级进一步加快。保障 84 家规模以上企业正常生产，培植金华建材等 12 家企业入规。扶持锦龙建材等 10 家企业实施技改，助推企业达产达效。生物质天然气产业化试点工程稳步推进，木薯淀粉酒精企业顺利完成整合。编制完成《伊岭工业集中区产城互动发展规划》等 5 个规划，构建一区多园工业发展格局；新征收工业用地 1400 亩，助推中建八局等 21 个工业项目落地；组建富岭公司筹集资金，完善道路、排污、水电等基础设施，伊岭工业园区承载能力不断增强。27 家企业签约租用或购买标准厂房 14.8 万平方米，入驻率 62.7%。伊岭工业园区规模以上企业总产值完成 113 亿元，实现财税收入 1.35 亿元，同比增长 7%。

【工业主要经济指标】 2017 年，城区本级规模

2017 年经信局局长刘旭东（右二）到浩德新能源光伏发电项目进行调研 （城区经信局提供）

以上工业企业共有 84 家，城区本级规模以上工业总产值累计完成 148.49 亿元，同比下降 6.82%；其中，超亿元企业 45 家，产值 2000 万元以上 1 亿元以下企业 34 家。至 2017 年年底，这 84 家企业中因企业主营业务收入达不到 2000 万元，退出规模以上工业企业名录的有 6 家，2017 年年底新增培植企业入规 12 家。城区本级规模以上工业主营业务收入 123.44 亿元，同比下降 5.44%；城区本级规模以上工业销售产值 138.25 亿元，同比下降 6%；城区本级规模以上工业企业完成利税总额 7.9 亿元，同比下降 6.8%，其中利润总额 5.17 亿元，同比下降 9.5%；城区本级规模以上工业主要产品产量发酵酒精 31450 千升，同比下降 68.3%；配混合饲料 185301 吨，同比增长 27.2%；塑料制品 48445 吨，同比增长 6.9%；瓷质砖 15414 万平方米，同比增长 7.7%；水泥 2760020 吨，同比下降 8.9%；人造板 784543 立方米，同比增长 6.9%；合成氨 57088 吨，同比下降 13.8%；石灰石 5226517 吨，同比下降 12.7%。

工业经济工作

【经信局概况】 2017 年，城区经济贸易和信息化局承担工业、商务管理、信息化等方面的工作职责，有行政秘书股（行政审批办公室）、工业项目推进股、工业商务经济运行股、企业改革和安全生产股、商务管理股、信息化推进股、糖业发展股、中小企业发展股 8 个职能股（室），总编制数 21 人，其中行政编制数 19 人，工勤编制数 2 人。实有在职人员 21 人，其中行政人员 19 人，工勤人员 2 人；正科 4 人，副科 8 人，科员 9 人；大学以上 14 人，大专 4 人，中专及高中 3 人；办公地点在城厢镇灵源路 128 号。

【工业投资】 2017 年，城区本级完成工业投资 73.92 亿元，同比去年 78.76 亿元下降 6.14%；其中制造业投资 61.60 亿元，同比下降 13.77%；工业技改投资 14.76 亿元，同比下降 73.08%。

【工业能耗】 2017 年，城区本级规模以上工业增加值完成 45.2 亿元，同比下降 9.13%；城区本级规模以上工业增加值能耗同比上升 1.39%；城区本级工业综合能源消费量 48.87 万吨标煤，同比下降 7.8%。

【工业备案】 2017 年，城区经济贸易和信息化局组织开展项目调查核查工作，按照单位规定的备案权限，做好城区本级工业企业扩大产能、技术改造项目备案，年内，实施项目备案 218 项。

【积极争取上级补助资金】 2017 年，城区经济贸易和信息化局组织企业申报外经贸发展、糖业发展、企业租赁标准厂房、清洁生产、电机和变压器能将提升、企业首次入规、标准集装箱等上级相关项目资金共 1172.685 万元，其中获得标准厂房补助企业一批补助资金 718.46 万元；获糖业发展专项资金项目企业 2 家补助资金 260 万元；获外经贸发展项目企业 4 家补助资金 50.6 万元；获市技术创新和品牌建设项目资金补助企业 3 家共 40 万元，获首次进入规模统计企业 4 家资金 32 万元；获清洁生产项目、标准集装箱项目补助企业各 1 家。

【打击“地条钢”，整治搅拌站】 2017 年，城区经信局组织开展严防和惩治“地条钢”非法生产和销售专项行动，重点对乡镇与乡镇之间、县区与县区之间的边界地带、区域开展地毯式排查核查，没有发现非法生产、销售“地条钢”企业或疑似非法生产“地条钢”的作坊，依法整治和取缔无资质混凝土搅拌站 6 家。

【企业服务】 2017 年，城区经信局制订开展对口服务企业活动方案，全局人员分成 6 个大组，按照活动方案要求及工作工作安排，每月每组每人分头深入对口企业开展服务活动 3 次以上，了解企业生产经营情况，帮助解决企业实实在在的困难和问题。对重点工业项目，做好跟踪服务工作。2017 年组织推进广西武鸣维尔利能源环保有限公司多元原料混合废液制备生物天然气产业化试点工程项目建设工作，做到每周一报，及时了解和掌握最新工程进展情况，该项目自 2016 年 9 月开

2017 年 2 月 21 日，城区领导到皎龙公司进行调研（城区经信局提供）

工至 2017 年年底，总投资 12854.96 万元，占总计划投资额 101.04%，全部完成 10 项主要建设内容。

【服务企业工作】 2017 年，城区经信局发挥本局作为全城区工业企业宏观协调管理单位的职能作用，按照城区党委、城区政府制定的《关于印发南宁市武鸣区 2017 年工业提升发展工作方案的通知》（南武办发〔2017〕19 号）等文件要求，经常性开展企业对口服务活动，帮助解决企业生产经营过程中存在的困难和问题。做好工业经济运行监测和规模企业培植工作，严格备案工业项目；做好诚信企业融资担保推荐审核，引导企业参加区市举办的企业管理升级活动，鼓励企业做好人才引进工作，积极组织企业申报上级各项支持、扶持、补助、贴息等资金，推进工业节能降耗、淘汰落后产能、清洁生产审核、工业和信息化“两化”融合工作，增进工业投资、技改投资和技术创新，促进工业企业扩大经营规模，帮助企业实现产业转型升级。

【企业培植】 2017 年，城区经济贸易和信息化局按照城区党委、城区政府办公室关于《南宁市武鸣区 2017 年工业提升发展工作方案》要求，明确了各工业企业监管单位规模工业培植的目标任务，并对规模工业培植工作进行考核评价，给予任务完成的监管单位给予不同档次的奖励。各相关责任单位能够按规定要求，做好规模以上工业企业培植相关工作，及时跟踪上报培植工作进展情况。

全年新增进入规模以上工业统计的企业有 12 家，即武鸣金华建材有限公司、武鸣县万福木材厂、广西禹杰防水防腐材料有限公司、广西武鸣县新百合木业有限责任公司、广西南宁市三源木业有限公司、广西宏发建材科技有限公司、南宁市皇农木业有限公司、广西潘多拉科工贸有限公司、南宁市武鸣鑫博源木业有限责任公司、南宁市武鸣区双武矿石场、甘圩镇赖坡村陇蒙山石场、广西南宁市利尔安黏胶制造有限公司，比上年增加 8 家，为工业发展注入新鲜血液。

【小微型企业认定】 2017 年，城区经济贸易和信息化局根据《关于印发关于中小企业划型标准规定的通知》（工信部联企业〔2011〕300 号）文件规定，以企业自主自愿申请认定为原则，根据企业提供的营业执照、组织机构代码、法人身份证复印件、企业当年纳税证明、上缴社会保险费凭据，以及要求申请中小微企业的证明等材料，对在本城区辖区内注册登记的企业，经深入企业现场调查属实后，免费开具认定期限为 1 年的《小微型企业认定书》，认定小微型企业 8 家。

（李丽珍）

矿产资源管理

【概　况】 2017 年，武鸣区矿产资源比较丰富，已勘探的金属矿和非金属矿有铜、锰、钨、铅、磷、黏土矿、石灰石、方解石、河砂、石英砂等 20 多种。2017 年，全城区采矿许可证有效的矿山共有 33 个，主要矿产业是建筑用灰岩。规模以上矿产采选业有 3 家，即南宁市武鸣区泰恒石场、武鸣县甘圩镇濑坡上角山石场、武鸣县甘圩镇广中石场。

2017 年 11 月 10 日，国土局到双桥镇伊岭村伊岭小学开展地质灾害应急演练（城区国土局提供）

采石及矿产采选业工业总产值 1.77 亿元，同比下降 30.72%。

【矿产资源保护】 2017 年，城区国土资源局坚持“开发利用与保护并重”的原则，逐步淘汰规模小、生产工艺落后的企业。加大宣传和巡查的力度，坚决依法取缔无证勘查、开采行为。为防范采石场生产和运输的扬尘污染，督促各采石场落实扬尘污染治理整改工作，并积极开展广西大明山矿区退出自然保护区的各项工作。进一步规范市场化配置资源，提高矿山企业准入门槛，坚持绿色矿业经济发展理念。

【整顿与规范矿产开发】 2017 年，城区国土资源局推行采矿权公开招标拍卖有偿使用制度。全城区共协议出让采矿权 8 宗（均为已设采矿权延续登记），完成采矿权价款收入 1552.665 万元。采矿权新立出让方面，根据《广西壮族自治区国土资源厅关于进一步加强露天开采非金属矿产资源管理的通知》（桂国土资规〔2017〕1 号）文件中，“在第三轮矿产资源总体规划和矿产资源开发专项规划批复之前，暂停审批采矿权出让。”的规定，本城区未能开展采矿权新立出让工作；开展 2017 年度采矿权信息公示工作，督促矿山业主按照时间节点完成填报并公示，全城区应填报矿山 31 个，实际填报并公示 31 个，填报及公示率 100%。根据市场的供需情况，适当调节建筑用采石场的生产规模和采矿权设置数量，全年为城市建设提供建筑市场石料约 1396 万吨，建筑用砖约 2.1 亿块，同时，提供就业岗位约 1230 个，在一定程度上缓解了矿区周边乡镇的就业压力；抓好矿山安全生产管理工作，加大巡查检查力度，落实安全防范措施，及时对发现的安全隐患加以整改，全年无重特大伤亡事故的发生。

【地质灾害防治】 2017 年，武鸣区建立 101 个地质灾害隐患点、142 处易发区、51 处切坡临坡建房点的群测群防体系，更换隐患点监测员、监测责任人 15 人，更新完善警示牌 110 块，发放地质灾害防灾避险“明白卡”近 1500 张。加强利用“4·22”地球日、“5·12”防灾减灾日发放地质灾害防治宣传专刊 2500 份，防灾避险知识读本 1200 本，挂图 300 张。举行地质灾害防治管理业务和应急避险知识培训会，培训总人数 40 余人。成功举办城区地质灾害应急演练 1 场，参演人数 581 余人。督促指导城区教育局抓好 2017 年自治

2017 年大明山矿区整改现场（城区国土局提供）

2017 年广西师范学院赠送的锦旗　　（城区国土局提供）

区下达的锣圩镇中心学校危岩、双桥镇伊岭村伊岭小学危岩，马头镇灵坡村灵坡小学不稳定斜坡共 3 个治理项目工作，治理专项资金为 150 万元。该 3 个项目已全部开工，预计在 2018 年 6 月份全部完工。通过危岩治理工作，可保障 1720 名学校师生的生命财产安全。

【矿产地质环境保护】 2017 年，城区国土资源局共收缴矿山地质环境保护与恢复治理保证金 454.76 万元，征收总额达到 3422.11 万元，为矿山恢复治理提供了有效的资金保障。探索和推进武鸣城区到期矿山的矿山地质环境恢复治理工作，开展中央环保督察反馈意见大明山矿区矿山地质环境恢复治理与土地复垦工作，由城区财政垫资开展矿山恢复治理工作，完成了大明山铜矿地上附着物拆除 6771 平方米，拆除钢丝绳 274 条长约 54120 米；钨矿自然保护区共拆除房屋 69 间 1072 平方米，清运垃圾 75 车，清除设备 8 车，自然保护区外共拆除房屋 93 间 2710 平方米。

【探矿权监管】 2017 年，城区国土资源局对城区 13 个有效探矿权的监督管理，对广西武鸣县六星铅锌金银矿、广西武鸣县那汉沟铜铅锌矿等 3 个坑探项目的监督检查，督促业主安全施工。是年，完成 13 个探矿权年度检查工作。

【不动产登记】 2017 年，城区国土资源局出台解决各类遗留问题的意见，明确划拨土地上房屋的转移、有房无地、先行抵押等提出处理具体问题的操作办法。开展业务联办。不动产登记中心、房地产开发公司、银行加强协作，将权籍录入调查、抵押登记办理工作从“单一作业”到“同步作业”，把权籍调查和落宗办理时间压缩至 7 个工作日；全面优化不动产登记流程，经过房产所、不动产登记中心职责整合和流程再造，不动产登记工作时限从法定时限 40 个工作日压缩到 12 个工作日内，提速率达 70%，得到区、市级的肯定。广西师范学院、出国务工农民工给不动产登记中心赠送了锦旗。2017 年共受理不动产登记业务 20205 宗，办结 19604 宗，办结率 97%，平均日受理业务量 80 多宗，办理抵押登记 9481 宗，融资贷款金额达 55 亿元。

【“审管分离”改革】 2017 年，城区国土资源局推进行政审批制度“审管分离”改革，按“审管分离”的要求，对 25 项国土资源行政审批事项进行全面梳理与再造，完善首问责任制、一次性告知、限时办结、责任追究等制度。审批事项的信息实时当场公开，审批结果通过查询一体机自动查询，并在局门户网站和政务服务网站公布，全面实现“三集中、三到位、三公开”的改革目标。2017 年集中受理建设项目用地预审、项目用地划拨、矿产资源开采审批、农民三产安置等行政审批事项 129 件，办结 129 件，办结率 100%。同时，开辟“绿色通道”，为 2 名行动不便的群众实行上门受理登记申请，为广西师范学院、出国务工农民工加快办理不动产登记并荣获锦旗。

（城区国土局编写组）

农副产品加工业

【概　况】 2017 年武鸣区具有良好的发展现代农业的自然条件，全城区有耕地面积 6 万多公顷，盛产水稻、玉米、黄豆、花生、甘蔗、木薯、水果以及蔬菜等农作物，被列为全国商品粮生产基地、全国生态农业建设试点县、广西蔗糖生产基地、广西木薯淀粉生产大县、广西亚热带水果生产大县。2017年，城区本级规模以上农副产品加工企业32家，完成规模以上工业总产值53.22亿元，同比下降4.25%；其中木薯加工业5家（亿元企业3家），工业总产值8.9亿元，同比下降33%；林产品加工18家（亿元企业9家），工业总产值22.14亿元，同比增长3.59%；其他农副产品加工业9家（亿元企业5家），工业总产值22.17亿元，同比增长6%。城区本级规模以上农副产品加工业工业总产值占全城区规模以上工业总产值148.49亿元的35.84%。

【广西红豪淀粉开发有限公司】　广西红豪淀粉开发有限公司于2006年9月19日经南宁市工商行政管理局批准注册成立的中外合资企业，法人代表王自豪，注册资本1200万元，地址：武鸣县城厢镇从广村。公司下设董事会、总经理办公室、综合管理部、财务部、技术研发中心、生产部、品控部等部门。

公司经营范围：生产销售淀粉及淀粉制品（木薯淀粉、玉米淀粉、红薯淀粉、马铃薯淀粉、变性淀粉）、食品添加剂（磷酸磷酸酯双淀粉、醋酸酯淀粉、淀粉磷酸酯钠、氧化淀粉、酸处理淀粉、羟丙基淀粉、乙酰化二淀粉磷酸酯、磷酸化二淀粉磷酸酯、乙酰化双淀粉己二酸酯、羟丙基二淀粉磷酸酯、氧化羟丙基淀粉、羧甲基淀粉、辛烯基琥珀酸铝淀粉）、废水废渣综合利用。

公司占地面积为8.33公顷，其中自主新建建筑面积21500平方米，固定资产4664万元，其中机器设备3813万元，拥有年产3万吨木薯原淀粉生产线2条（每条生产线生产能力为150吨／天）；拥有年产2万吨变性淀粉生产线1条（变性淀粉生产能力为150吨／天），可日处理鲜木薯1300吨。

公司采用的生产工艺，一是采用国内先进的工艺技术；二是引进关键设备；三是建立生产过程控制系统；四是建立完善的检验分析体系；五是建立研究开发机构。并拥有自己的研究开发中心、中试车间、产品应用实验室，能针对不同客户需要推出新产品。生产的“红枫”牌优质木薯淀粉和变性淀粉，产品广泛应用于食品、造纸、黏合剂、纺织、医药、饲料、建材、石油和化工等行业，产品畅销全国二十八个省、市、自治区，部分产品远销日本、韩国等国家中国香港和地区。

2017年，公司实现产值2.63亿元，同比增长0.83%，上缴税金134.92万元。

【南宁湘大骆驼饲料有限公司】　南宁湘大骆驼饲料有限公司是唐人神集团2008年12月新建投产的子公司，总投资3000多万元，公司地址在武鸣区伊岭工业集中区平陆工业园区内，公司引进国际先进设备，年产30万吨生物科技饲料。2011年实现工业总产值2.6亿元。已与全国多家农业大学动物营养研究所合作建立博士工作站，根据广西的养殖情况和原料特点，重点推出营养全面、品质一流的“骆驼牌”乳猪开口保育料、猪用浓缩料、猪场全价料等系列产品。

2017年公司实现产值3.66亿元，上缴税金188.34万元。

城区本级规模以上企业

【概　况】　2017年，城区本级规模以上工业企业的其他产业主要包含以下6家企业：即南宁市武鸣区供水有限总公司、武鸣区红鹰肥业有限公司、广西火力王厨具有限公司、广西武鸣区津源水业有限公司、广西中盈教育设备制造有限公司、广西银海印刷有限公司。2017年，6家规模以上其他产业工业总产值5.08亿元，占城区本级规上企业总产值总数的3.42%，当年产值超亿元企业有2家，即武鸣区红鹰肥业有限公司、广西武鸣区津源水业有限公司。

【武鸣红鹰肥业有限公司】　武鸣红鹰肥业有限公司成立于2004年1月16日，注册资金2182万元，总资产为9681.4万元，公司系1993年成立的原鸣昌老厂改制而成，是广西最早的测土配方肥定点生产销售的民营企业，公司员工有325人，9个驻外办事机构，已建成80家肥料直营店，公司全年累计销售各类肥料产品多达12万吨，年销售额过亿元。公司主要产品为“鸣昌”“根根壮”“红鹰蓝”等品牌针对性强的桉树、水稻、甘蔗、木薯、蔬菜专用肥，年销量在广西位列第一。公司现拥有6条自动化生产线，产能达20万吨。年综合处理动植物综合废弃物5万吨，其中设计病死畜禽无害化处理生产线日处理量8吨，年处理病死畜禽3000吨。

2017年，公司实现工业产值1.3亿元，上缴税额86.08万元。（梁　晶）

制糖工业

【概　况】 2017年，制糖是武鸣区的主要工业之一，辖区内有香山糖厂、东江糖厂两家制糖企业，属南宁糖业股份有限公司下辖直属厂，设计生产能力日榨甘蔗共17000吨，东江糖厂日榨甘蔗7000吨，香山糖厂日榨甘蔗10000吨。其中，主要产品有白砂糖和赤砂糖。2017/2018年榨季两家糖厂甘蔗入榨量98.7万吨，产糖量13.9万吨；2017年实现销售收入6.73亿元，实现税金3190万元。

【南宁糖业股份有限公司东江糖厂】 2017年，东江糖厂是南宁糖业股份有限公司下辖直属厂之一。1981年建厂，1993年8月注册“古府”牌商标，以亚硫酸法生产机制白砂糖、赤砂糖。生产规模从建厂初期的日榨蔗量500吨提高到现在的7000吨，年产白砂糖约10万吨，生产的白砂糖、赤砂糖均符合国家标准和行业标准。

东江糖厂一直坚持原料型企业的特色，贯彻落实“安全、均衡、连续、稳定”的生产方针，从产品的源头到出厂的每一个环节都注重保证质量的安全，采用公司+基地+农户的管理模式，农户种植的甘蔗原料、使用的化肥、农药、除草剂，都由公司通过合格供应方统一采购预付到蔗区给农户，并提供使用指导，杜绝农户采购使用违禁农药或超量使用，从而保证了产品源头无污染；生产过程所使用的硫黄、磷酸、氧化钙等加工助剂同样采用严格管理，规范领料及使用登记；工厂配备先进的工艺生产设备，严格按照生产过程工艺控制，操作人员均进行岗前操作培训，每一个工序人员认真负责，做到及时发现问题并整改，从而保证了每一道工序的质量。

产品质量管理 东江糖厂对产品质量进行全面管理，坚持持续改进的原则，以ISO 9001质量管理体系、FSSC 22000食品安全管理双重国际管理体系对产品质量进行高标准严要求的监督管理，拥有独立的质量检验实验室，实时对产品质量进行监控，定期送样到有权威的检验机构进行检验，自觉接受食品药品监督局的监督，增强了产品的质量保障。“古府”牌白砂糖连续多年获得“广西名牌产品”“广西著名商标”等荣誉称号，并在全国糖业质量评比中连续多年名列前三名，产品主要销往国内各知名饮料及糖果企业，如加多宝、娃哈哈、可口可乐、百事公司、金丝猴等。

生产管理 东江糖厂各榨季以“安全、连续、均衡、稳定；节能、降耗、减排、增效”为生产方针，围绕公司的榨季生产考核指标，组织开展榨季生产和管理工作，通过全体员工的共同努力，完成榨季生产目标。近几年，东江糖厂先后投入约6000万元，对锅炉及其附属设备进行技改，淘汰落后产能设备，达到明显的节能减排效果，为企业节约能源的同时，实现了企业的社会责任。2017年，该厂投入427万元技改资金进行节能降耗技术升级项目：（1）新增末效汁汽加热混合汁系统；（2）利用废气加热Ⅱ效汁汽的改造；（3）2＃、4＃压榨机改用柔性联轴器；（4）蔗场盖顶。

产量产值 2017年累计产白砂糖44853吨，打包蔗渣27430吨，完成工业总产值27566万元，同比增长34.1%；2017年实现销售收入26100万元，应纳税金807万元。

【南宁糖业股份有限公司香山糖厂】 2017年，南宁糖业股份有限公司香山糖厂，位于武鸣县武马公路九公里处，建厂于1975年，设计日榨甘蔗能力10000吨，主要产品有“大明山”牌白砂糖和赤砂糖，副产品有甘蔗糖蜜、打包蔗渣。全厂设有13个职能科室、3个生产车间，现有员工650多人，其中各类专业技术人员120人。

认证和验收 工厂先后通过了ISO 9001、ISO 22000、FSSC 22000认证，2008年白砂糖产品获得“广西名牌”产品称号，2009年“大明山及图”商标获得“广西著名商标”称号，2010年7月通过（A级）绿色食品认证。自2008年起，“大明山”牌一级白砂糖质量在全国行业评比中稳居前三。2015/2016榨季大明山牌白砂糖参加“百事送检”产品质量突出，荣膺百事优秀奖；在全国糖业质量评比中，2016年再次荣获产品质量优秀奖（亚法第二名），继续保持同行业领先地位。2001年工厂首次通过了安全生产标准化三级企业验收，2013年1月通过安全生产标准化二级企业验收；2007年9月通过自治区清洁生产企业验收，2016年通过强制性清洁生产审核。

产量产值 2017年累计产白砂糖75695吨，打包蔗渣37156吨，完成工业总产值47478万元，同比增长5.2%；2017年实现销售收入41163万元，应纳税金2383万元。

蒸发Ⅲ效汁汽升温技改 利用原有蒸发至煮糖ȼ 600毫米Ⅲ效汁汽管路上安装1套蒸汽升温换热器，采用汽轮机废气（0.15MPa、180℃）作为高端热源加热Ⅲ效汁汽，废气进汽管为DN200无缝钢管，废气排出汽管为DN250无缝钢管，进气管安装DN200电动控制阀门，通过自动控制蒸汽平衡升温系统，把蒸发的Ⅲ效汁汽温度从现有的95℃左右提升到105℃—110℃，III效汁汽升温后供8#—12#煮糖罐煮甲糖使用。

煮糖抽取Ⅲ效汁汽汽凝水排除技改 蒸发的Ⅲ效汁汽通过新增蒸汽升温换热器将温度提高到105～110℃后，接入原煮糖ȼ 600毫米Ⅲ效汁汽总管，供8#～12#煮糖罐使用。新增8#～12#煮糖罐III效汁汽汽凝水排除系统，包括以下设备和配件采购：ȼ 1300×2000毫米等压罐1个、DN150排水总管75米、DN150立式液位控制阀门及旁通阀门1套、DN125煮糖罐汽凝水排除管路25米及阀门、DN100等压罐回汽平衡总管100米及分管10米、IR100—125—400热水泵2台及控制柜、真空平衡管及其他配件等。

废气降温技改 新增1套PLC全自动管道减温装置，在现有汽轮发电机废气ȼ 1200毫米总管进入降温站前直段管路安装该减温装置。采用插入式环形中心给水降温，代替原有老式降温站降温方式，通过PLC编程自动控制可调节喷嘴控制降温水量以达到控制废汽温度目的。该装置具有体积小、安装简便、汽化速度快、调节范围大、无积水、疏水量少、蒸汽干度高等优点，可达到温度控制稳定、减少外排放汽水损失能源目的。

热水回收技改 对全厂热水回收系统进行全面升级改造，将高温热水与低温热水分开存贮，以优先使用高温热水，补充使用低温热水为改造原则，以求达到能源回收利用最大化。高质量的废气汽凝水（115℃）全部用作锅炉入炉水；温度较高的蒸发I效汁汽汽凝水（105℃）全部用于加热入炉水，以确保入炉水温度达到100℃以上，加热入炉水后的蒸发I效汁汽汽凝水作为入炉水补充，剩余的蒸发I效汁汽汽凝水新增DN125毫米管路，全部回收到煮糖楼高温热水箱，供压榨渗透水、石灰消和、真空吸滤机喷雾水、回溶糖专用；蒸发Ⅱ效、Ⅲ效、Ⅳ效汁汽汽凝水温度较低，全部回收到煮糖楼低温热水箱，高温热水箱用不完的热水也回收到低温热水箱作为普通工艺用水，供煮糖、分蜜、助晶、煮罐、洗滤布、设备冲洗使用；生产使用不完的热水（约75℃）全部进入新增的热水冷却系统，经新增冷却塔强制冷却后（约35℃），作为设备冷却水使用，使用不完的冷却水排入循环水池，以消除生产使用不完的热水直接排放到循环水池对循环水降温的压力，确保废水生化处理系统正常进行。

（黄满凤）

烟 草 工 业

【广西伊灵烟叶复烤有限责任公司概况】 2017年，广西伊灵烟叶复烤有限责任公司是广西唯一的一家打叶复烤企业，原隶属南宁卷烟厂，现直属中国烟草总公司广西烟草专卖局（公司）管理。2000年筹建，2002年6月正式投产。2003年6月，广西区烟草公司、南宁卷烟厂、柳州卷烟厂、百色市烟草公司、贺州市烟草公司等5个股东单位共同出资改制成立广西伊灵烟叶复烤有限责任公司，2007年10月新增河池市烟草公司、桂林市烟草公司两个股东单位，2016年7月15日河池市烟草公司以货币方式向广西伊灵烟叶复烤有限责任公司缴纳出资100万元，注册资本变更为42625万元人民币。截至2017年年底，公司拥有总资产5.26亿元，占地面积25.07万平方米。公司经营业务范围包括烟叶打叶复烤加工和纸箱加工，拥有1条6000KG/H打叶复烤生产线和1条纸箱生产线，年打叶复烤加工能力为1.5万吨（30万担），年纸箱加工能力为300万个。公司在册正式员工642人，其中在岗正式员工147人、离岗退养28人、离退休467人，在岗正式员工具有大中专以上学历人数114人，占77.55%。2017年6月公司董事会对公司总经理进行调整，卢洪元主持全面工作，覃伟不再担任公司党总支书记、总经理职务。2017年11月根据公司董事会决议，经广西区局（公司）党组研究，决定卢洪元任公司总经理。广西伊灵烟叶复烤有限责任公司办公地址在：城厢镇兴武大道159号。

【生产经营】 2017年，广西伊灵烟叶复烤有限责任公司挑选烟叶0.98万吨（19.62万担），复烤加工烟叶2.08万吨（41.67万担），产出片烟1.36万吨（27.26万担），烟箱加工122.27万个：加工产品质量保持稳定，产品交付合格率均达100%。全年实现销售收入8267万元（其中打叶复烤收入7268万元，纸箱加工收入999万元）；企业实现税利1528万元，其中税金1455万元，利润73万元。

【企业管理】 2017年，广西伊灵烟叶复烤有限责任公司启动新版质量管理体系升级换版，积极开展全覆盖内审和针对性管理评审，进一步整合目标管理、流程管理、对标管理、精益管理、标准化等管理方法，全面构建“点连线、线构面”权责明确、有序高效、科学合理、改进创新的综合管理体系和管理平台。加大安全隐患排查治理和安全监管考核力度，巩固企业生产安全二级达标成果，全年无发生安全事件、事故。全年开展QC课题、对标课题等精益改善研究13项，实现降本增效26万元。在行业的14项对标指标中，公司有13项达到行业对标指标，其中烤后片烟含杂率合格率、每个模块（或加工批次）成品片烟含杂率合格率、打后大中片率合格率、打后叶中含梗率合格率、年度平均出碎末率、每个模块（或加工批次）成品片烟烟碱变异系数、年度成品片烟返箱复烤数量、吨片烟加工成本费用共8项指标达到行业先进指标水平。 （覃乙玲）

纸塑包装业

【概　况】 2017年，城区本级规模以上纸塑包装业有9家，其中塑料包装加工企业6家，纸箱包装加工企业3家，这9家企业都集中在伊岭工业集中区。2017年工业总产值5.68亿元，同比下降24.88%。当年产值超亿元企业有2家，即武鸣联佳塑业有限公司、武鸣区圣皇包装有限公司。

【广西武鸣联佳塑业有限公司】 广西武鸣联佳塑业有限公司成立于2003年1月，厂址位于南宁市伊岭工业集中区城南工业园区，公司占地面积20000多平方米，公司具有年产各类塑料编织袋1亿多条的生产能力，专业从事塑料编织袋制造和销售。产品有普通编织袋、BOPP彩印编织袋、珠光膜编织袋、纸塑复合袋、柔性集装袋。公司与华润水泥控股集团签署了2014年的供货合同，为满足日益扩大的市场需求，公司先后又购置了先进的机器设备，公司经营规模有4条生产线，4台拉丝机、130多台圆织机以及一系列的生产设备和配套设施，是目前武鸣城区塑料制品行业规模较大的生产企业。

2017年实现工业产值1.15亿元，上缴各项税额246.36万元。

建 材 工 业

【概　况】 2017年，全城区具有丰富的石灰石等矿产资源，优厚的自然资源，为建材行业生产发展提供了有利的条件。2017 年，城区本级规模以上建材工业企业有 13 家，城区本级规模以上建材产业工业总产值 45.91 亿元，同比下降 5.68%，占全城区规模以上工业总产值的 30.92%。其中：陶瓷建材业 10 家，产值全都超亿元，工业总产值 37.17 亿元，同比下降 6.29%；水泥等建材业 3 家，其中产值超亿元企业 2 家，工业总产值 8.74 亿元，同比下降 2.98%，2017 年，锦龙公司工业总产值 6.78 亿元，同比下降 2.12%，上缴税额 4197.3 万元，是当年城区本级规模以上工业企业纳税额度最多的企业。

【广西武鸣锦龙建材有限公司】 2017 年，广西武鸣锦龙建材有限公司红狮控股集团（下称红狮集团）是中国民营 500 强企业和国家重点支持十二家全国性大型水泥企业之一，主要有水泥（含关联行业）、投资两大版块。红狮集团坚持立足水泥主业，全部采用国际先进新型干法工艺，工艺、技术和装备处于同行领先水平。同时，发展水泥窑协同处置固废、骨料及混凝土等关联行业。到 2017 年，在浙江、江西等 10 个省有 40 余家大型水泥企业，水泥产能 8000 万吨，是中国最大的民营建材企业。

广西武鸣锦龙建材有限公司是红狮集团的全资子公司，公司位于南宁市伊岭工业园城西园区（宁武镇），于2009年9月在武鸣县工商局登记成立，注册资本金 19950 万元。第一条 4500t/d 熟料新型干法水泥生产线已于2011 年 12 月 18 日建成投产，总投资 8 亿元，公司主要产品为 P. Ⅰ 52.5 硅酸盐水泥、P.O42.5 普通硅酸盐水泥及 P.C32.5 复合硅酸盐水泥，年产水泥 260 万吨。

2017 年，公司实现工业产值 6.78 亿元，上缴税额 4197.3 万元。

【广西鑫源陶瓷有限公司】 广西鑫源陶瓷有限公司成立于2006年8月份，2007年3月份正式投产。总投资达 4000 多万元，占地面积 130 多亩，是一家生产建筑陶瓷为主，具有独立法人资格的股份制公司。员工 300 多人，拥有两条 300 多米的瓷砖窑炉生产线，设备，技术方面在国内同类企业中都占有领先地位。公司在市场经营中，始终坚持以品质铸造品牌，以信用赢取市场的经营理念竭诚为客户提供高效优质的服务，在业界树立了“诚信、务实”的品牌形象。公司所生产的产品主要销往粤、云、贵、湘、琼等地，以及广西本地，越南、柬埔寨、巴基斯坦等国家。公司的近期发展目标是按照市场要求，建立高效的现代经营管理机制，进一步提升员工队伍的素质，建成具有先进经营理念，拥有一流品牌形象，具备可持续发展能力的现代陶瓷生产企业，为广西经济建设增光添彩。

2017 年，公司实现工业产值 7.99 亿元，上缴税额 190.75 万元。

化学工业

【概　况】 2017 年，城区本级有规模以上化工企业 8 家，其中广西华纳新材料科技有限公司、武鸣区朝燕林场松香厂、广西苍鹰公司武鸣氮肥厂等 3 家企业，工业总产值超 2 亿元。化工产业工业总产值 12.36 亿元，同比下降 4.32%，化工产业工业总产值占全城区规模以上工业总产值 8.32%。

【广西华纳新材料科技有限公司】 2017 年，广西华纳新材料科技有限公司（以下简称广西华纳）位于广西壮族自治区武鸣区甘圩镇甘圩工业园。公司创立于1994年（前身是南宁邕城建筑材料厂），主要生产经营碳酸钙系列产品。

广西华纳是目前国内工艺先进、品种齐全的碳酸钙生产企业，也是一家碳酸钙矿产资源多层次综合开发利用的企业。公司依托丰富的石灰石矿产资源优势，多年来高速发展，成为国内碳酸钙制品及深加工行业的龙头企业。生产的“华纳”牌碳酸钙系列产品广泛应用在油墨化学建材、密封材料、涂料、橡胶、塑料、化妆品等领域，畅销于珠江三角洲、长江三角洲、环渤海经济圈及内陆十多个省市，部分出口至欧盟及东南亚各国。PVC 压延膜用纳米碳酸钙产品在国内市场占有率超过 70%，硅酮密封胶用纳米碳酸钙在国内市场占有率超过 25%。2016 年“华纳”牌纳米碳酸钙被认定为广西名牌产品。

广西华纳以武鸣总公司为核心，来宾合山和安徽宣城等地均建设有碳酸钙生产基地，同时建立起了集矿山资源综合利用开发、高附加值成品研发、生产及销售于一体的碳酸钙资源全产业链生产经营模式。公司现有碳酸钙生产基地都位于中国碳酸钙消费较大的地区，武鸣总部共拥有纳米碳酸钙生产线 6 条、轻质碳酸钙生产线 1 条，纳米碳酸钙年产超过 30 万吨，与其他同类企业相比具有巨大规模优势。

广西华纳新材料科技有限公司充分利用本地资源优势，不断开发新的化工建材产品，以满足市场不同的需要。该公司已开发了碳酸钙、轻质碳酸钙和纳米碳酸钙等产品，产品市场销售旺盛，并远销国外市场，企业发展空间很大。2017 年，广西华纳公司工业总产值 4.97 亿元，上缴税额 2927.19 万元，是继广西武鸣锦龙建材公司之后，排名第二的城区本级规模以上工业企业重点纳税大户企业。

2017 年，公司实现工业产值 4.97 亿元，上缴税额 2927.19 万元。

医药制造业

【概　况】 2017 年，城区本级规模以上医药生产企业 5 家，其中生物医药制造业 1 家、中成药及保健品制造业 3 家，及其他制药业 1 家。2017 年累计医药制造产业完成工业总产值 5.13 亿元，同比增长 7.43%，年产值达亿元以上工业企业有 3 家，即南宁赢创美诗药业有限公司、南宁市蓝天医用气体有限责任公司、广西麦克健丰制药有限公司。

【南宁赢创美诗药业有限公司】 南宁赢创美诗药业有限公司成立于 2001 年 4 月 25 日，是赢创德固赛（中国）投资有限公司下属的全资子公司。其前身是德国赢创工业集团和南宁市安力泰药业有限责任公司于 2001 年共同投资组建的中德合资企业南宁安力泰美诗药业有限责任公司。公司总投资额超过 4 亿元人民币。

公司的生产基地位于广西壮族自治区南宁市武鸣区，厂区占地面积约 8.4 万平方米，现有员工约 340 人，大专以上学历员工达 150 人以上，占到员工总数的 46%。公司主要从事生产、营销和销售氨基酸系列产品及相关化合物、衍生物，主导产品有 L- 甲硫氨酸、DL- 甲硫氨酸、L- 门冬氨酸、L- 丙氨酸、D- 丙氨酸、L- 缬氨酸、L- 异亮氨酸，L- 丝氨酸等，产品主要应用于食品、药品、健康等行业。公司建有目前中国最大的甲硫氨酸生产线，可年产 L- 甲硫氨酸及 DL- 甲硫氨酸 350 吨，以及两条氨基酸精制生产线，生产线的控制系统自动化程度高、性能稳定，达到世界药用生产企业水平。公司的生产关键设备主要从国外引进，如离心机、干燥机、酶膜反应器、超滤系统等。公司还拥有经过中国食品药品监督管理局和法国食品药品监督管理局审计的国际标准的分析检测实验室，技术力量雄厚。公司已经通过了国家药品 GMP 认证，伊斯兰组织 HALAL 认证，犹太组织 KOSHER 认证，并于 2005 年、2006 年获得了法国食品药品监督管理局 AFSSaPS 认证、EDQM 的产品 CEP 认证等。同时，2005 年还获得了德国质量协会（DQS）颁发的 ISO 9001 和 ISO 14001 的质量体系认证和环境安全体系认证。

公司依托先进的生产技术以及在产品质量控制方面的杰出经验，迅速成长为中国最大的氨基酸原料供应商之一，主要向国内外市场提供高级别、高纯度的氨基酸系列产品。生产能力为年产各种级别的氨基酸 5500T。公司产品 80% 以上出口，其中 2008 年的出口额达到 7750 万元，2009 年在世界经济危机的情况，公司的出口额依然突破 7237 万元人民币，实现销售收入 9960 万元，并首次实现赢利 158 万元人民币。

为了提高公司的竞争力，增强公司的赢利水平，南宁赢创美诗药业有限公司从 2008 年开始了投资约人民币两亿元的氨基酸衍生物新项目的建设，已基本完工，并进入试产及验证阶段。这一重要的里程碑，也标志着公司正在成为赢创工业股份公司在全球的定制合成生产体系的一个重要组成部分。

2017 年，公司实现工业产值 2.04 亿元，上缴税额 2251.15 万元。

机械制造及金属制品加工业

【概　况】 2017 年，城区规模以上机械制造及金属制品加工企业有 8 家，工业总产值 19.34 亿元，同比下降 2.02%，占全城区本级规模以上工业总产值总数的 13.02%，这 8 家企业都在伊岭工业集中区内。2017 年企业产值达亿元以上有 6 家，即广西天正钢结构有限公司、广西平铝特种线缆有限公司、广西宏发重工机械有限公司、南宁川青建筑构件有限公司、南宁市青山工贸有限公司、南宁市钢之泰轻钢材有限公司，其中广西平铝特种线缆有限公司产值超 5 亿元。

【广西平铝特种线缆有限公司】 2017 年，广西平铝特种线缆有限公司是我国西南地区大型电线电缆企业之一，广西重要骨干企业，广西 50 强企业——广西平铝集团名下直属企业。公司注册资金 2.8 亿元，占地 180 亩，是一家集研发、生产和销售电线电缆的综合型企业。目前公司产能达 15 亿元。公司位于风景秀丽的南宁伊岭工业集中区城南工业园，地理位置优越，交通十分便利。

公司自 2010 年 5 月成立以来，一支秉持“品质第一，客户至上”的经营理念，引进国内外最先进的电线电缆生产设备和技术，打造优秀的技术团队，不断改革创新，诚信经营。先后获得了 ISO 9001 质量管理体系认证证书，国家强制性产品认证证书（CCC 认证），国家安全标准化建设证书等。

公司能生产的产品有铜绞线，铝绞线，钢芯铝绞线，铝包钢芯铝绞线，全系列塑料电线，0.6/千伏聚氯乙烯绝缘电力电缆，0.6/ 千伏教练聚乙烯绝缘电力电缆，10 千伏～ 48 千伏交联聚乙烯绝缘电力电缆，27.5 千伏铁路专用电缆，各种低烟无卤、低烟低卤、阻燃、耐火、防水、耐寒等特殊要求的电力电缆，各类控制电缆，10 千伏及以下架空绝缘电缆，计算机电缆，变频电缆等等，并且能根据用户要求生产各种特殊用途的电线电缆。公司产品已经广泛用于广西壮族自治区及全国各地的供电工程、市政工程、水利及发电工程、交通运输工程（高铁客运、地铁建设、高速公路），房地产开发，重大公共建设工程（大型体育馆、宾馆、酒店），为促进国家基础设施建设做出了卓越贡献。

“平铝电缆人”将继续努力，以优秀的技术团队，高品质的产品，完善的营销体系服务社会，紧跟国家“一带一路”战略，把企业做强做大并走向世界。

2017 年，公司实现工业产值 5.62 亿元，产值超五亿元。 （梁　晶）

供　电　业

【概　况】 2017 年，南宁武鸣供电有限公司供电区域包括武鸣区 13 个镇、218 个行政村、2 个自治区直属农场以及广西—东盟经济技术开发区，供电面积 3378 平方公里，人口 70.01 万人，用户数 23.75 万户。公司设办公室、人力资源部、财务部、计划建设部、生产设备管理部、安全监管部、监察审计部、市场营销部、党群工作部 9 个职能部门，电力调度控制中心、输变电管理所、物资配送站和 6 个供电所 28 个班组。年末在册职工 597 人，其中在岗 594 人。本科及以上文化 114 人，大专文化 273 人，中专文化 74 人；具有初级职称 187 人，中级职称 62 人，高级职称 3 人。公司办公地址：城厢镇永宁路 17 号。

【供电规模】 2017 年，南宁武鸣供电有限公司辖区内共有 35 千伏变电站 18 座（其中公变为 18 座，专变为 0 座），主变 33 台（其中公变为 33 台，专变为 0 台），容量 237.5 兆伏安（其中公变为 237.5 兆伏安，专变为 0 兆伏安）；35 千伏输电线路 337.743 千米（其中专线为 7.315 千米）；10 千伏配电线路 3483.97 千米；配电台区 1884 个，容量 365.96 兆伏安。年售电量 14.26 亿千瓦时，实现主营业务收入 85516.52 亿元，利润总额 1696.37 万元。年末，资产总额 3 亿元，资产负债率 60.23%，资产保值增值率 26.34%。

【电网规划建设】 2017 年，南宁武鸣供电有限公司实施配网投资精益管理，在提升工作效率、改善电压质量、政府主导建电网实现“三大转变”。投产220千伏思恩变电站配套线路出线工程等一批重点项目，服务武鸣区东片教育园区等重点项目建设。及时调整2017年投资计划，降低35千伏等级重载率，110千伏容载比提升至1.82。深化政企协作，有效解决110千伏及以下项目站址用地方案、路径方案等受阻问题363项。推动由政府主导电网建设前期，促成了武鸣城区政府出台《南宁市武鸣区2017年电网建设及树障清理攻坚战实施方案》《南宁市武鸣区电网建设占地及青苗补偿工作方案》，政府主导建电网得到最有力的政策支持，在公司系统首个实现突破。生产、建设、维护部门横向协同、同向发力，攻坚克难解决35千伏腾太线、35千伏甘线Ⅱ回、220千伏思恩站10千伏配套四回路出线、10千伏长安线、10千伏上江线树障清理等重点难点项目，充分发挥了项目的投资效益。强化产业扶贫攻坚，升级67个农网项目惠及广大民众，投资总额达2738.534万元。

【安全管理】 2017年，南宁武鸣供电有限公司针对存在贵隆高速公路施工造成的线路对地安全距离不足、线路走廊内建房等安全隐患，在9月份召开电力安全隐患整治专题会，明确各级政府部门涉电隐患的管控要求。是年，共发现隐患472个，完成整改303项，整改完成率64%。成功应对“天鸽”“帕卡”等强台风，圆满完成了中共十九大、南宁第14届东博会、武鸣“三月三”歌圩等35项重要活动期间的保供电任务。

【生产管理】 2017年，南宁武鸣供电有限公司组织开展“治理违法违规、确保人身安全”专项整治行动，完成整改303项。做好供配电设施接收后续运维管理，推行差异化运维，为系统内接收客户资产的运维管理打造“精益范本”。配电自动化技术应用取得突破，配网线路重合闸成功率提升24.8%，成为南宁网区首个且唯一一个实现自主检测并投入自动化功能的县级企业，获得了广西电网公司的高度肯定。精准施策出实效，针对高故障频发的“明星线路”开展“集中大运维”，10千伏线路故障率降低了31%。制定树障清理攻坚任务清单，累计完成存量树障清理8.9万多棵。开展规范化管理标杆站建设，香山站通过广西电网公司评审验收，位列南宁网区第一名、广西电网公司县级企业第二名。

【市场营销管理】 2017年，南宁武鸣供电有限公司推行服务企业参与电力直接交易，促成六家10千伏电力客户参与消纳富余水电，四家35千伏电力客户参与电力市场交易，为企业节省购电成本560万元；落实南宁市降低实体经济用电成本各项措施，全年累计为企业客户减负达294.4万元，在社会上赢得广泛赞誉。中关注地区和重点行业用电走势，细化增供扩销措施30项，克服经济下行的不利影响实现售电量同比增长1.66%。持续优化工作流程，实现高压用电报装时间在现行要求基础上压缩1/3以上。实行领导挂点催收责任制，多渠道拓宽缴费机制，电费回收率100%。以“三免”服务武鸣区“农业稳区”的发展思路，开通农业用电项目绿色通道，全年累计农业报装容量达2.4万千伏安，同比增长26.3%。全年投入资金1.09亿元完成整治低电压、重过载台区212个。推行片区客户经理制，搭建与用户联络的桥梁，打通客户服务最后“一公里”。

【财务管理】 2017年，南宁武鸣供电有限公司开展财务资金安全、内部控制和会计基础专项检查，发现并整改四个“重点事项”问题，涉及金额6740元；“两金”余额158.41万元，比下达控制数减少16.63%。承接网局财务专业业务集约化上移试点工作，先行先试，力促财务集约化工作落地，实现资金支付、会计核算、会计报表管理全面上移，进一步加强了资金安全管控。积极配合上级开展资金检查和内部控制评价工作，防范财务风险。落实精益化管控措施，加强预算执行情况跟踪分析及过程管控，年度预算指标、年中预算调整及时传达到各部门，按季度召开经济分析会，督促各业务归口部门做好本部门的预算完成情况的把控。

【人力资源管理】 2017年，南宁武鸣供电有限公司组织做好人力资源管理工作。

信息系统管理　持续开展人力资源信息系统基础管理工作，人力资源系统数据的准确率、及时率、完整率达100%。

人才培训　开展教育培训和人才评价工作。组织开展内培及送培145期的培训，参培人数达3000人次，年度培训计划完成率达100%。是年，公司持电工证、登高证人员为257人，持证率100%。提高员工岗位履职能力，员工岗位胜任能力评价首次合格率达97.2%。

干部管理　严格干部管理工作，加强队伍建设提升企业活力。推荐4名优秀青年人选到局本部挂职锻炼，5名后备干部进入南宁供电局科级后备干部管理，20名优秀员工入选网局人才蓄水池。开展干部选拔任用“一报告两评议”工作。组织开展2017年领导干部精品课程系列培训讲座。

绩效管理　加强员工绩效管理，提高全员绩效考核覆盖率。提高直线经理自主分配权，实现全员业绩考核覆盖率100%。

【党建工作】　2017年，南宁武鸣供电有限公司按“四个同步、四个对接”要求，党组织关系转入电网系统垂直管理。

规范化建设　首创6大资料台账，推行党支部工作标准化、规范化。推进党小组建在班站上，实现党小组在基层班组全覆盖。继续探索“党建+N”的机制，将发展短板和重点任务纳入“书记项目”、“党员攻关”和“支部行动计划”，促进党建融入中心。

脱贫攻坚　强化精准扶贫，承接1校44户帮扶任务，实现15户脱贫摘帽。强化三级、四级监督责任，推进四级监督网常态化。

廉政建设　建立干部廉洁情况“活页夹”，实行一人一档。落实“两书一信”践行“四种形态”，全年实施“四种谈话”519人次，14人主动向组织报告涉嫌违规违纪问题，上交金额13440元。

能力建设　提高员工岗位履职能力，员工岗位胜任能力评价首次合格率达97.2%。结合各所特色打造职工小家文化，形成“一所一特色”，其中府城供电所“府文化”品牌，获得了“广西电网公司职工小家建设成果三等奖”。以青年员工为主力组建的“V5创客”工作室，成为南宁网区首个县级供电企业创客工作室，先后推出“砍树装置”等小发明，其中“二维码在固定资产中的应用”“螺旋压紧式接地线辅助旋转器”创新课题已形成成果上报。

【重大活动】　2017年3月14日，南宁武鸣供电有限公司与东盟经济开发区管委会在东盟管委会会议室举行供配电设施资产移交签约仪式，正式接收管委会供电配电设施，东盟管委会成为南宁网区首个客户向供电部门移交资产的用户。广西电网公司党组成员、南宁供电局局长陈承林、副局长张宁，及局相关部室负责人，东盟管委会主任熊瑞光、公司总经理杨富刚、党委书记郭学安、副总经理黄勇及有关部门负责人参加了仪式。

3月30日，2017年中国壮乡·武鸣“壮族三月三”歌圩暨骆越文化旅游节开幕。2017年“三月三”涉及19个重要保供电场所，24条供电线路。武鸣公司共投入各级保供电人员800多人次，出动保供电车辆50多台次，以“零”失误公司顺利完成了本届歌圩各大项活动的保供电任务。

4月27日，武鸣城区政法委陆振飞书记先后到110千伏平陆站、武鸣教育园区现场办公，沟通协调解决110千伏平陆站及35千伏出线路径平整及青赔问题，到教育园区协调思恩站配套10千伏出线重点项目的规划冲突及青赔问题。公司总经理杨富刚、副总经理唐雷及城区相关部门负责人陪同调研。

7月11日，武鸣供电公司“V5创客”工作室正式挂牌，成为南宁网区首个县级供电企业创客工作室。南宁供电局工会主席邱仲谦、公司党委书记郭学安、武鸣区总工会有关领导出席当天的挂牌仪式。工作室的创立旨在推进职工创新，鼓励职工开发优秀创新项目和先进操作法，有力地推动了职工素质和企业管理提升。

10月22日，2017年环广西公路自行车世界巡回赛（南宁站）开赛。武鸣供电公司有条不紊地落实各项安全隐患排查、线路清理等各项安全措施，圆满完成了武鸣赛道保供电任务。

10月25日，随着中共十九大新一届中共中央政治局常委记者见面会的结束，公司圆满完成十九大保供电任务。保供电期间，共清理树障1413棵，投入保供电人员近1400人次，后勤保障人员406人次，车辆358台次，应急发电车1台、应急发电机4台，12398投诉事件0起。

（韦红杏）

二轻集体工业

【概　况】 2017年，武鸣区城镇集体工业联社（武鸣区节能监察中心）属武鸣区经济贸易和信息化局下属事业单位，履行协调、服务、指导、监督城镇集体工业，配合节能行政主管部门开展节能监察工作的职能。内设办公室、综合股，核定编制6名，年底在编在职人员10人，其中：正科3人，副科5人，科员2人；大学7人，大专3人；办公地点在城厢镇民族路62号。武鸣区城镇集体工业联社管辖武鸣区服装厂、纸箱厂、二轻供销公司、饴糖食品厂、民族皮鞋厂、白铁制品厂、自行车修配厂等7家企业，属集体所有制性质经济类型，共有职工190名，其中退休人员136名，全部纳入社会保险体系。

【企业状况】 2017年，城区城镇集体工业联社下属7家工商企业均无工业产值和销售产值，部分企业只有通过外租店铺、场地承包经营。武鸣区服装厂、自行车修配厂、纸箱厂利用企业所处地理位置的优越性向第三产业转型。二轻供销公司引进外地老板，承租经营二轻商场(即“好又多服装城”)和潮流前线店，其余企业已名存实亡。

【企业改制】 2017年，城区城镇集体企业联社推进本系统集体企业武鸣饴糖食品厂改制的各项工作，配合国土局成功挂牌出让了该厂地块，指导、协助下属企业饴糖食品厂按照企业改制方案计算审核企业改制所需各项资金，上报城区人民政府审批通过；指导武鸣民族皮鞋厂进行企业改制，向城区政府提交了武鸣民族皮鞋厂的改制方案。按照城区政府常务会议要求与城区社保局、住建局等相关部门沟通协调，做好相关工作，积极稳妥地推进城镇集体企业改制工作进程。

【产业培育】 2017年，武鸣区城镇集体工业联社做好武鸣区工艺美术行业产业挖掘和培育工作。组织工艺美术作品参加“2017广西工艺美术作品（旅游工艺品）暨大师精品展览”及“2017年南宁市传统工艺美术作品展”，武鸣纳福彩绣手工坊参展的壮族服饰《古骆越新娘》荣获“2017广西工艺美术作品（旅游工艺品）暨大师精品展览”的“八桂天工奖”金奖，《大家闺秀》《大喜日子》2件参展作品荣获“2017年南宁市传统工艺美术作品展”铜奖，联社获得南宁市组委会授予“2017年南宁市传统工艺美术作品展组织奖二等奖”。

【节能监察】 2017年，武鸣区节能监察中心组织开展节能监察工作，完成广西锦龙建材有限公司、广西百隆陶业有限公司、广西苍鹰化工投资有限责任公司武鸣氮肥厂等8家用能单位能源利用状况报告；对11家企业进行节能专项监察。

（王珺仪）

工业集中区

【概况】 南宁市伊岭工业集中区成立于2002年4月，范围以南武城市大道沿线两侧和都南高速公路武鸣城区中心区以西区域划定，南至南武城市大道尾燕岭，北至武鸣城区，西接广西—东盟经济开发区，规划总面积为40.77平方公里，包括城南工业区和城西工业区，其中：城南工业区19.77平方公里，主要安排农副产品加工、机械制造、纸塑包装、制药、建材、化工、旅游、房地产和商贸等项目；城西工业区21平方公里，属于广西—东盟经济开发区规划范围，主要安排林产品加工、新型建筑材料、制药、商贸物流等项目。2010年5月，伊岭工业集中区被确认为自治区A类产业园区。

伊岭工业集中区作为武鸣经济发展的主战场，坚持“规划先行、分区实施、产业聚集、特色发展”的原则，围绕创建产城互动示范园区目标，以招商引资和项目建设为主抓手，举城区之力加快推进工业集中区建设。2017年，集中区累计签约引进项目224个，世界五百强企业德国赢创工业股份公司（原德固赛集团）下属的全资子公司——南宁赢创美诗药业公司、中国五百强企业红狮控股集团有限公司全资子公司——广西武鸣锦龙建材有限公司先后入驻。已建成投产企业145家，其中规模以上企业63家，世界500强企业1家，全国10强水泥企业1家，年产值超亿元企业31家，纳税100万元以上企业43家。基本形成制药、机械制造、农副产品加工、纸塑包装、建材、林产品加工等六个支柱产业。工业集中区规模不断扩大，经济总量不断提升，成为武鸣经济发展新的增长点。2012、2013、2014年连续三年获得南宁市工业园区发展二等奖。

2017年，南宁市伊岭工业发展管理委员会（简称伊岭工业委）属副处级单位，内设办公室、财政局、招商局、经济发展局、规划建设局、国土利用局、劳动人事局、安全生产监督管理局等8个职能部门，在职干部职工36人，其中副处级领导干部1人，科级领导干部12人；下属二层机构有武鸣区定罗物业管理中心，在职干部职工10人。

【经济运行】 2017年，伊岭工业集中区共有投产企业143家（其中规上企业59家），工业总产值114.5942亿元，同比（120.4691亿元）下降4.88%，完成年度目标任务（130亿元）的88.15%；其中完成规模以上工业产值113.0042亿元，同比（118.9691亿元）下降5.01%，完成年度目标任务（127.7亿元）的88.49%。完成固定资产投资49.7亿元，同比（60亿元）下降17.2%，完成年度目标任务（58亿元）的85.70%。完成招商引资到位资金（区外境内）22.19亿元，同比（20.26亿元）增长9.5%，完成年度目标任务（21.76亿元）的101.98%。

完成财税收入2.14亿元，同比（1.9亿元）增长12.6%，完成年度目标任务（2.8亿元）的76.40%。完成进出口总额3502万美元，同比（5395.03万美元）下降35.09%，完成年度目标任务（4084.9万美元）的85.73%。实现5亿元产值以上的企业有5家：广西鑫源陶瓷有限公司（8亿元）、广西武鸣皇宝陶瓷有限公司（5亿元）、广西汇华（凤翔）食品有限公司（9.2亿元）、广西武鸣锦龙建材有限公司（6.8亿元）、广西平铝集团有限公司（5.6亿元）。2017年纳税超500万元以上企业有5家：广西伊灵烟叶复烤有限责任公司（1501.43万元）、广西武鸣锦龙建材有限公司（4197.30万元）、南宁赢创美诗药业有限公司（2251.15万元）、广西华纳新材料科技有限公司（2824.90万元），南宁川青建筑构建有限公司（777.99万元）。2017纳税在200万元～500万元之间的企业有10家：广西武鸣联佳塑业有限公司（246.36万元）、武鸣红狮余热发电有限公司（313.95万元）、南宁市威威海建筑门窗有限公司（207.47万元）、广西国塑包装有限公司（241.67万元）、南宁市蓝天医用气体有限责任公司（300.42万元）、广西南宁武鸣启行陶瓷有限公司（281.69万元）、广西南宁元佳陶瓷有限公司（219.22万元）、南宁和兴木业有限责任公司（306.18万元）、广西卓林木业有限公司（225.09万元）、广西南宁市完美木业有限公司（431.68万元）。

【招商引资】 2017年，伊岭工业发展管理委员会把招商引资项目洽谈作为促进工业园区产业转型升级的重要抓手，通过采取“以商招商”“产业招商”等多种方式，主动出击、以诚招商。

引进来　赴山东、江苏、上海等地考察了中建八局四厂一体、中交一公局四公司建筑现代化构件生产等项目等43个项目，项目计划投资总额104.86亿元。成功引进广西盛天水泥制品有限公司新型建材加工和制造、新希望六和股份有限公司年产50万吨饲料生产项目等10个项目，计划总投资达10.9亿元。

厂房招商　抓好标准厂房招商，新签入驻标准厂房企业2家。分别是深圳市安联达实业有限公司印刷包装生产项目和广西桂川民族印刷有限公司印刷包装生产项目。是年，继续对接、洽谈企业10余家，考察项目2家。入驻标准厂房企业共24家，入驻面积14.8万平方米，入驻率62.71%。其中，购买标准厂房15家，面积约为7.5万平方米；租赁标准厂房9家，面积约为7.3万平方米。

科技企业管理　跟进抓好伊岭工业集中区科

技企业孵化器建设。对接科技、人社等部门，引导和支持广西力海投资公司加强孵化器建设、孵化企业的筛选、入孵及各项服务等工作，促进科技成果转化和园区企业升级。是年，孵化器拥有广西隆盛双金属铜合金制造有限公司、广西武鸣益生达生物技术有限责任公司等 10 家在孵科技企业，从业人数 120 多人，其中大专以上 70 多人，拥有孵化面积 15000 平方米。

【基础设施建设】 2017 年，伊岭工业集中区基础设施计划投资约 16589 万元，涉及道路、排污、供水、供电等，已完成投资 2615 万元。其中：建设道路 10 条，计划投资 16500 万元，已完成投资 2600 万元；供水项目计划投资 11 万元，已完成众成机械等项目临时供水管道工程总投资 4 万元；供电项目计划投资 78 万元，已完成宏发搅拌站 10 千伏线路搬迁工程、金武润项目线路搬迁工程等 6 个项目总投资 11 万元。同时，积极做好城南纬 19 路（经二路至经六路）、城南纬 18 路（经二路至经六路）等道路工程的前期工作。

【项目建设与投产】 2017 年，伊岭工业发展管理委员会组织做好项目建设和投资工作。

项目联系制度　实行科级干部挂点联系项目制度。将 56 个新建、续建和竣工项目建设任务分解落实到管委会各副主任及各局（办）科级领导，上墙公布项目进度，倒排工期，坚持重大问题提请城区党委、政府主要领导专题办公，组织城区各职能部门集中会商解决问题。

项目报批报建　2017 年，共为园区企业办理规划设计条件 9 宗、“建设用地规划许可证”5 本、“建设工程规划许可证”23 本、总平和建筑设计方案审核及报批 13 批次。

项目征地拆迁　配合城区工业征地指挥部签订土地征收补偿协议 1065.052 亩，签订青苗及地上附着物补偿协议 1136.66 亩，完成土地清表 800 亩，逐步解决宏发混凝土搅拌、纬 16 路、南宁漓源粮油饲料有限公司、广西华瑞药业有限公司、平陆消防站、强达产业园、平陆物流园等 19 个项目的用地问题。配合城区征地工作组完成教育园区五海新生片区青苗及地上附着物的补偿 1500 亩，协助完成五海村 2 队，8 队三产 50 亩项目用地报批工作。

项目服务　做好签约落地项目后续服务工作，组织完成园区项目及路网用地预审 608.71 亩，完成南宁漓源粮油饲料有限公司、广西华瑞药业有限公司、广西伊灵烟叶复烤有限公司等三个项目农用地报批 150.34 亩。完成建筑工业化生产基地项目、新型医用防火净化板及医用实验设备项目、年产 100 万立方米商品混凝土项目等 3 个项目用地挂牌出让，用地面积 139 亩，土地出让金 1582 万元。协助宏发重工、中盈教育、众诚机械等业主办理不动产登记 7 宗；办理抵押，变更登记等 5 宗。

2017 年 8 月 7 日，南宁市委常委、市长周红波（左四）到伊岭工业集中区调研　　（伊岭工业委提供）

【管理与服务】 2017 年，伊岭工业集中区抓好园区企业安全维稳工作。

落实责任　通过强化落实企业安全生产主体责任，抓好园区企业安全生产故隐患排查和治理工作。与集中区 128 家生产企业和 10 家在建项目签订了安全生产目标管理责任状。检查企业 140 多家，隐患排查 1200 多处，现场纠正违章操作 500 多人（次），下发责令整改通知书 200 多份，现场

2017年9月14日，城区党委书记、伊岭工业发展党工委书记韦敏宏（左三）领导深入园区企业广西天景山丝绸有限公司指导工作（伊岭工业委提供）

记录400多份，按照隐患率整改要求达到100%。

宣传培训　举办安全生产宣传教育培训及应急演练，开展事故调查处置和园区企业安全维稳工作。2017年伊岭工业委共组织召开安全生产宣传培训会4次，应急演练1次。组织企业悬挂安全生产宣传横幅标语100多条，出宣传板报30多（板）。

劳动保障维权　开展劳动保障维权稳定工作。受理拖欠农民工工资举报案件7件，涉及农民工人数81人，追回拖欠农民工工资20多万元。成功调解威威海门窗、完美木业、元佳陶瓷、锦龙水泥等四家企业引发的工伤案件4起，调解达成赔偿金额314.8万元。

整洁畅通有序大行动　2017年伊岭工业集中区组织开展整治畅通有序大行动工作。“门店四包承认书”的签订，配合城区“两违办”对南武城市大道道路沿线两侧“两违”搭盖物查处11处，发放整改通知书176份，清理乱贴乱画广告约5000平方米，配合南宁市赛道指挥部圆满完成2017年度环广西公路自行车赛世界巡回赛道武鸣段（南武城市大道）环境卫生整治工作，高度配合城区联合执法工作组开展整治执法活动，为入驻园区企业提供了整洁优美的投资环境。

公企业党建工作　2017年伊岭工业集中区党工委成立了中共南宁伊岭工业集中区非公企业委员会，成立集中区非公党建工作领导小组，建立伊岭工业集中区党群活动服务中心、党建工作指导站、服务队，深入园区指导非公企业有序开展党建工作。集中区29个非公企业党支部在党工委正确指导下，按照“六有”标准和“三会一课”加强党建阵地建设，进一步强化了党组织战斗堡垒作用；开展“五个好”联创活动，指导企业开展以服务生产经营、服务群众为主要内容的主题实践活动和“党员示范岗”“党员示范车间（班组）”“党员责任区”创建等活动，进一步发挥非公企业党员模范带头作用，园区涌现出了潘多拉公司陆少杰、亚欧公司陈建青等一批“南宁市先锋示范岗”和宏发公司林伟军、天景山丝绸公司吉长银等一批“武鸣城区先锋示范岗”典型先进个人事例。伊岭工业委还积极向园区企业发出倡议，发动广大企业自觉承担扶贫济困的社会责任，奉献爱心，助力扶贫。

【获奖情况】

△被评为武鸣区2017年度招商引资工作先进单位特等奖

△被评为南宁市武鸣区2017年度重点推进项目工作先进单位一等奖

△被评为南宁市武鸣区2017年度固定资产投资工作先进单位三等奖

△被评为南宁市武鸣区2017年度环境保护“一岗双责”目标管理考核工作优秀奖

△被评为南宁市武鸣区2017年度安全生产目标管理考核工作先进单位

△被评为南宁市武鸣区2017年度开展“大行动”先进单位

（潘伊瑶）

交通·邮政

交　通

【武鸣区交通运输局概况】　2017年，武鸣区交通运输局内设行政秘书股、公路管理股、道路运输股（行政审批办公室）、安全管理股等4个股室及城区交通战备办公室，设局长1名，副局长2名。核定机关编制10个，实有在职在编人员10名；其中：正科级5人，副科级3人，办事员2人；大学以上4人，大专6人；办公地点设在城厢镇兴武大道174号。下属单位有南宁市武鸣区公路管理所、南宁市武鸣区运输管理所2个事业单位，武鸣区货运服务站、武鸣区运输公司2个企业，全局共有在职干部职工181人。

【道路竣工项目】 2017年，武鸣区交通运输局组织实施道路竣工农村道路（桥梁）项目工程7项，计划投资3350.64万元，实际完成投资3300.244万元。

宾隆公路　宾阳（思陇）经武鸣至隆安（那桐）公路武鸣段项目　建设规模71.47公里，途经宁武、太平、罗波、双桥等4个镇，计划总投资3.2亿元，2017年年度计划投资2000万元，已完成公路建设征地1620多亩，完成公路清表、路基工程、电信光缆、电力管线等拆迁、房屋拆迁等工作100%，公路铺设水泥路面约65公里，公路主体工程进入收尾阶段。项目于2014年7月开工，2017年6月后各标段逐渐建成通车，完成投资2000万元。

东邓公路　东江至邓吉（新泉至清白段）路面大修工程　建设里程为4.743公里，计划投资210万元，其中自治区补助188万元，县级配套22万元，项目已于11月份完工，完成投资210万元。

平等至串钱段　从广至串钱公路改建工程（平等至串钱段）项目　全长4.585公里，路基宽度6.5米，水泥混凝土路面宽度5米，计划投资255万元，4月开工建设，7月建成通车，完成投资225万元。

五庙桥　马头镇玉元村五庙屯五庙桥重建工程项目全长98米（含引道），主桥长18.04米，主跨10米，桥面宽5.5米，计划投资40万元。项目于2017年6月初开工建设，10月完工，完成投资40万元。

李显桥　仙湖镇清白村李显桥重建工程桥长46米，桥宽4米，上构采用现浇钢筋混凝土简支实心板，计划投资65万元。至2017年12月31日项目已完工，完成投资65万元。

村屯道路　2017非贫困村通屯道路建设项目分别为村道—六勿屯、村道—旧灵塞屯、叉路—百合屯、县道路口—坛叶、县道路口—驮浅中屯、县道—岜好上屯、小陆—马角屯、三潮—佛子屯、清白村二队—马狂屯、白山屯—杜轩屯、琴娘屯—村道、白山屯—科瑶屯、长安村村部—陇香屯共13个项目，计划建设里程全长18.63公里，计划总投资678.244万元，项目已全部完工，完成投资678.244万元。

岜榕屯道　精准扶贫示范村建设项目双桥镇造庆村岜榕屯屯道扩建工程，项目全长1.602公里，路基宽度6.5米，水泥混凝土路面宽度6米，计划投资102.396万元。项目于2017年4月开工建设，6月建成通车，完成投资52万元。

【道路续建项目】 2017年，城区交通运输局组织实施道路（桥梁）续建项目有5项，年度计划投资12.0699亿元，累计完成总投资7.88亿元。

贵隆高速　贵港至隆安高速公路武鸣段项目全长60.97公里（不含东盟区5公里），经过罗波、陆斡、城厢、仙湖、锣圩等5个镇，2017年计划投资5亿元，已签订永久性征地协议6059亩，签订青苗及地上附着物补偿协议6017亩，项目已全线开工，累计完成投资5亿元。

贵南高铁　贵阳至南宁铁路客运专线武鸣段项目全长约56公里（不含东盟区1.2公里），经过府城、仙湖、城厢、双桥、宁武、甘圩等6个镇。2017年计划投资5亿元，已完成勘测放线和包干经费测算相关工作，并提交测算费用方案至自治区铁路建设办公室，且项目服务队已到各相关乡镇张贴征地公告，开展征地前期工作，累计完成投资2.5亿元。

陆斡东江公路　陆斡至东江三级公路改建项目全长24公里，计划投资5970万元，其中中央补助1440万元，自治区补助960万元，县级配套3570万元。已完成该项目勘察设计等前期工作，待城区落实配套资金后即可进行项目招投标，开展项目建设，已累计完成投资100万元。

伏林公路　甘圩至南武城市大道伏林段改道工程项目全长3.85公里，按二级公路标准建设。

计划投资5200万，项目于2016年年初进行公开招投标，5月确定施工单位及监理单位，12月进行全线的征地拆迁工作，已开展路基填筑和大梁预制工作，累计完成投资700万元。

城南客运站　总建筑面积18831.77平方米，发车位29个，停车场及站前广场33000平方米，辅助设施面积4824平方米，项目计划总投资9499万元，2017年计划投资3000万元，已逐步完成了140亩（含预留）的征地、“三通一平”、清表等工作，项目于6月进行招投标，开工建设；7月份进场做临时设施、工地形象及大型机械安装；8—12月主站房主体施工，2017年完成主站房主体施工的30%，累计完成投资3000万元。

【农村公路养护】　2017年，城区交通运输局不断推进农村公路养护体制改革试点工作，逐步建立管养制度化、运作市场化的农村公路养护管理体制。按照“统一领导，分级管理，各方支持”的农村公路管理养护改革主线，制定了一系列的管养制度及办法，并印发施行，基本完成上级下达的养护任务指标。城区交通运输局及各镇负责管理养护的农村公路1980公里。是年，县道优良路率44.04%，乡道优良路率33.04%，村道优良路率26.05%，在养线路晴雨通车率100%。年内所管养的公路共发生塌方16处，均及时投入水毁抢修，全年未发生因公路水毁造成交通中断现象，确保了辖区公路安全畅通。

【公路路政管理】　2017年，城区交通运输局治理非法改装、拼装车辆和车货总重超过49吨的六轴违法超限超载车辆为工作重点，开展货车检测和执法检查。共查处涉路案件639起，结案639起，结案率100%。其中，办结路产赔（补）偿案件2起，办理路政许可项目3起，查处违法超限运输案件634起。共出动执法人员21630多人/次，拦截、警告、劝诫超限车辆2651多车次，卸货10388吨。

【道路运输管理】　2017年，城区交通运输局对客运市场进行监管，稳步推进客运行业公司化改造。组织执法人员上路稽查车辆3568辆（次），受理的道路运输行政处罚案件634起，结案率达100%；受理营运年审3830车次，办理行政许可1990件，受理率、当场或承诺期办结率均100%。投入客车201辆（其中，农村客运车辆98辆），座位6687位，完成客运量1105万人次、周转量44200万人公里；投入营运货车8571辆，货运量3298万吨，周转量402356万吨公里。全城区共有机动车驾驶培训机构10个，机动车维修厂及摊点376个。

【公共汽车营运与管理】　2017年，城区交通运输局指导企业做好新能源公交车的投放及充电桩等基础设施的设置和建设，全年共计投放新能源电动公交车129辆。对城乡公交线路进行优化调整，更新公交车57辆，新开通城区5条公交线路。

公交营运企业　武鸣区公共交通营运企业共2个：南宁市武鸣城市公共汽车交通有限公司和南宁市武鸣泰禾公共交通有限公司，拥有公共汽车205辆，其中南宁市武鸣城市公共汽车交通有限公司有90辆，南宁市武鸣泰禾公共交通有限公司有115辆。年客运量484.2664万人次。

公交营运线路　开通公交线路19条，分别为4路文化广场至甘圩；5路客运中心至里建；9路武鸣至宁武；10路武鸣至锣圩；11路武鸣至太平；12路武鸣至府城；18路九个半岛到体育馆；20路马头至武鸣；21路武鸣至朱董；115路武鸣至南宁安吉；101路坛周停车场至客运中心；102路人民医院至花花大世界；103路教师新村至宁武旧圩；104路新妇幼保健院至马香；106路体育馆至氮肥厂；107路文化广场至黄道山景区；108路凤起东方至教育园区指挥部；109路起凤山至五金大厦；110路建材市场至教育园区指挥部。

【出租汽车营运与管理】　2017年，城区交通运输局增加出租车运力投放，城区出租车投放总量达到133辆，并落实出租汽车停车泊位设置。分别设在东鸣路利华隆超市对向路边、教师新村小区大门右侧辅道、恒宁太阳广场（南城百货大楼）前、兴武大道武鸣大酒店大门前、县人民医院大门右侧、新西洋超市新店、县交通大厦大门右侧辅道、灵源路中国农业银行对向路等场所，共设置汽车停车泊位18处。

【专项治理】 2017年，城区交通运输局组织14名执法人员加入城区交通整治中队，长期开展交通畅通专项整治行动联合执法工作，整治公交、出租行车秩序及“三车”非法营运。在城区中心范围设13个执法点，重点查处“三车”非法改装、无牌无证非法上路等行为。出动执法人员1242人次，开展源头整治8次，突击整治5次，共查扣非法营运车辆101辆。同时查处客运班车随意沿途停靠揽客，公交车不按规定站点、线路、班次及时间组织营运、出租车拒载、不打表等违规行为19起。2017年共受理的行政处罚案521起，结案率达100%。

【农村客运】 2017年，武鸣区内农村客运由武鸣区泰禾客运服务有限公司营运，投入营运车辆89部，营运线路26条。具体营运线路及车辆：大杨—武鸣，营运车辆1辆；二塘—武鸣，营运车辆1辆；方和—武鸣，营运车辆2辆；府城—武鸣，营运车辆9辆；古柑—武鸣，营运车辆1辆；剑江—武鸣，营运车辆8辆；雷江—武鸣，营运车辆1辆；良安—武鸣，营运车辆2辆；两江—武鸣，营运车辆14辆；六户—马头，营运车辆1辆；陆斡—武鸣，营运车辆14辆；那龙—武鸣，营运车辆2辆；仁合—陆斡，营运车辆1辆；三民—武鸣，营运车辆1辆；尚黄—武鸣，营运车辆1辆；尚志—武鸣，营运车辆1辆；四明—马头，营运车辆1辆；四育—武鸣，营运车辆1辆；寺圩—武鸣，营运车辆3辆；藤村—武鸣，营运车辆1辆；天马—武鸣。营运车辆3辆；仙湖—武鸣，营运车辆14辆；新泉—武鸣，营运车辆1辆；兴江—陆斡，营运车辆1辆；玉泉—武鸣，营运车辆2辆；育秀—武鸣，营运车辆2辆。

【水路运输管理】 2017年，城区交通运输局组织完成共和、惠江、大力3个渡口的修缮工作。办理营运证的运输船舶1艘，其中货运船舶0艘、客运船舶1艘，义务摆渡船舶4艘，水上交通运输完成客运量2.8万人次，无水上交通责任事故发生。

【春运管理】 2017年，城区交通运输局对春运工作的管理。2017年1月13日至2月21日年春运期间，全城区平均每天投入客车188辆，开行16276个班次（其中加班29个班次、包车40个班次）；总座位数为6310座；完成客运量25.02万人次；公交车190辆，客运量50.9万人次。是年，春运期间，没有发生安全责任事故，总体形势平稳。

【交通安全宣传】 2017年，城区交通运输局按照城区政府的要求，指导和督促各运输企业开展安全生产宣传工作，对驾驶员和管理人员进行安全生产教育培训。在城区电视台等新闻媒体播放和刊登交通法规有关规定，在车站、社区、大街小巷以及广场等人群密集地方，宣传《中华人民共和国道路交通安全法》《中华人民共和国道路运输条例》《中华人民共和国公路法》《中华人民共和国公路保护条例》等法律法规，以及出租汽车、新能源电动公交车和非法营运处罚的有关规定，发放宣传资料1.7万多份，通过微信、微博、QQ等平台发送宣传信息7.32万条（次），接待人民群众来信来访咨询287人（次）。

【交通安全管理】 2017年，城区交通运输局采取定期或不定期深入各企业检查安全生产主体责任与建立健全规章制度情况；检查制定应急预案、设立应急机构、成立应急队伍及演练情况；检查安全人员和安全设施器具配置，预防和处理超速、超载、超员、疲劳驾驶、酒后驾驶等违反法行为；检查车辆安全技术状况，车辆例保，杜绝车辆“带病”运营；客运站“三不进站、六不出站”（客车超载不出站；安全例检不合格车辆不出站；驾驶员资格不符不出站；客车证件不齐全不出站；出站登记表未经审核签字不出站；乘客、驾驶员未系安全带和驾驶员不作安全承诺不出站。）和“五不两确保”（即“不超速、不超员、不疲劳驾驶、不接打手机、不关闭动态监控系统，确保乘客系好安全带、确保乘客生命安全”）等制度的落实情况。全年累计检查168次，具体检查535人（次），排查一般安全隐患80项，已落实整改80项。

【机动车驾驶员培训】 2017年，城区交通运输局落实国家CB30340—20013和CB30341—20013等技术规范。武鸣区共有机动车驾驶培训服务单位有10个，分别为南宁成达机动车驾驶员技术培训学校；南宁市武鸣区运升机动车驾驶培训学校有限公司；南宁武鸣永兴机动车驾驶员培训有限公司；南宁市翔云驾驶培训学校有限公司；南宁市武鸣区武峰驾驶技术培训有限公司；南宁市华诚机动车驾驶技术培训有限公司；南宁市武鸣区鸿宇机动车驾驶员培训学校；南宁市武鸣区冠武机动车驾驶员培训学校；南宁市武鸣区和安摩托车驾驶培训有限公司；南宁市建新机动车驾驶技术培训有限公司。全年培训驾驶员1.3万人，结业1.23万人。

（交运局编写组）

邮 政

【武鸣区邮政分公司概况】 2017年8月，武鸣县邮政分公司按照中国邮政集团公司南宁市分公司机构编制调整通知的部署，并经工商部门核准，更名使用新的单位名称，“中国邮政集团公司南宁市武鸣区分公司”成为中国邮政集团公司直属的一个分支机构，担负武鸣全区邮件的收寄、投递、分拣封发、运输以及报刊收订、投送、零售以及惠普金融服务工作。其与全国联网的各种邮政业务计算机网络系统、邮政运输网络和覆盖全县城乡、设置合理的投递网络，能为全区各单位和个人提供迅速、准确、安全、方便的邮政信息流、实物流、资金流服务，是武鸣中小企业借力发展的优势资源。

武鸣区邮政分公司在职员工160人（2017年底统计），内设综合办公室、市场营销部2个职能管理机构，市场营销部下设金融业务部、集邮与文化传媒部、渠道部、包裹业务部；为适应包裹快递业务的快速发展，2017年10月，完成邮件处理中心新建工程并正式对外营业。下辖城区2个邮政营业网点、2个生产班组、2个邮政储蓄网点，乡镇15个邮政支局（所）、3个邮政代办点、13个邮政储蓄网点、50个助农取款服务点，180个“村邮乐购”加盟点，以及遍布城乡的64条邮路段道，包括城区投递段道4条、乡镇投递段道60条，总长（单程）2337千米。拥有ATM（自动柜员机）20台（其中离行ATM8台）、CRS（存取款机）31台（其中离行CRS8台）、投递车辆35辆、信筒信箱108个，信报箱格口3387个。

武鸣区邮政分公司的办公地址：城厢镇建设街262号。

【业务发展】 2017年，城区邮政分公司在集团公司“一体两翼”经营战略引领下，围绕区分公司“融合发展、突破重点、提速增效”十二字方针，推改革、促融合、谋转型、优服务、提能力，抢占“十三五”发展先机，朝着预期目标努力奋进。

代理金融业务 代理金融业务即邮政储蓄，是中国邮政的重要业务，具体包括资金存储、银行卡发放、基金代理、保险代理等金融服务。武鸣邮政重视项目引领作用，狠抓项目立项，强化客户走访维系，充实基础户存量，定期开展主题营销，为后续代理金融业务精准发力打好基础、存储能量。同时推动各类子业务发展，抓好安全生产，防范风险。2017年，代理金融业务全年共吸收存款9698万元，同比增长6.6%。

邮务类业务 邮务类业务包括函件、集邮、报刊业务，是中国邮政的核心和基础业务，是邮政履行特殊服务，保证公民基本通信权利的一个特殊标志。2017年，围绕市分公司经营思路，以转型提速为突破口，以项目开发、平台建设为重点工作，以行业、节庆、热点题材为切入点，积极开展项目立项。此外，深挖政务类市场广告宣传，多渠道开展乡镇墙体选址、新媒体转型等业务形式。

包裹寄递业务 2017年，武鸣区邮政分公司包快业务团队深挖市场，重点抓好二代证项目、第一书记花甜糯玉米农产品项目、水果寄递项目、学生包裹项目、税务文书寄递项目，形成主抓传统项目、拓展开发协议客户、深挖水果寄递客户的发展格局。

电商分销业务 2017年，电商分销业务的工作思路是突出重点业务，注重大户营销，努力推进各项业务发展。主动搭建平台，联合厂家举办多场家电内购活动；采用配送加销售模式运作粮油项目和“红牛”等拳头产品，并加强日常推介；同时紧抓中秋节等销售旺季，加强“思乡月”产品销售。通过举办“套餐肥”订购活动、实行批销价政策调动员工发展积极性等形式，农资分销成为支撑分销业务发展的坚实后盾。

【客户服务】 2017年，武鸣区邮政分公司按照普遍服务要求做好城乡的党报党刊、普通邮件收寄、投递工作和邮政汇兑款服务，全年累计新增ATM（自动柜员机）4台、助农取款点9个、投递车辆6辆，新成立邮件处理中心、甘圩空白乡镇营业所，大大增强邮政服务能力；尤其是全面落实中国邮政响应国家号召布局和推动农村电商业务发展，主动承担服务“三农”、帮助农民致富奔小康的社会责任，促进农村区域经济发展的重要战略部署，全分公司“村邮乐购”站点累计达108个。此外，以邮政综合服务平台叠加代征税款业务，并由原先仅建设营业厅一个代征税点扩增至三月三主题邮局、陆斡邮政营业厅、府城邮政营业厅。

（卢　琦）

商贸服务业

综　　述

【概　况】 2017年南宁市武鸣区本级商务系统实现社会消费品83.73亿元，比上年同期增长10.4%。全年完成新增限额以上企业4家，超额完成市委、市政府下达武鸣城区全年3家的目标任务。全城区限额以上企业实现消费品零售总额11.81亿元，增长速度为12.26%。外贸进出口总额26898万元，增长速度8%，完成年度目标任务的100%。

【市场运行】 2017年，武鸣区市场运行情况。

零售业　受经济下行和电子商务快速发展的冲击和影响，2017年以来，武鸣城区限额以上企业武鸣新华书店、广西美声投资有限公司、武鸣贝格沃家电销售有限公司、澳玛商业广场有限责任公司等商场、超市销售额普遍下降，在一定程度上放缓了城区限额以上企业销售额的增长。由于近年来电动车的快速发展，城区限额以上方成宏业摩托车有限公司、武鸣天一摩托车销售有限公司销售额持续下降。

外贸进出口　受国际经济下行、外部环境偏紧，外需疲软、订单减少的影响，尤其是承担城区主要进出口指标南宁赢创美诗药业有限公司受欧洲市场经济不景气的影响，致使城区今年外贸进出口增长压力增大。

市场份额　随着国家及各级地方政府促进电子商务发展各项政策的出台，电子商务得到了快速发展，网络购物、电视购物等新型购物形式凭借快速、便捷、价廉的优势成为越来越多消费者的购物选择，网上购物所占的市场份额越来越大，对实体店形成不小的冲击，城区部分限上企业的销量带来了一定的影响。城区电子商务发展较落后，近年来虽然也引进一些电商入驻，但因起步晚、其规模较小，年内未达入限条件，没能列入统计。

限上企业　城区限额以上企业都是2015年以前入限的老企业，经历了前几年销售额每年增长18%以上的高速发展，增长潜力已经枯竭；且2017年以来城区新入限的商贸企业规模不大，导致限上零售业方面的增长不太理想。

【电子商务】 2017年，武鸣区人民政府成立了以区长为组长的电子商务发展工作领导小组，统筹推进全城区电子商务发展工作。引导中国东盟特产城、广西网越公司、灵水论坛等电商企业成立武鸣电子商务协会。培植本地电商企业广西网越电子商务有限公司建设具有壮乡武鸣特色的中国“壮乡网圩”电商服务网站平台。引导知名电商企业——邮乐购、京东、厂家网、百姓乐淘网、壮乡网圩等设立村镇服务站点，镇级服务点达到25家；新增村级服务网点13家，网点总数达到232个，覆盖超过64%的行政村，全城区共有259个电商协会会员。在40个贫困村中，已有28个村实现电子商务覆盖，有效促进了扶贫工作。

【商业街】 2017年，武鸣区商业街及其运行状况。

名称	商业业态及运行状况
解放街	主要以水泥、五金加工、瓷砖、汽修等
和平街	主要以餐饮、茶馆、太阳能器材专卖等
东鸣路	主要经营电器、通讯等，传统商业聚集区，经营环境相对较好，经营状况好，人流量大
建设街	主要经营服装、餐饮宾馆、日用百货、药店等，经营环境相对较好，经营状况好，人流量大
灵源路	主要以低档服饰、饰品、草药、五金器材等为主，基础设施简陋，经营良好
兴武大道	以房产、超市、专卖店、酒店、餐饮、夜啤酒、喝茶等为主，经营状况好，人流量大
红岭大道	以超市、专卖店、酒店、餐饮、夜啤酒、喝茶等为主，经营状况好，人流量大
香山大道	以房产、超市、专卖店、酒店、餐饮、夜啤酒、喝茶等为主，经营状况好，人流量大
武华大道	经营餐饮、五金、农用机械、药店等经营状况差

【中国—东盟特产城】 2017年，中国—东盟特产城位于武鸣城市大道与南环路交界处，项目规划用地316亩，总建筑面积约373524平方米，总投资估算为80000万元，由广西大通投资置业有限公司投资建设。

项目规划 一期建设小商品交易市场，建筑面积61000平方米；二期建设酒店40590平方米，步行街80004平方米，配套商业设施10000平方米；三期建设汽配摩配交易市场60000平方米，家居建材交易市场50000平方米，五金机电交易市场40000平方米，仓储16600平方米，相关配套12000平方米。

项目定位 以特色产品交易为主题，以宣扬壮族文化载体，以融入中国东盟自贸区为目标，建设大型特色产品交易馆、东盟特色展贸区、壮族文化展示区，配套星级酒店、商务办公及现代物流区。

目标建设 建成符合国际化潮流的超时代、高起点、高品质、大空间、多功能、全方位的现代化的区域性的特色产品“博览会”，建成具有壮族特色的商贸综合体。

项目特色 按照“特产文化”和“文化特产”的要求，规划建设“两城八中心”，也就是围绕“特产文化”的理念，建设中国乃至东盟地区体量最大、品种最全、功能最齐的“中国—东盟特产城”，以及围绕“文化特产”的理念，建设以骆越文化、龙母文化、骆越自然生态文化、骆越养生休闲文化为核心的“骆越王城”；“两城”还将涵括特产交易中心、电商及信息中心、现代物流中心、金融商务中心、文化艺术中心、质量检测中心、餐饮休闲娱乐中心、生活及服务中心。

【武鸣美食】 2017年，武鸣有五色糯米饭等美食。

壮族五色糯米饭 壮族五色香糯米饭，又称“五色饭”。五色饭是壮族人民记倚幸福、美好、和谐、吉祥、如意的象征。是壮族“三月三”歌节、清明节传统的节日喜庆特色招待食品和独特供品，是壮族人民过着五谷丰登火红日子的写照。节日中每家每户的餐宴上都把五色香糯米饭摆设在显眼的地方，以显示“五谷丰登、丰衣足食”。五色饭上面肥厚的“粉蒸肉”便是象征生活丰厚、富有和甘甜。地方志《民俗编》、清代《武缘县图经》多有记载。正如有句壮族山歌唱云：“哥妹同吃五色饭，永结良缘共欢畅。”

灵马鲶鱼 “灵马鲶鱼”是灵马镇的一道本土佳肴，也是武鸣乃至整个广西饮食产业的一个响亮的品牌。鲇鱼含有丰富的蛋白质和矿物质等营养元素，特别适合体弱虚损、营养不良之人食用。老、幼、产后妇女及消化功能不佳的人最为适用；适宜体弱虚损，营养不良，乳汁不足，小便不利，水气浮肿者食用。

府城榨粉 府城传统榨粉软、滑、香，还有与众不同的微酸味道，风味独特，百吃不厌。据说，这种微酸的形成并非加入食用酸醋，而是加工米粉过程中由于产生了一种能助食物消化的酵母菌的作用后自然形成的，是米粉本身的味道。

高峰柠檬鸭 高峰柠檬鸭是武鸣县一带的特色菜肴。其做法是将鸭宰后洗净并切成块，入锅炒至六分熟再放入切成丝的酸荞头、酸辣椒、酸梅、酸柠檬、酸姜、生姜及蒜泥，共同煨至八分熟，再放入豆豉，炒熟后淋上香油即可出锅。其味酸辣适中，鲜香可口，极其开胃。

两江八宝鱼生片　在武鸣无鱼不成宴，有鱼必有鱼生片。将花生、芝麻、酸姜丝、酸辣椒丝、香菜、葱花、蒜苗这八宝与鱼生混合，碰撞出了妙不可言的美味。

【“三月三”美食展销推广会】 2017年3月29日至4月2日，2017年中国壮乡·武鸣“壮族三月三”歌圩暨骆越文化旅游节“壮乡美食·武鸣特产”展销推介会在武鸣区标营新区举办，展销会由城区经信局牵头，城区伊岭工业委、农业局、食药监局、旅游局、卫计局、工商联、粮食局、各镇人民政府为活动责任单位。该次展销会共设展位320个，既有五色糯米饭、两江艾馍、灵马藕粉、府城红糖、壮家黑米粽等特色小吃，又有洞藏酒、生态黑猪肉、骆越壮酒等特色农产品展出，市民群众超过40万人次，展销会销售额4510万元，签订销售协议约2720万元。

【成品油市场经营】 2017年，武鸣城区共建有加油站36座，其中中石化21座、中石油1座，民营加油站14座。36座加油站分布于国道省道10座，县乡道19座，城区7座。

（杨　未）

供销合作社

【概　况】 2017年，南宁市武鸣区供销合作联社设两股一室，即综合业务股、财会审计股、联社办公室，定编人数8人，实有在职人员11人。其中：正科5人，副科4人，科员2人；大学以上6人，大专5人。办公地点在城区城厢镇解放街103号。全系统独立核算企业15个，其中联社直属企业3个，即农资总公司、土产公司、果品公司，基层供销合作社12个。全系统在岗人员46人，其中企业35人。年内，城区供销联社获南宁市武鸣区2017年度安全生产目标管理考核工作二等奖、南宁市武鸣区2017年度卫生和计划生育工作三等奖、2017年度南宁市供销合作社系统综合业绩考核一等奖。

【商品购销】 2017年，城区供销社系统拓展新型业态，完善综合经营业绩考核方案及考评办法，全面完成各项经济指标任务。全系统商品购进总额14.2亿元，完成年任务101%；商品销售总额15.5亿元，完成年任务102%；全系统盈亏相抵后，实现利润35万元。

【农资商品供应】 2017年，城区供销社系统以农资专业市场为依托，构建和完善农资商品配送服务网络，改造和增加商品配送设备设施，增加营业网店，增强服务功能，提高服务质量。年内，全系统共储备各种农资商品4.7万吨，其中农资市场3万吨、农资配送中心及直营加盟店1万吨，基层社各农资农家店0.7万吨。抓好农资商品经营管理工作，协助有关部门做好规范农资市场经营秩序，杜绝假冒伪劣商品，保证供销社系统的农资网点守法经营，年内无经营假冒伪劣商品和服务质量方面的举报。

【“新网工程”项目建设】 2017年，城区供销联社组织实施“新网工程”项目建设。年内，投资900万元重点推进陆斡供销社二塘分社、陆斡农资商品配送中心、城厢供销社综合服务站、马头供销社综合服务站升级改造，全力推进供销社综合改革工作，获“新网工程”财政扶持资金230万元。

（唐毓仟）

粮食流通

【粮食安全保障】 2017年，城区粮食局落实粮食宏观调控举措，保障粮食安全。

科学储粮　执行粮情月查制度，全面掌握储粮动态。推广应用科学储粮绿色储粮新技术，每月粮情检查和春季粮油安全普查全城区库存粮食“一符四无”比例达到100%，科学储粮率达到90%以上。适时轮换县级储备粮5099吨供应市场，保障市场有效供给和县级储备粮规模。全年完成水库移民粮食供应500吨（大米），按需完成军粮供应任务，保障了军需民用。

采样管理　开展粮食样品采样、送样工作，年内完成居民存粮采集样品80份，涉及村屯40个，农户80户；对粮食企业库存、收购、出库的粮食采集样品180份。

预警监测　开展粮食市场预警监测，以武鸣区岭南粮油工贸有限责任公司、武鸣那羊农家香米厂等有代表性的粮油加工批发企业作为长期粮油价格监测网点，以周一为时点，每周采集粮油价格数据，进行粮油市场供求和价格走势分析，做好粮油供应指导工作。

应急供应　开展粮食应急供应点建设，确定粮油应急加工网点2个、应急配送中心1个，应急运输网点2个、应急供应网点16个。

【粮食专项执法检查】　2017年，城区粮食局通过强化部门联动执法机制，进一步规范粮食流通秩序，维护市场稳定。开展粮食直补订单收购监督检查，粮食收购企业直补政策贯彻落实到位、执行程序不走样；开展粮食库存检查，所属两家国有粮食企业粮食库存数量真实、账实相符、手续齐全完备，仓储管理规范，粮食储存安全；开展粮食收购资格核查和市场监督检查，年内新审批粮食收购企业2家，新换证4家，取得粮食收购许可证的粮食企业规范经营，未出现违规收购的行为。

【粮食直补政策实施】　2017年，城区粮食局承担自治区粮食直补订单收购8000吨，全年共收购订单粮食7600多吨，兑付直补资金182.6万元，完成自治区下达年度收购任务的95.11%。

【科学储粮专项建设】　2017年，城区粮食局积极推广应用科学储粮、绿色储粮技术，指导武鸣区粮油购销有限总公司购置新设备，在双桥分公司投入99万元进行智能化项目改造。推广农户使用节粮减损新设施，深入使用新设施的农户了解使用情况，为农户讲解粮食储存的新技术好方法。

【粮食仓储设施建设】　2017年，城区粮食局安排76万元建设宁武仓库附属设施。全城区符合现代储粮要求的标准完好仓容7.4万吨，其中国有企业5.88万吨，仓储条件明显改善，仓储管理规范化、智能化建设得到提升。

【粮食产业化经营】　2017年，城区国有粮食企业抓好粮食经营管理和粮油加工生产，年内收购粮食0.76万吨，销售粮食2.4万吨；完成粮油加工工业产值3481万元。

【粮食政策法规宣传】　2017年，城区粮食局结合世界粮食日和全国爱粮节粮宣传周活动，以悬挂横幅、发放宣传资料、现场讲解等形式，开展爱粮节粮宣传活动，受到群众好评，取得良好宣传效果。

【物　流】　2017年，城区粮食局完善物流配送体系，培育一批信誉良好、服务到位、运作高效的快递物流企业，加快武鸣城厢仓储物流工业园、中国·东盟特产城项目建设，打造大型现代商贸物流园区，以扩大物流总量、降低物流成本、提高物流效率。

（杨　未）

旅　游　业

【概　况】　2017年，南宁市武鸣区旅游局是主管城区旅游工作的行政部门，为城区政府直属事业单位，下辖旅游企事业单位3个，内设秘书股和综合管理股2个股室。主要负责管理城区旅游资源，培育和管理城区旅游市场；组织编制旅游发展事业总体规划、中长期规划，制定城区旅游业的发展总体方针以及城区旅游发展战略目标和经营策略；负责城区旅游资源的普查规划；归口审核或审批城区旅行社、主要旅游风景区、旅游企业，并进行行业管理等。旅游系统在职职工145人，其中大专学历以上85人；中专学历41人；其他学历19人。2017年全年共接待游客602.28万人次，旅游总消费46.63亿元。旅游局办公地址在城厢镇灵源路西段2号。

【推进全域旅游】　2017年，城区旅游局推进全域旅游多元发展旺消费，全力推进全域旅游。汉江欢乐谷一期工程竣工，南国乡村等重点项目顺利推进。伊岭壮乡文化生态旅游示范区与现代农业融合发展，生力军生态农庄、锦泉山庄分别荣获广西五星级、三星级乡村旅游区称号。借助中央电视台等媒介广泛宣传，不断提升武鸣旅游知名度。全年接待游客602.28万人次、消费46.63亿元。强化房地产市场调控，促进房地产业平稳发展。新培植4家限额以上商贸企业。设立电商服务站点256个，实现镇级电商服务站点全覆盖。现代物流业不断壮大，新增中国—东盟特产城等3家物流企业，城区快递业务量迅猛增长。城区主要公共场所免费WiFi实现全覆盖，恒宁·太阳广场、新润发等商圈繁荣发展。

【组织歌圩文化旅游节相关活动】 2017年3月30日—4月1日城区旅游局组织伊岭壮乡文化休闲游精品线路活动启动仪式、伊岭岩壮族服饰展、生力军壮乡大舞台展演及美食节活动、大伍屯民间脚斗士大赛、伏唐屯斗鸡斗鸟活动、康佳龙万人相亲及歌圩活动、汉江欢乐谷漂流活动、纳天山庄壮族采茶节、花花大世界“两大主题，五大活动秀场”等活动。3月19日举行2017年中国壮乡·武鸣“壮族三月三”歌圩暨骆越文化旅游节伊岭壮乡文化休闲游精品线路启动仪式，从伊岭壮乡生态旅游综合示范区游客集散中心（伊岭岩风景区）出发—伏唐山庄—碧田原农耕文化体验园—生力军生态农庄—锦泉山庄（石头寨）—花花大世界－卉莞园林基地—大伍屯生态综合示范村—伊岭壮乡生态旅游综合示范区游客集散中心（伊岭岩风景区），精心策划印制手绘地图、民宿美食攻略7万份在活动期间发放，各景区发放壮乡风情游宣传册3万册。据统计，活动期间累计接待游客约18万人次，旅游消费150万元，各项活动圆满完成，活动开展期间没有发生安全事故。

【旅游行业管理】 2017年，城区旅游局对各旅游企业的开展指导、检查工作，督促、了解和掌握各企业运行状况。

花花大世界风景区 完成包括季节花卉种植、树木造型、旅游指示牌、观光步道灯、登山栈道灯等旅游基础设施改造在内的景区景观提升、景区亮化工程；完成包括拓展乐园、蚂蚁乐园、轮胎乐园在内的动感乐园项目建设并投入使用。

伊岭岩景区 加强基础设施建设，提高景区对外宣传形象。建设完成伊岭岩壮文化展示馆、民族风味烧烤场。

灵水景区 5月28日城区人民政府颁布《关于禁止在灵水湖内从事游泳、洗涤和垂钓等活动的通告》，在区市等相关媒体发布信息，由城区旅游局完成了对整个灵水湖设置铁丝网隔离栏，做好饮用水源保护。

星级创建工作 生力军生态农庄成功创建广西五星级乡村旅游区，锦泉山庄成功创建为广西三星级农家乐。完成国家AAAA级景区花花大世界风景区、伊岭岩风景区AAAA复核迎检工作。年内有4家旅游厕所成功评上国家A级旅游厕所。

【旅游安全生产】 2017年，城区旅游局成立旅游安全生产领导小组成员，落实安全生产责任制，要求各景区景点、乡村旅游区和农家乐按要求配备消防灭火和水上救护必备器材，切实明确安全生产责任制及责任人员，做好安全生产检查工作，及时排除各种安全隐患，做好安全监管工作，在春节、“壮族三月三”、清明、中共十九大以及环广西公路自行车世界巡回赛期间，积极做好旅游安全生产检查监督工作，排除各种安全生产隐患，对辖区各农家乐进行食品卫生大检查。在夏季到来之际，强化灵水水资源的保护和水上安全，以及做好伊岭岩岩洞的危岩排查等安全工作，全年无重特大安全事故发生。

【旅游宣传】 2017年，城区旅游局配合宣传部开展宣传推介工作。与宣传媒体合作推出旅游微信圈；与旅游企业合作推出旅游活动，如润宇火龙果基地的夜间灯光游；组织外出宣传推介。组织伊岭岩景区在南宁市旅发委的带领下分别到北京、天津、桂林、广东等地参加南宁高铁旅游宣传推介活动；印制2017年武鸣旅游手绘地图7万份，宣传册3万份。

【旅游项目引资】 2017年，城区旅游局协助广西壮都、南国那园、两江汉江欢乐谷和英俊大峡谷做好项目建设。大明山汉江欢乐谷项目总投资

2.2 亿元。景区开发分四个规划区，第一期汉江欢乐谷漂流景点完成投资 9800 万元，并于 2017 年 4 月 28 日开业迎客。英俊大峡谷旅游区项目通过专家评审，项目正有序推进。服务做好广西壮都、南国那园等旅游重点项目的建设和招商引资工作。城区政府与南国那园项目签订了投资协议，完成征地 230 亩；做好旅游业的招商引资工作，推进旅游业建设步伐，完成了旅游局 2017 年的招商引资任务 6500 万元。（磨玲玉）

信 息 业

信息化建设

【信息系统建设】 2017 年，武鸣区建成农村信用信息系统，部署了数据交换接口，通过市级信息交互共享平台，充分利用南宁市信用信息系统提供的数据资源，推动武鸣区农村信用信息系统与其他县区农村信用信息系统之间的信息共享和业务协同。

【绩效管理信息平台建设】 2017 年，建成武鸣区机关绩效管理信息平台，全面完成南宁市委市政府工作部署，建成“横向到边，纵向到底”的绩效考评管理平台，通过实施绩效信息平台建设，实现新形势下党的执政体系的管理工具现代化、管理平台信息化、管理流程体系化，深入推进政府绩效管理工作，全面提升各级领导、干部、职工执行力。

【无线 WiFi 项目建设】 2017 年，由武鸣区政府引导，相关单位的配合下，建成并开通上线 388 个 AP，完成 8 处政府机关办事大厅、17 处公共区域及 304 家提供 WiFi 上网的公共场所等，免费 WiFi 网络“无线广西—武鸣”已基本覆盖到武鸣区人流密集的公共区域及场所，武鸣区市民在城区可以在“无线广西—武鸣”WiFi 网络覆盖区域享受到免费、高速且安全的无线互联网接入服务。武鸣区率先实现了《南宁市国民经济和社会发展第十三个五年规划纲要草案》中“到 2020 年，实现中心城区及县城免费高速 WiFi 全覆盖”建设 WiFi 网络任务目标。

【网络建设】 2017 年，武鸣区各基础电信运营商及中国铁塔南宁分公司加强在武鸣区域的建设，加快电信网、互联网升级改造，大力推进光纤宽带网络和无线网络建设，实现行政村宽带信息网络全覆盖。2017 年新建通信基站铁塔项目投资项目数为 69 个项目，改造建设通信基站铁塔项目投资项目数为 123 个项目；武鸣区 217 各行政村，已光网覆盖 215 个，覆盖率 99.08%，1547 个自然屯，已光网覆盖 1414 个，覆盖率 91.4%。2017 年新增覆盖、扩容自然屯 317 个。宽带家庭用户数约 65000 户。

【移动宽带】 2017 年，武鸣区实现全区 161 各行政村，811 个村屯宽带开通。宽带用户数约 32600 户。（卢 琦）

【中国电信武鸣分公司通信业】 2017 年，中国电信股份有限公司武鸣分公司（简称武鸣分公司），管理东盟、宁武、双桥、太平、甘圩、罗波、陆斡、马头、两江、锣圩、灵马、府城、仙湖、城厢、城东、

2017 年 12 月 28 日，市工信委领导检查武鸣企业安全生产工作

（城区经信局提供）

城郊、政企等17个支局。2017年，武鸣分公司年末用工总人数174人，其中在岗合同制员工62人；退休（含内退）69人。党员49人，在职党员31人，其中正式党员28人，预备党员3人，退休党员18人。在岗合同制员工中：研究生及以上学历1人，本科（含双学士）学历25人，专科26人，高中、技校7人，初中及以下文化3人。

2017年，武鸣分公司的税后收入增长率为17.73%，实际完成10869万元，完成率103.15%；天翼用户增长率为651%，到达11万户；宽带用户增长率为73%，到达6.16万户。公司的办公地址在城厢镇兴武大道170号。

【市场经营】 2017年，中国电信武鸣分公司不断壮大渠道拓展规模、提升渠道战略实效

网点建设　通过异网渗透和引商合作、轮换淘汰等措施，引进了本地核心及全区TOP代理商，共建乡镇旗舰店10家，合作厅26家，精品店0家，专营店点32家，中小微24家，厂渠52家。每个乡镇均达到“一个旗舰店，一个合作厅，一个小微厅”，基本实现网点布局战略目标。通过对代理商厅店实行一对一派驻渠道经理进行现场反复培训、联合促销，使代理商团队稳定并且壮大发展，网点单店能力平均达到后付费天翼部1.27部/天、智能机销1.67部/天，同比去年提升22%；开放渠道共79网点，天翼放号量累计9023部。

光网宽带建设　农村光网宽带覆盖216个行政村，覆盖率99.54%；农村市场宽带端口总数101339个，实装45243个，实装率44.65%，其中H端口总数96904个（H占比95.62%），实装44578个，实装率46%。光网宽带发展战略以高带宽为切入点，针对不同市场，以融合套餐为主要套餐，针对低端市场灵活运用单产品政策，着力提升市场份额。

行业应用　武鸣政企支局集中资源加快平安武鸣、检务E通、警务E通、综治E通、天翼对讲、智慧酒店等项目规模推广。与政法委在城区各要道及体育馆一带新建布防92个摄像头，实现监控无死角，新增年收入27.6万；与检察院推进检务平台的应用，新增行业应用手机终端67台；截至6月份，武鸣行业市场天翼破壁受理6272部，光纤新增87条，净增38条，完成指标49.35%；光纤提速38条，指标完成率36.53%；商业市场999元高价值套餐总发展69条，存量签转10条，县域发展排名第四。

系统推介　召开3场业务微推会，分别是检察院检务E通微推会、大行动办天翼对讲微推会和安职院“校园迎新”系统推介会，成功签约检务E通67部天翼和大行动办天翼对讲项目200部，月收入共计1.9万元，安职院意向签约“校园迎新”系统。

商机挖掘储备　政府办视频会议系统，年收入72万；武鸣区政府综合办公OA，年收入40万元；大行动办电路策反，年收入26万元；景晨酒店80部、班布酒店101部智慧酒店，年收入7.6万元；机要局政务内网组网，年收入35万元。

【存量保存】 2017年，中国电信武鸣分公司做好存量保存工作，保障全年业务收入目标完成。12月份当月欠费回收率均有提升，农村当月回收率均值达到96.12%，城内97.51%，但政企支局欠费回收率偏低，仅为95.94%左右，与达标98%回收率的要求存在较大差距。

4G业务　累计签转4G套餐12149户，完成率年度指标的144.46%.升档占比80.15%，降档13.05%。武鸣4G渗透率为82%，3G换4G终端累计完成9693户，完成年度指标65%。

宽带业务　宽带拆机5974户，累计离网率11%，拆机量同比上升12.8%，离网率与上年同期上升0.5个百分点。1—12月共新增IPTV18951户，其中新装宽带新装IPTV共14403户，加装率为76%；1—12月IPTV拆机量为2067户，离网率为9.1%，城市支局拆机量较大。

【通信建设】 2017年，中国电信武鸣分公司推进通信工程建设工作。

C网工程建设　截至2017年12月30日，开通LTE基站31个；开通800M基站84个，4G基站累计达183个。

公众类工程建设　2017年完工公众工程434项，新建FTTH宽带端口26468个。其中，正规立项项目292项，建设FTTH端口21868个。维

护工程 142 项，建设 FTTH 端口 4600 个。正规立项项目中新建小区 30 个，建设 FTTH 端口 5512 个。B 改 H 项目 26 个，建设 FTTH 端口 4920 个。农村 ODN 三期 100 项，建设 FTTH 端口 4632 个。农村 ODN 四期 107 项，建设 FTTH 端口 4984 个。其他项目 29 项，端口 1820 个。

政企类工程建设　政企类光纤已完成 77 家，工程总投资约 59 万元。

【精神文明建设】　2017 年，中国电信武鸣分公司荣获市公司工会第五届“天翼幸福接力杯”团体运动会团体组织奖；参加市公司党委举办的“研读十九大报告　电信青年话使命”活动中获优秀组织奖；协助举办 2017 年武鸣城区道德讲堂第六期“弘扬美德，孝老爱亲”活动，得到了城区精神文明办的好评；荣获“武鸣区直属机关　先进基层党组织”称号；获得自治区级“文明单位”荣誉称号。（潘宪德）

【中国移动通信集团广西有限公司武鸣分公司概况】　2017 年，中国移动通信集团广西有限公司武鸣分公司设有综合部、销售中心、集团客户中心、工程维护中心 4 个管控部门，下辖自营服务网点 12 个。在职员工 113 人，硕士研究生 2 人，本科学历 59 人，专科 46 人，高中 4 人、中专 2 人。公司的办公地址在城厢镇灵源路 100 号。

【业务经营】　2017 年，中国移动武鸣分公司深入贯彻习近平新时代中国特色社会主义思想和中共十九大精神，全面贯彻落实“大连接”战略，推进 4G 规模、流量经营、集客市场和家庭市场融合发展，加快渠道、网络、服务等转型发展能力建设，狠抓管理提升，各项工作进展良好，公司保持收入稳定增长。

【网络建设】　2017 年，中国移动武鸣分公司建立网络优化网格责任制。开展网络质量提升和农村优化专项工作与基站扩容、故障排除和室分整治等工作。是年基站总数约达到 1100 个，其中 4G 基站达到 650 个；光缆累计约达到 2500 公里，建成综合业务接入区 4 个，汇聚机房 4 个。

【党的建设】　2017 年，中国移动武鸣分公司通过台账工作方式压实主体责任，推进全面从严治党。丰富党建工作形式和载体，开展“六好”党支部标准化创建、“岗区队”树创、“固定党日 +”等活动，推进“两学一做”学习教育常态化制度化。

【企业文化】　2017 年，中国移动武鸣分公司推进企业文化建设和员工关爱工作，开展“幸福 1+1”活动，建设职工小家“暖心工程”；开展困难员工帮扶，关爱女员工，关爱慰问 和五必访率 100%；幸福 1+1 俱乐部 4 个，员工俱乐部活动参与率达到 95%。

（潘艳妮）

【中国联合网络通信集团有限公司南宁市武鸣区分公司概况】　2017 年，中国联合网络通信集团有限公司南宁市武鸣区分公司在岗员工 59 人。下设销售分公司、政企分公司、派驻支撑组三个分支机构。公司办公地址在城厢镇宝珠路三巷 1 号。

【公司业务】　2017 年，中国联通武鸣分公司主要经营固定通信业务，移动通信业务，国内、国际通信设施服务业务，卫星国际专线业务、数据通信业务、网络接入业务和各类电信增值业务，与通信信息业务相关的系统集成业务等。

【提速降费】　2017 年，中国联武鸣联通分公司落实党中央、国务院关于提速降费的决策部署，固网宽带平均接入能力从 2 兆位 / 秒提升至 100 兆位 / 秒以上；4G 网络的覆盖范围、能力、用户渗透率大大提升，网络下载速率达到 13.76 兆位 / 秒，下行峰值速率达到 300 兆位 / 秒。

【公司改革】　2017 年，中国联通武鸣分公司落实聚焦创新合作战略、深化混合所有制改革、全力推进互联网化运营，打造新基因、新治理、新运营、新动能、新生态的“五新”联通。

（曾敏鲜）

责任编辑　黄鉴珠

经 济

国有经济

广西富鸣城市投资发展集团有限责任公司

【概 况】 广西富鸣城市投资发展集团有限责任公司前身系南宁市武鸣区富鸣城市投资发展有限责任公司，于2003年5月12日经南宁市武鸣区人民政府批准成立的具有独立法人资格的国有独资公司。2017年7月，由南宁市武鸣区富鸣城市投资发展有限责任公司更名为广西富鸣城市投资发展集团有限责任公司（简称广西富鸣集团）。广西富鸣集团包含东翰、乾鸣、兴武、骆艺4家子公司，设立董事会（其中董事长1名、董事4名）及经营班子（其中总经理1名、副总经理3名），设置办公室、项目计划部、工程部一部、工程部二部、国有资产管理部、财务部、融资部、发展部共8个职能部门。2017年，广西富鸣集团获“南宁市武鸣区重点推进项目工作先进单位一等奖”“南宁市武鸣区固定资产投资工作先进单位一等奖”“南宁市武鸣区招商引资先进单位三等奖”。集团办公地点设在南宁市武鸣区标营社区标营新区起凤路3号兴武大厦13～15层。

【融资力度】 2017年，广西富鸣集团融资团队发挥“勇往直前、开拓进取”的富鸣团队创新精神，转变此前的运作模式，以公司或企业法人的角色参与地方经济建设，促进平台公司进行市场化改革，实现公司市场化运作。通过盘活现有资产融资、项目贷款等方式构建多元化融资格局，2017年向金融机构授信额度及承接统贷资金42.6亿元，为集团承建项目提供充足的资金保障。

【国有资产运营】 2017年，广西富鸣集团强化国有资产运营管理，通过新增纳入优良国有资产方式，国有铺面、廉租房、经营性场馆（1号楼、体育馆）实现国有资产保值增值目标。配合城区国有资产管理工作领导小组完成第一批城区本级国有资产核查以及第一批第一阶段资产产权及经营权核查工作，接收3个单位的8项产权及28项经营权。

【项目建设】 2017年，广西富鸣集团完成企业职工安置房项目、档案馆项目主体及室内装修建设，标营小学（代建）、标营幼儿园（代建）、市民文化中心、富鸣C号综合楼、全民健身中心、光荣院、福利院一期工程、武鸣公安分局业务用房等为民办实事项目。完成固定资产投资21.21亿元，完成年度任务101.02%，同比增长206%（其中重点推进项目任务数为14.6亿元，2017年完成15.93亿元，完成年度任务109%）。

【新公司成立】 2017年3月15日，为推进伊岭工业园区经济建设并配合成立“南宁市武鸣区富岭投资发展有限责任公司”，主要负责伊岭工业园区融资、基础设施建设等相关工作。11月30日，为深度开发武鸣文化旅游资源，广西富鸣集团新成立“南宁市骆越文化旅游产业投资有限责任公司”发展具有武鸣壮族特色的骆越文化产业。

南宁市武鸣供水有限责任公司

【概 况】 2017年，南宁市武鸣供水有限责任公司（以下简称供水公司）隶属南宁建宁水务投资集团有限责任公司。2017年，有职工219人（含退休42人）。内设办公室、财务与收费股、生产技术股、供水车间、营业部、双桥办事处、伊岭水厂建设筹备处7个部门。公司党委有正式党员64名，下设办公室、营业部、生产技术与财务、供水车间、双桥办事处5个党支部。是年，实现售水量2183万立方米，较上年增长7.1%；实现营业收入3389万元，较上年增长4.9%；实现利润155万元；上缴税金247万元，较上年增长34%。固定资产原值7074万元，净资产4668万元，分别比上年增加183万元和130万元，增长率3%。

【供水设施建设】 2017年，供水公司的主要供水设施有灵水1#抽水泵房、2#抽水泵房、红岭加压站、定罗加压站、灵水水质监测站，总装机容量800千瓦，日供水能力9万立方米，实际日平均供水量5.58万立方米。主要以居民生活用水为主，输水主干管最大为DN1000，有结算水表1万多个。供水管网延伸至城厢镇、双桥镇的部分农村，供水区域面积46.8平方千米，用水人口11.50万人，供水普及率99%。是年，供水公司推进各项供水基础设施建设，完成平陆供水加压站项目招标控制价审查、施工招标、确定监理单位等前期工作以及土地竞拍工作；完成加压站配电间、吸水井和清水池以及挡土墙、围墙基础开挖、围墙建设工作。完成伊岭水厂水井的水泵、抽水管道及配电安装工作，并进行24小时不间断抽水试验；完成水井与DN300主管的连接浸泡冲洗及试压工作；完成抽水泵站用地场地平整工作。完成南宁市教育园区武鸣东片区一、二期供水管道工程总工程量的80%，其中DN500管3519米，DN800管3041米；完成南武二级公路、城市大道双桥段宾隆公路十字路口管道改管工程、南宁市千艺大观投资有限责任公司供水管道工程、双桥马鞍坡PE110管改管工程以及武华大道DN800跨路管道工程。

【供水安全】 2017年，供水公司执行水质检测制度，全年水源常规检测4756项次，水源水检验1068项次，出厂水质综合合格率99.44%，管网水水质综合合格率100%。两次向国家城市水质监测网南宁监测站送检水样进行水质全分析，所检项目均符合国家生活饮用水卫生标准和地下水质量标准。全年修复用户明暗处漏点300处，维修及时率100%；供水车间在线设备完好率98%，安全运行33976小时，平均单位电耗每立方米0.1908度。是年，没有发生任何安全生产事故。

【脱贫攻坚】 2017年，供水公司对结对帮扶的城厢镇香泉村7户贫困户继续进行跟踪帮扶，制订年度帮扶计划及措施，确定年度目标任务。春节前夕，供水公司结对帮扶责任人入户开展节前送温暖活动，为帮扶户送去价值1600多元的春节慰问品，在职工中开展献爱心扶贫捐赠活动，筹得捐款3500元，全部用于贫困户生产生活帮扶。捐助7000元帮扶资金专项用于香泉村的基础设施建设。

【其他工作】 2017年，供水公司做好城镇污水处理费代征工作，全年代征污水处理费1502.56万元，按要求上缴城区财政专户；完成2017年武鸣区“壮族三月三”歌圩及高考、中考期间的供水保障工作；配合城区政府开展武鸣区集中式饮用水源地水质提升整治工作；配合环保部门开展环境整治工作，对违规违法严重影响环境的企业强制停止供水；按照城区水污染防治工作计划要求，依据职责开展水污染防治工作；参加南宁市“美丽南宁·整洁畅通有序大行动”活动，在整治大行动工作中表现突出，获武鸣区2017年度开展“大行动”工作先进单位，公司宿舍区被评为2017年度“文明小区”。

投资开发与招商引资

固定资产投资

【固定资产投资】 2017年城区固定资产投资完成209.4亿元，同比增长5.02%。86个城区本级重点推进建设项目年度计划投资92.4亿元，占全年固投预期目标任务41%，完成投资77.9亿元，较上年同期（68.9亿元）增加9亿元。其中：房地产项目完成投资15.7亿元，比上年同期（20.7亿元）少5亿元；工业项目完成投资12.7亿元，比上年同期完成投资7.2亿元增加5.5亿元；服务业项目完成投资9.9亿元，与上年同期（9.0亿元）基本持平；教育园区项目完成投资25.5亿元，比上年同期（21.6亿元）增加3.9亿元。

市场开发服务

【概　况】 2017年，南宁市武鸣区市场开发服务中心（简称城区市场服务中心）内设综合股、财务股，下设标营、城镇、红岭、双桥、锣圩、府城、陆斡7个市场物业管理所和1个牲畜定点屠宰场物业管理所。年内，在职职工113人。

【集贸市场经营管理】 2017年，城区市场服务中心经营的集贸市场有标营、南门、和平、渡头桥、红岭、双桥、里建、锣圩、府城、陆斡、两江等47个市场，占地面积40多万平方米，固定资产4100多万元，市场经营户6000多户，从业人员21000多人，年成交量50多亿公斤，交易总额20多亿元，缴纳税金100多万元。6月20日，红岭市场地块被拍卖，广西春暖花开投资有限公司通过招投标的方式取得红岭市场地块使用权。是年，以“美丽武鸣”乡村建设活动、首府南宁国家卫生城“每月一考核”等活动为契机，强化市场经营秩序和卫生环境的整治工作，取缔乱摆乱卖摊点2100多起，纠正乱停乱放车辆3500多辆，清理小广告4300多份。渡头桥市场、罗波市场被南宁市工商局评为“2017年度‘南宁市文明诚信示范市场’公示市场”。

【集贸市场建设】 2017年，城区市场服务中心投入135万元，对渡头桥、和平、外窑桥、双桥、宁武等市场基础设施进行改造和修缮。与南宁泰吉综合市场有限责任公司合作，对标营旧市场进行改建。8月1日开工建设，12月31日竣工投入使用。该市场占地面积1.63万平方米，主要由主楼和商业铺面组成。其中主楼由两层框架结构圩亭构成，建筑面积8500平方米，一楼为生活菜市，设摊位180多个，主要经营鱼、肉、果、蔬等日常生活必需品，二楼为超市；市场铺面75间，建筑面积3750平方米，市场改建投入资金2000多万元。

【家畜定点屠宰管理】 2017年，城区市场服务中心经营有城区、双桥、太平、宁武、锣圩、仙湖、府城、两江8个定点屠宰厂（场）。严格按照《生猪屠宰操作规程》的具体要求进行屠宰加工，对所有出厂（场）上市的猪肉产品进行检查，坚决杜绝注水肉、病害肉等不合格猪肉产品出场上市销售。是年，所属屠宰厂（场）出厂（场）的猪肉产品质量合格率100%，生猪入厂（场）屠宰13.36万头。

（黄般海）

招　商　引　资

【概　况】 2017年，南宁市武鸣区投资促进局（简称投促局）内设行政秘书股、投资促进股和督办股3个股室。有干部职工9人，其中：局领导3人，股室领导2人，科员3人，后勤服务岗位1人；本科生8人，高中文化程度1人；中级职称2人，技师1人。年内获2017年度南宁市招商引资目标责任考评优秀等次、南宁市武鸣区2017年度招商引资工作特等奖、南宁市武鸣区2017年人口和计划生育目标管理责任制执行情况考核评估三等奖、南宁市武鸣区新闻报道先进单位乙等奖等称号。

【内外资引进】 2017年，城区投促局推进内外资引进工作，城区区外境内实际到位内资39.7亿元人民币，完成目标任务104.5%，同比增长15.41%；实际利用外资（广西全口径）1800万美元，完成目标任务100%。

【招商亮点】 2017年，城区投促局引进3个中国500强企业（即中交一公局第四工程有限公司、中国水电建设集团新能源开发有限责任公司、中铁上海工程局集团第五工程有限公司）和1个民营500强企业（雪松控股集团有限公司）。引进世界或中国“500强”、行业龙头企业较2016年增加3个，实现零突破。新签正式协议项目20个，签约项目数量较2016增加8个，其中投资额5亿元以上项目7个，涉及工业、农业、旅游、教育、房地产开发及新能源等多个领域。战略性新兴产业到位资金7.65亿元，较2016年战略性新兴产业到位资金6.03亿元，增长26.9%。

【招商措施】 2017年，城区投促局采取有力措施推进招商引资工作。

精准招商 结合《南宁市招商引资三年行动计划（2016—2018年）》工作部署，制定《南宁市武鸣区2017年招商引资工作实施方案》（含南宁市武鸣区2017年招商引资工作考核及奖惩办法）和《南宁市武鸣区招商引资项目引进工作规范》，成立南宁市武鸣区招商服务中心，年内赴各地开展招商引资推介洽谈会和招商引资项目考察，对世界或中国“500强”行业龙头企业等实施精准招商。

草拟办法 结合《广西壮族自治区人民政府办公厅关于促进民办教育发展的意见》《南宁市人民政府办公厅关于印发〈南宁市民办教育管理办法〉的通知》等相关文件精神，草拟《南宁市武鸣区民办教育项目引进办法》。根据《关于南宁市全面提升开放发展水平的实施意见》《中共南宁市武鸣区委全面深化改革领导小组2017年工作要点》《中共南宁市武鸣区委全面深化改革领导小组2017年工作要点分工方案》文件精神，草拟《南宁市武鸣区全面提升对外发展水平的实施意见》。

招商平台 成立传统产业、工业、旅游、农业、房地产、林业、矿业等7个专业招商组，策划包装项目42个，组织10余次外出招商活动，借助中国—东盟博览会、中国壮乡·武鸣“壮族三月三”歌圩暨骆越文化旅游节等大型活动以及“互联网+”等实施平台招商和网络招商。

“重大项目服务年”活动 成立教育园区服务队、基础设施服务队、服务业项目服务队等5个重大项目和重点企业服务队，按分工对项目和企业进行“一对一”服务，协调督促各有关部门为项目建设提供帮助。还制定《南宁市武鸣区投资环境整改措施方案》，进一步优化企业发展和项目投资建设环境，提升企业及投资者认可度和满意度，保持良好的投资环境。

【招商活动】 2017年，武鸣区人民政府组织举办、参加了多场招商活动。

“三月三歌圩”招商活动 组织举办2017年中国壮乡·武鸣“壮族三月三”歌圩暨骆越文化旅游节投资洽谈活动。3月30日下午，城区党委、政府与南宁市投资促进局在武鸣春霞园酒店联合举办2017年中国壮乡·武鸣“壮族三月三”歌圩暨骆越文化旅游节投资环境说明会及项目签约仪式。城区四家班子主要领导及部分城区领导、城区直属相关部门、农场、金融机构和各镇主要领导及城区邀请的中外客商200多人参加项目签约仪式，上台签约9个项目，投资总额86.58亿元，其中签订正式投资协议项目7个，项目投资总额48.58亿元，签订框架协议项目2个，项目投资总额38亿元，项目涉及工业、教育业、现代服务业等领域。

“两会一节”招商活动 参加2017年“两会

一节”（第十四届中国—东盟博览会、中国—东盟商务与投资峰会和南宁国际民歌艺术节）经贸活动。活动中，与广西盛天水泥制品有限公司成功签约年产100万立方米新型建材加工与制造项目，项目总投资4.66亿元，项目建成达产后，可实现年均销售收入约7.8亿元，年创利税约1.4亿元，年交企业所得税0.54亿元，可新增劳动就业约680人。

【考察洽谈】 2017年，城区投促局组织人员到浙江、深圳、湖南、北京、河北、上海等地考察招商10余批次，考察企业50余家，接待客商200余批次。

3月5—12日由武鸣区区长黄伟光带队，常务副区长何翔、武鸣区政府办、旅游局、国土局、住建局、水利局、经信局、财政局、伊岭工业委、富鸣集团、市场开发服务中心、中国银行武鸣支行、中国建设银行武鸣支行、武鸣农村信用合作社、投资促进局等部门领导组成招商小分队一行17人，分别赴江苏省江阴市考察协圣精密科技有限公司，对接液晶显示产业园项目；赴深圳市参观考察深圳武鸣商会及所属企业相关项目及参观考察广州雅居乐环保公司深圳河流治理项目；赴广州市考察广州雅居乐环保公司总部；赴贵州省贵阳市参观考察中信水务集团南明河水环境综合治理项目，学习PPP项目成功经验及考察中国保信集团清镇市职教城建设；赴广州市考察福生鲜果贸易有限公司白云区分公司及销售点，对接、洽谈武鸣区专业水果集散中心项目。

5月15—19日由武鸣区区长黄伟光带队，党委常委、常务副区长何翔、城区政府办、国土局、发改局、住建局、经信局、伊岭工业委、投促局等部门领导组成招商小分队一行10人，赴湖南、浙江、上海分别对浙江日昌升集团新型骨料生产项目及杭州海康威视数字技术股份有限公司食品监控系列产品生产项目、上海久耶供应链管理有限公司津沛冷链项目、中国华电集团上海科技大学分布式能源项目、上海梦中心文化传播有限公司上海梦中心项目、中大飞天国际通用航空有限公司湖南株洲山河航空产业园项目进行实地考察。

5月23—27日由武鸣区党委书记韦敏宏带队，武鸣区党委办、南宁市伊岭工业委、林业局、公安局、投资促进局、双桥镇等部门领导组成招商小分队一行8人赴山东、江苏、浙江、湖北分别对山东天宝化工股份有限公司民用爆破器材系列生产项目、江苏江阴协圣精密科技有限公司总部液晶显示产业园项目、杭州海康威视数字技术股份有限公司视频监控系列产品生产项目、湖北柏尔雅木业公司湖北咸宁市林产品加工项目进行实地考察。

6月18—20日由武鸣区党委常委、区委办主任韦华清带队、城区政府副区长石岩、城区发改局、国土局、住建局、投促局、城厢镇等部门领导组成招商小分队一行8人赴云南、广东对雪松控股集团有限公司云南丽江大研花巷旅游小镇、广东广州雪松控股集团有限公司总部进行实地考察。

7月13—14日由武鸣区区长黄伟光带队，城区政府办、法制办、教育局、国土局、住建局、征拆办、教育园区办、投促局等部门组成招商小分队一行9人赴桂林市皇氏集团桂林国际学校项目进行实地考察。

7月22—25日由武鸣区投资促进局副局长覃文胜带队，该局相关人员组成招商小分队一行4人分别赴江西、浙江对高安市高峰碳酸钙（江西）有限公司、谢菲尔考克碳酸钙（杭州）有限公司等碳酸钙产业相关企业进行实地考察调研。

7月28—31日由武鸣区投资促进局副局长潘学兴带队，局相关人员组成招商小分队一行4人分别赴四川、福建对四川宝兴县中一碳酸钙有限公司、福建省三农碳酸钙有限责任公司等碳酸钙产业相关企业进行实地考察调研。

8月7—9日由城区政府副区长陆耀忠带队，伊岭工业委、城区国土局、住建局、旅游局、林业局、经信局、投促局等部门领导组成招商小分队一行8人赴广东省广州市、江门市、河源市、梅州市分别拜访广东鸿艺集团有限公司、广东东升实业集团有限公司，推介武鸣投资环境和政策，洽谈特色小镇项目投资合作事宜及考察客天下·梅州、客天下·河源项目特色小镇项目。

9月27日由城区党委书记韦敏宏带队，城区政府副区长陆耀忠、城区党委办、发改局、住建局、环保局、国土局、伊岭工业委、投促局等部门领导组成招商小分队一行 9 人赴贵港里昂生态能源股份有限公司全资子公司——贵港里昂生物质发电有限公司，对接洽谈农林废弃物热电项目。

12 月 11—15 日由武鸣区区长黄伟光带队，城区党委常委、常务副区长何翔，政法委、城区政府办、伊岭工业委、城区住建局、国土局、投促局、城厢镇等部门领导组成招商小分队一行 12 人赴深圳、东莞、广州对万科总部及梅沙教育学院、前海企业公馆、万科云城、留仙洞工业区、深国投广场、万科建筑研究中心、万科广州枢纽中心城等万科直属或关联企业、项目进行实地考察。

【项目签约】 2017 年，武鸣区新签正式协议项目 20 个，较 2016 年正式签约协议项目在个数及投资额上都有明显提高，项目涉及工业、农业、旅游、教育、房地产开发及新能源等领域。

南宁市武鸣区 2017 年引进招商项目表

序号	签约时间	项 目 名 称	项目总投资（万元）
1	2017 年 1 月 4 日	广西南宁德益市场开发有限公司武鸣电商物流城项目	11200
2	2017 年 2 月 20 日	深圳精雕数控设备有限公司 CNC 数控机床生产项目	15000
3	2017 年 3 月 30 日	广西工商职业技术学院入驻南宁教育园区东片区建设项目	117800
4	2017 年 3 月 30 日	广西工业职业技术学院武鸣校区建设项目	120000
5	2017 年 3 月 30 日	广西那园旅游投资有限公司南国乡村 · 农村综合旅游景区项目	102000
6	2017 年 4 月	广西鑫德泰包装有限公司印刷包装生产项目	6000
7	2017 年 4 月	广西桂川民族印刷有限公司印刷包装生产项目	5000
8	2017 年 6 月 1 日	中铁上海工程局集团第五工程有限公司总部基地项目	20000
9	2017 年 6 月 9 日	君华集团有限公司武鸣灵水壮乡文化小镇项目（雪松控股）	1200000
10	2017 年 6 月 13 日	武鸣新天绿色能源有限公司武鸣安凤岭风电场项目	150000
11	2017 年 9 月 26 日	广西盛天水泥制品有限公司新型建材加工制造项目	46800
12	2017 年 9 月 26 日	广西华宏甘圩混凝土有限公司年产 120 万立方米预拌混凝土搅拌站建设项目	3000
13	2017 年 9 月 26 日	南宁市冠伟科技有限公司年产 2 万吨压延膜项目	12417.2
14	2017 年 9 月 26 日	南宁市冠伟科技有限公司年产 2.5 万吨塑料填充母粒项目	4641.81
15	2017 年 9 月 26 日	广西施易涂建材科技有限公司干粉砂浆生产项目	5000
16	2017 年 9 月 29 日	深圳市齐华星光电科技有限公司摄像头生产项目	11000
17	2017 年 9 月 30 日	中国水电建设集团新能源开发有限责任公司武鸣高峰岭风电场工程项目	90000
18	2017 年 11 月	中交一公局第四工程有限公司建筑产业现代化构件生产项目	70000
19	2017 年 11 月 11 日	日昌升集团有限公司年产 1000 万吨优质建筑骨料项目	30000
20	2017 年 12 月 12 日	广西伊岭烟叶复烤有限公司烟叶选叶及配备仓库技改项目	7200

财政·税务·金融

财　　政

【概　况】 2017 年，南宁市武鸣区财政局内设行政秘书股、预算股、国库股、行政政法股、教科文股、社会保障股、农业股、农村财政财务管理股、会计管理股、企业股、经济建设股、债务管理股、人事教育股、法规政策股（行政审批办公室）、综合股、政府采购监督管理股、行政事业单位国有资产管理股、预算绩效股 18 个股室，财政国库支付中心、财政投资项目评审中心、农业综合开发办公室、发展经济资金管理局、政府非税收入管理所、稽查分局 6 个二层单位和 13 个镇财政所，全系统在职干在编干部职工 196 人。

【财政收支】 2017 年，武鸣区本级组织财政收入完成 156312 万元（不含东盟区），增长 8.58%。其中，一般公共预算总收入 389673 万元，同比下降 4.97%，主要原因是“上级结算补助收入”的减少。一般公共预算总支出 377653 万元，同比下降 3.31%。农林水、教育、科技、医疗卫生、社保就业、文化体育、节能环保、住房保障等直接关系人民群众切身利益的支出达 29.98 亿元，占支出总额比重 80.04%，其中筹措落实扶贫资金 10650 万元，支持脱贫攻坚战。

【财政支持经济建设】 2017 年，城区财政局争取政府新增一般债券资金 4.6 亿元，缓解城区项目建设资金压力；推进南宁教育园区武鸣东片区征地拆迁及基础设施建设，累计筹措到位资金 47.21 亿元；推广、推进城区 PPP 项目建设，解决资金“瓶颈”问题；城区水环境综合治理、城区光荣院、福利院、“智慧武鸣”等项目有序推进。

【财政改革】 2017 年，城区财政局强化预算绩效管理。

绩效评价管理　确定 6 个预算单位进行试点，涉及金额 1.23 亿元，开展试点部门整体支出绩效评价，将绩效评价全面覆盖到试点部门的人员支出、公用经费及项目支出；确定 5 个试点项目，涉及资金总额 1.54 亿元，开展财政预算项目绩效再评价工作。

预决算公开　城区一级预算单位 66 个和 13 个镇，均按要求公开 2017 年部门预决算（含各一级预算部门下级单位）和对应的“三公”经费预决算。

国库管理　推进国库管理制度改革，年内撤销 11 个财政专户。将公务卡结算工作纳入城区绩效考评指标框架，严格执行公务卡强制结算目录，提高预算单位公务卡使用率。全年公务卡结算 1324 万元，同比增加 989 万元，增长 295.22%，公务卡使用率 43.44%。

严格借垫款　控制和管理新增财政借垫款，清理和回收财政往来款项，年内消化暂付款 16639 万元。安排使用权责发生制资金 19072 万元。

小额贷款管理　扶贫小额信贷风险补偿金累计落实到位 1057.55 万元，其中新增 557.55 万元；安排扶贫小额信贷贴息 390.08 万元；扶贫小额信用贷款 2017 年累计发放 136 笔 581 万元，扶贫小额贷款存量 1873 户，贷款存量余额 8482 万元。

【财政监督】 2017 年，城区财政局开展全方位财政监督工作。

制度监督　制定《南宁市武鸣区财政专项扶贫资金管理办法》，进一步加强扶贫领域资金规范监管；制定《南宁市武鸣区党政机关差旅费管理办法》《南宁市武鸣区培训费管理办法》《南宁市武鸣区会议费管理办法》进一步加强党政机关差旅费、培训费、会议费管理。

政府采购监督　规范政府采购监督和管理，全年政府采购资金 362835 万元，节约财政性资金 13844 万元，节约率 3.68%。

资产监督　落实第一批经营性国有资产核查，城区公务用车喷涂统一标识，城区人民医院、供水公司整体划转项目等国有资产处置审批工作，完成城区 443 个行政事业单位资产报表编报。完成审核项目222个，累计报总审造价15.25亿元，审定总造价13.33亿元，核减总额1.93亿元，核减率12.62%。

预算监督　按照自治区财政厅《关于压减2017年部门预算一般性支出有关事项的通知》要求，城区出台压减2017年一般性支出工作方案。将城区2017年年初一般公共预算安排的部门预算项目支出中经济分类科目为“办公费（30201）”“印刷费（30202）”“咨询费（30203）”等13项经费的合计数，统一按照5%的比例进行压减，压减金额496万元，全部用于扶贫项目。

【财政干部队伍建设】　2017年，城区财政局结合武鸣区2017年“干部作风提升”活动，开展机关干部作风建设。制订印发《2017年南宁市武鸣区财政系统干部教育培训计划》，围绕提升政治、思想、专项业务等方面分层分类抓财政系统干部培训；制定《武鸣区财政局党风廉政建设责任书》，形成局党组书记、局长对财政系统的党风廉政建设负总责，对局领导班子及其成员的党风廉政建设负直接领导责任，股（局、中心）、所负责人为本单位党风廉政建设工作直接责任人。

国家税务

【概　况】　2017年，武鸣区国家税务局内设办公室、人事教育股、监察室、政策法规股、征收管理股、收入核算股、办税服务股、税源管理一股、税源管理二股、机关党办、财务管理股11个正股级行政股（室），1个稽查局（副科级），1个事业单位——信息中心（正股级）。在职干部职工85人、编外合同工17人、协税员10人，离退休人员78人。

【税种、税目、税率】　2017年，武鸣区国家税务局负责武鸣区增值税、消费税、企业所得税（包括中央企业和保险机构、地方银行、农村信用合作社，2002年至2008年新成立以及2009年起新成立的应缴增值税的企业）、个人储蓄利息所得税、车辆购置税及其滞纳金、罚款的征收管理。

2017年，武鸣国税辖区税务登记户籍总管户14511户（单位纳税人2854户、个体工商户11657户），其中：增值税一般纳税人1056户，消费税纳税人25户。辖区当年纳税额超千万元企业13户。

增值税　增值税征收范围为销售货物、提供加工和修理修配劳务、进口货物、销售服务、无形资产或者不动产。增值税税率为17%、11%、6%、0%五档，增值税征收率为3%。自2014年10月1日起，对月销售额3万元（含本数）的增值税小规模纳税人（含个体户），免征增值税。

消费税　消费税征收范围为烟、酒、化妆品、贵重首饰及珠宝玉石、鞭炮、焰火、成品油、摩托车、小汽车、高尔夫球及球具、高档手表、游艇、木制一次性筷子、实木地板、电池、涂料等，除贵重首饰及珠宝玉石在销售环节征消费税外，其他均在生产环节征消费税。

烟类消费税税率为45%、30%。在卷烟批发环节加征一道从价税，税率为11%，并按0.005元/支加征从量税。酒类消费税税率为20%、10%。其中粮食白酒、薯类白酒适用比例税率20%加定额税率0.5/斤；啤酒适用定额税率250/吨、220/吨；黄酒适用定额税率240/吨；其他酒适用比例税率10/吨。气缸容量250毫升（不含）以下的小排量摩托车免征消费税，气缸容量250毫升和250毫升（不含）以上的摩托车继续分别按3%和10%的税率征收消费税。电池消费税税率为4%，无汞原电池、金属氢化物镍蓄电池（又称“氢镍蓄电池”或“镍氢蓄电池”）、锂原电池、锂离子蓄电池、太阳能电池、燃料电池和全钒液流电池免征消费税；自2016年1月1日起，对铅蓄电池按4%税率征收消费税。高档化妆品消费税15%。

汽车消费税税率为1%、3%、5%、9%、12%、25%、40%七档，自2016年12月1日起，对超豪华小汽车，在生产（进口）环节按现行税率征收消费税基础上，在零售环节加征消费税，税率为10%。成品油消费税税率为每升1.52元、1.2元二档。其中，汽油、石脑油、溶剂油、润滑油的消费税税率为1.52元/升；柴油、航空煤油、燃料油的消费税税率为 1.2 元 / 升。

企业所得税　企业所得税（包括中央企业和保险机构、地方银行、农村信用合作社，2002 年至 2008 年新成立以及 2009 年起新成立的应缴增值税的企业）征收对象为企业生产经营所得和其他所得。2008 年 1 月 1 日起，《中华人民共和国外商投资企业和外国企业所得税法》及其实施细则、《中华人民共和国企业所得税暂行条例》及其实施细则停止执行，同时《中华人民共和国企业所得税法》及其实施条例开始实施。国内原外资企业缴纳外商投资企业和外国企业所得税，内资企业缴纳企业所得税，2008 年 1 月 1 日起，统一缴纳企业所得税。

企业所得税的税率为 25%。符合条件的小型微利企业，减按 20% 的税率征收企业所得税；国家需要重点扶持的高新技术企业，减按 15%的税率征收企业所得税；非居民企业在中国境内未设立机构、场所的，或者虽设立机构、场所但取得的所得与其所设机构、场所没有实际联系的，其来源于中国境内的所得缴纳企业所得税，适用税率为 10%。

根据《国家税务总局关于调整新增企业所得税征管范围问题的通知》规定，以 2008 年为基年，2008 年底之前国家税务局、地方税务局各自管理的企业所得税纳税人不作调整。2009 年起新增企业所得税纳税人中，应缴纳增值税的企业，其企业所得税由国家税务局管理；应缴纳营业税的企业，其企业所得税由地方税务局管理。

自 2017 年 1 月 1 日至 2019 年 12 月 31 日，对年应纳税所得额低于 50 万元（含 50 万元）的小型微利企业，其所得减按 50% 计入应纳税所得额，按 20% 的税率缴纳企业所得税。

2017 年，武鸣区全年应参加 2016 年度汇算清缴企业 1777 户，入库 2016 年度企业所得税 7972.32 万元，减免所得税额 2922.83 万元。

车辆购置税　车辆购置税征收范围为汽车、摩托车、电车、挂车、农用运输车，税率为 10%。

根据《财政部　国家税务总局关于减征 1.6 升及以下排量乘用车车辆购置税的通知》规定，从 2017 年 1 月 1 日起至 2017 年 12 月 31 日止对购置 1.6 升及以下排量乘用车减按 7.5% 的税率征收车辆购置税。2017 年，武鸣区国税局完成 1257 辆车的涉税业务，征收入库车辆购置税 3346.68 万元，其中 1.6 升及以下排量乘用车 706 辆，减免车辆购置税税额 541.45 万元。

个人储蓄利息所得税　个人储蓄利息所得税征收范围为个人储蓄存款利息所得，自 1999 年 11 月 1 日开征，税率为 20%。2007 年，为了减少因物价指数上涨对居民储蓄存款利息收益的影响，降低广大中低收入储户的税负，国务院决定，2007 年 8 月 15 日以后（含 8 月 15 日）滋生的利息减按 5% 税率征收个人所得税的。2008 年，为进一步扩大内需，更好地应对金融危机带来的负面影响，国务院决定，自 2008 年 10 月 9 日起，对储蓄存款利息所得暂免征收个人所得税。

【组织收入】　2017 年，武鸣区国家税务局全年累计组织各项收入 7.47 亿元，比上年增收 2.37 亿元，增长 46.49%。其中，完成总局考核口径入库 7.47 亿元，比上年增收 23768.60 万元，增长 46.69%；完成自治区政府考核口径入库 7.13 亿元，比上年增收 2.32 亿元，增长 48.33%；完成南宁市政府考核口径入库 7.13 亿元，比上年增收 2.32 亿元，增长 48.33%；完成武鸣区政府考核口径入库 71679 万元，比上年增收 25136 万元，增长 54.01%。

【税收征管】

税收日常征收管理　2017 年，城区国税局与武鸣区地税局合作，明确合作项目，双方联动，密切配合，共享信息，优化征管流程，降低国地税的征收成本，提高税收征管效率，在税源控管上实现 1 + 1 > 2 的效应。是年，武鸣区国税局、地税局联合办理税务登记 2551 户、变更 3007 户、注销 62 户；联合采集财务报表 6389 份；联合开展 6 次纳税人培训，211 人次参加；联合开展（190 户）纳税人满意度调查 2 次；国税代地税累计征收地方税费 43.12 万元，地税局为国税累计征收增值税 338.90 万元；对 877 户纳税人协同开展定期定额核定工作；对 7 户大企业联合开展风险管理；通过协同开展非居民纳税人源泉扣缴管理累计增加税款 518.98 万元；联合从城区行政管理部门采集第三方涉税信息 25 条；联合与纳税人签订委托划缴税款协议 792 户；协同管理建筑服务企业外出经营税收，增加税款 987 万元；共同实施房地产开发企业税收一体化管理增加税款 656 万元。

税收专业化管理　将涉税事项划分为纳税服务事项、基础管理事项、风险管理事项、法制事务事项，依托金税三期系统的支撑作用，完善新的岗责体系和业务流程，推进税源分类分级管理和管事管户结合管理模式。制定税收风险扎口管理制度，探索税收风险管理实体化运作。开展对重点税收风险事项的风险分析识别和风险应对工作，风险管理有效加强。是年，对 190 户涉税风险企业开展核查和纳税评估，核查、评估入库税款 603.89 万元。

【纳税评估】　2017 年，城区国税局对接收的异常增值税专用发票抵扣凭证开展核查 626 份，查补增值税、滞纳金 75.72 万元；开展未免税备案企业的核查及 11 户取得非正常户开具专票抵扣核查工作，核查 88 户票种核定异常情况，全部调整其发票核定数量；按南宁市国税局下发的税收风险应对任务以及日常征管中发现的涉税疑点进行核查，完成 25 户企业 136 份抵扣凭证审核，6 户代开增值税普通发票实地核查，完成 1 户企业享受安置残疾人就业增值税即征即退税收优惠政策审核，评估核查入库税款、滞纳金 46.41 万元。

【落实税收优惠政策】　2017 年，城区国税局落实居民企业所得税税收优惠政策。有 277 户企业享受企业所得税税收优惠，涉及制造业、金融业、农林牧渔、批发零售等行业，优惠金额 8552.39 万元；符合条件小型微利企业 179 户，减免税款 138.50 万元，受惠面 100%；享受国家需要重点扶持的高新技术企业 2 户，减免税款 5.03 万元；享受西部大开发税收优惠 8 户，减免税款 2762.92 万元。

【依法治税】　2017 年，城区国税局依法治税，维护良好税收秩序。

税务稽查　充查处税收违法行为，保障税收收入，维护税收秩序，促进依法纳税。全年入库查补税款、滞纳金、罚款 220.36 万元。其中，2017 年立案检查 4 件，2016 年移案 4 件，结案 2 件，存案 6 件，立案查补税款、滞纳金、罚款 29.56 万元。

税收自查补报　落实税收执法责任制，发挥稽查职能，坚持依法治税，对纳入日常稽查计划的重点企业推行“查前预告、企业自查、案头分析、重点检查”的稽查方式。对南宁花花大世界园林有限公司、南宁市武鸣金源房地产开发有限公司、广西武鸣中居房地产开发有限责任公司进行辅导检查，企业共自查补报税款及滞纳金 190.79 万元。

清理积案　对往年立案未结案的广西建机建筑机械制造有限责任公司（2016 年立案）、广西麦克健丰制药有限公司（2015 年立案）继续调查取证，补充完善证据，2 件案件均完成了稽查审理环节。

打击发票违法犯罪行为　重点打击制售假发票、非法出售发票、非法代开或虚开发票、非法取得发票等各种发票涉税违法犯罪行为，在日常稽查工作中坚持“查账必查票”“查案必查票”“查税必查票”。查处涉及发票虚开虚抵违法行为 3 起，违法发票 17 份，涉及金额 149.95 万元，查补税款 26.57 万元，加收滞纳金 0.43 元，罚款 2.56 万元。

税收协查　受理受托协查案 8 件，立案查处 3 件，查补入库税款 26.57 万元，罚款 2.56 万元，滞纳金 0.43 万元。复函率 100%。

【纳税服务】　2017 年，城区国税局优化纳税服务，保障纳税人合法权益，提高纳税人满意度。

纳税信用等级评价　完成对 1163 户企业的纳税信用等级的评价，对其中的 98 户 A 级企业在办税服务厅进行公布。

纳税人实名信息采集　根据《中华人民共和国税收征收管理法》及其实施细则，对辖区内的纳税人实施税务登记信息实名采集。税务登记信息实名采集，是指在纳税人首次办理涉税事项时，国税机关对纳税人相关人员未采集的身份信息进行采集、核实和确认。纳税人相关人员是指纳税人的法定代表人（负责人、业主）、财务负责人、办税员、发票领用人以及法定代表人（负责人、业主）委托授权的税务代理人或其他人员。

纳税人分类分级管理　推进纳税人分类分级管理工作，加快推进高效办税服务，解决纳税人办税等候时间长，办税拥挤、服务效率低等问题，降低税收流失与征税成本，提高纳税人满意度。

（韦曼史）

地方税务

【概　况】　2017年，南宁市武鸣区地方税务局设有内设机构7个，5个派出机构，现有在职在编人员87人，其中大学本科以上学历69人。负责武鸣区18323户纳税人的地方税收征管工作。2017年南宁市武鸣区地方税务局深入贯彻落实党的十九大、十八届历次全会精神和习近平总书记系列重要讲话精神，围绕“强素质敢于担当，善管理服务首府”的总体思路，以推动武鸣加快融入南宁中心城区发展为目标，立足税收新常态，采取有力措施推动各项工作取得成效。

【地税收入】　2017年，城区地税局组织城区政府考核口径收入累计67816万元，同比增收1379万元，增长2.08%，剔除“营改增”因素增长26.14%，完成南宁市地税局下达的收入预期目标任务（59000万元）的114.94%。

【税收征管】　2017年，城区地税局稳妥推进营改增试点工作。抓好营业税户籍排查摸底，及时移交2452户纳税人资料；抓好营改增政策的学习宣传，国地税联合培训纳税人1200人次；抓好发票使用情况的清理检查，满足纳税人发票使用需要；抓好办税厅服务，“五一”放假期间照常提供办税服务；通过抓好以上措施该局实现营改增试点工作平稳过渡。加强营改增后后续征收管理。推进互相委托代征业务，2017年国税局代征地方性税费共计113万元，该局代征增值税107万元。强化税收风险管控。推进大企业税收风险管理，自9月19日起国地税共同部署大企业税收风险内控机制管理、个性化服务等方面工作任务，与广西武鸣锦龙建材有限公司等41户重点企业签订了税收遵从合作协议，大企业税收风险管理工作取得成效。推进资源税从价计征改革。广泛宣传资源税全面改革的重大意义，有针对性地向纳税人做好政策宣传，完成石灰石开采行业纳税人资源税税负调研，开展对矿泉水、页岩、方解石等相关行业的数据采集，做好对资源税改革前期辅导、培训等各项准备工作，8月份我局资源税首个申报期内纳税人申报55户，申报率为100%，入库税款267万元，企业减负1.3%，达到预期目标。全面落实国地税合作规范。在上半年落实《合作规范（2.0）》基础上，下半年认真梳理了《合作规范（3.0）》中7项新增合作事项的合作规范和13项合作事项修订内容，明确了每一合作事项的责任部门、责任人和联络人，确定工作推进的时间表和路线图，实现51项合作事项件件落到实处。

【依法治税】

规范执法行为　2017年，城区地税局根据自治区地税局关于行政审批许可和非行政审批许可下放权限和修改变动的工作部署，及时做好有关行政审批内容的调整，共取消行政审批事项42项，保留行政审批事项3项，及时将调整内容向社会公布。

防范税收执法风险　加大执法督查力度，全年对5个征收分局共11个重点项目开展督查，对发现的问题限期进行整改处理，强化责任追究。大力推进政务服务、政府信息“两公开”，自觉接受公众监督，提高执法透明度和公正性。

【信息化建设】　2017年，城区地税局抓好各项设备、软件的正常安装、调试和运行，4月24日在生产环境顺利模拟代开出全区地税系统首张增值税发票。国地税联合加强对重点税源、重点行业的税源分析预警，通过协调数据交换共享机制共享营改增行业纳税人税收征管情况，避免税款流失。合作开展个体户核定定额，采取人机结合的办法核定纳税定额，统一国地税评定口径，目前联合互动评定面已经达到90%以上。推进“互联网+税务”，全面实现涉税业务报送资料、办税流程、办理时限等事项的二维码一次性告知。

【纳税服务】

服务地方经济增长　2017年，城区地税局不折不扣地贯彻落实各项税收优惠政策，特别是落实供给侧结构性改革相关税收优惠政策、自治区促进稳增长的41条政策等优惠政策，充分释放政策红利，依法为纳税人减免税款1.0498亿元，切实减轻了纳税人负担；参与南宁教育园区涉及武鸣区部分土地价格核定、武鸣区推进大众创业万众创新实施方案、推进发展农村电子商务工作方案等影响武鸣经济社会发展的重大事项决策，为武鸣新区经济社会发展建言献策，服务地方经济发展。

服务广大纳税人行动　深入开展“便民办税春风行动”，落实便民办税22项服务措施。深化国、地税合作，在办税服务厅互设业务窗口、24小时自助办税终端，共同进驻政务服务大厅，纳税人办理国地税涉税事项实现“一站式”、“一次性”办结，2017年共办理登记14830户，办证率达到100%，办税流程压缩70%以上，即办事项5分钟内办结。联合对822户纳税人开展信用评价，评价A级纳税人91户，D级纳税人46户。用活纳税信用等级评价结果，与银行积极推动“税银互动”守信激励措施，有效缓解小微企业融资困难。同步设置纳税人权益维护服务点，为纳税人提供税法援助和救济，扩大维权途径，满足纳税人维权诉求。强化税法宣传效果，开展了税收宣传月、实用税法进万家、地税开放日等活动，扩大税法宣传效应。

【税收宣传】　2017年，城区地税局推进法治宣传，有针对性地开展普法宣传活动，加强对税务人员及纳税人的政策辅导和咨询解答工作，全年对基层税务机关解读政策365次，答复纳税人咨询233人次。强化税法宣传效果，开展了税收宣传月、实用税法进万家、地税开放日等活动，扩大税法宣传效应。

（韦　林）

中国人民银行

【概　况】　2017年，中国人民银行武鸣支行（以下简称武鸣支行）是中国人民银行的派出机构，设有办公室、综合业务股、会计国库股。截至2017年年底，领导班子成员3人，在职职工19人，退休职工12人，党员（含退休）22人，大学本科以上学历18人，经济师8人。

【助力地方经济发展】　2017年，中国人民银行武鸣支行调整信贷结构，引导辖区金融机构增加信贷投入，支持地方经济发展。是年，武鸣区金融机构存款余额257.22亿元，同比增加34.25亿元，增长15.36%，同比多增2.53亿元，增速同比下降1.22个百分点；贷款余额173.68亿元，同比增加34.59亿元，增长24.87%，同比多增8.12亿元，增速同比上升1.36%。

【金融监管】　2017年，中国人民银行武鸣支行实施《武鸣区金融机构金融管理与服务实施办法》，建立日常监管台账，促进金融机构依法合规经营，配合人民银行开展相关工作。约谈金融机构主要负责人3次、发督办通知书5次；开展综合执法检查和业务专项执法检查工作，发现问题依法依规处理，促进武鸣区金融稳定。

【农村承包土地经营权抵押贷款试点工作】　2017年，中国人民银行武鸣支行积极承担改革领导小组办公室职责，通过建立工作联席会议制度、召开试点工作推进会、业务培训会、协调会和评估会等研究解决试点工作存在问题；成功推动城区政府2次追加风险补偿基金规模、提高风险分担比例、出台农村承包土地经营权抵押贷款财政贴息管理办法、建立试点工作容错机制等，积极指导推动涉农金融机构积极参与试点业务，截至2017年年底，发放农村承包土地经营权抵押贷款余额5208万元。

【推进农村信用“四级联创”】　2017年，中国人民银行武鸣支行成功推动城区政府建立武鸣区社会信用体系建设联席会议制度并下文实施；多次组织召开农村信用“四级联创”推进会、座谈会和协调会解决问题，推动指导辖区8家银行业金融机构参与“四级联创”，实现辖区银行业金融机构全员参与创建全覆盖。截至2017年年底累计完成创建信用镇5个、信用村8个、信用户64053户，分别占38.46%、35.35%、41.86%，全面完成年度创建目标任务。

【征信查询服务】 2017年，中国人民银行武鸣支行在做好柜台查询服务在基础上，投入资金购买了信用报告自助查询机，解决了群众排长队问题，提高了工作效率。年内，提供年度个人信用报告查询24539份，企业信用报告查询282份，无一投诉事件发生。

【货币金银管理】 2017年，中国人民银行武鸣支行督促金融机构履行假币收缴职责，严把柜台关，发现假币坚决收缴。全县金融网点柜面共收缴假人民币23.9万元。扎实推进反假货币宣传活动，建立8个社区反假货币宣传站（点）和198个行政村的反假货币宣传站（点），增强全社会反假水平。

【农村支付服务】 2017年，中国人民银行武鸣支行创建武鸣区锣圩镇板新村唐秀高农村金融综合服务站为示范点；推动金融机构在辖区252个惠民支付服务点增加50个叠加电商功能，提升银行卡助农款服务点机器设备功能，金融服务“三农”水平进一步提升。

【队伍建设】 2017年，中国人民银行武鸣支行坚持用先进的理论武装班子成员。认真落实党组中心组学习制度，高效完成党组中心组理论学习会6次、党员理论学习会4次、十九大精神动学习交流和辅导会5次，讲专题党课6次，撰写学习心得体会和调研文章等13篇；严格执行民主集中制原则，完善班子议事的方式方法，凡属“三重一大”事项都集体讨论决定，形成工作合力；严肃认真开好领导干部民主生活会、支部专题组织生活会，真正做到自我批评主动揭短，相互批评坦诚直接。

履行党建主体责任 将党建工作纳入党组议事日程，先后召开4次党组会议、2次党建工作领导小组会议，研究拟定党建工作计划，印发党建工作要点，开展“两学一做”学习教育常态化、“规范基层党组织建设年”活动；扎实推进反腐倡廉工作，制定实施《武鸣支行2017年党风廉政建设和反腐败工作任务分解方案》，每季度召开党建和党风廉政建设工作分析会，按要求抓好《党风廉政建设责任书》签订工作，做到逐级负责，层层落实，干部职工签订率达100%。以“纪律教育学习月”活动为载体，多种形式开展廉政党课、警示教育、廉政风险提示等教育活动，增强职工廉洁自律和防范风险意识。认真扎实开展中央八项规定精神“回头看”和“四风”问题、违规公款购买消费高档白酒问题、办公用房、公务用车管理、“小金库”和接收地方政府财政资金等专项清理整治工作。

防控风险 制定、修订完善内部管理制度15个，规范工作流程和办公秩序：强调逐级负责制，严格执行请示、报告制度；制定和明确办公物品、耗材的采购、审批和结账流程，实行定点协议供货、采购人员和结账人员相分离制度；规范公务用车管理，严格执行财务规章制度和财经纪律，杜绝查违规违纪列支费用；强化保密、安全和社会综治工作，下大力气治理大院环境脏乱差问题，营造整洁、优美、安全的办公和生活环境：抓好强化绩效考核，严肃问责。

中国工商银行股份有限公司南宁市武鸣支行

【概　况】 2017年，中国工商银行股份有限公司南宁市武鸣支行（简称工行武鸣支行），内设职能部门共“两部一室”和三个对外营业网点。“两部一室”：业务管理部、客户经理部和办公室；三个营业网点：支行营业大厅、广场支行和东盟支行。另有六个离行式自助银行网点：新五海桥自助银行、解放街自助银行、万隆国际自助银行、红岭大道自助银行、东鸣路自助银行和东盟中学自助银行。年末全行员工总数81人。其中在职员工46人，退休员工35人。在职员工中，具有大专及以上学历39人（其中大专学历21人，大学本科学历17人，硕士研究生1人），占在职员工总数的84.78%；具有助师及以上职称14人（其中中级职称7人），占在职员工总数的30.43%。

【存款业务】 2017年年末，工行武鸣支行各项人民币存款时点余额112167万元，比上年增加11317；其中，对公存款时点余额41221万元，比上年增加8290万元。

【贷款业务】 2017年，工行武鸣支行累计发放各项贷款46842万元，全部贷款余额153273万元，比上年增加35636万元，增长30%。

【中间业务】 2017年，工行武鸣支行通过大力发展传统业务和新兴业务增加中间业务收入。结算业务、电子银行业务、代理销售基金、代理销售国债、代理保险业务、发展融资业务、投资银行业务等成为增加中间业务收入的重要组成部分。至12月末，实现中间业务收入1664万元，比上年增加180万元，增长12%。

【网点渠道建设】 2017年，工行武鸣支行保持现有三个物理营业网点和六个自助银行服务点，布局合理。自动柜员机有22台，自助服务能力有所提升，有效扩大服务客户区域，满足广大客户金融服务需求。

【文明服务】 2017年，工行武鸣支行做好“营业网点服务精细化管理”工作，坚持“以客户为中心”的服务理念，加强业务学习，提高工作效率，不断提高网点的服务水平，增强网点的竞争力。在具体工作上实施服务管理工作“一把手”负责制，严抓细管。加强服务履职监督检查，做好营业网点服务常态化管理。以压缩客户等候时间为抓手，做好营业网点中高端客户和普通客户排长队问题情况调查和分析，通过加强大堂经理引导、分流，提高柜台工作效率、压降柜面业务可分流率等措施，尽量减少客户办理业务等候时间，提升客户满意度。

【党风廉政建设和案件防范】 2017年，工行武鸣支行推进党风廉政建设和案件防范工作。及时传达区分行和分行营业部纪检监察会议精神，层层签订《党风廉政建设工作责任状》和《案件防范工作责任状》，组织员工签订《自觉遵守行为规范承诺书》，将从严治行、从严治贷、从严管理干部的要求落到实处；积极推进内控合规“执行强化年”和“学规定 守纪律 防风险保安全 促发展”反腐倡廉主题教育活动，行长亲自为员工上了反腐倡廉课，持续推进警示教育、员工异常行为排查活动，不断强化员工职业道德和遵纪守规意识。组织党员及领导干部认真学习有关违反中央八项规定和存在“四风”的典型案例通报，严格遵守中央和总行作风建设有关规定和要求。认真开展重点领域案件和风险事件治理活动，落实多项措施切实防范风险事件，全年没有发生重大差错事故和经济案件，实现经营安全年。

【企业文化建设】 2017年，工行武鸣支行围绕全年支行各项业务发展经营目标，加强企业文化建设活动，以“工于至诚，行以致远”的企业文化理念教育员工、鼓舞员工、激励员工。支行党支部认真开展“两学一做”学习教育活动，组织党员围绕坚定理想信念等“五个”主题进行学习讨论，支部书记带头以“立足基层、立足岗位、学党章党规、学系列讲话，争做优秀党员”为主题讲党课，强化了理想信念、党性、党风、党纪教育，形成积极向上、干事创业、风清气正的良好氛围。积极引导团员青年向党组织靠拢，吸收了2名员工为入党积极分子，通过团支部开展青年员工劳动竞赛等活动带动团员青年干事创业，为支行各项业务发展献计献策。坚持民主集中制，严格落实“三重一大”等民主决策制度和行务公开制度，保证员工在重大经营决策、收入分配制度、廉政措施方面有知情权、参与权和监督权，不断提升员工队伍向心力和凝聚力。

（唐善强）

南宁市武鸣区农村信用合作联社

【概 况】 2017年年末，南宁市武鸣区农村信用合作联社（以下统称“城区农信社”）全辖机构网点共38个，与上年持平，其中有1个法人机构，37个分支机构；在职员工为339人，其中，女员工103人；本科127人，大专166人，中专及以下45人；中级职称20人，初级职称77人；退休员工101人；联社机关内设“八部二室”，即办公室、人力资源部、市场开发部、计划信贷部、资产风险管理部、财务会计部、稽核审计部、监察室、安全保卫部、法律合规部。2017年积极应对经济下行压力，积极作为，各项业务稳健保持发展，各项存款、贷款的存量、增量等重要指标刷历史新高；荣获武鸣区党委和武鸣区政府联合授予南宁市武鸣区2017年度支持地方经济发展先进企业（单位）一等奖、南宁市武鸣区2017年度金融机构支持地方经济发展先进单位，荣获武鸣区党委、武鸣区政府联合授予2017年度脱贫攻坚先进单位，荣获武鸣区大行办授予2017年度“大行动工作先进单位”等称号。

【存　款】 2017年年末，城区农信社各项存款余额122.17亿元，比年初增加19.82亿元，增长19.35%。其中储蓄存款余额93.26亿元，比年初增加9.9亿元，增长11.87%。

【贷　款】 2017年年末，城区农信社各项贷款余额74.39亿元，比年初增加10.57亿元，增长16.56%。1—12月累计发放各项贷款41.62亿元。

【中间业务及电子银行业务】 2017年年末，城区农信社中间业务收入911万元。新增电子银行有效用户19353户；电子银行交易替代率85.17%；便民点活动率99.46%。

【信贷金融服务】 2017年，城区农信社加大贷款投放力度，有效推动当地经济发展。

支持政府重点项目　2017年，认真做好政府购买服务项目融资业务，全年发放贷款2笔，金额4.5亿元，其中支持教育园区2亿元，支持伊岭工业园区2.5亿元。

支持小微企业　在经济新常态下，严格按照小微企业贷款“三个不低于”的要求，整合信贷资源向中小微企业倾斜，为中小微企业提供更全面、优质、高效、贴心的金融服务。全年支持小微企业1738户，比年初增加310户，重点支持96家，累计发放贷款18亿元；小微企业贷款余额434977万元，比年初增加50492万元，增长13.13%。其中重点支持水果、蔬菜、生猪等优势特色种养业、农产品加工业等等。

涉农贷款投放　一是全力推进农村土地“两权”抵押贷款试点工作，大力支持土地集约化经营，加快土地流转，促进农业产业化发展。1—12月，农村土地“两权”抵押贷款新增13笔，金额3478万元，累计发放4478万元。二是加快推进“甜蜜贷”项目，加强与香山糖厂、东山糖厂密切合作，支持甘蔗大户生产，支持糖厂发展和城区甘蔗生产。1—12月，“甜蜜贷”贷款新增29笔，金额1598万元。

小微企业金融服务　不断加大支持小微企业力度，有效解决融资难融资贵的问题。12月末，小微企业贷款余额48.9亿元，比年初增加5.4亿元，增长12.32%。主要支持水果、蔬菜等优势特色种养业、农产品加工业等等。

支持社会创业就业　2017年推出农民工创业担保贷款业务，继续支持个体工商户经商。1-12月，累计支持农民工创业担保贷款108笔，金额1000万元。1—12月，累计支持个体工商户1439户，比年初增加195户；贷款余额6.52亿元，比年初增加1.92亿元。

开展消费贷款业务　推进个人住房按揭贷款业务。1—12月，累计发放住房按揭贷款1346户，金额45905万元；贷款余额54245万元，比年初增加44541万元。积极开办公职人员消费贷款业务。1—12月末，累计发放公职人员贷款191户，金额2855万元；贷款余额3161万元，比年初增加2103万元。

推进金融精准扶贫工作　认真贯彻地方党委政府的扶贫攻坚战略部署，大力开展扶贫小额信贷发放工作。1—12月，累计新发放扶贫贷款137户，金额586万元，贷款余额8486万元。

推进信用体系建设　积极配合城区党委、政府工作，加快信用体系建设，2017年增加创建甘圩信用镇、甘圩镇4个信用村、府城镇4个信用村。目前，累计创建5个信用镇、70个信用村，大力营造社会诚信环境，减轻农民负担，支持农业生产。

【清收不良贷款】 2017年，城区农信社加大依法收贷力度，通过依法诉讼，加强与法院的沟通联系，全年收回不良贷款本金3140万元，利息872万元。

【监督工作】 2017年，城区农信社主要监管达标持续向好，2017年年末，资本充足率为10.98%；拨备覆盖率170.99%；拨贷比8.07%；贷款损失准备缺口为0。

【快捷服务】 2017年年末，城区农信社离行式自助银行累计7个，自助服务设备累计102台，POS商户累计844户，其中桂盛通便民点185户，POS商户659户。全辖实现金融服务覆盖率100%，特别是桂盛通便民点的设立，很好地打造金融服务"最后一公里"，广大村民足不出村就能办理存取款、转账、新农合及新农保缴费等业务，享受家门口的银行快捷服务。

【队伍建设】 2017年，城区农信社先后举办信贷、反假币、稽核、新员工、企业文化等培训5期，参加培训达338人次。执行岗位轮换制度。全年共调整岗位轮换56人。丰富员工娱乐生活。坚持每季度组织员工开展各项文体活动，举行了气排球、演讲等比赛。关心员工的工作生活。先后举行了五四青年节大会、传帮带新员工拜师仪式、"九九"重阳节座谈会及组织员工年度体检等，强化人文关怀，增强凝聚力。

【党建工作】 2017年，城区农信社制定理论学习方案，认真学习党的十八大以及十九大会议精神，学习习近平总书记系列的重要讲话，学习党章等等。基层党组织建设。全辖党支部设立由原来的7个支部增加到10个支部。签订责任状。联社党委与各党支部层层签订《党风廉政建设责任书》，做到业务管理与党风廉政建设工作同步强化。四是深入开展专项活动。深入开展查处发生在群众身边的"四风"和腐败问题、中央八项规定精神"回头看"工作、"两学一做"学习教育活动，落实"两个"主体责任，推进党风廉政建设和思想政治建设常态化。

（邓秀娟）

经济管理与监督

宏观经济管理

【概　况】 2017年，南宁市武鸣区发展和改革局（简称城区发改局）是研究拟订全城区经济和社会发展政策，进行总量平衡，指导总体经济体制改革的经济调节综合部门，主要职责为：拟定并组织实施全城区国民经济和社会发展战略、中长期规划和年度计划，对城区宏观经济运行预测、预警，研究经济运行中带有全局性的重大问题，组织、协调、管理重大建设项目的布局和前期工作，负责社会事业以及国防建设与整个国民经济和社会发展的衔接平衡，组织、协调、推进信用体系建设工作，负责价格宏观管理和综合平衡、粮食流通及安全生产管理工作等。

2017年设有13个内设机构，即行政秘书股、行政审批办公室、综合规划和工业发展股、项目投资股、社会发展和经济体制改革股（医药卫生体制改革股）、计财股、农村经济发展股、信用体系建设办公室、经济与国防协调发展股（国民经济动员办公室）、价格管理股、收费管理股、粮食调控股、粮食监督检查股。核定机关行政编数（含城区物价局、粮食局）24名，机关后勤服务人员控制数3名，实有在职机关行政编制20名，后勤服务人员3名。发改局下设二层机构：储备粮管理中心（财政全额拨款事业单位）核定编制数7名，在编8名；物价检查所核定编制数4名，在编3名；价格成本调查队核定编制数2名，在编2名；价格认证中心（参公事业单位）核定编制数3名，在编3名。

【年度计划编制】 2017年1月，城区发改局编制完成《南宁市2016年国民经济和社会发展计划执行情况与2017年国民经济和社会发展计划草案报告》，经武鸣区第一届人大二次会议审议通过。该报告根据武鸣区党委、政府提出的经济社会发展目标，在分析国内经济社会环境和自治区、南宁市及周边县（区）的发展情况、武鸣区三次产业发展潜力和需求的基础上编写完成。计划草案提出年度预期目标主要有：地区生产总值357亿元，增长7%；财政收入26.7亿元，增长8%，其中，城区本级财政收入15.1亿元，增长6%；规模以上工业总产值485亿元，增长9%，其中，城区本级规模以上工业总产值165亿元，实现止跌企稳；固定资产投资372亿元，增长9%，其中，城区本级固定资产投资212亿元，增长8%；社会消费品零售总额87亿元，增长10%；城镇居民人均可支配收入增长8%；农村居民人均可支配收入增长10%。2017年实际完成地区生产总值353.2亿元，增长8.7%；财政收入27.23亿元，增长9.3%，其中，城区本级财政收入15.63亿元，增长8.6%；规模以上工业总产值489.31亿元，增长10.8%，其中，城区本级规模以上工业总产值148.49亿元，降幅收窄；固定资产投资386.49亿元，增长8.6%，其中，城区本级固定资产投资209.4亿元，增长5%；社会消费品零售总额完成87.84亿元，增长10.5%；城镇居民人均可支配收入32014元，增长8.9%；农村居民人均可支配收入14594元，增长9.7%。各项主要指标均基本能实现年初确定的预期目标。

【经济运行监测分析】 2017年，城区发改局全面落实国家、自治区、南宁市关于稳增长的政策措施，牵头草拟并以城区政府名义印发《关于进一步做好落实政策稳增长工作的通知》（南武政发〔2017〕10号），落实责任分解，对重点工作、重点项目进行跟踪督促、动态监控、定期通报，确保执行到位。围绕年初确定的全城区经济社会发展目标，全程监测城区经济社会运行情况，分析经济运行中存在的突出问题和矛盾，撰写《武鸣区季度经济运行分析报告》《武鸣区固定资产投资情况月分析报告》等。

【项目策划与申报】 2017年，城区发改局按照“三年滚动计划要求”，指导各部门各单位做好项目策划包装工作，建立定期更新管理的常态化机制，进一步完善项目储备库。按照申报要求认真研究和策划项目，争取国家和自治区、南宁市专项资金。牵头组织农口部门开展征集编报2018年市本级财政资金农口建设项目投资计划；完成2017年度及2018年度石漠化综合治理工程、新增千亿斤粮食产能规划建设田间工程项目初步设计和投资计划申报工作，两个工程项目两个年度建设计划总投资6025万元，其中申请中央资金4900万元，自治区配套资金562.5万元。牵头组织社会部门开展征集编报2017年度、2018年度市本级财政补助资金建设项目投资计划，申报2018年度教育基础项目建设市级财政补助资金21580万元，武鸣民族中学和城镇三小的扩建项目、标营小学和标营幼儿园的新建项目、武鸣高中文化广场续建项目纳入补助对象。

【项目审批】 2017年，城区发改局推进行政审批制度改革，制定行政审批制度改革方案，对上级下放、取消事项进行梳理，及时更新审批事项、服务事项和项目审批流程，简化项目审批程序，年内共审批和备案各类项目351个。其中，审批各类政府投资项目165个，项目总投资123.94亿元；企业投资项目备案186个，项目计划总投资182.64亿元。建好用好投资项目在线审批监管平台，建立健全管理制度，确保平台运行顺畅，认真履行各项服务承诺，切实提高项目审批服务质量效率。全年通过现在并联审批平台完成投资项目审批办件376件。

【项目建设与实施】 2017年，城区区市层面统筹推进重大项目27个，其中自治区层面统筹推进重大项目4个，年度计划投资16.3亿元，实际完成投资18.2亿元，投资完成率112%；市级层面统筹推进重大项目23个，年度计划投资21亿元，实际完成投资22.5亿元，投资完成率107.4%。城区本级重点推进建设项目86个，年度计划完成投资92.9亿元，实际完成投资77.9亿元，投资完成率83.8%。

中央预算内投资项目9个，年内全部开工，开工率100%，累计下达投资计划5413万元，实际完成投资4131万元，投资完成率76.3%，其中中央资金实际支付额1298万元，完成下达中央投资计划4333万元的30%。

【项目跟踪管理】 2017年，城区发改局制定《武鸣区2017年固定资产投资和重点推进建设项目实施方案》《武鸣区2017年城区领导开展“重大项目服务年”工作方案》及《武鸣区2017年固定资产投资和重点推进项目建设工作年度绩效考评工作方案》，每月定期对2017年重点推进建设项目、中央投资项目进行督查，重点督查区市层面统筹推进重大建设项目和区市领导联系重大项目，及时发现并解决存在的问题，促使项目尽早开工，并做好项目的调度工作。按月编辑印发《下达武鸣区2017年固定资产投资工作目标任务分解表》《武鸣区2017年重点推进建设项目进展情况表》《武鸣区2017年重点推进建设项目进展情况预警通报》等；完善固定资产投资和重大项目推进工作机制，建立集中开竣工制度及考评奖励制度，对在固定资产投产和重点项目建设中作出重大贡献的单位给予奖励表彰。

【节能减排】 2017年，武鸣区（含东盟区）综合能源消费量141.01万吨标准煤，比上年增长0.66%；万元GDP能耗下降7.37%，幅度比上年扩大2.29个百分点。森林覆盖率49.42%；新增新建建筑113万平方米，新建建筑全面贯彻执行节能设计标准，节约能源1.29万吨标煤，完成了年建筑节能目标值215%，超额完成节能目标值；2017年列入南宁市节能减排财政政策综合示范市专项资金项目计划综合示范项目：武鸣红狮环保科技有限公司利用武鸣锦龙水泥窑协同处置10万吨/年危险工业废物项目、广西鑫源陶瓷有限公司干燥塔、窑炉烟气除尘脱硫系统改造项目。组织编制《南宁市武鸣区节能减排“十三五”规划》。

【诚信体系建设】 2017年，城区发改局牵头制定《南宁市武鸣区2017年社会信用体系建设工作方案》，组织各相关部门申领南宁市信息信用系统（二期）CA证书，牵头开展武鸣区“四级联创”创建工作，完成武鸣区农村信用信息系统的建立。创建信用镇5个、信用村70个，评定信用户64053户，完成南宁市下达的创建镇、村、户达35%、35%、40%的目标任务。

【医药卫生体制改革】 2017年，城区发改局结合武鸣区实际，坚持保基本、强基层、建机制，以问题为导向，以创新为动力，发挥政府职能和市场机制作用，推进医疗、医保、医药三医联动，着力推进分级诊疗、现代医院管理、全民医保、药品供应保障、综合监管5项制度建设及广西特色医改，统筹推进相关领域改革，强化改革整体性、系统性和协同性，进一步加强组织领导、制度创新和重点突破，抓好已出台改革举措的落地实施。

统 计

【概 况】 2017年，南宁市武鸣区统计局内设综合股、农村统计股、工业统计股、服务业统计股，下属事业单位有武鸣区社会经济调查队、武鸣区统计局普查中心。实有在岗职工23人。其中，行政编制8人，事业编制15人；大学本科16人，专科7人；35岁及以下5人，36～50岁11人，51岁以上7人；统计师7人、助理统计师2人。办公地点在城厢镇兴武大道245号。

【统计制度实施】 2017年，武鸣区统计局组织实施《国民经济核算统计报表制度》《基本单位统计报表制度》《调查单位基本情况统计报表制度》《工业统计报表制度》《广西工业园区统计报表制度》《能源统计报表制度》《环境综合统计报表制度》《建筑业统计报表制度》《固定资产投资统计报表制度》《房地产开发统计报表制度》《批发和零售业统计报表制度》《住宿和餐饮业统计报表制度》《农村统计报表制度》《劳动工资统计报表制度》《全国月度劳动力调查制度》《广西社会综合统计报表制度》《广西科技综合统计报表制度》《企业（单位）科技活动统计报表制度》《企业创新活动统计报表制度》《文化及相关产业综合统计报表制度》《城市基本情况统计报表制度》《规模以上服务业统计报表制度》《广西服务业财务统计报表制度》《运输邮政软件业统计报表制度》《电子商务统计报表制度》《广西妇女儿童状况综合统计报表制度》《国家统计局住户收支与生活状况调查方案》《广西农业抽样调查制度》《广西分市城区住户收支与生活状况调查方案》《广西主要畜禽监测调查制度》《广西退耕还林（草）监测调查制度》等31项统计调查制度，同时开展第三次全国农业普查工作、2017年南宁市投入产出调查试点工作，对经济和社会发展情况进行全面统计，如实反映全城区经济与社会发展状况。

【第三次全国农业普查】 2017年，武鸣区统计局按照国家、区、市农业普查办工作部署，做好第三次全国农业普查工作。完成农业普查登记146224户，占清查摸底户数99.4%（清查摸底户数147101户）。其中，普通农户137336户，占清查摸底户数97.5%（清查摸底户数140822户）；规模经营户7608户，占清查摸底户数146.2%（清查摸底户数5204户）；农业经营单位1280家，占清查摸底户数128.38%（清查摸底户数997家）。完成村表登记230个，镇表登记15个，占清查摸底的100%。完成农业普查数据处理平台上报数据审核、纠错和验收工作。城区本级普查登记采集上报145899户，其中，普通农户137088户，规模农业经营户7608户，农业经营单位1203家。4月20日至22日，国务院农业普查事后质量抽查组到武鸣区对第三次全国农业普查进行事后质量抽查。抽查组对双桥镇镇南村第3、5小区和合美村第11小区全部农户、规模户、普查小区所在普查区的全部农业经营单位进行入户核查，完成抽中小区149户农户、57户规模户、17家农业经营单位的入户核查工作。

【统计服务】 2017年，武鸣区统计局切实履行统计职能，以提高统计服务水平为工作重点，服务于城区党委政府的中心工作。主动适应新常态，加强对经济运行的监测，对经济运行中出现的一些苗头性问题和发展趋势，及时进行研究和分析，并提出预测预警，为党委政府提出一些符合实际、针对性强、切实可行的措施和建议，供领导作决策参考。

为提升统计服务时效性，改变了以往数据通报方式。在联网直报期间，各专业第一时间审核、评估统计数据，针对一些波动性较大的数据指标，加强查询审核，同时将出现的问题及时通报各相关部门。每月联网直报结束后，及时将统计结果编成《统计快报》，将汇总、评估的数据第一时间送到城区四大班子领导手中，使统计数据不沉睡在数据库中，为领导决策提供了第一手材料。

为提高统计服务质量，以“统筹献计，服务决策”为目标，进一步加强统计服务工作。利用统计数据，加强对经济运行的分析，月度报表完成后，根据统计汇总的数据，加强对各专业统计数据进行分析和评估，并加强对经济运行趋势的研究，及时发现问题，并将分析材料及时报送城区领导和各相关部门。充分发挥国民经济核算部门统计联席会的协调功能，建立健全统计信息传递、反馈、交流、共享机制，每个季度都及时召开国民经济运行联席会，会商经济运行情况，利用部门数据对经济运行情况进行“把脉”，并将会商情况报送城区领导。

为进一步丰富服务方式，利用统计上的优势，编撰统计资料，服务领导决策和社会大众。编制《统计快报》《武鸣经济动态月报》等资料在政府信息平台上进行公布，并逐月进行维护更新，同时呈送城区领导和各镇及相关部门。全年共编制《统计快报》《武鸣经济动态月报》各12期；根据经济运行动态和特点，对经济运行中的一些重点、热点问题，在调查研究的基础上，撰写统计信息97篇，统计分析55篇，调研报告3篇，编成调研资料供领导参阅。其中《2017年一季度经济运行情况分析》《2017年一季度畜牧业发展形势喜忧参半》《推进基层统计工作规范化建设的思考》等23篇统计分析、调研报告被自治区统计局采用。完善统计信息公开平台，积极推进统计信息公开，不断满足社会各界日益增加的统计信息需求。通过在自治区政府信息平台和区、市统计信息网加载各类统计信息，服务社会大众。四是编印统计历史资料。除按往常编辑出版年度统计年鉴外，还为迎接党的十九大召开，编印了《武鸣区十八大以来经济发展成就综述》一书，及时发到城区四大班子领导手中。

【统计基层基础工作规范化建设】 2017年，武鸣区统计局继续贯彻落实《自治区统计局关于印发广西乡镇（街道）统计工作规范化考核办法（试行）的通知》精神，把统计基础工作规范化建设作为重点工作抓紧抓好，着力提高基层统计工作水平，保障源头统计数据的真实性、准确性、完整性和及时性，确保统计基层基础工作规范化建设健康有序发展。一是加强基层统计人员和基层统计对象的培训和指导，完善统计台账，把好数据源头质量。二是完善考核机制。以《广西乡镇（街道）统计工作规范考核标准》为考核内容，将镇级基础统计工作考核列入2017年度武鸣区绩效考评实施方案对各镇进行考核。三是强化督查指导工作。分组对各镇推进基层统计基础规范化建设工作进行检查。四是着力改善基层统计条件。在2017年自治区统计局组织开展的乡级统计工作规范化评选优秀单位的核查工作中，武鸣区灵马镇政府、双桥镇政府、城厢镇政府被确定为“2017年乡级统计工作规范优秀单位”，受到自治区统计局的表彰。

【统计方法制度改革】

地区生产总值统一核算改革 2017年6月26日中央全面深化改革领导小组第三十六次会议审议通过了《地区生产总值统一核算改革方案》，提出要坚持真实准确、规范统一、公开透明的原则，改革核算主体，改革核算方法，改革工作机制，实行地区生产总值统一核算，提高核算数据质量，准确反映地区经济发展。实施地区生产总值统一核算改革后，各省（自治区、直辖市）生产总值核算由现行的省级统计机构核算，改革为国家统计局和省级统计机构共同开展的统一核算。地区生产总值核算工作，将按照统一的核算方法，遵循真实准确、规范统一和公开透明的原则，进行统一核算，并统一公布核算结果，实现地区生产总值汇总数据与国内生产总值数据的基本衔接，准确反映地区经济增长的规模、结构和速度。从核算主体看，改革后，各省（自治区、直辖市）生产总值核算将由各省（自治区、直辖市）统计局负责，改革为国家统计局组织领导，各省（自治区、直辖市）统计局共同参与的统一核算。从核算方法看，改革后，地区生产总值将依据统一的核算方法，利用地区与国家相衔接的基础资料，进行统一核算，确保地区生产总值汇总数据与国内生产总值数据基本衔接。从核算机制看，改革后，国家统计局统一领导地区生产总值统一核算工作，组织各省（自治区、直辖市）统计局制定地区生产总值核算方法、制定和规范统一核算工作流程，进行统一核算。统计系统和国务院有关部门负责提供地区生产总值核算所需的有关分地区统计资料、财务资料、财政收支和决算资料等。核算结果统一发布。

固定资产投资统计方法改革 2017年9月25日，国家统计局下发了《关于印发2017年统计年报和2018年定期统计报表制度主要修订内容的通知》（国统字〔2017〕157号），其中对2018年固定资产投资统计定期报表制度进行了改革，将500～5000万元投资项目统计方法由形象进度法改为财务支出法。2017年9月28—29日，国家统计局召开全国建设领域统计报表制度布置会议，对投资统计制度改革工作进行了统一部署，并要求各省市区在2017年第4季度开展试填试报工作。至2017年年底，武鸣区按照自治区统计局的工作方案要求完成453个投资项目的试填试报工作。

【统计法制】 2017年，武鸣区统计局认真贯彻落实依法治国、建设法治中国的战略部署，严格统计法治实施，加强统计法治监督和统计普法宣传，努力为统计改革发展提供法治保障。按照南宁市统计局关于2017年统计执法工作的要求，坚决抵制“数据造假，以数谋私”，对相关报表单位进行检查，强化数据审核、数据上报、统计资料管理、业务基础资料保管等环节工作；督促各单位健全统计台账制度和统计档案制度，督导报表单位按时、按质、按量填写和上报各类统计报表；坚决杜绝拒报、迟报、虚报、瞒报等违法行为，维护统计法尊严，确保统计数字真实可靠。抓好统计法治的宣传教育工作，通过采取群众喜闻乐见、通俗易懂的形式加强对《中华人民共和国统计法》《统计法实施条例》和《统计违法违纪行为处分规定》等统计法规的宣传。开展“统计开放日”活动，印发《统计法治》3000册，统计法律法规知识宣传单20000份。向社会公众进行广泛宣传。

（杨宗华）

审　计

【概　况】 2017年，南宁市武鸣区审计局，设有综合股、财政金融审计股、行政事业审计股、投资与企业审计股、经济责任审计办公室，核定行政编制12人，工勤编制1人，实有15人，其中公务员14人，工勤人员1人；其中正科2人，副科6人，科员6人，办事员1人；研究生2人，本科10人，大专2人，中专及高中1人；下设二层机构南宁市武鸣区公共投资审计中心编制7人，在编5人；在职人员5人，其中副科1人，办事员4人；研究生1人，大学本科2人，专科2人；办公地点位于南宁市武鸣区红岭大道5号。

【审计成果】 2017年，武鸣区审计局实施审计项目11个。其中，财政审计1个，即2016年度武鸣区本级预算执行和其他财政收支情况审计；专项资金审计5个，分别是武鸣区财政资金信息化管理情况审计调查、武鸣区2014—2015年农村能源健身项目资金使用情况审计、武鸣区2016年保障性安居工程跟踪审计、新型农村合作医疗基金整合专项审计、武鸣区“美丽武鸣”财政专项资金审计调查；政策落实审计1个，即重大政策措施落实情况跟踪审计；经济责任审计3个；自然资源资产离任审计1个。各项审计查出主要问题金额411万元，其中管理不规范金额178万元，违规金额233万元。出具审计报告和审计调查报告11篇，提出审计建议35条。

【公共投资审计】 2017年，武鸣区审计局对绕城北段工程、大伍屯生态综合示范村建设、南宁教育园区武鸣东片区建设等重大投资建设项目的审计工作。全年完成或委托有资质的社会中介机构审核工程造价结算项目1580个，审核金额9.90亿元，审定金额8.97亿元，核减金额0.9亿元，核减率9.68%，提交意见建议26件（次），充分发挥“公共财政卫士”的审计监督职能作用。推进投资审计工作改革创新，购置专业版造价审计软件，研发审核管理系统，将政府投资审计项目审核信息与审核过程无缝对接，有力控制审核程序，防控审计风险；对定点审核中介机构监督管理，研发政府投资项目委托审核项目分配摇号抽取系统，杜绝人为因素控制项目分配，有力防控自行选择审核中介机构的潜在审计风险；6月9日，根据新修订的《南宁市武鸣区政府投资建设项目审计监督管理暂行办法》规定，未列入审计机关年度计划的政府投资建设项目，由项目建设单位委托中介机构审核，审核机构对审核结果的真实性、准确性和合法性负责，并将审核结果报审计机关备案。审计机关依法对项目建设单位委托中介机构进行结算审核备案的审核结果进行抽检复核，有力实施审计监督。

【审计监督】 2017年，武鸣区审计局对财政、民生、经济等各类领域进行审计监督，重点监督检查政策执行、资金使用、项目实施等情况，关注相关领域改革发展中的新情况、新问题，关注公共资金、公共资产、公共服务的公平合理分配，促进国家惠民富民政策的落实，推动共享发展。继续深化领导干部经济责任审计，坚持党政同责、同责同审，全面推行党政主要领导干部经济责任同步审计，依法依纪反映不作为、慢作为、假作为、乱作为等“四风”问题，促进依法行政。对权力集中、资金密集、资源富集、资产聚集的重点部门、重点岗位、重点环节进行审计，揭露和查处重大违纪违法问题；对腐败案件发生规律的剖析，推动铲除腐败滋生的土壤，促进廉政建设，充分发挥审计监督与审计服务职能，不断建立和完善监督制约机制；组织开展政务公开工作，制作和完善政务公开宣传栏，把审计机关工作职责，各股、中心工作职责职能，审计依据、审计程序、审计纪律、监督方式、审计相关法律法规、审计项目安排等在宣传栏上公布，接受群众监督。

2017 年 7 月 26 日，审计局联系爱心企业对仙湖镇四育村举行扶贫捐赠活动

（城区审计局提供）

【综合管理】 2017 年，武鸣区审计局以“两学一做”学习教育为契机，强化党组的引导作用，严格执行“三会一课”制度，全年召开支部党员大会 4 次、支部委员会 12 次、党小组会 12 次、党课 4 次，将“两学一做”学习教育常态化制度化。抓好干部作风建设新提升，对城区作风办梳理出来的 10 条班子问题 28 条班子成员问题全部认领，对照问题，列出清单，制定了整改方案，按时间要求完成整改。坚持普法工作与依法审计工作相结合，制定并印发《南宁市武鸣区审计局审计人员廉政纪律》《南宁市武鸣区审计局审计执法全过程记录制度》《南宁市武鸣区审计局重大执法决定法制审核制度》《南宁市武鸣区审计局行政执法投诉举报制度》制度；依法履行审计监督职责，加强审计机关内部管理，严格依法审计，设置纪检监督电话 0771-6218272。落实党风廉政建设主体责任，按照“一岗双责”的原则，局长对本系统的党风廉政建设负总责；分管副局长对所分管股室的党风廉政建设负主要责任；各股室负责人对本股室党风廉政建设负直接责任。书记、局长与分管领导签订责任状，分管领导与分管股室负责人签订责任状。促进党风廉政建设工作落到实处。

【脱贫攻坚】 2017 年，武鸣区审计局结帮扶贫困户 28 户，负责跟踪 2015 年退出户 11 户。帮助贫困户争取政策补助金额 14.53 万元。动员 2 家爱心企业募集捐款 10 万元，单位干部职工个人捐款 1.17 万元，用于贫困户的生产扶持、危房改造、大病救助、教育资助等。2017 年帮扶贫困户实现脱贫 3 户，单位获武鸣区 2017 年度脱贫攻坚先进工作单位；2017 年武鸣区党委、政府授予“扶贫济困·为民解忧”锦旗。推进“美丽武鸣.宜居乡村”。为 2 个村（社区）落实实事项目 7 个，其中完工 5 个，在建 2 个，总投资 530.88 万元，完成村道拓宽、巷道硬化、村屯亮化绿化、文体活动场所建设。

（黄小员）

物　价

【价格监测】 2017 年，城区物价局做好与群众生活密切相关的 73 种重要商品和服务价格的监测预警分析工作，重大节假日加强监测市场供求状况及价格动态，将采集数据及分析材料及时报送城区党委办、南宁市物价局。全年上报价格信息 42 条，为城区党委、政府和上级部门提供价格决策服务，增强上级宏观调控和价格监管决策科学性、有效性和预见性。

【价费管理】 2017 年，城区物价局贯彻落实国家、自治区出台的价格改革政策。2017 年 1 月 1 日放开食盐价格，广西新建住宅区供配电设施建设维护费实行市场调节价政策，按照自治区物价局的要求调整电价，与南宁市同步调整城区非居民污水处理费收费标准，出租汽车客运价格与南宁市同城同价，核定南宁市武鸣城市公交公司 8 条公交线路票价，调整城区 4 家汽车安全技术检验站的收费，调整城区 16 家公立医疗机构病房床位价格。清理收费文件 26 份，严格执行收费目录清单制度并实行目录清单动态管理。2017年完成收费清单动态调整5次，取消、停征、减低收费项目51项，年减免金额592万元。配合政府各部门理顺住房、生活垃圾处理费、燃气管道安装费、农业水价、征地拆迁、公墓、职业高中职业技能培训等涉及民生的价格收费问题。

【价格检查】 2017年，城区物价局组织开展电力价格、学生托管机构等专项检查，对房地产市场价格常态化监管，清退管道燃气小区工程安装费53.59万元。依法对价格违法行为进行处罚，共查处医药价格违法案件3件、涉企价格违法1件，查处违法所得金额20.09万元，其中没收上缴财政金额19.07万元，退还消费者10200元。

【价格服务】 2017年，城区物价局价格认定案件1070件，认定标的价格总额3.29亿元，其中涉嫌刑事案件285件，认定金额280万元；涉税财物价格认定773件，认定金额29521万元；价格争议纠纷调解11件，认定金额804万元；价格管理事务工作1件，认定金额2335万元。全年上报商品价格运行情况分析报告、农业生产成本调查、生猪市场情况调查、2017/2018榨季糖料蔗价格调研情况等价格信息42条，举办城区农本调查户及价格监测人员业务培训班2期。

【价格举报受理】 2017年，城区物价局办结群众来电、来信、来访咨询及部门交办投诉举报件62件，办结率100%。其中“12358”价格监管平台受理政策咨询37件，价格投诉19件，违法举报2件；部门交办3件。咨询投诉举报涉及政策咨询、价格投诉、违法举报、物业管理、医药、出租车运价、房地产、广播电视、社会服务件、电力价格、管道燃气价格。

工商行政管理

【概况】 2017年，南宁市武鸣区工商行政管理和质量技术监督局（简称“工商质监局”）机关办公地点位于武鸣区红岭大道26号。内设12个股（室）（党政办公室、法规股、商标广告监督管理与综合执法股、“12315”消费者投诉举报指挥中心、产品质量与市场监督管理股、标准化与计量监督管理股、企业与个体私营经济监督管理股、行政审批办公室、网络商品市场监督与信息化管理股、人事股、财务股、特种设备安全监察股）。2017年，核定公务员编制118名，机关后勤聘用人员控制数9名，年底实有在编在职公务员116人，机关后勤聘用人员控制数实有0人。乡科级正职14人，占总人数的12%，副主任科员有51人，占44%，科员及以下51人，占44%；研究生5人，占总人数的4.3%，大学本科76人，占65.5%，大专34人，占29.3%，中专高及以下1人，占0.8%。

下设专业市场管理所1个，7个工商所（城镇、标营、双桥、锣圩、府城、陆斡、两江），1个稽查大队。

下辖全额拨款事业单位武鸣区计量检定测试所（简称“计量所”），武鸣区产品质量检验所（简称“质检所”）。

【市场主体基本情况】 2017年，城区各类市场主体总量3.043万户、注册资本总额195.45亿元，同比增长53.77%、81.61%。其中企业4741户，注册资本（金）174.48亿元，同比增长67.59%、84.43%；个体工商户2.51万户，注册资金12.97亿元，同比增长52.06%、83.2%；农民专业合作社553户，注册资金8亿元，同比增长28.31%、34.79%。

年内，新设立登记各类市场主体5892户、新注册资本总额45.99亿元，同比增长65.55%、92.39%。其中企业756户，注册资本（金）40.97亿元，同比增长48.82%、106.98%；个体工商户5065户，注册资金3.84亿元，同比增长69.91%、75.97%；农民专业合作社71户，注册资金1.18亿元，同比增长1.43%、1.47%。

【商事制度改革】

“多证合一”改革 2017年，城区工商质监局实施“多证合一”改革。根据自治区、南宁市政府关于“多证合一”的工作部署，9月1日起，在实施企业“六证合一、一照一码”和个体工商户“两证整合”登记制度改革的基础上，再将涉及公安、住建、交通、旅游、文化等10部门的33个备案事项进一步整合到营业执照，全面实施“39证合一、一照一码”登记制度改革。年内，新颁发“多证合一、一照一码”营业执照1129份。

企业简易注销登记改革和个体工商户简易注销改革 2017年简易注销企业、个体工商户1793户（其中企业申请简易注销18户，个体工商户依申请简易注销的1775户）。落实“先照后证”“双告知、一承诺”制度，推进市场主体登记信息在工商行政管理部门与审批部门、行业主管部门间互联互通和共享。年内，向有关市场主体发出“后置审批有关事项”告知承诺书4535份，向各相关后置审批职能部门推送市场主体登记信息4535条。收到相关审批部门反馈不予许可市场主体72户，责令市场主体办理变更登记手续72户。

启动“双随机、一公开”抽查工作 实现随机抽查事项清单全覆盖。各单位均可使用该软件开展本单位的“双随机、一公开”随机抽查工作。开展房地产广告、食品包装容器、重点耗能企业能源计量器具等双随机抽查工作3次，组织食药监、安监、旅游等部门开展“双随机”联合抽查5次。责令整改8户，列入经营异常名录10户，标记经营异常状态21户，抽查结果在国家企业信用信息公示系统公示。

组织开展城区涉企信息统一归集工作 年内，为各相关单位申请协同监管平台的使用权限，将涉及涉企信息归集的37个单位的账号发给相关单位，督促、指导各相关单位开展本城区政府部门涉企信息统一归集工作。累计归集行政许可信息9675条；行政处罚信息546条；归集检查抽查信息13674条。

【企业、个体工商户年报】 2017年，城区工商质监局通过电视台、报纸、网络等媒体，连续2个月向市场主体公告年报通知，通过联通、移动公司向2万多户市场主体每月发送年报提醒短信。走访市场主体6000多户，发放宣传资料1.30万多份。通过提前服务、延时服务、预约服务、上门服务等措施，帮助市场主体完成年报，完成上级下达的企业、个体年报工作任务。2016年度应年报企业3629户，已年报3357户，年报率92.50%；个体工商户应年报20541户，已年报16528户，年报率80.46%，农民专业合作社应年报485户，已年报447户，年报率92.16%。

【服务非公经济发展】 2017年，城区工商质监局引导企业开展股权出质登记，拓宽企业融资渠道，帮助企业解决资金短缺问题。年内，为11家企业登记股权出质20件，其中出质股权数额9560万元，被担保债权数额5.45亿元。办理企业动产抵押登记55份，帮助个体工商户、农村专业合作社、企业融资2.46亿元，抵押物价值6.70亿元。

【名牌战略】 2017年，城区工商质监局主动上门服务，组织工作人员到辖区符合条件的申报企业进行点对点帮扶，在质量体系建设、产品质量控制、资料审查等方面给予指导，2017年推选3家企业（广西武鸣锦龙建材有限公司，红狮牌普通硅酸盐水泥；广西华纳新材料科技有限公司，华纳牌纳米碳酸钙；广西佳年农业有限公司，佳年牌红心火龙果）申报并获得2016年度广西名牌产品称号。2017年，城区累计获得广西名牌产品5个。

【农业标准化示范区建设】 2017年，广西佳年农业有限公司“武鸣区绿色火龙果标准化示范区”项目被列入2017年第二批自治区级农业标准化示范项目。

【市场监管】 2017年，城区工商质监局履行市场监管职责，开展“美丽武鸣·整洁畅通有序大行动”农贸市场专项整治工作。出动执法人员600多人次，取缔无照经营58起，罚款6万余元，扣押相关物品105件，货值8万多元。纠正场内跨门槛经营253处；纠正场内占道经营行为261处；纠正市场及周边车辆乱停、乱放255处；清理乱张贴广告131处；清理乱悬挂横额48条。组织开展H7N9禽流感防控工作，从3月起不间断

2017 年 8 月 10 日上午，武鸣区工商质监局 2017 年检验检测机构资质认定专项监督检查“双随机”联合抽查摇号现场　（城区工商质监局提供）

每天对辖区内 40 个农贸市场进行巡查，监督经营者认真贯彻落实休市公告，对城区所有活禽市场进行轮流休市消毒。清洗消毒面积 10 多万平方米。

【商标广告监管】　2017 年，城区工商质监局查处商标违法案件 5 起，案值 3.74 万元，罚款 3.40 万元。针对房地产广告中存在的虚假宣传误导消费者问题，检查城区 8 家房地产企业，检查房地产广告 12 幅次，查处房地产广告违法案件 1 起，罚款 0.4 万元。对 2017 环广西公路世界自行车赛道沿线广告发布进行检查清理，检查各类广告经营市场主体 123 户，指导规范广告经营行为 32 起，维护赛道沿线的市容市貌。

【消费者权益保护】　2017 年，12315 消费者申诉举报中心接到来人来电 456 件，办结率 100%；为消费者挽回经济损失 82.61 万元。开展创建“诚信经营 放心消费”示范点活动，以武鸣国际家居建材城等 4 家作为武鸣区“诚信经营　放心消费”示范企业，以兴武大道商业街区作为创建示范街区。参与创建活动经营户采取各门店悬挂放心消费标志，企业员工开展志愿者服务活动，企业公开承诺等措施，形成政府指导推动，企业主动作为、消费者积极响应、志愿者参与的格局，构建诚信、放心的消费环境。

【“小个专”党建工作】　2017 年，结合企业登记、年报、市场巡查和新的监管方式，开展组织找党员、党员找组织“双找”活动。摸底到“小个专”党员 237 名。实施网格化管理，推动个体工商户、小微企业党建“双覆盖”。划分 21 个网格，成立隶属于各镇社区党总支小个专支部 21 个。设立工商所“小个专”非公党建工作服务中心及服务站，落实专人负责。推动“小个专”党组织队伍素质提升。以基层工商所为依托，选派符合条件的工商质监部门党员干部兼任党建工作指导员，对口帮助指导辖区内的“小个专”党建工作。

（陆琼荣）

质量技术监督

【质量监管】　2017 年，城区工商质监局开展产品质量专项执法行动，严厉打击制售假冒商品和不合格商品违法行为，确保产品质量安全。对 11 个加油站 41 批次的汽油和柴油进行抽样并送专业机构检验，对 2 家加油站立案查处，罚没款 3.57 万元，查处无照经营柴油案 2 户，罚款 1.30 万元；

2017 年工商部门查处冒牌种子现场　（城区工商质监局提供）

对50批次胶合板和烧结多孔砖进行抽样送检，查处8起生产销售不合格胶合板案件，罚没9.08万元；立案查处生产销售不合格烧结多孔砖案件2起，罚款2.48万元；开展2017“阳光纤检”进校园絮用纤维制品及纺织服装产品质量专项查，对43所学校以及学校周边经营户44户进行检查。对4所学校统一采购的絮用纤维制品以及服装的进货台账、产品质量检验合格证明、产品标识和生产厂名厂址等进行全面检查；开展农资商品质量抽查检验，查处制售假冒农资产品的违法行为。2017年，城区工商质监局共加抽检化肥、农药37个批次，其中配合上级部门抽检28批次，本局自行抽检9个批次均为不合格产品，查扣不合格化肥16.88吨，罚款9.24万元；通过消费者投诉查处制售假冒伪劣农资商品诉转案件1起，没收假冒伪劣产品货值1吨，罚款1.58万元。通过举报查处销售假冒花生种子案1起，罚没款3万元，没收假冒花生种子575公斤。

【特种设备安全监管】 2017年，城区工商质监局出动执法人员228人（次），检查各类特种设备使用单位109家（次），检查特种设备372台（次），发现特种设备一般隐患32处，发出特种设备安全监察指令书32份，完成整改32处，立案2起，罚没4万元。年内，城区无特种设备事故发生。

【计量监督】 2017年4月1日起，对列入《中华人民共和国强制检定的工作计量器具目录》并用于贸易结算、安全防护、医疗卫生、环境监测方面的计量器具，实行免费检定，减轻企业负担。年内，城区工商质监局免费检定强检计量器1768台（件），为厂矿企业、个体经营户减免检定费用41.9万元。开展各项计量专项检查，出动人员135人次，检查企事业单位84家、集贸市场，检查计量器具380台件。打击市场短斤少两违法行为，查处案件13起，罚款1.3万元。

【产品检验检测】 2017年，武鸣区产品质量检验所申请的非食品检验项目1个领域5类产品83个检验项目通过资质认证。城区产品质量检验所具备食品2个领域77个产品144个参数和非食品1个领域5类产品83个参数的资质能力，可开展对食品、化肥、编织袋、工业锅炉水质、陶瓷砖、板材等产品的检验。年内，检测样品434批（次），其中食品300批（次）、肥料118批（次）、建材14批（次），工业锅炉水质2批（次），检验业务收入12.2万元。

（陆琼荣）

安全生产监督管理

【概　况】 2017年，南宁市武鸣区安全生产监督管理局（以下简称“武鸣区安监局”），办公地点位于武鸣区城厢镇灵源路190号，内设行政秘书股、矿山安全监督管理股、企业安全监督管理股、法规科技股，职业健康监督管理股5个股室，直接监管的生产经营单位有非煤矿山企业31家，尾矿库18座；危险化学品生产企业4家、经营企业1家，使用企业1家，加油站32家；烟花爆竹批发企业3家，零售经营店249家。同时承担武鸣区安全生产委员会办公室的职能，综合协调、部署全城区交通、消防、建设、农机、教育等行业和领域的安全生产监管工作。

2017年，武鸣区安监局（含二层机构）实有在编干部职工19人，其中武鸣区安监局局机关在编干部职工10人（行政编制9人，后勤服务人员1人），武鸣区安全生产监察大队在编干部职工9人（事业编制8人，后勤服务人员1人）。正科级领导1人，副科级领导3人，副科级非领导3人，科员2人，技师1人，管理九级1人，管理十级1人，专技八级1人，专技九级1人，专技十级1人，专技十一级1人，专技十二级2人，中级工1人。文化程度：大学本科11人，专科7人，高中（中专）1人。

【安全事故】 2017年，武鸣区发生生产安全事故7起，同比上升16.67%，死亡人数6人，同比上升20%；受伤人数3人，同比下降40%，直接经济损失476.58万元，同比上升38.94%。

全城区没有发生较大以上生产安全事故，没

有发生社会影响恶劣的安全生产事件，除工矿商贸发生生产经营性死亡事故以外，消防、农机、道路交通、水上交通等领域没有发生生产经营性死亡事故。

【安全生产责任制】 2017年年初，按照城区党委、城区政府“党政同责、一岗双责”的要求，武鸣区安监局制定城区安全生产责任书，与13个镇和24个部门（农林场、伊岭工业委）签订安全生产目标管理责任书，明确第一责任人和主要负责人，逐级签订责任状，形成了以安全生产第一责任人为核心的安全生产监督管理体系。辖区84家规模企业全部落实“五落实五到位”建设工作。

【工贸企业安全标准化建设】 2017年，企业安全生产标准化达标执行分级分类动态管理，由城区安监部门抽查企业安全标准化实施情况。以及落实企业安全生产主体责任，加强企业规范化管理，通过召开推进会、创建示范企业等形式，推动城区的安全生产标准化建设。年内，武鸣城区新创建通过三级标准化评审企业22家，通过三级标准化复评换证企业26家。

【职业健康监督管理】 2017年，武鸣区安监局加强对用人单位的职业健康监管，继续推进城区用人单位职业病危害申报工作。辖区380家涉及职业病危害因素申报的生产企业中，有320家企业完成职业病危害申报工作。联合人社局、总工会、疾病预防控制中心、伊岭工业委等部门在文化广场开展以“健康中国，职业健康先行”为主题的2017年《职业病防治法》宣传周活动，展出宣传板报5块、设立咨询点4处，发放宣传资料800余份，现场接受群众和务工人咨询500余人次。举办“职业卫生知识培训班”，培训85家职业危害严重用人单位。有序推进对城区11家无主尾矿库的闭库销库工作，切实防范尾矿库安全事故的发生。

【重大事故隐患整改】 2017年，武鸣区列入2017年度市级重大事故隐患的整改项目1项（宁武桥）。新桥重建落实资金301.32万元，该项目已整改完成。城区重点督促整改事故隐患10项，涉及道路交通8项、非煤矿山2项。

【安全生产执法检查】 2017年，武鸣区安监局对监管领域进行严格执法，为切实做好元旦、春节、全国、区、市“两会”、“壮族三月三”、清明节、“五一”及汛期期间、“两会一节”及中秋、国庆等重大节庆和重大节日期间的安全生产工作，结合每个季度安全生产隐患大排查大整治活动开展重点领域安全生产集中整治行动，制定相应工作方案，细化监管措施，强化监管督查，年内，城区在重要节庆期间没有发生较大以上安全生产事故。

【安全生产专项整治】 2017年，武鸣区领导带队深入辖区非煤矿山企业、尾矿库、危险化学品企业、烟花爆竹批发企业、渡口及人员密集场所、建筑工地、旅游景点等多次开展安全生产专项整治工作。检查企业4965家（次），发现隐患3203处，整改完成2856处；整治公路安全隐患4处、8公里（其中：县道2条3公里、镇道2条6公里）。加大对非煤矿山、危险化学品企业等非法违法行为相对突出的领域进行集中打击和整治，开展各类专项整治行动858次，打击各类非法违法行为7.15万起，立案361起，拘留4人；停产整顿企业36家，罚款1831.44万元，组织开展安全生产约见警示33次，被约见单位80个196人（次）。

非煤矿山 组织公安、国土、安监、环保、林业等部门多次深入辖区正在生产的矿山企业18家，18座尾矿库（其中无主尾矿库11座）进行拉网式安全大检查，通过政府购买服务形式，邀请矿山安全专家“会诊”企业，通过专家帮助查找隐患，提升企业的安全度。城区政府组织相关部门对元旦、春节、五一、中秋、国庆及十九大和广西公路环自行车世界巡回赛（武鸣段）等重要时段进行非煤矿山安全生产大检查和督查，确保安全稳定。出动人员282人次，对23家非煤矿山（含5家页岩厂）检查94次，查出隐患42处，下达检查记录82份，责令限期整改指令书12份，大力开展尾矿库闭库工作。

涉及粉尘和可燃性粉尘使用场所　城区贯彻落实有关加强粉尘爆炸隐患排查治理工作有关规定，组织安监、经信、工商质监、消防等相关部门开展执法检查，对检查发现的隐患问题督促企业进行整改，有效防范安全生产事故的发生。检查 8 家涉爆粉尘企业，发现安全隐患 18 处，现场责令立即整改 10 处，责令限期整改 8 处，下达责令限期整改通知书 3 份。

检查企业 5111 家（次），发现隐患 3119 处，整改完成 2945 处。开展各类专项整治行动 876 次，打击各类非法违法行为 7.26 万元起，立案 359 起，拘留 4 人；停产整顿企业 36 家，罚款 1717.23 万元，组织开展安全生产约见警示 32 次，被约见单位 76 个 192 人（次）。

危险化学品　组成 5 个检查组，对广西武鸣兴宁化工厂等 45 家（次）危化企业生产、经营进行全面检查，共发现安全隐患 35 项，整改完成 35 项，下发责令限期整改指令书 11 份。

烟花爆竹　安监局组织公安、工商、质监等部门开展联合执法 45 次，检查烟花爆竹经营店 289 家（次），批发企业 3 家，发现隐患 306 处，责令整改 7 处，依法查处非法经营烟花爆竹店 25 家，扣押各种爆竹 575 封，烟花 269 件，价值 2.1 万元，治安拘留 1 人。

消防安全　武鸣区安监局履行武鸣区安委办的综合监管职责，积极组织配合公安、消防等部门深入人员密集场所、仓储物流场所以及宾馆、商场、学校、公共娱乐场所等进行消防安全专项检查 32 次，派出消防执法检查人员 3215（次），检查各类场所 4801 个，发现火灾隐患 5977 处，督促整改火灾隐患 5899 处，下发责令整改通知书 2836 份，罚款 679700 元人。

农机安全　武鸣区安监局配合武鸣区农业局在各个重要时段、重大活动开展以无牌无证、车牌证不符、非法改装改型、人货混装、超载的拖拉机为重点整治对象，在城区开展巡回、突击检查，从严从快整治各类违法违规行为。开展农机安全行政执法 192 次，检查农业机械 572 台次，纠正违法违章行为共 31 起，其中无牌行驶 2 起，无证驾驶 1 起，使用未年检合格拖拉机 4 起，使用报废车 2 起，擅自变更 11 起，超载超限 4 起，不按规定携带证件 7 起，违法违章罚款 6300 元。

道路交通和水上交通　武鸣区安监局配合城区交运局、城区公安分局交管大队等部门，严厉查处无证驾驶、酒后驾驶、疲劳驾驶等违章行为。开展专项整治活动 508 次，查处各类交通违法行为 8.46 万起，其中无证驾驶 1075 起、超速行驶 2.54 万起、超载超员 336 起；暂扣机动车 3031 辆以及查处酒后驾驶 129 起，处罚 1689 人。

特种设备安全　武鸣区安监局配合武鸣区工商质监局，认真开展压力容器、压力管道、锅炉、起重机械、气瓶、简易电梯等专项整治工作，加大对违法制造、安装、使用特种设备单位的检查力度。开展专项整治活动，出动执法人员 314 人（次），检查 123 家（单位），设备 278 台，立案 2 起，罚款 4 万。

2017 年，特种设备安全监察员对锅炉运行记录进行检查

（城区安监局提供）

建筑施工安全生产　武鸣区安监局配合武鸣区住建局，对在建工程安全生产进行专项督查。重点加强对建筑施工现场脚手架搭设、临边洞口防护、施工用电、塔吊和施工电梯、施工机械及安全管理的监督检查，全面落实建设、监理、施工单位的安全责任。年内，开展专项整治活动 5 次，下发

安全整改通知书 88 份，停工整改通知书 14 份，起重机械停止使用通知书 2 份。

【打击“非法违法”生产经营行为】 2017 年，武鸣区安监局组织收看全国、自治区、南宁市安全生产工作电视电话会议，贯彻落实习近平总书记、李克强总理等国家领导人以及区、市领导有关对“8·28”广昆高速特大交通事故的重要指示批示精神，按照《关于印发 2016 年武鸣区各重点行业和领域安全生产专项整治工作方案》等一系列加强安全生产工作文件要求，按照“五个一批”要求在城区范围内深入开展安全隐患大排查大整治和打非治违专项行动，对非法违法违规违章行为、涉粉尘爆炸危险企业等进行集中打击整治。对重点地区、行业和领域，采取联合执法，严厉打击。

【安全生产宣传培训】 2017 年，武鸣区把安全生产管理内容纳入干部教育主体班培训课程，邀请市安监局主要领导，自治区、南宁市安全生产专家到武鸣区举办培训班 21 期，培训人员 1532 人（次）。以“全面落实企业安全生产主体责任”为主题开展第十六个“安全生产月”活动，采取现场咨询、板报展览、发放宣传小册子、致企业安全生产的一封信、企业落实安全生产主体责任承诺书签订等形式，深入社区、村屯宣传安全生产知识。举办贯彻落实“党政同责、一岗双责”科级以上领导干部学习培训班，邀请市安监局蓝建东局长授课；“四所合一”培训班等，通过一系列活动，进一步提高城区社会各界对安全生产的红线意识、责任意识，为城区安全生产营造了良好的舆论氛围。

（林艳芳）

食品药品监督管理

【概　况】 2017 年，南宁市武鸣区食品药品监督管理局（简称“武鸣食药监局”）内设办公室、综合协调股、食品生产监管股、食品流通监管股、食品餐饮监管股、药品生产和医疗器械监管股、药品流通监管股、保健食品化妆品监管股、稽查股等 9 个股室，有干部职工 29 人，其中行政编 21 人，工勤编 2 人，协管员 6 人。下辖二层机构 2 个，南宁市武鸣区食品药品稽查大队（南宁市武鸣区食品药品投诉举报受理中心），核定编制 24 人，在岗 23 人，其中参公编制 21 人，工勤编 2 人；南宁市武鸣区食品药品检验检测中心（南宁市武鸣区化妆品药品不良反应中心），干部职工 3 名，事业编制 3 人。武鸣区设有食品药品监督管理所 13 个，工作人员 60 名，其中参公编制 59 人；220 个行政村（社区、白合农场）配置安全协管员 220 人。全系统科级以上干部 18 人，研究生 3 人，本科 62 人，大专 41 人，中专 1 人，高中 1 人。办公地址设在南宁市武鸣区城厢镇红岭大道 22 号。

全城区注册登记的食品、药品、保健食品与化妆品、医疗器械（“四品一械”）生产经营单位 6717 家，其中食品生产企业（小作坊备案 196 家，食品生产企业 85 家），食品流通经营单位 3150 家，餐饮服务单位 1856 家，药品生产单位 3 家，药品经营单位 188 家，药品批发企业 2 家，医疗器械经营使用单位 380 家，化妆品生产企业 1 家，化妆品经营单位 856 家。年内，为落实城区、镇、村（社区）三级监管网络食品安全属地管理责任，在 220 个行政村（社区、白合农场）建立食品安全工作站，按“六有”（有独立的办公场所、有办公桌、有档案柜、有两轮电动执法车、有上墙制度牌、有快检设备）建设。各行政村、社区聘任食品安全社会义务监督员、咨询员、观察员 1343 名，其中食品义务监督员 13 人、义务咨询员 30 人、义务观察员 1300 人。

【食品生产经营监管】 2017 年，武鸣食药监局在辖区内开展规范食用植物油生产经营行为专项整治行动，对辖区内食用油生产企业 1 家，20 家食用植物油生产小作坊进行整治，按照“地板亮、天花板亮、墙壁亮”要求整改小作坊加工环境，抽检 20 个批次的花生油和调和油，其中 3 个批

2017 年在食品生产企业香山糖厂检查　　（城区食药监局提供）

次黄曲霉毒素 B1 不合格，并立案查处；开展武鸣辖区内固体饮料、配制酒、代用茶等食品品种非法添加药品和非法声称具有保健、医疗效果问题整治行动，检查 2 家固体饮料获证生产企业，5 家配制酒生产企业，出动执法人员 36 人次，检查企业 12 家次，下达《责令整改通知书》4 份，抽检 7 个批次产品，全部合格。开展食品添加剂生产企业专项整治行动，检查食品添加剂企业 3 家，出动执法人员 28 人次，下达《责令整改通知书》2 份。开展食品生产企业有限作业空间安全生产检查，检查企业 18 家次，出动人员 56 人次，指导企业开展食品安全生产宣传教育 18 家次，发放宣传材料 108 份。开展月饼生产经营单位专项整治行动，出动车辆 11 车次、执法人员 32 人次，检查 8 家商超，5 家农贸市场，23 家食品经营单位，2 家月饼生产企业，抽检 2 个批次产品，合格率 100%。对本辖区获证食品生产企业进行监督检查 84 家，现场使用电子监管系统平板电脑检查率 100%；完成自治区监督抽检任务 182 批次，合格 172 批次，不合格 10 批次，检验合格率 94.5%；完成风险等级评定，除了停产（包括季节性停产）的企业外，获 A 级评定 9 家，获 B 级评定 46 家，获 C 级评定 3 家，完成率 100%。

【食品流通环节监管】 2017 年，武鸣食药监局开展食品安全“百日净流”执法大行动，对农贸市场、商超、校园及周边开展食品流通领域专项整治行动，累计出动执法人员 1086 人次，检查农贸市场 23 个，其中农贸批发市场 1 个，覆盖率 100%，检查食品经营单位 1289 家次，其中检查校园及其周边经营单位 335 家次，农贸市场及其周边经营户 954 家次，立案 12 起，查扣违法物资猪肉 6.6kg、猪骨头 3kg，罚没款 1.5 万元，下达《责令整改通知书》21 份。10 月起推行食品流通经营单位“四亮”（天花板亮、地板亮、墙壁亮、货架亮）工程改造，年底，乡镇所管辖范围内的 1957 家食品流通经营单位，已完成 1291 家，正在改造 306 家，完成率 66%，投入资金 853.60 万元；完成自治区抽检任务 240 个批次，不合格 3 批次，合格率 99%。开展“诚信经营　放心消费”创建活动，评选诚信经营单位城东菜市场，挂牌“安全放心菜市场”，和大君宜超市，挂牌“安全放心配送单位”，以点带面推动城区诚信经营放心消费经营户典范创建。推进农贸市场和大型商超、大型酒店农药残留快速检测体系建设，为城区 7 个农贸市场和乡

2017 年中秋国庆节前联合安全检查　　（城区食药监局提供）

2017 年武鸣食药监局副局长朱以次（右一）检查餐饮单位

（城区食药监局提供）

镇 9 个农贸市场发放快速检测设备，鼓励指导 4 个大型商超和 7 个大型酒店建立农药残留快速检测实验室，开展自检项目，并对外公布检测结果，向城区 5 个水果批发企业发放 5 套农残快检测仪器并指导经营者开展检测项目，2017 年检验检测中心完成农贸市场农产品快速检测样品检测 2200 个批次，不合格 17 个批次，合格率 99%。

【餐饮服务监管工作】 2017 年，武鸣食药监局在辖区范围内推行餐饮服务经营单位“四亮”（天花板亮、地板亮、墙壁亮、厨房亮）改造工程，年底，1856 家餐饮服务单位已完成 1566 家，投入资金 2000 万元，完成改造率 85%；按照《餐饮服务食品安全监督量化动态等级评定标准》对餐饮服务经营单位进行量化分级评定，评出 A 级单位 204 家，B 级单位 1200 家，C 级单位 376 家，量化分级率 96%；开展 2017 年中国壮乡. 武鸣“壮族三月三”歌圩暨骆越文化旅游节活动餐饮服务食品安全专项整治行动，对辖区内酒店、餐饮店、旅游景区食品安全进行检查，出动执法人员 530 人次，车辆 193 辆次，检查 193 家餐饮服务单位，下达 72 份《责令整改通知书》《当场行政处罚决定书》（警告）2 份，责令停业整顿 1 家，发放食品安全宣传资料 220 份。继续推行农村 50 人以上聚餐报告制度，年内，村、屯、社区、白合农场协管员报备农村 50 人以上聚餐 4779 例，农残快检 4200 例，农残快速检测率 88%，检出 9 批次蔬菜农残残留超标，食品安全惠及 5000 多人。开展春季、秋季中小学学校及周边食品经营单位的监督检查，出动执法人员 246 人次，车辆 91 辆次，检查 263 家学校食堂，13 家学校医务室，64 家学校小卖部及校园周边食品流通经营单位，下达《责令整改通知书》15 份；9 月 14 日至 9 月 20 日，联合南宁市武鸣区工商行政管理和质量技术监督局对辖区内餐饮服务行业进行“双随机一公开”行政执法检查，随机抽取 76 家餐饮服务检查单位，出动执法人员 218 人次，车辆 37 台次，22 家经营单位结果符合要求，基本符合单位 33 家，停业或已注销营业执照单位 21 家，下达《责令整改通知书》22 份。开展“十佳金牌”餐饮店评选活动，评选出南宁市武鸣区猪霸王粉店、南宁市武鸣区福瑞食府“金牌”餐饮店，并挂牌；向城区内餐饮服务单位免费发放《南宁市武鸣区食品经营单位创建食品安全示范城自律自查十做到、五记录登记表》、档案盒 1700 套，督促经营单位做好自律自查，填好登记表。

【药品、医疗器械监管】 2017 年，武鸣食药监局开展药品零售企业流通领域专项检查，对重点区域（包括旅游景区，药品流通集中街区，民俗活动等节日消费聚集活动场所，高速公路沿线服务区，汽车站及周边地区）和重点品种（特殊管理药品、中药饮片、疫苗及基本药物）等进行检查，上半年检查药品经营企业 97 家，下达《责令整改通知书》3 份；开展终止妊娠药品、避孕药品专项检查，与药品经营企业签订《南宁市武鸣区药品零售企业严禁销售终止妊娠药品、促排卵药品承诺书》，检查 152 家次未发现有违规经营终止妊娠药品、促排卵药品行为。开展城乡接合部和农村地区药店诊所专项检查，重点对城乡接合部、农村等监管薄弱区域的药品零售企业和个体诊所检查，检查药店 84 家，下达《责令整改通知书》13 份；完成自治区级药品流通领域监督抽检任务

2017 年药店流通领域检查　　（城区食药监局提供）

安全监管告知书 132 份，签订化妆品经营质量安全承诺书 136 份。组织开展进口化妆品专项整治，累计检查化妆品经营企业 32 家次，下达《责令整改通知书》3 份；开展美容美发单位化妆品专项整治“回头看”行动，重点检查特殊用途化妆品及进口化妆品，检查经营单位 51 家次，下达《责令整改通知书》5 份，监督意见书 20 份；完成自治区保健食品、化妆品的监督抽样任务，保健食品 6 个批次，化妆品 12 个批次；完成化妆品不良反应监测上报 38 例，完成率 135.71%。

10 批次，药品生产环节 8 批次；完成药品不良反应报告 451 例，上报完成率 117.14%。

开展辖区内医疗器械经营单位、使用单位的专项监督检查，查处无证经营或超范围经营行为，落实进货台账和依法索证索票制度，查处医疗器械经营、使用违法行为 4 起，下达《责令整改通知书》26 份，出动执法人员 160 人次；完成医疗器械不良反应报告 49 例，完成率 130.77%。

【保健食品、化妆品监管】 2017 年，武鸣食药监局开展“功能饮料、口服液类等保健食品专项整治”，对辖区内 167 家保健食品经营单位（企业）检查，出动执法人员 216 人次，出动执法车 83 车次、下发整改意见书 28 份，立案查处经营抽检不合格保健食品案 1 件，涉及货值 7960 元，没收违法所得 2388 元，罚款 1.05 万元。开展以“三无”（无厂名、中文厂址、电话、生产许可证号、生产日期、保质期、中文产品说明书等）染发类化妆品为重点的“颜色行动”专项整治工作，检查化妆品经营使用单位 144 家次，下达《责令整改通知书》6 份，排查存在安全隐患的化妆品约 16 种 182 盒（瓶），发放化妆品

【依法行政水平】 2017 年，武鸣食药监局开展行政许可“四零目标”行动，推广网上申请和网上审批系统使用，开展材料受理、现场核查、行政审批“三分离”的工作机制，行政许可审批零超时，公开审批流程，印制办事指南手册，推行“全员审批”现场核查模式，承诺时限比法定时限提速 50%，从 20 个工作日缩短到 8 个工作日，2017 年受理食品经营 2803 件，办结 2590 件，小作坊 186 件，办结 154 件，执业药师 24 件，办结 24 件，食品生产许可 10 件，办结 9 件。开展“四品一械”违法犯罪打击行为，2017

2017 年 7 月 6 日，双桥镇开展“食品安全周”宣传活动
（城区食药监局提供）

年立案查处“四品一械”案件160起，结案125起，其中食品流通环节94起，食品生产21起，保健食品2起，化妆品9起，药品流通环节14起，医疗器械1起，餐饮服务环节32起，罚没款186.96万元，查处假冒伪劣案件122起，未取得许可从事食品经营活动案件25起，协助查获走私冻肉13.5吨及走私运输车辆11部；“12331”投诉举报受理120起，立案5起。

【食品药品安全宣传】 2017年，武鸣食药监局开展“食品安全宣传周”“安全用药宣传月”及“12331”投诉举报宣传周等活动，普及食品药品安全常识，揭示饮食用药误区，全年印发各类宣传资料10万份，接受群众咨询4000余人次；开通“武鸣区食药监局”微信公众号、武鸣食药监局政务信息公开平台、武鸣区食药监局微博平台，发布政府信息350条，自治区局上报信息147条，采用43条，采用率30%。推行“互联网+”服务，建立工作微信共治群及QQ群，利用共治群开展网络食品药品知识培训课堂，解决监管对象、群众提出的疑难问题，武鸣药监局9个职能股室建立监管对象工作群9个，13个乡镇建立村级、屯级协管员农村50人以上聚餐报备群141个，监管对象共治群105个。继续推进南宁市创建国家食品安全城市创建工作，2017年发放创城宣传牌4000张，食品生产经营单位签订承诺书4000份，张贴创城宣传海报1000张，悬挂创城标语50条，制作展板40块；开展食品药品监管经验交流活动，7月23日至25日南宁市食药监局组织机关各股室、各（县）区局负责人及各基层食药监管所所长一行共201人，赴南宁市武鸣区参观交流学习，参观城东菜市场建设情况以及武鸣区双桥食药监所建设情况。

【持续推进政府“为民办实事”工程】 2017年，武鸣食药监局承办武鸣区食品安全惠民工程，为武鸣区220个村（社区、白合农场）配备快检设备各一套（4500元/套），为城区192个的村（社区）配备两轮电动执法车各一辆（3200元/辆），快检设备于9月分发往各村屯，两轮电动执法车于11月底发往各村。

（韦秋萍）

烟草专卖

【概　况】 2017年，南宁市武鸣区烟草专卖局与广西壮族自治区烟草公司南宁市公司武鸣营销部合署办公，负责辖区内的烟草专卖管理和卷烟营销工作。下设：营销部、中转站、专卖监督管理股、综合管理办公室4个部门及4个专卖管理所、1个专卖稽查中队，实有在职人员75名，其中：正科1人，副科2人，科员0人，员工72人；党员26名（其中：在职党员15名，退休党员11名），研究生1人，本科17人，大专40人，中专及初、高中16人；办公地址位于南宁市武鸣区城厢镇香山大道北6号。

武鸣中转站于6月30日至7月1日完成前端业务撤并工作（即：V6系统信息调整工作、以及财务对账交接工作）。年底完成配送业务撤并工作（即：车辆人员调配，线路优化工作）。武鸣原中转站客户从原有的一级配二级送，真正转变为一级配一级送。

2017年卷烟销售任务21850箱，全年销售卷烟20978.6箱，完成年计划96.0%，同比上年下降4.0%；一、二类卷烟销售6165.2箱，同比上年5405.5箱增加759.7箱，增长14.1%；单箱销售额实现24959元，完成年计划100.8%，同比上年23148元增加1811元，增长7.8%；网上订货率96.3%，网上订货成功率累计实现96.6%。

全年上缴税金2398.78万元，获南宁市武鸣区2017年度支持地方经济发展先进企业单位二等奖。

【专卖管理】 2017年，武鸣区烟草专卖局以净化卷烟市场环境为目标，以联合清理整顿卷烟市场专项行动为手段，落实“打私猎非”“百日整治”专项行动，不分时段、不定期开展市场清理，准确把握治理重点，突出辖区卷烟市场净化。

2017 年卷烟销售完成情况表

序号	目标名称	目标值	目标完成情况	完成率	与上年同比	目标完成情况简述
1	卷烟销售总量（箱）	21850	20978.6（箱）	96%	-4.0	2017 年四季度总量实现 4896.2 箱，年累实现 20978.6 箱，完成年计划的 96.0%，年累同比下降 4.0%
2	卷烟单箱销售额（含税）（元 / 箱）	24760	24959（元）	101%	7.8	2017 年四季度实现单箱额 24121 元，年累实现 24959 元，完成年计划的 100.8%，年累同比增长 7.8%
3	一类烟销量完成率	100%	3520.1（箱）	100%	14.4	2017 年四季度一类烟实现 739.8 箱，年累实现 3520.1 箱，年累同比增长 14.4%
4	二类烟销量完成率	100%	2645.1（箱）	100%	13.5	2017 年四季度二类烟实现 634.8 箱，年累实现 2645.1 箱，年累同比增长 13.5%
5	现代终端建设推广率	100%	461（户）	100%	19.7	2017 年四季度，现代终端推广户数 461 户，完成年计划的 100%，同比增长 19.7%
6	现代终端验收合格率	100%	461（户）	100%	19.7	2017 年四季度，现代终端户数 461 户，验收合格率 100%，同比持平

市场监管　全年查处各类涉烟违法案件 243 起（其中查处持证户违法案件 11 起，无证经营案件 224 起，其他类 8 起），查获卷烟数量 10759.8 条，处理违约零售户 68 户；查获万元案 4 起（其中达 5 万元 1 起），集中销毁近年查处的 709.5 条假私及霉变卷烟，烟叶烟丝 1240 公斤。

证件管理　武鸣区烟草专卖局对零售许可证办理流程进行强化监管，突出对实地核查关键环节和文书制作、法条运用等短板薄弱环节监管，及时处理各种举报投诉，扼住违法违规办证行为。年内，累计受理新办申请 460 起，准予行政许可 307 起，不予行政许可 121 起；办理延续 1236 起、变更 15 起、停业 84 起、复业 27 起、补办 3 起、注销 278 起；辖区持证卷烟经营户 2956 户（其中含停业 49 户）。

内部专卖管理　严格内部专卖管理监督，以行业个别单位违规经营案例为鉴，开展依法严管违法违规卖烟大户专项行动，重点对代存意愿点和可疑预警进行监管，规范代订行为和严格备案制度，促进规范经营。年内，产生预警 9222 条，其中处理备案预警 9168 条，启动调查预警 54 条，全年无国家局反复强调的“主观故意、组织参与、内外勾结”的违规经营问题，卷烟经营秩序良好。

2017 年，武鸣烟草专卖局联合武鸣区公安分局巡逻警察大队查获一起 65 万元走私卷烟案件　（武鸣烟草专卖局提供）

2017 年开展消防演练培训　　（武鸣烟草专卖局提供）

【企业管理】 2017 年，南宁市武鸣区烟草专卖局（营销部）继续深入开展管理创一流活动，以精管理、抓规范，全面提升企业管理水平。

建立定额标准，完善预算管理　为加强全面预算管理，有效控制成本费用，提升成本费用管理水平，以开展精益管理为契机，细化预算定额管理工作。通过严格定额管理，全年预算执行率达 97.6%，各项费用执行控制在市局定额体系标准范围内。

发挥绩效杠杆，实施精益管理　将绩效考核与职责有效融洽，细化部门、岗位职责，清晰部门、岗位日常工作的重点难点。建立质量目标完成分析制度，分别由领导班子、中层管理人员、一线员工对质量目标完成过程进行考核，考核结果纳入薪酬分配、劳动竞赛，使绩效考核与劳动竞赛充分体现公开透明、全员参与的原则，促进员工工作主动性与积极性，实现员工与企业共同成长。

实施安全标准，强化安全管理　对照基础规范，建全基础管理。组织安全员、各部门负责人对局（营销部）安全生产岗位达标各项基础管理工作设施进行逐项自查，查缺补漏，进一步完善安全生产档案、制度，构建企业安全文化氛围。

打造素质作风过硬的干部员工队伍　扎实开展行政许可及规范经营自查活动。组织全体员工观看电视问政栏目和宣贯国家局针对违反规范经营问题下发的处理通报，以各级纪委通报违反八项规定案例和行业违规问题案例为鉴，增强了员工敬畏法纪的意识和责任感。

丰富企业文化，建设和谐烟草　坚持以“山水之道”为基础，结合企业责任与使命，把企业文化渗透到每个岗位和每项工作环境中去，努力提高团队的凝聚力和战斗力，尽力展示武鸣烟草的整体形象。如开展各种座谈、员工慰问等活动宣扬武鸣烟草企业文化；结合“两学一做”教育实践活动，实施“精准扶贫”和城市网格管理活动，树立企业责任，得到当地政府和社会好评。

（郭文辉）

责任编辑　潘星环

城乡建设·国土资源·环保

城乡建设

城乡规划建设

【概　况】 2017年，南宁市武鸣区住房和城乡规划建设局（简称住建局）机关内设行政秘书股、计划财务股、规划建设管理股、市政公共事务管理股、人防股、住房保障管理股、城乡清洁股（挂城区清洁家园办公室牌子）、村镇建设股共8个股室；机关行政编制为12名，其中：局长1名，副局长6名（其中：1名兼任城区人民防空办公室主任，1名兼任城区住房制度改革办公室主任）。单位地址：南宁市武鸣区城厢镇起凤路3号。

下辖武鸣区村镇规划建设管理站、武鸣区建设工程质量安全监督站、武鸣区园林绿化管理所、武鸣区路灯管理所、武鸣区墙体材料改革办公室、武鸣区燃气管理所、武鸣区环境卫生管理站、武鸣区房地产管理所、武鸣区建筑规划设计院、武鸣区建筑工程公司。负责管理城市规划、市政设施、公用事业、市容环卫、园林绿化、房产开发、房产管理、建筑业8个行业，包括供水排水、道路、路灯、工程质量安全管理、建筑市场等15个专业类别。年内，完成社会固定资产投资28.8亿元，完成招商引资2.06亿元。

【规划审批】 2017年，城区住建局完成规划项目9个，其中重点镇总体规划1个：《武鸣区双桥镇总体规划修改（2017—2030）》；专项规划项目3个：《双桥排水专项规划》《垃圾处理专项规划》《武鸣县风貌规划》；修建性详细规划4个：《武鸣县灵水风景区景观综合提升修建性详细规划》《武鸣县红岭体育休闲公园修建性详细规划》《武鸣县定罗湖周报景观修建性详细规划》《罗波潭周边区域详细规划和城市设计》。完成2017年一般性村庄规划编制：锣圩镇玉泉村岜面屯、锣圩镇玉泉村岜礼屯、锣圩镇大杨村正堂屯、锣圩镇高一村塘伏屯、锣圩镇三粟村河马屯、太平镇新联村岜秀屯、太平镇新联村岜猪屯、太平镇林渌村金鸡屯、太平镇葛阳村那造屯、两江镇群英村那当屯。正在编制控制性详细规划4个：《标营新区控制性详细规划》《红岭片区控制性详细规划》《城北（中心城）片区控制性详细规划》《城南片区控制性详细规划》；专项规划8个：《城市供水专项规划》《城市节水专项规划》《城市排水专项规划》《城市照明专项规划》《城市环卫专项规划》《城市市政设施专项规划》《城市绿地系统专项规划》《城市综合管廊专项规划》。完成城区测绘成果3个：《武鸣县中心城区控规范围内地形图测绘服务》《南宁教育园区东片区1∶1000数字线划地形图测绘项目》《武鸣中心城区控制性详细规划范围内野外地形数据采集及成图1∶1000数字线划地形图（DLG）测绘项目》。

组织召开《武鸣区标营新区控制性详细规划》《武鸣区城厢镇新三小校区》《金茂新城》《盛天公园里》总平及建筑方案等22个项目的专家评审会。

配合南宁教育园区东片区完成广西安全职业技术学院、广西医科大学校区的报建手续。完成广西工商学院，广西师范学院总平和建筑方案的技术审查。完成广西教育学院，广西工业职业技术学院，广西财经学院的用地选址。配合开展完成园区公交站点布设，配合开展园区电力，通信管线的建设。配合开展五海片区征地，拆迁回建相关工作；完成教育园区灵源片区和五海片区三产安置方案。完成城区三产安置和双桥镇片区三产安置总体方案。配合相关乡镇、部门完成征地。

完成《建设项目选址意见书》47宗，用地面积468.22万平方米；核发“建设用地规划许可证”1033宗，用地面积392万平方米；核发“建设工程规划许可证”464宗，总建筑面积165.97万平方米；核发验收合格单186宗。完成初步规划选址82宗，出具规划设计条件76宗，出具单体建筑设计条件105宗。单位建设工程红线图118宗，面积共计205964.55平方米；单位建设用地红线图36宗，面积共计1587930平方米。私人房工程红线图55宗，面积共计5447.3平方米；私人房用地红线图654宗，面积共计46702.6平方米。私人房实测图82宗，面积共计5630.9平方米。定位放线178宗，面积共计61822平方米，管线共计20980米。出具私人房规划建设审批公告27宗；建设工程规划公示20宗。

【行政审批】 2017年，城区住建局窗口规范受理行政办结件共计1821件；便民服务419件；行政许可1402件。

【一服务两公开】 2017年，城区住建局执行“三项制度”（首问负责制度、责任追究制度、限时办结制度），实现违规违纪投诉零纪录。建立健全“一服务两公开”（一服务：政务服务；两公开：政务公开和政府信息公开）工作机构，成立“一服务两公开”工作审核领导小组，配置“一服务两公开”专职A岗和兼职B岗人员，窗口工作人员落实一次性告知、公开承诺服务制度和“三项”制度和城区政务服务中心各项管理制度，群众测评满意率达100%。

【市政道路】 2017年，城区住建局组织投入4962万元，完成武华大道、定罗路、香山大道路面修复及“白改黑”工程；投入316万元，完成红岭加压站旁道路建设工程；投入184.5万元，完成城区主要道路人行道非机动车停车位标示线等5项市政基础设施建设工程。维修城区内坑洼路面约1400平方米、更换损坏路缘石约400米、更换损坏井盖67套、维修损坏道路隔离栏约280米。

【环境卫生管理】 *基础设施建设* 2017年，城区住建局完成红岭垃圾中转站等3个中转站和江滨公厕、广场公厕、解放公厕等7个公厕的改建；新建狮子山公厕、起凤路公厕、城投一号楼公厕等6个公厕；完成马头片区垃圾无害化处理场等17个自治区镇级农村垃圾专项治理项目建设。完成标营垃圾中转站扩建工程主体，项目已支付编制预算书、总平、方案、施工图设计、工程勘察、工程进度款等费用共计200万元，项目待验收；完成城东垃圾中转站、红岭中转站排污管道的改建、全密闭防噪音隔离等改造。

清扫保洁 城区重要街道常规清扫保洁277300平方米，监督对外承包3365711平方米的道路清扫保洁质量。清运城中村23个“城乡清洁工程”垃圾池的垃圾。完成城区17座水冲公厕，4座垃圾中转站的管理和800多个果皮箱的清掏管理维护、消毒，以及6万多户居民、3685个门店、城区249个单位、企业和20多个生活小区的垃圾清运。全年清运垃圾4.8万吨，垃圾清运率100%，垃圾无害化处理率100%。

扬尘治理 首次采购和使用多功能高压冲洗车和多功能洗扫车，每天洒水不低于3次，通过“吸、扫、冲”降低道路积尘负荷，机械化清扫率达70%。扬尘治理工作累计出动6500人次、5500车次、用水量11.5万吨、清理泥沙3.69吨。

【照明建设】 2017年，城区住建局投入51万元完成香山大道教师新村至电力佳苑段路灯专用箱式变压器增容改造工程和定罗路路灯专用厢式变压器安装工程；投资20万元完成春霞路路灯安装工程。道路照明设施完好率和亮灯率达到98%以上。

【园林绿化】 景观改造 2017年，城区住建局投入600多万元对武华大道绿化景观进行改造提升；投入380万元完成定罗湖休闲公园二期改造工程；完成2017年武鸣区公共机构立体绿化面积2000平方米，社会投资立体绿化1000米。共洒药杀虫40万平方米，人工清理绿化带超高土6000立方米，绿化恢复3000平方米，累计冲洗绿化带和人行道长度12833米。

路树管理 完成灵源路、农坛路、宝珠路、育才路等路段的高危路树及低矮路树的修枝排险；完成兴武大道两侧200多棵大王椰叶子铁丝捆绑加固和30多棵高危路树的修枝打顶；配合交运局及交警做好城市大道、武华大道、香山大道、双桥一级路等道路的绿化树修枝；配合城区电业公司完成高压线路经过路段的清障。邀请市林业和园林局专家对城区三棵古榕树进行抢救。

公共绿化 投资198674元在高速路口、城西、城南、大酒店、绕城路等主要路口种植时花43200株；投资194050元在高速路口及城南、绕城路口、城西等主要路口更换种植花卉面积3000多平方米，种植时花4.5万株；投资600多万元完成武华大道高速路口增量工程和景观石放置工程；根据南宁市武鸣区人民政府办公室《关于印发南宁市武鸣区2016—2018年立体绿化工程实施方案的通知》要求，武鸣区公共机构立体绿化面积2000平方米，社会投资立体绿化1000米，综合示范点和市政环卫设施2处，总投资约为3196500元；完成市政构件厂后面绿地、春霞路绿化、标营和孔镇三产用地绿化、武华大道高速路口到东盟交界处等市政绿化工程的验收和恒福佳苑、润泽园、中央福瑞公园一期、恒泰丽园、标营一品、新瑞花苑等居住小区房地产绿化验收。

【第十二届中国（南宁）国际园林博览会中华园·西安园】 2017年，城区住建局配合第十二届园博会中华园·西安园项目选址顺利完成。同时，制定《关于迎接西安市城市管理局到我市参加第十二届中国国际园林博览会方案设计评审会的工作方案》，完成西安园招展和接待等工作。

【工程招标管理】 2017年，城区住建局共受理施工图纸备案审查113宗，其中涉及设计单位38个，勘察单位15个，审图单位10个；施工图1730144.022平方米，建设单位84家，办结率100%。城区建设工程招标项目共69个，其中房建类招标项目24个，市政类招标项目45个；建筑面积约79.8480万平方米，中标价11.9772亿元；招标范围涵盖了勘察、设计、监理、施工以及城区道路、污水处理等，全年共安排开标项目69场次。

【建设市场工程质量安全管理】 2017年，城区住建局办理盛天公园里等73个项目的新开工程报监手续，建筑面积180万平方米，总投资约394400万元，全部在承诺期限内按相关规定办理完毕。在建工程建筑面积约475万平方米，人均监督面积约95万平方米。对在建工程的工程项目进行质量、安全执法监督检查共1055次，专项检查9次。

【墙改工作】 2017年，城区住建局评审项目18个，核审建筑节能备案43个，验收工地58个，征收墙改基金511万元，办理核退结转墙改专项基金369万元，完成关停淘汰落后窑炉和黏土类烧结砖生产企业共12家。全年建筑节能量完成1.29万吨标煤，完成了2017年建筑节能目标值（0.6万吨标煤）的215%，新建建筑使用新型墙材达100%。已有新墙材企业（办有认定证的）12家，其中烧结页岩砖5家，混凝土小砌块7家。根据《财政部关于取消调整部分政府性基金有关政策的通知》（财税〔2017〕18号）规定，2017年4月1日起对新报建项目不再征收新型墙体材料专项基金。

【保障性安居工程】 2017年，武鸣城区竣工交付保障性公共租赁住房目标任务为65套，已全部竣工交付；新增分配入住公共租赁住房345套；完成改造建设企业职工搬迁安置房项目192套（户）及两江镇棚户区改造旧城综合整治项目672套（户）；办理公有住房出售5套，共409.30平方米；办理公有房上市审批138套，共12945.41平方米；出具查档证明213份；办理退房手续4套，共272.06平方米；办理第一批经济适用住房转完成产权上市交易30套，共2841.59平方米；完成供水公司定罗加压站集资建房项目职工资格审核61户；发放武鸣区交通运输局危旧房改住房改造项目非还建住户准购证49份；公租房收缴租金250多万元，其中乡镇公共租赁住房租金140多万元，城区红岭、标营公共租赁住房租金110多万元。

【物业管理】 2017年，武鸣城区的住宅小区132个，其中已成立小区业主委员会的小区16个，比2016年新增加7个，物业服务企业进驻住宅小区62个，其中物业服务企业共30家；无物业服务企业进驻居住小区70个，其中业主自管居住小区9个。是年受理、调查、处理小区各类投诉81件，现场检查小区117次，下发整改通知书18份，召开多部门协调会13次；收缴物业专项维修资金7624.05万元，受理、审核申请使用物业专项维修资金31笔，批准使用金额26.99万元。

【农村改厨改厕项目】 2017年，城区住建局组织推进农村改厨改厕工作。改厨16000户，改厕16000户。选定双桥镇大伍屯作为改厨改厕示范点，坚持政府主导、引进企业、农民主体的原则，建设示范样板。厨房厕所分基本型、舒适型、小康型三等级建设样板，并将改厨改厕项目与环广西公路自行车世界巡回赛沿线风貌改造建设，达到整治效果。

【农村危房改造】 2017年，城区住建局组织开展危房改造工作。开工户数780户，开工率100%，竣工户数772户，竣工率99%。其中，建档立卡贫困户480户，开工户数480户，开工率100%，竣工户数480户，竣工率100%。

【乡土特色建设项目】 2017年，城区住建局完成罗波镇凤林村坛他屯乡土特色建设项目，已通过市级验收。该项目主要开展房屋立面乡土化改造、步道乡土化改造、院落乡土化改造、绿化、小菜园防护栏、景观改造、公共服务设施建设。完成双桥镇苏宫村那宫屯乡土特色示范村建设项目的前期施工准备，计划于2018年6月底完成项目建设。该项目主要进行砖瓦结构房屋乡土化修缮、步道乡土化改造、建设3个生态小菜园竹围栏、木围栏，搭设瓜果长廊的建设。

【环广西公路自行车世界巡回赛风貌改造工作】 2017年，城区住建局对环广西公路自行车世界巡回赛武鸣赛道沿线1000米范围内的街区、城镇、村庄等进行环境整治，环广西公路自行车世界巡回赛武鸣赛段约80公里，对赛道沿线可视范围内的3280户民居，进行拆违和屋顶装饰；对赛道沿线沿线完成6个镇、44个村屯、5914户民居进行外立面改造，展现壮族风情。对5个村庄（伏林村德副屯、伊岭村、八桥村那龙屯、凤林村陆城屯、英俊村岜旺屯）进行乡土特色建设，打造精品示范村屯。

【村屯公共照明试点建设】 2017年，城区住建局。实施农村公共照明试点示范，增加农村公共照明覆盖范围，推广使用新型节能照明灯具，鼓励和引导农村居民参与路灯建设。完成城区村屯公共照明试点建设12个点，每个点2万元补助。

【燃气管理】 2017年，城区住建局检查城区燃气管理储配站1个，液化石油经营点126个；协助南宁中石化公司管护武鸣境内中石化石油管道安全；开展执法检查145次，取缔“黑点”5个，暂扣违法违规充装钢瓶150个；处理热线投诉15个，电话投诉20起。在城区各小区及13个乡镇开展入户安全检查和燃气安全使用知识宣传，共发放宣传资料50000份。

【房地产管理】 2017年，城区住建局核发武鸣区本级商品房预售许可证64本，预售许可商品房7101套，面积104.95万平方米，比上年同比增长

53.4%。其中，预售许可商品房住宅6399套，面积77.41万平方米，比上年同比增长22.04%。商品房预售合同网签网备面积124.34万平方米，比上年同比增长63.35%。进驻城区房地产公司34家，市场秩序规范。

【白蚁防治】 2017年，城区住建局参加全国科技活动周武鸣区科普活动。发放《武鸣县房屋白蚁危害与防治》宣传手册1000本，《武鸣县新建、改建、扩建房屋白蚁防治须知》宣传单1000份；通过武鸣电视台、武鸣时讯等新闻媒体进行宣传白蚁防治政策、专业知识。全年共签订白蚁防治合同168宗，合同面积177万平方米；完成预防施工81宗，面积159万平方米；灭治施工32次，面积3.31万平方米。根据财政部、国家发展改革委印发的《关于清理规范一批行政事业性收费有关政策的通知》精神，于2017年4月1日起停征白蚁防治费。武鸣区白蚁防治所荣获2017年度自治区白蚁防治行业优质服务单位。

（左　希）

美丽武鸣·宜居乡村建设

【概　况】 武鸣区“美丽武鸣”乡村建设活动领导小组办公室(简称“城区乡村办”)成立于2013年，是武鸣区党委、政府为加强“美丽武鸣”乡村建设活动的领导而成立的临时机构，2013～2014年完成了“美丽武鸣·清洁乡村”活动阶段工作，2015～2016年完成了“美丽武鸣·生态乡村”活动阶段工作，2017年转入“美丽武鸣·宜居乡村”活动阶段。

2013年5月15日，根据自治区、南宁市统一部署，经武鸣县党委、政府研究决定，成立武鸣县“美丽武鸣·清洁乡村”活动领导小组办公室，简称县“美丽办”，主要负责“美丽武鸣·清洁乡村”活动的组织指导、综合协调和检查督办，下设日常事务综合工作组、宣传活动组、督查考核组、市容市貌整治美化组、资金项目组、组织建设和队伍管理组等6个小组，设主任、第一副主任、常务副主任、副主任各1名，抽调常驻工作人员共34名，办公地点设在旧地税局办公楼内。2014年10月13日，根据南宁市统一工作安排，更名为武鸣县“美丽武鸣”乡村建设活动领导小组办公室，简称县“乡村办”。2017年，城区“乡村办”进行调整，下设日常事务综合工作组、宣传活动组、督查考核组、资金项目组、组织建设和队伍管理组、市容市貌整治美化组、农贸市场综合整治组、创卫组、教育组等9个小组，设主任1名、常务副主任1名、副主任6名，抽调常驻工作人员共22名。2017年启动“美丽武鸣·宜居乡村”活动，实施“产业富民”、“服务惠民”、“基础便民”三个专项活动，简称“三民”专项活动，全年到位资金约1.22亿元，共拨付项目资金7866.76万元。

【“三民”活动】 2017年，城区乡村办启动“美丽武鸣·宜居乡村”活动，重点实施“产业富民”“服务惠民”“基础便民”三个专项活动。

“产业富民”专项活动 开展示范创建，建设城厢镇“产业富民”示范镇，陆斡镇忠党村、陆斡镇桥东村、城厢镇平等村和城厢镇文合村、宁武镇东王村5个示范村，城厢镇北部水果产业示范片区，带动全城区围绕“五个一”（制定1个村级经济发展计划；发展1个村级集体经济项目；打造1个现代农业生产示范基地；培育1个带动农户增收的新型农业经营主体；建设1个农村电子商务服务点。）活动目标，开展“十项进村”（实施产业富民和村级集体经济规划谋划进村行动；实施种植业结构调整和“三品”提升进村行动；实施生态养殖进村行动；实施林下经济提升进村行动；实施新型经营主体进村行动；实施农旅结合休闲农业进村行动；实施科技推广和改革创新进村行动；实施农产品保鲜加工和冷链物流进村行动；实施电子商务进村行动；实施社会化服务提质进村行动。）行动。全城区210个行政村（社区）已全部完成村级经济发展规划制订，发展119个村级集体经济项目，建设210个村级现代农业生产示范基地，培育163个新型农业经营主体，建成187个农村电子商务服务点。推进柑橘产业内部结构调整，提升品质，打造“中国沃柑看武鸣”品牌；落实禁养殖区专

项整治，以饮用水源区、学校周边为重点，对122家禁养区养殖场进行关停拆除；培育家庭农场主59个、种植大户680户、养殖大户2403个，培育农民专业合作社489家、合作社成员5322个；以现代特色农业园区建设为重点推进农旅结合，扶持指导园区建设；完成土地确权登记工作；积极推进农产品加工和农村电子商务工作；建成35个冷链物流设施。

“服务惠民”专项活动　印发《武鸣区“服务惠民”专项活动村级综合服务中心建设指导手册》，创建60个村级综合服务中心示范点，全面推进村级综合服务中心规范建设。全城区198个行政村村级综合服务中心全部配备工作人员及整套办公设备，基本完成“一个中心”建设。持续有效开展“六项服务”：就业社保服务工作。录入劳动力信息29.12万条，建立返乡人员微信、QQ群等联络平台127个，逐步建立“互联网+就业”服务模式；城乡居民养老保险参保率98.16%，城乡居民医疗保险参保率99.97%，60周岁以上参保老年人100%享受养老待遇，均完成指标任务；民政保障服务工作。配备村街儿童福利督导员125人；农村低保人数为8483人，其中建档立卡对象为5299人，审批农村低保对象39851户次87766人次，共发放救助金额为1577.97万元；教育助学服务工作。确定建档立卡贫困户家庭学生共2976人，其中学前教育524人，小学1284人，初中713人，普通高中365人，中职90人；资助金额共265.7万元，实现资助全覆盖；卫生健康服务工作。全城区共建有村级卫生所198个，乡村医生374人，行政村卫生室覆盖率已达100%，为辖区居民提供基本医疗和基本公共卫生服务；每个行政村都配备有康复协调员，配备率100%；群众文化体育服务工作。全年放映公益电影1924场，文艺演出198场，举办群众体育活动396次；法律服务工作。已建成12个镇公共法律服务工作站，组织22名律师、基层法律服务工作者为城区110个村（社区）提供法律顾问服务，初步形成城区“1小时”公共法律服务圈，全年共受理各类法律援助案件176件。

“基础便民”专项活动　改厕改厨工作任务顺利完成。首先在双桥镇大伍屯进行改厕改厨样板建设，打造基本型、舒适型、小康型改造样板，然后在城区全面推行，改厕改厨各16000户的建设任务全部完成。

“六提”（农村垃圾治理、道路通行、饮水安全、村屯特色、住房安全和能源利用水平提升工程）工作有效开展：农村垃圾治理水平提升工程。推进农村垃圾专项治理两年攻坚项目建设，完成马头小陆村片区生活垃圾无害化处理场、7个镇级生活垃圾无害化处理场、10个村级垃圾处理设施项目建设；农村道路通行水平提升工程。完成2017年自治区交通厅下达我城区农村公路整治隐患任务武鸣府城镇至马山乐圩公路共5.8公里，完成脱贫摘帽贫困村20户以上通屯道路项目91个，完成建制村招呼站建设任务4个，农村饮水安全巩固提升工程。完成脱贫摘帽贫困村农村饮水安全巩固提升工程项目56个，完成锣圩镇和双桥镇污水处理厂建设，其他10个镇级污水处理设施建设项目开工建设。完成农村生活污水处理设施建设15个，年底进行设施调试；村屯特色建设水平提升工程。罗波镇凤林村坛他屯工作已全部完工，并通过市级验收。双桥镇苏

2017年11月16日，全市“美丽南宁·宜居乡村”活动现场观摩会
（乡村办提供）

宫村那宫屯乡土特色示范村建设已完成施工图设计；农村住房安全水平提升工程。全部完成780户危房改造任务，其中建档立卡贫困户480户；农村能源利用水平提升工程。太阳能使用范围进一步扩大，农村清洁能源利用水平有所提高。

“三增”（增强供电、通信和公共照明保障能力。）工作取得新成效，农村电网、通信、公共照明保障能力进一步增强，新建2座110千伏变电站，完成223台配电变压器的更换机安装，完成280公里输配电线路的新建及改造，完成9100户的户表改造任务，完成自治区住建厅下达自然村公共照明试点建设任务12个。

【专项整治】 2017年，城区乡村办组织开展赛道环境整治工作，完成了2017年环广西公路自行车世界巡回赛武鸣段赛道建设。

风貌整治 对全长约80公里的赛道进行。沿线风貌整治44个村屯、房屋外立面改造5914户、屋顶整治3280户以及建设5个重要节点村屯，展现“美丽武鸣”乡村建设成果和良好的壮民族风情。

环境卫生整治 按照清洁乡村活动的要求推进“一清二拆三整理”（清理垃圾、拆除违章建筑和乱搭乱盖、拆除有碍观瞻的临时建筑和闲置建筑，整理房前屋后环境、整理杂物、整理村庄环境。），以环广西公路自行车世界巡回赛南宁赛道（武鸣段）沿线环境卫生整治为重点，在全城区开展10次集中专项大整治活动，共组织队伍整治292批次，共出动钩机55台班、铲车35辆/次，清运车35部，清扫生活垃圾75吨，清理建筑垃圾330吨，拆除违章建筑339处，拆除禽畜栏舍55处，拆除危旧房屋182处，拆除违章广告640条。

主要路段整治 完成全区现代特色农业示范区建设经验交流暨提质升级动员会现场参观点沿线综合整治，重点整治高速路伊岭出口、南武城市大道沿线、城区春霞路等。

设备运行维护 城区乡村负责对农村生活污水处理设施运行维护，推行第三方运维，对已建成的29套农村生活污水处理设施进行管理维护。

乡村绿化 城区乡村办组织开展村屯绿化工作。排查875个村屯绿化点，对村屯绿化管护整改，开展补植、补种、浇水、施肥等工作。完成伊岭壮乡文化生态旅游市级综合示范区带建设，并通过验收。

【宣传报道】 2017年，城区乡村办采取多种形式，开展与乡村建设有关的宣传活动，在各级媒体宣传报道武鸣区乡村建设工作典型。是年，得到新华每日电讯采用6篇，自治区简报组采用1篇、市乡村办简报采用4篇，广西日报采用16篇，南宁日报采用73篇，武鸣时讯、武鸣电视台采用289篇。利用村屯宣传栏、村务公开栏、村屯小喇叭等开展乡村建设活动宣传，定期更新活动内容，涉及乡村建设重要事务定期公开、公示，接受群众监督。

2017年2月15日，市检查组到武鸣区开展2016年生态乡村活动专项资金使用情况检查 （乡村办提供）

【督查督办】 2017年，城区乡村办制定《南宁市武鸣区“美丽武鸣”乡村建设活动工作目标专项考评办法及考评细则》，组成6个专门督查组，对各镇、重点区域、重点部位进行网格化监督检查。全年共开展例行工作检查246次，发出督办函137份。同时根据区、市级媒体以及市《简报》、市《舆情摘报》、《武鸣时讯》曝光台曝光的问题，加强督促、限时整改。结合“环广西公路自行车世界巡回赛”武鸣赛段沿线整治和全区现代特色农业示范区建设经验交流暨提质升级动员会参观点沿线整治，组成2个督查组持续对南武城市大道至两江镇雷江圩公路沿线（国道210）环境卫生加强督查，共开展了8次集中检查，14次暗访，发现问题督促抓好整改。

（阮筱民）

市容市貌管理

【“大行动”办概况】 南宁市武鸣区“整洁畅通有序大行动”指挥部办公室于2016年10月17日挂牌成立，指挥部和办公室领导机构，由四家班子主要领导担任指挥长，党委副书记担任常务副指挥长，建立指挥部会议制度、“大行动”办工作会议制度。“大行动”办，内设综合股、财务股，下设新兴红岭、渡头标营、和平解放、建设灵水四大基础中队和日夜巡查、交通整治、督查、流动摊点和便民市场管理、室外音响管理等五大专业中队，从有关单位抽调373人成立了单位考评办、企业考评办、小区管理评比办、停车管理办、诚意满意办、创卫办、广告管理办七大专职管理办公室，实现执法整治内容覆盖全辖区、全行业、全领域。办公地址：第一办公区设在城区原地税局内；第二办公区设在城区市场监督管理局内；第三办公区设在城区综合行政执法局内。

【“4819”整治模式】 2017年，城区“大行动”办建成武鸣区“大行动”综合智慧治理系统（即“4819”模式智慧系统软件），集成了交通整治、门店四包、小区整治、噪声扰民、扬尘治超、满意度测评、全面大扫除、考勤信息、单位部门和人员、其他十大模块。其中交通整治、门店四包、小区整治、噪声扰民、扬尘治超等均可查询到违规信息。该软件利用智能移动终端，创新信息实时采集传输手段，通过手机随手拍的形式参与、监督城市管理工作，提高人人共同参与城市管理的积极性。

【市容环境整治工程】 2017年，城区“大行动”办组织开展城区市容环境整治工作。

治理重点区域场所　对城区主干道、商业街区、客运站、学校、医院、农贸市场、城中村、城乡接合部等周边的市容环境秩序、无序摆卖、市场外溢、卫生脏乱、保洁责任不清等现象进行督查治理。通过督查中队日常督查，在发现问题后及时向四大网格中队反映问题，并由四大网格中队牵头，督促辖区范围内的网格责任单位进行整改治理。

整治乱摆、跨门槛经营、垃圾乱扔等乱象　针对大排档、夜市烧烤、占道停车乱摆和跨门槛经营等进行整治，引导流动摊点进入市场经营，合理设置临时摆卖区、创业街等。针对垃圾乱扔等现象，加大处罚力度，推进垃圾入桶进箱（池），实现全方位、全天候、全覆盖的保洁管理。

“门前四包”制度　明确沿街两侧、市场、机关单位、住宅小区、施工场地等地的“门前四包”（包环境卫生、包绿化美化、包市容秩序、包门店内卫生安全）责任范围。通过督查取证和举报等方式进行监督管理，由“大行动”办四大网格中队及督查、交通、市场管理三大专业中队和网格管理责任单位进行日常巡查，现场检查，拍照取证，并完善依法处置方式。

【交通畅通工程】 2017年9月18日，城区“大行动”办成立交通整治中队，开展七项交通专项整治行动：整治行人、非机动车交通违法乱象。在烟厂、电信等路口设立行人和非机动车交通秩序示范路口，以点带面，辐射延伸，加大处罚力度，形成严管氛围；集中整治机动车行车秩序；强力整治公交、出租车行业营运秩序，开展“三车”专项整治行动；强化整治机动车停车秩序；加强对国道、省道、农村道路的整治力度；完善交通安全设施；严管车辆交通违法行为、加大学生接送车辆的监管力度；是年，共查处车辆乱停放3322辆，现场拖移875辆，查处“三车”293辆，非法营运车14

辆，农机扣证 4 本。

【扬尘污染治理】 2017 年，城区“大行动”办组织 29 家石场开展自查自纠，从生产、装卸及运输等环节对企业自身扬尘污染现状进行全面排查，列出扬尘污染问题清单，提出具体整改措施、明确整改期限、落实整改责任人。组织国土、环保、林业、安监等部门对城区内 29 家石场进行严格检查，对存在问题的采石场给予停业整顿处罚。引导采石场进行标准化建设，按照环保法规以及其他相关管理规定的要求，落实防尘抑尘措施，提升收尘降尘治理水平。是年，各采石场累计投入约 2500 万元对环保设施进行升级改造，29 加采石场中有 16 家已进行复工验收，7 家正在进行标准化建设。推行部门联动机制，严打违法超载、超限行为。共组织开展 42 次联合执法检查行动，拦截、警告、劝诫超载超限车辆 2494 辆次，整治各类交通违法行为 634 辆，罚款 485.26 万元，有效打击了违法超载、超限行为。

【控制噪音污染】 2017 年 10 月 24 日，城区“大行动”办成立室外音响设备管理中队，实行公共场所音响设备使用准入制度，对辖区内的举行的文化体育活动进行监控，对生活、工作、学习集中区域周边使用喇叭、音响等进行商业宣传的行为进行治理。2017 年 12 月 29 日，成立日夜巡查中队，规范城区夜市经营和各建筑工地夜间施工管理。是年，共收缴音响设备等噪声器 31 件，警告 163 人。噪音投诉量与上年同期相比大幅下降了 74.4%。

国土资源管理

【概　况】 南宁市武鸣区国土资源局是负责城区土地资源和矿产资源等自然资源的规划、管理、保护、开发与合理利用等工作的职能部门。内设行政秘书股、计划财务股、人事教育股、地籍管理股、规划建设股、土地利用股、耕地保护股、法规监察股、地质环境股、矿产资源管理股、土地纠纷调处股、行政审批办公室、纪检监察室 13 个股室。二层机构有南宁市武鸣区土地开垦整理中心、南宁市武鸣区国土资源出让服务中心（南宁市武鸣区国土测绘地理信息中心）、南宁市武鸣区土地储备中心、南宁市武鸣区国土资源执法监察大队、南宁市武鸣区矿产管理站、南宁市武鸣区不动产登记中心。全系统共有在职人员 185 人。办公地点位于南宁市武鸣区兴武大道 171 号。

【建设项目用地管理】 2017 年，城区国土资源局按照《广西壮族自治区具体建设项目供地审批办法》以及《协议出让国有土地使用权规定》的要求，做好具体建设项目审核上报及供地工作。为广西万丰房地产开发有限公司、南宁市千艺大观投资有限责任公司、广西远泰达混凝土有限公司、广西医科大学、广西安全工程职业技术学院等 38 个用地单位和个人办理供地手续，供地面积 159.24 公顷。

【地籍登记管理】 2017 年，城区国土资源局组织开展农村宅基地确权登记发证和土地变更调查工作，完成宾阳经武鸣至隆安二级公路、贵港至隆安高速公路，南宁教育园区武鸣东片区、广西壮都等项目约 333.33 公顷的征地测量工作；开展测绘地理信息法律法规宣传，完成现行国家大地坐标系向 2000 国家大地坐标系的过渡并发布通告，加快城区 2000 国家大地坐标系的推广使用工作；协助城区扶贫办开展精准扶贫涉及地产识别 830 户的查询识别工作。

【耕地保护】 2017 年，城区国土资源局执行耕地占补政策，共落实 17 个批次用地补充耕地方案，占补耕地 169.5907 公顷，非农建设占用地耕地项目全部落实“占一补一”；落实区域永久基本农田五项任务，签订责任书 223 份，设置保护牌 150 块，埋设界桩 1700 个，发放明白卡 7500 份，完成基本农田划定 89542.91 公顷；开展耕作层土壤剥离利用工作，完成剥离面积 24.3 公顷，剥离土方 7.3 万立方米，储存面积 3.6 公顷，储存土方量 7.3 万

2017 年，科技有限公司“小块并大块”耕地整治项目

（城区国土局提供）

立方米，超额完成剥离任务量。根据 2016 年度土地利用现状变更调查结果，武鸣城区 2016 年年底实有耕地为 116680.3 公顷，武鸣区全域永久基本农田划定面积为 89542.91 公顷，已完成南宁市下达的年度基本农田保护指标 89428 公顷。2017 年度武鸣城区耕地保护责任目标和耕地占补平衡通过区、市的考核。

【土地开发整理】 2017 年，城区国土资源局组织开展 2016 年度优质高产高糖糖料蔗基地土地整治工作，实施面积 3666.67 公顷，共 65 个基地项目；完成 2016 年度陆斡镇卢覃村、罗波镇旧陆斡村、城厢镇九里村、双桥镇镇南村等 4 个村耕地提质改造（旱改水）项目验收及确认工作，确认新增水田 104.2767 公顷；完成 4 公顷以下两江镇、马头镇、陆斡镇等 3 个土地开垦项目新增耕地确认工作，确认新增耕地面积 1307.3628 公顷；完成第一批城乡建设用地增减挂钩试点项目验收及确认工作，确认新增旱地 7.0074 公顷、林地等其他用地 51.4515 公顷；完成“十三五”土地整治规划修编及上报区国土厅备案。

【国土监察】 2017 年，城区国土资源局推进 2016 年度“卫片”执法检查工作，立案查处 50 宗违法用地案件，收缴罚款 221.84 万元，没收违法建筑物 277313.63 平方米；打击非法用地用矿行为，立案查处 58 宗违法用地案件，查处面积 277313.63 平方米，收缴罚没款约 221.89 万元；清理拆除“两违”用地 276 处，拆除面积 18.46 万平方米；对无证开采矿山（点）违法行为开展联合执法 50 次，出动执法车辆 200 余部（次），出动执法人员 750 余人（次），查处矿产违法案件 27 宗，收缴罚没款共 253.7 万元；开展整治香山河流域工作，共开展巡查 660 次，出动巡查车辆 700 余部（次），巡查人员 2100 余人（次），有效震慑了违法行为，巩固了前期整治成果。

【信访维稳】 2017 年，城区国土资源局共接待咨询来访群众 38 批（次），58 人。受理各类信访 21 件，信访件按来源分为上级交办 4 件，城区信访局交办 13 件，市国土局交办 1 件，本局受理自办 3 件。所受理的信访件均按照《信访条例》要求办理，做到来访有登记、有告知、有答复、有台账，办结率 100%。

【土地调处】 2017 年，城区国土资源局开展春节、

2017 年，南宁市武鸣区国土资源局强力拆除违法建筑

（城区国土局提供）

2017 年，节约利用土地，保护土地宣传栏　　（城区国土局提供）

春耕生产、“两会一节”国庆节等重要节日的维稳调处工作。抓好陆斡镇二塘村第 10、15、16 村民小组与第 2、18、19、20 组在“内雷岭”“墰长岭”等土地权属纠纷案件的调查调处工作及土地权属纠纷案件的后续维稳工作，配合城区调处办及有关部门做好土地纠纷案件调处工作 5 宗，参与应诉案件 1 宗。全年没有因土地纠纷案件得不到处理而引发群体性事件和越级上访等问题发生。

【国土法规宣传】 2017 年，城区国土资源局开展国土资源管理法律法规宣传工作。以“4·22”世界地球日、“6·25”土地日为宣传契机，采取报刊、广播、电视、短信、宣传展板、宣传横幅、山歌文艺表演、现场向群众发放宣传资料、现场设法律咨询台等多种宣传方式，宣传土地管理法、不动产、小块并大块等有关法律法规知识。共发放宣传资料 4000 多份，雨伞、围裙、扑克、宣传包等奖品 600 余份，悬挂宣传横额 16 条，接受群众咨询 200 多人，在全社会营造依法依规用地的氛围。

【土地储备】 2017 年，城区国土资源局组织开展土地收储工作，完成南宁教育园区武鸣东片区项目土地收储面积 2261.40 亩。拓宽土地储备融资渠道，采取“政府购买服务”方式，与武鸣乾鸣公司、富岭公司完成了教育园区武鸣东片区四期和伊岭工业集中区一期土地综合开发项目购买服务合同的签订工作，确定土地储备面积 275.63 公顷，购买服务合同金额约 7.32 亿元。完成融资到位资金 4.4 亿元，缓解了教育园区武鸣东片区、伊岭工业集中区资金紧张局面。

【建设用地报批】 2017 年，城区国土资源局完成城厢镇第二初级中学扩建项目、武鸣高级中学定罗湖校区建设项目、广西千百年健康产业投资有限公司年产 25 万吨饮用天然山泉项目、广西华瑞药业有限公司医疗器械生产项目、武鸣漓源精油饲料有限公司年产 24 万吨生物饲料生产项目、武鸣区光荣院、福利院搬迁扩建项目二期、马头片区生活垃圾处理项目、南宁教育园区三产安置、配套服务建设项目、广西医科大学武鸣校区项目二期、南国乡村．农村

2017 年 6 月 25 日，南宁市武鸣区国土资源局在城区文化广场开展“6·25”全国土地日宣传活动　　（城区国土局提供）

2017 年第十三期国有建设用地使用权拍卖会现场

（城区国土局提供）

综合旅游景区建设项目、贵隆高速公路等多个项目用地报批工作，总面积为 282.521 公顷，其中新增建设用地 274.3104 公顷，农用地 265.0646 公顷，上报已获审批的项目用地面积 103.1604 公顷。

【经营性用地招标拍卖挂牌】 2017 年，城区国土资源局举办 19 期国有建设用地使用权公开挂牌出让活动，挂牌出让城区本级国有建设用地 28 宗，成交面积 69.41974 公顷，土地成交价款 83715 万元。

【征地拆迁概况】 南宁市武鸣区房屋和征地拆迁办公室（以下简称征拆办）是隶属于南宁市武鸣区人民政府管理的直属事业单位，主要负责服务、协调、指导全区征地拆迁工作。内设行秘股、综合股和财务股。核定编制 16 名，在职在编 16 名，其中正科级领导 1 名，副科级领导 2 名，主任科员干部 1 名，副主任科员干部 3 名，科员干部 7 名，工勤人员 2 名。2017 年，武鸣区征拆办以“文明征地、和谐搬迁、妥善安置”思想为指导，克难攻坚、重点推进，全力做好重大项目的征地拆迁工作，取得了一个又一个重大突破，强力推动了武鸣区重大项目建设。

【征地协议书签订】 2017 年，南宁市政府责任状目标下达武鸣城区完成征地拆迁 120 公顷任务，年初武鸣区征拆办制定的工作目标任务为 1140 公顷。全年共完成征地工作任务 1016.42 公顷，完成全年征地任务的 89.2%。其中，教育园区完成签订征地补偿协议书 344.55 公顷，伊岭片区分指挥部完成 125.85 公顷，工业园区分指挥部完成 66.46 公顷，贵隆高速分指挥部完成 410.45 公顷，面上项目完成 69.11 公顷。

【青苗补偿协议书签订及拆迁】 2017 年，城区征拆办完成签订青苗补偿协议书 1164.17 公顷，搬迁坟墓 5338 座，拆迁面积达 18962.42 平方米。

【“三产”安置地“三通一平”建设】 2017 年 9 月，城区征拆办成立“三产安置办”，指定专人具体负责“三产”安置地的工程建设工作。全年完成 7 个“三产”安置地的土方平整、道路工程项目；完成 5 个“三产”安置地的供水、供电工程项目。尚有 9 个土方平整、道路工程正在建设中；4 个配电工程项目正在施工中。

（国土局编写组）

环 境 保 护

【概　况】 根据 2011 年 3 月 3 日县政府下发《武鸣县人民政府办公室关于印发武鸣县环境保护局主要职责、内设机构和人员编制规定的通知》（武政发〔2011〕27 号）精神，武鸣区环境保护局行政编制 8 名，机关后勤服务人员控制数 1 名，局属二层机构 2017 年实有人数 14 名；武鸣区环境保护监测站总编制为 14 名，2017 年实有人数 13 名。局机关中设有四个内设机构，分别为行政秘书股、监督管理股（核与辐射、固体废物监管股）、政策法规股、自然生态和农村环境保护污染物排放总量控办公室。全局人员文化程度为研究生 2 人，大学本科 27 人，专科 6 人。办公地点位于武鸣区农坛路 26 号。

【大气空气质量】 2017 年，城区环境保护局对城区大气空质量全程监测，监测天数为 365 天，其中优天数为 161 天，良天数为 162 天，轻污染天数为 35 天，中污染天数为 1 天，重污染天数为 1 天，优良率为 90%。大气降水共监测 93 场，酸雨率为 0。

【水环境质量】 2017 年，城区环境保护局对武鸣河邓广、起凤山、渡头桥、明秀园、明秀电站、宁武电站、双卢电站等 7 个断面与两江河、马头河、天马河进行水质监测，7 个断面的水质均达到《地表水环境质量标准》（GB3838-2002）中的Ⅱ类水水质。两江河、马头河、天马河水质达到《地表水环境质量标准》（GB3838-2002）Ⅰ类水水质。

【城市声环境质量】 2017 年，城区环境保护局测定，区域环境噪声平均值为 51.7 分贝，符合《声环境质量标准》（GB3096-2008）2 类声环境功能区标准要求；道路交通噪声平均值为 67.3 分贝，符合《声环境质量标准》（GB3096-2008）4a 类声环境功能区标准要求。

【污染物减排】 2017 年 9 月 4 日，城区环境保护局正式印发《南宁市武鸣区环境保护委员会关于印发 2017 年主要污染物总量减排计划的通知》。武鸣区主要污染物总量减排重点项目为化学需氧量 2 项与氨氮 2 项，是年，广西锦龙建材有限公司生产熟料 145.37 万吨，比同比减少 6.83 万吨，脱硝氨水用量 4310 吨，同比增加 1103 吨，脱硝效率 55%，氮氧化物平均排放浓度 297 毫克每立方米，基本按计划完成减排任务。锣圩、双桥 2 家镇级污水处理厂基本完成项目整改，正在进行调试。

【农村环境保护】 2017 年，城区环境保护局组织开展农村环境保护工作。

生态示范创建　开展罗波镇生态示范创建工作。根据城区政府下发的《南宁市武鸣区人民政府办公室关于印发南宁市武鸣区罗波镇生态示范创建项目实施方案的通知》（南武政办〔2017〕101 号）要求，罗波饮用水源保护项目总投资 32.3 万元，罗波镇村屯（万泉社区、雷丁屯、东周屯）农村生活污水处理设施项目总投资 333.8 万元。

规划编制　开展农村水环境综合整治“十三五”规划编制工作。通过政府采购，以竞争性谈判方式确定广西和然科技有限公司为武鸣区农村水环境综合整治“十三五”规划编制单位，编制费为 17 万元。

环境整治　开展农村环境综合整治，建设农村生活污水处理设施。完成 2016 年“美丽南宁”乡村建设农村生活污水整治项目城厢镇文合村坛团屯等 11 套农村生活污水处理设施的试运行和验收工作，项目总投资 668 万元，总处理量为 365 吨 / 日。开展“美丽南宁”乡村建设农村生活污水处理设施项目武鸣区城厢镇平等村敢亮屯等 15 套建设，项目总投资 1075 万元，总处理量为 430 吨 / 日，拟受益人口 4443 人。

设施运行维护　推进农村生活污水处理设施第三方运行维护管理工作。完成 2016 年度城区已建成 29 套的农村生活污水处理设施第三方运行维护工作，执行生活污水能统一收集处理，改善农村居民生活环境。

生态村镇创建　开展 2017 年自治区级和南宁市级生态镇、生态村申报创建工作。双桥镇、罗波镇两个自治区级生态镇和双桥镇苏宫村等 26 个自治区级生态村通过自治区环保厅的现场复核；宁武镇培桂村等 8 个市级生态村材料待上报；全城区生态村（区级和市级）申报率达 100%，命名率达 80%。

【环境监察】 2017 年，城区环境保护局开展专项整治工作，落实中央环保督察整改任务，确保全年未发生较大以上污染事故。

大明山保护区整改工作　完成自然保护区内铜矿、钨矿矿区地上建筑物、房屋、设备的拆除工作，拆除率 100%，钨矿自然保护区外的地面附着物拆除率 30%；开展铜矿地质环境恢复治理与土地复垦工作，已完成项目招投标，中标价 1180 万元；

完成12座水电站资产预评估报告、拆除方案编制、森林植被恢复设计方案，预评估补偿金额为3144万元，拆除资金经费2300万元。

灵水饮用水水源地水质达标率低问题整改 实施全面禁泳，5月28日发布《关于禁止在灵水湖内从事游泳、洗涤和垂钓等活动的通告》，对灵水实施全面禁止游泳、垂钓、洗涤等影响水源行为。投入15万元建设电子宣传显示屏，滚动播放相关饮用水源保护相关法律法规，对饮用水源保护加强宣传引导，投入18万元对城区集中式饮用水水源地一级保护区设置铁丝网物理隔离设施。增加监测频次，实行每月监测一次。2017年，除4月份总大肠菌群超标外，其他月份监测均已达标。

环保责任制工作 制定《南宁市武鸣区环境保护"一岗双责"责任制暂行办法》，与30个部门、13个镇、2个农场签订环境保护目标责任状，将"一岗双责"责任制落实情况纳入各责任单位年度绩效考核指标体系。实行环境保护责任追究、"一票否决"、生态环境损害责任终身追究、约谈警示等制度。制定《南宁市武鸣区环境保护工作职责规定》，将环保工作职责纳入城区54家单位的年度工作中，强化工作责任落实和责任追究，形成各镇各单位协同作战，全社会共同参与，齐抓共管的环境保护新格局。实行工作经费补助机制。是年，安排76.8万元的经费补助环保工作完成较好的单位，激励责任单位加强环保工作。

打击各项环境违法行为 执行新《环境保护法》及四个配套办法，下达《环境违法行为限期改正通知书》52份，立案查处项目44个，处罚金额为143万元。其中对涉及违法排污案件执行停产1起、查封2起、移送公安机关2起。

业务培训 参加区市环保系统举办的"环境监察千人培训"、执法考试培训、环境执法等各项执法业务培训班，共10余场，100余人次，做到人人参加培训。监察大队李旭被南宁市选派参加自治区环保厅的环境监察移动执法大练兵技能竞赛。

四所合一 2017年3月，镇级"四所合一"工作完成职权委托下放，并与各镇"四所合一"签订职权委托书。加大"四所合一"培训学习力度，2017年3月、10月，组织"四所合一"人员参加自治区、南宁市举办的联合执法培训并通过执法考试；3月24日城区环保局组织各镇分管领导及"四所合一"环保专职人员进行了培训学习；2017年7月起，抽调各镇"四所合一"环保专职人员到环保局跟班学习，每期跟班学习为期二个月。

专项整治 开展采石场标准化建设工作，制定采石场标准化整治标准，筹备采石场扬尘整治现场会，开展采石场标准化验收工作。对露天矿山的巡查共计152人次，下发限期责令整改11份，约谈企业2家。共29家采石场，按照标准化建设规模投入金额从50万元至700万元不等，累计投入约2500万元，对环保设施进行升级改造；开展酒精、制糖专项整治工作。2017年5家淀粉保留企业均补办了环评审批手续，并按环评批复事项进行了整改，至此淀粉行业从原来的30家整合到5家；开展危险废物专项整治工作。11家有煤焦油等危废产生的陶瓷企业均与有资质的危废处置单位签订危险废物处置合同。

设施升级改造 对全城区的10家陶瓷企业和5家砖瓦生产企业进行环保专项整治。其中，10家陶瓷企业共投入1875万元环保治理资金进行废气处理设施升级改造。5家砖瓦生产企业共投入350万元升级改造脱硫除尘设施。陶瓷、砖瓦生产企业废气污染得到较有效的控制，环境质量得到改善。

自然保护区的环境监管 对环境保护部卫星环境应用中心《2017年广西壮族自治区省级自然保护区人类活动变化遥感监测报告》中涉及广西三十六弄－陇均自治区级自然保护区内260个存在人类活动变化点进行现场实地核查。通过现场核查，三十六弄—陇均保护区有人类活动总数量260处，位于核心区14处，缓冲区36处，实验区210处；坐标点全部位于保护区范围内，其中居民点90处，农业用地51处，其他人工设施（鱼塘等）119处。对大明山国家级自然保护区违法违规活动专项检查。对施工单位擅自设置废渣堆放场和环保设施未建成主体工程即投入使用的环境违法行为进行立案查处，处罚金额10万元，并要求建设单位立即停止违法行为，对现场进行植被恢复。

环境安全 受理环保信访投诉案件325件，同比增加121件（上年204件），同比上升59.3%。

其中工业噪声92件，三产油烟噪声128件，养殖污染76件，其他29件；落实城区人大建议4个，其中3个协办建议，1个承办建议；落实政协提案4个，其中3个协办，1个承办。所有投诉案件均能及时调查处理，无逾期处理案件现象，无较大以上环境安全事故发生。

依法行政　重新优化编制环保局7项行政权力共75大项114子项运行流程，提速办结时限，加快项目办理手续。建设项目环境影响报告书、报告表审批及验收时限由2016年的提速50%增提到62.5%；环境影响登记表备案当日完成。落实建设项目和“三同时”制度，2017年，共审批项目60个，登记表备案项目132个，出具项目选址意见72份，出具征求环保意见127份，竣工验收项目45个项目。

政务信息公开　在政务双公示平台公示信息111条，通过国家企业信用信息公示系统—部门协同监管平台归集录入企业信息547条；审批验收项目实现按日录入国家环保部审批系统，共录入60个审批项目，45个验收项目。

征收排污费及排污许可证年审　共征收排污费651万元，征收企业131家（次）。将企业违法行为的改正、污染纠纷的处理和排污费的缴纳等作为企业排污许可证核发条件，2017年共核发排放污染物许可证共173本。

【环境宣传教育】　2017年，城区环境保护局采取网络、新闻媒体报道、拓宽投诉受理途径等方式对环保工作进行宣传，增加环保法律法规和环保工作的受众面。6月至9月开展世界环境日宣传活动月，持续开展环保信访、宣传、咨询等宣传工作，共发放宣传袋4000多个，宣传册10000多本，宣传单6000多张，摆设宣传展板62张，悬挂宣传横幅36条；6月20日，城区环保局在武鸣时讯开设环保专栏，刊登《呵护碧水蓝天建设美丽壮乡——武鸣区2016年以来环保工作综述》专题文章；11月9日，南宁市环保局韦好鹏局长带队到武鸣开展调研活动，召开“履行环保职责建设壮乡武鸣”环保专题知识讲座，共300人到会听取韦好鹏局长的汇报，城区电视新闻媒体也进行了跟踪报道，营造了各环保职责单位共同参与环保工作的氛围。

【环境监测】　2017年6月，城区环境保护监测站通过计量认证。是年，对锦龙水泥厂、赢创美诗药业、武鸣污水处理厂按每季度一次进行规范监测；完成17起突发性污染事故的应急监测和陶瓷厂、砖厂企业环保设施改进后监督性监测；扩大水质监测范围，水质监测点位由原有的武鸣河7个断面基础上又增加了两江河、马头河、天马河、仙湖水库、元宵水库、暮定水库、忠党水库等7个监测断面；空气自动监测系统建设项目于11月底顺利完成；2017年7月广场社会噪声监测系统正式启用。

【环境信息建设】　2017年，城区环境保护局对辖区内国控、市控和其他污染源企业，强制推行环境信息公开。纳入信息公开的2家国控、3家市控重点污染源企业，每月主要污染物排放、污染防治设施运行、环境管理等环保情况都在国家重点监控企业排污费征收公告在线填报平台上如实公开，接受公众监督。

（李　保）

责任编辑　韦振宇

教育·科学

教　育

【武鸣区教育局概况】　2017年，南宁市武鸣区教育局（简称城区教育局）内设党政综合股、人事教育股、基础教育股（行政审批办公室）、体育卫生与艺术教育股、计划财务股、教育督导室6个股室，有公务员11人。下设的二层机构有南宁市武鸣区高等学校招生委员会办公室（简称城区高招办）、南宁市武鸣区教育局教研室、南宁市武鸣区学生资助管理办公室（简称城区资助办）、南宁市武鸣区成人教育办公室（简称城区成教办）、南宁市武鸣区电化教育中心，在编事业人员46人，参照公务员管理事业单位人员3人。

【教师队伍建设】　2017年，城区教育局开展师德师风建设，制定《2017年武鸣区教育系统师德教育活动方案》，提升师德素养。成立城区教师培训发展中心，组织教师、校长参加国培计划、网络研修等各级各类培训8400多人次；安排校长、教师轮岗交流545人，交流率13.89%，选派教师到农村中小学支教或走教106人，新招录高中阶段教师23人、义务教育阶段特岗教师60人；落实乡村教师支持计划，分别按每人每月200元、300元、400元标准补助相关村级小学（教学点）在职在岗教师。年内，教师被评为南宁市"我最喜爱的老师"1人，武鸣区"我最喜爱的老师"12人，武鸣区优秀教师100人、优秀教育工作者50人、"十佳"教师10人、"十佳校长"10人、"十佳班主任"10人，被评为南宁市学科带头人42人、南宁市教学骨干124人。11月，城区教育局组织获评为"我最喜爱的老师"教师12人，分3个小组到各镇、城区直属学校开展宣讲活动13场，弘扬教师爱岗敬业、立德树人、关爱学生、为人师表的高尚品德，营造尊师重教的氛围。

【学前教育】　2017年，城区教育局组织开展学前教育管理工作，组织参加国家、自治区、市、城区级教学研讨、管理培训等活动25场次、2102人次；扩大公办学前教育资源，推进标营新区幼儿园建设，投入450万元完善新建各镇中心幼儿园的基础设施和教学设备，改善镇幼儿园的办学条件。年内，全城区新（改）建幼儿园4所，新增幼儿学位270个，实现学前教育资源镇村全覆盖；落实城区13个镇中心幼儿园教师编制3名。是年，全城区在园幼儿2.70万人（含学前班），学前三年毛入园率95.50%。

【义务教育】　2017年，武鸣区有小学189所（含教学点，其中民办小学1所），小学在校生37228人，入学率100%，辍学率0%，小学毕业升学率100%；初中19所，初中在校生18038人，入学率100%，辍学率0.32%，初中毕业生升学率95.92%。全年中心城区学校共接收进城务工人员随迁子女入学 4116 人，接收率 100%。7 ～ 15 周岁三类残疾儿童入学率 92.65%。年内，城区教育局实施《武鸣区进一步提高义务教育巩固率工作方案》，签订控辍保学工作责任状，九年义务教育巩固率 101.39%，完成南宁市下达的 101.00% 控制性指标。2 月 19 日，国务院督导委员会下文认定 2016 年全国义务教育均衡发展基本均衡县（区）名单，武鸣区榜上有名。

【普通高中教育】 2017 年，城区教育局组织实施普通高中课程改革，实行目标管理责任制，推进教育改革创新，推进高中同课异构和送教帮扶教学活动，有效推动普通高中教育教学质量稳步提高。年内，全城区有武鸣高中、武鸣中学、罗波高中、锣圩高中、府城高中 5 所普通高中学校，参加全国普通高考人数 5668 人，一本上线 1479 人，上线率 26.09%，比上年提高 5.16 个百分点，总分 600 分以上的考生 133 人。其中，武鸣高中一本上线 944 人（不含回原籍参加考试的外地考生 6 人），广西民族高中 305 人，广西希望高中 117 人，南宁东盟中学 84 人，武鸣中学 24 人，罗波高中 3 人，广西壮文学校 1 人。武鸣高中文、理科进入广西前 100 名 11 人，武鸣高中入围清华大学、北京大学分数线 7 人。

【职业教育】 2017 年，城区教育局落实国家现代职业教育政策，推进中等职业学校教学诊断与改进工作，建立常态化自主保证人才培养质量工作机制。2 个科研课题被认定为自治区重点课题，2 位教师获评为南宁市教学骨干。毕业生双证率 90%，毕业生就业率 100%。获广西中等职业学校学生专业技能大赛一等奖 2 个、二等奖 1 个、三等奖 1 个，获南宁市中等职业学校学生技能竞赛一等奖 1 个、二等奖 19 个、三等奖 42 个。对口高考本科上线 21 人，专科上线 260 人。

办学规模　完成全日制中等职业教育送生 2323 人，完成上级下达任务的 130.9%。武鸣中等职业学校招收全日制新生 795 人，在校生规模 1923 人，比上年增加 384 人。

项目建设　投资 100 万元，完成自治区中等职业学校示范特色专业及实训基地建设子项目——机电设备安装与维修专业课程改革项目建设。

特色教育　发挥城区职校“青少年法制教育基地”作用，到城区 6 所中小学校开展模拟法庭活动。年内，武鸣中等职业学校被国防部认定为国防教育特色学校，被评为自治区卫生先进单位，获南宁市中等职业学校教育教学工作二等奖，南宁市高中阶段毕业班工作成绩优秀奖，武鸣区常规管理先进学校，武鸣区高中阶段毕业班工作成绩优秀奖。

【特殊教育】 2017 年，全城区有特殊教育学校 1 所，在册学生 107 人，其中在校生 93 人，送教上门学生 14 人。全城区适龄残疾儿童 251 人，适龄在校残疾儿童 233 人。年内，城区教育局组织参加各项特殊教育师资培训 14 期；城区特殊教育学校扎实开展教学工作，举办以生活自理、语文、数学知识应用等内容比赛活动，学校被评为南宁市武鸣区常规管理先进学校，学校培智三年级被评为南宁市优秀班级。

【教学科研】 2017 年，城区教育局组织推进基础教育课程改革，以全面提高教育教学质量为目标，开展教学科研工作。年内，城区教育局教研室小学教研员到各镇开展“动感教学”督查和培训活动，初中、高中教研员围绕课改和中考、高考备考，强化教研活动；派出教师参加市级、自治区级、国家级培训 6382 人次；开展“双师”教学研讨，实施“一师一优课，一课一名师”活动，优选组织教师上网评选“优课”；组织心理健康教育中心组成员开展教学研讨、交流活动；对教师的备课、上课、作业、测试等常规工作进行检查并提出整改意见；加强高考工作结对帮扶、同课异构、管理经验交流等活动；坚持科研兴校，加强课题管理，提升教育科研成果。2017 年，城区各级学校获市级立项科研课题 7 项，城区级立项 33 项。城区 169 所学校、2771 位教师参加晒课，晒课数 2936 节，其中有实录课 957 节，获城区（县）级优课 694 节、市级优课 52 节、省级优课 25 节、部级优课 3 节。开展信息技术与学科深度融合课例评选活动，推选教师参加市级比赛 10 人、自治区级比赛 1 人，获自治区级一等奖 1 人，获市级一等奖 1 人、二等奖 4 人、三等奖 5 人。组织教师参加自治区级实验教学说课比赛，获二等奖 3 人、三等奖 3 人。参加微电影、微视频等各种教学竞赛活动 21 场次。全年获城区（县）级以上教育教学荣誉证书 1106 人次，获广西基础教育教学成果评比一、二、三等奖共 3 项。

【文体教育】 “壮族三月三”文体活动 2017 年，城区教育局组织师生参加中国壮乡·武鸣“壮族三月三”歌圩暨骆越文化旅游节千人竹竿舞、千人武术、千人广场舞、民族竞技体育、山歌等表演比赛活动。

体育竞技运动 城区教育局组织参加南宁市教育局举办的中学生篮球、排球、田径等单项比赛，获市中学生排球比赛高中男子组冠军、初中男子组冠军。获南宁市中学生篮球比赛初中女子组第二名、男子组第三名。武鸣中学田径队参加南宁市中学生田径比赛获 2 枚金牌、3 枚银牌、3 枚铜牌和团体总分第五名。参加南宁市中小学体育教师录像课、教案设计比赛，获 2 个一等奖、3 个二等奖。年内，城区教育局相继举办中学生排球比赛、中小学生篮球比赛、壮民族传统体育健身游戏大赛、中小学生五人制足球比赛。

文化艺术活动 城区教育局组织参加南宁市第十五届教育系统师生迎春艺术作品展活动，获一等奖 13 个、二等奖 17 个、三等奖 59 个。参加南宁市中小学生民族器乐比赛获二等奖。参加武鸣区乡村社区和谐文艺大展演获一等奖。参加南宁市中小学“庆祝十九大、共筑中国梦”书画作品展评活动。参加南宁市第十九届中小学艺术节获优秀组织奖。开展城区“阳光 梦想”中小学、幼儿园师生书画作品展评活动，参展作品 1265 幅。6 月，举办六一国际儿童节文艺演出。11 月 30 日，城区教育局在武鸣会堂举办中小学“壮族山歌进校园”成果展示汇报演出活动。

【电化教育】 2017 年，城区教育局安排资金 1087.15 万元采购计算机 1972 台，用以充实 120 所学校 120 间电脑教室的电脑，城区所有学校电脑装备数量均达到最大班级学生一生一机配备要求；投入 1100 万元实施“安居乐教”工程，为城区中小学校住校教师每套周转房配备热水器、电视、电风扇各 1 台，共 2750 套；投入 1745.55 万元购置办公电脑 3879 台，为每个教师各配办公电脑 1 台；投入 198.80 万元，为 1326 个备课室各配备激光打印机 1 台。组织城区 160 所学校图书管理员进行图书信息化管理系统培训。

【招生考试】 2017 年，武鸣区参加普通高考报名人数 6297 人，其中参加统考人数 5668 人，参加高等职业院校对口自主招生、单独考试招生 629 人。参加统考文科综合考生 2156 人，理科综合考生 3512 人。全城区设普通高考考点 3 个、190 个考场，分别设在武鸣高中、武鸣中学、广西民族高中。参加全国成人高考报名 1610 人，考点设在广西民族高中。参加南宁市高中阶段学校招生考试报名 5836 人，考点设在城区各镇。年内，城区教育局加强招生考试的管理与服务，制发《南宁市武鸣区 2017 年初中毕业升学考试与高中阶段学校招生工作方案》。普通高中计划招生 57 个班、3050 人（不包括广西民族高中、广西希望高中、南宁市华侨投资区中学），实际招生 60 个班、3583 人；职业学校计划招生 20 个班、1835 人，实际招生 21 个班、1844 人（全日制 796 人，非全日制 1048 人）；小学一年级计划招生 213 个班、5774 人，实际招生 232 个班、6522 人；初中七年级计划招生 118 个班、5765 人，实际招生 119 个班、6076 人。

【德育工作】 2017 年，城区教育局坚持德育为先，组织各中小学校有序开展“学雷锋·践行社会主义核心价值观”“整洁畅通有序大行动·文明有序提升月月有活动”“我们的节日”“讲仁义、促诚信、知礼仪、承家风”等系列主题教育活动。

创建“文明校园”活动 组织评选第一届自治区、南宁市“文明校园”，城厢镇第二小学等 14 个单位获第一届自治区、南宁市文明校园荣誉称号。

三好学生、先进班集体、优秀班主任评比活动 全城区被评为市级三好学生 3463 人、优秀学生干部 320 人、优秀班集体 98 个、特长生 10 人、三好学生标兵 2 人、学雷锋标兵 2 人，被评为武鸣区三好学生 4680 人、优秀学生干部 468 人、优秀班集体205个。90名学生被评为南宁市武鸣区“励志少年”荣誉称号。

【助学工作】 2017年，城区教育局实施学生资助项目23个，其中资助项目22个，涉及3.99万人次，金额2660.16万元；生源地贷款项目资助1个，发放贷款3021笔，贷款2101.64万元。

学前教育阶段 建档立卡贫困户幼儿免保教费项目，免保教费83.25万元，资助1111人次；武鸣区建档立卡贫困户幼儿入园补助金项目，补助金43.60万元，资助武鸣籍家庭经济困难幼儿872人次。

义务教育阶段 寄宿生生活费补助项目，补助金1251.60万元，资助2.11万人次；南宁市义务教育家庭经济困难学生资助项目，补助金57.74万元，资助1154人次；武鸣区建档立卡贫困户小学生资助项目，补助金52.45万元，资助1047人次。

高中教育阶段 高中库区移民免学费项目，免学费14.42万元，资助286人次；普通高中国家助学金资助项目，补助金491.25万元，资助6435人次；建档立卡户普通高中免学杂费资助项目，免学杂费70.88万元，资助810人次；武鸣区建档立卡户普通高中助学金项目，资助560人次，共28万元。

中职教育阶段 中等职业教育免学费项目，免学费201.30万元，资助2684人次；中等职业教育学费资助项目（2017年秋季学期取消），学费资助27.38万元，资助1141人；中等职业教育国家助学金项目，补助金60.40万元，资助604人次；自治区政府中职奖学金项目，发放奖学金4.20万元，奖励21人；南宁市政府中职奖学金项目，发放奖学金8万元，奖励80人；中职师范生生活费补助项目，补助金18.08万元，资助241人。

武鸣区励志少年奖学金项目 从建档立卡贫困户小学、初中、高中（中职）学生中评出“励志少年”90人，每人奖励2000元，共18万元。

大学新生资助项目 补助金127.50万元，资助1061人。

中华浩德资助项目 属于社会资助，补助金20.61万元，资助462人次。

【学校安全稳定工作】 2017年，城区教育局组织推进学校安全管理和稳定工作。

落实责任制 成立城区中小学安全工作领导小组，与各级各类学校签订《南宁市武鸣区教育系统2017年安全稳定工作目标管理责任书》。修订完善《南宁市武鸣区中小学幼儿园安全工作管理规定》《南宁市武鸣区中小学幼儿园校舍安全、消防安全管理规定》《南宁市武鸣区教育局安全生产组织机构及工作制度》《南宁市武鸣区中小学幼儿园交通安全管理规定》，制定《南宁市武鸣区教育系统安全生产大检查工作方案》《南宁市武鸣区教育局安全生产大检查宣传工作方案》《南宁市武鸣区教育局安全生产大检查发现的问题隐患清单及整改方案》《南宁市武鸣区教育系统安全生产保稳定促发展实施方案》，确保安全稳定工作有章可循。

安全人员配备 城区财政划拨资金980万多元，为各公办中小学校幼儿园配备专职、兼职安全协管员354人。

安全检查 组织城区各学校开展安全大检查21次；开展校车安全专项整治行动，整顿用违规车辆接送幼儿上下学的幼儿园2所。

培训演练 11月，组织分管安全的学校领导和安全协管员进行岗位业务学习培训510人。3日，城区教育局、城区消防大队在锣圩小学联合举办武鸣区学校消防应急逃生及灭火技能演练观摩活动。10日，城区教育局、城区国土局、双桥镇政府在伊岭小学举行武鸣区学校地质灾害应急逃生及简单救护技能演练观摩活动。全年各中小学校举行各种安全演练活动810多场次。

【教育经费】 2017年，武鸣区获得中央和自治区公用经费转移支付资金4502万元、农村义务教育阶段家庭经济困难寄宿生生活补助金额1131.72万元。义务教育阶段学生全部享受国家免费提供教科书，部分科目免费教科书循环使用。

【教育重点项目】 2017年，武鸣区实施全面发展教育优先战略，深化教育综合改革，多渠道筹措资金，加快推进中小学、幼儿园基础设施建设，教育办学条件不断改善，综合办学实力得到提升。实施学前教育“三年行动计划”建设项目、义务教育薄弱学校“全面改薄”建设项目、义务教育学校均衡发展迎国检改造项目、普通高中基础能力建设项目等4大类工程项目建设，全年共实施单体工程项目36个，总建筑面积5.95万平方米，计划总投资1.16亿元，其中中央资金1656万元、自治区资金2794万元、南宁市资金2053万元、城区本级资金5115万元。至年底，已开工项目36个，项目开工率100%。

（刘新彦　梁兆观）

科　学

科学技术和知识产权

【概况】　2017年，南宁市武鸣区科学技术和知识产权局（简称城区科技局）内设行政秘书股、业务管理股（行政审批办公室）、知识产权法律事务管理股，有干部职工10人，其中局长1人、副局长2人，工勤人员1人。下属二层机构武鸣科学技术情报研究所（生产力促进中心）实有干部职工2人，武鸣科学技术服务中心有1人（兼职）。

【科研活动与技术开发】　2017年，城区科技局组织实施《南宁市武鸣区关于深入实施创新驱动发展战略的实施方案》《南宁市武鸣区科学技术发展“十三五”规划》《南宁市武鸣区深入实施知识产权战略行动计划实施方案（2016年—2020年）》《南宁市武鸣区发明专利双倍增计划实施方案（2016年—2020年）》《深化南宁市武鸣区本级财政科技计划和科技项目管理改革实施方案》《南宁市武鸣区科学研究与技术开发项目管理办法》《南宁市武鸣区科技项目后补助管理办法》，开展自然科学、卫生、农业、工业、信息、文化、教育、体育等技术开发与科研活动，并取得相应成果。

科技项目组织申报　围绕武鸣经济社会发展重点和需求，制发《2017年南宁市武鸣区科学研究与技术开发计划项目申报指南》，引导、支持企事业单位、农村专业合作组织开展科技研发。全年受理申报城区本级科技项目54项，开展项目立项评审、调研等工作，立项33项，安排经费520万元；下达重大科技专项4项，经费2400万元；下达科技精准扶贫18项，安排经费466.85万元。全年获得市级以上科技项目立项17项，经费312万元。

科技项目实施　组织实施《深化南宁市武鸣区本级财政科技计划和科技项目管理改革实施方案》，规范城区科技计划项目的管理，建立科技联席会议制度，完善科技项目数据库、科技项目评审专家库。全年累计实施城区本级科技项目115项，完成结题22项，获南宁市科技进步奖1项、南宁市技术发明奖2项。

科技扶贫　组织开展科技扶贫工作，实施《南宁市武鸣区2017年科技产业精准脱贫实施方案》，支持贫困村科技特派员、第一书记开展农业新品种、新技术的引进和推广。开展农产品加工、贮运销售、电子商务等农村创新创业活动，支持贫困户开展产业开发；实施城区本级2016年度精准扶贫科技产业项目35项，投入420万元；实施2017年度精准扶贫科技产业项目17项，拨给贫困户产业扶持资金680万元；安排46.85万元，为40个贫困村配备台式电脑28台、笔记本电脑21台、打印机24台、传真机5台、照相机18台、投影机4台等电子设备；实施贫困村科技特派员帮扶专项行动，选派科技特派员31人到40个贫困村进行科技帮扶，开展科技培训，实施项目扶贫，建立示范基地，为脱贫攻坚提供科技支撑。科技特派员31人共入村服务1063天，开展技术指导730次、试验示范192次、实用技术培训8156人次，引进示范优新品86个、先进适用技术85项，攻关解决关键技术、问题93项。

【知识产权管理】　2017年，城区科技局组织开展知识产权管理工作。

宣传工作　利用科技活动周等活动，采取发放宣传资料、有奖问答、设台咨询、展示板报等形式，广泛宣传知识产权法律法规，动员社会群众开展发明创造。

优化政策环境　组织实施《南宁市武鸣区深入实施知识产权战略行动计划实施方案（2016年—2020年）》《南宁市武鸣区发明专利双倍增计划实施方案（2016年—2020年）》，完善发明专利资助奖励政策，将发明专利任务纳入科技项目考核指标，优先安排、重点支持知识产权研究示范项目的开展。

试点工作　推进自治区知识产权试点县（区）建设，全年共完成发明专利申请量222件，年底拥有有效发明专利113件，华纳、宏发、麦克健丰3家公司获国家知识产权优势企业称号。设立专利专项财政预算资金，为知识产权工作提供经费保障。全年财政安排专项资金46万元，用于专利申请资助、表彰奖励、宣传培训等。累计兑现上年度发明专利授权奖励6件、1.80万元，申请资助180件、37.80万元。

【科技企业孵化器建设】　2017年，城区科技局组织实施科技企业孵化器建设，指导孵化器申报实施科技项目，开展孵化服务，提升孵化服务水平。指导、协调孵化器申报自治区级科技企业孵化器认定，全年共有25家企业正式签约入孵。

【科技成果转化】　2017年，城区科技局贯彻落实《南宁市武鸣区科技成果转化大行动实施方案》，按照“出成果、促转化、强产业”思路，以市场为导向、以企业为主体，“产、学、研、资、介”相结合，围绕武鸣重点产业、特色产业发展需求，整合科技资源，推动已有科技成果转化产业化，促进高新技术及先进适用科技成果落地转化应用。年内，共有4项科技成果落地武鸣，技术交易额48万元。

【高新技术企业培育】　2017年，城区科技局围绕国家重点支持的高新技术领域，指导、支持辖区企业加大科研经费投入，自主研发高新技术产品并实施产业化，积极申报高新技术企业。年内，辖区高新技术企业保有量12家。

2017年武鸣辖区高新技术企业名单

序号	单位名称
1	广西宏发重工机械有限公司
2	广西建机重工科技有限公司
3	广西麦克健丰制药有限公司
4	广西蒋氏动物用品有限公司
5	广西森宝电动汽车制造有限公司
6	广西武鸣县皎龙酒精能源有限公司
7	广西南宁市桃源兽药厂
8	武鸣县红鹰肥业有限公司
9	广西华纳新材料科技有限公司
10	广西红豪淀粉开发有限公司
11	南宁普田润生物有机肥有限公司
12	广西高源淀粉有限公司

【科普活动】　2017年，城区科技局组织开展科技普及活动。

“三下乡”活动　5月，组织开展全国科技活动周，城区科技局牵头组织24个科普工作联席会议成员单位到罗波镇开展科技、文化、卫生“三下乡”活动。

广场宣传　在城区文化中心广场举行科普广场活动，采取发放宣传资料、开展有奖问答、设台咨询、举行山歌对唱等多种形式宣传科普知识。整个活动周期间，共接受群众咨询5000多人次，发放宣传资料、科技书籍2.58万多份。

“双创”活动　组织开展大众创业万众创新活动周，举办科技创新培训班，开展电视科技培训，展示武鸣区创新、创业新成果，掀起社会创新创业热潮。

【重要科技活动】　2017年3月14日，城区科技局在嘉沃农庄柑橘园举办柑橘春季管理培训班；5月20—27日，武鸣区开展科技活动周活动，宣传展示武鸣区实施创新驱动发展战略的新成果；9月21日，城区科技局牵头，组织伊岭工业委、经信局、发改局等部门，在伊岭工业集中区科技企业孵化器举办武鸣区2017年“大众创业，万众创新”活动周科技创新培训班，城区相关部门和企业派员共53人参加；10月19日，南宁市科技局组队到定点帮扶贫困村——双桥镇合美村开展“扶贫日”主题活动；11月2日，南宁市科技局一行4人到武鸣区马头镇四明村、灵坡村、玉元村专题调研科技特派员工作。

【科技成果管理】 2017年，城区科技局组织实施科技成果管理，制定实施《南宁市武鸣区科技成果转化大行动实施方案》，做好科技成果的登记、鉴定、表彰、获奖、示范推广，促进科技成果落地武鸣转化应用。全年有科技成果转化4项。

（潘欣华）

气象工作

【概况】 2017年，南宁市武鸣区气象局（简称城区气象局）在职干部职工17人，其中国家编制9人，外聘8人；设气象台、气象服务与防雷中心、综合办公室、人工影响天气办公室4个业务机构。办公地点在南宁市武鸣区城厢镇五岭路49号，国家级气象站位于城厢镇大梁村坛周屯。年内，城区气象局发布的决策气象服务产品有气象灾害预警信号120期，包括《春运专项气象服务》《三月三专项气象服务》《环广西专项气象服务》《扬尘污染治理专项气象服务》等专项气象服务信息19期，《重大气象服务信息》6期，《春耕春播气象服务信息》6期，《武鸣区农业气象信息》12期，《农用天气预报》12期，均取得较好的社会效益。

【地面气象观测】 2017年1月1日，城区气象局地面气象观测站启用气象站新址并同时启用新址信息，新站址在武鸣区城厢镇大梁村坛周屯，位于原址的东北面，距原址3.83千米，属于山坡，占地0.80公顷，北纬23° 11′，东经108° 18′，观测场海拔高度155.30米，气压传感器感应部分海拔高度156.50米。7月1日起，地面气象观测业务按照无人值守改革开展业务运行。8月1日起，开展降水现象平行观测，实现降水天气现象观测自动化。年底，完成新站业务楼建设，并通过主体验收，建筑面积414平方米，进行设备装修。

【人工影响天气工作】 2017年，城区气象局完成府城镇那打水库水管所标准化人工影响作业站建设。11月9日、11月18日、12月12日、12月13日、12月27日、12月29日分别在红岭作业点、府城镇那打水库水管所作业点开展人工影响天气作业6次；落实人工影响业务人员编制1名。

【气象科普宣传】 2017年，城区气象局利用“3·23”气象日、防灾减灾宣传周、科技活动周，在城区文化广场、罗波镇圩街开展防灾安全知识宣传和咨询，以挂图和板报的形式向社会群众普及气象科学知识，全年共计发放宣传资料4000多份。

（城区气象局编写组）

防震减灾

【武鸣区地震局概况】 2017年，南宁市武鸣区地震局（简称城区地震局）为武鸣区人民政府直属相当正科级参照公务员管理事业单位，主要承担本行政区域内防震减灾工作，依法履行防震减灾主管机构的各项职能。核定编制5名，实有在职在编人数5人，退休人员2人。单位办公地点在武鸣区城厢镇灵源路西段2号。

【基础设施建设】 2017年，城区地震局稳步推进地震监测台站建设完善台站管理制度，确保监测系统正常运转。

监测台站建设 协助南宁市地震局完成武鸣区新建4个地震监测基本台站（陆斡中学、狮山公园、锣圩板新、灵马二中）、5个学校地震预警台站（双桥伊岭小学、马头中心校、仙湖那溪小学、府城中学、两江初中）建设工作，并正常投入使用。

背景场观测网络建设　协助中国地震局、自治区地震局完成广西背景场观测网络项目 GNSS（全球卫星系统）台站实地勘选，且选定建设场地在仙湖镇苏梁村定简屯，并与当地村民签订征用土地协议书，为 GNSS 台站建设打下基础。

台站、台网日常维护管理　为锣圩板新地震监测台站和狮子山地震监测台站实施水泥道路硬化配套建设共 100 米；定期对现有的 11 个地震监测台站和 14 个宏观观测点周边杂草、垃圾进行清除、清扫；坚持每月对台站仪器进行例行维护和检测，实现台网维护、运行、管理规范化。

宏观异常现象观测点管理　规范地震监测台站和宏观观测点工作制度上墙，包括《地震宏观观测点管理制度》《地震宏观观测点观测员工作制度》以及地震宏观观测牌、警示牌、监控牌等；要求速报员认真观测和收集各辖区内的地震宏观异常现象，并做好记录和汇报；按时发放地震监测台站管理员和宏观观测人员补助经费。

【抗震设防管理】　2017 年，城区地震局组织开展抗震设防管理工作，监督新建、扩建和改建 3 类建设工程进行抗震设防。简化审批流程，推进抗震设防行政许可审批提速。全年共审批一般建设工程抗震设防项目 7 项。

【防震减灾宣传】　2017 年，城区地震局组织开展防震减灾知识宣传工作，提高社会的综合抗震能力。

主题宣传活动　结合三月学校安全月、科技活动周、“5·12”全国防灾减灾日、安全生产宣传月等活动向社会群众开展防震减灾知识、地震应急避险、自救互救技能等宣传，共发放地震科普知识小扇子 3000 多把，发放《地震应急救助手册》《农村民居防震保安知识读本》《地震科普知识漫画册》共 3500 多本，接受咨询 2500 多人。5 月 12 日，通过移动公司信息平台向手机用户发送防震减灾公益短信 5 万条，营造全社会依法参与防震减灾活动的良好氛围。

防震减灾知识“进乡村”宣传活动　5 月 12 日，城区地震局联合罗波镇政府举办乡镇基层干部防震减灾知识培训班，镇直机关、干部、村干，社区群众共 100 多人参加，邀请南宁市地震监测中心专家授课。举办防灾减灾宣传文艺演出，观众 2000 多人。向群众发放宣传资料《农村民居防震保安知识读本》和《地震科普知识漫画册》共 2000 余本、地震科普知识小扇子 2500 份。6 月 27 日，城区地震局在仙湖镇四育村梁琴屯开展防震减灾科普知识宣传活动，发放“美丽武鸣宜居乡村”垃圾桶 700 个、防震减灾购物袋 700 个，《农村民居防震保安知识读本》、地震科普知识小扇子、地震知识小卡片等宣传资料 3000 多份。

“地震应急在乡镇”系列宣传活动　7 月 28 日，在城厢镇红岭社区开展南宁市“地震应急在乡镇主题活动”启动仪式暨“7·28”唐山地震纪念日防震减灾宣传活动，自治区、南宁、武鸣区主管防震减灾工作的政府领导，城区直属学校、各镇中心学校领导，各镇防震减灾助理员、地震监测台站管理员、地震异常现象宏观观测员，以及社会群众约 260 人参加。当天，组织社区群众 150 人开展地震疏散演练，举办防震减灾文艺演出，悬挂横幅宣传标语 10 条、彩旗 60 支，防震减灾宣传板报 8 板，展示自治区地震应急救援车设备和市地震局地震流动监测台仪器，举办震害防御和地震应急工作培训会；向群众发放防震减灾购物袋、《地震科普知识漫画册》、地震知识小卡片、地震科普知识小扇子 3000 多份。

【地震应急体系建设】　2017 年，城区地震局组织推进地震应急体系建设。

方案制定　成立武鸣区地震危险区地震应急准备工作领导小组，制发《武鸣区地震危险区地震应急准备工作方案》和《武鸣区地震危险区重点时期应急跟踪工作方案》，重新修订《武鸣区地震危险区地震应急预案》，确保地震应急工作有序开展。

震情跟踪服务　制定重点时段震情跟踪工作方案，强化震情跟踪工作职责，加强重点时段 24 小时值班制度，严密监视城区震情动态，完善速报流程，提高地震速报质量。

应急演练　组织开展中小学校地震应急疏散

2017年武鸣区科技成果转化一览表

成果名称	成果拥有方	成果受让方	交易金额（万元）
“一种含有赤芍磺胺间甲氧嘧啶钠的畜禽用复方药物”等3项专利权的技术转让	广西大学	广西南宁市桃源兽药厂	11.0
一种二维运动混合机	广西大学阳光药业有限公司	广西麦克健丰制药有限公司	12.0
一种汽车底漆纳米氮酸钙的制备方法	安徽省宣城市华纳新材料科技有限公司	广西华纳新材料科技有限公司	13.0
一种基于砌块成型机的可升自动布料箱	山东宏发科工有限公司	南宁市金武润机械设备有限公司	12.0

2017年武鸣区获市级以上科学技术进步奖一览表

项目名称	完成单位	主要完成人员	等级
机插水稻生产技术研究与示范推广	南宁市农业机械化技术推广服务站 广西大学 武鸣区农业机械化技术推广服务站	曾永跃、江立庚、韦杰权、韦承坤、韦善清、宋　红、阮春芳、韦方志、卢联威	南宁市科技进步二等奖
一种压榨机轴瓦密封结构	南宁钛银科技有限公司	隆成柱	南宁市技术发明奖二等奖
保温砖的灌装装置	广西宏发重工机械有限公司	李凤军、刘瑞成、覃　龙 刘长洋	南宁市技术发明奖三等奖

演练活动。与城区教育局联合下发《关于在南宁市武鸣区中小学校组织开展地震应急疏散演练活动的通知》，要求辖区125所中小学校每个学期都要各自开展地震应急疏散演练活动1次以上。5—11月期间，城区共有8000名教师和10万名学生参加地震应急疏散演练活动。

避难场地建设　完善应急避难场所的各项功能，按照“不重复建设”和“一场多用”的原则，对城区体育馆及周边广场重新更换安装避难场所平面示意图和功能指示牌，规划应急棚宿区、应急医疗救护、应急物资供应、应急指挥中心、应急供水点、应急厕所等功能区，确保灾后灾民能够快速得到妥善安置和生活保障。

（磨　莉）

责任编辑　廖振培

文化体育·卫生计生

文化体育

综　述

【武鸣区文化新闻出版广电和体育局概况】　南宁市武鸣区文化新闻出版广电和体育局（简称城区文新广体局），负责辖区各级各类文化新闻出版广电和体育的统筹规划、协调管理。局机关核定编制数10名，其中局长1名、副局长3名，后勤服务人员1名，内设行政秘书股、文化股、广播影视股、体育股、新闻出版股。局机关办公地点位于武鸣区春霞路3号。局属事业单位有文化馆、图书馆、文化市场综合执法大队、文物管理所、广播电视台、电影放映公司、体育运动学校7个，全系统事业人员编制总数168名。2017年年底，有在职在编干部职工151人。

【文化惠民】　2017年，城区文新广体局实施文化惠民政策，发挥文化阵地的积极导向作用，实现城区文化馆、图书馆以及各镇文化站的免费开放。

城区文化馆免费开放　城区文化馆坚持组织文艺辅导员到各镇、各社区业余文艺队进行文艺辅导、培训，丰富城乡群众的精神文化生活。7—8月，城区文化馆开展暑假免费开放艺术培训班2期、22个班，参与人数约1000人，课程内容有舞蹈、声乐、书法、美术、国学经典诵读、健身舞等。12月，城区文化馆聘请南宁市专业辅导教师举办免费开放美术写生创作培训班，美术爱好者参加实践写生和培训20多人。完成“颂歌飞扬　情满壮乡”农村文艺展演等免费开放各类演出85场。

图书馆免费开放　做好图书馆各窗口的服务工作，全民阅读活动环境良好，组织整理400多种报刊投入阅览室，为读者提供阅览服务。至11月底，接待到馆读者11.50万人次，外借图书7.20万册次。以展览厅、宣传橱窗为平台，展出宣传信息版报48期，举办科技图片展览和书法展10期。组织人员参加城区科技、文化、卫生“三下乡”，在城区文化广场举行科技文化宣传活动，向农村群众发放种养科技资料2000多份。在全城区范围内开展全民阅读推广文艺宣传活动10场，参与群众约2.80万人次，发放科技资料7000多份。组织书法、美术、壮族山歌等行业专家到边远农村学校开展公益科技讲座50场次。各镇文广站利用节假日时间开展丰富多彩的群众文化活动，确保开放政策真正落到实处

【群众文化】　2017年，城区文新广体局组织元旦文艺晚会、迎春团拜会文艺演出、“泥土芳香”农村文艺会演、南宁市武鸣区迎新春书画作品展、庆祝建党96周年文艺演出、十九大宣传系列文艺演出等各类大型群众文化活动70多场，丰富城区人民群众文化生活。城区开展“一圩一节”活动

期间，城区文新广体局组织、策划一系列以“美丽壮乡·踏歌追潮”为主题，具有民俗风情和壮族独特文化魅力的文体活动，向社会各界展现武鸣深厚的壮民族文化底蕴，尽显武鸣古骆越原生态文化和壮乡人的精、气、神。

【广播影视】 2017年，城区文新广体局按照上级的统一部署，认真组织、策划，多层次、多角度，全方位进行主题宣传。截至11月底，电视栏目《武鸣新闻》共播出新闻242期，播出新闻1510条；《壮乡新闻》共播出238期，播出新闻1420条；《万象武鸣》共播出45期，《壮乡风情》8期，《武鸣神韵》25期，《壮语讲故事》10期。报纸《武鸣时讯》共编印132期，编发稿件3500多篇。制作电视专题6部。完成武鸣区“喜迎十九大·庆祝十九大”的宣传报道工作，制发《南宁市武鸣区广播电视台关于党的十九大宣传报道方案》，开设“砥砺奋进的五年”等专栏，围绕十九大主线，营造浓厚的舆论氛围。开展外宣上稿的精品创优，全年武鸣电视台共上送广西台新闻220条，南宁台新闻602条。

文化建设与管理

【文艺创作】 2017年，城区文新广体局组织开展文化建设，取得相应成果。文化馆3人代表武鸣区参加南宁市第九届“我邀明月颂中华”喜迎党的十九大诗词诵读大赛获三等奖。编排、表演的小品《心心相印》参加武鸣区第八届乡村社区和谐文艺大展演获一等奖。创作、表演的小品《约会美丽》入选2017年广西“深入生活扎根人民”小戏小品创作成果展演。创作、辅导的歌曲《爷爷的山歌还在唱》获南宁市“童心向党”歌咏比赛二等奖。年内，武鸣区着力打造精品文化，城区文化馆再次获评国家一级文化馆。组织开展“尼达妮”艺术团的各类辅导及演出活动，艺术团成员参加魅力童声第五届全国少儿歌曲小歌手电视大赛广西赛区获儿童B组金奖、组合组金奖、幼儿组金奖、儿童E组金奖。“尼达妮”艺术团节目《山歌伴我长》入选“艺同蓝天下”少儿春节晚会并在广西电视台播出。6—10月，组织参加南宁市电视台录制的“山歌进校园”非遗活动、第19届南宁国际民歌艺术节“绿城歌台”群众文化活动“武鸣歌台”演出、“绿城歌台”群众文化活动民歌湖少儿专场演出，受到观众朋友喜爱。黄榆婷获魅力童声第五届全国少儿歌曲小歌手电视大赛金牌导师奖、第十三届中国少年儿童歌曲卡拉OK电视大赛广西赛区南宁选拔赛金奖指导老师，获广西儿童音乐学会颁发的第六届广西小音乐家优秀指导老师。创作的小组唱《布壮生活红似火》、舞蹈《龙母颂》参加南宁市第七届乡村社区和谐文艺大展演获特别奖，并代表武鸣区参加南宁市比赛。10—12月，完成“尼达妮”艺术团宣传MV录制。

【非遗文化遗产】 2017年，城区文新广体局组织开展非遗文化遗产管理工作。完成市级非物质文化遗产代表性项目名录申报工作7个，其中的特掘传说、武鸣榨粉、府城土制红糖、高峰柠檬鸭制作技艺、灵马旱藕粉制作技艺5个项目公布为第七批南宁市非物质文化遗产代表性项目名录；完成第六批南宁市非物质文化遗产代表性项目代表性传承人申报工作，有6人公布为南宁市非遗传承人；指导农村群众开展壮族罗波庙会、壮族“四月四”、两英庙会等民俗节庆活动，开展武鸣区非物质文化遗产优秀剧目进农村、进校园展演活动，指导建设《五色糯米饭》《灵水壮族歌圩》传承基地。

【文化执法】 2017年，城区文新广体局组织开展文化执法管理工作。组织力量对辖区网吧开展地毯式的执法大检查活动，重点检查黑网吧和接纳未成年人上网违法行为。共开展执法检查142次，出动执法人员565人次，检查网吧95家次，依法取缔无证经营黑网吧1家，无证娱乐场所1家，没收用于非法经营的电脑11台。对违规接纳未成年人上网的2家网吧给予立案查处，处以罚款1.40万元；对不按规定核对、登记上网消费者有效身份信息的网吧进行查处2家，分别给予罚款1000元。

【文化整治】 2017年，城区文新广体局组织开展净化社会文化环境集中整治行动3次，有效净化城区的社会文化环境。

学校周边文化环境整治　以各中、小学校周边文化市场作为重点整治区域，将影响青少年健康成长的网吧、游戏机房、出版物市场等作为整治重点，共出动执法人员131人次，检查各类文化经营单位165家次，查处违规经营网吧3家次，无证经营图书及音像制品摊点3个，收缴违法音像制品1550盒（张）、非法图书1530册、非法报刊（含“六合彩”资料）3.91万份。

娱乐场所文化环境整治　贯彻国务院《娱乐场所管理条例》，制发《关于规范娱乐场所经营行为加强行政执法监督检查专项整治行动工作方案》，组织力量对城区各娱乐场所开展统一整治大行动，打击城区娱乐场所各种不法经营行为，促进城区社会文化生活繁荣发展。依法查处武鸣爱维星影院管理有限公司、广西武鸣好声音娱乐有限公司等娱乐场所违法违规经营行为，其中武鸣爱维星影院管理有限公司违法放映案件因案件重大，社会影响面广，依法责令其停业整顿并处罚款人民币30万元。该案被文化部评为全国重大案件，被自治区列为十大案件之一。

【扫黄打非】　2017年，城区文新广体局组织开展“扫黄打非”一系列行动。实施“净网2017”“清源2017”“秋风2017”“固边2017”“护苗2017”五大专项行动，查缴违禁有害出版物，打击非法出版、制售、传播宣扬民族分裂、邪教迷信、淫秽色情、赌博暴力、侵权盗版等非法出版物及信息活动；查处顶风制作传播淫秽色情信息的门户网站、视频网站、搜索网站，联合公安、工商质监等部门对印刷企业、复印门店开展大检查活动，严打非法印制和出版活动，取缔政治性非法及盗版出版物行为；查处假媒体、假记者站、假记者“三假”行为，查处假媒体机构、非法设立的假记者站和从事非法采编活动的假记者，未发现有害政治出版物和“三假”行为发生。贯彻落实国家、自治区、南宁市“扫黄打非”工作会议精神，建立健全“扫黄打非”工作机制，推进“扫黄打非”工作进乡镇、进农村、进社区、进学校、进企业、进旅游景区工作，全城区218个村、社区工作站均按上级要求实现“十个有”（有机构、有办公室、有牌子、有专兼职人员、有工作职责、有工作制度、有宣传专栏、有举报电话、有工作台账、有工作经费）标准。完善基层文化市场管理和“扫黄打非”工作机制，实现“十无”（无淫秽色情出版物、无非法出版物、无侵权盗版制品、无有害信息网络传播、无地下印刷窝点、无出版物游商地摊、无非法营业性演出、无未成年人进入营业性网吧、无“黑网吧”、无“黑娱乐场所”）目标。双桥镇下渌村“扫黄打非”工作站被评为自治区先进示范点，双桥镇伏林村、城厢镇红岭社区“扫黄打非”工作站成为南宁市基层工作站的典范，武鸣中学、伊岭岩景区等单位也率先在各自领域成立“扫黄打非”工作站。

【陆荣廷陈列馆建设】　2015年年初，陆荣廷陈列馆建设项目筹备工作开始启动，拟利用自治区级文物保护单位——明秀园内的部分建筑改建而成。2016年下半年，完成项目实施方案的编制和认证。2017年上半年，进行项目建设招投标。中标单位长青建设集团有限公司组织人员编制项目建设方案。2017年10月，作为陈列场地的文物古建筑——文虎楼的加固方案已报自治区文化厅，等候审批。年底，陆荣廷塑像已经制作完成并安装到位，各项建设在有序进行中。

【文物管理】　2017年，城区文新广体局加强文物管理。5月，城区文物管理所对辖区内文物保护标志碑保存现状开展专项检查，没有发现被破坏倒塌现象。5—6月，组织人员对辖区内30处文物保护单位、31处文物点进行安全大排查，各文物单位安全状况总体良好，没有重特大安全隐患。“5·18”国际博物馆日活动期间，城区文物管理所到马头镇开展文物知识和文物法律法规宣传，制作宣传板报3版，组织文物图片展100多张，接受文物知识咨询50多人次，发放文物法律法规资料400多份。

【民族文化研究】　2017年，城区文新广体局实施“文化核心”带动工程，推动骆越文化和龙母文化进单位、进村屯（社区）、进校园、进景区的“四进”活动，组织编撰相关文化丛书和地方课程教材，在社会各界群众中开展骆越文化和龙母文化普及宣传。制定《武鸣区文艺精品奖励办法》《武鸣区文艺精品创作签约制度》，印发《壮民族文化进校园实施方案》并组织实施，举办武鸣“解放日”鼓乐壮乡民族器乐大赛。3月14—15日，武鸣区申报“中国骆越文化之乡”“中国龙母文化之乡”接受自治区专家组初步评估。6月13—14日，国家级专家组对武鸣区申报“中国骆越文化之乡”“中国龙母文化之乡”命名工作进行初步评估。专家组实地考察罗波庙，马头镇全曾村龙母庙遗址、骆越文化展示馆、元龙坡、安等秧春秋战国古墓群、敬三村师公祭祖仪式，两江镇龙母庙遗址、蛇首石雕、龙母金洞、大明山骆越故地，并观看武鸣区申报“中国骆越文化之乡”“中国龙母文化之乡”宣传片，听取命名工作汇报。7月26日，武鸣壮乡书画院揭牌暨首届书画作品展启动仪式在明秀园举行。8月25日，中国民间文艺家协会正式命名武鸣区为“中国骆越文化之乡”和“中国龙母文化之乡”。9月，南宁市武鸣区—中国骆越文化研究中心·中国龙母文化研究中心正式成立。该研究中心主任由城区党委常委、宣传部部长担任，主要成员单位有文联、文新广体局、广西骆越文化研究会等18个，以中国民协、中央民族大学、广西文联、广西骆越文化研究会以及本土专家15人组成顾问组。研究中心设办公室，有常驻工作人员6人。研究中心组织开展挖掘、收集、整理骆越、龙母文化体系资料，指导骆越、龙母文化的相关保护、传承、推广和运用；组织专家组开展文化考察调研和指导，组织两个文化之乡的申报工作，为相关项目建设提供服务，为实施文化、旅游等相关项目建言献策，提供决策依据；引导群众参与骆越、龙母文化的保护和传承工作，负责中国壮乡·武鸣“壮族三月三”歌圩暨骆越文化旅游节活动领导小组办公室日常事务。

【广电网络建设】 2016年—2017年，广西广播电视信息网络股份有限公司武鸣分公司自主投入资金4000多万元，建立光纤环路保护通道，在辖区内开展有线电视“屯屯通”网络全业务建设，辖区13个镇实现广电网络覆盖率达95%，基本完成县(区)、镇、村、屯四级有线电视光纤网络全覆盖，满足覆盖区域个体用户电视和100M宽带体验，集团客户十、百、千、万兆带宽专网视频会议、数据传输等全业务服务。12月，广电网络武鸣分公司中心机房投入使用，该机房设5层，办公面积3000多平方米。是年，广电网络武鸣分公司完成H.264传输模式全网切换，传送标清电视节目133套，高清电视节目31套，并配套丰富多彩的互动点播节目。

【智慧广电平台建设】 2017年，广西广播电视信息网络股份有限公司在广西区范围内开展智慧广电升级工程，广电网络有线电视用户机顶盒均可免费升级为具备交互功能的三网融合智能高清机顶盒，实现4K超高清互动电视、高速宽带网络、智慧应用的一体化全覆盖。以创新服务和高性价比产品，打造集文化娱乐、数据信息、智能家居等功能于一体的多样化、个性化、互动化“盒子”，将更多惠民便民的服务带给用户。依托大数据、云计算、移动互联网等新技术新理念的运用，围绕用户需求开展个性化服务，开展智慧城市、智慧乡村、智慧行业、智慧社区系统工程建设，基本建成纵向自治区、市、县、乡、村五级贯通，横向覆盖街道、社区、小区、行业、集团、政企事业单位，便捷高效、功能完备、服务到人的智慧广电应用和服务体系，广泛承载政务公开、公共文化服务、党员远程教育、在线医疗教育、企业信息电视、电子商务、社区和个人生活服务、旅游服务等各类新型视听服务。

【电影放映】 2017年，城区电影放映公司在198个行政村巡回放映电影2376场，实现“每个行政村每月放映1场，全年放映12场”目标。在20个社区巡回放映电影240场，实现“每个社区每月放映1场，全年放映12场”目标。以“七五”普法为载体，联合城区司法部门，放映法制宣传影片50场；联合城区人民防空办，放映人民防空宣传电影影片3场；联合城区更昌医院，放映麻风病防治、性病防治、社区药物维持治疗系列影片35场；联合城区疾病预防控制中心，放映宣传艾滋病、结核病、职业病、健康素养、寄生虫病、免疫规划预防系列影片50场；联合城区电业公司，在学校、社区开展电力安全、电力保护法律法规放映宣传，在各校园放映 100 场，在乡镇及社区放映 218 场。

【学校体育】 2017 年，城区文新广体局做好基层选材工作，坚持科学训练。4 月—5 月，组织各项目教练员到乡镇小学进行选材。11 月，在城区中小学生运动会上进行第二次选材。城区体校男女篮球队共选出优秀运动员 16 人到实验学校、民族中学就读，男女篮球队、田径队与实验学校、民族中学、城镇一小保持合作关系。上学期间，教练员到学校开展训练。双休日及寒、暑假期间，体校学生集中进行基础训练。

【全民健身】 2017 年 2 月，城区文新广体局组织迎春环城健身走活动，社会各界老年人 2000 多人参加；春节期间，举行武鸣区“富鸣城投杯”乡镇篮球赛，13 个镇参加；“三月三”期间，举行中国壮乡·武鸣“壮族三月三”歌圩暨骆越文化旅游节民族体育竞技大赛；8 月，举行第九届广西体育节武鸣区系列活动，“喜迎十九大”系列体育活动。年内，各项目体育活动参加总人数约 1 万人次，观众约 30 万人次。

【体育成绩】 2017 年，城区文新广体局组织武鸣籍运动员参加全国举重系列赛，获金牌 7 枚、银牌 2 枚；组队参加广西青少年男子篮球锦标赛，获亚军，6 人获二级运动员称号，4 人分别代表南宁市女子篮球队、广西篮球学校参加比赛；参加南宁市青少年田径锦标赛暨广西第十四届运动会南宁市田径代表队选材赛，获团体总分第一名；组织城区体校男女篮球队参加南宁市中学生篮球比赛，女队获得亚军，男队获得第三名；参加南宁市中学生田径比赛暨广西第十四届运动会南宁市田径代表队选材赛，城区体校获丙组团体总分第一名、丁组团体总分第二名。

（潘福荣　黄红殿）

档　　案

【武鸣区档案局概况】 2017 年，南宁市武鸣区档案局与南宁市武鸣区国家档案馆实行两块牌子一套人员管理（简称城区档案局），属城区党委直属事业单位，履行武鸣区档案事业行政监督指导和保管利用职能。内设秘书股、业务指导股、编研保护股，在职干部职工 15 人。办公地点在城厢镇兴武大道 245 号城区政府大院。2017 年，城区档案局贯彻落实《中华人民共和国档案法》《广西壮族自治区档案管理条例》《南宁市档案管理办法》，开展机关、团体、企事业单位档案工作、农业和农村档案工作、档案法制宣传教育工作、档案基础业务建设，被南宁市档案局授予档案工作目标管理优胜单位二等奖。

【档案法制检查】 2017 年 10 月 30 日，城区档案局成立档案行政执法检查小组 2 个，对 20 个单位开展档案行政执法检查。检查的内容主要有档案工作责任制落实情况，档案制度、档案安全管理的落实情况，档案业务建设情况，贯彻国家档案局 8 号令情况等，对发现的问题和不足提出整改意见、建议，并责令限期整改。

【机关　团体　事业单位档案管理】 2017 年，城区档案局以举办档案业务培训班、到单位调研等方式，对各机关、团体、事业单位档案工作进行检查、督促、指导。有 68 个机关、团体、事业单位完成年度文件整理归档工作，年检率 100%，合格率 100%，优秀率 38%。协助武鸣实验学校、城区机关事务局档案室完成定级、升级工作，武鸣实验学校档案室通过科技事业单位档案管理自治区级认定，城区机关事务局档案室定为市直机关三级档案室。

【企业档案管理】 2017 年，城区档案局对企业开展年度立卷检查，指导城区供水公司、供电公司、富鸣城市投资有限责任公司、香山糖厂、东江糖厂、广西伊灵烟叶复烤有限责任公司等企业开展档案收集、整理、立卷、归档工作。

【农业农村档案管理】 2017 年，城区档案局协助仙湖镇做好土地确权档案的收集、整理、立卷、归档，全面完成土地确权档案整理归档工作。开展乡镇档案室年检工作，年检率 100%，合格率 100%，优秀率 38%；开展农村档案信息资源共享工作，13 个镇以及各行政村实现网络、光盘、纸质等各种不同形式的资源共享；指导城区扶贫办、乡村办做好精准扶贫、精准脱贫和“美丽乡村建设”档案资料的收集、整理、归档。

【重大建设项目档案管理】 2017 年，城区档案局开展重大建设项目档案监督、指导工作，印发《关于做好 2017 年重大项目建设档案管理登记备案工作的通知》到有关单位，完成重大建设项目名册并进行备案登记 86 项。

【档案馆新馆建设】 2015 年 11 月，位于武鸣标营新区达妮路的城区档案馆新馆开工建设，并列入 2016 年中央预算内项目投资计划。2016 年 7 月 28 日，项目主体建设竣工验收。2017 年 12 月 28 日，装修完成并投入使用。

【档案接收】 2017 年，城区国家档案馆接收到期档案 2515 卷、10257 件，征集社会档案 2 卷、55 件，照片 6 张、光盘 3 张。增加南宁至武鸣城市大道建设工程项目档案、人民防空项目审批档案 2 种专门档案，接收社会群众交来的个人档案 2 卷、55 件。

【档案开放】 2017 年，城区国家档案馆开放第十三批满 30 年的 1987 年度馆藏档案，已鉴定划控 84 个全宗、1536 卷、27146 件，符合开放 84 个全宗、1490 卷、26615 件，控制使用 46 卷、531 件。

【档案利用】 2017 年，城区国家档案馆为编史修志、工作查考、学术研究、经济建设、土地、房屋、山林纠纷、婚姻、户口、计划生育、公务员工资套改、离任村干、军人退伍补贴发放等提供档案查阅利用服务，发挥档案的依据和凭证作用。全年为单位、个人提供档案查阅服务，共接待 3145 人次，调阅档案 3059 卷，4137 件，复印 8874 页，其中民生档案 1927 人次，1116 卷，1590 件，复印 4661 页；编写 2017 年档案利用效果 32 例；完成 2016 年现行文件的整理输目 12 盒，115 件，输目 431 条；收集整理图书资料 420 册，1184 条目录。

【档案编研】 2017 年，城区国家档案馆加强对馆藏档案的编辑、研究。利用馆藏资料编辑《党的光辉历程——武鸣县历届党员代表大会上的工作报告》《中国共产党武鸣县委员会任免职文件汇编（1992 年—1994 年）》专题档案史料共 2 个、15 万字。

【档案信息化建设】 2017 年，城区档案局组织开展档案数据库建设工作，财政预算划拨档案数字化经费 15 万元，对利用率较高的婚姻档案、人事档案 2 个全宗的部分档案进行数字化扫描。完成婚姻档案（全宗）扫描 1048 盒、32711 件、248415 页，JPG 格式图像 248415 张，数据大小 307GB；完成人事档案（全宗）扫描 134 盒、1697 件、51585 页，JPG 格式图像 51585 张，数据大小 67GB。

【档案宣传】 2017 年，城区档案局开展“国际档案日”宣传活动。6 月 8 日，开展以“档案与民生”为主题的宣传活动，通过悬挂宣传横幅、摆放宣传展板、张贴宣传挂图、发放宣传资料、解答咨询等形式，向社会群众宣传档案法律法规和档案业务知识，并向社会展示馆藏国家重点保护档案——民国时期档案。活动期间，共发放宣传资料 1000 多份，接受咨询 100 多人次，在各种媒体发布档案工作信息 34 篇（条）。发动各部门各单位征订《中国档案报》58 份、《中国档案》杂志 44 份，超额完成南宁市档案局下达的征订任务。

【档案业务培训】 2017 年，城区档案局举办档案人员素质提升培训班。5 月 15 日，举办乡镇档案管理员培训 1 期。开展档案业务监督指导，派出业务骨干到城区实验学校、人社局等单位开展档案业务指导，帮助解决档案整理中的技术问题；监督指导城厢、双桥、甘圩等 5 个镇开展农村土地承包经营权确权登记颁证建档工作，进行土地确权档案整理业务培训 6 期、356 人次；开展脱贫攻坚档案整理工作，制定《南宁市武鸣区脱贫攻坚档案管理工作方案》，举办脱贫攻坚档案整理专题培训班9期、271人次，为13个镇开展脱贫攻坚档案整理业务指导，建立“脱贫攻坚档案整理Q群”互通信息，推进业务工作的顺利开展。

（覃举三）

中共地方史研究和地方志编纂

【武鸣区史志办公室概况】 南宁市武鸣区史志办公室（简称城区史志办），是1996年6月由县志编纂委员会办公室与县委党史资料征集小组办公室合并组建（挂中共武鸣县委党史研究室、武鸣县人民政府地方志办公室牌子）。2017年，城区史志办内设史志编辑股和行政秘书股，核定编制9名，实有10人，设主任1人，副主任2人。11月，办公地点从城厢镇兴武大道245号搬迁至灵源路西段2号。

【申报上报材料工作】 2017年，城区史志办组织做好《武鸣地情网》的运行维护工作，更新、维护、丰富栏目内容，更新信息内容15条。挖掘城区历史文化资源，配合城区政府做好《武鸣沙糖橘农产品地理标示申报》资料收集；协助做好《中国骆越文化之乡》《中国龙母文化之乡》申报工作；年内，城区史志办根据《广西年鉴·2017》编写大纲、《南宁市人民政府办公厅关于印发〈南宁年鉴〉2017年卷编纂方案的通知》文件精神，指定专人负责，为《广西年鉴》《南宁年鉴》提供内容稿件资料。4月底，完成资料收集并报送自治区年鉴社、南宁市地方志办公室审阅，总篇幅5万多字。

【志书编纂】 2017年，城区史志办组织开展志书编纂工作，完成全年预定的编纂任务。

《武鸣年鉴·2016》编纂发行 1月，制定《武鸣年鉴·2016》编纂方案并报城区人民政府审批。2月，召开年鉴编写培训会。各单位编写材料汇总到城区史志办后，编辑人员及时修改、编辑，于8月底形成初稿。经多次编辑校对，于年底出版发行。

《武鸣年鉴·2017》编纂 3月，制发《关于印发2017年武鸣年鉴编纂方案的通知》，开始资料收集。至6月底，完成资料收集单位120多个。11月，编辑部人员对年鉴稿件进行修改、编辑，并形成初稿。

《武鸣县志（2006—2015）》编纂 年初，经城区政府同意，决定编纂《武鸣县志（2006—2015）》。3月，成立《武鸣县志（2006—2015）》编纂委员会，由城区政府区长担任主任，城区政府常务副区长、城区党委办公室主任担任副主任，设委员若干名。编纂委员会下设编辑部，办公地点设在城区史志办，具体负责该书的资料收集、编纂、编辑、出版发行工作。年底，《武鸣县志（2006—2015）》编目框架设置基本完成。

《双桥镇志》《宁武镇志》编纂 年初，启动《宁武镇志》编纂工作，组织编纂《双桥镇志》。编纂工作采取社会力量共同参与编修的方式进行，上半年对资料收集人员进行确定。年底，《双桥镇志》编修工作进入资料整理阶段，《宁武镇志》完成编目框架设计。

【地方志资料年报工作】 2017年，城区史志办组织开展地方志年报资料收集试点工作，城区各单位均能按照要求做好相关资料的收集和整理。是年，上报年报资料的单位96个，经收集整理，形成资料卷宗200多个。

【地方党史研究】 2017年，城区史志办做好党史资料的收集和整理。

党史资料报送 根据中共南宁市委党史研究室组织的《南宁大事记》编纂要求，定期报送辖区大事要事条目，全年共报送大事要事条目103条3万多字。

“口碑资料”征集 开展党史“口碑资料”抢救性征集工作，全年共走访老同志、军烈属10多人，查阅档案资料30多份，征集党史图片10多张，整理口述资料1份。

党史宣传教育 利用党史资料资源，开展党史宣传教育活动。开展免费赠书活动，为各单位党组织、学校赠送党史书籍210册。开展党史文化进图书馆、进村屯社区活动，在城区图书馆、各学校图书馆、各农村书屋设置史志书籍专柜，丰富人民群众日益需要的文化精神食粮。参加习近平总书记视察广西重要讲话精神、党的十九大精神、党史等理论宣讲。

【史志开发利用】 2017年，城区史志办组织人员到锣圩镇大杨村调研三朝古兵寨——高井寨，着手研究其历史文化及利用价值，开发旅游资源；协助规划、筹备城厢镇夏黄村的武鸣人民抗日义勇队旧址革命陈列馆，到武鸣革命烈士纪念碑讲述先烈事迹，传承红色文化基因，弘扬革命光荣传统。

【史志业务培训】 2017年，城区史志办组织开展业务培训，提高业务水平。利用每周编辑部例会，组织开展地方志编纂知识、出版常识、史志相关法规等业务学习，开展学术讨论，提高编纂能力、技巧。选派人员参加自治区、南宁市方志办、党史研究室组织的业务培训20多人次，提高编辑人员业务素质。年内，选派2人参加由南宁市方志办在四川省阿坝州长征干部学院举办的“南宁市地方志系统党性教育专题培训班”；选派3人参加由南宁市党史研究室在百色干部学院举办的“南宁、钦州、百色、防城港四市党史干部业务培训班”；12月27日，全体干部职工参加南宁市方志办举办的“2018年年鉴业务创新培训班”。

（廖振培）

卫生计生

【武鸣区卫生和计划生育局概况】 南宁市武鸣区卫生和计划生育局（简称城区卫计局）负责辖区内医疗、疾病预防控制、妇幼保健、卫生监督、健康教育、计划生育服务的行政管理工作，内设行政秘书股、人事股、财务股、基层卫生和妇幼卫生股、医政与中医管理股、疾病预防控制与卫生监督股、基层指导和考核督查股、宣传信息股、家庭发展和流动人口管理股，城区爱国卫生运动委员会办公室（简称城区爱卫办）、城区防治艾滋病办公室（简称城区防艾办）设在城区卫计局内。2017年，城区卫计局核定编制24名（公务员22名，工勤人员2名），实有在职人员27人。年内，武鸣区获南宁市卫生和计划生育目标管理责任制党政线和卫计线一等奖2项，陆斡、城厢、仙湖3家卫生院成功创建国家级“群众满意的乡镇卫生院”。城区卫计局承办广西基层艾滋病体系建设工作现场会，南宁市艾滋病防治工作现场会，南宁市基建项目工作现场会，南宁市卫生计生监督执法整合工作现场会。

2017年，武鸣区有医疗卫生计生单位32个（城区直属医疗卫生计生单位6个，镇中心卫生院5个，镇普通卫生院8个，镇卫计所13个）。年底，全城区医疗卫生、计生单位人员编制数1464名，其中各镇卫生院811名，城区直属医疗卫生、计生单位653名（不含城区人民医院和卫计所，下同）。在编人员984人，其中各镇卫生院565人，城区直属医疗卫生、计生单位419人。在岗职工2240人，其中各镇卫生院1193人，城区直属医疗卫生单位1047人。卫技人员1945人，其中各镇卫生院994人，城区直属医疗卫生单位951人。开放病床1737张，其中各镇卫生院1052张，城区直属医疗单位685张。有村级卫生所201个，乡村医生333人，村妇幼保健员238人。辖区内的厂矿企事业单位医务室、卫生室11个，营利性医疗机构（民营医院、个体诊所和综合门诊部）131个。

城区卫计信息中心事业编制18名，实有在职干部职工13人；城区计划生育协会事业编制4名，实有在职干部职工5人；核定镇级计划生育事业编制196名，实有在编人员167人；村级计生专干254人，村人口管理员3301人。2017年计划生育工作区间（2016年10月1日—2017年9月30日），武鸣区持续稳妥实施全面两孩政策，辖区内共出生11350人，人口自然增长率9.76‰；出生人口性别比为115.62，政策外多孩率3.25%，数据库信息准确率98.66%，变更及时率96.33%，计划生育业务信息数据季度准确率98.32%；流动人口免费技术服务率100%，计划生育奖励扶助政策兑现率100%。截至2017年12月27日，完成免费孕前优生健康检查3024对，完成全年任务数（3010对）的100.47%。各项指标均达到或控制在市级下达指标范围内。年内，城区卫计局获广西计划生育优质服务先进单位、广西人口计生工作先进单位。

【基础设施建设】 2017年，城区卫计局组织开展卫计系统基础设施建设工作，各项目均能按工程进度要求有序推进。新开工建设城区妇幼保健院项目，总投资1157万元；镇卫生院项目建设5个，分别是甘圩镇卫生院、仙湖镇卫生院、宁武镇卫生院、马头镇卫生院、府城中心卫生院东风分院项目。府城中心卫生院业务综合楼建设进展顺利，预计2018年3月可进行项目验收。

【医药卫生体制改革】 2017年，城区卫计局组织推进公立医院综合改革。城区各公立医院均实行药品零差率销售，各公立医院使用基本药物的品种占全部药品品种比例62.01%，药占比18.82%。继续推进医共体和分级诊疗工作，建立纵向合作的3个区域医共体，各公立医院均纳入医共体管理。其中，城区中医医院对马头镇卫生院一体化管理，通过管理和业务帮扶，马头镇卫生院医疗收入同比增长47%。年内，城区各公立医疗卫生机构业务收入3.69亿元（不含城区人民医院，下同）、同比增长17.20%。其中城区直属单位增长13.75%、各镇卫生院增长23.76%，支出4.09亿元、同比增长12.36%。医疗服务收入占业务总收入比例77%，药品收入占业务总收入比例17.32%。门诊、急诊总量97.52万人次、同比增长16.50%，镇卫生院门诊人均费用64.70元、同比增长2.29%，城区直属医疗卫生单位门诊人均费用169.40元、同比增长1.38%。住院量8.78万人次、同比增长11.45%，镇卫生院住院人均费用1608.11元（不含城厢卫生院精神病科）、同比增长17.69%，城区直属医疗卫生单位人均住院费用4066.80元、同比增长8.26%。

【农村卫生工作】 2017年，城区卫计局组织开展农村卫生工作，农村基层卫生事业稳步发展。

基层卫生管理 开展对口支援工作，城区二级医院共选派卫技人员支援各镇卫生院20人，分别是城区人民医院3人、城区中医医院8人、城区妇幼保健院9人。开展临床业务、基本公共卫生、学术讲座、业务培训、特色专科建设、中医药适宜技术培训等工作，完成基层全科医生转岗培训任务5人。实施乡村一体化管理，各村级卫生室实施基本药物制度198个，覆盖率100%，13个镇全部开展乡村医生签约服务工作，至年底已签约村级卫生室总数201个，常住人口签约率33.82%，重点人群签约率64.57%。整合城乡居民基本医疗保险，提高新农合保障水平，完成城乡居民基本医疗保险整合，城区新农合管理中心已整体并入城区人社局，初步实现二保合一。

基本公共卫生服务项目 实施国家基本公共卫生服务项目14项，中央、自治区、城区本级财政专项经费共下拨资金2474.60万元（不包括健康素养资金112万元），到位率100%。全城区居民健康档案电子建档率89.83%，免疫规划接种率97.41%，健康管理率67.19%，严重精神障碍患者检出率4.38‰、严重精神障碍患者规范管理率77.07%，传染病与突发公共卫生事件及时报告率100%，老年人中医药健康管理率45.81%、儿童中医药健康管理率46.96%，糖尿病规范管理率71.76%，高血压规范管理率68.03%，孕产妇早孕建册率96.61%、产后访视率97.50%，0～6岁儿童健康管理率94.95%，结核病患者管理率100%。

【医疗管理】 2017年，城区卫计局组织推进医政工作，实施“改善医疗服务行动计划”，开展“平安医院”创建活动，加强对医疗机构医疗质量和医院感染管理的专项督导检查，规范医疗服务行为，提高医疗服务质量和效率。继续巩固中医药管理局中医药、壮医药工作县乡一体化管理试点工作成果，建成罗波卫生院中医馆，中医药服务网络建设得到加强，中医药事业发展良好。年内，城区住院患者及门诊患者抗菌药物使用率均控制在指标范围内，二级医院住院患者及门诊患者抗菌药物使用率分别为44.45%、9.16%，镇卫生院住院患者及门诊患者抗菌药物使用率分别为51.14%、17.35%。城区医疗机构住院病人治愈率61%、好转率36%、病死率0.21%，平均病床工作日323.70天，平均病床使用率88.80%，出院者平均住院天数6.30天。全年医疗投诉19件，其中由医疗纠纷调解委员会参与调解8件，医疗事故技术鉴定2件。

【妇幼保健工作】 2017年，城区妇幼保健院启用“智慧妇幼”管理模式，成立“两癌”筛查中心，引入先进管理系统，对两癌筛查“查、治、救、防”全过程进行动态管理。利用和发挥广西妇幼健康服务信息系统基本公共卫生项目、妇幼卫生重大项目、妇幼常规工作等各模块功能，对辖区内的高危孕产妇、高危儿、体弱儿、出生缺陷干预等进行动态管理并及时随访。按照两个系统管理工作要求，完善措施，规范操作，定期考核，提高孕产妇和儿童的健康水平。年内，辖区内孕产妇系统管理率96.11%，0～6岁儿童保健系统管理率91.37%，5岁以下儿童死亡率控制5.30‰；辖区内结婚登记8416人，进行免费意愿婚前医学检查8220人，实现重型地贫患儿零出生；宫颈癌免费检查1.20万人、乳腺癌检查1.20万人，完成自治区下达的宫颈癌、乳腺癌检查任务1.20万人的100%；检查出低度宫颈癌癌前病变43人、高度癌前病变27人、宫颈浸润癌4人，乳腺癌乳腺良性病变659人、乳腺癌7例，并均进行相应的治疗；完成免费孕前优生优育检测3024对，任务完成率100.47%。

【疾病预防控制工作】 2017年，城区卫计局组织开展疾病预防控制工作，无重大传染病疫情暴发或流行。武鸣区累计报告法定传染病15种、6328例，死亡23例，报告发病率1186.11/10万，死亡率4.26/10万，报告发病率、死亡率与上年持平，无甲类传染病发生。

重点疾病防控工作　开展免疫规划及艾滋病、结核病、手足口病等重点传染病防治；实施卫生监测，提高疾病预防控制整体工作水平，重大疾病流行、突发公共卫生事件均得到有效控制。年内，适龄儿童上卡1.02万人，免疫规划各疫苗报告接种率均达到95%以上，相应的可免性疾病得到有效控制；开展疫情监测分析，及时研判，完善措施，精准处置，有效应对和防控重点传染病，实现H7N9禽流感、登革热、钩体病、狂犬病病例零发生。

艾滋病防控体系建设　落实艾滋病防治攻坚工程各项工作，建立“12468”防艾工作模式（围绕1个目标，健全2个网络，理顺4大机制，整合6大资源、完善8项制度）和艾滋病救助“一站式”服务体系，基层防治艾滋病体系建设水平得到提升。7月，广西基层艾滋病防控体系建设暨示范区工作现场会在武鸣区召开。11月，南宁市防治艾滋病工作现场会暨艾滋病救助“一站式”服务培训班在武鸣区召开。年内，开展艾滋病抗体筛查22.66万人次，新发现报告现住址为本地的艾滋病病毒感染者及病人80例，与上年同期持平；报告死亡22例；在治病人观察人年数为308人年，死亡4人，在治病人病死率1.30/100人年（4/308），比2015年（自治区平均数）1.50/100人年下降13.33%。

肺结核防控体系建设　辖区内肺结核病人就诊率、痰检阳性率明显提高，新发涂阳病人治愈率、涂阴肺结核病人完成疗程率控制在国家指标内，纳入为民办实事项目完成114人，完成任务的104.90%。及时处置学校肺结核疫情，有效控制疫情扩散。

手足口病防控　开展手足口病疫情和病原学监测工作，手足口病防控培训和督导，组织推广EV71疫苗，推动手足口病防控。手足口病发病数、重症数比上年同期明显下降，没有手足口病疫情引发的突发公共卫生事件。

【卫生监测】 2017年，城区卫计局组织开展卫生监测工作，食品安全，农村饮用水卫生，重点地方病等各项工作得到健康发展。

食品安全风险监测　完成国家级任务微生物专项监测水产类1大类、1种（鲜活淡水鱼）、22份食品、3个项目，合格率95.45%；完成自治区级食品安全风险监测任务12类、22种、217份样品、33个项目，合格187份，合格率86.18%；完成南宁市级食品安全风险监测任务11类、18种、63份样品，合格率84.13%。

农村饮用水卫生监测　开展农村饮用水卫生监测，覆盖城区市政供水和13个镇及其村屯的农村供水，共监测生活饮用水供水工程数203个，监测检验水样359份，合格228份，合格率 63.51%。

食源性疾病监测　食源性疾病监测工作由城区人民医院、中医医院、妇幼保健院承担，全年共监测上报食源性疾病 317 例，均按照相关规程进行处理。

重点地方病监测　抽查饮用水样品进行水碘监测 65 个行政村、198 份，检测结果中位数为 3.6μg/L，结果显示本地区为水源性低碘地区；完成 8～10 岁儿童 200 人、孕妇 100 人尿碘、家庭盐碘含量监测，食盐碘含量合格率 99.33%，儿童和孕妇尿碘均达到本地区碘营养水平；完成 8～10 岁儿童甲状腺 B 超检测 200 人，均未发现甲状腺肿大现象；完成氟中毒病区双桥镇八桥村所丰屯、坡重屯氟含量水样检测 8 份，结果均合格。

其他监测　开展医院污水监测 20 家、68 份水样，合格率 85.29%；医院感染消毒效果监测 19 家、168 份样品，合格率 97.62%；开展登革热、寨卡病毒病媒介伊蚊监测工作 16 次；开展广西农村农田土壤砷、铅、镉、铬、汞等重金属和蛔虫卵的环境卫生监测，重金属检测合格率 50%，蛔虫卵检出率 40%，活卵检出率 20%；开展职业健康检查 146 家企业、8996 人，检出职业禁忌证 539 人，其中疑似尘肺病 37 人，均按规程进行处理。

【卫生计生监督】　2017 年，城区卫计局受理卫生行政审批事项 1213 项，期限内办结率 100%。组织开展打击“两非”和非法行医、非法采供血、医疗广告、互联网医疗保健信息、学校周边环境等专项整治行动，查处各类医疗机构及公共场所等违法案件 37 起。依法依规查处政策外多孩生育，对政策外出生案件进行立案 372 起，立案率 100%，征收社会抚养费 18.72 万元。全年没有因计划生育引发的恶性案件和群体性事件。

【爱国卫生运动】　2017 年，城区卫计局组织开展南宁市创建国家卫生城市工作。开展南宁市创建国家卫生城市“每月一考核”工作，实行城区创卫办与城区大行动办合署办公，全年完成农村改厕 300 座，创建自治区卫生镇 1 个（罗波镇）、自治区卫生村 11 个。

【卫生应急处置】　2017 年，城区卫计局组织推进卫生应急处置管理制度建设。完成府城中心卫生院基层急救示范点建设；完成“三月三”歌圩、高考、环广西公路自行车世界巡回赛等重大活动期间的医疗保障和卫生应急工作任务；妥善处置群体性疫情 57 起、生活饮用水水质异常 4 起，有效保障社会经济和人民生活秩序的稳定；组织参加南宁市卫生应急技能竞赛，取得急性传染病防控项目团体一等奖，4 人分获传染病防控项目、中毒处置项目的一、二等奖，1 人代表南宁市参加自治区的项目竞赛。

【健康扶贫】　2017 年，城区卫计局将健康扶贫工作纳入卫生计生目标管理责任制考核范围。制发《南宁市武鸣区发展卫生计生支持精准脱贫实施方案》《南宁市武鸣区建档立卡贫困人口“因病致贫、因病返贫”医疗救助实施方案》和《南宁市武鸣区健康扶贫攻坚行动计划（2017—2020 年）》，城区建档立卡贫困参合人员因病住院、门诊特殊疾病、住院分娩等医药费用报销比例提高 5 个百分点；对符合大病保险报销的城区建档立卡贫困人员发放每人每年 5000 元的一次性医疗救助补贴。年内，为建档立卡贫困人口缴纳城乡居民医疗保险个人部分费用共计 355.47 万元；建档立卡贫困人口家庭医生签约服务率 100%，在享受各种保障政策措施后，住院费用实际报销比例 91.90%；患有国家集中救治 9 种大病建档立卡农村贫困人口救治比例 97.53%；年度脱贫摘帽建档立卡因病致贫、因病返贫农村贫困患者治疗比例 100%。相关考核指标均达到自治区、南宁市考核要求。

【目标管理】　2017 年，城区卫计局实行卫生和计划生育目标管理责任制，坚持人口和计划生育“一票否决”制度。城区党委、政府与各镇、农场、开发区、城区人口与计划生育领导小组成员单位签订《南宁市武鸣区 2017 年卫生和计划生育目标管理责任状》，城区人口与计划生育领导小组办公室每季度对各镇、农场、开发区进行定期督查 1 次，对签状部门每年进行定期督查 1 次，向全城区通报督查结果并按约定兑现奖惩。年内，3 个镇和 8 个城区单位获评武鸣区卫生和计划生育目标管理责任制一等奖，5 个镇和 12 个城区单位获二等奖，5 个镇和 13 个城区单位获三等奖。

2017 年 4 月 25 日，武鸣区"规范接种疫苗共建健康中国"宣传

（武鸣时讯提供）

【宣传教育】 2017 年，城区卫计局开展行业宣传教育，提高卫生、计生政策社会关注度。

信息报道 1—12 月，武鸣区报送推送人口与计划生育各类信息稿件 1205 篇次，被市级以上网络媒体刊登、采用 224 篇、次。其中，《中国人口报》11 篇，《人口与计划生育》1 篇，《人口与健康》2 篇，《今日广西》59 篇，《南宁日报》2 篇，自治区卫生计生网站 40 篇，南宁市卫生计生网站 109 篇。在武鸣广播电视台、《武鸣时讯》《武鸣网》等网络媒体刊登发布 210 多篇、次，武鸣卫计微信公众号发布资讯 83 条。

阵地宣传 13 个镇卫计所、218 个村（社区）卫生计生公开栏或宣传橱窗全部按要求更新，建成双桥镇造庆村岜榕屯、八桥村大伍屯 2 个卫生计生宣传示范阵地。利用城区卫计局机关临街围墙，建成一排 20 多米长的具有壮民族风情的《健康武鸣》宣传文化长廊。在建成区范围内的农贸市场、城中村、城乡接合部、窗口单位、单位社区、建筑工地统一设置"防艾、创卫健康教育宣传栏"，宣传栏内容每半年更新 1 次。全年完成建成区宣传栏建设 530 块。在 172 个村（社区）进行"一村两牌"（防艾知识、健康教育）建设，全城区 218 个村完成"一村两牌"全覆盖，提高社会公众对防艾、创卫健康教育知识知晓率。

政策宣传 举办"关爱女孩行动"慰问、流动人口（农民工）关怀关爱进社区、计生国策进校园、"5·29"计生协会会员集中日、"7·11"世界人口日等活动，组织各镇卫生计生所开展宣传婚育新风、全面两孩政策，发放全面两孩政策、计生奖扶等宣传资料 20 多万份，避孕药具 2 万多盒。12 月 3 日，武鸣区组织 10 人参加南宁市"十大阳光女孩"评选活动，各有 1 人获得第一名、第二名、第六名、第七名、第九名，另有 1 人成功入围 20 强。

防艾宣传 11 月 26 日，武鸣区开展防艾教育宣传进企业活动，到广西完美木业有限公司开展宣传活动。12 月 1 日世界艾滋病日期间，开展防艾教育宣传进校园活动，到广西安全工程技术职业学院开展宣传，同时在《武鸣网》组织开展防艾知识网络竞赛活动。

公共卫生宣传 利用科技、文化、卫生"三下乡"活动、儿童预防接种日、全国疟疾日、国际家庭医生日等活动平台，结合疾病防控工作开展防艾、手足口病、基本公共卫生宣传，普及群众基本卫生知识，提高人民卫生保健意识。

舆情监测 处置卫生与计划生育工作舆情 6 起，有效促进社会稳定。

【诚信计生】 2017 年，城区卫计局开展诚信计生示范镇、村创建活动，申报创建诚信计生示范镇 1 个，诚信计生示范村（社区）9 个。

【优质服务】 2017 年，城区卫计局组织开展新一轮全国计划生育优质服务先进单位创建活动，在妇幼健康服务、基层卫计资源整合、计生家庭养老照护、流动人口均等化等工作方面进行探索创新。武鸣区新的计划生育服务管理制度和家庭发展支持体系基本构建，人人享有计划生育优质服务得到基本实现，获广西计划生育优质服务先进单位称号。

【出生人口性别比综合治理】 2017年，城区卫计局组织开展出生人口性别比综合治理工作，对城区内医疗机构、设施、人员进行管理，开展打击“两非”专项行动，确保城区出生人口性别比控制在南宁市政府责任考核指标值以内。

组织领导 坚持专业打击“两非”工作常态化，成立常设机构，从卫计、公安、食药监、工商质监、妇联等部门抽调常驻人员6人，常态化开展查处“两非”、弃溺婴及非法销售终止妊娠药品等行为。

签订责任状 召开出生人口性别比综合治理暨整治“两非”专项行动会议，城区卫计局和各医疗卫生机构签订工作责任状，城区卫生计生监督所与141家社会医疗机构签订《2017年南宁市武鸣区社会医疗机构杜绝“两非”、综合治理出生人口性别比偏高问题工作责任状》和《2017年南宁市武鸣区医疗机构依法执业承诺书》，落实集中整治“两非”责任制。

实行绩效管理 把打击“两非”和综合治理出生人口性别比纳入各单位、各部门绩效考评内容；把孕情跟踪管理纳入当地党委、政府绩效考评，实行季度考评和通报。

开展专项行动 全年开展为期3个月的打击“两非”专项行动，重点对使用超声诊断、染色体检测及其他技术手段鉴定胎儿性别，选择性别终止妊娠等“两非”行为进行整治。检查范围包括公立医疗机构、民营医疗机构、厂矿企事业单位内设医疗机构、计划生育服务机构、村卫生所、药店等，重点督查城区级医疗机构、乡镇卫生院和个体妇科诊所等单位。出动执法人员595人次、车辆192台次，督查各类医疗机构和计生服务机构472户次，检查药品经营企业218家、医疗机构6家、药店药房179户次。

督查指导 城区政府督查室牵头组织，对各镇打击“两非”工作进行督查。城区卫计局每月通过报表向各镇通报出生人口性别比排名情况，督促各镇加强分析研究，推动工作落实到位。

落实责任追究制度 9月4日，武鸣区召开年度出生人口性别比工作会议，对区间内出生人口性别比连续三个月超过120的8个镇、农场（太平镇、双桥镇、锣圩镇、仙湖镇、陆斡镇、两江镇、甘圩镇、东风农场）进行约谈，分析打击“两非”工作中存在的困难和问题，并责成相关单位落实整改措施。2017年区间，武鸣区查处“两非”案件4例，出生人口性别比为113.81，比南宁市责任考核指标低2.19个比值。

【避孕药具管理与服务】 2017年，城区卫计局对计生药具管理工作机构进行整合，各镇卫生院和社区卫生服务中心成为项目实施主体，将免费提供避孕药具正式纳入国家基本公共卫生项目，组织开展避孕药具管理与服务宣传。城区已婚育龄妇女总数13.44万人，男性绝育400人，女性绝育3.47万人，放置宫内节育器6.76万人，应使用药具人数1.22万人，已使用药具人数1.17万人，使用药具人数占综合节育措施率10.26%，药具应用率95.94%，有效率100%，随访率98%。13个镇218个村（社区）、1个农场、1个投资区全部安装免费安全套自取箱，全城区共安装免费药具自取箱342个，安装率100%，避孕药具发放率84.2%。

避孕药具管理与服务 利用“武鸣卫计”和“南宁市武鸣区妇幼保健院”微信公众号，公开免费避孕药具领取地点和“南宁市卫计避孕药具”“广西免费避孕药具公共服务”网上配送流程。在城区人民医院和妇幼保健院的孕妇学校增设避孕药具知识课程，在中医医院东鸣路社区卫生服务中心配备药具服务设施。

避孕药具宣传 结合婚育新风进万家、计划生育“三下乡”活动以及“预防性病、艾滋病”宣传日、“禁毒日”“人口日”“关爱女孩活动”“世界避孕日”等纪念活动开展避孕药具的发放宣传。在疾控中心、更昌医院、婚检中心等重点区域新增药具智能发放机8台，全城区药具智能发放机达到17台。印制宣传单（画册）10万份、宣传袋5万个，开展宣传活动场次62次，发放避孕套约8万只。

药具管理和服务队伍建设 开展药具管理与服务队伍业务培训。城区药具站配备专职专业药管员2人，每个镇配备专（兼）药管员（至少有1人为医学专业）2人，村级药具工作由村卫生计生专干、村医共同负责。全城区共有三级药具管理员575人。全年举办镇村药具培训班4期，举办村级药具培训班50期，参与培训总人数1167人，新上岗的药具管理服务人员均经过岗前培训并考核，考试合格率100%，实行全员执证上岗。

新型避孕药具推广　推广使用新型宫内节育器。配合有关部门做好计划生育药具不良反应监测，全年共报告医疗器械不良反应7例，无药品不良反应。

【流动人口计生管理】　2017年，城区卫计局制定流动人口卫生计生均等化服务“125”新模式（突出一个技术服务指导中心，建立镇级模式、社区模式，基本公卫、艾滋病防控、诚信计生、三留守三关爱、医养结合五项工作同步开展，简称“一中心，两模式，五结合”），开展流动人口计生管理试点工作。4月20日，新兴社区卫生服务中心投入使用，由城区中医医院筹建、管理和运行，围绕新兴社区卫生服务中心开展的“125”流动人口均等化试点工作新模式初步成型，流动人口与常住人口共享的健康教育、妇幼健康、生殖保健、儿童预防控种、药具发放等各项服务稳健开展。年内，武鸣区流出成年育龄妇女办证率96.75%，流入查验证率95.62%。全员流动人口入库率98.98%，流动育龄妇女入库率98.81%，流动人口个案信息准确率97.85%。

【全面推行两孩政策】　2017年，城区卫计局制定实施《南宁市武鸣区实施全面两孩政策改革完善计划生育服务管理工作方案》，完善配套政策措施。

妇幼保健服务能力建设　投资1157万元，新建妇幼健康服务楼1栋1080平方米；在妇幼保健院开展一条龙保健服务，城区人民医院、妇幼保健院增加妇产科、儿科床位250张。

母婴安全保障建设　城区人民医院整体划归广西医科大学后，危重孕产妇和新生儿的救治能力及应急保障能力进一步提升。占地7公顷的城区第一人民医院正在筹建中。

合理配置公共服务资源　全面实施两孩政策以后，对幼儿照料、学前教育、中小学教育等公共服务资源的配置也相应增强。年内，武鸣区实施教育基建项目129个，总投资2.34亿元。规划建设学校4个，可增加学位6150个。其中，标营新区小学计划投入5400万元，标营新区幼儿园投入2500万元，城镇第三小学新校区投入8640万元，城区民族中学投入9660万元。加强出生人口信息管理和预警监测，全面推行网上生育登记。至2017年10月底，全城区共办理生育登记7243份（其中一孩2612份、二孩4597份，三孩及以上34份），受理再生育申请121件，审批发放再生育证119本。

【计划生育协会工作】　2017年，城区卫计局依照章程组织各级计生协会开展工作，协会各项业务稳步推进。

政策宣传　广泛开展全面两孩政策宣传，帮助群众了解中央的决策部署，引导群众有计划安排生育。把“学习贯彻党的十八大五中、六中全会精神，大力宣传全面两孩政策”的宣传服务活动作为“5·29会员集中活动日”主题，组织各镇（农场）计生协会在“5·29会员集中活动日”期间开展一系列丰富多彩、卓有成效的宣传和服务活动；城区计生协会协同城区红十字会、防艾办在城厢镇渡头社区举行武鸣区纪念第70个“世界红十字

2017年5月19日，武鸣区“世界家庭医生日”主题宣传

（武鸣时讯提供）

日”、计生协会第19个“会员活动日”暨艾滋病防治宣传进社区文艺演出。

健康武鸣建设　开展医疗帮扶活动和青春健康讲座，城区计生协会联合城区妇幼保健院到双桥、锣圩、陆斡、罗波开展“生育关怀·医疗帮扶”免费体检活动共4场，参与群众450人；协同城区妇联和妇幼保健院到各中学开展青春健康教育进校园活动共26场；开展“生育关怀·微笑工程”活动，摸底上报唇腭裂患者5人，经杭州微笑行动慈善医院电话筛查，符合手术2人；开展“生育关怀·圆梦工程”活动，共摸底不孕不育夫妇85对，有48对夫妇各得到医疗援助1万元。

保障扶持项目　实施计划生育家庭爱心保险项目，符合投保条件的计划生育家庭1.34万户、3.97万人，共安排保险费66.81万元，爱心保险覆盖率100%。其中，农村计生家庭1.01万户、2.99万人，机关事业单位3286户、9757人；实施小额贷款贴息项目，全年共发放小额贴息贷款152户，贷款金额294.50万元，超额完成自治区为民办实事工程每10万农业人口完成20户以上的任务要求。到期贷款132户、240万元，应贴息金额11.21万元，已贴息132户、11.21万元；开展计生特殊家庭慰问走访活动共29户。

【计生奖扶工作】　2017年，城区卫计局投入计生奖励扶助经费1540.26万元，惠及8.02万人，国家、自治区、南宁市、武鸣区计生奖励、扶助政策兑现率100%。

独生子女政策兑现　兑现独生子女保健费6775人、100.85万元；兑现非财政拨款企事业单位贯彻落实计划生育职工退休时增加5%或者10%退休金1920人、150.02万元；兑现城镇居民年老奖励7人1.21万元；兑现国家农村部分计划生育家庭奖励扶助1186人，按1440元/人标准，兑现扶助金170.78万元；兑现国家特别扶助政策，符合特别扶助对象77人，标准为860元/人/月，共兑现救助金79.46万元。对于其中的失独家庭，根据《武鸣县计划生育独生子女死亡家庭扶助实施方案》文件相关规定，按国家救助标准340元/人/月发放救助金，兑现44人、17.95万元。

家庭奖励扶助兑现　兑现自治区农村部分计划生育奖扶（55—59周岁）823人，按720元/年标准，兑现59.26万元；落实《广西农村计划生育家庭奖励扶助办法》，2017年1月1日～2017年9月30日期间，符合各类奖扶政策197人，应兑现金额22.85万元，全部兑现到位。落实《南宁市农村计划生育家庭奖励扶助办法》，2017年1月1日—2017年9月30日符合各类奖扶政策1339人，应兑现金额58.92万元，全部兑现到位；落实《南宁市计划生育家庭特别扶助办法（试行）》，2017年区间，符合扶助办法救助对象92人，兑现救助金52.52万元；落实农村独生子女和双女结扎户考生中考、高考加分政策，享受政策的中考学生487人、高考学生377人。

政府代缴政策兑现　落实政府代缴新型农村养老保险参合费，为独生子女和双女结扎家庭代缴农村部分计划生育家庭新型农村社会养老保险2.40万人、153.16万元；落实政府代缴新型农村合作医疗参保费，为独生子女和双女结扎家庭代缴新型农村合作医疗费用4.28万人、642.24万元。

居家养老政策兑现　将计生家庭养老照护工作纳入城区为民办实事项目，新增养老照护目标对象630人。全年共投入养老照护对象健康体检经费31.55万元，居家养老补贴37.80万元，一键通电话补贴8160元，爱心赡养人奖励、医护上门服务等费用38.78万元，特殊家庭救助1700元。

（韦丽苹）

责任编辑　廖振培

社会生活

应急服务

【110 警务】 2017 年，公安分局在以 110 指挥中心为龙头的打防控工作中，不断摸索适合“三台合一”的工作模式和工作方法，促进接处警工作规范化、深度化，充分发挥职能作用。年内，“三台合一”报警台共接到报警电话 65781 个，其中有效报警 11837 个，求助咨询类报警 30234 起，骚扰电话 23710 起；指挥调度警力 98652 次。在做好接警调度工作的同时，认真抓好警情测试、信息报送、视频和无线通信建设、科技信息化建设等工作。

【消防应急服务】 2017 年，消防大队接处警 110 次，出动车辆 252 辆次，出动警力 1451 人次，疏散、抢救被困人员 90 人，抢救财产价值 86.3 万元，参战人员无伤亡事故。年内，城区发生火灾 59 起，直接财产损失 3.4 万元，无人员伤亡。

防火监督 2017 年，消防大队狠抓火灾隐患整治，积极开展消防安全检查。首先是不断加大检查范围和力度。年内，先后开展今冬明春火灾防控工作、防控电动车火灾专项整治、城中村及出租屋消防安全专项整治、易燃易爆专项整治、人员密集场所专项整治、电气火灾防范专项整治等活动，并在重大节假日联合公安、安监、工商、文化等职能部门组织开展消防安全大检查。采取多种消防监督手段，深入各单位检查消防设施、消防安全制度的落实及员工的消防安全意识等情况，督促整改火灾隐患。年内共检查单位 4206 家，发现火灾隐患或违法行为 5810 处，督促整改 5738 处，下发责令改正通知书 2759 份，行政处罚决定书 121 份，临时查封决定书 82 份，罚款 67.97 万元。

【卫生应急处置】 2017 年，武鸣区加强卫生应急处置管理制度建设，完成府城中心卫生院基层急救示范点建设。圆满完成“三月三”歌圩、高考、环广西公路自行车世界巡回赛等重大活动期间的医疗保障和卫生应急工作任务，妥善处置群体性疫情 57 起、生活饮用水水质异常 4 起，有效保障社会经济和人民生活秩序的稳定。组织参加南宁市卫生应急技能竞赛，取得急性传染病防控项目团体一等奖，4 人分获传染病防控项目、中毒处置项目的一、二等奖，1 人代表南宁市参加自治区的项目竞赛。

城乡居民生活

【人民生活改善】 坚持民生保障优先，全年民生支出占一般公共预算支出的 80.1%。脱贫攻坚工作取得新的成果，实现 10 个贫困村摘帽、1137 户 3893 人贫困人口脱贫，顺利通过自治区“四合一”考核验收。就业服务扎实开展，新增就业、转移就业14359人。完善社会保险制度，实现城镇医保和新农合"二合一"。推进"安居惠民"工程，完成保障性住房、棚户区改造、农村危房改造任务。教育事业全面发展，顺利通过义务教育发展基本均衡县（区）的国家认定，高考成绩名列广西县（区）前茅，7人考取清华大学、北京大学，实现新的突破。卫生计生事业健康发展，服务网络不断健全，人民医院整体划转广西医科大学，中医药、壮医药加快发展，城区医疗水平不断提升。深入开展自治区计划生育优质服务先进单位创建活动，计生服务不断创新。科技创新能力不断增强，科技成果转化步伐加快。全民健身活动蓬勃开展，竞技体育成绩喜人。

【民生福祉】 2017年，城区本级财政民生支出29.98亿元，占一般公共预算支出的80%。城镇居民人均可支配收入31750元，增长8%。农村居民人均可支配收入14630元，增长10%。完成10个贫困村摘帽、1137户3893个贫困人口脱贫任务，完成自治区下达任务数173%。城镇医保和新农合实现"二合一"，异地就医费用直接结算步入正轨，人民群众享受到更多便利和实惠。

【婚姻登记】 2017年，民政局婚姻登记处共办理结婚登记8690对，其中结婚登记5554对，离婚登记1542对，补领结婚证1509对，补领离婚证85对，登记合格率100%。

劳动就业

【概　况】 2017年，全城区实现城镇新增就业3668人，完成全年任务126.48%；失业人员再就业947人，完成全年任务101.83%；帮助大龄就业困难人员实现再就业139人，完成全年任务102.96%；城镇登记失业率为2.41%，控制在3.7%的指标范围内；农村劳动力转移就业10691人，完成全年任务101.82%（完成为民办实事"就业惠民"工程扶持就业创业担保贷款1005户，完成全年任务的100.5%，发放贷款108笔，完成全年任务的102.86%，放贷总额1000万元，完成全年任务的114.94%；农村劳动力职业技能培训共1676人，完成全年任务的104.75%）。开发乡村公益性岗位104个。

【就业服务】 2017年，武鸣区人社局开展"就业援助月""春风行动""民营企业招聘周""高校毕业生就业服务月"等活动，于每月29日结合民间自发形成的"壮乡山歌节"举行现场招聘会，促进各类就业困难人员实现就业。2017年共举办各类招聘会30余场，达成用工意向累计3587人。

慈善事业

【社会慈善】 2017年，城区慈善会在上级的工作指导下一是开展了慈善助学和慈善助医工作，8月份，开展慈善助学活动，救助困难学生5名，每人3000元，共15000元，10月，开展慈善助医活动，共救助重大疾病患者3名，每人5000元，共15000元。二是开展了"中华慈善日"募捐活动，截止2017年12月31日，武鸣城区"中华慈善日"共筹得善款122795.2元，相关善款正转送给南宁市慈善总会。

【特困供养】 2017年，特困救助共审批了23264人次，资金补共发放了1049.87万元。

【城乡医疗救助】 2017年，医疗救助共审批了有6301人次，救助资金共发放了356.3337万元，其中，资助参合人数为4093人，参合费支出了61.593万元。有效的体现了医疗救助信息平台应有的作用。

社会保障

【完善城乡社保体系】 2017年，武鸣区提高就业创业服务质量，加强技能培训，实现新增城镇就业 2900 人以上，城镇登记失业率控制在指标范围内，农村劳动力转移就业 9000 人以上。加强社会保险征缴扩面，持续扩大城乡居民基本养老保险覆盖面，不断优化提升基本医疗保险服务质量。完善社会救助体系，落实城乡低保、农村特困人员供养政策，健全扶残助残、大病救助服务体系，保障特殊人群和困难群体平等共享社会发展红利。不断提高保障性住房资源配置效率，有效满足不同层次城镇住房困难家庭的需求。加快推进城区光荣院、社会福利院搬迁扩建项目建设，促进养老服务业社会化经营管理。

【城乡低保】 2017 年，全城区审批城市低保对象 2852 户次 5140 人次，共发放救助金 188.4001 万元，月人均补助 366.54 元；审批农村低保对象 47382 户次 104117 人次，共发放救助金额为 1876.4754 万元，月人均补助 180.22 元。有效保障了困难群众的基本生活。

【职工基本养老保险】 2017 年，武鸣区参保人数 6.60 万人，其中企业职工（不含离退休）2.87 万人，机关事业单位职工（不含离退休）1.04 万人，完成全年任务 100%。基本医疗保险参保人数 66.75 万元，完成全年任务 100.44%，其中城乡居民医疗参保人数 62.30 万人，城镇职工医疗保险参保人数 4.45 万人。职工基本养老保险征缴收入 21770 万元，完成全年任务 131.94%。基本医疗保险基金收入 28920.68 万元，其中职工基本医疗保险征缴收入 13023.68 万元，完成全年任务 110.37%，城乡居民医疗保险基金收入 15897 万元。失业保险参保人数 1.92 万元，完成全年任务 100%。失业保险征缴收入 1022 万元，完成全年任务 146%。工伤保险参保人数 2.39 万元，完成全年任务 100.42%。工伤保险征缴收入 824.23 万元，完成全年任务 206.06%。生育保险参保人数 2.69 万元，完成全年任务 100.37%。生育保险征缴收入 710.87 万元，完成全年任务 177.72%。

【城乡居民基本医疗保险】 2017 年，武鸣区推进城乡居民基本医疗保险制度整合工作。8 月 17 日，正式上线启用城乡居民基本医疗保险信息系统，实现了原新农合使用的医疗费用报销结算系统与城镇居民基本医疗保险信息系统的统一和数据的整合，简化了报销程序。

【机关事业单位养老保险】 2017 年，武鸣区完成制度改革工作。2017 年 5 月起实行机关事业单位退休人员退休待遇社会化发放。审核发放机关事业单位 264 个，领取退休待遇 5492 人，发放基本养老金 13592 万元，发放率 100%。完成全城区机关事业单位工作人员参保资格确认、参保登记及 2017 年度基数申报等工作。年内全城区参保单位 353 家，参保人数 16187 人，机关事业单位养老费征缴收入 11350 万元，职业年金收入 1851.14 万元。

老龄事业

【老年人的社会保障】 2017 年，武鸣区老龄工作委员会做好老年人的社会保障工作。

确保“高龄补助”按时足额发放 享受“高龄补助”的 80 ～ 89 周岁老人每人每月 80 元；90 ～ 99 周岁老人每人每月发 150 元，100 岁以上老人每人每月发 400 元。2017 年全城区享受“高龄补助”80 周岁以上老人 15346 人，其中 80 至 89 岁老人有 13174 人；90 ～ 99 岁老人有 2083 人；100 岁以上有 89 人，发放“高龄补助”金额 1598.7106 万元（其中市财政 385.67 万元，县财政 1213.0406 万元）。

高效办理“老年人优待证” “广西老年人优待证”分红、绿两种证，60 至 69 岁老人办理绿证，70 岁以上老人办理红证，2011 年 1 月 1 日起正式启用，持证人享受公园、博物馆、景点景区、医疗、公交等优待。2017 年为符合条件的高龄老人免费办理“老年人优待证”3915 张。其中，红证 3915 张，绿证 1000 张。

【“敬老月”活动】 2017 年，武鸣区老龄工作委员，下发了《关于开展 2017 年“敬老月”活动的通知》武老龄字〔2017〕1 号。精心制定了“敬老月”活动方案，大力营造爱老敬老的舆论氛围，强化了全社会的爱老敬老意识，这次“敬老月”活动丰富多彩，得到了老年人的好评。

书画展　10 月 28—31 日，开展老年书画展活动，地点在城区图书馆，参展作品 45 件。

汽排球比赛　10 月 22—25 日，在县人大常委会室内体育馆开展老年人气排球比赛。参赛队共 18 个队，其中男队 10 个，女队 8 个。

“敬老月”慈善助老活动　对具有城区常住户口，家中有年满 60 周岁以上生活特别困难，或是因遭遇灾祸、病痛等重大变故而陷入生活困境的孤、寡、残贫困老年人，每个老人家庭资助 1000 元，共救助 22 名。

文艺演出　10 月 27 日—11 月 1 日，武鸣区老龄办组织老年文艺队到城厢镇、锣圩镇、府城镇、陆斡镇演出 5 场，宣传自治区实施《中华人民共和国老年人权益保障法》。发放广西壮族自治区实施《中华人民共和国老年人权益保障法》宣传资料 8386 张（册）。

【协会创建工作】　2017 年，城区创建区级基层老年协会共有 2 个点（双桥镇腾翔村老年协会、仙湖镇邓柳村老年协会），两个点的老年协会，都能够按照要求召开老年代表大会，选举产生协会会长、副会长和理事成员。两个协会都进行了注册登记、刻公章、协会牌子、制度上墙等，配备了健身器材、投影仪、乒乓球桌、电视机、DVD 机，音响、照相机、办公桌椅、档案柜等设备，达到了创建标准。

【参与社会管理】　2017 年，老龄办公室一是引导和支持老年人对青少年进行社会主义、爱国主义、集体主义和艰苦奋斗教育。在日常基层检查指导工作中，要求各老协注重关心下一代健康成长，对“问题少年”进行教育，引导他们走上遵纪守法正确道路；基层的图书阅览室要向青少年开放，让他们多读书，读好书。引导老年人参与社会管理，参与维护社会治安、协助调解民间纠纷。各镇组织老年志愿者队伍上街协助治理“五乱”，在小区义务巡逻，协助居（村）委会调解一些家庭纠纷等等，让老年人真正实现“老有所为”。

【信访和维权工作】　2017 年，老龄办公室指定专人专门负责接待老年人来信来访，做到有访必接、有信必复。在对老年人来信来访做好登记的同时，认真倾听来访者的申诉、意见和建议，热情为他们解惑释疑，同时根据实际情况，协调和督促相关部门落实有关政策，给来访的老人排忧解难，切实维护老年人的合法权益。

【计生家庭养老照护】　2017 年，武鸣区将计生家庭养老照护工作纳入城区为民办实事项目，新增养老照护目标对象 630 人。2017 年共投入养老照护对象健康体检经费 31.55 万元，居家养老补贴 37.8 万元，一键通电话补贴 0.816 万元，爱心赡养人奖励、医护上门服务等 38.775 万元，特殊家庭救助 0.17 万元。

（陆爱莹　尹庆华）

民俗·宗教

【壮民族文化传承】　2017 年，武鸣区实施壮民

2017 年 3 月 25 日，武鸣区太平镇壮族文化传承节

（武鸣时讯提供）

族文化传承工程，推进壮民族文化进校园，加强壮族非物质文化传承保护，府城镇、罗波镇入选自治区历史文化名镇，武鸣榨粉、高峰柠檬鸭制作技艺等5个项目入选市级非遗代表性项目名录，11名传承人分别列入国家、自治区、市级非遗代表性项目代表性传承人，“四月四”祈丰节、“两英”庙会等246个“一地一节”民俗文化节庆活动有声有色。打造武鸣“骆越文化之乡·龙母文化之乡”品牌，通过国家专家组评估验收。塑造武鸣“三月三”文化精品，连续37年成功举办中国壮乡·武鸣“壮族三月三”歌圩暨骆越文化旅游节，武鸣“三月三”歌圩成为国内规模最大、影响最广、历史最久的民族歌圩，成为武鸣最响亮的民族文化品牌。

2017年3月29日，骆越祖母王祭祀活动

（武鸣时讯提供）

【民族宗教事务管理】 2017年，武鸣区做好民族宗教事务。

走访慰问 在春节、中秋节期间，组织民宗局对全城区基督教、天主教、佛教等宗教界代表人士22人进行走访慰问，送上党委、政府的关怀和节日的祝福。

加强民族工作指导 指导举办中国壮乡武鸣“壮族三月三”歌圩暨骆越文化旅游节、骆越祖母王祭祀大典等多项民族文化活动，传承民族优秀文化。“壮族三月三”期间，邀请台湾媒体考察团11人到武鸣参观采访，促进武鸣民族文化的对外宣传工作。

加大宗教政策法规培训及宣传力度 6月，组织举办一期宗教工作政策法规专题讲座，邀请广西区民宗委专家作专题辅导，不断提高城区宗教干部的政策水平和依法管理宗教能力。强化宗教专题宣传工作，在各镇重点村屯、重要路口安装不透钢宣传栏41板、张贴喷绘宣传80多幅，印发宣传资料6万多份，广泛宣传宗教政策法规，不断提高群众知晓率。

依法打击非法宗教活动 牵头组织民宗局、公安分局、综合执法局等部门依法清理城区境内公路边乱置佛教牌匾21块，制止仙湖镇邓吉村邓金屯的非法宗教活动；11月16日，成功拆除府城镇府高桥头非法修建佛堂和两江镇汉安村占地修建天地庙等非法活动，有效维护了宗教领域的和谐稳定。

责任编辑　刘颖儒

乡 镇

城厢镇

【概 况】 城厢镇位于南宁市武鸣区中部，为城区所在地；是城区政治、经济、文化中心和交通枢纽。东与太平镇相邻，南与双桥镇交界，西与中国—东盟经济开发区（里建）相连，北与陆斡镇接壤。镇人民政府驻地农坛路252号，距离自治区首府南宁市建成区37千米。地形呈小盆地、丘陵、山地、小平原相间交错，东部多为石山和孤峰，西北部是高丘陵地带。土地面积256.48平方千米（合25648公顷）；有耕地面积12754.04公顷，其中水田3453.80公顷、旱地9298.20公顷。境内河流纵横，主要有香山河、西江河和红岭水库、虎头水库及电灌站等水利工程灌溉网络。过境公路主要有兰海高速公路绿色通道武鸣段、210国道、邕（南宁）百（百色）公路和城区至双桥一级公路（即邕武城市大道武鸣段）、城区至里建一级公路、城区至宁武二级公路。旅游风景点主要有灵水湖、明秀园、文江塔、春霞园、狮子山公园、香山河公园、起凤山、黄道山、康佳龙生态农庄。重要矿产资源有石灰石、方解石和磷矿石。地方特产主要有红心蜜柚、沃柑、茂谷柑、西瓜、香（甜）瓜、马水橘、皇帝橘。城镇农贸市场有和平、南门、红岭、城西、渡头桥、外窑桥、标营市场和夏黄圩、香山圩、邓广圩、黄道山圩，除夏黄、香山、邓广、黄道山圩为每三天一圩外，其余城镇市场天天都是圩日。2017年，辖21个村、8个社区，有146个自然屯、511个村民小组；居民总户数3.83万户，总人口11.11万人。全社会固定资产投资完成21.06亿元。农民年人均纯收入约1.68万元。是年，城厢镇获自治区的“乡镇统计工作规范优秀单位”称号；获南宁市的“卫生先进单位”称号以及“2016年度南宁市科学发展先进乡镇”“南宁市2012—2016社会治安综合治理（平安南宁建设）工作成绩突出集体”称号；获武鸣区的“开展‘大行动’工作先进单位（集体）”和“2016年度思想政治工作‘十佳’先进单位”“2016年度新闻报道先进单位”称号，以及获武鸣区的2016年度绩效考评一等奖、2016年度社会治安综合治理（平安建设）工作先进单位（一等奖）、2016年度安全生产目标管理工作先进单位（一等奖）、2016年度卫生和计划生育先进单位（一等奖）、2016年度环境保护工作先进单位（一等奖）、2016年度招商引资工作先进单位（一等奖）、2016年度固定资产投资和重点推进项目工作先进单位（二等奖）、2016年度“美丽武鸣”乡村建设活动工作目标专项考评先进单位（三等奖）。同年，灵水社区分别获国家级“2015年创建无邪教示范社区”称号、“2016年度南宁市健康社区”称号，红岭社区获“南宁市民族团结进步创建活动示范单位”称号；大梁村、九里村获“自治区生态村”称号，马香村、五海村武山屯获“自治区卫生村”称号，香泉村广下屯、平等村第四组获“2017年度南宁市级卫生村”称号，马香村五冬屯获“2017年度‘美丽南宁’乡村建设绿色村屯”称号等。存在的主要问题：城镇化程度不够高，建设步伐仍需加快；工业发展动力不足，第三产业比重偏低；农业特色优势产业规模还不够、产业化程度还不高；保障和改善民生任务繁重，社保工作仍需进一步加强；征地拆迁工作时间紧、任务重、遗留问题多，严重制约重点推进项目的落户建设；社会治理仍存在一些薄弱环节，群众安全感及满意度有待提高；环境综合治理任务重，扶贫任务依然艰巨；农民增收渠道有待拓宽，干部作风有待转变，工作效率有待提高。

【经济发展】

农林牧渔业　2017年，城厢镇继续落实国家财政支农、惠农政策，发放农业支持保护补贴625.84万元。是年，购置农机206台，补贴1219万元，受益农户65家。有柴油机、汽油机、电动机等农业机械总动力16.09万千瓦，有农用大中型拖拉机384台、小型拖拉机4866台、联合收割机70台、机动脱粒机5016台、农用水泵3579台等，实现机耕面积约1.63万公顷、机种7447公顷、机收8587公顷，农机作业值1.09亿元。粮食作物主要播种水稻、玉米、大豆、红薯（或马铃薯），播种面积6140公顷，粮食产量3.25万吨。其中：水稻播种1898公顷，产量1.06万吨；玉米播种1522公顷，产量9255吨；豆类播种323公顷，产量383吨；红薯（或马铃薯）播种202公顷，产量（折谷）707吨。经济作物主要种植花生、甘蔗、木薯、芝麻、甘蔗、中草药，种植面积4296公顷。其中：花生种植1295公顷，产量4082吨；甘蔗种植1306公顷，产量10.11万吨；木薯种植1546公顷，产量（按40%折干）2.09万吨。蔬菜种植面积6412公顷，产量16.44万吨；西瓜种植面积904公顷，产量2.62万吨。特色产业主要有种桑养蚕，年内发展种植桑叶85公顷，产量1300吨；养蚕15万平方米、蚕茧产量216吨，产值1296万元。果园面积3969公顷，水果产量8.39万吨。特色水果种植主要有柑果、火龙果、枇杷、黄皮果等。其中，柑果种植1896公顷，产量3.05万吨，产值1.92亿元；火龙果种植146公顷，产量4400吨，产值2460万元；枇杷种植333公顷，产量1.03万吨，产值6150万元；黄皮果种植105公顷，产量2362吨，产值1417万元。至年底，累计成立有农业生产（香蕉、柑果、农机等）合作社107家（新成立22家）、家庭农场7家（新增2家），实现土地流转2197公顷。林木树种主要有松树、灌木林、尾叶速生桉树和果树林。木材蓄积量2.10万立方米，采伐量1.63万立方米。全年更新造林面积30公顷。畜牧业生产以饲养牛、猪、羊和鸡、鸭、鹅为主，规模养殖项目主要有猪、羊和鸡、鸭。年末，耕牛出栏0.45万头，存栏1.30万头；生猪出栏15.66万头，存栏14.75万头，其中能繁母猪饲养1.74万头；山羊出栏700只，存栏700只，其中实施山羊圈养3户、存栏510只。家禽出栏457.73万只，存栏194.56万只。其中：鸡出栏362.27万只，存栏171.72万只；鸭出栏95.46万只，存栏21.99万只；鹅出栏0.15万只，存栏0.20万只。全年肉类产量2.03万吨，禽蛋产量891吨。特色畜牧养殖主要有野猪、山鸡、肉鸽、竹鼠。全年发展养殖野猪出栏数806头，存栏数1497头；继续发展肉鸽养殖，出栏98.56万只，存栏21.69万只。渔业生产主要养殖草鱼、鲢鱼、鳙鱼、鲤鱼、鲶鱼、白鲳鱼、鲈鱼、叉尾鮰、罗非鱼、赤眼鳟鱼、黄颡鱼，养殖方法主要有网箱养殖、山塘养殖。全年水产养殖面积930公顷，水产品产量8479吨。特色水产养殖主要有中华鲟、鳗鱼、美国蛙、沙鳖，其中发展养殖龟鳖出栏数0.50万只，存栏数1.80万只。是年，全镇实现农林牧渔业总产值15.48亿元，其中农业产值9.49亿元、林业产值986万元、牧业产值4.50亿元、渔业产值1.02亿元、农林牧渔服务业产值3793万元。

工业企业　工业企业以独资经营（或合资经营）为主。有工业企业48家，从业人员1843人，其中规模以上工业企业有4家、从业人员1000人。实现规模以上工业总产值6.16亿元、利税总额3891万元（其中利润2458万元）；实现全部工业总产值9.65亿元；完成工业投资约2.04亿元、技术改造投资6432万元。年内，工业产品主要有淀粉及淀粉制品、合成氨、氮肥、自来水、混凝土，年产量分别为5.26万吨、5.71万吨、4.41万吨、

1923万吨、36.26万立方米。

商贸与服务业　商贸流通企业以私营企业和个体工商户为主。有商贸流通企业1.07万家，从业1.67万人（其中私营企业1636家、从业人员3190人），注册资金6.35亿元。个体工商户1.27万家（新增2514家），从业2.23万人（新增4608人），注册资金约5.94亿元。是年，建立农产品流通电商服务点18个，从业人员43人，流通货物5万余件；新建快递业有广西村村通速递服务有限公司武鸣区城西营业部1家，从业5人；新增有美容、美发、按摩、足浴服务127家和家政服务业6家、洗染服务业2家、文印与工艺10家、汗蒸美容2家、旅社4家等。年内，有餐饮店1508家（新增340家），从业人员1930人。其中，酒楼和饭店有50家，从业人员150人；其他如粉店、小炒快餐店、小吃摊点等有1458家，从业人员1780人。全年餐饮业营业收入约7720万元。有理发服务店214家，从业人员390人，营业收入约1560万元。修理（包括家电、钟表和自行车、摩托车、汽车等）服务店有293家，从业人员365人，营业收入约1825万元。拥有大中型客运公交车203辆（空调客运公交车21辆）、小型客运汽车20辆（客运面包车7辆），客运往返线路有武鸣至南宁、武鸣至马山、武鸣至扶绥、武鸣至都安、武鸣至各村等。全年客运量约1131万人次，客运收入约3274.90万元。拥有载货汽车1720辆，运输往返线路主要有武鸣至南宁、武鸣至马山、武鸣至宾阳和武鸣至各镇；全年货运量2993万吨，货运收入约3.72亿元。

招商引资　采用多措并举的方法做好招商引资工作。通过招商新引进的企业（项目）主要是广西大通投资置业有限公司、广西欣虹橡胶科技有限公司、广西万邦建材有限公司、广西恒亚养殖发展有限公司、广西国冠投资有限公司5家，总投资额11.02亿元，实际到位资金、年内完成建设投资均为2.08亿元。

村镇建设　城乡基础设施建设投资约2221万元，主要建设项目：投资563.04万元建成濑琶村作洪屯道、香泉村那他屯道、联兴村定江屯道、大梁村大梁屯道、文合村山背屯道等13条，总长120.86千米；投资203.52万元建成村容美化亮化安装高杆路灯602盏；投资193.98万元建成村内公共活动场所5631平方米；投资65.69万元建成马香、香泉等4个村其他公共设施建设。年内，实施水利建设投资2万元，完成水利渠道清淤1.50千米等。同时，实施“环广西世界自行车巡回赛”赛道沿线房屋风貌改造，投资884万元，改造房屋442户；拆除沿线违法建（构）筑物1200平方米；完成“环广西世界自行车巡回赛（城厢段）”赛道沿线公路整治13.80公里。是年，投资82万元建成村（社区）级公共服务中心2个；投资87.37万元实施农村危房改造32户、32间（含修缮3户3间），惠及村民65人。继续推进美丽宜居乡村建设，投资80万元建成村级垃圾中转站一座；投资60万元完成一般村屯62个、重点村屯5个的绿化任务；累计建有露天垃圾池336个、地埋式垃圾池1个；雇请保洁员188人，对乡村屯道、巷道开展常态化保洁工作。

城厢镇渡头社区党员干部、群众开展洪涝清淤工作

（城厢镇政府提供）

【社会发展】

文明创建活动　2017年，城厢镇有序推进文明创建工作。年内，创建自治区级生态村2个，生态村覆盖率95.24%。开展文明村（社区）创建活动，

有马香村被评为区（县）级文明村，六联、九里村被评为镇级文明村；镇财政所、镇人口和计划生育服务所和城厢镇的第二初级中学、第三初级中学、中心学校、大梁小学、夏黄小学、合旗小学、联兴小学、第五小学、大同小学、第六小学等12个单位荣获区（县）级文明单位；平等村被评为南宁市文明村，城厢镇人民政府、城厢镇第一小学、城厢镇第二小学、城厢镇第三小学、城厢镇第四小学、城厢镇城东小学6个单位被评为南宁市文明单位；红岭、新兴、和平、解放、灵水、建设、渡头、标营等8个社区被评为南宁市文明社区；濑琶村七星屯、平等村可配屯、城厢镇被评为自治区文明村镇，大皇后村被评为全国文明村。同时，被评为城区级文明家庭7户，推荐参加南宁市级文明家庭评选2户。在中小学校开展文明校园创建活动，城厢二小、四小、六小校被评为县区级文明校园，推荐城镇三小校参加南宁市级文明校园评选活动。开展星级文明户创建活动，评出镇级十星级文明户80户，县区级十星级文明户40户，推荐22户参加南宁市级评选活动。是年，在南宁志愿网注册的志愿服务队有10支，志愿者有800人；举办志愿者培训4期，培训200人次；组织开展文明交通劝导、扶贫济困、慰问留守儿童、环境卫生整治、科普宣传、爱心义诊等志愿服务活动，累计参与2000人次，发放宣传资料6万份。有红岭社区等6个志愿服务队伍获武鸣区五星志愿服务团队。继续加强未成年人思想道德教育，组织各中小学校开展践行社会主义核心价值观、道德讲堂、感恩教育等活动23场次，参加活动学生6000多人。开展净化社会文化环境整治行动3次，重点对网吧、校园周边环境、互联网进行整治活动。

科教文卫体事业　投入科技经费25万元组织实施科技项目1个，实施到期通过上级验收的科技项目1个。举办种植技术、养殖技术、养猪技术、生态养殖技术、养殖废弃物综合利用技术等农业种养培训班47期，培训4750人次。是年，开办幼儿园61所（公办12所、民办49所），幼儿、学前教师919人；幼儿入园8958人，入园率376%（有乡镇及城区外的务工人员子女入园保教）。设有小学校26所（其中社会力量办学1所），在岗教职工646人（专任教师600人），在校生1.26万人；小学适龄儿童入学率128.6%（有乡镇及城区外的务工人员子女入学就读），小学毕业生升学率100%。设置初中校3所，在岗教职工251人（专任教师225人），在校生2790人；初中阶段入学率118.40%（有乡镇及城区外的务工人员子女入学就读），辍学率0.30%，初中毕业生升学率95%。九年义务教育巩固率115.32%（有乡镇及城区外的务工人员子女入学就读）。全年资助建档立卡贫困家庭学生117人，资助资金5.85万元；协同爱心机构或相关部门，资助贫困家庭学生187人，资助资金9.35万元；免费保教154名幼儿，直免资金11.55万元；资助幼儿入园71名，扶助资金3.55万元。继续实施“农村义务教育学生营养改善计划膳食补助”（包括公办学校和民办学校），享受营养改善计划的小学生1.22万人、初中生2457人，分别发放营养补助金914.70万元、183.80万元；落实享受“农村家庭经济困难寄宿生生活费补助”的中小学生3298人（小学生919人、初中生2379人），补助资金196.20万元。镇文化体育和广播影视站继续实施文化惠民工程，累计建成村级公共文化服务中心2个，完成投资82万元。成立有村镇民间文艺队68支，队员718人；春节或其他节日期间组织开展文艺演出282场，观众约11万人次；组队参加年度城区第八届乡村社区和谐文艺大展演获优秀组织奖。全年编辑出版墙报、板报12期，主要宣传扫黄打非、预防艾滋病、征兵宣传等。放映公益电影250场，观众约10万人次。镇医疗卫生机构设有1个卫生院，下设一个卫生服务站；卫生技术人员104人（其中医生45人、护士51人），病床99张。辖有村、社区卫生所21个，村、社区医务人员28人；个体医疗诊所69个、个体医生158人。投资32.58万元实施农村卫生“改厨改厕”工程823户（其中投入22.65万元完成改厕442户），惠及村民3292人。年内，参加城乡居民基本医疗保险的居民5.78万人，筹集基金732.44万元，参保率100%。有计划生育技术服务站1个，全面实施二孩政策，年度区间人口出生2779人（男1473人、女1306人），人口出生率18.10‰、自然增长率12.90‰；受理再生育申请37份，审批发证37本。

投资14.84万元，新建成篮球场2个、购置乒乓球桌7张，年底累计有篮球场147个、羽毛球场15个、乒乓球桌136张等，全年参加体育运动的居民约有6万人次；开展群众性体育活动的项目有打篮球、气排球、拔河赛等。全年组织开展篮球比赛200场、气排球比赛100场，观众约6万人次。组队参加武鸣区“富鸣城投杯”乡镇篮球赛获男子组第三名、女子组第三名，参加“三月三”歌圩文体活动抢花炮比赛获优秀组织奖，参加武鸣区“大力士”拔河比赛获镇级组第一名。

民政事业　继续做好城乡低保、“五保”供养、医疗救助工作。年内，审批城镇最低生活保障对象123户256人，发放低保金105万元；审批农村低保对象223户427人，发放低保金99.70万元。核定“五保”供养对象108人，发放供养金58.90万元；年底累计建有敬老院1所、“五保”新村9个，集中供养“五保”老人21人。审批城市医疗救助对象12户30人，发放救助金2.57万元；审批农村医疗救助对象10户23人，发放救助金2.55万元。落实居民自然灾害救助政策，救助受灾困难群众221户407人，发放救济粮13.44吨（折款6.72万元）。发放冬寒春荒救灾、救济衣被897件（折款8.56万元），惠及灾民342户576人。发放抚恤109人的补助金168.05万元。是年，应征入伍义务兵34人，发放义务兵家庭34户的优待金0.68万元；落实部分农村籍义务兵享受老年（年满六十周岁）生活补助政策的退役人员172人，发放生活补助费464.92万元；安抚“两参”（参加自卫反击战退伍军人、参战民兵）人员497人，发放生活补贴186.47万元。投资5万元完成文合、夏黄、从广烈士墓维修。在国家公祭日（9月30日）组织各村、镇直各单位全体党员和干部职工约756人开展祭扫烈士墓活动。完善民政系统信息工作，开展优抚对象年度核查455人。发放383人的高龄补贴47万元，发放623人的离任村干养老补贴121.06万元。

劳动与社会保障　继续实施农村劳动力培训工程，组织举办种植、养殖等技能培训班8期，培训825人次，完成全年任务100%；培训就业、创业人员123人，发放创业贷款25笔138万元。年内，继续组织农村富余劳动力实施劳务输出3650人，其中转移就业新增1355人；城镇新增就业1165人，城镇下岗失业人员再就业和大龄就业困难人员有700人。城镇人员登记失业率3.70%。是年，完成16周岁～60周岁参加城乡居民基本养老保险（简称“基本养老保险”）缴费民众有2.84万人，参保率90.81%；完成发放60周岁以上享受“基本养老保险”待遇居民8681人，发放率100%。

【脱贫攻坚】　城厢镇在2015年年底、2016年年初精准识别时有贫困村3个（六联村、九里村、香泉村），建档立卡的贫困家庭有334户913人。至2016年年底，六联、九里、香泉3个贫困村已全部实现脱贫摘帽，贫困家庭已实现脱贫的有108户379人。2017年，安排机关干部、驻村工作队员和镇直各单位工作人员178人进村入户开展结对帮扶工作。在发展生产方面，投入财政专项扶贫资金112.05万元（上级资金72.05万元、城区配套资金40万元），受益贫困家庭211户701人；累计发放（产业）扶贫贷款11万元，惠及3户12人。在转移就业方面，投资1.23万元用于贫困户发展散养散种产业，开展创业培训、职业技能培训3期，培训356人次；转移贫困户劳动力外出就业56人，帮扶贫困户创业25人。建立贫困学生档案，落实帮扶资助建档立卡贫困户义务教育阶段在校子女51人，发放生活补助金5.25万元；参加中、高等职业学历教育和普通高校本科学历教育的建档立卡贫困生有34人，发放享受“雨露计划补助”资金约7.08万元；建档立卡贫困生就读普通高中、中等职业学校有31人、就读普通高等学校本专科（含高职）的有16人，分别获国家助学金6.20万元和4.80万元。落实贫困家庭医疗救助政策，建档立卡的贫困人口由政府以财政资金代缴“城乡居民基本医疗保险”参保款15.51万元、惠及1034人，其中投入2.73万元资助农村五保户、低保户参加“城乡居民基本医疗保险”182人。加强扶贫基础设施建设，整合资金投入164.35万元助推扶贫脱贫攻坚工作，建成贫困村屯的通屯水泥硬化道路4条5.43千米。投资52.61万元完成贫困户危房及人均住房不足13平方米的房屋改造18户、1032平方米。是年底，通过核实验收与“双认定”（即帮扶责任人认定、贫困户自身认定）达到“八有一超”（即有稳定收入来源且吃穿不愁、有住房保障、有基本医疗保障、有义务教育保障、有安全饮水、有路通村屯、有电用、有电视看、年人均纯收入稳定超过国家扶贫标准3300元）目标，实现脱贫的贫困家庭有57户166人。余下的贫困家庭164户359人属于最后扶贫攻坚对象。

教育园区东片区回建安置项目暨灵水壮乡文化小镇奠基仪式

（城厢镇政府提供）

【灵水壮乡文化小镇建设】 武鸣灵水壮乡文化小镇位于南宁市武鸣区城厢镇武华大道北面，工程项目由城厢镇筹办，整个项目分为三个工程期来实施建设。总体规划用地146.67公顷，总建筑面积约200万平方米，计划总投资150亿元；项目主要由安置住宅区、特色民俗示范区、大学生创客中心、旅游交通集散中心、休闲社区等板块构成，规划有学校、壮乡绣球广场、三月三歌圩广场等教育休闲配套设施，其中第一期工程于2017年12月动工建设，规划用地约33.33公顷，建筑面积约45万平方米，拟建有铜鼓广场、祠堂、田园民宿区、民族美食文化街、民族服饰手工坊等旅游休闲配套和大型商业中心、社区服务中心等生活服务配套设施（其中有回建安置物业和以传统民居院落组合的天地楼300栋、现代简约风格的高层公寓238套等）。是年底，第一期工程仍在建设中。

【征地拆迁工作】 2017年，城厢镇征地拆迁小组继续协助武鸣城区完成南宁教育园区（计划有广西医科大等7所大学落户，其中广西安全职业技术学院已实现招生办学）、贵隆高速路等重点项目建设，年内累计先后同五海村的第一组、第五组至第十三组、第十六组、第十八组，灵源村的第一组至第七组，九联村的第六组至第十一组，九里村的第一组、第二组和第十一组、第十二组，大同村的第一组、第二组，萃英村的第二组至第七组和第九组至第十二组等签订《征地协议》，完成征地面积约438.47公顷；同时签订《青苗及地上附着物补偿协议》，先后完成青苗及地上附着物的补偿面积约753.53公顷、清表面积约498.33公顷和搬迁坟墓3508座。推进完成五海、灵源、大同村等13处村屯（组）征地农民的“第三产业”安置用地（约168公顷）指标的报批工作，并落实安置用地的开发与利用；协助做好教育园区的学校建设及路网等基础设施建设用地指标报批及其他各项服务工作，以助推教育园区的建设。

（莫晓芳）

太平镇

【概　况】 太平镇位于武鸣区东南部，东临罗波镇并与宾阳县交界，南与兴宁区毗连，西与双桥镇相邻，北与城厢镇接壤。镇人民政府设在文溪社区的林圩街上，距城区18千米。镇境属丘陵地区，土地面积394.93平方千米（合39493公顷）；耕地面积9571.87公顷（水田2735.01公顷）；林地面积24500.80公顷。镇内河流主要有太平河，并有林渌、紫金、岜娘等小型水库13个，总有效库容480.70万立方米，有效灌溉面积1600公顷。公路干线有太平至武鸣、太平经葛阳至南宁四塘、太平经罗波天马至宾阳、太平经腾翔至南宁。矿产资源主要有锰矿、铁矿、磷矿、金矿和重晶石。地方主要农产品有柑橘、西红柿、香蕉、百香果、火龙果、木材。文物古迹有清朝嘉庆二十四年(1819年)建造的葛阳文昌阁。农贸市场有林圩、葛阳圩、庆乐圩，均为每三天一圩，周而复始。2017年，辖村委会12个、社区1个，有自然屯157个、村民小组212个；总户数1.27万户，总人口4.04万人。年内，农民年人均纯收入约1.28万元。是年，太平镇人民政府被命名为“南宁市民族团结进步创建活动示范单位”称号；中共太平镇委员会被评为武鸣区2016年度新闻报道先进单位甲等奖，太平镇人大获“2016年度武鸣区人大新闻宣传先进单位”称号，镇政府青年志愿服务队被评为武鸣区五星志愿服务团队，镇财政所被授予“2016年～2017年武鸣区文明单位”称号。同年，庆乐村及其太潘屯、伏石屯均获“南宁市卫生村”称号。存在的主要问题有：产业结构调整有待加强；太平镇产业基本以农业为主，第三产业特别是旅游业虽然具备良好的基础，但是尚未形成完整的产业链条，在经济发展比重中占比太小，没能充分发挥出促农增收的作用；基础设施不够完善。武鸣至太平的区(县)道破烂不堪，严重影响群众的出行，也极大制约了太平经济的发展；“农村三大纠纷”仍在一定范围内依然存在，社会还存在一定的不稳定因素；发展软环境尚需优化，群众发展意识不够，村民素质还有待提高，投资政策等方面还有待完善。

【经济发展】

农林牧渔业　2017年，太平镇落实国家财政支农、惠农政策，发放耕地地力保护补贴510.31万元、退耕还林补贴53.85万元、粮食直补26.75万元；购置农机29台，补贴63.27万元，受益农户26家。农业机械总动力8.45万千瓦。有大中型拖拉机167台、小型拖拉机1772台和稻麦联合收割机20台、动力脱粒机3156台、农用水泵2723台等，实现机耕面积1.04万公顷、机种4140公顷、机收4933公顷，农机作业值3799万元。粮食作物主要播种水稻、玉米、大豆、马铃薯、红薯，播种面积4672公顷，粮食产量2.56万吨。其中，水稻播种2733公顷，产量1.58万吨；玉米播种1460公顷，产量8205吨；豆类播种244公顷，产量399吨；马铃薯播种235公顷，产量(折谷)5552吨；红薯播种10公顷，产量(折谷)31吨。经济作物主要种植花生、甘蔗、木薯、中草药材，种植面积2159公顷。其中：花生种植1284公顷，产量4085吨；甘蔗种植807公顷，产量6.55万吨；木薯种植780公顷，产量(按40%折干)1.06万吨；中草药材种植17公顷，产量461吨。蔬菜种植3507公顷，产量8.92万吨；西瓜种植430公顷，产量1.15万吨。果园面积5302公顷，水果产量7.94万吨；特色水果种植主要有柑果、百香果等，其中发展种植柑果2905公顷、产量4940万吨。年内，投入250万元在文坛村建设160个大棚发展果蔬种植特色农业，成为自治区财政系统发展村集体经济示范项目，带动村集体每年收益32万元。成立同贵村石龟养殖合作社、都太村竹鼠养殖专业合作社、庆乐村福园种植专业合作社、均致村神游百香果专业合作社等。至年底，累计成立有农业生产合作社20家(新成立5家)、家庭农场4家(新增2家)，实现土地流转2479公顷(其中流转水田217公顷)，经营业主165家，土地流转用于种植粮食作物135公顷、经济作物2344公顷。林木树种主要有松树、尾叶速生桉树和果树林，林产品主要有松脂、板栗、竹笋干，年产量分别为4162吨、281吨、39吨；木材采伐量12.73万立方米，更新造林面积142公顷。畜牧业生产以饲养牛、猪、羊和鸡、鸭为主，规模养殖项目主要有猪、鸡。年末，牛出栏0.42万头，存栏1.32万头；生猪出栏7.47万头，存栏6.20万头，其中能繁母猪饲养0.70万头；山羊出栏0.15万只，存栏0.18万只，其中实施山羊圈养6户、存栏0.10万只。家禽出栏157.40万只，存栏76.50万只。其中：鸡出栏110.71万只，存栏51.76万只；鸭出栏46.11万只，存栏24.46万只。全年肉类产量8694吨，禽蛋产量352吨。渔业生产主要养殖草鱼、鲢鱼、鲤鱼、罗非鱼，养殖方法主要有网箱养殖、山塘养殖；水产养殖面积219公顷，水产品产量2063吨。是年，太平镇实现农林牧渔业总产值9.26亿元，其中农业产值5.60亿元、林业产值1.12亿元、牧业产值2.01亿元、渔业产值2244万元、农林牧渔服务业产值2423万元。

工业企业　工业企业以独资经营(或合资经营)为主，有工业企业9家，从业人员93人(新增 12 人）。年内，全部工业总产值 1722 万元，第二产业增加值 900 万元（其中工业增加值 785 万元），完成工业投资 397 万元、技术改造投资 2370 万元。工业产品主要有胶水、塑料颗粒、卫生纸，年产量分别为 6825 吨、126 吨、15.75 吨。

商贸与服务业　商贸流通企业以私营企业和个体工商户为主，有商贸流通企业 99 家，从业 496 人，注册资金 2112 万元；有快递业 2 家，从业人员 4 人。个体工商户 527 家（新增 17 家），从业 789 人（新增 21 人），注册资金 1054 万元。全年实现商品社会消费零售总额 8002 万元。是年，有餐饮店 16 家，从业 32 人。其中，酒楼和饭店有 1 家，从业人员 2 人；其他如粉店、小炒快餐店、小吃摊点等有 15 家，从业人员 30 人。全年餐饮业营业收入约 130.56 万元。有理发服务店 7 家，从业人员 9 人，营业收入约 32.40 万元。修理（包括家电、钟表和自行车、摩托车、汽车等）服务店有 9 家，从业人员 11 人，营业收入约 46.20 万元。拥有大中型空调客运公交车 12 辆客运往返线路有太平至武鸣。全年客运量约 28.75 万人次，客运总收入约 115 万元。拥有载货汽车 151 辆，运输往返线路主要有联桂村经都太村同贵村到太平街，朱董村经葛阳村到太平街，新联村经凤阳村到太平街，文坛村经庆乐村到太平街，林琅村经林渌村到太平街。全年货运量 32 万吨，货运收入约 920 万元。

招商引资　招商引进项目有“广西南宁市利而安粘胶制造有限责任公司”1 个，并将其培植入规；项目总投资、合同引进资金、实际到位资金均是 3300 万元。年内，新引进企业（项目）完成建设总投资 3300 万元。

村镇建设　城乡基础设施建设通过农村“一事一议”获财政奖补和争取城区财政配套资金并投入 370 万元，建成屯道巷道硬化、亮化工程项目 47 个，惠及 13 个村、社区；建成新联村岜秀山塘排洪排涝渠道 3 千米；建成均致村第四组、五组、十组和同贵村第六组、十一组的人饮工程项目；实施渌两水库、坛哄水库的除险加固工程等。投资 135 万元，建成村（社区）级公共服务中心 3 个。投资 32.42 万元实施农村危房改造 22 户 22 间，惠及村民 51 人；制作大型户外广告牌 6 块，更换固定标语、宣传牌内容 39 条，新制作固定宣传牌 39 块，张挂横额 14 条，张贴宣传资料 39 张，发放宣传折页资料 1000 余份。投资约 410 万元建成镇级生活垃圾处理厂、都太村生活垃圾处理厂、葛阳村垃圾中转站、新联村坡娘屯和坛元屯生活污水处理设施等惠民项目 5 个。加强村屯路段网格化管理，建立健全“三好三差”环境卫生的长效保洁奖惩机制，集中开展环境卫生“屯屯过关”整治活动 12 次，实现村屯长效保洁和市场持续整治常态化。

【社会发展】

文明创建活动　2017 年，太平镇继续保持镇人民政府、镇文化体育和广播影视站、镇卫生院、镇庆乐小学、镇文溪小学被授予“武鸣区文明单位”称号。是年，镇中小学校开展文明校园创建活动，推荐庆乐小学参加南宁市级文明校园评选活动，庆乐小学又被评为“第一届南宁市文明校园”。开展星级文明户、创建活动，分别评出南宁市级十星级文明户 10 户、县区级十星级文明户 15 户、镇级十星级文明户 60 户。建立镇、村两级志愿服务队 16 支，志愿者有 70 人。年内，组织开展大、

2017 年 5 月 4 日，太平镇共青团参加“不忘初心跟党走”主题团队会活动
（太平镇政府提供）

2017年7月1日，太平镇文溪村文艺队参加“南宁民歌湖周周演”活动
（太平镇政府提供）

营养改善计划膳食补助”的小学生有1471人、初中生有796人，分别发放营养补助金111.64万元、61.86万元；落实享受“农村家庭经济困难寄宿生生活费补助”的小学生有333人、初中生有863人，分别发放生活补助费16.65万元、53.94万元。投资约8万元新建屯级文化室2个，累计建成村级公共文化服务中心12个。年内，有村镇民间文艺队25支、队员300人，春节或其他节日期间组织开展文艺演出50场，观众约1万人次。全年编辑出版墙报、板报52期，主要宣传“三月三”活动、公益电影、体育赛事等；放映公益电影276场，观众约3万人

中学生1+1志愿服务活动1次；开展关爱与慰问特殊群体及环境净化绿化、文明出行宣传、文明交通劝导等志愿服务活动，累计参与200人次，发放宣传资料2500份。继续加强未成年人的思想道德教育，开展净化社会文化环境专项整治活动3次，组织各中小学校开展践行社会主义核心价值观、道德讲堂、我们的节日“春节·元宵”、学雷锋活动、庆“六一”主题活动、爱国主义教育、感恩教育、科技技能讲座、艾滋及青春健康知识进校园、关爱留守儿童、微心愿等活动累计56场次，参加活动学生约11.86万人次。

科教文卫体事业　实施科技兴农、惠农政策，继续举办FMC（即美国富美实公司）控制柑橘黄龙病技术、冬种西红柿栽培技术、农产品（种植业）质量安全保障技术、甘蔗高糖高产栽培技术等农业种养培训班11期，培训1350人次。是年，开办幼儿园7所（公办1所、小学附设园5所、民办1所），幼儿教师46人；幼儿入园970人，入园率90%。设有小学校8所，在岗教职工115人（专任教师113人），在校生1471人；小学适龄儿童入学率100%，小学毕业生升学率100%。设置初中校1所，在岗教职工71人（专任教师70人），在校生796人；初中阶段入学率99.90%，辍学率0.10%，初中毕业生升学率96%。九年义务教育巩固率99.90%。继续落实享受“农村义务教育学生

次。镇医疗卫生机构有太平卫生院，下设上江分院；卫生技术人员59人（其中医生39人、护士20人），病床70张。辖村、社区卫生所13个，村（社区）医务人员有25人；个体医疗诊所有3个，个体医生3人。投资52.52万元完成农村卫生改厨332户、改厕343户。参加城乡居民基本医疗保险的居民有3.70万人，筹集基金538.55万元，参保率97.03%。有卫生和计划生育服务所1个，全面实施二孩政策，年内区间人口出生817人（男428人、女389人），人口出生率13.30‰、自然增长率8.11‰；受理再生育申请6份，审批发证6本。完成免费孕前优生健康检查192对，计划生育奖励扶助政策兑现率100%。开展应急救护知识培训2期，依托老年协会对老年人进行预防艾滋病宣传活动。投资15万元，新建成篮球场1个、羽毛球场1个、乒乓球台1个，年底累计有篮球场26个、羽毛球场13个、乒乓球台42个，全年参加体育运动的居民约有4万人次。开展群众性体育活动的项目有打篮球、气排球、拔河赛、滚铁环、抛绣球、打陀螺等。全年组织开展篮球比赛195场、气排球比赛68场，观众约5万人次。组队参加“中国壮乡·武鸣壮族‘三月三’歌圩暨骆越文化旅游节”民族体育竞技大赛——抢花炮比赛获优秀组织奖；参加南宁市武鸣区“信用社杯”乡镇篮球赛暨第22届武鸣体育先进乡镇男子篮球赛获第五名；参

加武鸣区“大力士”拔河比赛获镇级组第六名。

民政事业　做好城乡低保、“五保”供养和救灾救济工作。年内，审批城镇最低生活保障对象2户3人，发放低保金1.82万元；审批农村低保对象257户543人，发放低保金96.32万元。核定“五保”供养对象174人，发放供养金100.98万元；累计建有敬老院1所、“五保”新村3个，集中供养“五保”老人23人。审批农村医疗救助对象9户9人，发放救助金4.16万元。落实居民自然灾害救助政策，安排救济困难群众18户37人。发放冬寒春荒救济衣被37件（折款0.42万元），惠及灾民27户28人。发放抚恤补助315人、107.49万元。其中，落实部分农村籍义务兵享受老年（年满60周岁）生活补助政策的退役人员109人，发放生活补助费21.20万元；安抚“两参”（参加对越自卫反击战退伍军人、参战民兵）人员173人，发放生活补贴43.63万元。年内，应征入伍义务兵16人，发放现役军人的春节慰问金98户、1.96万元；享受高龄补贴老人有1097人（其中80～89岁921人、90～99岁172人，100岁以上4人），发放高龄补贴121.30万元。

劳动与社会保障　组织举办种植、养殖等技能培训班14期，培训村民1550人次，完成全年任务的100%。年内，继续组织农村富余劳动力实施劳务输出865人，其中转移就业新增765人；城镇新增就业100人。在职业技能培训方面，积极开展厨师、电焊、育婴等各类职业技能培训6期，参加培训有200多人次，其中贫困人员有55人、通过考试取得职业资格证书有159人。完成16周岁～60周岁参加城乡居民基本养老保险（简称“基本养老保险”）缴费民众1.97万人，参保率91.76%；完成发放60周岁以上享受“基本养老保险”待遇居民5915人，发放率100%。

【脱贫攻坚】　太平镇在2015年年底、2016年年初有贫困村4个（即庆乐村、同贵村、磡太村、均致村），建档立卡的贫困家庭有354户1091人。至2016年底，已实现脱贫摘帽的贫困村有3个（即同贵村、磡太村、均致村），贫困家庭已脱贫有107户357人。2017年，安排机关干部、驻村工作队员238人进村入户开展结对帮扶工作。争取获南宁市财政扶持村集体经济项目资金50万元建成贫困的庆乐村果蔬冷藏库项目。发放产业扶贫项目扶持资金61万元，惠及贫困户219户788人；科技产业扶贫项目扶持金额35万元，惠及贫困户107户372人。开展创业培训、职业技能培训3期，培训186人次。建立贫困学生档案，落实帮扶资助建档立卡贫困户义务教育阶段在校子女122人，发放生活补助金8.04万元；参加中、高等职业学历教育和普通高校本科学历教育的建档立卡贫困生有38人，发放享受“雨露计划补助”资金7.45万元。落实贫困家庭医疗救助政策，建档立卡的贫困人口由财政代缴“城乡居民基本医疗保险”参保款16.97万元、惠及372户1131人。提供生态护林员、保洁员等公益性岗位22个。各后盾单位捐资捐物折计26万元。加强扶贫基础设施建设，整合资金投入316.2万元助推脱贫攻坚工作，建成贫困村屯的通村、通屯水泥硬化道路6条9.30千米。投资72.79万元完成贫困户危房及人均住房不足13平方米的房屋改造20户、1210平方米。年内，经动态调整和再识别后新增贫困户9户22人；在2016年—2017年间出现户口迁出、死亡和再识别剔除户有6户（其中单人户死亡5户、剔除1户）23人。是年底，经过核实验收与“双认定”达到“八有一超”（即有稳固住房、有饮用水、有电用、有路通自然村、有义务教育保障、有医疗保障、有电视看、有收入来源或最低生活保障，家庭人均纯收入超过国家扶贫标准）目标，实现脱贫的贫困家庭有67户228人。还有贫困村庆乐村1个、贫困家庭183户505人属于最后脱贫攻坚对象。

【壮族文化传承节】　太平镇庆乐村的庆乐小学以“传承壮族优秀文化”为主题，以打造“壮民族文化第一村”为引领，加强对师公舞、快板等非物质文化遗产的传承和弘扬，展示壮民族文化的传统魅力。庆乐小学作为自治区首批“壮汉双语教学实验学校”之一，率先把壮族山歌引进课堂，成立“勒庆乐”（意为“庆乐儿女”）艺术团，让小孩会唱两首以上山歌，会跳一个壮族舞蹈，掌握一项以上民族体育技能，会做一种壮族风味小吃等，让孩子成为壮族传统文化的继承人与传播者。2011年—2012年，结合壮族“三月三”赶歌圩习俗，庆乐小学先后在壮族传统节日“三月三”之前已

2017 年 3 月 25 日太平镇壮族文化传承节现场　　（太平镇政府提供）

自行举办“壮族文化传承节”2 届，其中 2012 年庆乐小学举办第二届“壮族文化传承节”即打出“传承文化，传播文明，传递幸福”主题，成为广西壮族文化进校园的典范。自 2013 年起，原由庆乐小学自办的“壮族文化传承节”改由太平镇政府主办，并更名为“庆乐村‘三月三’壮族文化传承节”，同时决定从是年起每 2 年举办一届（即 2013 年、2015 年各举办一届）。2017 年 3 月 25 日，太平镇政府主持举办了“2017 年中国壮乡 · 武鸣壮族‘三月三’歌圩暨骆越文化旅游节 · 太平镇壮族文化传承节”，地点在庆乐村庆乐小学。是年，壮族文化传承节总投入资金约 6 万元，从武鸣城区至庆乐村沿路及庆乐小学民歌广场都插立印有“文化传承、文化自信、传承文化、传递幸福、民族团结、民族进步”等彩旗 200 条，悬挂有横幅标语 12 条、灯笼 600 余个和三角旗 1200 余米；秉着“文化传承、文化自信”理念，传承节日活动呈现“内容丰富、特色鲜明、群众参与、本土文化、开放包容”五大亮点，其中活动内容有师公舞、傩面舞、山歌联唱等壮族文化艺术展演和千人竹竿舞、蛮乐舞等群众大型互动，以及百人陀螺、三人板鞋、壮族迪尺、顶竹竿、跳房子、抛绣球、滚铁环等壮族传统体育竞技与传统游戏展示，有包粽子、蒸五色糯米饭、血灌猪肠等壮家美食的现场制作与品尝，还有原始农具的石舂、石磨、土糖寮、戽斗等在庆乐小学陈列室展览，总计 14 个项目。节日当天，慕名前来观赏和参与活动的社会各界人士约 3500 人次。

【葛阳书院】　葛阳书院的前身为葛阳社学。据史料记载，葛阳社学创办于明隆庆四年（1570 年），校舍置于刘禄公祠堂内，成为当时方圆十余里唯一的官学。社学不仅招收葛阳子弟，也招收周边村落子弟。明天启六年（1626 年），葛阳社学弟子刘邦光“以岁荐入京，廷试第一，授隆德县知县”，开了葛阳社学仕进之先河。进入清朝，社学弟子刘敏常首中靖康熙五十二年（1713 年）恩科举人，朝廷赐予“鼎甲先声”匾额。之后，社学弟子科场高中成井喷式爆发，考中进士 1 人、考中举人 12 人、考中贡生 54 人，考上廪生、庠生、增生者则不计其数；出仕者众，知县 7 人，拣选知县 4 人，学正、教授、教谕和训导几十人，而得到朝廷敕授、敕赠、例授、例赠的文林郎、修职郎、修职佐郎则达上百人，葛阳社学名声远扬。武缘县衙遂于道光十四年（1834 年），将葛阳社学升格为葛阳书院，成为当时武缘县仅有的四所书院之一，是葛阳村的无上荣光。民国以后，推行新学，在葛阳书院之基础上成立葛阳高级小学，又在书院的东侧、北面扩建校舍及运动场。中华人民共和国成立后，葛阳高级小学升为葛阳附属中学。20 世纪 80 年代，学校把葛阳书院交给葛阳村委管理。因年久失修，书院部分房舍坍塌，难以修补。2013 年村民集资在原址重建，后获武鸣区政府资金支持，总投资 165 万元使书院重建得以竣工，并获广西壮族自治区党委宣传部原部长潘琦为新落成的书院题写“葛阳书院”四个隶体大字。2017 年 9 月 23 日，葛阳书院重修落成典礼暨《刘氏宗源千字文字帖》首发式活动在葛阳村举行；是年底，葛阳书院内部设有葛阳村史室、葛阳小学图书室等，并计划将刘氏宗祠也设置其中。

（黄兆华）

双　桥　镇

【概　况】　双桥镇位于武鸣城区南部，东邻太平镇，西接宁武镇、甘圩镇，南与兴宁区、西乡塘区接壤，北与城厢镇毗连。镇人民政府驻地双桥社区，距城区6千米。镇境以丘陵地貌为主，东部是自东向西延伸并连亘着7.50千米的天井岭小山脉，西南为连绵不断的高耸石山。土地面积221.05平方千米（合22105公顷），其中石山面积6.75平方千米（合675公顷）；耕地面积9019.15公顷，其中水田3276.40公顷。镇境中部有双桥河，境内有定罗、蜜蜂、六一、山东、增坝、尖山、定水等中小型水库12座及一批小山塘。镇域交通发达，210国道、南（宁）武（鸣）城市大道和水南高速公路穿境而过，宾（阳）隆（安）二级公路自东向西横贯镇境。旅游景点主要有以自然风貌为主的伊岭岩、花花大世界、仙山院和以休闲农业为主的杨李村、下渌村的“农家乐”、八桥村大伍屯生态综合示范村、碧田原、桃花源、腾翔生力军休闲农庄。名胜古迹主要有宋代道人隐居炼丹的伊岭望仙岩遗址（今仙山院）、清朝乾隆年间砌的甲泉和八桥村大伍屯清代邓家大院（七十二道门）。矿产资源主要有锰、铝、锌矿、重晶石等。地方特产有龙眼、柑橘、西红柿、马铃薯、火龙果。境内开发区有伊岭工业园区。农贸市场有双桥亭汉市场、伊岭市场和腾翔市场，均为每三天一圩，周而复始。2017年，辖15个村、1个社区，有129个自然屯、222个村民小组。年末，总户数1.82万户，总人口6.01万人。是年，双桥镇被评为自治区级生态镇、自治区统计规范化建设优秀单位和南宁市2012年—2016年度社会治安综合治理（平安南宁建设）工作成绩突出集体，获“武鸣区2016年度征兵工作先进单位”称号。同年，双桥中心卫生院被国家卫计委授予“2015年—2016年度群众满意乡镇卫生院”称号。存在的主要问题有：工业发展动力不足，产业发展不平衡、不充分的问题依然突出；生态环境治理保护任重道远；基本公共服务、民生保障事业尚有短板；部分干部进取意识不强，担当精神不够，执行力不到位等问题依然存在。

2017年3月19日，苏丹全国大会党干部考察团到双桥镇下渌村参观考察农村基层党组织建设（双桥镇政府提供）

【经济发展】

农林牧渔业　2017年，双桥镇继续落实国家财政支农、惠农政策，发放耕地地力保护补贴651.39万元，粮食直补1.06万元，小型微型企业补助资金13万元。购置农机55台，补贴67.47万元，受益农户47家。有柴油机、汽油机、电动机等农业机械总动力5.91万千瓦，有大中型拖拉机126台、小型拖拉机2242台、联合收割机50台、机动脱粒机1968台、农用水泵3746台等，实现机耕面积1.11万公顷、机种4113.34公顷、机收5773.34公顷，农机作业值4150万元。粮食作物主要播种水稻、玉米、大豆、马铃薯，播种面积6147公顷，粮食产量3.19万吨。其中，水稻播种4031公顷，产量2.24万吨；玉米播种1545公顷，产量8214吨；豆类播种329公顷，产量297吨；马铃薯播种242公顷，产量（折谷）5101吨。经济作物种植有花生、甘蔗等，种植面积1247公顷。其中：花生种植950公顷，产量2995吨；甘蔗种植296公顷，产量2.51万吨。其他农作物如蔬菜种植面积7060公顷，产量18.25万吨；西瓜种植面积226公顷，产量约0.61万吨。果园面积5288公顷，水果产量6.85万吨；特色水果种植主要有柑橘、火龙果等，其中发展种植柑橘4178公顷，产量3.42万吨、产值约1.65亿元。林木树种主要有巨尾桉和杂木林、果树林，木材采伐量8.60万立方米；全年更新造林面积63公顷。畜牧业生产以饲养牛、猪、羊和鸡、鸭为主。年末，耕牛出栏0.20万头，存栏0.54万头；生猪出栏11.26万头，存栏8.72万头，其中能繁母猪饲养1.10万头；山羊出栏0.15万只，存栏0.08万只。家禽出栏241.73万只，存栏87.93万只。其中，鸡出栏195.90万只，存栏63.35万只；鸭出栏45.83万只，存栏24.58万只。全年肉类产量约1.27万吨，禽蛋产量60吨。特色畜牧养殖有野猪、山鸡、肉鸽、竹鼠等。其中：养殖野猪出栏数0.12万头，存栏数0.06万头；养殖肉鸽出栏30万只，存栏5.30万只。渔业生产主要养殖草鱼、鲢鱼、鳙鱼、鲤鱼、鲫鱼、花鱼、叉尾鱼、鲶鱼、罗非鱼、塘角鱼，养殖方法有网箱养殖、山塘养殖；全年水产养殖面积229公顷，水产品产量3234吨，其中特色水产养殖主要有南美白对虾等。是年，实现农林牧渔业总产值约11.99亿元，其中农业产值8.15亿元、林业产值4680万元、牧业产值2.78亿元、渔业产值3280万元、农林牧渔服务业产值2687万元。

工业企业　工业企业以独资经营、合资经营为主。有工业企业188家，从业人员633人，其中规模以上工业企业有2家、从业人员73人，实现规模以上工业总产值1.93亿元。全年全部工业总产值6.60亿元；完成工业投资15.10亿元、技术改造投资4553万元。工业产品主要有饲料、农药、化肥、石粉，年产量分别为3588吨、1680吨、6900吨、4.35万吨。

商贸与服务业　商贸流通企业以私营企业、股份合作企业和个体工商户为主。有商贸流通企业933家，从业4665人（其中私营企业109家、从业人员546人），注册资金9330万元。个体工商户802家（新增22家），从业3994人（新增245人），注册资金4336万元。新建芝麻开门快递业1家，注册资金5万元，从业3人。加强服务业监管工作，年内有餐饮店42家，从业人员91人。其中，酒楼和饭店有9家，从业人员25人；其他如粉店、小炒快餐店、小吃摊点等有33家，从业人员66人。全年餐饮业营业收入约352.17万元。有理发服务店10家，从业人员19人，营业收入约60.99万元。修理（包括家电、钟表和自行车、摩托车、汽车等）服务店有32家，从业人员48人，营业收入约162.72万元。拥有中型客运公交车11辆、小型客运汽车5辆，客运往返线路有腾翔至南宁、腾翔至武鸣等。全年客运量约23.88万人次，客运收入约143.28万元。拥有载货汽车128辆，运输往返线路主要有武鸣至南宁、武鸣至马山、武鸣至上林、武鸣至双桥等；全年货运量约76.80万吨，货运收入约384.60万元。

招商引资　开展"重大项目服务年"活动，加大招商引资工作力度，优化投资环境。年内，通过招商新引进的企业（项目）主要是广西胜元新型建材有限公司1个，总投资额、合同引进资金、实际到位资金和年内新引进企业（项目）完成建设投资均为6665万元。

村镇建设　投入城乡基础设施建设资金约2928万元，具体主要建设项目：投资1000多万元建成造庆村雷空屯屯道、平陆村陆陈屯屯道、合美村告剪屯屯道等72条，总长36.56千米；投资27.47万元安装61盏太阳能路灯；投资1900多万元建成伏林村德福屯、八桥村那龙屯的村貌屯貌改造，并完善伏林村德福屯、八桥村那龙屯等村屯的亮化提升工程及世界自行车巡回赛环广西公路赛道通过德福屯、那龙屯等村屯沿线的环境整治等。水利建设投资430万元，完成水库除险加固1座和渠道防渗工程2.80千米、渠道清淤320千米等。投资41万元建成村级公共服务中心1个。实施农村危房改造74户、惠及208人，补贴金额247.36万元。投资25.20万元实施农村生活垃圾治理基础设施建设，累计建有垃圾池312个、给农户发放垃圾塑料桶100个，雇请保洁员240人，对乡村屯道、巷道开展常态化保洁工作。

【社会发展】

文明创建活动　2017年，双桥镇开展创建文明生态村活动，有八桥村和苏宫村被评为自治区级生态村2个，生态村覆盖率50%，其中造庆村又被评为镇、县区级文明村，推荐八桥村参加南宁市级文明村评选活动。开展文明家庭创建评比申报活动，有83户被评为镇级文明家庭、41户被评为区（县）级文明家庭，并推荐24户参加南宁市

2017年8月7日，市长周红波（左五）到双桥镇八桥村大伍屯调研示范村建设情况 （双桥镇政府提供）

工162人（专任教师157人），在校生2204人；初中阶段入学率99.80%（4人因残疾未入学），辍学率0.72%，初中毕业生升学率96%。九年义务教育巩固率171.66%（有镇外务工人员子女入学）。全年资助贫困小学生446人次、贫困初中生2307人次，分别资助22.30万元、144.19万元，其中资助贫困女孩1307人、资金79.10万元。继续落实“农村义务教育学生营养改善计划膳食补助”政策，全年享受营养改善计划的小学生3310人次、初中生2208人次，分别发放膳食补助金264.80万元、176.64万元；落实享受“农村家庭经济困难寄宿生生活费补助”的小学生230人次、初中生2307人次，分别发放生活补助费11.50万元、144.19万元。投资41万元新建村级公共文化服务中心1个，累计已建成村级公共文化服务中心13个。年内，累计成立有村镇民间文艺队、舞蹈队20支，队员680人；春节或其他节日期间组织开展文艺演出170场，观众约6.50万人次；组队参加南宁市第八届乡村社区文艺大展演武鸣赛区比赛项目和武鸣区扶持乡村社区业余文艺队成果展演项目分别获一等奖、三等奖。全年编辑出版墙报、板报12期，主要宣传农业科普、法制教育、卫生保健等；放映公益电影202场，观众约4.50万人次。镇医疗卫生机构设有双桥中心卫生院1所，下设腾翔分院；卫生技术人员152人（其中医疗人员70人、护理59人），病床150张。辖村（社区）卫生所16个、村（社区）医务人员34人。举办健康知识讲座12场，讲座听众约600人。同年，完成农村卫生改厨265户、改厕386户，分别补助金额18.41万元和38.55万元。参加城乡居民基本医疗保险（简称“基本医保”）的群众有5.70万人，筹集参保基金855.62万元，参保率95.02%。有计划生育技术服务站1个。全面实施二孩政策，年度区间人口出生1375人（男742人、女633人），人口出生率18.30‰、自然增长率12.06‰；受理再生育申请12份，审批发证12本。同时，开展打击“两非”（即非医学需

级文明家庭评选活动。开展星级文明户创建活动，评出镇级十星级文明户87户、区（县）级十星级文明户41户，推荐24户参加南宁市级评选并均获南宁市级十星级文明户。年内，在南宁市志愿网注册的志愿服务队有6支，有志愿者24人。全年举办志愿者培训班6期，培训500多人次；组织开展文明交通、文明礼仪、文明旅游、文明劝导等志愿服务活动，累计参与1500人次，发放宣传资料、派发小礼品1.70万份。加强对未成年人的思想道德教育工作，组织各中小学校开展社会主义核心价值观、道德讲堂、感恩教育活动等18场，累计参加活动学生约4500人次。

科教文卫体事业　组织镇农业和农机技术推广站等部门开展科技咨询、科技宣传等“科普进农村”活动6次，参加科普活动群众约6300人次；实施“新型职业农民”实用技术培训，全年组织举办柑果高产栽培技术、番茄嫁接技术、黄龙病防治等农业实用种植技术培训班46期，培训人数约1.96万人次。是年，镇内开办幼儿园20所（公办5所、民办15所）、公办学前班5个，幼儿、学前教师231人；幼儿入园2422人，入园率107%（有镇外务工人员子女入园保教）。设有小学校14所，在岗教职工198人（专任教师197人），在校生3308人；小学适龄儿童入学率、小学毕业生升学率均100%。设置初中学校2所，在岗教职

要的胎儿性别鉴定，非医学需要的人工终止妊娠）和孕前优生健康免费检查、无偿献血、艾滋病防治等宣传服务和健康咨询活动37场次，开展个体化健康教育约2.97万人次。投资12万元，新建成灯光篮球场1个、羽毛球场1个、乒乓球台2张，年底累计有篮球场45个、羽毛球场7个、乒乓球台68张，全年参加体育运动的居民约有9.80万人次。全年组织开展篮球比赛185场、气排球比赛250场、羽毛球比赛95场、乒乓球比赛90场，观众约8.50万人次。组队参加武鸣区“信用社杯”杯乡镇篮球比赛获男子组第一名、女子组第一名；参加武鸣区庆祝“三八”国际劳动妇女节107周年的“梦想中国、舞动壮乡”健身操项目大赛获一等奖2个；参加武鸣区“三月三”活动男子抢花炮比赛获第一名；参加“舞动广西我是舞王”广西民族健身舞（广场舞）大赛南宁市武鸣赛区（乡镇组）获一等奖。

民政事业　继续做好城乡低保、“五保”供养、医疗救助工作。年内，审批城镇最低生活保障对象3户4人，发放低保金2.40万元；审批农村低保对象397户917人，发放低保金193.60万元。核定“五保”供养对象125人，发放供养金75万元；累计建有敬老院1所，集中供养“五保”老人25人。审批农村医疗救助对象4户4人，发放救助金1.70万元。落实居民自然灾害救助政策，安排灾民救济47户101人，发放救济粮4.70吨（折款2.40万元）。发放冬寒春荒救灾衣被161件（折款1.70万元），惠及灾民47户82人。发放抚恤补助717人232.90万元。年内，应征入伍义务兵24人，发放2015年—2016年的义务兵的家庭优待48户105.30万元；落实部分农村籍义务兵享受老年（年满60周岁）生活补助政策的退役人员225人，发放生活补助费43.42万元；安抚“两参”（参加对越自卫反击战退伍军人、参战民兵）人员358人，发放生活补贴60.10万元。

劳动与社会保障　继续实施农村劳动力培训工程，组织举办种植、养殖等技能培训班12期，培训600多人次，完成全年任务的100%。年内，继续组织农村富余劳动力实施劳务输出3300人，其中转移就业新增1130人；城镇新增就业102人。城镇人员登记失业率1.80%。完成16周岁～60周岁参加城乡居民基本养老保险（简称“基本养老保险”）的居民有2.86万人，其中缴费1.70万人，参保率91.20%；完成发放60周岁以上享受“基本养老保险”待遇的居民8565人，发放率100%。

【脱贫攻坚】　双桥镇在2015年年底、2016年年初有贫困村3个（苏宫村、造庆村、合美村），建档立卡的贫困家庭有577户1772人。至2016年年底，已实现脱贫摘帽的贫困村有造庆村1个，贫困家庭已实现脱贫的有167户576人。2017年，安排机关干部、驻村工作队员380人进村入户开展结对帮扶工作。在发展生产方面，投入财政专项扶贫资金281.16万元（自治区级、市级资金171.16万元，城区配套资金110万元），受益贫困家庭527户1717人；累计发放产业扶贫贷款182万元，惠及45户180人。在转移就业方面，投资281万元用于贫困户发展散种散养产业，惠及贫困家庭527户1717人。年内，造庆村岜榕屯实施南宁市精准扶贫示范点建设项目，由市、城区财政共同投资450万元完成村屯基础设施、产业发展等建设项目26个；实施示范点项目建设后，岜榕屯群众发展桃金娘采摘和水稻—泥鳅、莲藕—彩鲤的综合种养产业增加收入，以此助力全村脱贫致富。同时，建立贫困学生档案，落实帮扶资助建档立卡贫困户义务教育阶段在校子女301人，发放生活补助金16.64万元；参加中、高等职业学历教育和普通高校本科学历教育的建档立卡贫困生有77人，享受雨露计划补贴资金16.10万元；就读普通高中、中等职业学校和普通高等学校本专科（含高职）的建档立卡贫困生有33人，获国家助学金9.22万元。落实贫困家庭医疗救助政策，建档立卡的贫困人口由政府以财政资金代缴城乡居民基本医疗保险（简称“基本医保”）的参保款34万元、惠及2267人，其中投入15.65万元资助农村“五保”户、低保户参加“基本医保”1043人。同时，投入22.50万元为五保户和低保户中的建档立卡贫困户实施医疗救助44人次。加强扶贫基础设施建设，整合资金投入222.70万元助推扶贫脱贫攻坚工作，建成贫

2017 年 7 月 4 日，区长黄伟光（左二）到双桥镇慰问生活困难党员（双桥镇政府提供）

困村屯的通屯水泥硬化道路 15 条 7.65 千米；建成贫困村公共服务中心 1 个等。投资 228.53 万元完成贫困户危房改造及人均住房不足 13 平方米的房屋改造有 65 户 181 人，危房及房屋改造面积 4723 平方米。年内，经动态调整与再识别后新纳入贫困户 5 户 20 人，剔除错评的贫困户 4 户 16 人；新生、嫁入 14 人，死亡、嫁出 75 人。是年底，通过自治区核查验收，经过核实验收与“双认定”（即帮扶责任人认定、贫困户自身认定）达到“八有一超”（即有稳定收入来源且吃穿不愁，有住房保障，有基本医疗保障，有义务教育保障，有安全饮水，有路通村屯，有电用，有电视看，年人均纯收入稳定超过国家扶贫标准）目标，实现脱贫的贫困家庭有 105 户 362 人。余下的贫困村有合美村、苏宫村 2 个和贫困家庭 306 户 777 人属于最后扶贫攻坚对象。

【腾翔村农历“五月五”民俗文化节】 从 1998 年起，双桥镇腾翔村开始自发举办农历“五月五”民俗节庆祝活动，每年一次。为传承壮族传统民俗文化，镇政府实施“文化惠民”工程，打造双桥壮乡农历“五月五”民俗文化节品牌，自 2012 年起即将原来腾翔村举办的农历“五月五”民俗节庆祝活动转由镇政府组织举办，并于当年 6 月 21 日举办了首届腾翔村农历“五月五”民俗文化节，节庆活动时间 3 天（即每年农历五月初三至初五日）；至 2016 年度已经举办五届了。2017 年 5 月 28 日至 30 日（农历五月初三日至初五日），双桥镇在腾翔村举办了第六届腾翔村农历“五月五”民俗文化节。期间，民俗文化节的活动内容主要有龙舟赛、青年爱国誓言巡游、大型广场舞表演、腰鼓表演、舞狮表演、华声交响乐团表演、山歌擂台赛、篮球赛等活动，其中比较隆重而富有浓郁乡土气息的活动是赛龙舟比赛。受邀前来参加民俗文化节的武鸣城区及各镇嘉宾有 15 人，当地参加村民及游客约有 2.50 万人次。

【伊岭溪谷休闲农业示范区佳年火龙果基地】 伊岭溪谷休闲农业示范区佳年火龙果基地位于双桥镇伊岭村，主要种植台湾优质的“软枝大红”品种红心火龙果。佳年火龙果基地在 2014 年 4 月开始谋划建设，计划总投资 2 亿元，种植火龙果面积 200 公顷，年产鲜果约 6280 吨，产值 7000 多万元，基地建设于2016年5月已全部完成建设总投资。

佳年火龙果基地夜间催花补光产期调节技术 （双桥镇政府提供）

基地将从农民手中流转的3326块田改造为195个标准化田块，所有田块均采用统一的设施栽培技术，均配套“水肥一体化”喷滴灌系统、抑草膜、物理防虫灯等标准化设施。同时，借鉴台湾较为先进的火龙果生产经验，推广和应用多项国内先进的火龙种植关键技术，主要包括高密度水泥柱连排网状式设施栽培技术、多用途立体式防寒抗冻技术、火龙果夜间催花补光产期调节技术、农产品质量安全全程追溯管理技术和病虫害统防统治技术等。基地从火龙果种植、田间管理到采收均创建并严格采用标准化的作业流程，并通过产业化发展、商品化包装、市场化运作突破了传统生鲜农产品发展的瓶颈，以此带动区域近百家农户发展种植火龙果200公顷、辐射带动火龙果种植约1333.33公顷，聘用周边农民作为季节工，最高日用工600人次，解决当地农村劳动力就业2000人，直接带动农民每户增收2.50万元。2016年1月，佳年火龙果被中国绿色食品发展中心认定的绿色食品A级产品；同年6月，佳年火龙果基地被农业部评为热作标准化生产示范园，并获广西首家火龙果出口资质的“出境水果果园”“南宁市农业产业化经营龙头企业”“南宁市农产品标准化基地”称号。2017年8月被广西质量技术监督局认定为“广西名牌产品”；同年12月10日，自治区现代特色农业示范区建设增点扩面提质升级的动员部署现场会即在佳年火龙果基地召开，有关专家、技术人员和参会者实地考察和现场观摩了佳年火龙果基地建设的总体规划、发展规模、产业模式、示范创建成效等方面的经验与做法。

【旅游开发】　2017年，双桥镇以开展全域旅游创建工作为契机，以伊岭溪谷休闲旅游核心示范区建设为抓手，以大伍屯生态综合示范村后续建设和花花大世界升级改造项目建设为重点，大力发展“农旅”特色产业，巩固提升下渌、杨李、伊岭等村的“农家乐”“采摘园”等农业旅游产业；集中流转土地2695.60公顷，培育新型旅游经营主体，发展农业旅游新项目。完善大伍屯生态综合示范村建设，巩固提升伊岭岩、花花大世界等2个国家AAAA级旅游景区和腾翔生力军、佳年生态观光基地等4个生态旅游基地建设。是年，生力军生态农庄、锦泉山庄分别获“广西五星级旅游区”“三星级乡村旅游区”称号；镇内“农业旅游”特色产业接待广西区内外等游客约70万人次，旅游综合经济收益约1300万元。

（黄梅娟）

甘　圩　镇

【概　况】　甘圩镇位于武鸣区南部，东毗双桥镇，西邻西乡塘区双定镇，南连广西高峰林场，北接宁武镇。镇人民政府驻地甘圩社区，距县城24千米。镇境北部为喀斯特地貌石山，石山面积3150公顷；南部为高丘陵山地。土地面积102.70平方千米（合10270公顷）；耕地面积4069.83公顷（水田945.18公顷）。森林面积4060公顷，森林覆盖率47%。境内有马定、那添、那望、黄道4座小型水库，其中马定水库的水面积33.33公顷、有效库容677万立方米，那添水库水面积20公顷、有效库容218万立方米。公路干线有东部的都南高速公路、纵贯东西的太平至腾翔和甘圩乡道、横穿南北的甘圩至长安及双桥乡道。旅游景点有南宁纳天旅游度假山庄和那添水库。矿产资源主要有锰矿、铁矿。地方特产有双飞粉、腻子粉、石粉等。农贸集市有甘圩，每三天为一圩，周而复始。2017年，辖村委会4个、社区1个，有自然屯18个、村民小组80个；总户数7467户，总人口2.62万人。居民年人均可支配收入1.22万元，第一生产总值约5.81亿元，第二生产总值约6.80亿元，第三生产总值280万元。是年，甘圩镇获南宁市委、市政府“2016年度南宁市科学发展先进乡镇”称号，获武鸣区的安全生产工作一等奖、年度区间卫生和计划生育目标管理责任制执行情况考核评估三等奖。同年，达洞村板马屯获“南宁市绿色村屯”称号，赖坡村小赖屯、定黎村板蒙屯均获“南宁市卫生村”称号。存在的主要问题：乡村建设推进不平衡，群众参与率不高；基础设施较薄弱，农村道路建设有待加强投入；工业经济结构单一，农业产业化程度尚较低；社会事业发展与群众需求仍存在一定差距；少数党员干部还存在作风不实，其思想观念还不能适应新形势、新任务的要求。

【经济发展】

农林牧渔业　2017年，甘圩镇粮食作物主要播种水稻、玉米、大豆、马铃薯，播种面积2477公顷，总产量1.20万吨。其中，水稻播种1056公顷，产量5935吨；玉米播种926公顷，产量5076吨。经济作物主要种植花生、甘蔗、木薯，种植面积2694公顷。其中：花生种植966公顷，产量3090吨；甘蔗种植769公顷，产量6.05万吨；木薯种植868公顷，产量（按40%折干）1.16万吨。蔬菜种植面积2149公顷，产量5.55万吨。水果主要种植柑果、香蕉、龙眼、火龙果，果园面积728公顷，产量1.59万吨。林木树种主要有速生桉、松树、石山灌木林、经济林（即杧果、龙眼、柑橘等）以及一些名贵树种林木（如沉香、黄花梨、柚木等），林产品主要有松脂、茶叶，年产量分别约有3.50吨、0.75吨；木材采伐量5.80万立方米，完成更新造林面积41公顷。年末，耕牛出栏0.32万头，存栏0.81万头；生猪出栏4.77万头，存栏3.48万头；山羊出栏0.28万只，存栏0.35万只。家禽出栏182.02万只，存栏79.26万只。肉类产量7091吨，禽蛋产量141吨。水产养殖面积276公顷，水产品产量1599吨。年内，实现农林牧渔业总产值约4.98亿元，其中农业产值2.76亿元、林业产值3434万元、牧业产值1.59亿元、渔业产值1648万元、农林牧渔服务业产值1165万元。

工业企业　有工业企业75家，从业人员764人，实现全部工业总产值6.80亿元。规模以上工业企业有3家、从业人员528人，完成规模以上工业总产值5.79亿元、利税总额1.47亿元（利润1.03万元）。完成工业投资约4.41亿元。工业产品主要有纳米钙、重钙、轻质碳酸钙、塑料颗粒、人工砂，年产量分别是12.12万吨、12.60万吨、80.80万吨、11.22万吨、20.20万吨。

商贸与服务业　商贸流通企业以私营企业和个体工商户为主。有商贸流通企业（私营企业）41家，从业568人，注册资金2.10亿元；有个体工商户48家（新增5户），从业106人，注册资金160万元。新建快递业1家（中通快递），注册资金10万元，从业人员2人。是年，餐饮店有26家，从业人员68人。其中，酒楼饭店有3家，从业人员37人；其他如粉店、小炒快餐店、小吃摊点等有23家，从业人员31人。餐饮业营业收入239.36万元。有理发服务店6家，从业人员12人，营业收入37.20万元。修理（包括家电、钟表和自行车、摩托车、汽车等）服务店有18家，从业人员54人，营业收入178.20万元。拥有中型空调客运公交车6辆、小型客运小汽车（面包车）12辆，客运往返线路有甘圩至南宁、甘圩至武鸣等；客运量约30万人次，客运收入约320万元。拥有载货汽车1400辆，运输往返线路主要有甘圩镇至南宁市区、甘圩镇至武鸣城区等，全年货运量约5645万吨，货运总收入约3.50亿元。

招商引资　招商引资项目有2个：一是广东客商投资的悦华建筑材料生产项目，落户于赖坡村建设用地内，至12月28日该项目累计完成投资1200万元并竣工投产；二是湖南客商投资的香蕉种植基地项目，落户于赖坡村生产用地内，至年底该项目累计完成投资1050万元并竣

专家指导中草药种植　　（甘圩镇政府提供）

工投产。年内，甘圩镇招商引资任务 2000 万元，至年底已完成招商引资 2250 万元，完成任务约 1.13 倍。此外，碳酸钙循环经济产业园区已落实 3 家企业申报入园，并已完成规划选址、土地申报等前期工作，征地工作正在有序进行；另有 5 个项目也正在申报中。

村镇建设　继续完善村屯道路基础设施建设。是年，基础便民专项活动的“三改”（即农村改厕、改厨和改畜圈工程）工作任务顺利完成，投入“334”〔即指在开展“美丽武鸣，宜居乡村”的村屯道路硬化建设活动中，将县（区）自然村屯划分为示范村屯（占自然村屯的 30%）、一般村屯（占自然村屯的 30%）、较差村屯（占自然村屯的 40%）三类，再进行分类指导、分步实施、逐级提升的工程〕项目建设资金 49.72 万元，完成主次巷道硬化建设 2016 米、埋设排污管 2830 米，渠道清淤 2 千米。利用“一事一议”（即在农村税费改革系统工程中，取消了乡统筹和改革村提留后，原由乡统筹和村提留中开支的“农田水利基本建设、道路修建、植树造林、农业综合开发有关的土地治理项目和村民认为需要兴办的集体生产生活等其他公益事业项目”所需资金，不再固定向农民收取，采取“一事一议”的筹集办法）财政奖补、扶贫道路建设等项目资金 600 多万元，完成集镇、渌口、板马、小赖等 29 个项目建设，安装路灯 690 盏，硬化屯道 1.96 千米，埋设排污管道 1.80 千米，建设文化活动广场及配套文化室 8895 平方米。投入 64 万元完成镇级生活垃圾无害化处理场建设，经过 3 个月试运行后，于年底前交付镇政府正式使用。“服务惠民”专项活动总投资 1.40 万元，完成定黎、唐历、赖坡、达洞 4 个村级综合服务中心建设，并实行“一门式”行政与服务窗口；“产业富民”专项活动总投资 2150 万元，实施“五个一”（即制订 1 个村级产业发展计划、培育 1 个带动农户增收的新型农业经营主体、打造 1 个现代农业生产示范基地、发展 1 个村级集体经济项目、建设 1 个农村电子商务服务点）任务均完成 200%，发展赖坡村、唐历村 2 个村级集体经济项目，打造养殖生猪、肉鸽、竹鼠和种植中草药、沃柑现代农业生产示范基地 5 个，培育带动农户增收的新型农业经营主体 3 个，建设农村电子商务服务点 4 个。继续开展生态乡村建设，制定村屯保洁费征收制度，根据各村屯实际情况，按人口收取每人每月 1 元～ 3 元不等的保洁费，雇请保洁员 49 人对乡村屯道、巷道开展常态化保洁工作。年内，加大村屯绿化建设项目力度，投入 2 万元在达洞村板马屯种植风景树 60 多株等。投资 35.60 万元实施农村危房改造 7 户 7 间，惠及村民 15 人。同时，加大对“两违”（即违法用地、违法建设）的整治力度，查处违法违规占地、乱搭乱建 89 起，责令停止违法行为 89 起，其中动员拆除 78 起、强制拆除 11 起。开展“美丽南宁整洁畅通有序大行动”，处理乱停乱放车辆 300 余次；配合交通执法部门打击非法营运及超限超载行为，组织开展“交通劝导服务月”活动，村镇道路交通顺畅有序。

【社会发展】

文明创建活动　2017 年，甘圩镇继续深化“十星级”（勤劳致富星、爱国守法星、团结和睦星、清洁卫生星、计划生育星、诚实守信星、科学教育星、文明新风星、志愿服务星、文化传播星）文明户创建活动，发掘“身边好人”等先进典型。是年，

2017 年“一事一议”项目甘圩社区四冬文化广场

（甘圩镇政府提供）

获评“十星级”文明户有武鸣区级9户、南宁市级7户。重视未成年人的思想道德工程建设与教育工作，一是社会主义核心价值观建设融入法治建设，抓好对“法律六进”（即法律进机关、进乡村、进社区、进学校、进企业、进单位）等普法宣传教育活动；二是组织中、小学校坚持抓好道德讲堂活动每年各6次以上，同时开展“我们的节日”等传统文化经典诵读活动；三是结合壮民族文化体育项目开展大课间活动，提升学生的身体素质与健康成长；四是开展综合治理、净化社会文化环境和校园周边综合整治行动3次以上。此外，在全国科普日、十月科普大行动、科技活动周等时期组织开展科技普及和文艺宣传活动，具体在集镇设有宣传台，并组织科技人员和有关文艺人员下村屯进行宣讲与演出，累计下村级开展科技普及等活动24场次；镇级文艺会演、山歌展演、体育赛事等12场次。继续开展社会活动志愿服务，年内组织机关公务员及中小学校、企事业单位、农村基层党员等开展“公务员献血月”暨党员志愿献血活动。同时，组织干部队伍下乡为农村生活困难党员和老党员、贫困户、老弱病残户等弱势群体送温暖、献爱心活动，累计捐资助困17.80万元。

科教文卫体事业　实施科技兴农战略，推广种植超级稻8080公顷，平均每公顷产量8200公斤；推广电脑测土配方施肥896公顷，平均每公顷施肥费用节约400元；聘请有关农技专家到镇内讲授种养技术培训课13场次，培训村民1590人，印发技术资料1660份。全年印发农作物病虫害测报4期，印发2150份；建成科技示范户15户。开办幼儿园10所、学前班6个，在园及学前班幼儿1178人，幼师48人；有小学校5所，在校生1573人、教师88人；有初中校1所，在校生893人、教职工76人（专任教师72人），初中阶段入学率100%、辍学率2.70%，初中毕业生升高中毛入学率92.60%，考上重点高中30人、报读武鸣区职高77人。全年义务教育巩固率95.70%。年内，资助贫困小学生77人、贫困初中生47人，分别资助3.85万元、2.94万元，其中资助贫困女孩54人、资助3.06万元。落实享受营养改善计划的小学生1573人、初中生893人，分别发放营养补助金125.84万元、71.76万元；落实享受家庭经济困难寄宿生生活费补助的初中生1022人，发放生活补助费63.88万元。编辑出版墙报、板报12期，主要宣传“美丽甘圩·宜居乡村”、精准扶贫、土地确权等内容。成立有村镇文艺队20支，队员220人，组织开展群众性文艺演出18场，观众约2万人次。放映公益电影60场，观众约2.50万人次。农历“三月三”期间，在组队参加中国壮乡·武鸣“壮族三月三”歌圩暨骆越文化旅游节各项活动的同时，在镇内组织举办“美丽甘圩，壮乡歌海”山歌会演和“三月糯米香，昂昂在壮乡”的农村文艺会演活动，挖掘、保护与传承非物质文化遗产工作；组织达洞村师公队（13人）排练师公舞《驱邪·祈福》节目，分别参加城区举办的地方剧种展演和壮族骆垌舞暨戏剧展演，均获优秀传承奖和一等奖。镇医疗卫生机构有甘圩卫生院1所，有卫生技术人员40人（其中执业医师3人、执业助理医师8人，注册护士9人、药剂师3人、检验技师3人等）、病床60张。辖村（社区）卫生所4个、乡村医务人员13人，村妇幼保健员11人。全年投资646.80万元实施完成农村卫生改厨、改厕等户厕建造1917座（户），惠及村民6307人。参加城乡居民基本医疗保险有2.36万人，筹集保险金354万元，

甘圩镇国庆文艺演出现场　　（甘圩镇政府提供）

参保率99%。是年，有计划生育技术服务站（或所）1个。全面实施二孩政策后，年度人口出生666人（男362人、女304人），人口出生率8.61‰、自然增长率1.89‰；受理再生育申请12份，审批发证12本。至年底，累计建有篮球场32个、羽毛球场20个、乒乓球台60个等，全年参加体育运动的居民约有1万人次。年内，组队参加第22届先进体育乡镇男子篮球赛和“信用社杯”武鸣区迎春乡镇男女篮球赛，分别获男子组第七名、女子组第六名；组队参加武鸣区“大力士杯”拔河比赛获第二名；组队参加中国壮乡·武鸣“壮族三月三”歌圩暨骆越文化旅游节的民族体育竞技“搬运粮食”项目比赛获第一名。

民政事业　做好城乡低保、“五保”供养和救灾救济工作。是年，审批农村低保对象110户330人，发放低保金57.23万元。核定“五保”供养对象93人，发放供养金42.48万元。有敬老院1所，集中供养“五保”老人9人。落实居民自然灾害救助政策，安排灾民和困难群众救济109户211人，发放救济粮17.64吨（折款8.82万元），其中冬春救灾（救济）87户197人，发放衣物折款（人民币）1.83万元。发放抚恤、定补资金（工资）12.03万元。年内，应征入伍义务兵9人，发放2015年—2016年入伍义务兵的家属优待金45.39万元；落实部分农村籍义务兵享受老年（年满60周岁）生活补助政策的退役人员有83人，发放生活补助费14.46万元；安抚“两参”（参加自卫反击战退伍军人、参战民兵）人员134人，发放生活补贴27.02万元。完成对80岁及其以上高寿老人346人（其中80岁～90岁305人，90岁～100岁41人）发放高龄补贴，并协助做好“慈善助老，情暖夕阳”敬老月等相关活动。

劳动与社会保障　继续组织农村富余劳动力实施劳务输出2597人（其中转移就业新增685人），主要是前往广东、浙江、福建、南宁、武鸣等地务工。全年劳务输出总收入7791万元。城镇新增就业100人。完成16周岁～60周岁参加城乡居民基本养老保险（简称“基本养老保险”）缴费民众0.99万人，参保率93.98%；完成发放60周岁以上享受“基本养老保险”待遇居民2933人，发放率100%。

【脱贫攻坚】　甘圩镇在2015年年底、2016年年初有贫困村1个（即赖坡村），建档立卡的贫困家庭有181户591人。2016年9月，实施贫困人口动态调整后剔除户有1户3人；同年底，贫困村已实现脱贫摘帽的有赖坡村，贫困家庭已实现脱贫的有69户256人。2017年，安排机关干部、驻村工作队员79人进村入户开展结对帮扶工作。在发展生产方面，投入财政专项扶贫资金67.85万元（上级资金37.85万元、城区配套资金30万元），受益贫困家庭158户574人。全年累计发放（产业）扶贫贷款230万元，惠及50户183人。开展扶贫创业培训、职业技能培训1期，培训40人次。建立贫困学生档案，落实帮扶、资助建档立卡贫困户义务教育阶段在校子女54人，发放生活补助金约2.96万元；参加中、高等职业学历教育和普通高校本科学历教育的建档立卡贫困生有25人，享受雨露计划补贴资金8.30万元；落实贫困家庭医疗救助政策，由政府以财政资金代缴建档立卡贫困人口参加城乡居民基本医疗保险（简称“基本医保”）参保费约8.75万元、惠及583人，其中投入2.97万元资助农村五保户、低保户参加“基本医保”198人。投资15.20万元完成贫困户危房及人均住房不

慰问困难群众　（甘圩镇政府提供）

足13平方米的房屋改造5户284.50平方米。年内，又实施动态调整，新增贫困户2户6人、返贫1户3人、剔除2户5人、贫困人口增减相抵后自然减少14人。至年底，经过核实验收与“双认定”（即帮扶责任人认定、贫困户自身认定）达到“八有一超”（即有稳固住房、有饮用水、有电用、有路通自然村、有义务教育保障、有医疗保障、有电视看、有收入来源或最低生活保障，家庭人均纯收入超过国家扶贫标准）目标，实现脱贫的贫困家庭有33户106人。余下还有贫困家庭79户216人属于最后扶贫攻坚对象。

【旅游开发】 2017年，甘圩镇旅游景点主要有武鸣那添生态旅游有限公司创办的纳天旅游度假山庄。纳天山庄地处南宁市北郊的武鸣区甘圩镇那添水库风景区，占地面积约166.67公顷，其中水域面积42.50公顷，距南宁市城区20千米、武鸣城区30千米，距甘圩镇人民政府3千米、都南高速公路甘圩出口处8千米。纳天山庄于1997年投资建设，现已建成集酒店、餐饮、多功能会议厅、野外拓展、球类运动、水上运动、采茶、品茶、摘果、户外烧烤、儿童乐园等项目为一体的生态旅游休闲景区，可同时接待410人吃、住和娱乐。纳天度假山庄景区总面积100公顷，种有茶园约7.67公顷、各种果树约7.70公顷、无公害蔬菜基地1.33公顷，旅游景点原计划开发总投资约7.67亿元，至今已完成投资5000多万元。该山庄景区以空气清新、湖深、林静、景幽、茶香的特点吸引着八方来客，素有“世外桃源”之称，成为南宁周边生态旅游观光的好去处。是年，旅游景点开发新增投资250多万元，继续完善长1445米、宽4.50米的纳天庄园道路旅游基础设施建设。景区中的纳天小镇是南宁市“两新”非公党建工作培训基地，也是华纳公司党支部所在地，着力打造党建联系企业，引导党建阵地与旅游基地共建共享。其中：智慧党建体验中心（华纳先锋党建馆）总投资200多万元（由华纳公司承建，城区党委组织部配套支持50万元），设计充分融合民族化、智能化、信息化等元素，设有“不忘初心　牢记使命”LED大屏展播、党在壮乡的蓬勃发展、党建示范点3D全景展示、先锋影音3D映播厅、智慧党建E平台、红色体验微课堂、向党说说心里话、“两学一做”学习教育主题墙等11个党建主题板块，可同时举办近200人的党员干部培训活动；同时在接入城区“远教云课”直播平台后可以实现与城区各镇、村党员干部的双向互动学习交流。年内，纳天旅游度假山庄景点接待游客3万多人次，实现旅游营业收入约120万元。

【村（社区）庙会】 甘圩镇辖1个社区、4个村，每个村、社区每年都举行庙会活动1次～2次。庙会一般都在每年的农历二月、三月、九月、十一月、十二月中的相关日子举行。虽然各村、社区举行庙会活动的日子不尽相同，但活动的内容大体相似，主要有唱山歌、舞龙舞狮、文艺演出、祭拜、篮球赛、聚餐等。镇内，历史比较悠久的是甘圩社区的陈将军庙庙会。陈将军庙的主神乃是唐代开漳圣王陈元光将军，他是促进中原文化与南越文化融合的奠基者，他去世后，被后世尊奉为“开漳圣王”。在民间，将军生而普受民众的爱戴，殆而民立庙堂供奉，为神荫庇护生民和四面八方信众所依托的心灵家园。2015年年初，由广西正恒文化产业集团董事长甘凯威先生牵头，成立陈将军庙庙堂重建筹备领导小组，同年5月4日即隆重举行陈将军庙庙堂重建奠基仪式；庙堂重建总投资220万元，历时10月，于2015年12月10日竣工投入使用，并界定举行庙会活动的时间是每年的农历十二月二十日，至2016年庙会活动已举办了2年。2017年的农历十二月二十日又如期举行陈将军庙庙会活动，内容有唱山歌、舞龙狮、文艺演出、祭拜、陈将军神像巡游、篮球比赛、聚餐等。甘圩人民通过本村、社区庙会的活动方式使当地民风民俗传统得以延续与弘扬。其次是陇果山庙会。镇内赖坡村的龙角山（俗名“陇果山”）是武鸣名胜之一，位于甘圩镇赖坡村与宁武镇长安村陇百屯交界处。据清代史志《武缘图经》记载：长安团龙角山“危峰孑立，世传神龙脱角化成，山半有岩，岩中有阁，面向空阔东北一望，缥缈江山尽来眼前”。而且龙角山山体巍然高耸，如龙头昂起，角峰挺立，有六百多级台阶砌到山顶，古庙高高在上。每年都有不少城区内外的香客前来供香，尤其正月初一至初六日，朝拜古庙者万人以上，人山人海，山歌此起彼伏。2017 年的农历二月十五日陇果山庙会如期举行，庙会活动内容有迎请陇果山神回村、舞龙、山歌对唱和民俗舞表演等。

（缪永贵）

宁 武 镇

【概　况】　宁武镇位于武鸣区西南部，东连双桥镇，南接甘圩镇，西与南宁市西乡塘区双定镇、隆安县丁当镇交界，北与锣圩镇、中国—东盟经济开发区（里建）接壤。镇人民政府驻雄孟社区的宁武圩，距县城 8 千米。土地面积 231.96 平方千米（合 23196 公顷）；耕地面积 12032.62 公顷（水田 2300.09 公顷）。镇境地形是典型的喀斯特地貌石山，东部和西北部以平原、丘陵为主，南部和西南部以高大石山为主。武鸣河穿过镇境东南面，流经新甫、培桂、双卢、梁新、唐村、张朗 6 个村，沿河建有宁武、双卢水电站 2 座和那路、局朝、弄旁山塘 3 个。镇内有县管小（2）型水库 1 座（定古水库），蓄水量 30.25 万立方米。省道 214 线路贯穿全境，都南高速公路武鸣段穿过长安、东王、旧岑等村。游览景点主要有广西三十六弄自然保护区、雄孟社区雷红屯的陆荣廷旧居和伏唐综合示范村。矿产资源以石灰岩、方解石和白土为主，主要分布在沿山的长安、英烈、华山、旧岑村一带和沿河的培桂村、唐村一带。地方特产有甘蔗、木薯、香蕉、龙眼、火龙果、皇帝柑、沃柑、茂谷柑、瓜菜等。镇辖开发区有南街开发区、陶瓷工业园区。农贸市场有宁武圩、长安圩，均为三天一圩，周而复始。2017 年，辖 13 个村、1 个社区，有 92 个自然屯、186 个村民小组。年末，总户数 1.36 万户，总人口 4.05 万人。农民年人均纯收入约 1.41 万元。是年，宁武镇获武鸣区的安全生产工作一等奖、年度区间人口和计划生育工作一等奖、固定资产投资和重点项目推进工作二等奖、招商引资工作三等奖、宜居乡村工作二等奖、社会治安综合治理（平安建设）工作三等奖，获“武鸣区脱贫攻坚工作先进单位”“武鸣区义务教育均衡发展工作先进单位”称号。同年，华山村、英烈村被评为自治区级生态村，伏唐村被评为南宁市健康村，长安村陇陌屯获“南宁市绿色村屯”称号。存在的主要问题：受企业安全生产、环保等多种因素影响，工业发展结构性矛盾还比较突出；城乡基础设施有待完善；乡村建设、扶贫工作任务仍然艰巨；民生和社会保障、信访维稳等各方面的工作有待进一步加强；政府职能转变还有待进一步加快。

【经济发展】

农林牧渔业　2017 年，宁武镇继续落实国家财政支农、惠农政策，发放农业耕地地力保护补贴 756.58 万元、能繁母猪补贴 14.09 万元；购置农机 55 台，补贴 223 万元，受益农户 32 家。有柴油机、汽油机、电动机等农业机械总动力约 4.53 万千瓦；有大中型拖拉机 100 台、小型拖拉机 1577 台、联合收割机 3 台、机动脱粒机 970 台、农用水泵 520 台，实现机耕面积约 1.40 万公顷、机种 5677 公顷、机收 8606 公顷。年内，粮食作物主要播种水稻、玉米、大豆、红薯，播种面积 4467 公顷，粮食产量约 2.18 万吨。其中，水稻播种 1487 公顷，产量 7987 吨；玉米播种 1787 公顷，产量约 1.03 万吨；豆类播种 655 公顷，产量 1070 吨；红薯播种 47 公顷，产量（折谷）124 吨。经济作物主要种植花生、甘蔗、木薯，种植面积约 4478 公顷。其中，花生种植 1701 公顷，产量 5409 吨；甘蔗种植 1563 公顷，产量约 13.67 万吨；木薯种植 860 公顷，产量（按 40% 折干）1.07 万吨。其他农作物如蔬菜种植面积 5452 公顷，产量 13.58 万吨；瓜果类种植面积 190 公顷，产量 4554 吨，其中西瓜种植面积 148 公顷、产量 0.40 万吨。特色水果种植有柑橘（沃柑、茂谷柑、贡柑、砂糖橘、马水橘等）、蜜柚、桂花梨、火龙果等，果园面积 7251 公顷。其中，柑橘种植面积 3250 公顷，产量 0.80 万吨，产值约 5.16 亿元；蜜柚种植 20 公顷，产量 700 吨，产值 540 万元；桂花梨种植 260 公顷，产量 1.09 万吨，产值 480.48 万元；火龙果种植 250 公顷，产量 4500 吨，产值 4500 万元。香蕉种植 3262 公顷，产量 13.03 万吨，产值约 1.89 亿元。全年累计成立有农业生产（香蕉、

柑果、农机等）合作社 44 家（新成立 7 家）、家庭农场 21 家（新增 5 家），实现土地流转 5140 公顷（其中流转水田 771 公顷），经营业主 89 家，土地流转用于种植经济作物 5140 公顷。林木树种主要有松树、任豆树、楝树、尾叶速生桉树和竹林、果树林。林产品主要有板栗，年产量 111 吨；木材采伐量 2200 立方米。全年封山育林面积 6997.20 公顷。畜牧业生产以饲养牛、猪、羊和鸡、鸭、鹅为主，其中规模养殖有 66 家。年末，耕牛出栏 0.84 万头，存栏 1.56 万头；生猪出栏 8.94 万头，存栏 8.10 万头，其中能繁母猪饲养 1.09 万头；山羊出栏 1.80 万只，存栏 1.71 万只。家禽出栏 277.87 万只，存栏 82.30 万只。其中：鸡出栏 198.97 万只，存栏 75.82 万只；鸭出栏 29.13 万只，存栏 6.03 万只；鹅出栏 0.21 万只，存栏 0.57 万只。全年肉类产量约 1.18 万吨，禽蛋产量 438 吨。特色畜牧养殖主要有肉鸽、竹鼠等。其中：养殖竹鼠出栏 3000 只，存栏 2000 只；养殖肉鸽出栏 2.70 万只，存栏 1.02 万只。渔业生产主要养殖草鱼、鲢鱼、鳙鱼、鲤鱼、叉尾鮰、罗非鱼、黄骨鱼等，养殖方法主要有网箱养殖、山塘养殖；全年水产养殖面积 450 公顷，水产品产量 4755 吨。是年，实现农林牧渔业总产值 11.64 亿元，其中农业产值 7.96 亿元、林业产值 176 万元、牧业产值 2.86 亿元、渔业产值 4830 万元、农林牧渔服务业产值 3082 万元。

工业企业　工业企业以独资经营为主。有工业企业 126 家（新建 5 家），从业人员约 1.01 万人（新增 400 人），全部工业总产值 5.24 亿元，其中规模以上工业企业有 3 家、从业人员 607 人，实现规模以上工业总产值约 5.17 亿元、利税总额 6019.40 万元（其中利润 2962.20 万元）。全年完成工业投资约 5.07 亿元、技术改造投资约 4.99 亿元。年内，工业产品主要有甲醇、瓷砖，年产量分别为 4.43 万吨、3124.62 万平方米。

商贸与服务业　商贸流通企业以股份合作企业、私营企业和个体工商企业为主，有商贸流通企业 50 家，从业 285 人（其中私营企业 35 家、从业人员 53 人），注册资金 1600 万元。个体工商企业 963 家（户），从业 2350 人。建有联锁快递行业商铺 5 家（新建京东、圆通快递 2 家），从业 12 人（新增 6 人），注册资金 20 万元（新增 10 万元）。有餐饮店 28 家，从业 67 人。其中，酒楼和饭店有 2 家，从业 12 人；其他如粉店、小炒快餐店、小吃摊点等有 26 家，从业 55 人。全年餐饮业营业收入约 365 万元。有理发服务店 7 家，从业 8 人，营业收入约 40 万元。修理（包括家电、钟表和自行车、摩托车、汽车等）服务店有 15 家，从业 30 人，营业收入约 150 万元。拥有大中型客运公交车（9 路公交车）12 辆，客运往返线路主要有武鸣标营—城厢小皇后—宁武圩—广西锦龙水泥有限公司和宁武圩—梁新村委—新甫村委 2 条。全年客运量约 80 万人次，客运收入约 256.38 万元。拥有载货汽车 301 辆，运输往返线路主要在镇内村屯之间往返运输农产品和农业物资。全年货运量约 72.30 万吨，货运收入约 1306 万元。

宁武镇长安村特色产品登上“武鸣年货大圩”展销台

（宁武镇政府提供）

招商引资　加大招商引资工作力度，优化投资环境。年内，通过招商新引进的企业（项目）主要是广西双武石场、广西浩德新能源有限公司、广西大自然生态农业科技有限公司 3 家，总投资额、合同引

2017 年 10 月 13 日，宁武镇开展镇容镇圩环境大整治行动，进一步巩固宜居乡村成果（宁武镇政府提供）

进资金均为 3.50 亿元，实际到位资金、年内完成建设投资均为 9000 万元。

村镇建设　城乡基础设施建设投入资金 437.51 万元，主要建设项目：投资 276.72 万元建成雄孟社区第十二组巷道、张朗村雷沙屯巷道、新甫村雷诺屯巷道等 16 条巷道建设项目，总长 19.40 千米；投资 138.65 元（其中财政奖补资金 116.16 元）分别在建丰村、唐村、英烈村等 7 个村安装 539 杆太阳能路灯；投资 22.14 万元（其中财政奖补 18.55 万元）完成长安村篮球场、公园活动场面硬化建设，总面积 4620 平方米。同年，投资 30 万元完成新甫村新二片和建丰村伏旧屯的人饮项目巩固提升工程等，受益群众 424 户 1900 人。投资 41 万元建成建丰村公共服务中心 1 个，并配套建有篮球场 1 个、乒乓球台 2 个和文化戏台 1 个、文化宣传长廊 15 米等。投资 5.70 万元新增村村通广播电视数字网络用户 190 户，受益村民 900 多人。投资 104.60 万元实施农村危房改造 46 户 138 间，惠及村民 111 人。继续开展“美丽武鸣，宜居乡村”活动，组织干部和村民集中清理村内、村外的柴草堆、粪土堆、垃圾堆和清除河道、河沟、坑塘内多年积聚的垃圾渣土及村庄周边的白色污染，并对房前屋后的积存垃圾进行大扫除、大清理、大清运；对随意堆放的建筑垃圾及时清运处理，加强建筑渣土管理，杜绝乱倾倒垃圾行为。年内，集中组织开展村屯环境整治 200 多次，清理垃圾 800 余吨，参与 1.50 万多人次；雇请保洁员 180 人负责各村屯主要道路两侧和村屯内的环境卫生管理，对乡村屯道、巷道开展常态化保洁工作。

【社会发展】

文明创建活动　2017 年，宁武镇开展创建文明生态村活动，有华山村和英烈村被评为南宁市级生态村，生态村覆盖率 21.43%。开展文明村（社区）创建活动，英烈村、伏唐村被评为镇级文明村；伏唐村被评为区（县）级文明村，并推荐其参加南宁市级文明村评选。开展星级文明户创建活动，评出区（县）级十星级文明户 10 户，其中推荐 3 户参加南宁市级评选活动；评出镇级十星级文明户 60 户。建有志愿者服务队 1 支，参加志愿者有 157 人（新增 117 人）；举办志愿者培训班 5 期，累计培训 200 人次；组织开展重阳节慰问、文化宣传、文明交通劝导等志愿服务活动，参与约 300 人次，发放宣传资料、派发小礼品 1.52 万份。年内，加强对未成年人的思想道德教育，组织各中小学校开展感恩教育、践行社会主义核心价值观等活动 9 场，参加活动学生约 1200 人次。

科教文卫体事业　开展科技兴农、科技惠农活动，全年举办柑橘种植技术、洛神花种植技术、火龙果种植技术等培训班 53 期，培训 2816 人次。投入科技经费 15 万元，组织实施科技项目 1 个；实施到期通过上级验收的科技项目 1 个。投资 540 万元实施柑橘套种马铃薯种植基地 20 公顷，投资 80 万元在长安村建立洛神花高产、优质、高效规范化种植示范及绿色加工示范基地 6.67 公顷，参与项目农户 48 户（其中建档立卡贫困户 21 户），预计每公顷产值 4.50 万元～ 6 万元；在梁新村打造“地保利公司”养羊标准化健康养殖示范基地，并通过南宁市农委五星级生态养殖认证，500 多只种羊已投入生产，年底已出栏种羊 860 只。是年，开办幼儿园 15 所（公办 3 所、民办 12 所）、学前班14个（公办4个、民办10个），幼儿、学前教师73人；幼儿入园1439人，入园率97%。设有小学校7所，在岗教职工131人（专任教师125人），在校生1846人；小学适龄儿童入学率、小学毕业生升学率均100%。设置初中校1所，在岗教职工89人（专任教师81人），在校生896人；初中阶段入学率100%，辍学率1.20%，初中毕业生升学率86.80%。九年义务教育巩固率96.10%。全年资助贫困小学生108人、贫困初中生33人，分别资助5.40万元、2.06万元，其中资助贫困女孩84人、资金4.44万元。继续落实“农村义务教育学生营养改善计划膳食补助”政策，享受营养改善计划小学生1846人、初中生896人，分别发放营养补助147.68万元、71.68万元；落实享受“农村家庭经济困难寄宿生生活费补助”的小学生423人、初中生941人，分别发放生活补助21.15万元、58.81万元。累计建成雄孟、东王、建丰等村级公共文化服务中心3个；建有村镇民间文艺队、老年腰鼓队和乐队19支（新增1支），队员170人；在春节或其他节日期间组织开展文艺演出10场，观众约2万人次；编辑出版墙报、板报6期，主要宣传精准扶贫、宜居乡村、扫黄打非等内容；放映公益电影140场，观众约3万人次。组队参加武鸣“三月三”歌圩暨骆越文化旅游节抢花炮比赛获第二名，参加社区文化展演的小品《妈妈的晚餐》获特等奖、《征地风波》获一等奖。镇医疗卫生机构设有宁武卫生院1所，卫生技术人员63人（其中医生27人、护士17人），病床98张；辖有村卫生所13个、村医务人员18人和个体医疗诊所7个、个体医生7人。投资104.70万元，完成农村卫生改厨571户、改厕855户，惠及村民2766人。参加城乡居民基本医疗保险的居民约有3.29万人，筹集保险金493.46万元，参保率98.40%。镇设有计划生育技术服务所1个。全面实施二孩政策后，年度区间人口出生932人（男491人、女441人），符合政策生育率98.01%，人口自然增长率11.27‰；受理再生育申请386份，审批发证386本。投资10万元新建成建丰村的篮球场1个、羽毛球场1个、乒乓球台1个，年底累计有篮球场31个（新增1个）、羽毛球场11个（新增1个）、乒乓球台（桌）51个（新增1个）；全年参加体育运动的居民约有3000人次。全年组织开展篮球比赛14场、气排球比赛5场，观众约1.30万人次。组队参加武鸣区“信用杯”篮球比赛分别获女子组篮球赛第二名、男子组篮球赛第六名和集体组织奖，并被 评为组织参加武鸣区体育文化活动先进单位。

民政事业　继续做好城乡低保、“五保”供养、医疗救助工作。年内，审批城镇最低生活保障对象6户9人，发放低保金6.20万元；审批农村低保对象223户476人，发放低保金86.03万元。核定“五保”供养对象155人，发放供养金89.16万元；年底累计建有敬老院1所、“五保”新村8个，集中供养“五保”老人17人。审批农村医疗救助对象6户6人，发放救助金2.70万元。落实居民自然灾害救助政策，安排困难群众救济178户354人，发放救济粮9.35吨（折款4.67万元）。发放冬春救灾衣被折款3.90万元，惠及灾民181户308人。发放抚恤补助17人25.90万元；核实“两参”（参加自卫反击战退伍军人、参战民兵）人员222人，发放生活补贴5.59万元。年内，应征入伍义务兵14人，发放义务兵的家庭优待26户44.51万元；落实部分农村籍义务兵享受老年（年满60周岁）生活补助政策的退役人员141人，发放生活补助1.94万元。

劳动与社会保障　继续实施农村劳动力培训工程，组织举办种植、养殖等技能培训班5期，培训208人次，其中培训就业、创业人员15人，发放创业贷款5笔40万元。继续组织农村富余劳动力实施劳务输出6793人，其中转移就业新增778人；城镇新增就业172人，城镇下岗失业人员再就业2人，大龄就业困难人员再就业1人。城镇人员登记失业率2%。年内，完成16周岁～60周岁参加城乡居民基本养老保险（简称“基本养老保险”）缴费民众有1.27万人，参保率91.87%；完成发放60周岁以上享受“基本养老保险”待遇居民5756人，发放率100%。

【脱贫攻坚】　宁武镇在2015年年底、2016年年初确定为贫困村的有3个（即东王村、建丰村、长安村），经精准识别列为建档立卡的贫困家庭有437户1253人。至2016年年底，已实现脱贫摘帽的贫困村有东王村1个，贫困家庭已实现脱贫的有124户419人。2017年，安排有机关干部、驻村工作队员171人进村入户开展结对帮扶工作。在发展生产方面，投入财政专项扶贫资金803.78万元（上级资金708.63万元、城区配套资金95.15万元），受益贫困家庭2323户8598人，其中发放散种散养产业扶贫资金132.31万元、惠及349户986人。年内，发放小额信贷资金421万元，惠及贫困户90户363人。在转移就业方面，开展创业培训、职业技能培训1期，培训70人次；转移贫困户劳动力外出就业17人。建立贫困学生档案，落实帮扶资助建档立卡贫困户义务教育阶段在校子女102人，发放生活补助金40.28万元；参加中、高等职业学历教育和普通高校本科学历教育的建档立卡贫困生有73人，发放享受雨露计划补助资金23.45万元；就读普通高中、中等职业学校和普通高等学校本专科（含高职）的建档立卡贫困生有116人，获国家助学金36.90万元。落实贫困家庭医疗救助政策，建档立卡的贫困人口由政府以财政资金代缴“城乡居民基本医疗保险”（简称“基本医保”）的参保款21.84万元、惠及1456人，其中投入3.39万元资助农村五保户、低保户参加“基本医保”有226人。同时，投入1.10万元为五保户和低保户中的建档立卡贫困户实施医疗救助117人次。加强扶贫基础设施建设，整合资金投入608.96万元助推扶贫、脱贫攻坚工作，建成贫困村屯的通屯水泥硬化道路11条19.03千米、公共服务中心1个、篮球场1个和农村书屋3个等。投资96.50万元完成贫困户危房及人均住房不足13平方米的房屋改造33户1980平方米。是年底，通过自治区核查验收与“双认定”（即帮扶责任人认定、贫困户自身认定）达到“八有一超”（即有收入来源、有住房保障、有医疗保障、有义务教育保障、有路通村屯、有饮用水、有电用、有电视看、家庭年人均纯收入超过国家扶贫标准）目标，实现脱贫的贫困家庭有78户246人。尚有贫困村建丰村、长安村2个和贫困家庭235户588人属于最后脱贫攻坚对象。

2017年9月20日，区委书记韦敏宏（图中左二）到宁武镇长安村慰问贫困户　（宁武镇政府提供）

【果蔬产业示范区建设】 2017年，宁武镇党委、政府把创建示范区作为推动农村改革发展的一个突破口，集中力量推进东王村的“绿之都果蔬产业示范区”建设。“绿之都果蔬产业示范区”位于宁武镇东王村，由广西壮乡美农业科技有限公司和广西青芸景农业投资有限公司合作开发；示范区建设计划总投资1000多万元，其基地核心区面积有133.33公顷、辐射区66.67公顷，主导产业是生产水果和蔬菜，特色种植有香蕉、甘蔗、马铃薯、沃柑、茂谷柑等。该示范区坚持高起点规划、高标准建设和高水平管理，其建设目标是通过示范区项目的种植示范来带动并辐射周边农民套种马铃薯约677公顷，在全部完成建设投资后将可辐射与带动周边农户发展果蔬种植约3338公顷，实现年新增产值3600万元。年内，示范区的基础设施建设逐步完善，特色产业得到了优化发展，特色产品主要销往吉林、甘肃、湖北、湖南、广东和南宁中心城区等地。至年底，示范区项目建设已完成投资140多万元。

（闭玉媚）

宁武镇东王村柑橘套种马铃薯大获丰收　　（宁武镇政府提供）

锣圩镇

【概　况】　锣圩镇位于武鸣区西部，东连南宁—东盟经济开发区（里建），南毗宁武镇及隆安县，西临隆安县，北与仙湖镇、灵马镇交界。镇人民政府驻地定湖开发区，距城区29千米。镇境属石山丘陵地区，三面环山，地势西北高、东南低；西、南部为喀斯特地貌石山，石灰岩、方解石矿产丰富，其中大杨、高一、锣圩社区的方解石最负盛名；北部为丘陵山地，是镇内木材主要产地；东、中部以低丘陵和缓坡为主，盛产水稻、玉米和甘蔗、木薯等亚热带农作物。土地面积408.08平方千米（合40808公顷）；耕地面积约1.24万公顷（水田2457.54公顷）。境内主要河流有锣圩河，水库有乔银、苗圃、伏山、坝渚、东城、那旺等小型水库6座，主要交通干线有S313省道和“13-34”县道。旅游景点主要有英圩村敢凉、高一村敢水和喃漓洞、群兴村庐六洞、旧圩村下赵敢达溶洞、群兴村灵婉湖和凌责湖、玉泉村玉泉湖、清凤村蚬木保护区。名胜古迹主要有旧圩村的观音庙、群兴村和树合村之间的寡妇桥、高二村渌墨屯的“文武世家”牌坊、邑勋村的“贝丘”遗址、大杨村青山屯的“高井寨”遗址。镇内旅游资源丰富，但由于景点分散，财政投资有限，尚未充分开发。地方土特产有玉泉土鸡、黑山羊、蜜本南瓜等。镇内建有定湖开发区，农贸市场有锣圩、灵马圩、英圩和邑勋圩、玉泉圩，均为每三天一圩，周而复始。曾先后在2000年、2014年分别被列为广西重点镇和全国重点镇。2017年，辖村委会25个、社区1个，有自然屯227个、村民小组392个；年末，居民总户数2.15万户，总人口6.66万人。年内，农民年人均纯收入约1.28万元。是年，锣圩镇获武鸣区的固定资产投资工作先进单位二等奖、招商引资工作先进单位二等奖、社会治安综合治理（平安建设）工作先进单位二等奖、卫生和计划生育工作先进单位三等奖、重点推进项目工作先进单位三等奖、“美丽武鸣”乡村建设活动工作目标专项考评先进单位三等奖、安全生产目标管理工作先进单位四等奖、环境保护“一岗双责”责任制考核工作先进单位优秀奖，并获年度“南宁市武鸣区脱贫攻坚工作先进单位”称号。存在的主要问题：存在的主要问题：经济发展方式转变和产业结构调整的步伐还不够协调；农村基础设施还不够完善；民生事业、公益文化建设与群众的期望还有较大差距；经济社会发展中因征用土地、权益保护、生态环境等引发的社会矛盾依然存在。

【经济发展】

农林牧渔业　2017年，锣圩镇继续落实国家财政支农、惠农政策，发放农业资源综合补贴898.10万元、粮食直补11.04万元；购置农机40台，补贴65.98万元，受益农户26家。有柴油机、汽油机、电动机等农业机械总动力约6.45万千瓦，有大中型拖拉机77台、小型拖拉机1870台、联合收割机23台、机动脱粒机1834台、农用水泵1854台等，实现机耕面积约1.74万公顷、机种7207公顷、机收8706公顷，农机作业值4887.11万元。粮食作物主要播种水稻、玉米、大豆、红薯，播种面积6602公顷，粮食产量约3.47万吨。其中，水稻播种2998公顷，产量约1.83万吨；玉米播种2214公顷，产量约1.33万吨；豆类播种1048公顷，产量1694吨；红薯播种33公顷，产量（折谷）116.60吨。经济作物主要种植花生、甘蔗、木薯和中草药材，种植面积6616公顷。其中，花生种植1689公顷，产量5392吨；甘蔗种植2735公顷，产量约21.87万吨；木薯种植2023公顷，产量（按40%折干）2.51万吨。蔬菜种植面积6714公顷，产量约17.05万吨；西瓜种植面积543公顷，产量约1.43万吨。特色产业主要有种桑养蚕，全年种植桑叶1338公顷，产量2600吨；蚕茧产量1700吨，产值7366万元。果园面积7132公顷，水果产量约27.33万吨。特色水果种植主要有柑果、红心蜜柚，其中种植红心蜜柚155公顷，产量288吨。是年底，累计成立有农业生产（香蕉、柑果、山羊、猪等）合作社41家（新增12家）、家庭农场7家（新增5家），实现土地流转9424公顷（其中流转水田425顷），经营业主414家，土地流转用于种植粮食作物20公顷、经济作物9404公顷。林木树种主要有松树、樟树、竹子、尾叶速生桉树和阔叶林、果树林。林产品主要有松脂、竹笋干，年产量分别是46吨、5吨；木材采伐量约5.35万立方米。全年更新造林面积161公顷。畜牧业生产以饲养牛、猪、羊和鸡、鸭、鹅为主，规模养殖项目主要有养牛、养猪。年末，耕牛出栏0.99万头，存栏3.13万头；生猪出栏9.65万头，存栏9.01万头，其中能繁殖母猪饲养1.02万头；山羊出栏3.99万只，存栏3.20万只，其中实施山羊圈养1户、存栏0.08万只。家禽出栏243.40万只，存栏99.51万只。其中：鸡出栏186.17万只，存栏79.66万只；鸭出栏55.98万只，存栏19.20万只。全年肉类产量1.31万吨，禽蛋产量347吨。特色畜牧养殖主要有野猪、山鸡、肉鸽、竹鼠等。其中，养殖竹鼠出栏数3000万只，存栏数500只；养殖肉鸽出栏1.90万只，存栏0.80万只。渔业生产主要养殖草鱼、鲢鱼、鳙鱼、鲤鱼、斑点叉尾鮰、对虾、鳗鱼、罗非鱼、白鲳鱼，养殖方法主要有网箱养殖、山塘养殖；规模养殖项目主要有斑点叉尾鮰。全年水产养殖面积476公顷，水产品产量4767吨。是年，实现农林牧渔业总产值17.08亿万元，其中农业产值11.83亿元、林业产值3349万元、牧业产值3.95亿元、渔业产值5168万元、农林牧渔服务业产值4518万元。

工业企业　工业企业以合资经营为主。年内，有工业企业9家（新建1家），从业人员800人（新增20人），其中规模以上工业企业有2家、从业人员450人，实现规模以上工业总产值2.82亿元、利税总额7600.90万元。全年全部工业总产值3.74亿元，第二产业增加值2755万元（其中工业增加值700万元）；完成工业投资2.58亿元、技术改造投资1.84亿元。工业产品主要有胶合板、木片、石灰粉，年产量分别是12万吨、10万吨、40万吨。

商贸与服务业　商贸流通企业以私营企业和个体工商户为主。有商贸流通企业1118家，从业2392人（其中私营企业73家、从业人员292人），注册资金860万元。其中，大杨、弄七、清凤、济力、罗伏、英圩、玉泉、培联等村建有农村电子商务服务网点8个，从业人员20人；有快递3家，从业14人，能派送业务到镇政府驻地的有邮政、顺丰、中通、申通、圆通、天天、韵达、百世汇通等物流公司。个体工商户307家，从业358人（新增15人），注册资金530万元。同时，加强服务业监管工作。年内，有餐饮店56家，从业人员144人。其中：酒楼和饭店有6家，从业人员26人；其他如粉店、小炒快餐店、小吃摊点等有48家，从业人员118人。全年餐饮业营业收入约504万元。有理发服务店28家、从业人员56人，营业收入约140万元；有美容店3家、从业人员8人，营业收入约17.52万元。有家电、钟表和自行车、摩托车、汽车等服务店有68家，从业人员220人，营业收入约310.20万元。拥有大中型客运公交车128辆（空调客运公交车105辆）、小型客运汽车104辆（客运小轿车40辆、面包车64辆），客运往返线路有锣圩至武鸣（10号公交车专线）、锣圩至南宁、锣圩至隆安丁当、玉泉至武鸣、玉泉至南宁和南宁至周鹿、南宁至平果、南宁至百色、南宁至隆安等。有客运三轮车56辆，客运往返线路主要是锣圩街至各村屯。全年客运量约1473万人次，客运总收入约2685万元。拥有载货汽车2012辆，运输往返线路是从镇内各村屯到县内外各地；全年货运量395万吨，货运收入约5683万元。其他服务业还有摄影店3家、文印工作室4家等。

招商引资　继续做好招商引资工作。年内，通过招商新引进的企业（项目）主要是福建客商在高二村投资种植柑橘项目、湖南客商在滙阳村投资种植紫姜与淮山项目和广西惠元生物科技有限公司、广西江隆生态农业科技有限公司、广西广亿水产养殖有限责任公司、武鸣新大州生态养殖有限公司6个，总投资额、合同引进资金、实际到位资金和完成建设投资均为9000万元。

村镇建设　城乡基础设施建设总投资约3518万元，主要建设项目：投资约420万元建成林洋村伏里屯、邑勋村黄二屯、龙庆村第十组等屯道、巷道18条，约35千米；投入50万元实施培联村下邑屯生态示范点建设；投资679万元完成水利渠道防渗工程15千米、渠道清淤391千米；投资41万元建成村（社区）级公共服务中心1个；投资526.54万元实施农村危房改造186户、186间，惠及村民556人。继续开展"美丽武鸣·生态乡村"建设活动，加大"三清洁"（即清洁家园、清洁水源、清洁田园）的治理与巩固力度，重点整治集镇市场、街道沿线等重点区域的环境卫生。继续开展"三化"（即村屯绿化、道路硬化、饮水净化）专项建设活动，投入200多万元完成弄七村等四个贫困村人饮工程，解决了870户3000人的饮水困难问题。投入900万元完成石漠化治理项目27千米和机耕路建设15千米。投入693万元，实施完成"一事一议"〔即指在农村税费改革中取消乡统筹、改革村提留后，原由乡镇统筹和村级提留开支的"农田水利基本建设、道路修建、植树造林、农业综合开发等有关土地治理项目及村民认为需要兴办的集体生产生活等其他公益事业项目"所需的资金，不是再固定向农民收取，而是采取每年以行政村（或村民小组）为单位，针对村级或村民小组中群众最关心、最需要兴建的"其他公益事业项目"一事，组织广大村民通过民主讨论的形式，对"其他公益事业项目"建设中需要财政补贴、需要解决"筹集部分资金与劳务"等问题进行一次"民主评议"来确定的程序〕项目、革命老区建设项目，其中完成道路硬化建设30千米、广场硬化建设7800平方米，安装361杆路灯、机电井1个和人饮管道4千米，建成戏台4个、文化室2个等。投资7.50万元，购置电动三轮车15辆，配给社区的保洁员用于清运垃圾；雇请保洁员350人，累计建有垃圾池211个，全年统一开展清理整治行动6次，清运垃圾10多吨。同年，拆除"两违"（违法占地、违法建设）建筑面积280平方米。

【社会发展】

文明创建活动　2017年，锣圩镇开展文明乡镇的创建活动与申报、考评工作。创建市、区（县）级生态村13个，覆盖率占50%。开展文明村（社区）创建活动，群兴村被评为区（县）级文明村，推荐群兴、树合、旧圩、六旺村参加南宁市级文明村评选活动。在中小学校开展文明校园创建活动，锣圩中心校被评为区（县）级文明校园，并推荐其参加南宁市级文明校园评选活动。开展星级文明户创建活动，评出镇级十星级文明户50户，区（县）级十星级文明户30户，推荐其中10户参加南宁市级评选活动。年内，在南宁志愿网注册的志愿服务队1支，有志愿者65人；举办志愿者培训班4期，培训420人次；组织开展清洁乡村、扶贫济困、慰问帮扶、文明劝导等志愿服务活动，累计参与志愿者1.80万人次，发放宣传资料、派发小礼品约1.50万份。加强未成年人思想道德教育，组织各中小学校开展践行社会主义核心价值观、感恩教育活动8场，参加活动学生约1.48万人次。

科教文卫体事业　投入科技经费约120万元，组织实施科技项目2个。举办养牛、养鸡、种桑养蚕、蔬菜水果实用种植技术培训13期，培训村民2000人次，其中组织专家进村开展种植、养殖实用技术培训班7期和法律法规、政治理论培训班1期，劳动力培训率81%；放映科技教育片4场，观看村民500余人次。是年，开办幼儿园20所（公办5所、民办15所）、公办学前班1个，幼儿、学前教师120人；幼儿入园1555人，入园率96.40%。设有小学校22所，在岗教职工193人（专任教师182人），在校生2241人；小学适龄儿童入学率、小学毕业生升学率均为100%。设置初中校1所，在岗教职工105人（专任教师80人），在校生1199人；初中阶段入学率100%，初中毕业生升学率95%。

九年义务教育巩固率77.67%。全年资助贫困小学生735人、贫困初中生1224人，分别资助36.75万元、76.50万元，其中资助贫困女孩728人、资金36.40万元。扶助农村独生子女、双女户上学19人，发放扶助金额2.70万元。继续落实“农村义务教育学生营养改善计划膳食补助”政策，享受营养改善计划的小学生2241人、初中生1199人，分别发放营养补助金84.91万元、164.14万元；落实享受“农村家庭经济困难寄宿生生活费补助”的小学生648人、初中生1228人，分别发放生活补助费32.40万元、76.75万元。累计已建成村级公共文化服务中心1个。建有村镇民间文艺队30支，队员500人；在春节或其他节日期间组织开展文艺演出60场，观众约3万人次。全年编辑出版墙报、板报12期，主要宣传精准扶贫、美丽乡村、党的十九大精神等。放映公益电影104场，观众约4.50万人次。组队参加武鸣“三月三”歌圩农村文艺会演获优秀组织奖；参加第八届乡村社区和谐文艺大展演比赛武鸣赛区获优秀组织奖，并代表城区参加南宁市总决赛获社区中老年组舞蹈类二等奖；参加第十九届南宁市国际民歌艺术节“绿城歌台”武鸣区歌台的文艺演出。镇医疗卫生机构设有锣圩中心卫生院1所，下设有玉泉分院；卫生技术人员115人（其中医生42人、护士53人），病床97张。辖有村卫生所25个、村级医务人员36人和个体医疗诊所10个、个体医生10人。投资35万元，完成农村卫生改厨、改厕348户，惠及村民约1000人。参加城乡居民基本医疗保险的村民有5.23万人，筹集基金785.38万元，参保率96.73%；全年享受城乡医疗保险报销的居民1.22万人次、金额266.74万元。有计划生育技术服务站1个，在编在职员工20人。全面实施二孩政策后，年度出生人口1058人（男808人、女700人），人口出生率16.49‰，自然增长率10.96‰；受理生育登记849份，发放计划生育服务手册849本；再生育申请13份，审批发证13本，办结率100%；办理独生子女父母光荣证53本、流动人口婚育证205本。同年，由政府以财政资金代缴农村计生户居民基本医保参保费84.51万元，惠及4695人；发放独生子女621人的保健费8.96万元等。投资80万元，新建成篮球场5个、羽毛球场5个、乒乓球台10个，年底累计有篮球场40个、羽毛球场45个、乒乓球台50个，全年参加体育运动的居民有3万多人。全年组织开展篮球比赛50场、气排球比赛60场，观众约2万人次。组队参加武鸣区各类体育项目比赛活动，先后获武鸣区“信用杯”乡镇篮球赛女子组第八名、广西体育节武鸣赛区广场舞健身操大赛特等奖。

民政事业　继续做好城乡低保、“五保”供养、医疗救助工作。全年审批城镇最低生活保障对象20户29人，发放低保金17.20万元；审批农村低保对象437户990人，发放低保金215.89万元。核定“五保”供养对象173人，发放供养金124.56万元。是年底，累计建有敬老院1所、“五保”新村8个，集中供养“五保”老人6人。审批城乡医疗救助对象183人次，发放救助金3.39万元。继续落实居民自然灾害救助政策，冬春灾民有295户414人，救助口粮32.99吨（折款16.50万元）；衣被救助220户257人，发放棉被96床、冬衣123套、太空衣132件、童装24件和棉鞋116双（折款4.65万元）。发放抚恤补助597人2.46亿元。年内，应征入伍义务兵32人，发放当年义务兵的家庭优待32户0.64万元；落实部分农村籍义务兵享受老年（年满60周岁）生活补助政策的退役人员193人，发放生活补助费约605.63万元；安抚“两参”（参加对越自卫反击战退伍军人、参战民兵）人员363人，发放生活补贴1.78亿元。同年，如期完成第八届村民委员会、第六届社区居民委员会和第二届村（社区）务监督委员会的换届选举工作。全镇26个村（社区）定员干部130人。其中：书记主任一肩挑的有18人、书记主任分开担任的有8人，副主任50人、委员54人；村、社区居务监督委员会成员102人（其中监委会主任26人、委员76人）。

劳动与社会保障　继续实施农村劳动力培训工程，组织举办家政、糕点技能培训班5期，培训312人次，完成全年任务的100%。继续组织农村富余劳动力实施劳务输出1026人，其中转移就业新增260人；城镇新增就业35人，城镇下岗失业人员再就业25人，大龄就业困难人员再就业2

人。完成16周岁～60周岁参加城乡居民基本养老保险（简称“基本养老保险”）缴费的居民约有2.39万人，参保率91.89%；完成发放60周岁以上享受“基本养老保险”待遇居民9032人，发放率100%。

【脱贫攻坚】 锣圩镇在2015年底、2016年初有贫困村4个（即大杨村、济力村、清凤村、弄七村），建档立卡的贫困家庭有810户2443人。至2016年底，建档立卡贫困家庭已实现脱贫的有255户835人（其中贫困村已脱贫的贫困家庭114户394人）。2017年，安排机关干部、驻村工作队员329人进村入户开展结对帮扶工作。在发展生产方面，投入财政专项扶贫资金229.65万元（上级资金169.65万元、城区配套资金60万元），受益贫困家庭538户1826人。其中：发放散种散养产业的扶贫资金229.65万元，惠及贫困家庭538户1826人；发放产业扶贫贷款1163.10万元，惠及贫困家庭265户895人。在贫困村组织举办科技兴农与特色产业等科技种养培训班8期，其中在大杨村举办养鸡实用技术培训班2期、在济力村、弄七村举办养牛实用技术培训各1期和在清凤村举办种桑养蚕技术、蔬菜水果和养牛实用技术、劳动力就业培训班各1期等，受训贫困人口1500余人次。同时，投资32万元在清凤村、弄七村分别建立牧草种植基地和竹鼠养殖基地；4个贫困村都申报了科技扶贫项目，并组织贫困户农民加入专业种养合作社，其中清凤村成立有种桑养蚕、养牛合作社，大杨村成立有养鸡合作社，弄七村成立有幸达种养专业合作社等。在转移就业方面，继续开展创业培训、职业技能培训30期，培训1427人次；转移贫困户劳动力外出就业570人，帮扶贫困户创业50人。建立贫困学生档案，落实帮扶资助建档立卡贫困户义务教育阶段在校子女190人，发放生活补助金10.50万元；核实参加中、高等职业学历教育和普通高校本科学历教育的建档立卡贫困生有85人，发放享受雨露计划补助资金约27万元。年内，建档立卡贫困户子女（弟）就读中高职、大中专和本科的贫困生有122人（其中本科生7人），获得相关困难补助约27万元。落实贫困家庭医疗救助政策，建档立卡的贫困人口由政府以财政资金代缴城乡居民基本医疗保险（简称“基本医保”）的参保款约45.38万元、惠及3025人，其中投入22.65万元扶助农村五保户、低保户代缴“基本医保”1510人。同时，投入16.23万元为五保户和低保户中的建档立卡贫困户实施医疗救助1082人次。加强扶贫基础设施建设，整合资金投入853.40万元助推扶贫脱贫攻坚工作，建成贫困村屯的通屯水泥硬化道路5条11.10千米；建成贫困村人饮水工程11处、公共服务中心1个和篮球场1个。投资411万元完成贫困户危房及人均住房不足13平方米的房屋改造125户、8058平方米。年内，经动态调整和再识别后返贫有13户39人，新纳入贫困家庭有32户91人；剔除9户35人，贫困人口自然减少（出嫁或死亡等）27人。是年底，通过自治区核查验收，达到“十一有一低于”（即有特色产业、有住房保障、有基本医疗保障、有义务教育保障、有安全饮用水、有路通村屯、有电用、有基本公共服务、有电视看、有村集体经济收入、有好的“两委”班子，贫困发生率低于3%）指标，实现脱贫摘帽的贫困村有2个（即大杨村、弄七村）；经过核实验收与“双认定”（即贫困户认定、帮扶人认定）达到“八有一超”（即有稳定收入来源且吃穿不愁、有住房保障、有基本医疗保障、有义务教育保障、有安全饮水、有路通村屯、有电用、有电视看、年人均纯收入稳定超过国家扶贫标准）目标，实现脱贫的贫困家庭有146户491人。余下的贫困村有清凤村、济力村2个和贫困家庭445户1185人属于最后扶贫攻坚对象。

【开发小区建设】 锣圩镇定湖开发小区位于锣圩镇定湖旁，始建于1994年，占地面积11.30公顷，规划宅基地569间，集工、商、贸、文化、娱乐于一体。原计划建设总投资900万元，以实施“三通一平”（即水通、电通、路通和场地平整）、排水排污、圩亭建设及街道硬化、绿化、亮化等工程。至2016年底，小区累计已完成建设投资2696.50万元，实施完成了“三通一平”排水排污、圩亭建设及街道硬化、绿化、亮化等工程建设项目。2017年，新增投资316万元，继续完善基础设施建设、开发定湖新城项目等。是年底，开发小区累计实际总投资3012.50万元，已完成总投资额的100%；累计商住民用建房有562户，建筑总面积8.96万平方米；有镇人民政府、司法所、文广站、林业站、水利站、社保所、国土规建环保安监站、食品药品监督管理所8个单位已迁至小区内办公（原国土所、规划站已合并为国土规建环保安监站，原农服中心、推广站已合并为农业和农机化技术推广站，并均搬迁至锣圩街上办公）。

【旅游开发】　2017年，锣圩镇旅游开发项目主要有高一村的广西啼漓洞旅游项目和大杨村的青山屯高井古寨旅游项目2个。广西啼漓洞旅游项目位于高一村村民委附近的一个山洞，山洞内的石头造型犹如鬼斧神工，形状优美，并配有彩色灯光照射，景象五颜六色，似有“小伊岭岩”之说。啼漓洞旅游项目距镇政府所在地约13千米，从2016年11月开始投资建设，项目计划投资1亿元；当年初期开发建设已完成投资200万元。2017年新增投资2000万元，主要实施基础设施建设，至年底已完成建设投资的22%。青山屯高井古寨旅游项目位于大杨村村民委以北的青山屯（古时叫“青山圩”，壮话称“圩井”），距镇政府所在地约23千米。高井古寨原是一个由朝廷官府设兵驻守、历经元明清三朝的古兵寨，并建置在青山屯东北部的“三宝山”山顶上；古兵寨地处武鸣、隆安、平果三县旧时的交通要道且居高望远，能随时观察、掌握着三县的兵事动态。因此，自元朝元至正二年（1342年）设置；明正统二年（1437年）设巡检1员，万历十三年（1585年）拨弓兵56名防守；清康熙十九年（1680年）移驻上林土县（今田东思林乡），乾隆十九年（1754年）移驻锣圩，因寨置倒塌，历任巡检移驻锣圩观音庙或停住县城，后清亡寨废。高井古寨旅游项目是属于古迹开发的旅游项目，利市日益看好。该项目自2017年11月开始投资建设，项目计划总投资500万元；项目初期开发建设投资100万元，主要进行场地平整和基础设施、基础工程建设等，至年底已完成建设投资的20%。

（赵思凤）

灵　马　镇

【概　况】　灵马镇位于南宁市武鸣区西北部，东、南部与锣圩镇交界，西部分别与隆安县敏阳乡、平果县四塘镇接壤，北部毗邻马山县周鹿镇、林圩镇，素有武鸣“西大门”之称；镇人民政府位于灵马社区的灵马圩西面，距城区50千米。镇境内多石山，西部是喀斯特石山地貌，东、南、北部以丘陵山地为主。土地面积194.95平方千米（合19495公顷）；耕地面积5383.64公顷（水田1581公顷）。有渌阳、水吊、王椙、胆才、井根、花景、下生、清水、那开、那义、梳六、坛布、苏维岭等13个小型水库。交通主要干线有过境的S313省道和913县道。矿产资源有锰矿、硅晶矿、金矿、磷矿等。地方土特产主要有肉姜、藠头、草席、旱藕粉。农村集市有灵马圩，每三天为一圩，周而复始。2017年，辖13个村、1个社区，有127个自然屯、188个村民小组。年末，居民总户数1.39万户，总人口5.53万人。年内，居民年人均可支配收入约1.46万元，农民年人均纯收入约1.20万元。是年，获“南宁市卫生先进单位”“2016年度南宁市科学发展进步乡镇”称号和2016年度南宁市环境保护目标管理工作先进单位（二等奖）；获“武鸣区推进义务教育均衡发展工作先进单位”称号。同年，灵马旱藕粉制作技艺成功申报第七批南宁市级非物质文化遗产代表性项目名录。存在的主要问题有：农业产业结构调整速度不够快，特色产业发展规模不够大，特色产业品牌效应不够强；工业基础依然薄弱，工业发展动力不足，工业水平亟待提高；农村基础公共服务设施相对落后，与人民群众需求存在一定差距，民生保障尚有不少短板；社会矛盾纠纷错综复杂，社会维稳压力大，群众安全感和满意度还有待提高。

【经济发展】

农林牧渔业　2017年，灵马镇继续落实国家财政支农、惠农政策，发放农业资料综补贴287万元、耕地力补贴287.28万元、粮食直补20.76万元以及能繁母猪补贴1.89万元等。购置农机10

台，补贴32.67万元，受益农户6家。有柴油机、汽油机、电动机等农业机械总动力2.42万千瓦，有大中型拖拉机37台、小型拖拉机215台、联合收割机16台、机动脱粒机620台、农用水泵443台等，实现机耕面积7420公顷、机种1877公顷、机收7238公顷。粮食作物主要播种水稻、玉米、大豆、红薯，播种面积3990公顷，粮食产量约1.95万吨。其中：水稻播种1398公顷，产量8033吨；玉米播种1355公顷，产量8319吨；豆类播种602公顷，产量979吨；红薯种植380公顷，产量（折谷）1127吨。经济作物主要种植花生、甘蔗、木薯，种植面积2432公顷。其中，花生种植607公顷，产量1943吨；甘蔗种植740公顷，产量6.35万吨；木薯种植990公顷，产量（按40%折干）1.25万吨。蔬菜种植面积2565公顷，产量6.07万吨。特色产业主要有种桑养蚕，桑叶种植40公顷，产量0.36万吨；养蚕8000平方米，蚕茧产量20吨，产值100万元。累计成立有农业生产（甘蔗、辣木等）合作社18家（新成立2家）、家庭农场4家（新增2家），实现土地流转167公顷，用于种植经济作物，经营业主35家。林木树种主要有松树、尾叶速生桉树等，木材采伐量5.09万立方米；全年更新造林面积76公顷。畜牧业生产以饲养牛、猪、羊和鸡、鸭、鹅为主，规模养殖项目主要有生猪。年末，耕牛出栏0.35万头，存栏1.33万头；生猪出栏6.28万头，存栏4.93万头，其中能繁母猪饲养0.63万头；山羊出栏0.26万只，存栏0.22万只，其中实施山羊圈养3户、存栏0.03万只。家禽出栏110.16万只，存栏61.36万只。其中，鸡出栏85.15万只，存栏41.77万只；鸭出栏23.99万只，存栏19.09万只。全年肉类产量7115吨，禽蛋产量321吨。特色畜牧养殖主要有野猪、山鸡、肉鸽、竹鼠，其中养殖竹鼠出栏数560只、存栏数235只。渔业生产主要养殖草鱼、鲢鱼、鳙鱼、鲤鱼、鲶鱼、塘角鱼、罗非鱼，养殖方法主要有网箱养殖、山塘养殖；规模养殖项目主要有草鱼，全年水产养殖面积249公顷，水产品产量1537吨。是年，实现农林牧渔业总产值约6.06亿元，其中农业产值约3.48亿元、林业产值3544万元、牧业产值1.92亿元、渔业产值1561万元、农林牧渔服务业产值1517万元。

工业企业 工业企业以独资经营为主。有工业企业90家，从业人员197人，其中规模以上工业企业有1家、从业人员110人；实现规模以上工业总产值约3.65亿元、利税总额260万元。是年，实现全部工业总产值3.65亿元；完成技术改造投资1510万元。工业产品主要有淀粉和变性淀粉，年产量约11.06万吨。

商贸与服务业 商贸流通企业以私营企业和个体工商户为主。有商贸流通私营企业4家（即大型超市4家），从业25人，注册资金120万元。个体工商户283家（新增30家），从业473人（新增58人），注册资金945万元。全年实现商品社会消费零售总额2635万元。其他如快递行业有2家，从业6人，注册资金5万元；旅馆有10家，从业35人，注册资金163万元等。年内，有餐饮店62家，从业人员135人。其中，酒楼和饭店有21家，从业人员98人；其他如粉店、小炒快餐店、小吃摊点等有41家，从业人员94人。全年餐饮业营业收入约405.13万元。有理发店22家，从业人员47人，营业收入约105.08万元。修理（包括家电、钟表和自行车、摩托车、汽车等）店有20家，从业人员62人，营业收入约255.53万元。拥有大型客车8辆、小型客运汽车13辆（其中五菱面包车8辆、其他小型客车5辆），客运往返线路有灵马至武鸣、灵马至南宁、灵马至平果等。全年客运总量约19.25万人次，客运总收入约206.57万元。拥有载货运输汽车125辆，运输往返线路主要有灵马至武鸣、南宁、平果、马山，全年货运总量约86.65万吨，货运总收入约20.56万元。

招商引资 继续做好招商引资工作。年内，引进安徽客商个人独资在灵马镇投资创建农产品种植、加工与冷藏基地项目1个，项目总投资、合同引进资金、实际到位资金和年内完成建设投资均是550万元。

村镇建设 投资82.80万元，先后建成灵马社区井根屯道、义龙村那快屯道、方和村至坛济村屯道2.70千米和坛济至那河屯道2.70千米、坛济至将期屯道0.42千米等5条，总长8.58千米。此外，还建成机耕路700米。投资1038万元完成山塘除险加固1座、渠道防渗工程3.33千米、渠道清淤5.33千米。投资101万元建成村（社区）级公共服务中心2个；高楼村那翁屯获财政奖补6万元和群众自筹资金10.80万元，建成屯级公共服务中心1个。投资483万元实施农村危房改造79户、79间，惠及村民248人。年内，开展“产业富民、服务惠民、基础便民”专项活动，投资71.20万元完成村屯排污管道铺设1.50千米等。继续雇请保洁员213人对乡村屯道、巷道开展常态化保洁工作。

【社会发展】

文明创建活动　2017年，灵马镇继续开展美丽家庭创建活动，被评为县区级美丽家庭有6户。开展星级文明户创建活动，评出县区级“十星级”文明户6户、镇级“十星级”文明户10户。年内，在南宁志愿网注册的志愿服务队4支，有志愿者47人；举办志愿者培训班1期，培训47人次；组织开展法律援助、免费义诊、交通文明劝导等志愿服务活动，累计参与180人次，发放宣传资料及派发小礼品1.20万份。加强未成年人思想道德教育，组织各中小学校开展“唱响青春主旋律”歌咏比赛、青少年读书季和感恩教育、法制教育进校园等活动8场，参加活动学生1.60万人次。

科教文卫体事业　开展科技兴农和农作物病虫害防治、农业技术咨询与推广等宣传工作，实施农业种植科技培训和种桑养蚕技术培训。投入科技经费50万元，先后组织实施科技项目并通过上级验收1个、建成方和村糖料蔗高产栽培统防统治基地267公顷。全年举办种桑养蚕技术、旱地育秧技术、水稻矮缩病防治技术等农业种养培训班5期，参加培训有6600人次，其中培训技术骨干320人。是年，开办幼儿园25所（公办12所、民办13所）、学前班20个（公办10个、民办10个），幼儿、学前教师95人；幼儿入园2012人，入园率94.40%。设有小学校13所，在岗（专任）教师164人，在校生3309人；小学适龄儿童入学率、小学毕业生升学率均100%。设置初中校2所，在岗教职工131人（专任教师130人），在校生1448人；初中阶段入学率100%，辍学率6%，初中毕业生升学率83.50%。九年义务教育巩固率90.57%。全年资助贫困小学生534人、贫困初中生1546人，分别资助26.72万元、96.56万元，其中资助贫困女孩1125人、资金77.01万元。继续落实“农村义务教育学生营养改善计划膳食补助”，享受营养改善计划小学生3310人、初中生1439人，分别发放营养补助256万元、115.12万元；落实享受“农村家庭经济困难寄宿生生活费补助”的小学生198人、初中生1526人，分别发放生活补助9.90万元、95.28万元。镇文化体育和广播影视站投资41万元建成王桥村村级公共服务中心1个，累计已建成村级公共文化服务中心7个。成立有村镇民间文艺队3支，队员120人；春节或其他节日期间组织开展文艺演出21场，观众约3.50万人次；举办大型喜迎党的十九大文艺晚会1场，观众约0.20万人次。全年编辑出版墙报、板报18期，主要宣传宜居乡村、党建、廉政教育等内容；放映公益电影14场，观众约0.30万人次。镇医疗卫生机构设有南宁市武鸣区灵马镇卫生院1所，有卫生技术人员58人（其中医生20人、护士18人），病床74张。辖村、社区卫生所13个、村（社区）医务人员22人；个体医疗诊所3个、个体医生3人。年内，投入50多万元整治农村环境，完成农村卫生改厨、改厕875户。参加城乡居民基本医疗保险的村民约有5万人，参保率97.66%；病患者获医疗报销有1.76万人次、补助310.89万元。有计划生育技术服务所1个。全面实施二孩政策，年度区间人口出生1571人（男840人、女731人），人口出生政策符合率83.02%，自然增长率17.78‰；受理再生育申请6份，审批发证6本。全年免费为150多对育龄夫妇开展孕前优生检查，随诊回访计生对象1500多人次。投资31万元新建成篮球场3个；年底累计有篮球场25个、乒乓球台16个，全年参加体育运动的居民约有1.80万人次。开展群众性体育活动的项目有打篮球、气排球、拔河赛等，组织开展篮球比赛5场，观众约1.50万人次。组队参加武鸣区“信用社杯”乡镇篮球赛、五人制足球赛分别获篮球赛女子组第四名、五人制足球赛第一名。

民政事业　做好城乡低保、“五保”供养和医疗救助工作。全年审批农村低保对象178户393

人，发放低保金 83.77 万元。核定“五保”供养对象 104 人，发放供养金 58.44 万元。是年，累计建有敬老院 1 所、“五保”新村 2 个，实际入住集中供养“五保”老人 2 人。落实居民自然灾害救助政策，安排灾民救济 32 户 71 人，发放救济粮 4335 吨（折款 2.18 万元）；发放冬寒春荒救灾衣被 82 件（折款 0.77 万元），惠及灾民 19 户 44 人。核定抚恤对象有 8 人，发放补助 12.09 万元。年内，应征入伍义务兵有 16 人，发放 2015 年、2016 年的义务兵家庭优待金有 23 户 49.69 万元；落实部分农村籍义务兵享受老年（年满 60 周岁）生活补助政策的退役人员 62 人，发放生活补助费 11.85 万元；安抚“两参”（参加对越自卫反击战退伍军人、参战民兵）人员 154 人，发放生活补贴 32.06 万元。

2017 年灵马镇干部开展宜居乡村环境卫生整治活动

（灵马镇政府提供）

劳动与社会保障 继续实施农村劳动力培训工程，组织举办种植、养殖等技能培训班 3 期，培训村民 150 人次，其中培训就业、创业人员 58 人，完成全年任务的 100%。年内，继续组织农村富余劳动力实施劳务输出 836 人，其中转移就业新增 426 人；城镇新增就业 128 人、下岗失业人员再就业 4 人。城镇人员登记失业率 3.65%。完成 16 周岁～60 周岁参加城乡居民基本养老保险（简称“基本养老保险”）缴费民众约有 1.43 万人，参保率 84.27%；完成发放 60 周岁以上享受“基本养老保险”待遇的居民有 5181 人，发放率 100%。

【脱贫攻坚】 灵马镇在 2015 年年底、2016 年年初有贫困村 3 个（即坡江村、方和村、新龙村），建档立卡的贫困家庭有 428 户 1571 人。2016 年年底，已实现脱贫摘帽的贫困村有 2 个（即坡江村、新龙村），贫困家庭已实现脱贫 127 户 537 人。2017 年，安排机关干部、驻村工作队员 173 人进村入户开展结对帮扶工作。在发展生产方面，投入财政专项扶贫资金 146 万元（上级资金 106 万元、城区配套资金 40 万元），受益贫困家庭 278 户 1123 人；累计发放（产业）扶贫贷款 991.60 万元，惠及 208 户 863 人。在转移就业方面，投资 432.60 万元用于贫困户发展散种散养产业，开展创业培训、职业技能培训 2 期，培训 70 人；转移贫困户劳动力外出就业 38 人，帮扶贫困户创业 190 人。建立贫困学生档案，落实帮扶资助建档立卡贫困户在义务教育阶段的在校就读子女 90 人，发放生活补助金

2017 年 12 月 6 日，灵马镇开展精准扶贫迎检冲刺阶段工作布置会

（灵马镇政府提供）

9万元；参加中、高等职业学历教育和普通高校本科学历教育的建档立卡贫困生有86人，发放享受雨露计划补贴资金13.20万元。继续落实贫困家庭医疗救助政策，建档立卡的贫困人口由政府以财政资金代缴“城乡居民基本医疗保险”（简称“基本医保”）的参保款27.57万元、惠及1838人，其中投资6.32万元资助农村“五保”户、低保户参加“基本医保”有421人。同时，为建档立卡贫困户实施医疗救助266人次，救助金约200万元。加强扶贫基础设施建设，整合资金投入260万元助推扶贫脱贫攻坚工作，建成贫困村屯的通屯水泥硬化道路4条5.90千米；投资50万元建成贫困村人饮水工程2处；投资110.85万元完成贫困户危房及人均住房不足13平方米的房屋改造29户、1980平方米。年内，经实施动态调整和再识别后新纳入的贫困户有5户17人，返贫有1户3人。是年底，通过自治区核查验收，达到“十一有一低于”（即有特色产业、有住房保障、有基本医疗保障、有义务教育保障、有安全饮水、有路通村屯、有电用、有基本公共服务、有电视看、有村集体经济收入、有好的“两委”班子，贫困发生率低于3%）指标，实现脱贫摘帽的贫困村有方和村1个；经过核实验收与“双认定”（即帮扶责任人认定、贫困户自身认定）达到“八有一超”（即有稳固住房，有饮用水，有电用，有路通自然村，有义务教育保障，有医疗保障，有电视看，有收入来源或最低生活保障；家庭人均纯收入超过国家扶贫标准）目标，实现脱贫的贫困家庭有78户308人。余下的贫困家庭229户746人属于最后扶贫攻坚对象。

【大年正月初一“情人节”】 灵马镇的良安村、三合村与马山县林圩镇的高德村三村交界处，四周山谷环绕、913县道穿越而过，是旧时候马山县西部地区人们出行武鸣、南宁、百色和云贵高原的重要交通要道。因地处远离村庄而环境幽静，四周矮缓山坡上处处是草坪，且绿草如茵，十分适宜踏青交友。过去曾是青年男女晚上约会、谈情说爱的地方，后来慢慢演变成为今天具有民风民俗特色的农历大年正月初一“情人节”。自改革开放初期的1985年—2017年，每年的大年正月初一日，从四面八方自发而来的俊男靓女们，欢聚于此，谈情说爱，追寻自己心仪的另一半，成为此处山谷中最靓丽的一道风景线。

（苏 星 潘汉宁）

仙湖镇

【概 况】 仙湖镇位于武鸣区西北部，东邻府城镇，西与锣圩镇交界，南和南宁华侨投资区（里建）、城厢镇相连，北邻马山县片联乡。镇人民政府驻地仙湖圩，距城区30千米。土地面积214.58平方千米（合21458公顷）；耕地面积10345.15公顷，其中水田2547.51公顷；林地面积8000公顷，森林覆盖率72%。镇境属石山丘陵地带，地形呈狭长形，地势略向西北—东南方向倾斜，东部、中部、南部属于低丘陵和平地，西部分布着孤立或三五成群的石山，北部建有武鸣区最大的仙湖水库，属大（2）型水库，集雨区面积342万平方米，水库容量1.25亿立方米，有效库容5754万立方米，设计灌溉面积1.26万公顷，有效灌溉面积9400公顷。水库以农业灌溉为主，结合防洪、发电、人饮等工程综合利用；建有水厂1家，设计日供水能力3000吨。仙湖河为辖区内主要河流，流经六冬村、三冬村、邓吉村、清白村、四育村后，汇入西江河。公路干线主要有045县道（城区—里建—仙湖）和乡道（仙湖—府城）。游览景点主要有仙湖水库风景区、邓吉琅山大王洞。矿产主要有煤矿、磷矿、黏土矿。地方特产有甘蔗、柑橘、龙眼、西瓜、香米、渌雅土鸡、鲟鱼等。镇管开发区有仙湖新圩开发区、那溪新圩开发区。农贸市场有仙湖圩、那溪圩，每三天为一圩，周而复始。2017年，辖有10个村委、1个社区，146个自然屯、249个村（居）民小组。年末，居民总户数1.35万户，总人口4.17万人。全年实现第一产业增加值9.24亿元，增长4.03%；第二产业增加值2800万元，增长4.05%；第三产业增加值931万元，增长1.02%；完成全社会固定资产投资全年任务1.80亿元；完成招商引资任务

2320万元；实现农民人均可支配收入达12463元，比上年10.02%。是年，仙湖镇获“自治区卫生镇”称号，获南宁市人大常委办公厅授予理论研讨活动论文三等奖；六冬村、四育村、邓柳村三个村获“自治区级生态村”称号；连才村三丹屯与明户屯、苏梁村坛留屯与坡利屯等4个屯获“南宁市卫生村屯”称号；苏梁村坛留屯获“南宁市绿色村屯”称号；那溪小学、邓吉村被评为城区文明单位。仙湖镇在经济社会发展中取得了不错的成绩，但是也存在一些困难和问题：村屯基层设施建设有待进一步加强，工业、文化广场等一些建设项目未能取得实质性进展，工作效率有待于加强；少数村经济基础特别是村集体经济还比较薄弱；农业产业化规模化经营水平还需进一步提高。

【经济发展】

农林牧渔业　2017年，仙湖镇按照“发展特色农业，力争工业突破，着重改善民生，促进社会和谐”的工作思路，因地制宜，精准发力，全镇经济保持平稳发展态势。是年，继续落实国家财政支农、惠农政策，发放耕地力保护补贴515.61万元；发放良种补贴1.01万元、粮食补贴32.02万元以及能繁育母猪补贴0.51万元。购置农机25台，补贴12.76万元，受益农户23家。有柴油机、汽油机、电动机等农业机械总动力3.40万千瓦，有大中型拖拉机39台、小型拖拉机840台、联合收割机25台、机动脱粒机153台、农用水泵393台等，实现机耕面积1.32万公顷、机种3327公顷、机收5512公顷，农机作业值2730万元。粮食作物主要播种水稻、玉米、大豆、红薯，播种面积6635公顷，粮食产量3.19万吨。其中，水稻播种3510公顷，产量1.98万吨；玉米播种1497公顷，产量8339吨；豆类播种1149公顷，产量1677吨；红薯播种134公顷，产量（折谷）414吨。经济作物主要种植花生、甘蔗、木薯，种植面积4653公顷。其中：花生种植1559公顷，产量4961吨；甘蔗种植2084公顷，产量16.98万吨；木薯种植984公顷，产量（按40%折干）1.25万吨。蔬菜种植2518公顷，产量6.38万吨。果园面积2609公顷，特色水果种植主要有柑果、火龙果、苹果枣等。其中，种植柑橘890公顷，产量4983吨，产值500万元；火龙果40公顷，产量1500吨，产值900万元；苹果枣35公顷，产量750吨，产值280万元。累计成立有农业生产（香蕉、柑果、红霸王花等）合作社28家（新成立6家）、家庭农场7家（新增2家），实现土地流转230公顷（其中流转水田30公顷），经营业主6家，土地流转主要用于种植经济作物共230公顷。林木树种主要有松树、马尾松、板栗、尾叶速生桉树和竹林、果树林。林产品主要有松脂、板栗、竹笋和果品，年产量分别为278吨、5吨、90吨、300吨。木材采伐量3.59万立方米，全年更新造林面积72公顷。畜牧业生产以饲养猪、羊和鸡、鸭、鹅为主。年末，生猪出栏7.83万头，存栏7.01万头；山羊出栏0.40万只，存栏0.35万只。家禽出栏196.60万只，存栏72.16万只。其中，鸡出栏138.80万只，存栏43.50万只；鸭出栏56.55万只，存栏28.04万只；鹅出栏1.28万只，存栏0.32万只。全年肉类产量9833吨，禽蛋产量293吨。渔业生产主要养殖草鱼、鲢鱼、鲤鱼、罗非鱼和鲶鱼，养殖方法主要有网箱养殖、山塘养殖。全年水产养殖面积704公顷，水产品产量6590吨。是年，仙湖镇实现农林牧渔业总产值9.07亿元，其中农业产值5.61亿元、林业产值2555万元、牧业产值2.30亿元、渔业产值6688万元、农林牧渔服务业产值2400万元。

工业企业　工业企业以独资经营、合资经营为主。有工业企业3家，从业人员86人。全年全部工业总产值0.38亿元，完成工业投资7060万元、技术改造投资7060万元。工业产品主要有页岩砖、生物化肥、水泥制品，年产量分别为125吨、1100吨、3000吨。

商贸与服务业　商贸流通企业以私营企业和个体工商户为主。有商贸流通企业3家，从业86人，注册资金1700万元。个体工商户60家（新增2家），从业132人（新增6人），注册资金256万元。是年，实现商品社会消费零售总额1508万元。有餐饮店20家，从业人员37人。其中，酒楼和饭店有1家，从业人员5人；其他如粉店、小炒快餐店、小吃摊点等有19家，从业人员32人。全年餐饮业营业收入约224万元。有理发服务店6家，从业人员10人，营业收入约25万元。修理服务店有12家，从业人员 23 人，营业收入约 32 万元。拥有空调客运公交车 12 辆，客运往返线路有仙湖至里建、仙湖至武鸣，全年客运量约 15 万人次，客运总收入约 150 万元。拥有货运汽车 27 辆，运输往返线路主要为仙湖至东江糖厂，全年货运量 20 万吨，货运收入 500 万元。

招商引资　招商引资持续推进，产业活力不断增强。年内，通过招商新引进的企业是红霸王花种养专业合作社，总投资额 2320 万元，实际到位资金 2320 万元，完成建设投资 2320 万元。

村镇建设　投入城乡基础设施建设资金 198.17 万元（其中村民自筹 9.63 万元）。主要建设项目：投资 27.85 万元建成苏梁村 13 组屯道、投资 18.75 万元建成邓吉村 22 组屯道、投资 21.35 万元建成连才村广祥屯等村屯道路 18 条，总长 10.39 千米（含 0.30 千米排污管）；投资 21.73 万元维修道路 3 条，总长 0.97 千米。水利建设投资 1850 万元，完成水库除险加固 1 座和渠道防渗工程 25 千米、渠道清淤 275 千米。投资 5 万元进行环境绿化，新种绿化树 350 株。投资 45 万元，扩建三冬、六冬和苏梁的村委办公楼；投资 220 万元，新建 5 个（邓吉村、清白村、那溪村、邓柳村、四育村）村委办公楼；投资 78.77 万元（其中村民自筹 3.97 万元）安装太阳能路灯 233 盏，受益村民 0.66 万人；投资 48.03 万元（其中村民自筹 2.48 万元），建成中桥社区 5 组、六冬村一冬屯、连才村大周屯、邓柳村村委的文化室。投资 142.16 万元实施农村危房改造 47 户 47 间，惠及村民 121 人。投资 7 万元建设 10 个村级综合服务中心，在村级开展就业、社保、教育、卫生、文化和法律六项服务；扎实推进基础惠民项目建设；雇请村屯保洁员 218 人，对乡村屯道、巷道开展常态化保洁工作。

【社会发展】

文明创建活动　2017 年，仙湖镇开展文明创建、爱心志愿服务活动，弘扬真、善、美，营造健康、文明、向上的人文环境。是年，仙湖镇创建自治区级生态村 4 个，生态村覆盖率 36.37%；在开展文明村（社区）创建活动中，有六冬村、邓吉村、连才村被评为镇级文明村，邓吉村被评为县（区）文明村，推荐六冬村参加南宁市文明村的评选。年内有 50 户被评为镇级文明家庭，25 户被评为县（区）级文明家庭，推荐 6 户参加南宁市评选活动。在中小学校开展文明校园创建活动中，那溪小学校被评为县（区）文明校园，推荐中桥小学参加南宁市文明校园评选活动。在开展星级文明户、创建活动中，50 户评为镇级十星（勤劳致富星、爱国守法星、团结和睦星、清洁卫生星、计划生育星、诚实守信星、科学教育星、文明新风星、志愿服务星、文化传播星）级文明户，20 户县（区）十星级文明户，推荐 15 户参加南宁市评选活动。组织开展慰问白血病、慰问留守儿童、献血、文明劝导等志愿服务活动，累计参与 120 人次，发放宣传资料、派发小礼品 80 份。2017 年，加强未成年人思想道德教育，组织各中小学校开展感恩教育、践行社会主义核心价值观、传承经典文化等活动 72 场次，参加活动学生 2.17 万人次。

科教文卫体事业　举办柑橘病虫害防治技术、农产品安全监管技术、甘蔗高产高糖技术、动物防疫和养殖粪污资源化利用技术等农业种养培训班 7 期，培训 500 人次。投资 15 万元，实施甘蔗间种“蜜本”南瓜基地 30 公顷。是年，仙湖镇开办幼儿园 10 所（公办 2 所、民办 8 所），幼儿、学前教师 72 人；幼儿入园 976 人，入园率 99.80%。设有小学校 10 所，在岗教职工 122 人（专任教师 122 人），在校生 1363 人；小学适龄儿童入学率 100%，小学毕业生升学率 100%。设置初中校 1 所，在岗教职工 63 人（专任教师 63 人），在校生 754 人，初中阶段入学率 100%，辍学率 0.01%，初中毕业生升学率 90%；九年义务教育巩固率 99.90%。全年资助贫困小学生 170 人、贫困初中生 2 人，分别资助 8.55 万元、0.13 万元，其中资助贫困女孩 89 人、资金 4.45 万元。继续落实“农村义务教育学生营养改善计划膳食补助”（小学生、初中生每生每年 800 元）享受营养改善计划小学生 726 人、初中生 1480 人，分别发放营养补助金 58.08 万元、118.40 万元；落实享受“农村家庭经济困难寄宿生生活费补助”（小学生每生每年 1000 元、初中生每生每年 1250 元）的小学生 123 人、初中生 787 人，分别发放生活补助费 12.30 万元、98.38 万元。镇文化体育和广播影视站1个，累计建成村级公共文化服务中心11个。年内，有村镇民间文艺队12支，队员150人，春节或其他节日期间组织开展文艺演出80场，观众约1.20万人次；到各村放映公益电影共计66场，观众约0.25万人次。全年编辑出版墙报、板报5期，主要宣传脱贫攻坚工作、宜居乡村、扫黄打非、党建工作。镇医疗卫生机构设有1卫生院，下设1分院；卫生技术人员65人（其中医生28人、护士17人），病床73张。辖村、社区卫生所10个、村（社区）医务人员21人，个体医疗诊所3个、个体医生3人。投资261万元，完成农户卫生改厨、改厕2030户。年内，新型农村合作医疗制度（简称“新农合”）的参加新农合率98.60%；获新农合医疗报销补助2.08万人次、333.25万元；参加城镇医疗保险的居民81人，筹集保险金1.22万元；年内享受城镇医疗保险报销的居民0.78万人次、金额190.74万元。有计划生育技术服务站1个，全面实施二孩政策，年度人口出生1094人（男583人、女511人），人口出生率17.65‰、自然增长率8.61‰；受理再生育申请13份，审批发证13本。开展健康咨询年12次，参加人数1678人次，开展健康讲座12次，参加人数303人，发放宣传资料1981份，宣传品1123份。开展群众性体育活动的项目有打篮球、气排球、拔河赛、乒乓球赛等。组织开展篮球比赛80场、气排球比赛30场，拔河比赛25场，乒乓球赛10场，观众约1.50万人次。是年，组建篮球队参加2017年“信用社杯”比赛获乡镇男子篮球赛第8名。

民政事业 继续做好城乡低保、“五保”供养、医疗救助工作。是年，审批城镇居民最低生活保障对象12户18人，发放低保金9.12万元；审批农村居民最低生活保障对象318户715人，发放低保金145.43万元，核定“五保”供养对象118人，发放供养金65.30万元。年底累计建有敬老院1所、“五保”新村4个，集中供养“五保”老人7人。审批城市医疗救助对象2户2人，发放救助金0.44万元；审批农村医疗救助对象63户63人，发放救助金15.47万元。按每人每月800元养育标准给社会散居孤儿7人次发放养育金3.36万元（其中上半年3人总计发放1.44万元，下半年4人总计发放1.92万元）。落实居民自然灾害救助政策，安排困难群众救济粮20户80人，发放救济粮1.50吨（折款0.75万元）。发放冬寒春荒救灾衣被817件（折款7.88万元），惠及灾民331户732人。因灾倒房1户2间，给因灾受损住房保险理赔1.80万元，列入恢复重建项目补助资金2.50万元；登记过渡期灾民申请1户，获得救助金0.20万元。发放抚恤补助347人106.22万元。年内，应征入伍义务兵12人，发放2017年的义务兵的家庭优待28户56.94万元；落实部分农村籍义务兵享受老年（年满六十周岁）生活补助政策的退役人员123人，发放生活补助费19万元；安抚“两参”（参加自卫反击战退伍军人、参战民兵）人员154人，发放生活补贴25.72万元。是年，给80岁至89岁老人859人，发放高龄补助金82.46万元（每人每月80元）；给90岁至99岁老人138人，发放高龄补助金24.84万元（每人每月150元）；给100岁以上老人6人，发放高龄补助金2.88万元（每人每月400元）。有465人享受重度残疾人护理补贴，发放金额27.90万元（每人每月50人）；有166人可享受困难残疾人生活补贴，发放金额9.96万元。有15人获南宁市

2017年10月16日，村屯道路建设施工完成　（仙湖镇政府提供）

“阳光计划”资助，资助金共1.94万元；有26人获自治区“阳光计划”资助，总计3.90万元（每人1500元）。开展实施“党员扶残温暖同行”活动，每户补助项目扶持资金1000元，共计1.70万元。发放离任村干部养老补贴2713人次，共计62.73万元。

劳动与社会保障　继续实施农村劳动力培训工程，组织举办种植、养殖等技能培训班7期，培训500人次，完成全年任务100%；组织农村富余劳动力实施劳务输出7510人，其中转移就业新增741人；城镇新增就业101人。城镇人员登记失业率3.70%以内。完成16周岁～60周岁参加城乡居民社会基本养老保险（简称“城乡居民保”）缴费民众2.01万人，参保率90.07%；完成发放60周岁以上享受“城乡居民保”待遇居民6108人，发放率100%。

【脱贫攻坚】　仙湖镇在2015年年底、2016年初精准识别时有贫困村3个（即六冬村、四育村、渌雅村），建档立卡的贫困家庭有418户1288人。至2016年底，已实现脱贫摘帽的贫困村有2个（即四育村、渌雅村），贫困家庭已脱贫135户457人。2017年，安排机关干部、驻村工作队员199人进村入户开展结对帮扶工作。在发展生产方面，投入财政专项扶贫资金145.88万元，受益贫困家庭476户1388人。累计发放产业扶贫贷款498.50万元，惠及127户136人。在转移就业方面，投资0.37万元用于贫困户发展散养散种产业，开展创业培训、职业技能培训2期，培训70人；转移贫困户劳动力外出就业20人，帮扶贫困户创业3人。建立贫困学生档案，落实帮扶资助建档立卡贫困户义务教育阶段在校子女147人，发放生活补助金10.60万元；参加中、高等职业学历教育和普通高校本科学历教育的建档立卡贫困生56人，享受雨露计划补贴资金10万元；就读普通高中、中等职业学校和普通高等学校本专科（含高职）的建档立卡贫困生22人，获国家助学金5.32万元。落实贫困家庭医疗救助政策，政府财政给建档立卡的贫困人口代缴参加新农合医疗款23.18万元，惠及1288人。同时，投入57万元为五保户和低保户中的建档立卡贫困户实施医疗救助143人次。加强扶贫基础设施建设，整合资金投入172万元开展扶贫攻坚工作，建成贫困村屯的通屯（或通村）水泥硬化道路1条2.25千米、公共服务中心4个、篮球场3个。投资94万元，完成贫困户危房及人均住房不足13平方米的房屋改造33户1929.16平方米。2017年，通过自治区核查验收，达到“十一有一低于”（即有特使产业、有住房保障、有基本医疗保障、有义务教育保障、有安全饮水、有路通村屯、有电用、有基本公共服务、有电视看、有村集体经济收入、有好的“两委”班子，贫困发生率低于3%）指标，实现脱贫摘帽的贫困村有1个（即六冬村）；经过核实验收与“双认定”（即帮扶责任人认定、贫困户自身认定）达到“八有一超”（即有稳定收入来源、有住房保障、有基本医疗保障、有义务教育保障、有路通村屯、有饮用水、有电用、有电视看，家庭当年人均纯收入超过国家现行扶贫标准）目标，实现脱贫的贫困家庭有76户254人；剔除2户8人。余下贫困家庭205户569人属于最后扶贫攻坚对象，计划将于2020年底全部实现脱贫摘帽。

2017年12月25日，贫困户危房改造顺利完成

（仙湖镇政府提供）

【"和乐邓柳"党建示范点】 2017年，仙湖镇继续实施"党建引领工程、文化惠民工程、服务为民工程、产业富民工程"四大工程，完善提升"和乐邓柳"党建示范点。通过整合村委周边8亩多土地，完成邓柳村级办公用房新建任务和法治长廊建设，合理设置党代表工作室、党群活动室、党员志愿服务室、党建宣传长廊、文化广场等硬件建设，使群众活动有场所，党员服务有阵地；组织开展"山歌颂党恩，高歌十九大"主题活动，通过山歌比赛的形式，学习宣传习近平新时代中国特色社会主义思想，深入贯彻学习党的十九大精神，助力党建工作；同时开设道德讲堂、开展"道德模范"评比活动，设立凡人善举榜，宣传"身边的好人"，树立道德模范，弘扬道德精神；建立精准服务外出务工人员工作站，与东盟经开区人才人力资源中心建立合作关系，为外出务工人员提供就业信息、技能和维权法律培训等服务；通过土地流转、"小块并大块"土地整合方式创建糖料蔗"双高"（高产量、高糖分）基地，推广赤眼蜂防治甘蔗病虫害技术，做大做强甘蔗产业，增加农民收入；重点培育邓柳村香蕉种植基地，以此为核心辐射带动全村的经济社会发展。

和乐邓柳（2017年1月摄） （仙湖镇政府提供）

【仙湖新圩开发区】 仙湖新圩开发区占地面积5.20公顷。2007年，投资130多万元，将渌雅村尾鼠屯25户97人整体异地搬迁至开发区安置，取名"圣象新村"。2008年，投资40万元完成镇交通站办公楼和大门建设。2009年—2014年，投入600余万元建成渌雅移民新村。渌雅移民新村位于镇开发区东南面，与圣象新村相邻，规划用地1.60公顷，建成4排二层庭院式住房67套，供给库区移民67户302人；同时，完成建设有球场、文化活动室各1个。2015年至2016年，投入320元用于开发小区的基础设施建设及居民房建设。2017年，继续抓好开发区建设与管理工作。投资10万元，安装太阳能路灯38盏；投入约30万元，对公共场地进行水泥硬化2100平方米；投入35万元，为渌雅移民新村建设污水处理管道720米。

（廖娟春）

府　城　镇

【概　况】 府城镇位于武鸣区北部，东连陆斡镇和两江镇，南接东风农场和城厢镇，西通仙湖镇，北邻马山县林圩镇。镇政府驻地府城圩，距武鸣城区36千米。北回归线穿过镇境中部，属于亚热带季风气候。镇境地势北高南低，北部一带有连绵丘陵，适宜种植竹笋、尾叶速生桉等经济林木；中南部一带地势较平坦，适宜种植水稻、甘蔗、水果等农作物。土地面积295.49平方千米（合29549公顷）；耕地面积有13032.48公顷，其中水田3071.67公顷；有林地面积12173.30公顷，森林覆盖率42.96%。府城河、元宵河两大水系流经镇境，有那打、元宵、三星、古利、六朝、凤凰、定公、龙岩、那增、大同等中小型水库及一批小山塘。公路主要有都南高速公路、府城至雷江二级路、府城至里建二级路。旅游景点主要有卧牛石、榕园、阳明书院、水月岩和狮子岩。矿产资源主要有页岩矿。地方土特产有渌龙竹笋、富良村土榨红糖、府城榨粉和府城狗肉等。农贸市场有府城圩、寺圩，每三天为一圩，周而复始。2017 年，府城镇辖 23 个村、2 个社区（原白合华侨农场经过改制为白合华侨社区，划分为 4 个片区），有 226 个自然屯、334 个村（居）民小组。年末，总户数 1.94 万户，总人口 6.63 万人。全年实现第一产业增加值 2699 万元，增长 3.52%；第二产业增加值 -2731 万元，增长 -11.40%；完成全社会固定资产投资 0.67 亿元；完成全年招商引资任务 3690 万元；实现农村居民人均可支配收入 13722 元，比上年增长 10%。是年，府城镇获南宁市“美丽南宁”乡村建设工作目标专项考评鼓励奖；获武鸣区年度的卫生和计划生育工作先进单位二等奖、环境保护“一岗双责”目标管理考核工作优秀奖、“美丽武鸣”乡村建设活动目标专项考评三等奖、安全生产目标管理工作先进单位三等奖、招商引资工作先进单位三等奖。存在的主要问题：农村产业转型升级的步伐还不够快，产业结构有待进一步调整，居民增收渠道有待进一步拓宽；工业基础较为薄弱，规模工业企业培植难度较大；基本公共服务体系还不够完善，与人民群众的需求存在有一定差距。

【经济发展】

农林牧渔业　2017 年，府城镇继续落实国家财政支农、惠农政策，农业耕地地力保护补贴 734.77 万元。购置农机 20 台，补贴 46.28 万元，受益农户 16 家。有柴油机、汽油机、电动机等农业机械总动力 5.01 万千瓦；有大中型拖拉机 134 台、小型拖拉机 877 台、联合收割机 42 台、机动脱粒机 890 台、农用水泵 599 台等，实现机耕面积 1.42 万公顷、机种 4964 公顷、机收 8776 公顷。主要播种水稻、玉米、大豆、红薯，播种面积 5761 公顷，粮食产量 2.86 万吨。其中，水稻播种 3799 公顷，产量 2.09 万吨；玉米播种 1035 公顷，产量 5861 吨；豆类播种 725 公顷，产量 1458 吨；红薯播种 360 公顷，产量（折谷）5219 吨。经济作物主要种植花生、甘蔗、木薯，种植面积 4840 公顷。其中，花生种植 959 公顷，产量 2884 吨；甘蔗种植 3182 公顷，产量 26.38 万吨；木薯种植 693 公顷，产量（按 40% 折干）8638 吨。其他农作物如蔬菜种植面积 3500 公顷，产量 8.87 万吨；果园面积 5001 公顷，水果产量 6.55 万吨。特色水果种植主要有柑果、龙眼等，其中，发展种植柑果 2897 公顷，产量 1.60 万吨，产值 2.46 亿元。是年，累计成立有农业生产合作社 54 家（新成立 8 家）、家庭农场 5 家（新增 3 家），实现土地流转 1154 公顷（其中流转水田 198 公顷），经营业主 13 家，土地流转用于种植粮食作物 473 公顷、经济作物 681 公顷。林木树种主要有松树、香樟、竹子、尾叶速生桉树和果树林。林产品主要有松脂、竹笋干，年产量分别为 336 吨、975 吨；木材采伐量 8.5 万立方米。全年造林面积 100 公顷。畜牧业生产以饲养牛、猪、羊和鸡、鸭、鹅为主。年末，耕牛出栏 0.30 万头，存栏 1.05 万头；生猪出栏 11.47 万头，存栏 8.84 万头，其中饲养能繁育母猪 1.05 万头；山羊出栏 0.69 万只，存栏 0.70 万只，其中实施山羊圈养 31 户、存栏 0.35 万只。家禽出栏 182.71 万只，存栏 98 万只。其中，鸡出栏 138.16 万只，存栏 73 万只；鸭出栏 43.47 万只，存栏 24.46 万只。全年肉类产量 1.23 万吨，禽蛋产量 436 吨。渔业生产主要养殖草鱼、鲢鱼、鳙鱼、鲤鱼、罗非鱼，养殖方法主要有网箱养殖、山塘养殖。全年水产养殖面积 359 公顷，水产品产量 5451 吨。是年，实现农林牧渔业总产值 11.88 亿元，其中农业产值 7.45 亿元、林业产值 8522 万元、牧业产值 2.73 亿元、渔业产值 5599 万元、农林牧渔服务业产值 2953 万元。

工业与企业　工业企业以合资经营为主。有工业企业 3 家，从业人员 167 人，新增 15 人。其中规模以上工业企业有 1 家、从业人员 63 人，实现规模以上工业总产值 8338.10 万元。全年全部工业总产值 1.20 亿元，第二产业增加值 62 万元，其中工业增加值 53 万元；完成工业投资 300 万元、技术改造投资 150 万元。工业产品主要有多孔页岩砖，年产量分别为 1.62 亿块。

商贸与服务业　商贸流通企业以个体工商户为主。个体工商户 1031 家（新增 168 家），从业 5671 人（新增 168 人），注册资金 4239.02 万元。有农民专业合作社 25 个，从业人员 323 人。有餐饮店 41 家，从业人员 82 人。其中，酒楼和饭店有 3 家，从业人员 6 人；其他如粉店、小炒快餐店、小吃摊点等有 38 家，从业人员 76 人。全年餐饮业营业收入200万元。有理发服务店15家，从业人员15人，营业收入30万元。修理服务店有21家，从业人员21人，营业收入105万元。其他服务业有美容店12家，工艺店1家及旅社3家。新建快递业5家，注册资金50万元，从业15人。拥有空调客运公交车35辆，客运往返线路主要有府城至武鸣、寺圩至武鸣。全年客运量70万人次，客运收入约550万元。拥有货运汽车660辆，运输往返线路主要有府城至南宁、府城至武鸣、府城至马山等线路；全年货运量75万吨，货运收入约1364万元。

招商引资　做好招商引资工作。通过招商新引进的企业（项目）有利国香蕉种植基地项目、益源瓜果种植加工项目，总投资额4500万元；合同引进资金3690万元，实际到位资金3690万元。年内，新引进企业（项目）完成建设投资1500万元。

村镇建设　投入城乡基础设施建设资金613.39万元，其中投资361.46万元建成东江村其元屯巷道、德灵村大尹新屯巷道、文泉村伏马屯、富良村定旺屯通屯道等22条，总长18.92千米；投资2.98万元建成富良村箭猪塘屯桥梁；投资101.10万元安装398盏太阳能路灯；投资153.84万元建成1527.06平方米的活动场所；投资20万元，完成硬化和平村1组篮球场576平方米、活动场所910平方米，安装路灯34盏，完成护坡110米，购置8套健身器材和1张乒乓球桌；投资20万元，建成永合村那烟屯285米通屯道，硬化灯光球场958平方米，购置1套灯光篮球场设施。水利建设投资2368万元，完成府城河道整治工程5.42千米，完成富良村、喜庆村2处渠道防渗工程，完成永共村山脚屯、富良村定各屯等6处人饮工程。是年，投资41万元建成和平村公共服务中心1个；实施农村危房改造51户，投资123万元，惠及村民189人。继续开展“美丽武鸣·生态乡村”建设，投资450万元，完成镇级垃圾中转站1座、村级垃圾中转站1座；建成富良村定旺屯、和平村觉卢屯生活污水处理设施2座；完成渌龙村新渌龙屯“绿色村屯”示范村建设工作；累计建有垃圾池325个，雇请保洁员330人，对乡村屯道、巷道开展常态化保洁工作，年清运垃圾3175.50万吨。

【社会事业发展】

文明创建活动　2017年，府城镇创建自治区级生态村3个，生态村覆盖率12%。开展文明村（社区）创建活动中，渌龙村新渌龙屯、西厢村敢谷屯被评为县区级文明村。开展星级文明户创建活动，评出镇级十星（勤劳致富星、爱国守法星、团结和睦星、清洁卫生星、计划生育星、诚实守信星、科学教育星、文明新风星、志愿服务星、文化传播星）级文明户80户，县区级十星级文明户40户，推荐15户参加南宁市级评选活动。开展“美丽家庭、美丽大嫂”评选活动中，有9户被评为县区级美丽家庭，推荐1户参加南宁市级评选活动；有4户4人被评为县（区）美丽大嫂。是年，加强未成年人思想道德教育，组织各中小学校开展感恩教育、践行社会主义核心价值观、传承经典文化等活动3场次，参加活动学生1200人次。

科教文卫体事业　投入科技经费135万元，组织实施科技项目共6个。实施到期通过上级验收的科技项目有6个，其中县（区）级科技项目6个。推广柑橘黄龙病防控技术约333公顷，印发测

2017年7月20日，都安考察团到府城镇考察集体经济
（府城镇政府提供）

土配方施肥技术资料700多份，在全镇推广发放《南宁市武鸣区柑橘黄龙病防控技术手册》600多本，应用测土配方施肥技术约8300公顷；实施秸秆还田项目，全年水稻秸还田2600公顷，玉米秸秆还田730公顷，甘蔗叶覆盖还田3300公顷；实施了大棚哈密瓜新品种试验示范推广项目，引进适合本地种植的优质高产哈密瓜新品种“金凤凰”，投资20万元，建成示范大棚500个，面积16.70公顷；实施葡萄品种改良项目，投资25万元，引进推广种植葡萄新品种“阳光玫瑰”面积13.30公顷。年内举办柑橘黄龙病防控技术、柑橘高产栽培技术、大棚哈密瓜种植管理技术等农业种养培训班4期，培训2000人次。开办幼儿园23所（公办8所、民办15所）、学前班3个（公办3个），幼儿、学前教师129人；幼儿入园1757人，入园率93.80%。设有小学校10所，在岗教职工201人（专任教师199人），在校生2347人；小学适龄儿童入学率100%，小学毕业生升学率100%。设置初中校1所，在岗教职工111人（专任教师107人），在校生1289人；初中阶段入学率100%，辍学率1.20%，初中毕业生升学率91%。九年义务教育巩固率87.21%。资助贫困小学生551人、贫困初中生692人，分别资助27.55万元、43.25万元，其中资助贫困女孩435人24.78万元。继续落实“农村义务教育学生营养改善计划膳食补助”（小学生、初中生每生每年800元）享受营养改善计划小学生2347人、初中生1289人，分别发放营养补助金187.76万元、103.12万元；落实享受“农村家庭经济困难寄宿生生活费补助”（小学生每生每年1000元、初中生每生每年1250元）的小学生397人、初中生682人，分别发放生活补助费39.70万元、85.25万元。镇文化体育和广播影视站投资35万元，建成和平村戏台及文化活动室；投资20万建成永和村文化中心，累计建成村级公共文化服务中心12个。有村镇民间文艺队32支，队员250人；春节或其他节日期间组织开展文艺演出78场，观众约1.50万人次。编辑出版墙报、板报12期，主要宣传法律、十九大精神、生态乡村等内容。放映公益电影24场，观众约1万人次。镇医疗卫生机构设有1个卫生院，下设1个分院；有卫生技术人员143人（其中医生43人、护士44人），病床105张。辖村（社区）卫生所23个、村（社区）医务人员23人。完成农户卫生改厨、改厕495户，发放改厨、改厕项目补助金约90万元。年内，参加新型农村合作医疗制度（简称“新农合”）的村民5.32万人，筹集基金798.65万元，参合率89.38%；获新农合医疗报销补助约2.60万人次、433.60万元。参加城镇医疗保险的居民390人，筹集保险金5.85万元。有卫生和计划生育服务所1个。全面实施二孩政策，年度人口出生1446人（男754人、女692人），人口出生率16.60‰、自然增长率10.96‰；受理再生育申请11份，审批发证11本。继续开展医疗卫生计生服务，为65岁以上老年人进行健康体检3366人次，为高血压患者进行健康体检1154人次，为Ⅱ型糖尿病患者进行健康体检205人次，为重性精神病患者体检176人次，肺结核患者追踪服务38人次。对1264名0～3岁儿童、2270名老年人进行中医药健康指导。开展村级健康教育活动6次。发放艾滋病知识宣传资料2.18万份，出宣传板报2期。开展各类公共卫生检查和执法34次。投资50万元，新建成篮球场4个、羽毛球场3个、乒乓球台4个；全年参加体育运动的居民约有1.20万人次。组织开展篮球比赛94场、气排球比赛34场，观众约1.60万人次。是年，组织参加武鸣区“信用社杯”篮球赛获女子组第六名；组织参加“壮族三月三”抢花炮比赛获团体赛第三名。

民政事业 继续做好城乡低保、“五保”供养、医疗救助工作。年内，审批城镇居民最低生活保障对象50户74人，发放低保金32万元；审批农村居民最低生活保障对象445户1027人，发放低保金226万元。核定“五保”供养对象206人，发放供养金106.19万元；年底累计建有敬老院1所、“五保”新村6个，入住集中供养“五保”老人20人。审批农村医疗救助对象10户10人，发放救助金2.18万元；落实居民自然灾害救助政策，安排困难群众（或灾民）救济粮539人，发放救济粮19吨（折款9.53万元）。发放冬寒春荒救灾衣被504件，衣物折款5.53万元。发放抚恤补助735人330.83万元。年内，应征入伍义务兵31人，发放2015年、2016年的义务兵的家庭优待金46户

98.48 万元；落实部分农村籍义务兵享受老年（年满 60 周岁）生活补助政策的退役人员 238 人，发放生活补助费 38.55 万元；安抚“两参”（参加对越自卫反击战退伍军人、参战民兵）人员 385 人，发放生活补贴 143.18 万元。

劳动与社会保障　继续实施农村劳动力培训工程，组织举办种植、养殖等技能培训班 3 期，培训 163 人次，完成全年任务 100%；培训就业、创业人员 53 人，发放创业贷款 3 笔 25 万元。组织农村富余劳动力实施劳务输出 1040 人，其中转移就业新增 386 人；城镇新增就业 103 人，城镇下岗失业人员再就业 20 人，大龄就业困难人员再就业 8 人。城镇人员登记失业率 3.90%。是年，完成 16 ～ 60 周岁参加城乡居民社会基本养老保险（简称“城乡居民保”）缴费民众 1.79 万人，参保率 89.04%；完成发放 60 周岁以上享受“城乡居民保”待遇居民 7786 人，发放金额 887.60 万元。

【脱贫攻坚】 2015 年年底，府城镇有贫困村 3 个（即四明村、永共村、富良村），建档立卡的贫困家庭有 739 户 2424 人。至 2016 年年底，四明村已实现脱贫摘帽目标，已脱贫的贫困家庭 219 户 835 人；动态调整新增 4 户 43 人，减少 2 户 26 人。2017 年，安排机关干部、驻村工作队员 284 人进村入户开展结对帮扶工作。在发展生产方面，投入财政专项扶贫资金 237.26 万元，其中上级资金 107.26 万元，城区配套资金 130 万元，受益贫困家庭 453 户 1617 人。累计发放产业扶贫贷款 237.27 万元，惠及 453 户 1617 人。在转移就业方面，开展创业培训、职业技能培训 2 期，培训 220 人。建立贫困学生档案，落实帮扶资助建档立卡贫困户义务教育阶段在校子女 375 人，发放生活补助金 42.97 万元；参加中、高等职业学历教育和普通高校本科学历教育的建档立卡贫困生有 84 人，享受雨露计划补贴资金 12 万元；就读普通高中、中等职业学校和普通高等学校本专科（含高职）的建档立卡贫困生 129 人，获国家助学金 13.66 万元。落实贫困家庭医疗救助政策，政府（或财政）代缴建档立卡的贫困人口新型农村合作医疗（简称“新农合医疗”）参合款 46.35 万元、惠及 3090 人，其中投入 13.26 万元资助农村五保户、低保户参加新农合医疗 884 人。同时，投入 60.37 万元为五保户和低保户中的建档立卡贫困户实施医疗救助 388 人次。加强扶贫基础设施建设，整合资金投入 3287.46 万元开展扶贫脱贫攻坚工作，建成贫困村屯的通屯（或通村）水泥硬化道路 28 条 116.70 千米，实施巷道硬化及排污工程，建成一个村委大门和宣传栏以及一间文化娱乐室等。投资 125.14 万元完成贫困户危房及人均住房不足 13 平方米的房屋改造 43 户。经过核实验收与“双认定”（即帮扶责任人认定、贫困户自身认定）达到“八有一超”（有稳固住房、有饮用水、有电用、有路通自然屯、有义务教育保障、有医疗保障、有电视看、有收入来源或最低生活保障；家庭人均纯收入超过国家扶贫标准）目标，实现脱贫的贫困家庭有 144 户 520 人。经过动态调整，新增 4 户 9 人，自然死亡剔除 86 人，其中死亡销户 4 户。余下的贫困村有永共村、富良村和贫困家庭 378 户 1009 人属于最后扶贫攻坚对象，计划将于 2020 年底全部实现脱贫摘帽。

【府城土制红糖】 “府城土制红糖”是府城镇

2017 年，府城镇古法制作红糖现场　（府城镇政府提供）

富良村村民祖祖辈辈传承下来的一门传统手艺，至今已有200多年历史，成为富良村村民致富增收的一个产业之一，2017年入选第七批南宁市非物质文化遗产代表性项目名录，红娘糖坊、曾氏宏伟土制红糖坊分别获得南宁市非物质文化遗产代表性项目“府城土制红糖”传承基地牌匾。村民加工红糖产品，精选优质甘蔗，历经洗净、切碎、碾压、开泡、赶水、出糖、打沙、成型等18道古法天然传统工艺步骤，通过直风抢灶、古法连环锅等纯手工精心熬制而成。每年到了甘蔗成熟收获的季节，富良村有12户村民制作红糖，有红糖作坊12家，年产红糖约14万公斤，产值约224万元，府城土制红糖成为村民致富的一个产业。近年来，以红娘糖坊、曾氏宏伟土制红糖坊为代表的加工作坊，在保留土制红糖原味基础上研发出添加生姜、玫瑰花、桂花、红枣、枸杞等新型口味红糖，采用真空袋装、罐装、碗装等包装，配以文字说明，成品零添加、零防腐，原汁原味、自然清甜、古色古香、蔗香浓郁，是一种原生态、无污染的绿色食品，并通过电商渠道销售，产品畅销区内外。

四明安源生猪现代生态养殖示范区　　（府城镇政府提供）

【四明生猪现代生态养殖示范区】
四明生猪现代生态养殖示范区项目——武鸣安源畜牧有限公司万头种猪场，是府城镇生态环保生猪养殖核心项目，建于2016年上半年，项目占地480亩，总投资1.20亿元，项目分二期实施，总建筑面积约4.52万平方米；年存栏基础母猪1万头，年出栏断奶仔猪24万头。采用美国种猪自动化生产工艺，粪尿分离自动干清粪和发酵环保处理技术。每年为附近地区种植业提供上千吨高效、干燥、无臭的生物有机肥，实现养猪与种植业结合生态环境绿色循环。示范区项目的产品为健康断奶仔猪，主要为后续实施的“公司+家庭农场”生态环保生猪养殖项目提供稳定的种苗源。公司利用资金、技术、管理等集团化优势，农户利用土地资源优势，建立“公司+家庭农场”模式实施生态环保生猪养殖项目。项目基地采用了“猪—沼”一体的生态农业生产模式，不仅解决猪场的污染问题，也带动了周边的农户发展循环农业。年出栏商品肉猪23万头以上，年产值4.60亿元，带动120多户农户共同致富，每年户均出栏肉猪约2000头，户均获利30多万元。2017年，四明生猪现代生态养殖示范区被认定为第二批广西现代特

2017年11月27日，老挝考察团到府城镇四明村参观考察合作社建设情况　　（府城镇政府提供）

色农业县级示范区。

【老挝减贫合作考察团考察工作】 2017年11月27日，老挝减贫合作考察团一行15人在城区领导陪同下来到府城镇永共村、四明村考察合作社、农业技术推广情况，学习借鉴扶贫工作经验。考察团参观了圣丰大棚瓜菜专业合作社和思恩葡萄提子种植专业合作社，认真查看和了解专业合作社经营规模、运行模式、经济效益、农机具的管理使用等方面情况，对思恩葡萄提子种植专业合作社在精细化管理，农产品品种改良升级，特别是合作社充分利用互联网进行网上销售，提高产品价值的成功经验表示钦佩。

（陆华垚）

陆 斡 镇

【概　况】 陆斡镇位于武鸣区东北部，东临罗波镇，南连城厢镇，西接东风农场，北与两江镇、府城镇交界。镇人民政府驻陆斡社区，距城区22千米。镇境北部为丘陵，东、西、南部以缓坡和低丘陵山地为主。土地面积268.63平方千米（合26863公顷）；耕地面积14914.77公顷，其中水田4547.74公顷；有林地面积8800公顷，森林覆盖率39.30%。河流主要有北部的剑江河、东南部的香山河和中部的文桐河、那罗河、苞桥河；水库有忠党、邑益、西甲、达马、下潘5个县（区）管水库和那罗一库、那罗二库、何夫、头龙、照明、鸣山、韦祖、鼠泉、琴山、伍仁、那松11个镇管水库及一批小山塘。过境公路主要有由南往北贯穿而过的210国道线、陆斡至府城公路。旅游景点有苞张村的敏山生态旅游区，名胜古迹有文桐村古戏台。矿产资源有煤矿和铝土矿等。地方特色农产品主要有陆斡香米、花田糯玉米。辖有陆斡社区开发区。农贸市场有陆斡圩、二塘圩、那羊圩，每三天为一圩，周而复始。2017年，辖23个村、1个社区，202个自然屯、356个村民小组。年末，居民总户数2.15万户，总人口6.36万人。全年完成第一产业增加值6773万元，比上年增长5.23%；第二产业负增长3294.30万元，减少32.94%；第三产业增加值5521万元，增长1.80%；完成全社会固定资产投资1.60亿元；完成全年招商引资任务1000万元；实现社会消费品零售总额8653万元；实现农村居民人均可支配收入12677元，增长10%。是年，陆斡镇获“自治区卫生镇”称号；被评为武鸣区年度的卫生和计划生育工作先进单位、安全生产目标管理工作先进单位、固定资产投资工作先进单位、脱贫攻坚工作先进单位。存在的主要问题：工业基础薄弱，主导产业优势不明显；镇村基础设施建设有待完善；基本公共服务水平有待提升；群众安全感及满意度还有待提高。

【经济发展】

农林牧渔业　2017年，陆斡镇继续落实国家财政支农、惠农政策，发放耕地地力保护补贴734.85万元。购置农机35台，补贴157.83万元，受益农户23家。有柴油机、汽油机、电动机等农业机械总动力7.68万千瓦，有大中型拖拉机79台、小型拖拉机2196台、联合收割机77台、机动脱粒机2058台、农用水泵1969台等，实现机耕面积1.77万公顷、机种6918公顷、机收8567公顷，农机作业值4766万元。陆斡镇粮食作物主要播种水稻、玉米、大豆、红薯，播种面积7674公顷，粮食产量4.11万吨。其中，水稻播种5307公顷，产量3.01万吨；玉米播种1581公顷，产量8656吨；豆类播种324公顷，产量583吨；薯类播种53公顷，产量（折谷）170吨。经济作物主要种植花生、甘蔗、木薯、中草药材，种植面积6843公顷。其中，花生种植1390公顷，产量4415吨；甘蔗种植4547公顷，产量37.03万吨；木薯种植704公顷，产量（按40%折干）1.02万吨。蔬菜种植面积4705公顷，产量12.23万吨；西瓜种植面积2006公顷，产量5.56万吨。果园面积2663公顷，水果产量6.11万吨。柑橘、香蕉等特色水果种植1514公顷，产量2.63万吨，产值0.30亿元。年累计成立有农业生产（香蕉、柑橘、养猪等）合作社38家（新成立6家）、家庭农场19家（新增9家），实现土地流转875公顷（其中流转水田611公顷），经营业主42家，土地流转用于种植粮食作物330公顷、经济作物

250公顷。林木树种主要有松树、樟树、杉树、尾叶速生桉树和杂木林、果树林。林产品主要有松脂、八角、板栗、竹笋干、桉叶油，年产量710吨；木材采伐量4.12万立方米；年更新造林面积550公顷。畜牧业生产以饲养牛、猪、羊和鸡、鸭、鹅为主，规模养殖项目主要有养猪。年末，牛出栏0.52万头，存栏0.98万头；生猪出栏15.53万头，存栏12.32万头，其中饲养能繁育母猪1.59万头；山羊出栏0.24万只，存栏0.27万只。家禽出栏200.19万只，存栏85.72万只。其中，鸡出栏135.01万只，存栏55.16万只；鸭出栏64.06万只，存栏30.01万只；鹅出栏0.07万只，存栏0.10万只。年肉类产量1.57万吨，禽蛋产量628吨。渔业生产主要养殖草鱼、鲢鱼、鳙鱼、鲤鱼、鲫鱼、罗非鱼，养殖方法主要有网箱养殖、山塘规模养殖。水产养殖面积369公顷，水产品产量4952吨。2017年，陆斡镇实现农林牧渔业总产值14.14亿元，其中农业产值9.43亿元、林业产值3200万元、牧业产值3.59亿元、渔业产值5027万元、农林牧渔服务业产值2933万元。

工业企业 继续加大企业引进力度，做大现有企业。全镇现有工业企业682家，从业人员2408人，其中规模以上工业企业有1家、从业人员41人，实现规模以上工业总产值8718万元、利税总额590万元，其中利润440万元。全年全部工业总产值1.48亿元；完成工业投资1930万元、技术改造投资1560万元。工业产品主要有松脂、麻绳、化肥，年产量分别为9300吨、8230吨、6610吨。

商贸与服务业 商贸流通企业以私营企业（股份合作企业）和个体工商户为主。有商贸流通企业134家，从业252人（其中私营企业100家、从业人员176人），注册资金8950.80万元。个体工商户1020家（新增129家），从业1260人（新增253人），注册资金6606.92万元。农产品流通的机构（如电商、经纪人公司等）11个，23人。新建广西村村通快递服务有限公司武鸣区陆斡营业部快递业1家，注册资金3万元，从业1人。2017年，陆斡镇加强服务业监管工作。有餐饮店42家，从业人员51人。其中，酒楼和饭店有3家，从业人员6人；其他如粉店、小炒快餐店、小吃摊点等有39家，从业人员45人。全年餐饮业营业收入约400万元。理发服务店7家，从业人员9人，营业收入约65万元。修理服务店有7家，从业人员9人，营业收入约65万元。是年，陆斡镇客运站拥有空调客运公交车14辆，客运往返线路有3条（陆斡至城区、育秀至城区、剑江至城区）。

招商引资 扎实推进招商引资工作。年内，新引进卢家豪香蕉种植园企业，总投资额1362万元，年内完成建设投资1000万元，实际到位资金1000万元。

村镇建设 投入城乡基础设施建设资金973.20万元（其中财政投入839万元，群众自筹资金134.20万元），推进全镇21个村，54个屯的基础设施建设。全年道路建设17.90千米、太阳能路灯230个、文化室和广场建设4895平方米，惠及群众6.30万人。水利建设投资2000万元，完成渠道防渗工程14千米、渠道清淤450千米。继续实施社会主义新农村“生态村”项目建设，完成卢覃村、桥东村、大榄村、二塘村、双泉村等5个村绿化示范点建设和93个一般村屯绿化建设。大榄村、桥东村被评为“自治区级生态村”；陆斡社区被评为“广西壮族自治区综合减灾示范社区”；龙口村覃许屯、大榄村榄圩屯被评为南宁市卫生村屯；覃李村定西屯获“南宁市绿色村屯”称号。全年，投资41万元，建成村（社区）级公共服务中心1个；投资2万元，更新农家书屋5个。继续实施农村危房改造惠民工程，投资118.79万元，完成农村危房改造46户133间，惠及村民106人。推进“美丽武鸣·宜居乡村”建设工作，加强组织领导，配强工作队伍。发展村级集体经济，培育新型农业经营主体，推动升级“武鸣忠党那羊香米产业示范区”、创建桥东村“武鸣香山源种羊产业示范区”，推动农村一二三产业融合发展，实现“五个一”（制定1个村级经济发展计划，培育1个带动农户增收的新型农业经营主体，打造1个现代农业生产示范基地，发展1个村级集体经济项目，建设1个农村电子商务服务点）目标及“十项进村行动”（实施“产业富民”和村级集体经济谋划进村行动，实施种植业结构调整和“三品”提升进村行动，实施生态养殖进村行动，实施林下经济提升进村行动，

文桐村村屯绿化活动　　（陆斡镇政府提供）

实施新型经营主体进村行动，实施农业旅游结合休闲农业进村行动，实施科技推广和改革创新进村行动，实施农产品保鲜加工和冷链物流进村行动，实施电子商务进村行动，实施社会化服务提质进村行动）。年内，投资214万元实施卢覃村卢岩屯“一事一议”（即在农村税费改革系统工程中，取消了乡统筹和改革村提留后，原来由乡统筹和村提留中开支的“农田水利基本建设、道路修建、植树造林、农业综合开发有关的土地治理项目和村民认为需要兴办的集体生产生活等其他公益事业项目”所需资金，不再固定向农民收取，采取“一事一议”的筹集办法）项目建设；累计建有垃圾池428个，给农户发放垃圾塑料桶200个，雇请保洁员310人，对乡村屯道、巷道开展常态化保洁工作。

【社会发展】

文明创建活动　2017年，陆斡镇按照城区党委、政府的要求，继续开展文明单位（镇）创建活动，创建市级生态村1个、自治区级生态村2个，生态村覆盖率12.50%。2017年，继续开展星级文明户、创建活动，评出镇级十星（勤劳致富星、爱国守法星、团结和睦星、清洁卫生星、计划生育星、诚实守信星、科学教育星、文明新风星、志愿服务星、文化传播星）级文明户20户，县区级十星级文明户15户，推荐12户参加南宁市级评选活动。陆斡社区被评为县区级文明村。是年，完成对陆斡镇人民政府、财政所、中心校等8个县区级文明单位和育秀村、仁合村、大榄村3个县区级文明村复核工作。2017年，在南宁志愿网上注册的志愿服务队1支，有志愿者40人。举办志愿者培训6期，培训230人次；组织开展精准扶贫、关爱未成年人家访、清洁乡村、文明劝导等志愿服务活动，建立志愿服务队5支（机关、学校、党员、村青年、老年人），有志愿者150人；累计参与500人次，发放宣传资料、派发小礼品0.60万份。继续加强未成年人思想道德教育，组织各中小学校开展践行社会主义核心价值观、道德讲堂、感恩教育80场次。

科教文卫体事业　大力开展科技兴农、科技惠农活动，引进蔗地土壤改良及高效施肥技术集成与示范项目，投资40万元，项目改良种植基地26.67公顷，惠及群众300余人；是年，投资100万元实施木薯地膜覆盖种植基地2000公顷；投资45万元，实施蜜本南瓜地膜覆盖栽培基地200公顷。全年举办农民实用技术种养培训班2期，培训80人次。2017年，陆斡镇开办幼儿园22所，其中公办3所，民办19所，幼儿、学前教师共120人；幼儿入园1235人，入园率99%。设有小学校17所，在岗教职工171人其中，专任教师167人，在校生1842人；小学适龄儿童入学率达到100%，小学毕业生升学率达到100%。设置初中校1所，在岗教职工共75人，其中专任教师74人，在校生839人；

初中阶段入学率 92.30%，辍学率 2.60%，初中毕业生升学率 100%。九年义务教育巩固率 72%。2017 年全年资助贫困小学生 627 人，初中生 433 人，资助金额分别为 36.76 万元和 27.06 万元，其中资助贫困女孩 120 人，资金 7 万元。继续落实国务院关于“农村义务教育学生营养改善计划和农村家庭经济困难寄宿生生活费补助”。全年共享受营养改善计划小学生 1842 人次、初中生 839 人次，分别发放营养补助金 147.36 万元和 67.12 万元；落实享受“农村家庭经济困难寄宿生生活费补助”的小学生共 194 人、初中生 433 人，分别发放生活补助费 9.70 万元、27.06 万元。2017 年，陆斡镇累计建成篮球场 2 个，村级公共文化服务中心 1 个。共有村镇民间文艺队 94 支，队员 940 人；春节或其他节日期间组织开展文艺演出 288 场，观众约 6 万人次。全年编辑出版墙报、板报 120 期，主要宣传十九大、扫黄打非、非法集资等。全年放映公益电影 125 场，观众约 6 万人次。陆斡镇设有 1 个基层卫生院，下设 1 个分院；卫生技术人员 121 人，其中医生 51 人、护士 40 人，病床 94 张。辖村、社区卫生所 23 个，村（社区）医务人员 46 人，个体医疗诊所 4 个、个体医生 4 人。投资 453 万元，完成农户卫生改厨、改厕 1493 户，惠及村民 1.24 万人。参加新型农村合作医疗制度的村民共计 5.86 万人，筹集基金 879.70 万元，参合率 97%。陆斡镇设有计划生育技术服务站（在陆斡中心卫生院挂牌）1 个。全面实施二孩政策后，2017 年度人口出生 1197 人（男 653 人、女 544 人），人口出生率 13.99‰、自然增长率 9.26‰；受理再生育申请 10 份，审批发证 10 本。于 1—11 月期间，相继开展老年人、慢性病患者体检兼义诊活动、与贫困户家庭签约健康扶贫专项活动、艾滋病防控知识宣传活动、精神病体检筛查活动以及组织干部下乡开展结核病人随访工作。4 月、11 月，分别组织各学校学生进行体检。同时，镇卫生计生所、中心卫生院多次组织人员下村入户开展卫生和计划生育宣传、随访服务等工作；组织专家开展孕前优生检查 2 次，将待孕夫妇送到相关医疗机构进行孕前优生检查 16 人次，入户对孕情、产后、节育术后对象跟踪随访 2683 人次；慰问留守儿童、留守老人 13 人次；组织对本镇医疗机构、公共场所、生活饮用水及学校等公共卫生监管巡查 52 次。投资 120 万元，新建成篮球场 5 个、羽毛球场 55 个、乒乓球台 5 个、乒乓球桌 10 张，年底累计有篮球场 102 个、羽毛球场 107 个、乒乓球台 56 个；年参加体育运动的居民约有 4 万人次。年内，组织开展篮球比赛 264 场、气排球比赛 904 场，观众约 6 万人次。

民政事业　继续做好城乡低保、“五保”供养、医疗救助工作。年内，审批城镇居民最低生活保障对象 12 户 20 人，发放低保金 10.46 万元；审批农村居民最低生活保障对象 339 户 634 人，发放低保金 315.80 万元。核定“五保”供养对象 140 人，发放供养金 84 万元；年底累计建有敬老院 1 所、“五保”新村 19 个，入住集中供养“五保”老人 29 人。落实居民自然灾害救助政策，安排困难群众救济粮 444 户 677 人，发放救济粮 2.24 吨（折款 11.22 万元）。发放冬寒春荒救灾衣被 706 件（折款 77.74 万元），惠及灾民 444 户 602 人。享受抚恤补助 668 人，发放抚恤补助 630.90 万元。年内，应征入伍义务兵 20 人，发放 2 年的义务兵的家庭优待 52 户 102.70 万元；落实部分农村籍义务兵享受老年（年满 60 周岁）生活补助政策的退役人员 187 人，发放生活补助费 29.70 万元；安抚“两参”（参加自卫反击战退伍军人、参战民兵）人员 390 人，发放生活补贴 9.50 万元。扎实开展社区减灾准备认证工作，24 个行政村（社区）全部通过了区减灾委的准备认证检查验收，陆斡社区被自治区减灾委授予“广西壮族自治区综合减灾示范社区”称号。

劳动与社会保障　继续实施农村劳动力培训工程，组织举办种植、养殖等技能培训班 6 期，培训 326 人次，完成全年任务 100%；培训就业、创业人员 62 人，发放创业贷款 12 笔 110 万元。年内，组织农村富余劳动力实施劳务输出 1244 人，其中转移就业新增 1128 人；城镇新增就业 116 人。完成 16 周岁～60 周岁参加城乡居民社会基本养老保险（简称“城乡居民保”）缴费 2.08 万人，参保率 90.43%；完成发放 60 周岁以上享受“城乡居民保”待遇居民 9386 人，发放率达 100%。

【脱贫攻坚】　2015 年年底，陆斡镇有贫困村 4 个（即大榄村、联合村、忠党村、桥东村），建档立卡的贫困家庭有554户1601人，至2016年年底，实现脱贫摘帽的贫困村有2个（即忠党村、大榄村），贫困户脱贫169户591人（其中4个贫困村完成脱贫111户406人）。是年，安排机关干部、驻村工作队员387人进村入户开展结对帮扶工作。在发展生产方面，投入财政专项扶贫资金167.50万元（上级资金107.50万元、城区配套资金60万元），受益贫困家庭553户1571人；累计发放（产业）扶贫贷款670万元，惠及154户432人。在转移就业方面，投资170万元用于贫困户发展散养散种产业，开展创业培训、职业技能培训4期，培训100人；转移贫困户劳动力外出就业30人，帮扶贫困户创业10人。有参加中、高等职业学历教育和普通高校本科学历教育的建档立卡贫困生50人，享受雨露计划补贴资金15.15万元；继续落实贫困家庭医疗救助政策，政府代缴建档立卡的贫困人口新型农村合作医疗（简称“新农合医疗”）参合款24.24万元，惠及1616人。投入607万元，建成贫困村通村屯水泥路17千米；建成贫困村人饮水工程2处、篮球场1个。投资91.68万元，完成贫困户危房及人均住房不足13平方米的房屋改造32户2100平方米。2017年，通过自治区核查验收，达到“十一有一低于”（即有村级硬化路、有95%以上农户解决饮水问题、有95%以上农户有稳固住房、有95%以上农户用上电、有村级公共服务设施、所有自然村屯通有广播电视、贫困村通有网络宽带、95%以上贫困户有医疗保障、贫困村有集体经济收入、有特色产业、有好班子；贫困村贫困发生率低于3%）指标，实现脱贫摘帽的贫困村有2个（即联合村、桥东村）；经过核实验收与“双认定”（帮扶责任人认定、贫困户自身认定），达到“八有一超”（即有稳定收入来源且吃穿不愁，有住房保障，有基本医疗保障，有义务教育保障，有安全饮水，有路通村屯，有电用，有电视看，年人均纯收入稳定超过国家扶贫标准）目标，实现脱贫的贫困家庭有89户289人。余下的贫困家庭296户721人属于最后扶贫攻坚对象，计划将于2020年底全部实现脱贫摘帽。

2017年陆斡镇脱贫攻坚招聘会　　（陆斡镇政府提供）

【敏山农村旅游观光区】　敏山，武鸣旧八景之一，位于镇境苞张村东南面，香山河畔北岸。山上有几处大小不一的山洞石刻，均是民国时期县内文武官员诗文留题，其中“别有洞天”大字和“高人到此

苞张村敏山农旅观光区　　（陆斡镇政府提供）

也低头”诗句，令人回味无穷。2016 年，苞张村村民张峻玮，成立敏山彩虹生态旅游有限公司，开发建设敏山农村旅游观光区，打造宜居宜游的“休闲农家乐”旅游观光景点品牌。敏山农村旅游观光区项目占地 2000 余亩，计划投资 5000 万元，前期已完成投资 400 万元，修复和增建亭台楼阁、宝鼎山门；建成游泳池、草坪球场、烧烤园、林荫漫步区等休闲场所。其中有依山脚河岸水边建的楼阁，内设会议室歌舞厅等设施，还有水泥火锅台灶和简易水泥平台凳，供游人闲坐小饮，颇有野炊特色。2017 年，项目处于试业阶段，免费对外开放，周边游客纷至沓来，接待游客 3000 余人次，为当地群众提供 20 个就业岗位。

【“长古香”丝米】 忠党村种植香米的历史久远，水稻生长环境优越，扶贫攻坚战以来，做大做强原有优势特色产业。2015 年 12 月，成立忠党村长古水稻种植合作社，组织贫困群众抱团发展，2017 年 9 月整合为忠党村村民合作社。在村第一书记秦培钊指导下，引进推广优质谷新品种，提升香米产品品质，注册“长古香”丝米、“花甜糯”玉米品牌，与本地加工企业合作，香米产品迅速上市运营。村合作社大力发展短平快项目，打造出“长古香”丝米、“花甜糯”玉米等特色农产品。“长古香”丝米受邀参加第十三届中国东盟博览会会展，受到中外客商广泛关注。村民合作社有高产优质示范区 200 公顷，建成水稻生产全程机械化厂房 2000 平方米，资产 300 万元。村民合作社的生产经营可为村级集体经济创造收入，2015 年村级集体经济纯收入实现“零突破”，2016 年村级集体经济纯收入 3 万元，2017 年村级集体经济纯收入 5 万元。村合作社吸纳 10 户贫困户信用贷款，入股委托投资 50 万元，每户每年可获利分红 4000 元以上。2016 年，忠党村合作社被评为武鸣区扶贫龙头专业合作社，合作社创建的香米园区 2017 年被评为“广西现代特色农业乡级示范园”。

【墨羊养殖】 陆斡镇响应国家“乡村振兴战略”，大力发展本土产业。2016 年 5 月，创业致富带头人苏兴才投资 3000 多万元，成立广西武鸣绿世界生态农业投资有限公司，在桥东村发展墨羊种养殖基地。基地占地 280 多亩，建有 2 万平方米的标准羊舍及 5000 平方米的秸秆饲料加工厂，每年可收购农作物秸秆 1 万吨；桥东村群众可以通过种植基地所需要的优质牧草，回收秸秆、木薯杆、甘蔗尾叶等卖给饲料加工厂，每年可增收 30%。2017 年 5 月，基地引进第一批种羊“进驻”桥东村，正式启动养殖墨羊。截至 2017 年年底，墨羊种存栏 1500 头，安排当地村民就业 120 多人，实现营业额 315 万元，年实现带动当地农民经济收入 36 万元。2017 年，公司被自治区评为“武鸣香山源种羊产业示范区”（县级示范区）称号。

“长古香”丝米　　（陆斡镇政府提供）

【陆斡镇祈丰节】 陆斡镇大力传承弘扬本土民俗文化，所辖社区、龙口村、文桐村、覃李村于每年农历三月初九，桥北村于农历三月十五，苞张村于农历三月二十分别举行隆重的祈丰节庆典活动。祈丰节，又名拜秧节，是骆越文化的一部分。自古以来，大明山一带壮族先祖骆越族裔中就有“三月三，龙拜山”的传说：每年农历三月初三，龙神“特掘”从龙窟到大明山

桥东村墨羊养殖基地　　（陆斡镇政府提供）

顶峰祭扫救养过自己的龙母“姆掘”的坟墓，所经过的陆斡镇这一带地区雨水充沛，使农家能够顺利在农历三月中旬前插秧完毕。人们为感谢“特掘”龙神、田神诸神保佑当地风调雨顺、五谷丰登，家家户户在节日当天自备好的食物和五色糯米饭祭奉孝敬“特掘”和“姆掘”。后逐步推广双季造稻，提前插秧，经过历代的传承将这一民俗演变为节日并保留下来，即陆斡祈丰节。2017年的节日庆典上，村民纷纷摆开盛宴，搭建歌舞台，邀请四方亲朋好友前来聚宴对歌，形成热闹非凡的歌圩。主要活动内容：祭拜骆越中府大王、抬牲畜巡村祭田祭社、洗牛感恩仪式、骆越青年成人礼仪式、火把传火、篝火夜歌圩等民俗活动；村民展演当地特色的编草鞋草绳、磨谷、磨制清蒸米粉等传统耕织技艺；举办露天的“千人多锅”宴，让村民与游客共享壮族五色糯饭、壮家馍、土养鸡鸭、山羊、河鱼等美食，畅饮壮家土酿糯米甜酒。同时，镇政府抓住节日有利时机，组织开展“美丽陆斡·宜居乡村”等文艺宣传活动，活跃节日氛围，丰富群众文化娱乐生活。

（黄　健）

两　江　镇

【概　况】　两江镇位于武鸣区东北部，东靠大明山并与上林县交界，南邻马头镇、罗波镇，西邻小明山并与府城镇、陆斡镇相连，北邻马山县古零镇。镇人民政府驻两江圩，距城区政府驻地44千米。镇境地貌以丘陵、低丘陵山地为主，地形略呈长方形状，南北长24千米、东西宽8.30千米。土地面积277.68平方千米（合27768公顷）；耕地面积6159.86公顷，其中水田2991.72公顷；有林地面积10278.27公顷，森林覆盖率57.62%。水库主要有渌之、渌学、伏马、渌大、渌周、渌阳、板潘、高水8座，各水库灌溉农田面积均在33公顷以上，其中渌之水库灌溉面积333.33公顷。河流有源于大明山的赵江河、剑江河以及源于马山县的伏江河。210国道从镇境南北贯穿。旅游景点有国家AAAAA级的大明山旅游风景区、汉江欢乐谷和英俊大峡谷。矿产资源有铜、钨、锌、锰矿。地方特产有大明山香菇、大红八角、白玉辣椒、苦麦菜、花心红薯、红芽芋头等。农贸市场有两江圩、雷江圩，每三天为一圩，周而复始。2017年，辖14个村、1个社区，有135个自然屯、297个村民小组。年末，总户数1.35万户，总人口4.27万人。完成全社会固定资产投资4.40亿元；完成年招商引资任务1.10亿元；农村居民人均可支配收入10702元，比上年增长7.90%。是年，两江镇获武鸣区招商引资三等奖、安全生产目标管理工作二等奖、卫生和计划生育目标管理二等奖、“美丽武鸣”乡村建设三等奖、信用社杯男子篮球比赛第四名。存在的主要问题：项目推进工作难度大，制约着经济社会的发展进程；农村基础设施薄弱，宜居乡村保洁机制长效化有待完善；经济结构不合理，发展不平衡；城乡发展不够协调，城镇建设和治理水平有待进一步提高；扶贫工作任务仍然艰巨，农民增收渠道有待拓宽。

【经济发展】

农林牧渔业　2017年，两江镇大力推进明山村、培群村等九个甘蔗“双高”（高产量、高糖分）

基地建设，夯实糖业发展基础；建设云川村特色火龙果、百香果等水果种植基地和公泉村大凌武水果种植基地，引导农业朝多元化、规模化、现代化方向发展；继续扶持汉安村传统种桑养蚕产业化发展，整合资源，引进技术，打造种桑养蚕示范基地；持续扩大福江村青蒿和旱藕、三联村莪术等草药种植基地建设，扶持公泉村梁桶屯黄牛养殖、群英村水鸭养殖、合耸村生猪养殖等特色养殖业。是年，继续落实国家财政支农、惠农政策，发放耕地力保护补贴510.79万元。发放粮食直接补贴11.09万元。年内，购置农机17台，补贴16.98万元，受益农户13家。有柴油机、汽油机、电动机等农业机械总动力3.79万千瓦，有大中型拖拉机57台、小型拖拉机120台、联合收割机26台、机动脱粒机1716台、农用水泵426台，实现机耕面积8935公顷、机种3393公顷、机收4387公顷，农机作业值1083.96万元。粮食作物主要播种水稻、玉米、大豆、红薯，播种面积5608万公顷，粮食产量2.83万吨。其中，水稻播种2805公顷，产量1.52万吨；玉米播种1795公顷，产量1.04万吨；大豆播种418公顷，产量805吨；薯类播种355公顷，产量（折粮）1089吨。经济作物主要种植花生、甘蔗、木薯、中草药，种植面积2490公顷。其中，花生种植787公顷，产量2535吨；甘蔗种植1373公顷，产量11.14万吨；木薯种植189公顷，产量（按40%折干）2189吨。蔬菜种植面积2234公顷，产量5.71万吨。西瓜种植面积259公顷、产量7423吨。桑叶种植145公顷，产量0.11万吨；养蚕4.45万平方米，蚕茧产量445吨，产值2230万元；中草药种植183公顷，产量131吨，产值334万元。果园面积694公顷，水果主要种植香蕉、柑橘、龙眼、荔枝、杧果、葡萄和火龙果、百香果等，产量1.44万吨。累计成立有农业生产（果蔬种植）专业合作社34家、家庭农场3家，实现土地流转132公顷（其中流转水田23公顷）。更新造林96公顷，木材采伐量2.32万立方米，松脂、八角、板栗年产量分别为2465吨、188吨、35吨。年末，牛出栏0.32万头，存栏0.76万头；生猪出栏5.87万头，存栏4.58万头；山羊出栏0.11万只，存栏0.09万只。家禽出栏80.44万只，存栏45.05万只。肉类产量6157吨，禽蛋产量181吨。水产养殖面积135公顷，水产品产量2009吨。是年，两江镇实现农林牧渔业总产值6.62亿元（其中农业产值3.97亿元、林业产值4388万元、牧业产值1.85亿元、渔业产值2041万元、农林牧渔服务业产值1642万元），比上年增长18.48%。

2017年11月，自治区宜居乡村现场会在两江镇召开

（陆斡镇政府提供）

工业与企业　工业企业以独资经营、合资经营为主。有工业企业17家，从业人员167人，实现全部工业总产值8112万元，比上年增长11.20%；完成工业投资2500万元。工业主要产品有矿泉水、电，年产量分别为6万吨、1.80亿度。

商贸与服务业　商贸流通企业以私营企业、股份合作企业和个体工商户为主。年内，有商贸流通企业34家，从业55人，注册资金1157.90万元；有个体工商户651户（新增5户），从业人员866人（新增57人），注册资金2612万元。有餐饮店71家，从业人员116人。其中，酒楼和饭店有16家，从业人员38人；其他如粉店、小炒快餐店、小吃摊点等有55家，从业人员78人。全年餐饮业营业收入约200万元。有理发服务店7家，从业人员7人，营业收入约31万元。修理服务店有60家，从业人员78人，营业收入约186万元。年

2017 年武鸣道德模范故事汇巡演两江镇专场　　（陆斡镇政府提供）

内，快递业 3 家，从业人员 6 人，注册资金 10 万元，营业收入约 8 万元。有培群村、云川村、合耸村、英俊村等 15 个村级农产品电商服务点，从业 30 人，年交易额 210 万元。拥有中型空调客运公交车 15 辆，客运往返线路有两江至武鸣、雷江至武鸣等，全年客运量 29 万人次，客运收入 330 万元。

招商引资　继续加大招商引资工作力度，优化招商环境，打造招商引资平台，推进现代企业发展。年内，通过招商新引进的企业（项目）主要有南宁市武鸣弘业旅游开发投资有限公司，总投资额、合同引进资金均为 2 亿元，实际到位资金 7491 万元；广西万亿源农业发展有限公司，项目总投资 1.38 亿元，年内实际到位资金 600 万元。

村镇建设　实施棚户区改造综合整治项目，项目涉及 672 户，项目资金 2352 万元；完成“一事一议”（即在农村税费改革系统工程中，取消了乡统筹和改革村提留后，原由乡统筹和村提留中开支的“农田水利基本建设、道路修建、植树造林、农业综合开发有关的土地治理项目和村民认为需要兴办的集体生产生活等其他公益事业项目”所需资金，不再固定向农民收取，采取“一事一议”的筹集办法）项目 40 个，涉及奖励补助资金 368.60 万元；建设农村基础设施项目 5 个，涉及资金 140 万元；革命老区基础设施项目 2 个，涉及资金 80 万元；政府新增债券扶贫资金项目 1 个，涉及资金 98 万元；完成 15 个村（社区）综合服务中心建设，落实服务惠民协管员 15 人。以环广西公路自行车世界巡回赛为契机，对公路沿线村屯公路沿线 13 个村和 1 个社区 2300 多户进行风貌改造，投入资金 4000 多万元。其中，英俊村邑旺屯评为南宁市乡土特色民俗示范点，项目建设总投资 760 万元；聚群村、四联村荣获自治区级生态乡村。投资 242.07 万元，完成农村危房改造 56 户 56 间，农户卫生改厨、改厕 539 户，惠及村民 2210 人。投资 10 万元实施农村生活垃圾治理设施设备建设；累计建有垃圾池 15 个，给农户发放垃圾塑料桶 200 个，雇请保洁员 133 人，对乡村屯道、巷道开展常态化保洁工作。

【社会发展】

文明创建活动　2017 年，两江镇以文明村镇和提高干部良好社会形象及文明综合素养为目标，加强精神文明创建工作。是年，开展“道德讲堂”主题活动 12 次，教育内容涉及个人品德修养、家庭美德、职业道德等；积极开展“讲文明，树新风”

2017 年 1 月，两江镇“扶困·帮学”基金会向贫困户捐赠电视机（陆斡镇政府提供）

公益广告宣传，组织村级文艺队开展文艺会演宣传1次，累计发放宣传资料2000册，悬挂宣传横幅15条，征集公益广告作品8件；积极开展“志愿服务与和谐建设在基层”活动，建立志愿服务队1支，有志愿者36人；开展志愿服务活动3次，涉及服务对象100多人次；抓好未成年人的思想道德建设，积极开展暑期净化社会文化环境专项整治行动3次，坚决取缔“黑网吧”、无名网吧，严厉查处接纳未成年人经营行为，加强校园周边的文化市场及交通整治。组织参加武鸣区“十八届六中全会精神”等征文比赛，收集参赛作品4篇，其中《浅谈乡镇基层如何充分发挥党内政治生活作用》获得个人一等奖；2017年，两江镇评出文明村2个（合笪村、福江村），申报县级文明村1个（合笪村）；继续深化十星（勤劳致富星、爱国守法星、团结和睦星、清洁卫生星、计划生育星、诚实守信星、科学教育星、文明新风星、志愿服务星、文化传播星）级文明户创建活动，评选镇“十星级文明户”120户，申报县级“十星级文明户”20户，市级“十星级文明户”10户。复核文明单位5个（两江镇政府、镇财政所、两江中心小学、云川小学、雷江小学）、文明村1个（英俊村岜旺屯）。

科教文卫体事业　投入科技经费85万元，组织实施科技项目共4个。是年，举办养牛技术、旱藕种植技术、种桑养蚕技术等农业种养培训班7期，培训190人次。开办幼儿园11所（公办1所、民办10所）、学前班2个，幼儿、学前教师75人；幼儿入园1174人，入园率92.50%。设有小学校3所，在岗教职工118人，在校生1580人；小学适龄儿童入学率100%，小学毕业生升学率100%。设置初中校1所，在岗教职工59人，在校生626人；初中阶段入学率100%，初中毕业生升学率94.20%。九年义务教育巩固率73.70%。全年资助贫困小学生345人、贫困初中生651人，分别资助17.25万元、41.25万元，其中资助贫困女孩73人、资金3.65万元。是年，继续落实“农村义务教育学生营养改善计划膳食补助”（小学生、初中生每生每年800元）享受营养改善计划小学生1580人、初中生626人，分别发放营养补助金126.40万元、50.08万元；落实享受“农村家庭经济困难寄宿生生活费补助”（小学生每生每年1000元、初中生每生每年1250元）的小学生174人、初中生650人，分别发放生活补助费17.40万元、81.25万元。落实雷江小学附属园、白云小学合笪教学点附属园等项目，加快学前教育优质化建设。两江镇中心幼儿园投入10万余元，增添户外活动器械和教育教学玩教具，改善教室设施设备。是年中考，文化考试成绩全A+的有1人、总评A+的有7人、总评A的有9人，获得城区中考成绩优秀奖；组建村镇民间文艺队7支，队员189人；春节（或其他节日）期间组织开展文艺演出170场，观众约3.60万人次。全年编辑出版墙报、板报16期，主要宣传宜居乡村、精准扶贫、龙母文化等。放映公益电影168场，观众约4万人次。两江镇医疗卫生机构设有1中心卫生院；卫生技术人员61人，病床96张。开展基本公共卫生服务及基本医疗服务3次。年内，镇文化体育和广播影视站在聚群村板马屯、福江村部、英俊村岜旺屯等文化室、戏台8个，投资约60多万元，累计建成村级公共文化服务中心4个。投资68万元，新建成篮球场8个、羽毛球场10个，年底累计有篮球场36个、羽毛球场15个、乒乓球桌55张，全年参加体育运动的居民约有2万人次。年内，开展群众性体育活动的项目有打篮球、气排球、拔河赛、乒乓球等。全年组织开展篮球比赛90场、气排球比赛10场，观众约2.50万人次。

民政事业　继续做好城乡低保、“五保”供养、医疗救助工作。年内，审批城镇居民最低生活保障对象6户13人，发放低保金4.73万元；审批农村居民最低生活保障对象374户859人，发放低保金198.52万元。核定“五保”供养对象160人，发放供养金89.81万元；年底累计建有敬老院1所、“五保”新村4个，入住集中供养“五保”老人9人。审批农村医疗救助对象7户7人，发放救助金3.94万元。落实居民自然灾害救助政策，安排困难群众（或灾民）救济粮286户690人，发放救济粮25.70吨（折款21.02万元）。发放冬寒春荒救灾衣被523件（折款7.42万元），惠及灾民285户506人。发放抚恤补助433人、141.96万元。年内，应征入伍义务兵18人，发放2015、2016年度以及历年少部分入伍义务兵的家庭优待 29 户、62.51 万元；落实部分农村籍义务兵享受老年（年满 60 周岁）生活补助政策的退役人员 152 人，发放生活补助费 25.73 万元；安抚“两参”（参加自卫反击战退伍军人、参战民兵）人员 184 人，发放生活补贴 49.34 万元。社区惠民资金项目 1 个 10 万元（特困群体帮扶 1 万元，社区环境治理 5 万元，公益民生设施维修 2 万元，居民文体活动 2 万元）；做好高龄老人津贴的申报及管理工作，定期向城区老龄委递交高龄津贴申报材料，报送死亡人员名单。

劳动与社会保障　继续实施农村劳动力培训工程。全年组织举办种植、养殖等 5 种技能培训班 3 期，培训 156 人次，完成全年任务 100%。年内，继续组织农村富余劳动力实施劳务输出 726 人（其中转移就业新增 135 人），主要是前往广东、浙江、福建、南宁、武鸣等地务工。城镇新增就业 15 人，城镇下岗失业人员再就业 12 人，大龄就业困难人员再就业 6 人。城镇人员登记失业率 3.25%。是年，参加新型农村合作医疗制度（简称“新农合”）的村民 3.83 万人，筹集基金 573.96 万元，年内获新农合医疗报销补助 1.75 万人次、317.75 万元；享受城镇医疗保险报销的居民 0.74 万人次、金额 159.08 万元。参加城镇医疗保险的居民 0.02 万人，筹集保险金 2.58 万元，参保率 100%；享受城镇医疗保险报销的居民 51 人次，金额 3.50 万元。完成 16 周岁～60 周岁城乡居民养老保险参保缴费人数 1.12 万人，参保率 92.80%。对 60 周岁以上参保者完成发放“新农保”6548 人，完成发放率 100%。完成免费孕前优生健康检查 224 对，政府代缴城乡居民基本医疗保险的计生户 3221 人，代缴金额 48.30 万元；代缴城乡居民基本养老保险 1969 人，代缴金额 12.96 万元，发放独生子女保健费 5.02 万元，发放计生户奖励扶助金 2.63 万元。设有计划生育技术服务所 1 个。全面实施二孩政策，年度人口出生 602 人，人口出生率 97.80%、自然增长率 7.14‰；受理再生育申请 4 份，审批发证 4 本。

【脱贫攻坚】　两江镇在 2015 年年底有贫困村 3 个（即福江村、公泉村、汉安村），建档立卡的贫困家庭有 719 户 2391 人。至 2016 年年底，贫困家庭已脱贫 124 户 477 人。2017 年，安排机关干部、驻村工作队员 231 人进村入户开展结对帮扶工作。在发展生产方面，投入财政专项扶贫资金 248.97 万元，受益贫困家庭 448 户 1545 人。落实各项扶贫政策，建立贫困学生档案，落实帮扶资助建档立卡贫困户义务教育阶段在校子女 138 人，发放生活补助金 18.21 万元；参加中、高等职业学历教育和普通高校本科学历教育的建档立卡贫困生有 77 人，享受雨露计划补贴资金 15 万元，有 28 人享受雨露计划补助；有 21 户贫困户享受危房改造补助，有 31 人符合“因病致贫，因病返贫”救助条件，各项补助已发放到位。累计发放（产业）扶贫贷款 369.50 万元，惠及 75 户 75 人。在转移就业方面，开展创业培训、职业技能培训 2 期，培训 80 人。落实贫困家庭医疗救助政策，政府（或财政）代缴建档立卡的贫困人口新型农村合作医疗（简称“新农合医疗”）参合款 28.53 万元、惠及 1902 人，其中投入 6.20 万元资助农村五保户、低保户参加新农合医疗 413 人。加强扶贫基础设施建设，投入 56.30 万元，建成贫困村人饮水工程 2 处、公共服务中心 1 个、篮球场 1 个和农村书屋 1 个。2017 年，通过自治区核查验收，达到“十一有一低于”（即有硬化路、有水喝、有稳固住房、有电用、有服务设施、有电视看、有网络宽带、有医疗保险、有集体经济收入、有特色产业、有好的班子、贫困发生率低于 3%）指标，实现脱贫摘帽的贫困村有 2 个（即福江村、公泉村）；经过核实验收与“双认定”（即帮扶责任人认定、贫困户自身认定）达到“八有一超”（即有稳定收入来源且吃穿不愁、有住房保障、有基本医疗保障、有义务教育保障、有安全饮水、有路通村屯、有电用、有电视看、年人均纯收入稳定超过国家扶贫标准）目标贫困家庭已脱贫 119 户 433 人。余下的贫困村有汉安村和贫困家庭 476 户 1481 人属于最后扶贫攻坚对象，计划将于 2020 年底全部实现脱贫摘帽。

【旅游开发】　2017 年，两江镇立足于现有旅游资源优势，探索引入社会力量对全镇旅游资源进行整体开发、使旅游资源优势全面转化为产业优势。推进两江镇新型城镇化建设项目（南宁市环大明山养生及旅游服务中心），总投资2.70亿元，完成投资600万元，该项目已与城区政府签订投资协议书，完成概念性规划编制，并获得用地预审批复，成立征地小组，完成第一批征地预公告，进入征地工作阶段。广西大明山汉江欢乐谷旅游开发项目，项目计划投资2.23亿元，投入第二期工程项目资金4700万元，累计完成投资1.40亿元，该项目已完成一期漂流项目，完成儿童乐园、凉亭阁楼、商铺等服务设施建设，完成二期露营基地景点建设，2017年5月份已正式营业，目前正在配套基础设施建设、环境工程建设等内容；充分发挥大明山风景区的带动作用，打造形成固定的特色旅游线路；同时，加快传统旅游景区提档升级，引进有实力的旅游公司，对英俊村大峡谷进行有序、规范开发；充分发挥大明山风景区的带动作用，打造形成固定的特色旅游线路；在汉安村等沿线片区整合连片农业用地，引资打造以花果采摘、农家饮食、乡村游玩为主的农家风情区，培育壮大新兴旅游景区景点；积极培育休闲旅游、养生、体育健身等消费新热点，完善乡村休闲旅游区配套设施，着力打造都市周末旅游圈；致力把两江打造成南宁地区特色旅游名镇、星级休闲旅游区。

【大明山汉江欢乐谷】 大明山汉江欢乐谷度假景区是两江镇利用大明山周边溪流众多，有很多中小型水库，水资源丰富，风景秀丽，以“生态休闲旅游乡镇”发展的休闲旅游景点，于2017年5月份正式营业，为游客提供了体验山水游玩的好去处。始建于2016年的大明山汉江欢乐谷旅游开发项目（2016年投入资金5470多万元，累计投资8000多万元，推进汉江欢乐谷等重点项目建设，完成景区4.50千米漂流滑道、河道修整完善等建设；同时，加快传统旅游景区提档升级，引进有实力的旅游公司，投资1.99亿元对英俊村大峡谷进行有序规范开发；充分发挥大明山风景区的带动作用，打造形成固定的特色旅游线路；在汉安村等沿线片区整合连片农业用地，引资打造以花果采摘、农家饮食、乡村游玩为主的农家风情区，培育壮大新兴旅游景区景点。），项目计划投资2.23亿元，累计完成投资1.40亿元。该项目已完成第一期漂流项目，完成儿童乐园、凉亭阁楼、商铺等服务设施建设，完成第二期露营基地景点建设。汉江欢乐谷景点，以峡谷风光、水上漂流、运动休闲为支撑，通过打造时光隧道、七凤运动休闲园、动感欢乐谷、汉江勇士漂流及森林人家等10个项目。大明山汉江欢乐谷漂流源于大明山汉江河，漂流河道全长4.58公里，以大自然原始生态景观为主，全程落差500米，需要120分钟左右。沿途两岸原始森林覆盖，河内奇石林立，全程有护航员导航，随时可以帮旅客解决漂流中遇到的各种问题，安全刺激有惊无险。

（廖 彬）

罗 波 镇

【概 况】 罗波镇位于武鸣区东部，东与上林县、宾阳县接壤，南毗太平镇，西邻陆斡镇、城厢镇，北连马头镇、两江镇。镇人民政府驻地设在罗波社区，距城区政府驻地24千米。镇境以丘陵为主，多石山。土地面积164.79平方千米（合16479公顷）；耕地面积4979.25公顷，其中水田1892.71公顷；有林地面积9922.33公顷，森林覆盖率53.52%。主要河流有香山河、暮定河和小陆河，水库有大中型的暮定水库、小（1）型的布凌水库和小（2）型的渌樟、陆元、河盛、渌拉水库等。公路干线有210国道和489县道，210国道在境内自西北直向东北穿过，武鸣至宾阳的489县道由西北向东南贯穿全境。主要旅游景点有罗波潭，潭水面积约2000平方米；古迹有罗波潭头潭北岸清道光年间思恩知府李彦章所题的“小三山”三个崖刻大字，以及罗波潭头潭东岸修建于清光绪年间的“罗波庙”。矿产资源主要有磷矿、方解石。地方农产品主要有果蔗、油桃、香米、柑橘、百香果鸡。农贸市场有罗波圩、天马圩，每三天为一圩，周而复始。2017年，辖13个村、1个社区，有97个自然屯、192个村（居）民小组。年末，总户数1.25万户，总人口3.81万人。全年实现农村居民人均可支配收入1.14万元，增长8%。是年，罗波镇获“自治区第三批历史文化名镇”“自治区生态乡镇”称号；

获2016年度“南宁市科学发展进步乡镇”称号。凤林村韦江屯获“南宁市绿色村屯”称号；凤林村坛他屯获“南宁市第一批乡土特色示范村屯”称号；凤林村外凌屯获“南宁市第二批市级示范性村史室”称号；罗波市场获“南宁市二级农贸市场”称号；罗波潭花卉苗木产业示范园列入广西特色现代农业乡级示范园。存在的主要问题和不足：规模企业少，经济总量不大，工业发展后劲不足；基础设施相对落后，改善民生任务繁重；村级集体经济薄弱，村（居）委会未能充分发挥作用，致使农民增收不稳定，群众生活水平提高不快；机关工作效能、社会管理和公共服务等方面尚有不适应经济社会发展的地方。

罗波塔下喜获丰收的稻田　　（罗波镇政府提供）

【经济发展】

农林牧渔业　2017年，罗波镇继续加强农林牧渔业建设，落实国家财政支农、惠农政策。年内，发放耕地地力补贴资金364.60万元，补贴面积1954.27公顷，涉及农户8372户；订单粮食补助资金10.80万元；购置农机补贴资金11.58万元，补贴机具7台，受益农户7家。有柴油机、汽油机、电动机等农业机械总动力4.05万千瓦，有大中型拖拉机20台、小型拖拉机543台、联合收割机17台、机动脱粒机3245台、农用水泵3037台；完成机耕面积7147公顷，机插面积2925公顷，机收4106公顷，农机作业值1.80亿元。退耕还林补助6.30万元。粮食作物主要播种水稻、玉米、大豆、红薯，播种面积4033公顷，粮食产量2.10万吨。其中：水稻播种2063公顷，产量1.17万吨；玉米播种1248公顷，产量0.56万吨；豆类播种304公顷，产量610吨；薯类播种30公顷，产量（折粮）95吨。经济作物主要种植花生、甘蔗、木薯、柑橘，种植面积1648公顷。其中，花生种植712公顷，产量0.22万吨；甘蔗种植747公顷，产量6.05万吨；木薯种植189公顷，产量（按40%折干）0.24万吨。蔬菜种植面积2865公顷，产量7.44万吨；西瓜种植面积430公顷，产量1.07万吨。特色水果种植主要有柑果、百香果，其中种植柑果447公顷，产量0.45万吨，产值1364万元。累计成立有农业专业合作社43家，家庭农场6家。主要林木树种有马尾松、湿地松、尾叶速生桉树和板栗以及柑橘、李子、梨、龙眼等果树林。林产品主要有松脂、板栗，年产量分别为39万吨、27吨。木材采伐量1.20万立方米，年更新造林面积10公顷。畜牧业生产以饲养牛、猪、羊和鸡、鸭、鹅为主。年末，牛出栏0.54万头，存栏1.32万头；生猪出栏7.53万头，存栏6.70万头，其中繁育母猪存栏0.75万头；山羊出栏0.21万只，存栏0.25万只。家禽出栏94.62万只，存栏43.34万只。其中，鸡出栏71.18万只，存栏31.39万只；鸭出栏22.64万只，存栏11.55万只。全年肉类产量7690吨，禽蛋产量286吨。2017年，罗波镇实现农林牧渔业总产值6.48亿元，其中农业产值4.02亿元、林业产值2952万元、牧业产值1.86亿元、渔业产值1751万元、农林牧渔服务业产值1680万元。

工业企业　有工业企业2家（广西武鸣维尔利能源环保有限公司、兴发造纸厂），从业人员33人（新增15人），实现全部工业总产值完成3500万元，比上年下降56.77%。

商贸与服务业　商贸流通企业以私营企业和个体工商户为主。有商贸流通企业34家，从业90人，注册资金424.80万元。个体工商户400家（新增33家），从业423人（新增43人），注册资金886.36万元。是年，实现商品社会消费零售总额3500万元。有餐饮店41家，从业人员49人。其中，

罗波圩新景（2017 年 4 月 25 日摄） （罗波镇政府提供）

酒楼、饭店2家，从业人员4人；粉店、小炒快餐店、小吃摊点、蛋糕店、饮品店等39家，从业人员45人。年餐饮业营业收入约213.20万元。有理发服务店8家，从业人员8人，营业收入约25万元。有修理服务店27家，从业人员30人，营业收入约148万元。此外，婚庆服务、照相馆、工艺文印店、干洗店2家，从业人员2人，营业收入约21万元。有小型客运公交车8辆、客运三轮车78辆，客运往返路线主要有罗波至武鸣、天马至武鸣、罗波圩至各村屯，年客运量约19万人次，客运收入约63万元。快递业4家（邮政快递、中通快递、圆通快递、韵达快递），从业人员8人，注册资金8万元，营业收入约19.20万元。有农村电商网点3个，从业人员3人，注册资金9万元，营业收入约9.90万元。

招商引资　继续抓招商引资工作，新引进广西武鸣维尔利能源环保有限公司的多种原料混合废液制备生物天然气产业化试点工程项目，项目总投资1.20亿元，已完成投资7148.94万元，占总投资额56%。企业资金到位5400万元，国家财政资金到位3500万元，预计2018年下半年可建成投产。

村镇建设　投入村镇基础设施建设资金1863.73万元。投入352.60万元（其中财政奖励补助资金295.45万元、群众自筹资金57.15万元），完成“一事一议”〔即指在农村税费改革中取消乡统筹、改革村提留后，原由乡镇统筹和村级提留开支的“农田水利基本建设、道路修建、植树造林、农业综合开发等有关土地治理项目及村民认为需要兴办的集体生产生活等其他公益事业项目”所需的资金，不是再固定向农民收取，而是采取每年以行政村（或村民小组）为单位，针对村级或村民小组中群众最关心、最需要兴建的“其他公益事业项目”一事，组织广大村民通过民主讨论的形式，对“其他公益事业项目”建设中需要财政补贴、需要解决“筹集部分资金与劳务”等问题进行一次“民主评议”来确定的程序〕建设项目32个，建成10条通村屯（巷道）水泥路4.98千米，安装太阳能路灯690盏，完成硬化活动场所7870平方米，受益群众3.80万人。投入城镇化百镇示范建设项目1034万元，市级农村基础设施建设资金60万元，联新村村级公共服务中心建设专项补助资金41万元，社区惠民资金项目10万元，凤林村外凌屯民俗民居项目100万元，联新村革命老区项目建设30万元，天马村、联新村扶持村集体经济发展试点项目资金共500万元，农村改厕项目资金293万元。开展凤林村外凌屯民俗民居项目和坛他屯、陆城屯乡土特色项目建设；推进旧陆斡村东周屯、罗波社区万全屯、凤林村雷丁屯等农村生活污水处理设施项目建设；完成暮定村、板欧村、联新村农发项目工程施工建设；完成罗波集中供水工程的维修养护、坛李村兰黄渠的防渗工程；完成西边村板音屯和新土垠屯、石梁村石梁屯3个自然屯的人饮工程。投资163.89万元，实施农村危房改造59户59间，惠及村民173人。继续开展“美丽罗波·宜居乡村”活动，实施农村环境综合整治活动，加强日常环境监管。开展对罗波市场、天马市场专项整治行动12次，组织参加清洁活动的干部、群众1.65万人次，清理清运生产生活垃圾5040吨，雇请保洁员102人，对村屯道、巷道开展常态化保洁工作，保持农村环境整洁有序。张贴横幅、标语960条，发放宣传折页3000余份，召开宜居乡村建设座谈会16次。继续巩固“清洁乡村”及“生态乡村”

活动成果，大力推进“宜居乡村”“三民”（产业富民、基础便民、服务惠民）专项活动，完成产业富民“五个一”（制定1个村级经济发展计划、培育1个带动农户增收的新型农业经营主体、打造1个现代农业生产示范基地、发展1个村级集体经济项目、建设1个农村电子商务服务点）建设任务，创建凤林村产业富民示范村。

【社会发展】

文明创建活动　2017年，罗波镇开展创建全国或自治区、南宁市等文明乡镇的创建活动。年内，创建县（区）级生态单位1个，开展文明村（社区）创建活动，梁彭村、石梁村、天马村被评为镇级文明村，旧陆斡村、暮定村被评为县（区）级文明村，推荐罗波社区参加南宁市文明村评选活动。大力开展文明家庭创建活动，有50户评为镇级文明家庭，有30户评为县（区）级文明家庭，推荐8户参加南宁市评选。开展文明校园创建活动，罗波中心校、罗波初中、天马小学被评为县（区）级文明校园。开展创建星级文明户活动，评出镇“十星”（勤劳致富星、爱国守法星、团结和睦星、清洁卫生星、计划生育星、诚实守信星、科学教育星、文明新风星、志愿服务星、文化传播星）级文明户50户，县（区）“十星”级文明户30户，推荐8户参加南宁市级评选。开展志愿服务工作，在南宁志愿服务网上注册的志愿服务队2支，有志愿服务者12人；举办志愿服务者培训2期，培训35人次；组织开展文明旅游、文明乡风、文明劝导等志愿服务活动，累计参与120人次，发放宣传资料、小礼品1500份。加强未成年人思想道德教育，组织各中小学校开展道德讲堂、践行社会主义核心价值观、感恩教育活动等20多场次，参加活动学生300人；开展暑期净化社会文化环境专项整治行动3次，整治校园周边环境。

科教文卫体事业　大力实施科技项目，通过农业科技示范入户工程，带动农业生产新技术的应用和发展。投入科技经费45万元，组织实施科技扶贫项目2个。开展科技示范入户工程，组织科技示范户和种植大户开展农业生产新技术的指导和推广，组织参加培训班和现场会12场，向科技示范户和种植大户发放各种管理技术和农药安全知识宣传资料1500份。有幼儿园11所，在园（学前班）幼儿1155人，幼师51人；有小学校12所，在校小学生1249人、教职工83人；小学适龄儿童入学率、小学毕业生升学率均为100%。有初中校1所，在校初中生665人、教职工68人。学前三年入园率97.14%，一年入园率100%；幼儿教师培训率达100%，小学巩固率达100%，初中巩固率97%。继续落实“农村义务教育学生营养改善计划膳食补助”（小学生、初中生每生每年800元）享受营养改善计划小学生1249人、初中生665人，分别发放营养补助金99.92万元、53.20万元；落实享受“农村家庭经济困难寄宿生生活费补助”（小学生每生每年1000元、初中生每生每年1250元）的小学生707人、初中生749人，分别发放生活补助费70.70万元、93.63万元。投入1142多万元对罗波中心校、罗波小学、天马小学进行校园建设及配套设施的改造升级，改善校园办公环境，改善办学条件。成立有村级文艺队6支、舞龙舞狮队2支、山歌协会1个，年组织开展群众性文艺演出28场，观众约1.50万人次。医疗卫生机构设有罗波卫生院，下设天马分院；卫生技术人员52人（其中医生21人、护士16人），病床72张；辖村（社区）卫生所13个，配有村（社区）医务人员26人；个体医疗诊所2个，个体医生2人。投入293万元，完成建设农村卫生改厨123间、改厕354间。推进城乡居民医疗保险，城乡居民医疗保险签约人数27179人，签约率93.12%。年内获新农合医疗报销补助1.35万人次、242.99万元，享受城镇医疗保险报销的居民0.40万人次、金额141.72万元。年内，投资25万元，新建成篮球场2个、气排球球场1个、乒乓球桌6张，年底累计有篮球场16个、气排球场3个、乒乓球桌16张，年参加体育运动的居民2万人次。开展群众性体育活动的项目有打篮球、气排球、乒乓球、拔河等，年组织开展篮球比赛4场、气排球比赛1场，观众约0.50万人次。是年，组队参加武鸣区“信用社杯”篮球比赛，男子篮球队获得第四名。

民政事业　继续做好城乡低保、“五保”供养、医疗救助工作。年内，审批城镇最低生活保障对象

2户2人，发放低保金1.20万元，审批农村最低生活保障对象370户824人，发放低保金168.19万元。核定“五保”供养对象五保供养有115户122人，发放五保供养资金68.42万元；新建坛李村、梁彭村、石梁村、布凌村4个村委办公楼，扩建天马村村委办公楼。累计建有敬老院1所，集中供养“五保”老人12人。为226户345人农村五保户、低保户政府代缴参加城乡医疗保险5.18万元；办理特殊困难群众大病医疗救助工作。有159名困难残疾人享受生活补贴，发放补贴9.20万元；有287名重度残疾人享受护理补贴，发放补贴17万元。落实居民自然灾害救助政策，发放灾民冬春灾民救助314户540人，救助金额24.33万元。其中，粮食救助271户436人，粮食37.67吨，折款金额18.83万元；为294户499人发放冬春衣服、棉被、蚊帐和鞋等救助物资584件，折款金额5.50万元。发放重点优抚对象抚恤金9万元；发放27人参战军人生活补助金16.69万元；发放317人支前民兵生活补助金50.97万元；发放3人老烈士子女生活补助金1.08万元；发放107名60周岁以上农村籍退役军人生活补助金16.03万元。发放273人离任村干部生活补助金78.25万元。有1112人符合享受高龄补贴，发放高龄老人津贴118.30万元。完成14个村（社区）“两委”（村党支部委员会、村民委员会）换届选举工作，选举新一届村（社区）“两委”班子70人。完成14个村（社区）村民合作社的选举。

劳动与社会保障　继续实施农村劳动力培训工程。组织举办村民电工、电焊技能等培训班5期，参加培训187人次；举办种养技术培训20期，参加培训1900人次。完善社会保障服务管理工作信息化，认证采用了人脸识别系统，有1732名离退休人员及23名抚养对象纳入信息平台管理，实现社会信息化管理率100%。年内，转移农村劳动力828人，新增城镇劳动力400人，完成城镇失业再就业与困难人员就业人员10人。完成签约城乡居民医疗保险2.72万人，签约率93.12%。住院报销2570人，门诊统筹报销2.90万人，群众享受医疗保险报销820多万元。有1.93万人符合参加城乡居民社会基本养老保险（简称“城乡居民保”）缴费，完成城乡居民保参保缴费1.17万人，缴费金额233.80万元，参保缴费率88.31%；完成城乡居民保签约人数1.15万人，签约率87.10%；有6493人符合参保条件的“特殊人群”（计生户、重度残疾人）全部参保。完成发放60周岁以上享受“城乡居民保”待遇居民5996人，发放率100%。

【脱贫攻坚】 2015年年底，罗波镇有贫困村3个（即板欧村、天马村、西边村），建档立卡的贫困家庭有533户1651人。至2016年年底，实现脱贫摘帽的贫困村有1个（即板欧村），贫困家庭已脱贫37户105人。2017年，安排机关干部、驻村工作队员178人进村入户开展结对帮扶工作。在发展生产方面，投入财政专项扶贫资金142.14万元（上级资金117.26万元、城区配套资金24.88万元），受益贫困家庭296户1336人。建立贫困学生档案，落实帮扶资助建档立卡贫困户义务教育阶段在校子女127人，发放生活补助金11.67万元；参加中、高等职业学历教育和普通高校本科学历教育的建档立卡贫困生有42人，享受雨露计划补贴资金6.85万元。落实贫困家庭医疗救助政策，政府财政代缴建档立卡的贫困人口新型农村合作医疗（简称“新农合医疗”）参合款29.72万元、惠及1651人。加强扶贫基础设施建设，整合资金投入200万元助推扶贫脱贫攻坚工作，建成贫困村屯的通屯（通村）水泥硬化道路3条1.20千米；建成贫困村人饮水工程1处、公共活中心2个、篮球场1个等。投资112.62万元，完成贫困户危房及人均住房不足13平方米的房屋改造31户2130平方米。2017年，通过自治区核查验收，达到“十一有一低于”（“十一有”即有特色产业、有住房保障、有基本医疗保障、有义务教育保障、有安全饮水、有路通村屯、有电用、有基本公共服务、有电视看、有村集体经济收入、有好的“两委”班子；“一低于”即贫困发生率低于3%）指标，实现脱贫摘帽的贫困村有1个（即天马村）；经过核实验收与“双认定”（即帮扶责任人认定、贫困户自身认定）达到“八有一超”（“八有”即有稳定收入来源且吃穿不愁、有住房保障、有基本医疗保障、有义务教育保障、有安全饮水、

2017 年 3 月 29 日，中国壮乡·武鸣“三月三”歌圩暨骆越文化旅游节
（罗波镇政府提供）

有路通村屯、有电用、有电视看、有收入来源或最低生活保障；“一超”即家庭人均收入超过国家扶贫标准）目标，实现脱贫的贫困家庭有 100 户 371 人。余下的贫困村和面上村、贫困户 396 户 1175 人，计划将于 2020 年年底全部实现脱贫摘帽。

【“三月初二”骆越祖母王祭祀大典】 “三月初二”骆越祖母王祭祀大典活动是传承壮民族文化，传播壮民族文明的一项重大活动，于每年农历三月初二在罗波镇罗波戏台和罗波庙举行，分为骆越祖母王开光祈福活动、骆越祖母王祭祀活动、庙会民俗活动等主题，有公祭骆越祖母、壮民俗传承方块队巡游展演、壮家美食现场制作与品尝、山歌比赛、舞狮舞龙大赛、千家宴等多个子项活动。2017 年，祭祀大典活动包括骆越祖母王神像巡游、公祭骆越祖母王仪式、糯米饭称霸赛、壮民族特色美食展销、农副产品和手工艺品展销、各村各界群众代表祭祀骆越祖庙、民俗“千家宴”、各地文艺会演、山歌对唱、罗波风情摄影展、全国舞龙展演等 11 项。丰富多彩的壮民族民俗活动吸引着海内外的游客，慕名前来参加庙会的专家学者、各界群众及新闻媒体 10 多万人。有新华社、人民日报、广西日报、南国早报、中央电视台、广西电视台、南宁电视台等多家新闻媒体单位前来参加。罗波潭景点免费对外开放，壮族“三月三”小长假期游客达 10 万余人次，带动周边商贸创收约 100 万元。

【开发小区建设】 罗波镇建有 1 个开发小区，名为“万全开发区”，位于 210 国道和 489 县道交汇处，交通便利。开发区占地面积约 27 公顷，从 2004 年开发至今，已建成主要干道，并布置好水、电等基础设施，其主要功能是居住和办公为主，陆斡交警中队、镇林业站、镇水利站、镇人口和计划生育服务所等单位在小区内办公，还有部分个体工商户和手工坊入住开发小区。是年，镇开发小区新增投资约为 150 万元，均为居民私人建房投资。

【罗波潭景区保护与利用】 罗波潭位于罗波社区东南面，距镇政府 500 米左右。潭水面积约 2000 平方米，潭深 46 米，潭边树木青翠，怪石嶙峋；潭水青蓝澄澈，冬暖夏凉；按照当地说法，罗波潭分头潭、二潭、三潭 3 个水窝；又因水深不等而划分为三蓝，头潭颜色显深而称深蓝，二潭、三潭颜色较浅而称浅蓝、淡蓝。潭的周围绿树成荫，潭中有石岛，长有树木，树木葱绿，石水相间，

罗波潭景区 （罗波镇政府提供）

仿佛天然水石盆景。潭东北岸有清道光年间思恩知府李彦章所题的“小三山”3个崖刻大字，笔力遒劲，古风犹存。清光绪年间，头潭东岸建有“关岳庙”，俗称“罗波潭庙”，曾被损毁，现已修复，可供上香。罗波潭景区位列“武鸣八景”之一，是旅游度假的好地方。历年来，当地政府重视对罗波潭景区资源建设保护与利用，于二十世纪七八十年代，气象部门根据“每逢气候变化或雨水来临之时，潭水变得极为清澈浓绿”的水色奇特变化景象，在潭边建了一个气象哨所，派专职人员观测潭水色的变化，通过水色的变化，准确预报当地旱晴雨实况，为农业生产服务。从2016年起，加大对罗波潭周边环境的整治和基础设施建设力度，对二潭、三潭开展清理网箱养鱼整治3次；投资120万对罗波潭景区周边进行美化亮化，安装50多盏亮化景观灯，美化环潭周边安全护栏2.80千米，新建3座古色古香的观景凉亭。2017年，罗波镇继续加强对罗波潭景区资源建设保护与利用工作，投资1500万元，顺利完成罗波潭生态示范区项目第一期工程，安装LED景观灯200余盏，建成1座300平方米建筑面积生态公厕，新建亲水平台、山歌擂台，实施完善罗波潭栈道设施建设；完成罗波潭周边河道景观整治，罗波潭及周边生态环境得到有效的保护与利用，景区功能得到不断提升。是年，“三月初二”骆越祖母王祭祀大典吸引大批游客到景点参观游玩，景点免费对游客开放，接待游客4.18万人次。

（黄艳祝）

马　头　镇

【概　况】　马头镇位于武鸣区东部，东邻上林县明亮镇，南连罗波镇，西毗两江镇，北靠大明山并与上林县接壤。镇政府所在地马头社区距城区政府驻地37千米，因地处大明山沿山一带，东、南、北部均被山地环绕，地势较高；西部是高丘陵地带，中部为冲积小平原，境内大多属于厚土层高丘陵，少部分属于半山半石的低丘陵和石山，其中也相间地分布有少量质地不纯的石灰岩地层，形成较为典型的岩溶地貌。土地面积170.88平方千米（合17088公顷）；耕地面积3139.56公顷，其中水田1837.74公顷；有林地面积1.65万公顷，森林覆盖率68.21%。河流主要有6条，即地表河流的马头河、敬三河、全曾河、玉元河、小陆河和地表河流、地下河流相兼的清江河，其中流域面积在50平方千米以上的有马头河、小陆河；有小（二）型水库7座，即内绿水库、坛渴水库、坛涞水库、坛绿水库、坛亨水库、七0水库、绿浓水库，水库集雨总面积9.10平方千米，总库容197.80万立方米，有效库容149.90万立方米，有效灌溉面积2266.67公顷。镇境地处亚热带季风气候区，山地气候比较明显，年平均气温19℃～21℃，比城区略低2℃～3℃；年降水量1200毫米～1300毫米。过境公路主要有210国道、马明公路（即马头至上林县明亮镇公路）和马天公路（即马头到罗波镇天马村公路）。游览景点主要有大明山主峰龙头峰、清江恒温泉、碁定水库、全苏三瑶瀑布、骆越文化广场、骆越文化展示馆。历史古迹遗址主要有镆鎁巡检兵寨古迹、元龙坡西周墓群、安等秧战国墓群古迹、那堤敢猪岩洞葬遗址。矿产资源有铜矿、铅锌矿、金矿、铁矿、锰矿、磷矿等。地方特产有八角、松脂、桉叶油、百香果等。农贸市场有小陆圩、马头圩，均为三天一圩，周而复始。2017年，辖12个村委会、1个社区，有93个自然屯、178个村民小组。2017年，总户数0.71万户，总人口2.46万人。全年完成全社会固定资产投资510万元；实现农村居民年人均可支配收入11235元，比上年增长11.72%。是年，马头镇获武鸣区年度的“美丽南宁”乡村建设活动工作目标专项考评“十佳乡镇”“美丽南宁”乡村建设活动工作目标专项考评三等奖、环境保护“一岗双责”目标管理考核工作合格奖、安全生产目标管理工作先进单位三等奖、培植壮大规模工业经济工作先进单位、卫生和计划生育工作先进单位二等奖。存在的主要问题：经济总量不大；产业层次不高；招商引资力度较低；发展不平衡、不充分的问题依然突出；基本公共服务、民生保障事业尚有短板。

【经济发展】

农林牧渔业　2017年，马头镇继续贯彻落实国家财政支农、惠农政策，发放农业物资综合补贴248万元。购置农机4台，补贴66.74万元，受益农户3家。有柴油机、汽油机、电动机等农业机械总动力2.20万千瓦，有大中型拖拉机5台、小型拖拉机551台、联合收割机8台、机动脱粒机444台等，实现机耕面积5344公顷、机种1024公顷、机收2588公顷，农机作业值1007万元。全镇粮食作物主要播种水稻、玉米、大豆、红薯，播种面积2739公顷，粮食产量1.60万吨。其中，水稻播种1925公顷，产量1.20万吨；玉米播种431公顷，产量2584吨；豆类播种80公顷，产量180吨；红薯播种21公顷，产量（折谷）75吨。经济作物主要种植花生、甘蔗、木薯、果树，种植面积844公顷。其中，花生种植425公顷，产量1473吨；甘蔗种植113公顷，产量9039吨；木薯种植192公顷，产量（按40%折干）2798吨。蔬菜种植面积2432公顷，产量6.02万吨；西瓜种植面积66公顷，产量2000吨。特色种植产业有桑葚3.33公顷、中草药莪术17.33公顷、百香果100.67公顷、葡萄102公顷、柑橘505公顷。果园面积954公顷，水果产量1.07万吨，产值1800万元。是年累计成立有农业生产合作社20家（新成立3家）、家庭农场5家（新增1家），实现土地流转400公顷，经营业主35家。林木树种主要有松树、杉树、樟树、尾叶桉和果树林。林产品主要有松脂、八角、桉叶油，年产量分别为5400吨、1675吨、185吨；木材采伐量1.94万立方米。全年更新造林面积73公顷。是年，畜牧业生产以饲养牛、猪、羊和鸡、鸭、鹅为主，规模养殖项目主要有南宁市武鸣区扶善堂生态养猪基地。年末，耕牛出栏0.27万头，存栏0.75万头；生猪出栏5.60万头，存栏5.08万头，其中能繁育母猪0.60万头；山羊出栏0.27万只，存栏0.22万只。家禽出栏108.41万只，存栏43.24万只。其中，鸡出栏81.47万只，存栏30.20万只；鸭出栏19.39万只，存栏8.23万只；鹅出栏1.74万只，存栏7476万只。全年肉类产量6346吨，禽蛋产量216吨。特色畜牧养殖主要有野猪、山鸡、肉鸽、竹鼠等。继续发展肉鸽养殖，出栏1.18万只，存栏0.79万只。全年水产养殖面积137公顷，水产品产量1887吨。是年，全镇实现农林牧渔业总产值合计5.53亿元，其中农业产值3.08亿元、林业产值6625万元、牧业产值1.46亿元、渔业产值1925万元、农林牧渔服务业产值1329万元。

工业企业 工业企业以独资经营（或合资经营）为主。有工业企业477家，从业人员4210人（新增270人），其中规模以上工业企业有2家、从业人员250人，实现规模以上工业总产值3.02亿元、利税总额1.20亿元。是年，工业产品主要有木薯淀粉、“津源”桶装水、“大明山”瓶装水，年产量分别为4327吨、100万吨、32万吨。

商贸与服务业 加强服务业监管工作。有餐饮店33家，从业人员80人。其中有粉店11家、小炒快餐店1家、奶茶店3家、小吃摊点22家。全年餐饮业营业收入约384万元。有理发服务店10家，从业人员22人，营业收入约3.48万元。修理服务店有30家，从业人员62人，营业收入约250元。新建快递业3家（邮政快递、中通快递、圆通速递），注册资金30万元，从业人员12人。有中型空调客运公交车15辆，客运往返线路有马头至马头、罗波、武鸣等。全年客运量50万人次，客运收入约400万元。年内，有商贸流通企业34家，从业124人，注册资金500万元；有个体工商户332家（新

2017年马头镇骆越文化广场社会主义核心价值观宣传图
（马头镇政府提供）

增23户），从业520人，注册资金1800万元。农村电商网点8个，从业人员35人，注册资金8万元，营业收入约10万元。年末，实现商品社会消费零售总额4557万元。

招商引资　扎实推进招商引资工作。年内，新引进1家企业，新引进南宁市武鸣区四万头生态养猪基地项目，项目总投资7551万元，年内完成建设投资510万元，实际到位资金510万元。该项目为扶持玉元村集体经济项目，以扶贫龙头企业+村民合作社（村集体经济）+贫困户为经营模式。

村镇建设　投入城乡基础设施建设资金1011万元，完成27个屯巷道硬化亮化工程项目，建成便捷通畅的农村路网，实现屯屯通水泥路。水利建设投资90万元，渠道防渗工程2.25千米、渠道清淤23千米。投资41万元，建成村（社区）级公共服务中心1个；投资156万元实施农村危房改造54户162间，惠及村民145人；投资28.87万元，实施美丽乡村基础设施建设；累计建有垃圾池174个，给农户发放垃圾塑料桶560个，雇请保洁员148人，对乡村屯道、巷道开展常态化保洁工作。

【社会发展】

文明创建活动　2017年，马头镇按照城区党委、政府的要求，继续开展文明单位（镇）创建活动，创建市级生态村1个，生态村覆盖率20%。继续开展星级文明户、创建活动，评出镇级十星（勤劳致富星、爱国守法星、团结和睦星、清洁卫生星、计划生育星、诚实守信星、科学教育星、文明新风星、志愿服务星、文化传播星）级文明户25户，县区级十星级文明户10户，推荐10户参加南宁市级评选活动。马头社区申报县区级文明村。是年，完成对镇人民政府、财政所、中心校等3个县区级文明单位和荣庞村、四明村两个县区级文明村复核工作。2017年，在南宁志愿网上注册的志愿服务队1支，有志愿者35人。举办志愿者培训5期，培训220人次；组织开展精准扶贫、关爱未成年人家访、美丽乡村、文明劝导等志愿服务活动，建立志愿服务队5支（机关、学校、党员、村青年、老年人），有志愿者120人。累计参与450人次，发放宣传资料、派发小礼品0.40万份。继续加强未成年人思想道德教育，组织各中小学校开展践行社会主义核心价值观、道德讲堂、感恩教育45场次，参加活动学生2250人次。

科教文卫体事业　开展科技兴农、科技惠农活动。全年投入科技经费50万元，组织实施市级科技项目2个，实施到期通过上级验收的科技项目有2个。投资20万元实施玉米地膜覆盖种植基地200公顷；投资20万元，完成蜜本南瓜地膜覆盖种植基地70公顷。举办百香果栽培技术、中草药栽培技术、沃柑种植技术等农业种养培训班20期，培训3000人次。马头镇开办幼儿园12所（公办10所、民办2所）、公办学前班10个，幼儿、学前教师56人；幼儿入园688人，入园率94.70%。设有小学校10所，在岗教职工89人（专任教师89人），在校生969人；小学适龄儿童入学率100%，小学毕业生升学率100%。设置初中校1所，在岗教职工52人（专任教师52人），在校生418人；初中阶段入学率100%，辍学率0.48%，初中毕业生升学率92%。九年义务教育巩固率98.20%。全年资助贫困小学生561人、贫困初中生432人，分别资助26.50万元、27.20万元。2017年，继续落实“农村义务教育学生营养改善计划膳食补助”政策，

2017年10月31日，马头镇中草药“莪术”大丰收

（马头镇政府提供）

马头镇“美丽马头·宜居乡村”宣传　　（马头镇政府提供）

球、气排球等。全年组织开展篮球比赛86场、气排球比赛68场，观众约3.80万人次。

民政事业　继续做好城乡低保、“五保”供养、医疗救助工作。审批农村最低生活保障对象157户369人，发放低保金83.07万元。核定“五保”供养对象131人，发放供养金78.32万元；年底累计建有敬老院1所，入住集中供养“五保”老人18人。发放救助金0.67万元；审批农村医疗救助对象1户1人，发放救助金1万元。落实居民自然灾害救助政策，安排困难群众（或灾民）救济粮688户1494人，发放救济粮32.72吨（折款16.36万元）。发放冬寒春荒救灾衣被591件，衣物折款0.67万元，惠及灾民383户591人。发放抚恤补助4人5.96万元。年内，应征入伍义务兵7人，发放2015—2016年的义务兵的家庭优待17户33.39万元；落实部分农村籍义务兵享受老年（年满60周岁）生活补助政策的退役人员92人，发放生活补助费15.33万元；安抚“两参”（参加对越自卫反击战退伍军人、参战民兵）人员202人，发放生活补贴54.57万元。

享受营养改善计划小学生969人、初中生418人，分别发放营养补助金77.52万元、33.44万元；落实享受“农村家庭经济困难寄宿生生活费补助”（小学生每生每年1000元、初中生每生每年1250元）的小学生495人、初中生412人，分别发放生活补助费49.50万元、51.50万元。投资41万元，完成全苏村公共服务中心建设，建成村级公共文化服务中心1个；投资110多万元，在全苏村公共服务中心建成武鸣区首座公益性拼装式游泳池，该游泳池占地面积1000平方米。年内，有村镇民间文艺队2支，队员85人；春节或其他节日期间组织开展文艺演出85场，观众约3.80万人次。全年编辑出版墙报、板报15期，主要宣传扫黄打非、政务、政策法规等，放映公益电影每村每月1场，观众约7万人次等。医疗卫生机构设有1个中心卫生院，卫生技术人员27人（其中医生3人、护士5人），病床20张。辖村、社区卫生所12个、村（社区）医务人员12人。完成农村卫生改厕改厨221户。有计划生育技术服务站1个。全面实施二孩政策，2017年度人口出生509人（男261人、女248人），人口出生率14‰、自然增长率11.87‰；受理再生育申请7份，审批发证7本。开展孕前优生检测。2017年，投资5万元，新建成篮球场1个、乒乓球台2个；年底累计有篮球场35个、羽毛球场8个、乒乓球台22个，全年参加体育运动的居民有1.50万人次。年内，开展群众性体育活动的项目有打篮

劳动与社会保障　继续实施农村劳动力培训工程，组织举办种植、养殖等技能培训班5期，培训486人次，完成全年任务100%；培训就业、创业人员25人。年内，继续组织农村富余劳动力实施劳务输出560人，其中转移就业新增460人；城镇新增就业100人。完成16周岁～60周岁参加城乡居民社会基本养老保险（简称“城乡居民保”）缴费民众1.30万人，参保率91.80%；完成发放60周岁以上享受“城乡居民保”待遇居民3943人，发放率99%。

【脱贫攻坚】　2015年底，马头镇有贫困村3个（即玉元村、四明村、灵坡村），建档立卡的贫困家庭有302户944人。至2016年年底，实现贫困家庭脱贫151户531人。2017年，安排机关干部、驻村工作队员121人进村入户开展结对帮扶工作。在发展生产方面，投入财政专项扶贫资金94.70万元，受益贫困家庭207户627人。在转移

就业方面，投资94.70万元用于贫困户发展散养散种产业，开展创业培训、职业技能培训16期，培训440人；转移贫困户劳动力外出就业89人，帮扶贫困户创业5人。建立贫困学生档案，落实帮扶资助建档立卡贫困户义务教育阶段在校子女173人，发放生活补助金8.68万元；参加中、高等职业学历教育和普通高校本科学历教育的建档立卡贫困生有39人，享受雨露计划补贴资金8.25万元；就读普通高中、中等职业学校和普通高等学校本专科（含高职）的建档立卡贫困生有29人，获国家助学金4.35万元。落实贫困家庭医疗救助政策，政府（或财政）代缴建档立卡的贫困人口新型农村合作医疗（简称“新农合医疗”）参合款1.49万元、惠及946人。加强扶贫基础设施建设，整合资金投入379万元开展扶贫脱贫攻坚工作，建成贫困村屯的通屯（通村）水泥硬化道路7条18.30千米；建成贫困村人饮水工程6处、公共服务中心3个、篮球场2个和农村书屋3个等。投资102.22万元完成贫困户危房及人均住房不足13平方米的房屋改造32户、2720平方米。2017年，通过自治区核查验收，达到“十一有一低于”（即有特使产业、有住房保障、有基本医疗保障、有义务教育保障、有安全饮水、有路通村屯、有电用、有基本公共服务、有电视看、有村集体经济收入、有好的“两委”班子，贫困发生率低于3%）指标，实现脱贫摘帽的贫困村有1个（即玉元村）；经过核实验收与“双认定”（即帮扶责任人认定、贫困户自身认定）达到“八有一超”（即有稳固住房、有饮用水、有电用、有路通自然村、有义务教育保障、有医疗保障、有电视看、有收入来源或最低生活保障；家庭人均收入超过国家扶贫标准）目标，实现脱贫的贫困家庭有70户229人。余下的贫困村有四明村、灵坡村和贫困家庭81户184人属于最后扶贫攻坚对象，计划将于2020年年底全部实现脱贫摘帽。

2017年2月14日，马头镇四明村举行通村扶贫公路开通仪式

（马头镇政府提供）

【“壮族四月四”祈丰暨骆越民俗文化旅游节】 马头镇作为骆越方国故地，境内留存有众多遗址遗迹。其中，元龙坡商周古墓群和安等秧战国古墓群遗址已于2016年被列为自治区第七批文物保护单位。镇内出土了众多文物，其中在全苏村勉岭出土的国宝级的青铜牛首提梁卣被收藏于自治区博物馆。广西武鸣“壮族四月四”早在2014年被列入第五批自治区非物质文化遗产代表项目名录。2017年，广西武鸣“壮族四月四”祈丰暨骆越民俗文化旅游节在马头镇举行，来自城区内外有关部门领导，专家学者、客商，游客与数千名马头民众一起欢度这个喜庆的节日。在大明山脚下的马头骆越文化广场，聚满了马头镇十里八乡的数千群众和前来观光旅游的游客。在精彩的文艺演出和龙狮表演之后，各种各样的民间民俗表演抛绣球、捉泥鳅、大小水斗、拔河、壮族“脚斗士”、木筏接力、壮族“回娘家”、捕鱼、竹筏顶竹杠、过独木桥、山歌擂台赛等众多妙趣横生的项目闪亮登场。这些充满魅力的民族竞技活动吸引了在场的观众，不时爆发出的喝彩声、加油声和着欢声笑语，把整个广场变成了欢乐的海洋。此外，五色糯米饭、馍、猪笼贡、糯米甜酒、大明山甜茶、红薯、芋头等乡土饮食文化展示，让游客品尝壮族美食之余领略壮乡美食文化。

（苏　莉）

责任编辑　潘致岗　黄永贵

人物

2017年度广西五一劳动奖章获得者

梁荣强　南宁糖业股份有限公司香山糖厂

梁荣强简介　梁荣强是南宁糖业股份有限公司香山糖厂制炼车间成品工段工段长，多年来，坚持发扬艰苦奋斗、勤俭节约、团结协作精神；勇于创新，追求进步，争当技术型、创新型工人；始终做到安全责任放心中、技术创新显身手、甘蔗发展献良策、团队建设用真心。

2017年南宁市“我最喜爱的老师”教师

李爱梅　南宁市武鸣区两江镇白云小学

2016—2017学年度南宁市武鸣区“十佳”校长

谢显恒　南宁市武鸣区武鸣高级中学
李瑞都　南宁市武鸣区武鸣中学
李　华　南宁市武鸣区实验学校
刘海林　南宁市武鸣区民族中学
罗建春　南宁市武鸣区城厢镇中心学校
黄武山　南宁市武鸣区城厢镇第二小学
农喜科　南宁市武鸣区宁武镇宁武小学
李宏峰　南宁市武鸣区罗波镇中心学校
黄雪员　南宁市武鸣区特殊教育学校
陆大有　南宁市武鸣区职业技术学校

2016—2017学年度南宁市武鸣区“十佳”班主任

邓均恒　南宁市武鸣区武鸣高级中学
方贵金　南宁市武鸣区武鸣中学
危照敏　南宁市武鸣区罗波高级中学
黄　松　广西希望高中
刘茹梅　南宁市武鸣区实验学校
潘桂宁　南宁市武鸣区民族中学
邓爱英　南宁市武鸣区城厢镇第一小学
刘秋玲　南宁市武鸣区城厢镇第四小学
甘科选　南宁市武鸣区双桥镇腾翔初级中学
陆小玲　南宁市武鸣区罗波镇中心学校

2016—2017学年度南宁市武鸣区“十佳”教师

卢孔庆　南宁市武鸣区武鸣高级中学
潘永国　南宁市武鸣区锣圩高级中学
莫彩芳　南宁市武鸣区实验学校
曾丽华　南宁市武鸣区民族中学
王　芳　南宁市武鸣区城厢镇第三小学

宁秋萍　南宁市武鸣县城厢镇红岭小学
李海辉　南宁市武鸣区双桥镇中心学校
黄荣乐　南宁市武鸣区锣圩镇锣圩小学
黄妹林　南宁市武鸣区仙湖镇中心学校
陆黎黎　南宁市武鸣区直属机关保育院

2016—2017 学年度南宁市武鸣区优秀教育工作者

韦星星　南宁市武鸣区武鸣高级中学
滕家照　南宁市武鸣区武鸣高级中学
陆世炳　南宁市武鸣区武鸣中学
陆杰安　南宁市武鸣区武鸣中学
卢品友　南宁市武鸣区罗波高级中学
陆华锦　南宁市武鸣区锣圩高级中学
曾令添　南宁市武鸣区府城高级中学
黄高强　南宁市武鸣区实验学校
韦俊安　南宁市武鸣区民族中学
周学英　南宁市武鸣区城厢镇中心学校
黄红瑶　南宁市武鸣区城厢镇中心学校
韦亮光　南宁市武鸣区城厢镇中心学校
潘明宏　南宁市武鸣区城厢镇第二初级中学
廖玉钊　南宁市武鸣区城厢镇第三初级中学
潘照亮　南宁市武鸣区太平镇中心学校
梁东平　南宁市武鸣区太平镇中心学校
黄　召　南宁市武鸣区双桥镇中心学校
滕大忠　南宁市武鸣区双桥镇中心学校
黄启威　南宁市武鸣区双桥镇合美小学
韦振星　南宁市武鸣区甘圩镇中心学校
陆华林　南宁市武鸣区甘圩镇中心学校
陆玉金　南宁市武鸣区宁武镇培桂小学
黄俊玉　南宁市武鸣区锣圩镇中心学校
潘英妮　南宁市武鸣区锣圩镇中心学校
甘吉官　南宁市武鸣区灵马镇中心学校
古廷芳　南宁市武鸣区灵马镇三合小学
李立求　南宁市武鸣区灵马镇义龙小学
梁妹婴　南宁市武鸣区仙湖镇中心学校
潘元科　南宁市武鸣区仙湖镇中心学校
张志开　南宁市武鸣区府城镇中心学校
尹鑫海　南宁市武鸣区府城镇中心学校
韦华英　南宁市武鸣区陆斡镇苞桥小学
蒙　黎　南宁市武鸣区陆斡镇中心学校
黄新建　南宁市武鸣区陆斡镇中心学校
曾金平　南宁市武鸣区两江镇中心学校
陆瑞益　南宁市武鸣区马头镇中心学校
马荣辉　南宁市武鸣区马头镇中心学校
黄志新　南宁市武鸣区罗波镇中心学校
李梅芬　南宁市武鸣区罗波镇中心学校
黄惠琴　南宁市武鸣区教师进修学校
黄海燕　南宁市武鸣区直属机关保育院
潘礼燕　南宁市武鸣区职业技术学校
黄立参　南宁市武鸣区教育局
韦千文　南宁市武鸣区教育局
陈超群　南宁市武鸣区教育局
何能顺　南宁市武鸣区教育局
林学民　南宁市武鸣区教育局
黄爱香　南宁市武鸣区教育局

责任编辑　刘颖儒

南宁市武鸣区2017年百岁老人统计表

序　号	姓名	性　别	民　族	出生年月	现详细地址
1	黄英兰	女	壮	19060415	锣圩镇锣圩社区8组
2	韦秀梅	女	壮	19060610	城厢镇串钱四队
3	姆日孝	女	壮	19080610	锣圩镇罗福村十七组
4	黄　氏	女	壮	19080825	双桥镇平陆村坦雷屯422号
5	姆彩莲	女	壮	19080902	府城镇启德村板凌村板凌屯
6	刘菊香	女	壮	19100111	锣圩镇树合村7组
7	蒙美连	女	壮	19100318	府城镇永和村三组
8	黄武英	女	壮	19100407	城厢镇大皇后村2组
9	李彦兰	女	壮	19100526	宁武镇东王村8组
10	王凤昌	女	壮	19100615	锣圩镇英江村十三组
11	潘似琼	女	壮	19101023	宁武镇长安村东庄屯114号
12	潘姆征	女	壮	19110715	仙湖镇三冬村2组
13	韦　氏	女	壮	19110716	马头镇马头村1组
14	周朝花	女	壮	19110802	双桥镇腾翔村圩上244号
15	马振荣	女	壮	19121201	宁武镇梁新村12组
16	黄金香	女	壮	19130115	太平镇均致村6组
17	姆　兴	女	壮	19130304	罗波镇罗波社区20组
18	韦　氏	女	壮	19130611	罗波镇宾武路218号
19	陆桥荣	女	壮	19130908	宁武镇张郎村12组
20	李月桂	女	汉	19131006	府城镇富良村定富屯77号
21	姆桂荣	女	壮	19131103	罗波镇天马村天马街73号
22	李连英	女	汉	19140101	灵马镇清水村顶官屯76号
23	陆安妹	女	壮	19140110	宁武镇英烈村科瑶屯204号
24	农何小	女	壮	19140118	陆斡镇二塘村兰何屯50号
25	莫芝宾	女	壮	19140310	宁武镇雄孟村杜轩屯36号
26	姆美秀	女	壮	19140415	两江镇明山村下韦昌屯93号
27	梁　芳	女	壮	19140806	府城镇永共村山脚屯94号
28	韦　氏	女	壮	19141012	太平镇文坛村坛槐屯156号
29	陆志京	女	壮	19150312	府城镇陆杨村雷双屯7号
30	韦美琼	女	壮	19150515	罗波镇中山路176号

续表 1

序 号	姓名	性 别	民 族	出生年月	现详细地址
31	王春英	女	壮	19150615	东风农场龙潭分队一队
32	覃桂荣	女	壮	19150802	城厢镇五海村外上屯 81 号
33	张仁禄	男	壮	19150805	陆斡镇桥东村石鼓屯 31 号
34	姆国忠	女	壮	19151013	两江镇两江村岽田屯 41 号
35	梁启铤	男	壮	19160117	仙湖镇四育村大立屯 42 号
36	姆瑞明	女	壮	19160123	城厢镇夏黄村夏黄屯 104-2 号
37	李三姐	女	汉	19160207	东风农场剑江分场 24 号
38	李端森	男	汉	19160219	府城镇东江村坛勒屯 12 号
39	杨春研	女	壮	19160404	城厢镇大同村一东屯 22 号
40	卢美英	女	壮	19160409	双桥镇杨李村韦屯 23 号
41	黄桂仙	女	壮	19160423	双桥镇镇南村定测屯 33 号
42	陆莫花	女	壮	19160505	城厢镇大皇后村大屯 113 号
43	邓之业	女	壮	19160606	太平镇葛阳村葛雷屯 76 号
44	陆 氏	女	壮	19160616	宁武镇建丰村光内屯 66 号
45	黄连英	女	壮	19160620	罗波镇四陈村止和屯 40 号
46	李秀莲	女	壮	19160629	陆斡镇六街 64 号
47	梁青莲	女	壮	19160702	双桥镇腾翔村岑淋屯 57 号
48	李海新	女	汉	19160711	城厢镇文合村山北屯 17 号
49	韦彩珠	女	壮	19160714	双桥镇伊岭村小阮屯 61 号
50	覃兰英	女	瑶	19160814	灵马镇新龙村那蒙屯 30 号
51	覃 氏	男	壮	19160815	陆斡镇忠党村 2 组
52	黄美花	女	壮	19161108	锣圩镇树合村伏堪屯 57 号
53	梁栋才	男	壮	19170106	双桥镇腾翔村伏梁屯 244 号
54	黄太贞	男	壮	19170116	太平镇庆乐村上下律屯 29 号
55	潘团兮	男	壮	19170201	双桥镇伊岭村东巴屯 106 号
56	黄 氏	女	壮	19170316	两江镇龙英村旧龙母屯 104 号
57	潘生明	女	壮	19170310	两江镇云川村板迫屯 198 号
58	李姆华	女	壮	19190406	陆斡镇十五街 27 号
59	杨 氏	女	壮	19170410	府城镇陆杨村五月屯 49 号

续表 2

序 号	姓名	性 别	民 族	出生年月	现详细地址
60	姆耀锋	女	壮	19170416	仙湖镇连才村定历屯 29 号
61	王秉义	男	壮	19170504	两江镇两江江宁路 48 号
62	潘贵妹	女	壮	19170505	锣圩镇济力村弄楼屯 3 号
63	潘柳荣	女	壮	19170510	锣圩镇玉泉村伏古屯 78 号
64	李美琴	女	壮	19170529	城厢镇建设街 212 号
65	韦玉荣	女	壮	19170613	两江镇合耸村百俭屯 6 号
66	莫绸恩	男	壮	19170618	宁武镇长朗村可祥屯 16 号
67	陶玉贞	女	壮	19170620	府城镇和平村岜狂屯 9 号
68	李兆华	女	壮	19170625	两江镇龙英村那娘屯 56 号
69	李美芳	女	壮	19170701	双桥镇腾翔村伏梁屯 145 号
70	马进流	男	壮	19170702	宁武镇雄孟村杜轩屯 228 号
71	苏振伦	男	壮	19170707	双桥镇平陆村坦雷屯 376 号
72	覃秀兰	女	壮	19170708	罗波镇中山路 291 号
73	潘余香	女	壮	19170715	锣圩镇英圩村独山屯 8 号
74	潘月花	女	壮	19170725	锣圩镇英圩村独山屯 8 号
75	姆 善	女	壮	19170730	陆斡镇十二街 21 号
76	姆建行	女	壮	19170812	马头镇小陆村马玉屯 25 号
77	谭爱花	女	壮	19170816	灵马镇坡江村思毫屯 7 号
78	黄美秀	女	壮	19170826	陆斡镇育秀村岽陈屯 30 号
79	梁雪梅	女	壮	19170922	仙湖镇那溪村新圩屯 100 号
80	陶志华	男	壮	19170923	府城镇大同村四月屯 8 号
81	韦 氏	女	壮	19170929	陆斡镇坡班村伏扬屯 8 号
82	潘洋荣	男	壮	19171002	锣圩镇济力村枯排村 22 号
83	潘月香	女	壮	19171012	陆斡镇共济村坛闭屯 65 号
84	韦秀芬	女	壮	19171015	府城镇公馆街 7 号
85	黄玉兰	女	壮	19171211	城厢镇邓广村圩上屯 14 号
86	何 平	男	汉	19171220	城厢镇和平街 460 号
87	唐玉珍	男	壮	19100601	宁武镇伏唐村 2 组
88	潘芹香	女	壮	19130312	太平镇新联村 17 组

续表 3

序 号	姓名	性 别	民 族	出生年月	现详细地址
89	黄凤交	女	壮	19150506	仙湖镇中桥村内崇屯 25 号
90	邓月亮	女	壮	19161014	仙湖镇苏梁村淀洞屯 67 号
91	覃秀开	女	壮	19170418	城厢镇濑琶村濑琶大屯 167 号
92	张修安	男	壮	19120424	灵马镇那龙村 10 组
93	覃日英	女	汉	19130812	府城镇西厢村金岗地屯 17 号
94	黄桂芳	女	壮	19140113	双桥镇新二街 7 号
95	黄英妹	女	壮	19140420	太平镇文坛村独女屯 11 号
96	周显声	男	壮	19140706	双桥镇苏宫村那宫屯 171 号
97	韦 氏	女	壮	19150206	马头镇马头村中心街 7 号
98	陆莲英	女	壮	19151126	府城镇德灵村大尹屯 14 号
99	黄结平	女	汉	19160708	府城镇四明村坡利屯 22 号
100	黄玉贞	女	壮	19160714	两江镇合耸村渌里屯 68 号
101	潘日光	男	壮	19160916	罗波镇四陈村江那屯 8 号
102	卢秀芬	女	壮	19170329	陆斡镇共济村坛齐屯 54 号
103	叶永世	男	汉	19160411	东风农场夏黄分场 26 号
104	陆新兰	女	壮	19151008	城厢镇邓广村圩上屯 141 号
105	周 氏	女	壮	19130413	双桥镇平陆村 5 组

责任编辑 刘颖儒

专题调研与经济分析

2018年一季度经济运行分析

黄伟光

我们主要任务是分析城区经济发展形势，进一步明确目标，努力实现一季度经济发展“开门红”，促进城区经济社会持续健康发展。

一、认清形势，坚定信心，切实增强抓好经济工作的紧迫感和责任感

今年以来，我们坚持稳中求进工作总基调，认真贯彻落实南宁市2018年一季度经济发展“开门红”工作总体部署，城区经济发展开局良好。预计一季度，南宁市下达我城区的12个指标中，除了城区本级规模以上工业增加值外，其余11个经济指标均完成或超额完成目标任务。城区经济发展延续了稳中有进的态势，主要表现在以下几个方面：

（一）从成效来看：一季度城区经济总体呈现出“三快、两平、一忧”的发展态势。

“三快”即：一是财政收入增速明显提高。1—2月城区本级财政收入3.36亿元，完成年初预期目标16.57亿元的20.28%，同比增收6850万元，增长25.6%。二是固定资产投资增长较快。1–2月固定资产投资完成8.8亿元，同比增长41.8%，其中项目投资5.67亿元，同比增长67.3%；房地产开发投资3.13亿元，同比增长11.2%。三是市场消费保持活跃。1—2月城区本级商品房销售面积同比增长81.2%，房地产市场继续保持快速增长。在春节消费旺季的带动下，一季度社会消费品总额预计完成20.75亿元，增速11%。

“两稳”即：一是农林牧渔业平稳增长。一季度农林牧渔业总产值预计完成20.1亿元，同比增长5%。二是建筑业保持稳定增长。一季度我城区建筑业总产值预计完成5.5亿元，同比增长18%。

“一忧”即：工业经济持续下滑。1–2月城区本级91家规上企业累计完成22.04亿元，同比下降2.5%，与上年同期相比降幅收窄6.7个百分点。

（二）从问题来看：拉动城区经济增长的“固定资产投资、工业经济、城乡消费”三大支撑指标后续乏力。

固定资产投资后续乏力：1–2月新增入库项目仅有2个500–5000万元的投资项目，5000万元及以上项目和房地产开发投资项目全部为结转项目，固定资产投资增长缺乏新的项目支撑。1–2月固定资产投资增速较高，主要依靠上年结转项目的贡献，往下如果没有新增项目补充，城区固定资产投资增速将逐步下滑。

工业经济形势依然严峻：受元旦、春节等假期影响，一季度停工停产的企业较多，其中皎龙公司停产，苍鹰化工关闭。南隆化工、八桂纸业等五家企业退库导致一季度规上工业产值缺口预计达4.2亿元以上。2017年新增入规的12家企业一季度产值预计仅有1.3亿元，产值缺口达2.9亿

元，加上一季度无新入规企业，一季度实现规上工业增加值实现由负转正仍然较为艰难。

消费增长后劲不足：1—2月，城区本级25家限额以上批发零售企业中，有9家企业销售额出现下降，占企业总数的36%；限额以上批发业营业收入1.64亿元，同比下降0.1%；零售业营业收入0.56亿元，同比下降1.8%；随着电商消费挤占的市场份额越来越大，以及春节消费旺季的结束，城区的消费增长速度将逐渐下降。

二、压实责任，细化任务，努力实现一季度工作良好开局

今年的春节一过完，一季度也过了将近三分之二，这就要求我们在三月份除了要紧盯一季度目标任务全力冲刺外，还要紧盯城区第一次党代会二次年会和城区一届人大三次会议确定的各项目标任务，以及将于近期印发的政府工作报告2018年重点工作分工，下好先手棋、打好主动仗，牢牢把握全年经济工作主动权。

一要及早启动各项重点工作。城区党委、政府确定的产业转型升级、精准脱贫、征地拆迁、城市综合治理、教育园区建设、生态环境治理六大攻坚战，是我们2018年工作的重点。其中，打好产业转型升级攻坚战是实现城区经济高质量发展的必由之路，各牵头部门和单位要及早谋划，精心部署，确保各项工作开好头、起好步，为全面完成全年目标任务打好基础。

二要及早推进项目投资建设。1月30日，我城区在伊岭工业委举行了2018年第一次重大项目开（竣）工仪式，开竣工的是中交一公局现代化构件项目和广西聚美新材料软瓷项目，总投资约10亿元，为完成全年重大项目建设目标打下坚实基础。各镇各部门要继续谋划好全年重大项目，加大项目储备，及早安排、落实好各类项目建设资金，争取上半年集中开竣工更多重大项目，完成更多投资量，形成更多新增长点。同时，还要做好投资统计工作，要尽快适应500—5000万元项目的投资统计方式由形象进度法调整为财务支出法的变化，认真做好统计工作，确保投资平稳增长。

三要及早抓好农业生产。2月4日出台的2018年中央一号文件从农业发展质量、推进乡村绿色发展等方面对解决“三农”问题作了全面、长远的部署，是中央实施乡村振兴战略的顶层设计，也是我们做好当前和今后一个时期“三农”工作的总要求。自治区、南宁市农村工作会议已经召开，下个月我们城区也将召开农村工作会议，各镇各相关部门要全面抓好贯彻落实。当前农业工作的重点，就是要抓好春耕播种工作，抓紧时间完善农田水利基础设施，加强农业科技服务，强化种子市场监管，保障农资供给，稳定农资价格，完善应急预案，切实抓好重大动物疫病防控等，为今年的丰产丰收打下良好基础。

四要及早加强与上级部门的汇报对接。发改、经信、投促、农业、国土等部门要密切关注和跟踪政策动态，积极加强与自治区、南宁市相关部门的沟通对接，准确把握自治区、南宁市政策导向和投资方向，找准与我城区的对接点、契合点，迅速行动，精准对接，做实工作，争取获得更多的资金和更大的政策支持。

三、狠抓关键，突出重点，推动城区经济社会向更高质量发展

抓好经济工作，要突出重点，精准施策，着力提高经济发展的质量和效益。具体来说，我们要在以下几方面有新作为：

一要在工业新旧动能转换上有新作为。我们要坚持“工业立区”发展思路不动摇，加快补齐工业短板，为经济持续健康发展提供原动力。一是着力推进与高新区建设“飞地园区”。3月5日，城区四家班子主要领导与高新区领导班子就“飞地园区”合作协议进行了充分协商，何翔常务9日又带领城区相关部门与高新区就协议的细节进行商讨完善，昨天下午敏宏书记还召开了专题会议，研究部署 “飞地园区”相关工作。下一步，我们在把商定的合作协议报请市委、市政府同意后，就要以机械加工、新型建材、林产品深加工、生物医药等产业为重点，全力开展“飞地招商”、合作招商，力争早日实现优势互补、共赢发展。二是着力加大工业用地供给。上周我到伊岭工业集中区开展工业企业调研，与十多家企业的主要负责人进行了座谈，会上许多企业提出项目用地不足的问题，有的企业新产品研发已经成功，扩大生产的资金

也已经到位，却苦于没有土地扩大新的生产线，严重制约了企业的发展。所以我们要加快东南片区征地拆迁工作进度，同时要全面开展工业园区闲置用地清理工作，促进土地资源合理利用和配置，提高工业用地效益。三是着力实施传统优势产业“二次创业”。围绕加快石材产业发展，重点推进碳酸钙循环经济产业园、新型建材产业园建设，大力扶持华纳科技公司上市。

二要在发展现代服务业上有新作为。从统计数据看，我们的第三产业增加值增速还不够快，物流业、电子商务等行业虽有较快发展，但没有完善的行业统计，不能充分反映服务业市场运行情况。要保持服务业持续稳定增长，需要在增强房地产行业、其他营利性服务业、批发零售、住宿餐饮等原有服务业重点产业支撑的基础上，进一步加快挖掘新的增量。在这里，请城区服务业发展领导小组（办公室设在城区发改局）牵头，经信、统计、市场监督管理等部门积极配合，认真总结梳理我们的服务业存在的困难和问题，研究发展新举措，特别要深入研究解决外地企业在本地注册子公司、商贸综合体入统等问题。同时请相关的行业主管部门在抓行业发展的同时，高度重视行业的统计工作，确保应统尽统。

三要在增强发展活力上有新作为。今年1月份，自治区专题召开了全区优化营商环境大行动动员部署电视电话会议，南宁市也在2月份印发了《南宁市优化营商环境大查摆行动方案》，我们城区也作了相应的研究和部署，各镇各部门要迅速行动起来，把优化营商环境作为今年全面深化改革的重点内容和政府自我革新的重要抓手，深入开展营商环境大调研、大查摆、大考评活动，动真格优化营商环境。各级领导干部特别是主要领导干部都要把自己摆进去、把本镇本部门摆进去、把职责要求摆进去，敢于直面问题、积极主动作为、做到立行立改，进一步完善优化营商环境的政策措施，切实帮助企业解决配套基础设施不全、招工难等问题，为推动城区经济社会高质量发展创造良好环境。

四要在补齐民生短板上有新作为。脱贫攻坚是最大的民生工程和最大的政治任务。前段时间，城区党委、政府已经印发了2018年精准脱贫攻坚战实施方案，我们要以必胜的信心和决心，全力以赴解决产业扶贫、村级集体经济发展两大难题，确保如期实现贫困人口脱贫、贫困村摘帽，坚决打赢脱贫攻坚战。同时，各镇各部门要落实政府工作报告的要求，统筹推进教育、医疗、就业等各项社会事业协调发展，特别是要抓住我城区参与南宁市创建国家食品安全示范城市、全国卫生城市复审等机遇，加快发展食品安全和卫生事业，让群众获得感、幸福感、安全感更加充实、更有保障、更可持续。

同志们，抓好一季度各项工作，事关全年目标任务的实现，事关城区经济社会发展大局。我们要把思想和行动进一步统一到城区党委、政府的决策部署上来，以更加坚定的信心、更加有力的举措，迎难而上主动担当，盯住目标扎实苦干，确保各项任务圆满完成。

2017年三季度经济运行分析

黄伟光

2017年以来，坚持抓早抓细抓实，巩固好的做法，挖掘新的增量，城区三季度经济运行稳中有进、稳中有升。刚才，城区发改局和统计局分别汇报了我经济运行情况。

一、科学研判，综合分析，找准制约目标完成的困难和问题

应该说，在经济下行压力并未明显缓解的情况下，前三季度我们取得这样的成绩是十分不易的。但是，我们也应当清醒地看到当前经济运行“稳”的基础不够牢固，“进”的动力不够强劲，顺利完成全年各项目标任务的困难和问题仍然不少，主要表现在：

（一）工业增长动力不足。一是规上企业数量和规模不断缩减，从2016年初的96家减少到目前的84家，净减12家，而去年新入规的企业仅有4家，且生产规模较小，无法弥补去年和今年企业下规造成的产值缺口。二是停产、半停产的重点企

业较多。在库超亿元的企业有45家，产值缺口达6.07亿元，重点企业带动作用减弱。三是市场需求减少，企业订单量下降。9家纸塑包装企业中有6家因订单减少产值同比下降；10家陶瓷企业中有6家因订单减少产值同比下降。

（二）投资增长支撑力不足。一是全年投资任务完成比例低，与时间进度要求不匹配。前三季度我城区应完成年度目标进度的69%（即156.8亿元以上），而实际刚完成136.7亿元，与时间进度要求相差20.1亿元。二是项目实质性开工率低。1—10月份，86个重点推进项目中42个新开工项目实质性开工19个，开工率仅为45.2%。三是项目支撑不足，投资规模偏小。今年列入城区本级重点推进项目86个，比去年减少12个项目。年度计划投资超亿元的项目25个，仅占项目总数的29.1%。四是入库项目少。1—9月份项目入统计库为425个，同比下降28%。

（三）财政增收持续放缓。一是建筑行业增值税发生了变化，预计2017年5—12月份增值税减收1亿元；二是清费减费政策影响，非税收入难以维持增长状态，预计全年非税收入减少1000万元，依赖非税收入增长带动财政收入增长较难。

二、精准施策，集中攻坚，奋力冲刺全年各项目标任务

各级各部门要以决战、冲刺的精神状态，决胜四季度，确保全面完成全年各项目标任务。

（一）紧盯工业不放松，力求稳生产提效益

一要加强工业园区支撑力。一是着力打造“园中园”。加快推进矿山企业整合管理，打造商品混凝土产业园、碳酸钙循环经济产业园。年内力争完成碳酸钙循环经济产业园设立工作，力争完成园区2个项目如期开工建设投产。二是强化政策支持。落实自治区、南宁市政策措施。目前，市工信委正牵头加快研究出台《关于支持“飞地园区”发展的指导意见》，推动南宁市三大国家级开发区与县域工业园区开展合作共建，我们要积极主动对接南宁高新区的产业扩展，加快推进“飞地经济合作框架协议”的签订工作，破解发展空间受限等瓶颈问题。

二要加强重点企业拉动力。要盯死看牢重点企业生产进度，特别是产值排名前20位的重点企业，及时掌握生产经营状况。一是重点服务好锦龙建材、华纳新材料、伊灵烟叶复烤等市值超亿元企业，要对负增长、停产、半停产规上企业落实“一企一策”具体措施。二是伊岭工业委要主动加强与城区经信、统计、国税等部门的沟通配合，重点协调服务具有发展潜力的金华建材、红狮余热发电、精雕数控等企业，争取年内申报入规。三是经信、财政、科技等部门要尽快兑现技改贴息、入库补助等有关奖励和补助资金，帮助中小企业解决融资难题。

（二）狠抓项目建设，力求增后劲强支撑

前三季度，我城区固定资产投资应完成年度目标进度的69%（即156.8亿元以上），而实际刚完成60.14%（136.7亿元），影响固投稳定增长的因素仍较多。要全力冲刺在建项目赶进度、在推项目赶前期，确保项目如期推进形成投资量。

一要全力推进重点项目。一是抓好项目实质性开工建设。预计第四季度可以开工的项目有7个，即广西工商职业技术学院、南宁教育园区基础设施三期建设项目、教育园区安置房建设项目、南国乡村·农村综合旅游景区项目（市发改委点到）、南门片区旧城改造项目、金茂新城项目、锦福花园小区项目等。各责任单位要做好倒排工期计划，加强督导和服务，确保项目按期开工建设。二是要紧盯国家节能减排财政政策综合示范市试点验收等涉及年度考核的项目建设，此项工作市里边已经明确要列入一票否决的范围，请常务牵头，强化国家节能减排财政政策综合示范项目（东门河截污工程）的督导力度，各责任单位要加快项目进度，确保按时完成任务。三是加快中央投资项目的建设力度。前段时间，我分别到罗波维尔利、全民健身中心等项目现场检查，对这些项目能否如期竣工心里还是没底。10月26日，常务也在自治区发改委中央预算投资项目执行工作会上代表武鸣作了表态发言，自治区明确要求：中央预算投资项目，2015年的项目今年要全部完工，2016年的项目要完成90%的投资量，今年的项目要完成60%的投资量，否则就要接受自治区、南宁市的问责。对此，请相关责任部门和业主单位，一定要按照时间节

点，扎实推进项目建设。在这里也请各分管的城区领导加大协调力度，紧密跟踪中央投资项目进度。比如千亿斤粮食项目，要充分利用现在天气适合施工等有利因素，全力推进项目建设，确保项目在期限内完成建设任务。

二要强化项目储备。十九大结束后，国家、自治区肯定会出台一系列具体的政策措施或工作方案。请各部门依托国家、自治区重大建设项目库抓紧着手启动2018年固定资产投资项目策划储备工作，编制三年滚动投资计划，做好项目包装，争取成熟一个推出一个。请各部门紧盯重点产业和重点领域，进一步充实招商项目库，重点加强先进装备制造、林产品深加工、装配式建筑等产业集群和产业链招商，充分利用标准厂房精准招商，争取再引进一批项目。

（三）推动外贸与内需并进，力求拓市场旺消费

前三季度，我城区社会消费品零售总额延续近两年来两位数增长良好势头，同比增长11.9%；外贸进出口增长放缓，同比增长4.6%。我们要进一步促进消费和外贸进出口，增强消费对经济发展的基础性作用。

一要加快推进消费转型升级。要持续营造消费良好氛围，抓住即将到来的双十一、圣诞节、年末大促销等居民消费旺季，做好2017年“欢乐消费季”相关工作，提升对消费权重较大的汽车等大宗消费品的销售业绩。同时，坚持不懈推进“个转企”“小上限”，确保完成3家的年度目标任务。

二要服务好重点外贸企业。我城区外贸进出口总额三分之二都是由南宁赢创美诗药业有限公司承担，受主要出口地欧洲市场不景气，原材料、人工成本上升等因素的影响，公司进出口商品增速放缓，相关部门要主动服务，采取切实可行的措施，帮助企业解决实际困难，缓解城区外贸进出口增速放缓的压力。

（四）夯实农业发展基础，力求显特色促增收

1—10月，城区农林牧渔业总产值完成84.16亿元，同比增长4.6%，城区农业生产稳中有进。四季度是我城区农业的主要收成期，做好接下来1个多月的农业生产至关重要。

一要抓生产，确保农业作物增产。切实抓好晚造粮食生产和冬种马铃薯生产等秋收冬种工作的落实，确保完成全年粮食种植面积104万亩、总产21.75万吨。

二要抓项目，提升现代农业特色。抓好“双高”糖料蔗基地“四化”建设，确保顺利完成建设任务；大力推进香山源种羊产业示范区等3个新建县级现代特色农业示范区建设，打造一批现代特色农业种养示范基地，以示范区引领城区现代农业发展。

三要抓服务，促进农民收入增加。密切关注农产品价格、流通渠道，及时发布柑橘、蔬菜、生猪等大宗农产品产销信息，引导种养户适时销售。特别是要做好“中国沃柑看武鸣”品牌宣传，筹备好沃柑新品发布会，采取组织采收外运、开辟销售“绿色通道”等措施，确保沃柑等大宗农产品销售畅通，使农民既增产又增收。

三、强化责任，合力攻坚，全力以赴抓好各项工作落实

第四季度是冲刺全年经济发展各项目标任务的关键阶段，大家要对照年初确定的目标，拿出超常的决心、超常的勇气、超常的措施，狠抓工作落实。

一要紧盯目标冲刺四季度。各镇、各部门要按照城区2017年下半年主要经济指标目标任务分解方案以及拟于近期下发的第四季度主要经济指标目标任务分解方案的要求，认真梳理，抓好落实，确保全面完成全年目标任务。

二要紧盯运行冲刺四季度。一方面，要做到应统尽统。上周，何常务专门召开了其他营利性服务业入统工作布置会，各相关部门要认真贯彻落实。同时，各监管单位要加强与企业沟通，督促企业及时填报数据，减少瞒报漏报，提高统计数据质量。另一方面，要及时做好分析监测。发改、财政、经信等经济综合部门要加强经济运行各项目标的动态监测监控，增强做好经济工作的预见性和主动性。

责任编辑　刘颖儒

统计资料

经济和社会发展主要指标（一）

指标名称	单位	2017 年	2016 年	2017 年比 2016 年增长%
土地面积（2014 年）	平方公里	3389	3389	
总户数（公安户籍）	户	232880	236769	−1.64
总人口（公安户籍）	人	715701	715901	−0.03
# 城镇人口	人	213322	213148	0.08
乡村人口	人	502379	502753	−0.07
# 男性	人	373153	373829	−0.18
女性	人	342548	342072	0.14
人口密度	人 / 平方公里	211	211	0.00
年平均人口	人	715801	712014	0.53
常住人口（自治区统计局反馈）	万人	57.18	56.54	1.13
# 城镇人口	万人	25.18	24.28	3.71
城镇化率（自治区统计局反馈）	%	44.04	42.94	1.10
年平均常住人口	万人	56.86	56.32	0.96
地区生产总值（现价）	万元	3531974	3204431	8.65
第一产业	万元	811704	820159	4.90
第二产业	万元	1623616	1486589	5.03
#工业	万元	1378885	1274924	5.44
第三产业	万元	1096654	897683	18.26
人均地区生产总值	元	62117	56897	7.62

续表

指标名称	单位	2017 年	2016 年	2017 年比 2016 年增长%
地区生产总值构成	%	100.00	100.00	0.00
第一产业	%	22.98	25.60	-2.61
第二产业	%	45.97	46.39	-0.42
#工业	%	39.04	39.79	-0.75
第三产业	%	31.05	28.01	3.04
万元地区生产总值能耗	吨标准煤 / 万元	0.41	0.44	-7.37
固定资产投资（不含农户）	万元	3864936	3559774	8.57
#第一产业	万元	174674	170060	2.71
第二产业	万元	2030805	1971466	3.01
第三产业	万元	1659457	1418248	17.01
#房地产开发投资	万元	292416	366848	-20.29
商品房销售面积	平方米	1116191	765909	45.73

经济和社会发展主要指标（二）

指标名称	单位	2017 年	2016 年	2017 年比 2016 年增长%
全部财政收入	万元	272324	247399	9.34
#一般预算收入	万元	148758	150388	-1.08
一般预算支出	万元	461180	432657	6.59
全部财政收入占 GDP 比重	%	7.71	7.63	0.08
人均财政收入	元	3804	3475	9.47
城乡居民储蓄存款余额	万元	1678445	1504563	11.56
人均储蓄存款	元	23448	21131	10.96
农林牧渔业总产值（当年价）	万元	1389070	1383078	5.24
#农业	万元	868070	840226	4.20
林业	万元	69317	47012	44.20
牧业	万元	362660	414073	2.61
渔业	万元	53018	48195	8.16
农林牧渔服务业	万元	36005	33573	5.25
农林牧渔业总产值（构成）	%	100	100.00	0.00
#农业	%	62.49	60.75	1.74

续表

指标名称	单位	2017年	2016年	2017年比2016年增长%
林业	%	5.00	3.40	1.60
牧业	%	26.11	29.94	−3.83
渔业	%	3.82	3.48	0.34
农林牧渔服务业	%	2.59	2.43	0.16
年末耕地面积（2015年）	公顷	125973	125973	
人均耕地面积	公顷	0.18	0.18	
化肥施用量（实物量）	吨	337492	343585	−1.77
化肥施用量（拆纯量）	吨	146413	148667	−1.52
粮食产量	吨	349042	365826	−4.59
人均粮食产量	公斤	487.62	513.79	−5.09
甘蔗产量	吨	1790773	1663137	7.67
木薯产量	吨	139008	156954	−11.43
水果产量	吨	1004990	963802	4.27
蔬菜产量	吨	1338498	1268466	5.52
肉类总产量	吨	146290	144199	1.45
人均肉类产量	公斤	204.37	202.52	0.91
水产品产量	吨	49940	47910	4.24

经济和社会发展主要指标（三）

指标名称	单位	2017年	2016年	2017年比2016年增长%
全部工业总产值	万元	5085509	4678050	10.38
（1）城区本级	万元	1588517	1789456	−6.12
（2）东盟经济开发区	万元	3417666	2805724	20.67
（3）市直统东江香山两糖厂	万元	79326	82870	−4.28
# 规模以上工业总产值	万元	4893087	4468198	10.79
（1）城区本级	万元	1484876	1673090	−6.82
（2）东盟经济开发区	万元	3408211	2795108	20.73
全部工业增加值	万元	1378885	1274924	5.48

续表

指标名称	单位	2017年	2016年	2017年比2016年增长%
（1）城区本级	万元	507815	558777	-8.43
（2）东盟经济开发区	万元	855039	695048	16.50
（3）市直统东江香山两糖厂	万元	16032	21099	-18.19
#规模以上工业增加值	万元	1319877	1205572	5.97
（1）城区本级	万元	468431	514558	-9.13
（2）东盟经济开发区	万元	851446	691014	16.62
万元规模工业增加值能耗	吨标准煤／万元	0.51	0.56	-8.82
#城区本级	吨标准煤／万元	1.08	0.97	1.39
城区本级规上工业利税总额	万元	110974	124554	-10.90
#利润总额	万元	77176	82634	-6.60
城区本级规上工业主营业务收入	万元	1379767	1498045	-7.90
社会消费品零售总额	万元	878374	795241.4	10.45
年末单位在岗职工人数	人	37215	39390	-5.52
在岗职工工资总额	万元	254536	237043.3	7.38
在岗职工年平均工资	元	69713	60186	15.83
居民人均可支配收入	元	22075	20046	10.12
城镇居民人均可支配收入	元	32014	29398	8.90
农村居民人均可支配收入	元	14594	13304	9.70

说明：1. 除人均地区生产总值、人均收入、平均工资外，人均指标按公安部门年平均人口计算。
2. 地区生产总值、农林牧渔业总产值、工业增加值增长数按可比价格计算。

2017年人均主要指标

指　　标	单位	数值		单位	数值
国内生产总值（当年价）	元／人	62117	粮食产量	公斤／人	487.62
工农业总产值（当年价）	元／人	90452	油料产量	公斤／人	65
农业总产值	元／人	19406	甘蔗产量	吨／人	2.50
工业总产值（含两糖）	元／人	71046	木薯产量（折干）	公斤／人	194.20
农村居民人均可支配收入	元／人	14594	蔬菜产量	公斤／人	1869.93
农民人均消费性支出	元／人	6521	西瓜产量	公斤／人	253.39

续表

指　　标	单位	数值		单位	数值
# 食品支出	元 / 人	2175	水果产量	公斤 / 人	1404.01
城镇居民人均可支配收入	元 / 人	32014	生猪饲养量	头 / 人	3.28
城镇居民人均消费性支出	元 / 人	9649	# 生猪出栏	头 / 人	1.75
# 食品支出	元 / 人	3813	肉类总产量	公斤 / 人	204.37
财政总收入	元 / 人	3804	# 猪牛羊肉	公斤 / 人	140.39
# 一般预算收入	元 / 人	2078	# 猪肉	公斤 / 人	129.82
财政支出	元 / 人	6443	水产品产量	公斤 / 人	69.77
居民储蓄存款余额	元 / 人	23448	石灰石产量	吨 / 人	7.3
固定资产投资（不含农户）	元 / 人	53995	硅酸盐水泥熟料	吨 / 人	2.81
社会消费品零售总额	元 / 人	12271	水泥产量	吨 / 人	3.86
初中在校学生	人 / 万人	252	淀粉及淀粉制品产量	吨 / 人	0.27
小学在校学生	人 / 万人	520	饮料	吨 / 人	1.22
卫生病床数	张 / 万人	53.8	饲料产量	吨 / 人	0.26
卫生技术人员	人 / 万人	48	电线	千米 / 人	0.16
# 执业医师（含助理）	人 / 万人	17	瓷质砖	平方米	215.34
年末耕地面积	公顷 / 人	0.18	胶合板	立方米	1.10

说明：除人均地区生产总值、居民人均收支指标外，按公安部门户籍人口统计年平均人口数 715801 人计算。

经济作物面积、产量（四）

面积：公顷　单产：千克　总产量：吨

单位名称	4、木薯按 40% 折干）			5、其他经济作物面积		
	播种面积	单产	总产量	播种面积	# 药材	# 席草
全县合计	10369	13406	139008	1462	20310	150
乡镇小计	10018	12981	130045	19980	19830	150
城厢	1546	13532	20920	118	1770	
太平	780	13564	10580	47	705	
双桥	0			1	15	
甘圩	868	13336	11576	91	1365	
宁武	860	12456	10712	354	5310	
锣圩	2023	12400	25085	169	2535	
灵马	990	12593	12467	95	1275	150

续表

单位名称	4、木薯按 40% 折干）			5、其他经济作物面积		
仙湖	984	12637	12435	23	345	
府城	693	12465	8638	6	90	
陆斡	704	14513	10217	174	2610	
两江	189	11582	2189	140	2100	
罗波	189	12847	2428	0		
马头	192	14573	2798	114	1710	
广西—东盟经开区	234	26154	6120	130	480	
东风农场	117	24299	2843	0		
白合农场						

2017 年武鸣区各镇情况

名 称	土地面积（平方千米）	村民委员会（个）	社区居民员会（个）	自然屯（个）	年末人口（人）	农林牧渔业总产值（万元）	粮食产量（吨）	农民人均纯收入（元）
城厢镇	247.48	21	8	146	111008			
太平镇	371.10	12	1	157	40386			
双桥镇	213.32	15	1	129	60105			
甘圩镇	102.70	4	1	18	26234			
宁武镇	253.98	13	1	92	40513			
锣圩镇	401.51	25	1	227	66558			
灵马镇	194.95	13	1	127	55275			
仙湖镇	208.98	10	1	146	41702			
府城镇	268.09	23	1	226	60202			
陆斡镇	254.31	23	1	202	63582			
两江镇	200.14	14	1	135	42645			
罗波镇	162.47	13	1	97	38075			
马头镇	165.15	12	1	93	24564			

经济和社会发展主要指标（三）

指标名称	单位	2017 年	2016 年	2017 年比 2016 年增长%
全部工业总产值	万元	5085509	4678050	10.38

续表

指标名称	单位	2017 年	2016 年	2017 年比 2016 年增长%
（1）城区本级	万元	1588517	1789456	−6.12
（2）东盟经济开发区	万元	3417666	2805724	20.67
（3）市直统东江香山两糖厂	万元	79326	82870	−4.28
# 规模以上工业总产值	万元	4893087	4468198	10.79
（1）城区本级	万元	1484876	1673090	−6.82
（2）东盟经济开发区	万元	3408211	2795108	20.73
全部工业增加值	万元	1378885	1274924	5.48
（1）城区本级	万元	507815	558777	−8.43
（2）东盟经济开发区	万元	855039	695048	16.50
（3）市直统东江香山两糖厂	万元	16032	21099	−18.19
# 规模以上工业增加值	万元	1319877	1205572	5.97
（1）城区本级	万元	468431	514558	−9.13
（2）东盟经济开发区	万元	851446	691014	16.62
万元规模工业增加值能耗	吨标准煤 / 万元	0.51	0.56	−8.82
# 城区本级	吨标准煤 / 万元	1.08	0.97	1.39
城区本级规上工业利税总额	万元	110974	124554	−10.90
# 利润总额	万元	77176	82634	−6.60
城区本级规上工业主营业务收入	万元	1379767	1498045	−7.90
社会消费品零售总额	万元	878374	795241.4	10.45
年末单位在岗职工人数	人	37215	39390	−5.52
在岗职工工资总额	万元	254536	237043.3	7.38
在岗职工年平均工资	元	69713	60186	15.83
居民人均可支配收入	元	22075	20046	10.12
城镇居民人均可支配收入	元	32014	29398	8.90
农村居民人均可支配收入	元	14594	13304	9.70

说明：1. 除人均地区生产总值、人均收入、平均工资外，人均指标按公安部门年平均人口计算。

2. 地区生产总值、农林牧渔业总产值、工业增加值增长数按可比价格计算。

乡镇农民人均纯收入

单位名称	农民人均纯收入（元）
全县合计	
乡镇小计	
城厢	17142
太平	12791
双桥	16548
甘圩	12010
宁武	14115
锣圩	12806
灵马	12019
仙湖	12220
府城	13722
陆斡	12677
两江	10702
罗波	12332
马头	11235
广西—东盟经开区	
东风农场	

分部门乡镇规模以上工业总产值

单位：万元

单位名称	实际完成	上年完成	同比增长 %
县本级	1484876	1593591	−6.82
（一）县直部门	1182397	1242768	−4.86
伊岭工业委	1130038	1191025	−5.12
农业局	13002	13000	0.02
粮食局	3481	3300	5.48
朝燕林场	25455	25506	−0.20
东风农场	10421	9937	4.87
（二）乡镇	302479	350823	−13.78
城厢镇	61698	62398	−1.12
双桥镇	19275	15176	27.01

续表

单位名称	实际完成	上年完成	同比增长 %
甘圩镇	57896	61511	−5.88
宁武镇	51679	51701	−0.04
锣圩镇	28152	73839	−61.87
灵马镇	36521	33792	8.08
府城镇	8338	11671	−28.56
陆斡镇	8718	12359	−29.46
罗波镇	0	4764	−100.00
马头镇	30202	23612	27.91

主要指标在广西排前十位的县（市、区）（一）

县（市、区）	常住人口		县（市、区）	城镇化率	
	（万人）	排位		（%）	排位
桂平市	158.37	1	秀峰区	100.00	1
博白县	141.30	2	象山区	99.98	2
西乡塘区	123.38	3	柳南区	99.96	3
灵山县	121.96	4	海城区	99.89	4
北流市	120.29	5	城中区	99.60	5
平南县	119.16	6	七星区	98.31	6
兴宾区	96.97	7	鱼峰区	96.91	7
合浦县	93.57	8	柳北区	95.63	8
横县	90.84	9	青秀区	91.64	9
藤县	87.70	10	西乡塘区	90.52	10

县（市、区）	地区生产总值		县（市、区）	地区生产总值增速	
	（亿元）	排位		（%）	排位
青秀区	913.96	1	万秀区	13.7	1
西乡塘区	888.41	2	龙圩区	13.4	2
柳南区	701.04	3	柳江区	13.2	3
江南区	602.97	4	凭祥市	13.2	3
柳北区	525.93	5	邕宁区	12.5	5

续表

县（市、区）	地区生产总值		县（市、区）	地区生产总值增速	
	（亿元）	排位		（%）	排位
海城区	507.20	6	藤县	12.2	6
鱼峰区	438.58	7	巴马县	12.1	7
港口区	415.31	8	田林县	12.0	8
玉州区	414.68	9	金城江区	12.0	8
兴宁区	413.55	10	融水县	11.7	10

说明：1. 本表根据《广西要情手册—2018》整理，各项指标数据均为2017年度快报数；

2. 人均地区生产总值按年平均常住人口计算；

3. 参加排位的县（市、区）为广西全部县（市、区）共111个。

主要指标在广西排前十位的县（市、区）（二）

县（市、区）	人均地区生产总值		县（市、区）	人均地区生产总值增速	
	（元）	排位		（%）	排位
港口区	239442	1	万秀区	12.9	1
铁山港区	215931	2	龙圩区	12.3	2
城中区	178431	3	柳江区	12.2	3
海城区	136254	4	藤县	11.7	4
柳南区	134777	5	凭祥市	11.6	5
柳北区	117396	6	田林县	11.2	6
青秀区	116488	7	金城江区	11.2	6
长州区	116128	8	巴马县	11.1	8
兴宁区	95696	9	邕宁区	11.0	8
江南区	95173	10	融水县	10.8	10

县（市、区）	财政收入		县（市、区）	财政收入增速	
	（亿元）	排位		（%）	排位
青秀区	184.14	1	海城区	29.9	1
柳南区	42.48	2	银海区	29.4	2
兴宁区	41.16	3	覃塘区	27.8	3
良庆区	38.19	4	巴马县	27.4	4
铁山港区	37.81	5	青秀区	24.7	5
柳北区	36.88	6	罗城县	19.2	6

续表

县（市、区）	财政收入		县（市、区）	财政收入增速	
	（亿元）	排位		（%）	排位
鱼峰区	36.87	7	良庆区	18.9	7
西乡塘区	36.03	8	秀峰区	18.7	8
临桂区	30.79	9	象州县	18.5	9
城中区	26.48	10	港南县	18.5	10

主要指标在广西排前十位的县（市、区）（三）

县（市、区）	规模工业增加值增速		县（市、区）	固定资产投资（不含农户）	
	（%）	排位		（亿元）	排位
邕宁区	47.4	1	鱼峰区	901.39	1
苍梧县	27.9	2	青秀区	885.21	2
乐业县	25.3	3	西乡塘区	677.81	3
田林县	23.6	4	江南区	507.68	4
都安县	22.2	5	玉州区	446.62	5
万秀区	20.1	6	良庆区	428.39	6
金城江区	19.7	7	武鸣区	386.49	7
龙圩区	19.1	8	海城区	367.14	8
藤县	18.3	9	港口区	348.80	9
巴马县	18.0	10	岑溪市	308.50	10

县（市、区）	社会消费品零售总额		县（市、区）	社会消费品零售总额增速	
	（亿元）	排位		（%）	排位
兴宁区	464.93	1	铁山港区	19.2	1
青秀区	448.64	2	岑溪市	14.1	2
西乡塘区	391.36	3	金秀县	13.9	3
玉州区	320.02	4	兴宾区	13.8	4
柳南区	310.31	5	藤县	13.8	5
鱼峰区	214.67	6	象州县	13.6	6
江南区	206.76	7	钟山县	13.5	7
港北区	186.46	8	南丹县	13.4	8

续表

县（市、区）	社会消费品零售总额		县（市、区）	社会消费品零售总额增速	
	（亿元）	排位		（%）	排位
城中区	179.21	9	巴马县	13.3	9
柳北区	163.36	10	平果县	13.2	10

主要指标在广西排前十位的县（市、区）（四）

县（市、区）	粮食产量		县（市、区）	甘蔗产量	
	（万吨）	排位		（万吨）	排位
桂平市	55.13	1	兴宾区	777.92	1
博白县	46.76	2	扶绥县	666.66	2
横县	40.77	3	江州区	602.59	3
全州县	40.60	4	宁明县	443.91	4
灵山县	38.42	5	龙州县	396.30	5
宾阳县	36.24	6	大新县	325.84	6
武鸣区	34.90	7	柳城县	296.88	7
平南县	34.73	8	上思县	263.06	8
合浦县	32.33	9	武宣县	225.99	9
北流县	31.99	10	横县	200.04	10

县（市、区）	城镇居民人均可支配收入		县（市、区）	农村居民人均可支配收入	
	（元）	排位		（元）	排位
青秀区	42138	1	鱼峰区	21151	1
城中区	39678	2	城中区	20675	2
柳南区	37724	3	柳南区	19399	3
东兴市	37652	4	东兴市	16471	4
玉州区	36922	5	七星区	16329	5
柳北区	36360	6	兴安县	15926	6
鱼峰区	36346	7	临桂区	15907	7
兴宁区	36322	8	柳北区	15569	8
临桂区	36003	9	玉州区	15487	9
阳朔县	35286	10	秀峰区	15483	10

南宁 12 县区主要指标在全区的排位（一）

县（市、区）	常住人口（万人）	排位	城镇化率（%）	排位
兴宁区	43.54	36	85.39	14
青秀区	79.17	14	91.64	9
江南区	64.03	21	79.96	16
西乡塘区	123.38	3	90.52	10
良庆区	37.61	47	71.23	21
邕宁区	28.58	80	38.63	66
武鸣区	57.18	27	44.04	46
隆安县	31.54	68	30.28	95
马山县	41.11	40	26.56	106
上林县	36.32	54	32.19	82
宾阳县	82.03	11	42.30	51
横　县	90.84	9	40.02	59

县（市、区）	地区生产总值		地区生产总值增速	
	（亿元）	排位	（%）	排位
兴宁区	413.55	10	8.0	55
青秀区	913.96	1	6.1	89
江南区	602.97	4	10.0	23
西乡塘区	888.41	2	8.5	44
良庆区	156.21	50	8.2	49
邕宁区	90.88	75	12.5	5
武鸣区	353.20	12	8.7	38
隆安县	73.18	84	6.6	78
马山县	55.18	95	5.2	97
上林县	56.75	92	4.8	101
宾阳县	218.39	34	9.4	29
横　县	304.58	18	7.0	71

说明：1. 本表根据《广西要情手册—2018》整理，各项指标数据均为 2017 年快报数；

2. 人均地区生产总值按年平均常住人口计算；

3. 参加排位的县（市、区）为广西全部县（市、区）共 111 个；4、武鸣财政收入、零售总额不含广西—东盟经开区。

南宁 12 县区主要指标在全区的排位（二）

县（市、区）	人均地区生产总值		人均地区生产总值增速	
	（元）	排位	（%）	排位
兴宁区	95696	9	6.3	68
青秀区	116488	7	4.4	94
江南区	95173	10	7.3	45
西乡塘区	72479	13	7.1	53
良庆区	41862	40	7.0	56
邕宁区	32034	64	11.0	9
武鸣区	62117	20	7.7	37
隆安县	23311	85	5.7	76
马山县	13487	108	4.3	95
上林县	15727	103	3.9	98
宾阳县	26722	75	8.8	23
横　县	33654	58	6.3	68

县（市、区）	财政收入		财政收入增速	
	（亿元）	排位	（%）	排位
兴宁区	41.16	3	6.6	58
青秀区	184.14	1	24.7	5
江南区	22.33	13	10.3	29
西乡塘区	36.03	8	13.3	18
良庆区	38.19	4	18.9	7
邕宁区	14.35	30	11.8	22
武鸣区	15.63	26	8.6	38
隆安县	5.00	80	7.9	45
马山县	3.42	98	1.3	86
上林县	4.31	88	4.9	74
宾阳县	18.43	19	4.8	75
横　县	19.07	17	3.0	80

南宁 12 县区主要指标在全区的排位（三）

县（市、区）	规模工业增加值增速		固定资产投资（不含农户）	
	（%）	排位	（亿元）	排位
兴宁区	−1.5	99	274.62	18
青秀区	2.1	93	885.21	2
江南区	13.2	24	507.68	4
西乡塘区	10.6	41	677.81	3
良庆区	3.2	88	428.39	6
邕宁区	47.4	1	219.01	34
武鸣区	5.6	76	386.49	7
隆安县	9.5	49	57.81	86
马山县	3.4	86	42.19	97
上林县	1.1	94	46.25	91
宾阳县	8.6	54	276.10	17
横　县	4.3	80	270.52	20

县（市、区）	社会消费品零售总额		社会消费品零售总额增速	
	（亿元）	排位	（%）	排位
兴宁区	464.93	1	11.8	37
青秀区	448.64	2	10.3	94
江南区	206.76	7	12.0	30
西乡塘区	391.36	3	10.5	85
良庆区	37.14	51	11.4	51
邕宁区	23.21	80	12.9	17
武鸣区	83.73	29	10.4	89
隆安县	21.22	83	10.6	80
马山县	25.34	70	10.0	108
上林县	21.97	82	9.9	110
宾阳县	115.82	16	12.4	24
横　县	104.02	22	11.9	33

南宁12县区主要指标在全区的排位（四）

县（市、区）	粮食产量		甘蔗产量	
	（万吨）	排位	（万吨）	排位
兴宁区	5.27	86	4.00	73
青秀区	8.45	66	54.52	34
江南区	6.63	76	115.29	19
西乡塘区	6.18	81	18.54	56
良庆区	9.25	63	107.84	22
邕宁区	13.86	41	110.30	21
武鸣区	34.90	7	179.08	11
隆安县	17.20	31	57.12	32
马山县	17.86	26	20.56	53
上林县	17.81	28	54.78	33
宾阳县	36.24	6	170.58	12
横　县	40.77	3	200.04	10

县（市、区）	城镇居民人均可支配收入		农村居民人均可支配收入	
	（元）	排位	（元）	排位
兴宁区	36322	8	13585	25
青秀区	42138	1	14021	17
江南区	32156	28	13819	20
西乡塘区	31188	46	12679	45
良庆区	28901	75	13356	30
邕宁区	30609	60	12559	48
武鸣区	32014	31	14594	13
隆安县	25912	95	10720	75
马山县	25889	96	9807	89
上林县	25225	98	10199	82
宾阳县	31489	37	12867	39
横　县	31762	34	12703	44

附　录

南武发主要文件目录（2017年）

序号	文件编号	文　件　题　目	印发日期
1	南武发〔2017〕1号	关于印发《中共南宁市武鸣区委常委会2017年工作要点》的通知	2017年3月24日
2	南武发〔2017〕2号	中共南宁市武鸣区委员会　南宁市武鸣区人民政府转发《城区党委宣传部、城区司法局关于在公民中开展法治宣传教育的第七个五年规划（2016—2020年）》的通知	2017年1月17日
3	南武发〔2017〕3号	关于表彰南宁市武鸣区2016年度卫生和计划生育工作先进单位的通报	2017年1月23日
4	南武发〔2017〕4号	中共南宁市武鸣区委员会　南宁市武鸣区人民政府关于南宁市武鸣区2016年度安全生产目标管理考核结果的通报	2017年1月23日
5	南武发〔2017〕5号	关于表彰武鸣区2016年度固定资产投资和重点推进项目工作先进单位的通报	2017年1月23日
6	南武发〔2017〕6号	关于表彰武鸣区2016年度招商引资工作先进单位的通报	2017年1月23日
7	南武发〔2017〕7号	关于表彰武鸣区2016年度培植壮大规模工业经济工作先进单位的通报	2017年1月23日
8	南武发〔2017〕8号	关于表彰南宁市武鸣区2016年“美丽武鸣”乡村建设活动工作目标专项考评先进单位的通报	2017年1月23日
9	南武发〔2017〕9号	关于表彰2016年度金融机构支持地方经济发展先进单位的通报	2017年1月23日
10	南武发〔2017〕10号	南宁市武鸣区2016年度支持地方经济发展先进企业（单位）名单的通报	2017年1月23日
11	南武发〔2017〕11号	中共南宁市武鸣区委员会　南宁市武鸣区人民政府关于表彰2016年度社会治安综合治理（平安建设）工作先进单位的通报	2017年2月27日
12	南武发〔2017〕12号	关于印发武鸣区2017年城区领导开展“重大项目服务年”工作方案的通知	2017年3月3日

续表

序号	文件编号	文件题目	印发日期
13	南武发〔2017〕13号	理论学习方案的通知	2017年3月15日
14	南武发〔2017〕14号	关于印发《关于加强和改进党的群团工作的实施方案》的通知	2017年3月27日
15	南武发〔2017〕15号	印发《中共南宁市武鸣区委员会关于进一步贯彻落实中央八项规定精神的实施办法》的通知	2017年5月4日
16	南武发〔2017〕16号	中共南宁市武鸣区委员会　南宁市武鸣区人民政府关于成立南宁市武鸣区村（社区）“两委”换届选举工作领导小组的通知	2017年5月4日
17	南武发〔2017〕17号	南宁市武鸣区卫生和计划生育目标管理责任制考核督查办法	2017年6月15日
18	南武发〔2017〕18号	中共南宁市武鸣区委员会　南宁市武鸣区人民政府关于印发《南宁市武鸣区全面推进两孩政策改革完善计划生育服务管理的实施方案》的通知	2017年7月2日
19	南武发〔2017〕19号	中共南宁市武鸣区委员会　南宁市武鸣区人民政府关于表彰南宁市武鸣区2016年度环境保护目标管理工作先进单位的通报	2017年7月6日
20	南武发〔2017〕20号	关于印发《环广西公路自行车世界巡回赛（南宁站）　武鸣区赛段工作实施方案》的通知	2017年7月25日
21	南武发〔2017〕21号	关于授予南宁市武鸣区武鸣高级中学、广西民族高中2017年高考特别奖的通报	2017年9月7日
22	南武发〔2017〕22号	关于学习宣传贯彻党的十九大精神的通知	2017年11月15日
23	南武发〔2017〕23号	关于成立中共南宁市武鸣区委网络安全和信息化领导小组的通知	2017年11月24日
24	南武发〔2017〕24号	关于设立中共南宁市武鸣区法学会党组的通知	2017年11月24日
25	南武发〔2017〕25号	关于深入学习宣传贯彻党的十九大精神的决定	2017年12月5日
26	南武发〔2017〕26号	关于设立和调整部分单位党组的通知	2017年12月25日
27	南武发〔2017〕27号	中共南宁市武鸣区委员会　南宁市武鸣区人民政府关于印发南宁市武鸣区法治政府建设工作方案	2017年12月31日

南武办发主要文件目录（2017年）

序号	文件编号	文件题目	印发日期
1	南武办发〔2017〕1号	关于印发《南宁市武鸣区2017年征地拆迁工作方案》的通知	2017年1月16日
2	南武办发〔2017〕2号	关于印发《南宁市武鸣区档案事业发展“十三五”规划》的通知	2017年1月3日
3	南武办发〔2017〕3号	印发《关于加强南宁市武鸣区社会组织党的建设工作的实施方案》的通知	2017年1月9日
4	南武办发〔2017〕4号	关于坚持和完善计划生育目标管理责任制的实施方案	2017年1月9日
5	南武办发〔2017〕5号	关于印发《南宁市武鸣区2017年节庆文化活动及社会氛围营造工作方案》的通知	2017年1月10日

续表 1

序号	文件编号	文 件 题 目	印发日期
6	南武办发〔2017〕6 号	2017 年武鸣区领导接待日、公开大接访及下访接访工作方案的通知	2017 年 1 月 11 日
7	南武办发〔2017〕7 号	关于成立武鸣区地方志编纂委员会的通知	2017 年 1 月 12 日
8	南武办发〔2017〕8 号	中共南宁市武鸣区委办公室南宁市武鸣区人民政府办公室关于印发《南宁市武鸣区 2017 年春节期间安全生产大检查和督查工作方案》的通知	2017 年 1 月 16 日
9	南武办发〔2017〕9 号	关于印发《2017 年中国壮乡　武鸣“壮族三月三”歌圩暨骆越文化旅游节活动方案》的通知	2017 年 1 月 16 日
10	南武办发〔2017〕10 号	关于南宁市武鸣区处理信访突出问题及群体性事件联席会议更名并调整职责和成员的通知	2017 年 1 月 19 日
11	南武办发〔2017〕11 号	中共南宁市武鸣区委办南宁市武鸣区人民政府办公室关于印发南宁市武鸣区“美丽南宁・整洁畅通有序大行动”之系列子方案的通知	2017 年 1 月 18 日
12	南武办发〔2017〕12 号	关于印发《武鸣区关于市委第五巡察组扶贫领域专项巡察情况反馈意见的整改方案》的通知	2017 年 1 月 25 日
13	南武办发〔2017〕13 号	关于规范全城区性会议有关事项的通知	2017 年 2 月 16 日
14	南武办发〔2017〕14 号	中共南宁市武鸣区委办公室南宁市武鸣区人民政府办公室关于印发《南宁市武鸣区关于中央环境保护督察反馈意见的整改方案》的通知	2017 年 2 月 7 日
15	南武办发〔2017〕15 号	关于调整南宁市武鸣区创建国家食品安全城市工作领导小组的通知	2017 年 2 月 24 日
16	南武办发〔2017〕16 号	关于印发《南宁市武鸣区“先锋引领脱贫攻坚”2017 年实施方案》的通知	2017 年 2 月 27 日
17	南武办发〔2017〕17 号	关于印发《南宁市武鸣区开展 2017 年“干部作风提升年”活动实施方案》的通知	2017 年 2 月 27 日
18	南武办发〔2017〕18 号	中共南宁市武鸣区委办公室南宁市武鸣区人民政府办公室关于印发《南宁市武鸣区全域旅游创建工作实施方案（2016—2020 年）》的通知	2017 年 2 月 28 日
19	南武办发〔2017〕19 号	关于印发《南宁市武鸣区 2017 年工业提升发展工作方案》的通知	2017 年 3 月 2 日
20	南武办发〔2017〕20 号	关于印发《南宁市武鸣区关于全面推进政务公开工作的实施方案》的通知	2017 年 2 月 28 日
21	南武办发〔2017〕21 号	南宁市武鸣区人民政府办公室关于印发《武鸣区 2017 年城建工作计划》的通知	2017 年 2 月 28 日
22	南武办发〔2017〕22 号	关于调整武鸣区重点工作重大项目监督检查问责问效领导小组成员的通知	2017 年 3 月 7 日
23	南武办发〔2017〕23 号	关于印发《武鸣区 2017 年固定资产投资和重点推进项目建设实施方案》的通知	2017 年 3 月 7 日

续表 2

序号	文件编号	文 件 题 目	印发日期
24	南武办发〔2017〕24 号	关于印发《南宁市武鸣区碳酸钙循环经济产业园建设工作方案》的通知	2017 年 3 月 15 日
25	南武办发〔2017〕25 号	关于印发《中共南宁市武鸣区委党的建设工作领导小组 2017 年工作要点》的通知	
26	南武办发〔2017〕26 号	关于落实党风廉政建设主体责任纪实制度的通知	
27	南武办发〔2017〕27 号	关于印发《南宁市武鸣区关于召开贯彻落实中央八项规定精神“回头看”工作方案》通知	
28	南武办发〔2017〕28 号	关于转发《中共南宁市委办公厅、南宁市人民政府办公厅〈关于印发 2017 年向人民承诺——电视问政节目工作方案〉的通知》	2017 年 4 月 6 日
29	南武办发〔2017〕29 号	关于印发 2017 年度全城区党政信息工作目标任务的通知	2017 年 4 月 6 日
30	南武办发〔2017〕30 号	中共南宁市武鸣区委员会办公室南宁市武鸣区人民政府关于印发《南宁市武鸣区 2017 年整治违法用地违法建设工作实施案》的通知定稿	
31	南武办发〔2017〕31 号	关于印发《南宁市武鸣区“美丽武鸣 · 宜居乡村”活动总体方案及三个专项活动实施方案》的通知	2017 年 4 月 28 日
32	南武办发〔2017〕32 号	关于印发《南宁市武鸣区安全生产“党政同责，一岗双责”实施办法》的通知	2017 年 5 月 5 日
33	南武办发〔2017〕33 号	关于印发《南宁市武鸣区加强和改进综合示范村后续管理工作方案》的通知	2017 年 5 月 8 日
34	南武办发〔2017〕34 号	关于印发《南宁市武鸣区开展提升群众安全感和满意度工作方案》的通知	2017 年 5 月 12 日
35	南武办发〔2017〕35 号	关于印发《中共南宁市武鸣区委全面深化改革领导小组 2017 年工作要点和分工方案》的通知	2017 年 5 月 19 日
36	南武办发〔2017〕36 号	关于印发《中国人民政治协商会议南宁市武鸣区委员会机关机构编制方案》的通知	2017 年 5 月 24 日
37	南武办发〔2017〕37 号	中共南宁市武鸣区委员会办公室南宁市武鸣区人民政府办公室关于印发《南宁市武鸣区进一步推进预决算公开工作实施方案》的通知	2017 年 6 月 9 日
38	南武办发〔2017〕38 号	关于印发《南宁市武鸣区学习宣传贯彻习近平总书记视察广西重要讲话精神宣讲工作方案》的通知	2017 年 6 月 2 日
39	南武办发〔2017〕39 号	关于印发《关于推进“两学一做”学习教育常态化制度化的实施方案》的通知	2017 年 6 月 13 日
40	南武办发〔2017〕40 号	关于印发《南宁市武鸣区义务教育均衡发展整改方案》的通知	2017 年 6 月 5 日
41	南武办发〔2017〕41 号	关于成立中国壮乡 · 武鸣“壮族三月三”歌圩暨骆越文化旅游节活动领导小组的通知	2017 年 6 月 16 日

续表 3

序号	文件编号	文 件 题 目	印发日期
42	南武办发〔2017〕42 号	关于印发《南宁市武鸣区发展富硒农业实施方案》的通知	2017 年 6 月 22 日
43	南武办发〔2017〕43 号	关于印发《南宁市武鸣区 2017 年村（社区）“两委”换届选举工作方案》的通知	2017 年 6 月 27 日
44	南武办发〔2017〕44 号	关于表扬南宁市武鸣区推进义务教育均衡发展工作先进单位(集体)和先进个人的通报	2017 年 6 月 30 日
45	南武办发〔2017〕45 号	关于印发《关于加强南宁市武鸣区纪委派驻机构建设的意见》的通知	2017 年 6 月 30 日
46	南武办发〔2017〕46 号	关于印发《南宁市武鸣区保护国家秘密应急预案》的通知	2017 年 7 月 4 日
47	南武办发〔2017〕47 号	中共南宁市武鸣区委办公室南宁市武鸣区人民政府办公室关于印发《南宁市武鸣区环境保护工作职责规定（试行）》的通知	2017 年 7 月 10 日
48	南武办发〔2017〕48 号	关于印发《中共南宁市武鸣区纪律检查委员会机关、南宁市武鸣区监察局职能配置、内设机构和人员编制方案》的通知	2017 年 7 月 10 日
49	南武办发〔2017〕49 号	中共南宁市武鸣区委办南宁市武鸣区人民政府办公室关于印发《2017 年度环广西公路自行车世界巡回赛（武鸣区赛段）沿线风貌改造实施方案》的通知	2017 年 7 月 11 日
50	南武办发〔2017〕50 号	关于成立南宁市武鸣区推行河长制工作领导小组的通知	2017 年 7 月 12 日
51	南武办发〔2017〕51 号	关于印发《南宁市武鸣区 2017 年招商引资工作实施方案》的通知	2017 年 7 月 14 日
52	南武办发〔2017〕52 号	（涉密）	
53	南武办发〔2017〕53 号	关于印发《南宁市武鸣区打造“中国沃柑看武鸣”品牌实施方案》的通知	2017 年 7 月 26 日
54	南武办发〔2017〕54 号	关于印发《南宁市武鸣区关于深入实施创新驱动发展战略的实施方案》的通知	2017 年 8 月 1 日
55	南武办发〔2017〕55 号	关于表彰 2016—2017 学年度南宁市武鸣区教育工作先进单位（集体）及先进个人的通报	2017 年 9 月 7 日
56	南武办发〔2017〕56 号	关于成立南宁市武鸣区县域经济发展工作领导小组的通知	2017 年 9 月 8 日
57	南武办发〔2017〕57 号	关于中共南宁市武鸣区委办公室领导班子成员及科级干部工作分工的通知	2017 年 9 月 14 日
58	南武办发〔2017〕58 号	关于印发《十九大期间武鸣区领导干部武鸣区领导干部下访接访工作方案》的通知	2017 年 9 月 14 日
59	南武办发〔2017〕59 号	关于印发《南宁市武鸣区关于做好环广西公路自行车世界巡回赛(武鸣段）期间安保维稳工作方案》的通知	2017 年 9 月 18 日
60	南武办发〔2017〕60 号	关于印发《南宁市武鸣区领导干部下基层宣讲党的十九大精神活动方案》的通知	2017 年 10 月 31 日

续表 4

序号	文件编号	文 件 题 目	印发日期
61	南武办发〔2017〕61 号	关于印发《2018 年中国壮乡——武鸣“壮族三月三”歌圩暨骆越文化旅游节活动方案》的通知	2017 年 10 月 31 日
62	南武办发〔2017〕62 号	关于印发《南宁市武鸣区全面推行河长制工作方案》的通知	
63	南武办发〔2017〕63 号	关于做好南宁市第六督导组督导移交问题整改工作的通知	
64	南武办发〔2017〕64 号	关于印发《南宁市武鸣区公共法律服务体系建设实施方案》的通知	2017 年 11 月 8 日
65	南武办发〔2017〕65 号	关于征订 2018 年度《中办通讯》等党刊的通知	2017 年 11 月 13 日
66	南武办发〔2017〕66 号	关于印发《南宁市武鸣区学习宣传贯彻党的十九大精神活动方案》的通知	2017 年 11 月 13 日
67	南武办发〔2017〕67 号	关于成立南宁市武鸣区发展壮大村级集体经济工作领导小组的通知	2017 年 11 月 15 日
68	南武办发〔2017〕68 号	关于印发《中共南宁市武鸣区委理论学习中心组学习制度》的通知	2017 年 11 月 17 日
69	南武办发〔2017〕69 号	中共南宁市武鸣区委办公室南宁市武鸣区人民政府办公室关于转发《南宁市贯彻落实〈党政领导干部生态环境损害责任追究办法（试行）〉的实施细则》的通知	2017 年 11 月 27 日
70	南武办发〔2017〕70 号	（涉密）	
71	南武办发〔2017〕71 号	关于印发《南宁市武鸣区贯彻落实〈2016—2020 年广西农村党员教育培训工作规划〉实施方案》的通知	2017 年 11 月 29 日
72	南武办发〔2017〕72 号	中共南宁市武鸣区委办公室南宁市武鸣区人民政府办公室关于印发《南宁市武鸣区贯彻南宁市遏制与防治艾滋病“十三五”行动计划实施方案》的通知	2017 年 12 月 6 日
73	南武办发〔2017〕73 号	关于调整南宁市武鸣区整治违法用地违法建设协调领导小组成员的通知	2017 年 12 月 19 日
74	南武办发〔2017〕74 号	转发《关于我城区意识形态工作督查调研情况的报告》的通知	2017 年 12 月 22 日
75	南武办发〔2017〕75 号	关于印发《中共南宁市武鸣区委员会组织部职能配置、内设机构和人员编制方案》的通知	2017 年 12 月 26 日
76	南武办发〔2017〕76 号	关于学习宣传贯彻《习近平谈治国理政》第二卷的通知	2017 年 12 月 29 日
77	南武办发〔2017〕77 号	关于印发《南宁市武鸣区科协系统深化改革实施方案》的通知	2017 年 12 月 29 日
78	南武办发〔2017〕78 号	关于印发《南宁市武鸣区总工会改革实施方案》的通知	2017 年 12 月 29 日
79	南武办发〔2017〕79 号	关于印发《南宁市武鸣区妇联改革实施方案》的通知	2017 年 12 月 29 日
80	南武办发〔2017〕80 号	关于印发《南宁市武鸣区侨联改革实施方案》的通知	2017 年 12 月 29 日
81	南武办发〔2017〕81 号	关于印发《南宁市武鸣区深化国家监察体制改革试点工作实施方案》的通知	2017 年 12 月 29 日
82	南武办发〔2017〕82 号	关于印发《共青团南宁市武鸣区委改革实施方案》的通知	2017 年 12 月 29 日

续表 5

序号	文件编号	文　件　题　目	印发日期
83	南武办发〔2017〕83 号	关于印发《南宁市武鸣区深入推进农村社区建设试点工作实施方案》的通知	2017 年 12 月 25 日
84	南武办发〔2017〕84 号	中共南宁市武鸣区委办公室南宁市武鸣区人民政府办公室关于成立武鸣区创建甘蔗生产全程机械化示范县工作领导小组的通知	2017 年 12 月 25 日

南宁市武鸣区政府文件目录（2017）
武鸣县文件登记表

文件标题	印发日期
关于印发《南宁市伊　工业集中区入园企业（项目）管理暂行办法》的通知	2016.1.25
关于武印发武鸣县 2016 平糖料蔗生产工作方案的通知	2016.2.22
关于落实 2016 年《政府工作报告》重点分工的通知	2016.3.7
关于下达武鸣县 2016 年国民经济和社会发展计划的通知	2016.3.9
关于印发 2016 年武鸣县政府性基金收支预算的通知	2016.3.14
关于印发 2016 年县本收公共财政预算收支预算的通知	2016.3.14
关于印发武鸣新区国民经济和社会发展第十三个五年规划纲要的通知	2016.3.21
关于印发 2016 年武鸣县国防备力量队伍组织整顿工作实施方案的通知	2016.3.28
关于印发 2016 年武鸣县本级国有资本经营收支预算的通知	2016.3.7
关于印发 2016 年武句话县社会保障基金收支预算的通知	2016.3.7
关于调整武鸣县 2016 年国民经济的社会发展　别分　方案调整的通知	2016.5.3

南宁市武鸣区政府办公室文件目录（2017）
武鸣县文件登记表

文件标题	印发日期
武鸣区人民政府办公室关于分解落实 2016 年自治区南宁市城区为民办实事工程目标任务的通知	2016.5.19
南宁市武鸣区人民政府办公室关于印发武鸣区整合建立统一公共资源交易平台实施方案的通知	2016.5.25
南宁市武鸣区人民政府办公室关于印发武鸣区 2016 年度地质灾害防治工作方案	2016.5.27
南宁市武鸣区人民政府办公室关于印发 2016 年武鸣区政务服务和公共资源交易工作要点的通知	2016.5.27
南宁市武鸣区人民政府办公室关于印发武鸣区“十三五”土地整治规划编制工作方案的通知	2016.5.30
南宁市武鸣区人民政府办公室关于印发 2016 年武鸣区夏季消防检查工作方案的通知	2016.5.31
关于印发《南宁市武鸣区现代特色农业示范区建设（2016—2017）行动方案》的通知	2016.5.27
关于印发南宁市武鸣区 2016 年抗美科技产业精准脱贫实施方案的通知	2016.6.8
关于印发 2016 年南宁市武鸣区救助贫困危重孕产妇工作实施方案的通知	2016.6.13
关于印发南宁市武鸣区城乡医疗服务一体代管理工作实施方案（试行）的通知	2016.6.15

续表 1

文件标题	印发日期
关于印发 2016 年南宁市武鸣区农村土地承包经营权确权登记领证工作实施方案的通知	2016.6.15
南宁市武鸣区人民政府办公室关于印发武鸣区开展严厉打击法盗采矿产意资源行为专项工作实施方案的通知	2016.6.15
关于印发南宁市武鸣区乡村老帅支持计划实施方案（2015—2020 年）的通知	2016.6.19
关于印发南宁市武鸣区“先照后证”企业信息推送制度的通知	2016.6.21
关于印发脱贫攻坚农村“三留守”人员和残疾人关爱工作等实施方案的通知	2016.6.23
南宁市武鸣区人民政府办公室关于印发南宁市武鸣区推进农村信用体系建设工作方案的通知	2016.7.1
南宁市武鸣区人民政府办公室关于印发南宁市武鸣区 2016 年耕地提质改造（旱改水）项目实施方案的通知	2016.7.5
南宁市武鸣区人民政府关于建立南宁市武鸣区安全生产事故调查组的通知	2016.7.5
关于印发 2016 年南宁市武鸣区承办自治区为民办实事普通高中免学费项目工作实施方案的通知	2016.7.6
南宁市武鸣区人民政府办公室关于印发武鸣城区乡村建设（扶贫）工作驻村差旅费管理暂行办法的通知	2016.7.7
关于印发南宁市武鸣区 2016 年村级公共服务中心的建设工作实施方案的通知	2016.7.13
关于印发南宁市武鸣区困难残疾人生活补助贴和重度残疾人护理贴实施方案的通知	2016.7.14
关于印发武鸣伊岭溪谷休闲农业示范区建设 2016 年度提升方案的通知	2016.7.19
南宁市武鸣区人民政府办公室关于调整武鸣区国有产核查工作领导小组成员的通知	2016.7.25
关于印发 2016 年南宁市武鸣区建设双桥中心卫生院急救示范点项目实施方案的通知	2016.7.25
关于印发南宁市武鸣区推行农村 50 人以上聚餐报告指导制度工作实施方案的通知	2016.7.25
关于印发 2017 年南宁市武鸣区地中海贫血防控试点项目工程实施方案的通知	2016.7.25
关于印发南宁市武鸣区人民政府部门权利清单和责任清单动态管理暂行办法的通知	2016.7.26
关于印发南宁市武鸣区推进基层应急网格化管理工作实施方案的通知	2016.7.26
关于印发 2016 年南宁市武鸣区免费孕前优生健康检查项目工作实施方案的通知	2016.7.26
关于印发 2016 年对种粮农民实行直接补贴与储备粮订单粮食收购挂钩实施方案的通知	2016.7.27
关于印发南宁市武鸣区 2016 年推进白合华侨农场改革和发展工作方案的通知	2016.7.25
关于印发南宁市武鸣区 2016 年公益林森林生态效益补偿项目工作实施方案的通知	2016.7.25
关于南宁市武鸣区减灾委员会的通知	2016.8.1
关于印发 2016 年南宁市武鸣区减免艾滋病患者首次抗病毒治疗检查费用工作实施方案的通知	2016.8.1
南宁市武鸣区人民政府办公室关于印发武鸣区整合建立南宁市公共资源交易平台分支机械实施方案通知	2016.8.3
南宁市武鸣区人民政府办公室关于印发第八届广西体育书南宁市武鸣区系列活动工作方案的通知	2016.8.2
关于印发 2016 年南宁市武鸣区承办自治区为民办实事中等职业教育免学费项目工作实施方案的通知	2016.8.4
关于印发 2016 年南宁市武鸣区承办自治区为民办实事农村义务教育家庭经济困难寄宿生生活费补助项目工作实施方案的通知	2016.8.4
关于印发 2016 年南宁市武鸣区大中型水库移民新村建设和水库移民村屯道路建设工程实施方案的通知	2016.8.8
关于印发南宁市虢鸣区香山河道综合整治工作方案的通知	2016.8.8

续表 2

文件标题	印发日期
关于印发 2016 年武鸣区改革性农业保险工作实施方案的通知	2016.8.8
关于印发《南宁市武鸣区 2016 年度木材加工企业锅炉黑烟专项整治工作方案》的通知	2016.8.12
南宁市武鸣区人民政府办公室关于印发南宁市武鸣区农村劳动力资源调查工作方案	2016.8.18
南宁市武鸣区人民政府办公室关于印发《武鸣区 2016 年征地拆迁项目经费包干管理实施办法》的通知	2016.8.18
南宁市武鸣区人民政府办公室关于印发落实粮食安全全行政首长责任制的通知	2016.8.22
关于印发 2016 年南宁市武鸣区承办自治区为民办实事工程——城乡居民基本养老保险项目实施方案的通知	2016.8.22
关于印发武鸣区贯彻落实国务院办公厅 2016 年政务公开工作要点实施方案的通知	2016.8.22
关于印发南宁市武鸣区政府购买服务的实施方案（试行）的通知	2016.8.22
南宁市武鸣区人民政府办公室关于成立武鸣区国有资产管理工作领导小组的通知	2016.8.25
南宁市武鸣区人民政府办公室关于南宁市武鸣区发展生产支持精准脱贫实施方案等 9 个实施方案的通知	2016.8.25
关于印发南宁市武鸣区 2016 年中华慈善日活动实施方案的通知	2016.8.25
关于印发 2016 年武鸣区尾矿库闭库销库工作实施方案的通知	2016.8.25
南宁市武鸣区人民政府办公室关于印发贵阳至南宁市铁路客运专线（武鸣段）贵港至隆安高速公路（武鸣段）集体土地征收和房屋拆迁补偿安置标准的通知	2016.8.31
关于印发南宁市武鸣区服务 2016 年“两会”及中秋、国庆期间安全生产大检查和督查工作方案的通知	2016.9.5
南宁市武鸣区人民政府办公室关于印发 2016 年南宁市武鸣区承办自治区为民办实事基本公共卫生服务项目实施方案的通知	2016.9.13
南宁市武鸣区人民政府办公室关于印发南宁市武鸣区严厉打击非法占用林地等涉林违法犯罪专项行动实施方案的通知	2016.9.18
南宁市武鸣区人民政府办公室关于印发分解下达 2016 年 8—12 月南宁市武鸣区本级规模以上总产值目标任务的通知	2016.9.19
南宁市武鸣区人民政府办公室关于印发南宁市武鸣区创建新一轮全国计划生育优质服务先进单位活动工作方案的通知	2016.9.19
南宁市武鸣区人民政府办公室关于印发南宁市武鸣区发展生态经济实施方案	2016.9.21
南宁市武鸣区人民政府办公室关于印发调整武鸣区党政机关差旅住宿费标准等有关事项的通知	2016.9.30
南宁市武鸣区人民政府办公室关于印发南宁市武鸣区 2016 年节能降碳工作实施方案的通知	2016.9.30
南宁市武鸣区人民政府办公室关于印发南宁市武鸣区整合城乡基本医疗保险制度工作实施的通知	2016.10.8
南宁市武鸣区人民政府办公室关于建立南宁市武鸣区实施“先照后征”改革后加强事中事后监管工作联席会议制度的通知	2016.10.8
南宁市武鸣区人民政府办公室关于印发 2016 年南宁市武鸣区承包南宁市办民佃实事工程为基层群众提供法律服务项目的实施方案的通知	2016.10.9
南宁市武鸣区人民政府办公室关于印发《南宁市武鸣区政策性农业保险务示范点试点建设工作方案》的通知	2016.10.11
南宁市武鸣区人民政府办公室关于印发南宁市武鸣区发展卫生计生支持精准脱贫实施方案的通知	2016.10.11

续表 3

文件标题	印发日期
南宁市武鸣区人民政府办公室关于印发南宁市武鸣区流动人口基本公共卫生计生服务试点工作实施方案的通知	2016.10.11
南宁市武鸣区人民政府办公室关于印发南宁市武鸣区大中型水库水环境综合整治工作方案的通知	2016.10.13
南宁市武鸣区人民政府办公室关于进一步强化水土保持管理工作的通知	2016.10.13
南宁市武鸣区人民政府办公室关于印发南宁市武鸣区 2016 年新型职业农民培育工程实施方案的通知	2016.10.13
关于印发南宁市武鸣区推进应急志愿者队伍建设工作方案的通知	2016.10.18
南宁市武鸣区人民政府办公室关于印发南宁市武鸣区建设国家食品安全城市工作实施方案的通知	2016.10.20
南宁市武鸣区人民政府办公室关于印发南宁市武鸣区扶贫生态移民工程实施方案的通知	2016.10.20
南宁市武鸣区人民政府办公室关于印发《南宁市武鸣区盘活存量建设用地提高供地效率工作实施方案》的通知	2016.10.20
南宁市武鸣区人民政府办公室关于进一步精简和规范文件报送的通知	2016.10.23
南宁市武鸣区人民政府办公室关于印发南宁市武鸣区非本城区户籍购买普通新建商品房及个人购买新建商业办公用房补助操作办法的通知	2016.10.24
南宁市武鸣区人民政府办公室关于印发南宁市武鸣区第一届人民政府全体（扩大）会议意见建议的整改工作方案的通知	2016.10.25
南宁市武鸣区人民政府办公室关于印发南宁市武鸣区义务教育学扩客征地工作要方案的通知	2016.10.28
南宁市武鸣区人民政府办公室关于印发南宁市武鸣区优化配置医疗卫生和计划生育资源工作实施方案的通知	2016.10.28
南宁市武鸣区人民政府办公室关于印发 2016 年度南宁市武鸣区主要污染物总量减排实施方案的通知	2016.10.31
南宁市武鸣区人民政府办公室关于武鸣区人民政府办公室陈彦副主任工作调整的通知	2016.10.31
南宁市武鸣区人民政府办公室《关于武鸣区》2016 年固定资产报资和重点推进项目建设工作年度绩效考评实施方案的通知	2016.11.2
南宁市武鸣区人民政府办公室关于武鸣区人民政府办公室领导分工的通知	2016.11.2
南宁市武鸣区人民政府办公室关于调整武鸣区推进义务教育商均衡发展工作领导小组的通知	2016.11.4
南宁市武鸣区人民政府办公室关于印发武鸣区“十二五”期间松材线虫病防控工作实施方案的通知	2016.11.8
南宁市武鸣区人民政府办公室关于成立武鸣区经济体制改革工作领导小组的通知	2016.11.14
南宁市武鸣区人民政府办公室关于印发南宁市武鸣区非法集资风险专项整治工作实施方案的通知	2016.11.15
南宁市武鸣区人民政府办公室关于印发南宁市武鸣区林业局主要职责内设机构和人员编制规定的通知	2016.11.15
南宁市武鸣区人民政府办公室关于印发南宁市武鸣区民政局主要职责内设机构和人员编制规定的通知	2016.11.15
南宁市武鸣区人民政府办公室关于印发南宁市武鸣区科学技术和知识产权局主要职责内设机构和人员编制规定的通知	2016.11.16
南宁市武鸣区人民政府办公室关于印发南宁市武鸣区投资促进局主要职责内设机构和人员编制规定的通知	2016.11.16
南宁市武鸣区人民政府办公室关于印发南宁市武鸣区交通运输局主要职责内设机构和人员编制规定的通知	2016.11.16
南宁市武鸣区人民政府办公室关于印发南宁市武鸣区安全生产监督管理局主要职责内设机构和人员编制规定的通知	2016.11.16

续表 4

文件标题	印发日期
南宁市武鸣区人民政府办公室关于印发南宁市武鸣区工商行政管理和质量技术监督局主要职责内设机构和人员编制规定的通知	2016.11.16
南宁市武鸣区人民政府办公室关于印发南宁市武鸣区推行乡镇政府权责清单制度工作实施方案的通知	2016.11.16
南宁市武鸣区人民政府办公室关于印发南宁市武鸣区森林火灾应急预案的通知	2016.11.18
南宁市武鸣区人民政府办公室关于印发南宁市武鸣区防治艾滋病攻坚工程（2015—2020 年）八大志项工程实施方案的通知	2016.11.21
南宁市武鸣区人民政府办公室关于印发南宁市武鸣区住房和城乡规划建设局主要职责内设机构和人员编制规定的通知	2016.11.22
南宁市武鸣区人民政府办公室关于印发南宁市武鸣区教育局主要职责内设机构和人员编制规定的通知	2016.11.22
南宁市武鸣区人民政府办公室关于印发南宁市武鸣区卫生和计划性育局主要职责内设机构和人员编制规定的通知	2016.11.22
南宁市武鸣区人民政府办公室关于印发南宁市武鸣区食品药品监督管理局主要职责内设机构和人员编制规定的通知	2016.11.22
南宁市武鸣区人民政府办公室关于印发南宁市武鸣区文化新闻出版广电和体育局主要职责内设机构和人员编制规定的通知	2016.11.22
南宁市武鸣区人民政府办公室关于印发南宁市武鸣区农业局主要职责内设机构和人员编制规定的通知	2016.11.23
南宁市武鸣区人民政府办公室关于印发南宁市武鸣区财政局主要职责内设机构和人员编制规定的通知	2016.11.23
南宁市武鸣区人民政府办公室关于印发南宁市武鸣区统计局主要职责内设机构和人员编制规定的通知	2016.11.24
南宁市武鸣区人民政府办公室关于印发南宁市武鸣区国土资源局主要职责内设机构和人员编制规定的通知	2016.11.24
南宁市武鸣区人民政府办公室关于印发南宁市武鸣区水利局主要职责内设机构和人员编制规定的通知	2016.11.24
南宁市武鸣区人民政府办公室关于印发南宁市武鸣区做好自治区第十一次党代会及百日攻坚战期间安全生产大检查和督查工作方案的通知	2016.11.24
南宁市武鸣区人民政府办公室关于印发伊岭壮乡文化生态旅游综合示范区项目建设提升工作实施方案的通知	2016.21.1
南宁市武鸣区人民政府办公室关于印发 2016 年度武鸣区今各明春火灾防控工作方案的通知	2016.12.1
南宁市武鸣区人民政府办公室关于印发《南宁市武鸣区加强农村留守儿童关爱保护工作实施方案》的通知	2016.12.5
南宁市武鸣区人民政府办公室关于印发简化优化公共服务流程方便基层群众权事创业工作方案的通知	2016.12.5
南宁市武鸣区人民政府办公室关于印发南宁市武鸣区审计局主要职责内设机构和人员编制规定的通知	2016.12.5
南宁市武鸣区人民政府办公室关于印发南宁市武鸣区人力资源和社会保障局主要职责内设机构和人员编制规定的通知	2016.12.5
南宁市武鸣区人民政府办公室关于印发南宁市武鸣区司法局主要职责内设机构和人员编制规定的通知	2016.12.5
南宁市武鸣区人民政府办公室关于印发南宁市武鸣区退桉还耕及材地调整优化桉树结构工作实施方案的通知	2016.12.6
南宁市武鸣区人民政府办公室关于印发南宁市武鸣区新能源公交车推广应用实施方案的通知	2016.12.6
南宁市武鸣区人民政府办公室关于印发南宁市武鸣区纳入首府南宁国家卫生城市“每月一考核”工作方案的通知	2016.12.6

续表 5

文件标题	印发日期
南宁市武鸣区人民政府办公室关于印发南宁市武鸣区农村土地承包经营纠纷调解仲裁委员会的通知	2016.12.8
南宁市武鸣区人民政府办公室关于进一步加强征地拆迁工作管理加快推进项目建设的通知	2016.12.9
南宁市武鸣区人民政府办公室关于印发武鸣区开展农村承包土地经营权抵押贷款试点工作实施方案的通知	2016.12.9
南宁市武鸣区人民政府办公室关于调整城区人民政府突发事件应急管理委员会工作方案的通知	2016.12.13
南宁市武鸣区人民政府办公室关于印发南宁市武鸣区 2016 年石漠化综合治理工程实施方案的通知	2016.12.13
南宁市武鸣区人民政府办公室关于印发南宁市武鸣区朝燕林场改革诚点工作实施方案的通知	2016.12.13
南宁市武鸣区人民政府办公室关于印发南宁市武鸣区农业科技创新体系建设实施方案的通知	2016.12.13
南宁市武鸣区人民政府办公室关于印发南宁市武鸣区农村产权融资风险补偿资金管理暂行办法的通知	2016.12.14
南宁市武鸣区人民政府办公室关于印发南宁市武鸣区开展采石采矿项目非法占用林地生产经营整治工作方案的通知	2016.12.15
南宁市武鸣区人民政府办公室关于印发南宁市武鸣区 2016 年彩化医药卫生体制改革重点工作任务的通知	2016.12.15
南宁市武鸣区人民政府办公室关于印发南宁市武鸣区公共赁住房金补缴工作方案的通知	2016.12.16
南宁市武鸣区人民政府办公室关于印发南宁市武鸣区全民科学素质工作领导小组成员的通知	2016.12.1
南宁市武鸣区人民政府办公室关于印发 2016 年南宁市武鸣区公共资源交易监管目录的通知	2016.12.1
南宁市武鸣区人民政府办公室关于印发广西大明山矿区整改工作的通知	2016.12.23
南宁市武鸣区人民政府办公室关于印发南宁市武鸣区农户信用信息采集工作方案的通知	2016.12.23
南宁市武鸣区人民政府办公室关于印发南宁市武鸣区突发公共事件医疗卫生救援应急预案的通知	2016.12.23
南宁市武鸣区人民政府办公室关于印发南宁市武鸣区 2016 年农村危房改造工程实施方案的通知	2016.12.28
关于印发 2016 年度武鸣区开展可燃易燃临时建筑专项整治工作方案的通知	2016.12.23
南宁市武鸣区人民政府办公室关于印发南宁市武鸣区农村改厕改厨试点实施方案的通知	2016.12.28
南宁市武鸣区人民政府办公室关于印发南宁市武鸣区污水处理设施建设工作实施方案的通知	2016.12.28
关于印发 2016 年武鸣区农村居民困灾倒损住房恢复重建实施方案的通知	2016.12.30
南宁市武鸣区人民政府办公室关于印发南宁市武鸣区突发公共卫生事件应急预案的通知	2016.12.28
南宁市武鸣区人民政府办公室关于印发南宁市武鸣区罗波镇建设示范工程实施方案的通知	2016.12.28
关于印发南宁市武鸣区集饮用源地水质提升整治实施方案的通知	2016.12.30
关于印发南宁市武鸣区科技成果转化大行动实施方案（2016—2020）的通知	2016.12.30
关于成立武鸣区整合城乡居民基本医疗保险制度工作领导小组的通知	2016.12.30
关于印发南宁市武鸣区政府性债务管理（债务风险事件应急）领导小组的通知	2016.12.27
关于印发南宁市武鸣区 2016—2018 年深化尾矿库综合治理工作实施方案的通知	2016.12.30
关于印发大明山自然保护区水电站退出清理工作实施方案的通知	2016.12.28

责任编辑　刘颖儒